독일 속의
한국계 이민자들

독일 속의 한국계 이민자들:
이해관계 대변과 자치조직 연구

인쇄일 2017년 10월 31일
발행일 2017년 11월 6일

지은이 유정숙
펴낸이 박미옥
디자인 이원재

펴낸곳 도서출판 당대
등록 1995년 4월 21일 제10-1149호
주소 04047 서울시 마포구 독막로3길 28-13 (서교동) 204호
전화 02-323-1315~6
팩스 02-323-1317
전자우편 dangbi@chol.com

ISBN 978-89-8163-170-3 93300

당대총서_ 22

독일 속의
한국계 이민자들

이해관계 대변과 자치조직 연구

유정숙 지음 / 김인건 옮김

책을 펴내며
어머니를 대신하여 전하는 감사인사

아쉽게도 나의 어머니 유정숙은 당신의 박사학위 논문 한국어판이 세상에 나오는 모습을 볼 수가 없습니다. 어머니는 2016년 1월 너무 일찍 우리 곁을 떠났습니다.

이 책의 한국어판 출간은 당신이 세상을 떠나기 전에 직접 계획했던 일이었습니다. 이 책의 주제인 '독일 속의 한국계 이민자들 그리고 그들의 이해관계 대변과 자치조직'은 어머니 생전에 늘 중요한 의미를 갖는 것이었습니다. 이 주제는 독일사회에서 어머니의 일상생활과 활동과 사유, 관심사 그리고 현실참여를 관통하는 것이었습니다. 그렇기 때문에 어머니가 한국어판이 세상에 나오는 것을 볼 수 없는 게 말할 수 없이 안타깝습니다. 아마 어머니가 살아 계셨더라면 무척이나 기쁘고 행복해했을 것입니다.

이 주제는 학문적 관점뿐 아니라, 어머니가 일상적인 삶에서 마주해야 했던 수많은 것들을 포함하고 있습니다. 독일에서 어머니의 가족이 되어주었던, 당신이 소중하게 여긴 사람들 중 상당수가 어머니처럼 '독일 속의 한국계 이민자들'이었습니다. 그들은 다양한 이익단체와 자치조직에 자발적으로 참여했고, 여전히 활동하고 있습니다. 그들의 참여와 활동에서 언제나 중심을 이루는 내용은 한국, 그중에서도 특히 한국의 정치적 발전이었습니다. 이 점은 지금도 변함이 없습니다.

어머니의 친구들과 어머니가 알고 지냈던 많은 사람들이 아니었다면, 한국어판의 번역은 말할 것도 없고 독일어로 출간된 논문집조차 세상에 나오기 힘들었을 것입니다. 무엇보다 그들은 이 책의 기초를 구성하고 있는 사람들이었고, 또 어머니가 논문을 준비하고 완성할 수 있도록 여러모로 지원해 주었습니다.

감사인사를 드리며 그들 가운데 일부만 특별히 언급하게 되면, 그것은 혹시라도 어머니가 꼭 언급하고 싶었을 누군가를 말하지 않는 우를 범하는 일이 될 수도 있겠습니다. 그래서 어머니를 대신하여, 논문을 집필하는 과정에서 그리고 한국어판이 출판되는 과정에서 지원을 해주신 친구들, 가족들, 지인들, 활동가들, 단체들 모두에게 진심으로 감사의 말을 전하고자 합니다.

그리고 한국어판 출간을 맞이하여, 어머니의 논문을 번역해 준 김인건씨 그리고 책을 만들어준 도서출판 당대와 박미옥 대표에게도 감사를 전합니다. 어머니는 당대출판사가 훌륭한 출판사라고 이야기하셨습니다.

2017년 10월 독일 함부르크에서
윤영경

5

머리말

1985년 내가 독일에 도착했을 때까지만 해도 나의 박사논문 주제는 확정되어 있지 않았다. 그러다가 마침내 나는 이곳, 독일에서 논문에서 다룰 주제를 결정하였다. 나는 단순히 이론적이기만 한 주제보다는 실천적으로도 의미 있는 문제를 다루고 싶었다. 그리하여 나는 독일에 살고 있는 한국인들과 그들의 자치조직에 대한 연구에 몰두하게 되었다. 이 주제는 독일뿐 아니라 한국과도 맞닿아 있다. 이주의 상황은 다양한 갈등과 실망감을 낳지만, 또 기회와 희망을 만들어낸다. 이것은 우리 시대에도 분명한 특징이다. 이런 한편으로 새로운 인종주의적 공격 또한 내가 이주와 관련된 주제를 선택하는 계기가 되었다.

이 책에 기술된 자치조직들은 한국의 이민자들을 비롯하여 다른 지역 출신의 이민자들 모두가 단지 수동적으로 독일사회에 정착하게 된 것은 아니라는 점을 보여준다. 그들은 능동적으로 자신들의 삶을 조직해 냈고, 그를 통해 다시 독일사회를 함께 만들어나간다.

나의 논문이 좋은 방향으로 발전할 수 있도록 많은 도움을 준 독일에 사는 한국인들에게 감사를 표한다. 그들이 내준 시간과 그들이 제공한 정보는 지대한 것이었다. 그리고 나는 나의 작업이 다시 그들이 나에게 준 것에 대한 보답이 되기를 희망한다.

만약 보훔의 세계기독교학생기구(das Ökumeinische Studienwerk)가

초기에 제공한 장학금이 없었더라면, 나는 이 작업을 완성시키지 못했을 것이다. 그리고 나의 논문을 심사해 주신 우베 안데르센(Uwe Andersen) 교수의 학문적 지도는 결정적인 도움이 되었다. 그리고 부(副)심사교수인 아네트 트라이벨(Annette Treibel)은 참으로 값진 조언을 해주었다.

그 밖에 나에게 아낌없는 조언을 해준 나의 남편 베르트람 츠반지거(Bertram Zwanziger) 박사에게도 감사를 보내고 싶다. 그리고 나의 딸 영경은 잘 성장해 주었다. 그러했기에 나는 딸을 돌봐야 하는 시간을 논문 작업에 쏟아부었다는 부담감에서 벗어날 수 있었다. 이들에게 감사를 보낸다.

1996년 9월 브레멘에서

유정숙

차례

책을 펴내며
머리말

제1부

서장

1. 개괄

수천 년에 걸쳐서 집단과 부족 그리고 개개의 사람들이 두 발로 자신들의 뿌리를 떠나서 다른 곳에 정착해 왔다.[1] 19세기에 나타난 집단이주는 세계의 뒤섞임을 드러낸다. 통신시스템과 교통수단의 발달, 산업화, 도시화, 기술화 그리고 유동성의 증가, 경제와 정치 영역의 자유주의화는 지구상의 국가들을 서로 가까워지게 했다.[2] 사회학자들[3]은 이주의 양상들을 범주화하기 위해 노력해 왔다. 이 과정에서 사회학자들은 다양한 개념을 만들었다. 민족이동, 자유이주 혹은 강제이주, 노동이민 그리고 개인들 혹은 집단의 이주 등. 이주가 새로운 현상은 아니었지만, 산업화과정을 처음으로 가능하게 만든 요소의 하나였다. 이른바 '세계 노동시장'이 탄생하게 되었다. 그리고 이와 관련된 이주는 '노동이민' 그리고 그 이주민들은 '노동이민자'라고 표현된다.[4]

고향을 잃어버린 자들, 권리를 박탈당한 자들 그리고 난민은 20세기의 징표가 될 수도 있다는 한나 아렌트의 진단은 놀라울 정도로 그 진실성이 입증되었다. 앞으로 몇 년 동안 유럽에만 2천만에서 3천만 명의 이주자가 유입될 것이라고 예측되고 있다.[5] 독일의 통일, 동유럽국가들의 구소련 간섭체제로부터 해방 나아가 구소련의 해체와 같은 세계사적 사건들은 1980년대 말부터 90년대 초까지 사람들이 세계사의 새로운 영역으로 경험한 것들이다. 그 직전까지만 해도 이데올로기와 이데올로기에 따른 지배체제로 결속되어 있던 동유럽국가들은 민족분쟁으로 파열음을 내고 있다. 사람들이 일상 속에서 민감하게 그리고 충분히 감지할 수는 없었지만, 이러한 사건들은 하나의 장기적 과정이었다.[6] 이러한 사건들은 거대한 규모로 국가와 사람들에게 영향을 끼친다. 비록 그들이 이 사건들과 직접적인 연관성이 없다고 하더라도, 특히 이민자들에게는 이 사건들이 영향을 끼친다. 1980년대 중반까지만 해도 '제3세계에서 독일기업들의 착취' 같은 주제를 다루는 행사들이 크게 공공의 관심을 불러일으켰다. 고도의 산업국가와 제3세계 사이에 놓인 경제·정치 분야의 격차와 같은 계급문제가 활발하게 제기되었다.

1989년 4월 29일 '보훔 한국개신교공동체'는 "독일 속 한국 탄광노동자의 25년"을 주제로 해서 행사를 개최했다.[7] 1990년 9월 29일에는 한인 여성조직이 프라우엔안(Frauen-An) 재단과 '독일 속 한국간호사 25년'이라는 행사를 진행했다.[8] 그리고 1년 후 '베를린 한인간호요원회'(Koreanische Kankenschwestern und Krankenflegehelferinnen Verein e.V. Berlin)가 유사한 행사를 독일의회 의장의 후원을 받아서 개최하였다.[9] 이러한 행사들은 한인의 독일이주가 오랜 역사를 가지고 있음을 보여준다. 한인은 독일에 살고 있는 외국국적의 사람들 중 일부일 뿐이다. 1991년 현재 독일에 거주하는 외국인은 거의 500만 명에 이르며, 그중 10만~12만 명이 구동독지역의 주에 살고 있다. 독일 전체 인구에서 외국인이 차지하는 비율은 6.5%이다(전체 인구 중 외국인 비율은 프랑스 8%, 벨기에 9%, 스위스 16%: 단기 계절노동자 제외, 룩셈부르크 23%). 이 가운데 70%가 10년 이상 독일에 살고 있으며, 20년 넘게 머물고 있는 외국인 또한 상당수에 이른다. 그리고 그들의 자녀들 중 80%가 독일에서 태어났다.[10]

"이주는 이 나라 실제 역사의 일부분이다. 하지만 공식적으로는 구체화되지 않았다."[11] 노동이민이 다양한 지점에서 영향을 끼치고 있다는 사실이 앞의 문장을 뒷받침해 준다. 여기에는 이민과 관련된 사람들, 대응방식들, 관계들이 포함된다. 또한 이민자들이 속해 있고 그들이 소속감을 가지며 관계 맺고 있는 조직들도 한 요소이다. 또 한편으로는 이민자들을 수용하거나 배제하는 사회의 경제와 정치 결합구조도 하나의 요소이다.[12]

이와 관련하여 한국계 소수자들과 그들의 조직들을 연구하는 것이 이 논문의 목적이다.

동독과 동유럽의 전환 이후 동독과 동유럽에 관한 주제들은 독일여론에서 더 이상 중요한 의미를 갖지 않는다. 그보다는 외국인에 대한 물음들이 더 중요해졌다. 사실 외국인과 관련된 물음은 이미 오래전에 완료된 것이어야만 했다. 뿐더러 이주는 오래전부터 수용된 것이어야 했다. 그렇지만 논의는 전혀 다른 영역에서 뜨겁게 달아올랐다. 정치영역에서 난민을 둘러싼 논쟁이 헌법 16조의 개정과 함께 수면 위로 떠올랐다. 사람들은 극우주의 정당이 의회에 입성할지도 모른다는 것을 우려했다. 사회에서는 외국인에 대한 물리적 폭력이 눈에 띄게 늘어났고, 그것은 바이마르공화국 시절에 겪었던 국가공권력의 해체라는 경험을 떠올리게 하는 충격을 주었다.[13] 또한 민주주의 정당의 정치인들도 이주현상을 낯설고 위험한 것들의 유입으로 오인했다. "각각의 민족은 하나의 운명공동체이다." 이런 유의 발언을 하는 정치인들은 일찍이 구소련에서 독일인-볼가자치공화국(Wolgarepublik)을, 폴란드에서 독일 소수민족의 인정을 요구했다.[14]

이러한 사태는 독일 이민자들의 상황이 어떤 방향으로 지속적으로 변할 것인가 그리고 지금의 사회는 어떠한 모습을 취하게 될까 하는 물음을 던지게 한다. 그 사례로, 비록 규모는 작지만 다양한 성격의 한인집단에 대한 연구가 필요하다고 본다. 연구과정에서 독립적인 가치를 지닐 수 있거나 혹은 사실들을 지시할 수 있는 객관적 항목들 사이의 긴장감은 이 연구가 한 시점에 고정되지 않고, 모든 방향으로 열려 있어야 한다는 경고로 이해할 수 있을 것이다. 당장에 마주한 폭력 앞에서 모든 규범적 요소들은 빛이 바래버릴 수 있다는 것은 문제적 요소이다. 하지만 또 한편으로 단순한 규범적 항목들은 현실을 향한 시선을 잃게 만드는 위험을 안고 있다. 따라서 다양한 방법적 위치(참여자 대 관찰자), 다양한 이론적 목표 설정(의미론적 해석과 개념적 분석 대 묘사와 경험적 설명) 그리고 다양한 실용적 조사방식을 포함할 수 있어야 할 것이다.

독일사회에서 '이민'(Migrantion)이라는 용어가 사용되는 방식을 살펴보는 것은 하나의 출발점이 될 수 있을 것이다. '이민'(Migration)과 '이민자'(Migrationen)는 일상용어나 공식적 행정용어가 아니다. 이 표현은 사회과학적 관찰에서 '외국인'(Ausländer) 또는 '외국인문제'(Ausländerproblem)를 대체하는 용어로 사용된다. 이와 같은 용어사용의 문제에서 분명하게 드러나는, 사회학에서 이주의 관찰과 현실에서 외국인의 상황 사이에 나타나는 간극을 살펴보아야 할 것이다.[15] 독일로 이주해 들어오는 외국인들의 현실적 상황이 최초로 분명해지는 것은 다음과 같이 그들이 법적으로 어떻게 불리는가를 통해서이다. '외국인'(Ausländer), '외국인문제'(Ausländerproblem), '망명자'(Asylanten), '위장망명자'(Scheinasylanten), '난민'(Flüchtilinge), '초청노동자'(Gastarbeiter), '외국인노동자(ausländische Arbeitnehmer)와 그 가족들' 그리고 '외국인 동료시민'(ausländische Mitbürger) 등과 같은 표현이 그것이다. 그런가 하면 독일로 이주한 사람들의 체류기간 같은 현실들을 고려하여 '외국인'이라는 표현의 대체물을 찾으려고 노력하는 사람들이 있다. 대체 표현으로는 '타국적의 내국인'(Inländer fremder Staatsangehörigkeit),[16] '독일국적을 갖고 있지 않은 시민'(Bürgerinnen und Bürger nichtdeutscher Staatsangehörigkeit)[17] 또는 '외국 출신의 현지독일 거주자'(hier lebende Menschen ausländischer Herkunft) 같은 용어가 있다.

또한 공적 담론이 이민자들을 어떤 주제를 통해 비추고 있는지를 살피는 것도 문제를 드러나게 할 것이다. 최신의 뉴스들을 거칠게나마 배열해 본다면, 다음과 같은 주제들로 정리할 수 있을 것이다.[18]

- 헌법 제16조의 변경
- 독일인들의 외국인에 대한 인종차별적 태도
- 외국인 적대에 대항하는 외국인단체들의 활동
- 난민수송조직
- 외국인을 위한 선거법과 이중국적 도입
- 외국인의 상황
- 난민신청자 숙소와 외국인의 집에 대한 방화, 외국인 습격
- 외국인의 공포상황
- 집단숙소에 대한 물음
- 외국인정책과 이민정책(Einwanderungspolitik)
- 우파정당들과 그들의 지지자
- 외국인 혐오, 외국인 적대, 인종차별
- 외국인을 향한 폭력에 대한 정치인, 사업가, 언론 그리고 교회의 의견
- 외국인의 범죄
- 폭력과 관련된 좌파 자치단체들
- 유럽의 우경화 경향
- 폭력과 연루된 극우주의자
- 민족이동(Völkerwanderung), 민족분쟁(Nationalitätsstreit) 그리고 다문화사회
- 독일통일의 영향(특히 동독지역과 관련해서)
- 학교에서 혹은 청소년들에게 던지는 외국인에 대한 물음
- 망명악용(Asylmißbrauch)과 극우주의자들의 폭력에 대한 법적·행정적 절차
- 독일인과 외국인의 평등한 권리에 대한 물음
- 외국인 적대에 대항한 그리고 시민들의 이해를 위한 문화행사들

- 인종주의와 외국인 적대 등에 대항한 시위와 진보적 활동들

이상과 같이 주제가 다양하다는 점은 이 연구가 사회 전체 분야를 포괄할 수 있어야 한다는 것을 분명하게 해준다. 따라서 현실적으로 종종 제기되는 외국인에 관한 물음이나 연구는 일반적 사회 현상이나 관계와 분리시켜서 그것들을 관찰할 수 없다.

2. 개념의 문제

앞에서 제기된 물음들은 현재 독일땅에서 살아가고 있는, 한국을 뿌리로 가진 사람들의 이익집단(Interessenorganisation) 형성이라는 주제 속에서 다루어질 것이다. 그리고 이것이 이 논문의 과제이다. 이를 위해서는 우선 '이익'(이해관계, Interesse)과 '집단'(조직, Organisation)의 개념에 대한 설명이 전제되어야 한다. 그렇지만 이 개념들은 그것이 발생하는 사회의 정치시스템과의 관계 속에서 비로소 설명이 가능하다. 여기서는 독일사회 정치시스템과의 관계가 문제가 될 것이다.

이마누엘 칸트(1724~1804)는 어떤 대상에 대한 이해관계(인식적 이해관계)와 행위적 이해관계를 구분했다. 그리고 다시 행위적 이해관계는 그것이 순수하게 도덕적인 것인지 아니면 자기 자신의 이해관계와 관련이 있는지에 따라 분류된다. 막스 베버(1864~1920)는 이해관계를 "개인 행위의 일정한 전망에 대한 합목적적 지시"로 이해했다.[19]

이해관계라는 개념은 오늘날 정치학의 핵심 개념 중 하나이다.[20] 이 논문에서 이해관계는 주체의 자세 그리고 그와 함께 나타나는 정치적 행위를 규정하는 것으로 이해되어야 할 것이다.[21] 이해관계는 진공의 공간이 아닌 사회적 환경과의 관계 속에서 발전하는 것이기 때문에 여기서 다루어야 할 것은 개인과 개인의 (정치적) 행위가 사회 안에서 매개되어 가는 과정이다. 또한 이 과정에서 이해관계 개념[22]은 다시 세 영역으로 분류될 수 있다.

개인의 영역은 생존보존을 넘어서는 근본적 기본욕구와 관계된다. 애정이나 인정에 대한 욕구가 그 예가 될 수 있다. 물질적 혹은 더 적합하게는 집단적인 것이라 할 수 있는 영역은 생존보존을 넘어서서 타자와의 관계 속에서 능동적 이익의 증대와 관련된 것이다. 그리고 타자에 의한 이익감소를 방어하는 것도 이 영역에 속한다.[23] 이상적 영역은 이해관계가 종종 구체적 필요나 이익에 기초한 것이 아님을 분명하게 드러낸다. 이상적 영역에서 이해관계는 주체적 표상이자 세계에 대한 관점으로서 자기 자신을 드러낸다.

끝으로, 이해관계는 객관적 영역을 가진다. 칼 마르크스(1818~83)가 계급적 상황으로부터 이해관계들을 도출해 낸 이후, 객관적 상황을 통해 도출될 수 있는 이해관계가 있는지에 대한 물음을 던지기 시작했다. 이때의 물음은 이러한 이해관계들이 이미 표현된 것인가 하는 것과는 상관이 없다.[24] 자유주의 사회에서 이해관계의 표출은 법적 제약이 뒤따르지 않는다. 이러한 사회의 틀 속에서 다렌도르프(Dahrendorf)는 잠재적 이해관계와 표명된 이해관계를 구분하였다. 잠재적 이해관계는 불확실한 소망이나 목표, 상상을 말하며, 이러한 것들은 사회적 상황에 따라 하나의 집단에 적합할 수 있다. 이에 반해 표명된 이해관계는 조직된 집단에 의해 이미 외부적으로 명시된 목표를 말한다.[25]

따라서 독일에 상시 거주하고 있는 한인들이 표현하는 이해관계가 어떻게 분류될 수 있는지 그리고 어떤 틀 안에서 그들의 객관적이고 잠재적인 이해관계가 존재하는가 하는 물음을 여기서 던져야 할 것이다.

조직사회학에서 조직(Organisation) 개념은 서로 업무를 분담하고, 공동의 목표를 지향하며 함께 활동하는 사람들의 질서로 이해되고 있다.[26] 인간은 자기 시간의 대부분을 조직 안에서 보낸다. 그리고 그런 점에서 우리 사회는 하나의 조직화된 사회이다.[27] 그렇지만 우선 막스 베버의 조합(Verein) 개념에 대해서만 다루어보겠다. 그는 조합 혹은 결합체(Verband) 개념을 규정을 통해 외부에 대해 제한된 혹은 닫힌 사회관계라고 정의했다. 이러한 관계들의 질서는 특정 사람들이 이 관계조직을 실행시켜 나가려는 태도를 통해 보증된다. 지도자 또는 가능하다면 행정지도부가 그 역할을 할 수 있다. 이들은 외부적으로 행정적 힘을 가진다. 조합은 결합체의 하위 개념이다. 국가나 가족도 결합체의 일종이다. 막스 베버에 따르면, 조합의 특징은 조합이 자체 규율의 효력을 단지 가입한 참여자들에게만 요구한다는 데 있다.[28]

그런 의미에서 여기서 연구하는 조직은 모두 조합이다. 또 이 정의에 따른다면 정당도 조합이다. 하지만 정당은 이 연구에서 소개되는 조직들과는 관련이 없다.[29] 여기서는 조합과 같은 의미로 조직(Organisation)이나 집단(Gruppe)이라는 용어로 대체하여 사용할 것이다.

3. 연구의 구조

논문은 한국의 역사와 전통을 배경으로 한 이민사 그리고 한국에 뿌리를 둔 사람들의 사회적 상황을 설명하는 데서부터 시작할 것이다. 다음으로, 이러한 사람들의 전형적인 자치조직들을 이민과 통합의 역사와 연결시켜서 소개하고 분석할 것이다. 그후 외국인과 한인의 자치조직이 독일의 정치시스템 안에서 어떤 기능을 하는지 분석할 것이다. 그리고 이것은 일반적인 시스템 내에서 이익단체의 기능에 대한 설명을 전제로 한다.[30] 끝으로, 이러한 것들로부터 한국을 비롯한 외국에 뿌리를 둔 사람들의 계속되는 삶과 정치적 위치를 위한 결론을 도출할 것이다.

이민자들의 상황과 더불어 민족국가와 민족국가의 변화를 관찰할 것이다. 이주는 근대사회의 등장과 안정에 속하는 현상이다. 그렇지만 동시에 민족국가가 등장하고 견고해지면서 이주는 이전 시대와 다른 성격을 지니게 되었다.[31] 그리고 불명료한 집단정체성 문제[32]가 이와 관련을 갖고 있다.

또한 이민의 원인과 진행은 주제의 중심을 현 상황에서 이민을 제한하는 조건들로 이동할 때만 설명이 가능하다. 이러한 제한적 조건들은 이주의 진행과 이주자의 삶에서 결정적 역할을 한다. 이와 관련하여 필자는 이주과정의 외형들을 소개할 것이다. 이주과정의 외형은 이민에 대한 사회학적 시각을 배경으로 해서 관찰하고 논의해 볼 수 있다.

필자는 이주에 대한 이론적 논의를 다음과 같은 요소들로 한정할 것이다.

첫째, 이민자의 출신과 목적지와 관련해서 무엇이 이민의 핵심 원인인가 그리고 조국을 떠나거나 다른 나라로 이주하는 사람들의 핵심 동기는 무엇인가?

둘째, 민족적 정체성 혹은 민족국가와 국적의 관계는 어떻게 변화해 왔는가?

셋째, 만약 집단정체성이 민족정체성에 속하는 것이라면, 이것을 국적 개념과 관련해서 어떻게 설명할 수 있을 것인가?

넷째, 정착의 과정은 어떻게 진행되는가? 고전적인 동화 또는 통합이라는 구상이 통용될 수 있는가? 만약 우리가 이민은 이민자들에게 유용한 것이어야 한다는 생각을 갖고 있다면, 이러한 구상이 정착과정을 연구하는 데 과연 유용한 것인가?

독일에 살고 있는 한인들의 이해관계와 조직에 대한 설명과 함께, 정치시스템 속에서 그러한 것을 정리하는 것 그리고 미래적 요소들에 대한 숙고가 이 연구의 일부이다. 이러한 연구는—독일통일 이후 더 강력하게—외국인에게 적대적인 폭력, "외국인 아웃"이라는 구호 그리고 극우정당의 의회입성이 명백해지면서 더욱 중요해졌다. 이런 분위기는 또한 헌법 제16조의 개정을 통해 더 분명해졌다.

4. 방법론

필자는 일반적으로 접근 가능한 자료들과 함께 인터뷰를 이용했다. 개개의 경우에서, 필자 스스로 불분명하다고 판단되는 것들은 설명하고 전화인터뷰로 그런 부분들을 보충했다. 개인의 상황을 설명하는 데서도 물론이고, 조직에 대한 설명도 이 방법에 근거하고 있다.

필자는 조직에 관한 조사를 할 때 응답자 모두에게 개인적 이야기와 입장도 인터뷰하였다. 하지만 모두가 이에 대해 대답한 것은 아니다. 또 필자는 자료의 확장을 위해 계속해서 다른 사람들에게도 이 주제에 관해 물었는데, 물론 그들은 적어도 하나의 조직에 소속된 사람들이다.

개인에 관한 질문은 다음과 같다. 생년월일, 독일에 도착한 날짜, 독일에서의 생활환경, 사회적 상황, 독일로 온 동기와 과정, 가입한 한인조직 및 가입 이유와 과정, 이민 후의 내적 변화와 그 변화의 원인과 계기, 이해관계에 대한 생각, 삶의 내적·외적 중심에 대한 입장, 이주자의 상황에 대한 생각(외국인 적대, 국적문제 등 포함), 가입한 독일단체(가입 이유와 과정 포함), 귀향에 대한 입장.

조직과 관련해서는 각 조직의 현재 간부들을 비롯하여 전직 간부로서 여전히 활동하고 있는 조직원들을 조사하려고 노력하였으며, 가능한 한 일반 조직원들도 취재하고자 했다. 그렇지만 이러한 것들이 충분히 이루어졌다고 볼 수는 없을 것이다. 필자는 조사대상 조직들에 이와 같은 조건을 갖춘 구성원들을 소개해 줄 것을 부탁하였지만, 이에 전혀 응하지 않은 조직(단체)들이 있었는가 하면 필자의 요구와 다르게 현재의 간부들만 취재할 수 있게 한 조직(단체)들도 있었기 때문이다. 이따금 한 조직에 관한 결정적인 정보를 특정 — 예를 들어 어떤 방식으로든 오랜 기간 적극적으로 활동한―조직구성원에게서 더 잘 얻을 수 있음을 알게 되기도 했다. 이런 경우에는 그 사람만 인터뷰했다. 개별적인 경우에는 다른 조직들에 관한 질문도 던졌다. 이에 관해서는 앞으로 다시 다루게 될 것이다.

조사과정에서 질문한 항목은 다음과 같다. 설립역사(언제, 어디서, 왜), 회원규모의 변화, 업무의 종류(구조, 빈도, 참여자의 숫자, 내·외부 활동, 다른 한인 혹은 외국인 조직 또는 독일조직과의 협력관계), 재정충당, 홍보활동, 조직의 문제, 긍정적 특성, 미래적 요소, 회원구조(사회적 구성), 가입회원들의 다른 한인조직 소속 여부, 과거와 현재 회원의 귀국희망 여부, 독일어와 한국어 실력, 자녀(정착, 다니는 학교, 직업적 전망, 독일어와 한국어 실력). 이상의 질문항목 이외에도 인터뷰를 하는 동안 조사응답자들의 확장 가능하고 서로 다른 정보들을 위한 공간을 만들었다.

1993년 11월 27일부터 1995년 5월 31일까지 총 65개의 인터뷰가 이루어졌다. 인터뷰에 응한 사람들에게는 부분적으로는 기관들(조직, 외국인위원회의 위원이나 사회사업 활동)에 관해, 또 부분적으로는 개인적 발전에 관해 혹은 양쪽 모두에 관한 질문을 던졌다. 조직에 관해서는 총 51명이 정보를 주었는데, 3명은 한인을 위한 사회사업에 관해서이고 또 한 사람은 한 지역의 외국인촉탁위원의 일원으로서 인터뷰에 응해 주었다. 한국계 성인 42명(이들의 인터뷰는 개인 인터뷰 분석에 사용되었다)과 청소년 2명이 개인에 관한 모든 질문에 대답했고, 6명이 개인에 관한 일부 질문에 답을 주었다. 그리고 11명이 시간상의 이유로 개인에 관한 입장을 밝히지 않았다. 한 사람(한 단체의 탈퇴회원)은 개인에 관한 물음에 답하는 것을 전면 거부하였다. 독일인 3명에게는 사적인 질문을 일절 하지 않았다. 조직에 관한 것과 개인에 관한 질문을 받은 사람들의 경우에는 부분적으로 동일인도 있다.

원칙적으로 인터뷰에는 녹음기가 사용되었다. 두 명의 경우는 시간이

나지 않는다 해서 서면으로 답변을 주었다. 이 답변은 개인의 의견에 관한 것이다. 또 두 명은 녹음하는 것을 원치 않아서 인터뷰하는 동안 직접 문서로 작성했다. 증거로 제시를 위해서 녹음이 필수적인 것은 아니다. 이 모든 경우는 조직에 관한 질문에 답한 사람들에 해당된다. 세 명의 경우 기술적 이유로 녹음기 없이 취재를 했는데, 계획되어 있지 않은 만남에서 인터뷰를 하여 녹음기가 미처 준비되지 않았던 경우와 예상 가능한 시간 안에서 다음 만남을 약속하는 것이 가능하지 않았던 경우이다.

대다수의 인터뷰 대상자는 한국계 이민1세대들이고, 그들과의 인터뷰는 한국어로 진행되었다. 그리고 이민2세대 여성 한 명과 독일인 세 명과 독일인에게 입양된 아이 한 명과의 인터뷰는 독일어로 이루어졌다.

비록 응답자의 대략 4/5가 자기 이름이 밝히는 데 대해 거부감을 갖지 않았지만, 필자는 통일성을 이유로 모든 인터뷰에 번호를 부여하고 번호에 따라 그것을 인용하는 방식을 택하였다.

대부분의 경우 응답자들은 질문을 하면 개방적인 자세로 대답하였다. 그렇지만 중요한 제약 한 가지가 존재했다. 한국의 양심적인 활동가들은 남한사회에서 통용되는 '국가보안법'에 대항했고, 그것 때문에 처벌을 받았다. 이와 관련된 문제들에서 응답자들은 의견을 개진하지 않았다. 그리고 필자도 그에 관해서는 인터뷰에서 어떤 정보도 얻지 않았다.

5. 연구사정과 참고문헌

독일의 한인조직과 관련한 문헌은 일절 존재하지 않는다. 외국인조직에 관한 포괄적인 소개로는 1992년에 출간된 에르테킨 외스칸(Ertekin Öz-can)의 터키계 이민자 조직에 관한 것이 유일하다.

1) Treibel 1990, S. 11.

2) 같은 책, S. 26ff; Bade in Winkler Hrsg. 1992, S. 17ff.

3) Z. B. Hoffmann-Nowotny 1970; Eisenstadt 1954; Jackson 1969; Heberle 1955; Petersen 1972; Treibel 1990, S. 17ff 참조.

4) Treibel 1990, S. 13. 이 개념은 Potts로부터 영향을 받았다.

5) Habermas 1992, S. 652; Reichow in Winkler Hrsg. 1992, S. 45ff 참조.

6) 하나의 역사적 사건을 장기간의 과정에 연결시킨 예(Elias 1992, S. 227f).

7) Einladungsbrief vom März 1989(초대편지, 1989. 3). 이 논문의 저자는 이 행사에 참석했었다.

8) '재독 한인간호사 25주년' 행사의 팸플릿 참조.

9) '베를린 한인간호요원회'에서 주최한 행사의 팸플릿 참조.

10) Ganzen den Bericht der Beauftragten der Bundesregierung für die Integration der ausländischen Arbeitnehmer und ihrer Familienangehörigen 1991, S. 7f 참조.

11) Rittstieg 1991(in NJW), SS. 1383, 1384.

12) Treibel 1990, S. 13.

13) Elias 1992, S. 282ff.

14) *Weser Kurier* 1991. 7. 15, 3면; 1991. 11. 29, 1면 "die Verhandlung hinsichtlich einer eigenen Wolgarepublik" 관련기사; 1992. 7. 24, 3면 "Jahrestag der Eröffnung der Eisenbahnstrecke vom Breslau nach Ohlau" 관련기사 참조.

15) Treibel 1988, S. 1f 참조.

16) Rittstieg 1991, S. 1384.

17) 발행연도가 없는 'Vorschlag für eine Neufassung der Artikel 116, 16 und 3 für eine nicht-rassistische Verfassung'라는 이름의 시민단체 창립발표문, Berlin, S. 7.

18) 주제들은 *Weser Kurier* 1991. 7~1993. 9의 기사들에서 발췌했다.

19) Weber 1976, S. 31.

20) Mittelstraß 1975(in ders. Hrsg.), S. 126; Alemann 1989, S. 26 참조.

21) Weber 1976, S. 31에서 재인용.

22) Alemann 1989, S. 26ff.

23) 이 요소에 관해서는 Himmelmann(1983, in Alemann/Forndran Hrsg., S. 14) 참조.

24) Weber 1976, S. 30.

25) Dahrendorf 1972(in Weber 1976, S. 32). 또 다른 구분에 관해서는 Buchholz(1969, in Alemann 1989, S. 69) 참조.

26) Lexikon zur Soziologie 1978, 'Organisation'.

27) Alemann 1989, S. 14; Etzoni 1978, S. 9.

28) 이러한 정의에 관해서는 Heinze(1979, S. 45); Weber(1976, S. 163) 참조.

29) 정당의 기능에 관해서는 Himmelmann(1983, in Alemann/Forndran, S. 22); Nohlen/Schultze(1989, 'Interessengruppen') 참조.

30) Alemann 1989, S. 187ff 참조.

31) Treibel 1990, S. 11; Diner 1993(in Balke u. a. Hrsg.), S. 21.

32) 특히 Ganzen Elias/Scotson 1993; Schütz 1972, SS. 53~69; Treibel 1990, SS. 72~78 참조.

제2부

사회발전과 이민사

1. 개괄

간략히 요약하자면 여기서는 현재적 의미를 가지고 있는 한국의 사회발전 그리고 한국에서 독일로 이주라는 현상의 원인과 과정이 서술되어야 할 것이다. 이를 통해 한국인의 사회적 변화의 배경이 분명해질 것이다.[1]

2. 사회 발전

2.1. 1910년까지의 변화

전승에 따르면 한국은 기원전 2333년 세워졌다. 그리고 일정 기간 동안 세 개의 국가로 나뉘어 있었다. 그리고 기원후 668년, 신라가 세 개의 국가를 통일한 이래 단일국가로 존재한다. 918년부터는 고려(Korea라는 이름은 여기서 기원한다)왕조가 지배했다. 불교와 샤머니즘이 문화를 형성했고, 이것은 오늘날까지 한국에서 중요한 의미를 갖는다.

1392년부터는 이씨왕조가 한국을 지배했다. 이후 중국의 문화적 영향으로 유교사상이 사회적으로 확립된 사고의 틀이 되었다. 이러한 사회적 교육은 다섯 가지 윤리적 원리로부터 정립되었다. 왕과 신하들 사이의 돌봄과 충성, 아버지에 대한 자녀의 존경, 아내에 대한 남편의 지배, 나이가 많은 사람과 적은 사람 사이의 겸손과 존경, 친구들 간의 믿음. 이러한 원리들은 절대적 가치가 아닌, 사회적 관계들을 기반으로 한다. 친구들 사이의 관계를 제외하고는 모든 관계에 분명한 위계가 있었다.[2]

여전히 유교는 한국인의 태도를 규정한다. 유교는 교육과 학업에 큰 가치를 두었는데, 전통적으로 유교는 국가의 관리등용을 위한 시험의 내용을 구성했다. 사회의 가부장적인 특징은 여성을 가사노동으로 이끌었다. 전통적으로 여성에게는 어머니의 위치가 더 강력히 요구되었다. 이것은 소가족 형태로의 변화 속에서도 유지되고 있다.[3]

이씨왕조의 시대 동안 귀족과 문필가(양반)에 의한 국가관료 체제가 성립했다. 이 체제의 최상부에는 왕(형식적)이 있었으며, 또 다른 사회계층으로는 중간계급(중인), 일반계급(양민), 하층계급(노비 및 천민)이 있었다. 특히 농민들로부터 세금과 생산물을 거두어들여서 체제를 유지시켜 나갔다. 그리고 인구의 많은 숫자가 가장 낮은 계급에 속해 있었다. 중간계급 또한 특별히 강한 힘을 갖고 있지는 않았다.[4]

사회적 구조와 유교적 사고는 사적 관계에 기초한 집단을 형성하게 했다. 형식적 통일을 위한 어떤 공간도 존재하지 않았다. 정치시스템은 개인들 사이의 (위계)관계들과 (법적 규정이 아닌) 도덕적 규범에 의해 특징지어졌다.[5]

1784년 이승훈이 베이징에서 천주교를 들여오면서 한국에 천주교가 알려졌다. 그후 천주교는 1801, 1839, 1846, 1866년의 탄압에도 불구하고 퍼져나갔다. 1885년 이후에는 특히 미국과 다른 앵글로색슨계의 나라에서 선교사들이 들어왔다.[6]

기독교가 밀려 들어오면서 종교의 다양성이 생겨났는데, 기독교는 지금의 한국에서도 중요한 역할을 한다. 하지만 한국에서는 한 종교로의 전적인 귀속은 이루어지지 않았다. 왜냐하면 서양종교의 배타적 사유방식은 동아시아 국가들의 사상에서는 낯선 것이었기 때문이다.[7]

그렇기 때문에 유교적 삶의 형태와 함께 샤머니즘적 사고방식은 한국에서 중요한 의미를 가졌다. 특히 유교를 기점으로 그 이전 시대와 그 이후 시대의 한국사회에서 여성의 영향력을 보면, 유교 이전 시대 여성의 영향력이 이후 시대보다 컸음을 알 수 있다.[8] 샤머니즘에서는 '한'이라는 개념이 중요한 의미를 가진다. '한'은 분노, 원한, 불행, 비애, 격정과 같은 감정이 다른 계기를 통해 건설적인 에너지로 전환된 것을 의미한다. 그리고 이 전환은 자주 샤머니즘의 도움을 받아 일어난다.[9] 특히 여성들이 '한'으로부터 정치적·사회적 행위의 힘을 끌어낸다.

2.2. 식민지 시기

1910년 일본이 한국을 합병하였다. 그에 앞서 1845년 일본은 포함을 앞세운 미국의 압력에 서방을 향해 문호를 개방했다. 그후 일본은 서양기술의 도입과 함께 근대적 군사국가가 되었다. 1876년 일본은 한국의 의지와 상관없이 자신들에게 유리한 조약을 강요하였고, 이 조약은 일본의 대륙진출을 위한 기초가 되었다. 1894~95년에 일본과 중국의 군사적 충돌, 1904~1905년 일본과 러시아의 군사적 충돌이 발생했다.

한국에서는 일본식민지 시기에도 유교적 사고는 유지되었다. 게다가 일본인들은 군사적·관료적 원칙에 기초한 사고를 한국에 들여왔다. 그들은 군과 경찰 기구를 통해 지배를 유지시켜 나갔다. 이러한 지배방식은 지속적으로 그 영역을 넓혀나갔고, 급기야 학교교사들도 군복과 칼을 착용하기에 이르렀다.[10]

이 시기 한국은 농업국가였다. 북쪽지방에만 약간의 광물자원이 있었을 뿐이다. 1910~28년에 일본인들은 토지조사사업을 실시했다. 이를 통해서 한국에는 근대적 토지대장이 작성되었다. 토지조사사업의 결과, 한국의 농지 상당 부분이 일본에 빼앗기는 한편으로 한국의 대지주들은 이를 통해 상당한 이득을 보았다.[11] 1916년부터 1937년까지 한국의 쌀 소비량은 20% 감소했으며, 한국인의 소비량을 제외한 쌀 생산량은 전량 일본으로 수출되었다.[12] 이러한 변화는 한국에 심각한 기근의 발생으로 귀결되었다.

산업화는 오직 일본의 필요에 따라서만 이루어졌다. 산업자본과 그에 대한 지휘권은 1940년 현재 94%가 일본인의 수중에 있었다.

1919년 제1차 세계대전이 막을 내렸다. 이와 함께 미국의 윌슨 대통령이 민족자결주의를 제창했다. 이를 계기로 한국에서는 3월의 운동이 일어났다. 1919년 3월 1일 33명의 지도자(이 가운데 15명이 개신교도이다[13])가 한국의 독립을 선언했고, 그와 동시에 전국 각지에서 시위가 발생했다. 참여자들은 주로 학생이었으며, 그 밖에도 지방에서 농민들의 시위가 잇따

랐다. 일본인들은 이 '3월운동'을 피로 물들였다.[14]

이 저항을 계기로 일본인들은 대지주층과 관료와 같은 일부 중간계급(Bürgertum)을 자신들에게 통합시켰다. 또 산업의 일부분을 한국인에게 위임하였다. 하지만 그것은 매우 작은 규모의 사업들에 국한되었다. 그리고 일부 한국인들은 일본군 장교로 경력을 시작할 수 있었다. 그렇게 소수의 계층이 식민지 권력과 가까운 관계를 맺으며 밀착되었다. 하지만 대다수의 한국인들은 이러한 상황 속에서 경제적으로 어려움에 시달렸다.[15]

공산주의 인터내셔널(코민테른)이 레닌의 영향 아래 반(反)식민지의 입장을 지지한 후, 한국에서도 공산주의 운동이 형성되었다. 한편으로는 사회적 문제가 부차적인 것이 되었다.[16] 그 밖에도 산업화 이후(1920년대 말, 1930년대 초) 공산주의 노동자·농민 조직이 생겨났다.

공산주의자들은 1926년의 시위와 저항에 주도적으로 참여했다. 이것은 이씨왕조 마지막 군주의 아들의 죽음을 계기로 터져나왔다. 1937년 일본이 중국을 지배하면서 공산주의는 불법이 되었다. 1938년 일본은 '조선인반공연맹'(Koreanische Vereinigung zum Kampf gegen den Kommunismus)을 창설했고, 한국인들도 여기에 참여했다.[17]

1944년 사회주의자 여운형이 '조선건국동맹'(Liga für die Unabhängigkeit Koreas)을 창설하였고, 그것과 연계하여 농민동맹을 창설하였다.[18]

2.3.   1960년까지 남한의 발전

2.3.1.   미군정

제2차 세계대전이 끝난 후 '조선건국준비위원회'가 한국 정치구조에서 가장 중요한 역할을 담당했다. 조선건국준비위원회에서는 공산주의자들과 여운형을 비롯한 사회주의자들이 함께 활동했다.[19] 군사적으로는 위도 38

도를 기점으로 그 위쪽은 소련이, 아래쪽은 미국의 군대가 점령하고 있었다.[20] 미국은 자신들을 해방군이 아닌 점령군으로 생각했다. 이러한 태도는 그들의 도착과 동시에 선포된 지휘권에서 유추할 수 있다.[21] 미국이 한국에 들어와서 맨 처음 한 일은 일본의 협력을 받아 식민지 시기의 행정을 넘겨받는 것이었다.[22]

미군의 지배 이전의 정치적 구조는 그들의 목표에는 맞지 않았다. 전 세계적으로 시작된 냉전은 그들의 목표를 분명하게 했고, 또한 한반도를 분단으로 이끌었다. 이를 위해 필수적이었던 남쪽의 정치적 기초는 '한국민주당'이었다. 한국민주당은 전적으로 관료와 대지주, 사업가 들로 이루어져 있었다.[23] 또한 그들은 망명지 미국에서 돌아온 정치인 이승만을 지지했다.[24]

이 시기, 경제적으로는 한국 내 일본의 자본이 한국인들에게 불하되었다. 이 적산불하(敵産拂下) 과정에서 미군정은 불하받을 사람을 직접 지정했다. 이렇게 미군정으로부터 한국 내 일본자본을 넘겨받은 사람들은 훗날에도 계속해서 적산(敵産)자본을 불하받았다. 이로써 긴밀한 정경유착이 시작되었고, 이것은 새로 생겨난 정치시스템에 결정적인 요소가 되었다.[25] 이런 한편으로 좌파들은 극심한 탄압을 받았다. 상당수의 공산주의자들이 북쪽으로 떠나야만 했다.[26]

2.3.2. 이승만 정부

1948년 5월, 남한에서는 처음으로 헌법을 제정할 제헌의회 의원이 선출되었다. 이 시기 국제정세의 변화로 인해 이미 남쪽에는 단독국가의 수립이 확정되었다. 이로 인해 남북분단이 사실화되는 데 대해 반대하면서 좌파와 민족정당들은 선거를 거부했다. 결국 정치적 원칙에 따라 단독 제헌의회(homogene Nationalversammung)가 출범하였다. 그리고 이승만이 의장으로 선출되었다. 그러나 이승만은 대지주들의 정당인 한국민주당을 정부에서 제외시키고자 했고, 그것은 인물들에 관한 논쟁을 불러일으켰다. 마침내 이승만은 자신에게 모든 것이 집중된 '자유당'을 설립했다.[27] 그 외에도 자신을 위해 헌법에 대통령제를 포함시키고 대통령 직접선거를 실시했다.[28]

1950년 6월 25일부터 1953년 7월 27일까지 한반도는 전쟁에 휩쓸렸다. 처음으로 한반도의 두 개의 분단된 나라가 충돌했다.

외부적 힘의 관여는 국제정세가 얼마나 강하게 이 나라를 지배했는지를 보여준다. 가장 먼저 미국은 자신들의 외교정책에 대한 불신을 없애기 위해 (그들의 시각에 따르면) 공산권의 공격을 격퇴하는 것이 긴급하다고 판단했다. 그리하여 미국은 유엔이 남한에 대한 지원을 권고하도록 유도했다. 그렇지만 국제조직에 위기가 찾아왔다. 구소련은 안전보장이사회에서 이 의문스러운 결의안에 투표하지 않았다. 구소련은 마오쩌둥 정부의 중국을 유엔에 받아들일 것을 요구하며 회의를 거부했다. 그리고 구소련은 무의미하게도 결의안의 적법한 효력에 대해 논쟁했다. 한편 미국은 성공적인 군사공격으로 중국과의 국경까지 진격했고, 중국은 이것이 자신들의 안전에 위협이 된다고 판단했다. 그 결과 중국이 전쟁에 참가했다. 그것은 한반도 사람들에게 끔찍한 결과를 가져왔다.

200만~300만의 시민이 목숨을 잃었고, 남한군인 25만 7천 명과 북한군인 52만 명의 손실이 있었다. 중국군의 참전기간 동안 12만 9천 명의 남쪽사람들이 죽임을 당했고, 8만 4천 명이 북한으로 끌려갔다. 그리고 알려지지 않은 숫자의 북한사람들이 남한의 점령기간 동안 목숨을 잃었다. 20만 명의 남한 청소년들이 북한군에 입대하여 싸울 것을 강요당했다. 전쟁기간 동안 대부분의 남한지역이 북의 점령 아래 들어갔고, 반대로 대부분의 북한지역이 남한군대에 의해 점령당하기도 했다. 서울은 네 차례나 점령과 탈환이 거듭되었다.[29] 전쟁은 평화가 아닌 휴전 상태로 종료되었다. 전쟁 후 경계선은 약간의 변화가 있었지만 전쟁 전으로 돌아갔다.[30] 전쟁 후 남한에서는 반공주의가 대부분의 영역에서 받아들여졌고, 전쟁으로 비롯된 모든 고통에 대한 책임은 공산주의에 돌아갔다.[31]

경제적으로는 전후(戰後) 재건을 거치면서 재벌이 형성되었다. 재벌은 지배적 사업가집단이었다. 재벌은 미국의 경제원조를 이용하여 생산(특히 생필품 산업)을 주도하게 되었다. 한편 미국은 서유럽과 일본의 성장과 함께 남한에 대한 경제원조의 기조를 변경하였다. 원조는 축소되었고, 그와 동시에 경제침체가 찾아왔다. 왜냐하면 생필품 산업이 한국 내수시장의 한계에 도달했기 때문이다.[32]

1955년 조봉암을 중심으로 해서 '진보당'이 창당했다. 진보당은 계획경제와 민주주의를 함께 내걸었다.[33] 그와 함께 정치지형에서 선명한 내용의 분열이 시작되었다. 이 분열은 이승만의 또 다른 적들이 '진보당'과 협력하지 않으면서 더 심해졌다. 왜냐하면 조봉암이 1946년 공산당과 결별을 선언했기 때문이다.[34] 그러나 진보당은 이승만의 노골적인 선거조작 그리고 이승만과 대립하던 다른 보수주의 후보자가 선거 직전에 죽었음에도 불구하고 약 30%의 지지표를 얻었다. 이리하여 보수파들 사이에게 심각한 문제가 발생하였다.[35] 하지만 1958년에 진보당의 등록이 취소되었다. 그리고 정부의 강한 압박 아래 조봉암에게는 사형이 선고되었고, 1959년 7월 31일 사형이 집행되었다.[36]

2.3.3. 4월혁명

1960년 3월, 이승만 정권은 국가기구를 총동원하여 대통령선거를 조작하였다. 그 조작의 정도가 얼마나 심각했던지 지방에서는 처음 개표한 결과 이승만에게 95~99%의 몰표가 나올 정도였다. 그리하여 이 몰표를 다시 약 86%로 낮추는 조작을 감행하기까지 하였다. 그로 인해 경제문제와 함께 선거에 대한 불만들이 터져나왔고, 시위의 행렬이 잇따랐다. 시위는 대부분 유혈사태로 끝이 났다. 이 움직임은 특히 고등학생과 대학생 그리고 청년실업자들 사이에서 나왔다. 이와 같은 유혈사태는 이승만의 하야, 미국망명으로 끝이 났다.[37]

이어 국회는 국회 시스템에 기초한 새로운 헌법을 통과시켰다.[38] 1960년 7월 29일, 새로운 국회가 출범하였으며 지난 시절의 보수적인 야당이 의회의 다수를 차지하였다. 그에 반해 진보당의 전통 아래 있던 개혁정당들은 겨우 6%의 지지를 얻었을 뿐이었다. 개혁정당들은 내부적으로 분열되어 있었고, 공공연하게 공산주의의 혐의를 받고 있었다. 한편 여당은 불확실한 내용의 내부적 분쟁에 빠져들었다. 윤보선이 대통령이 되었고, 장면이 겨우 다수를 획득하여 의원내각제의 총리로 당선되었다.[39]

1961년 5월 16일, 박정희의 지휘 아래 군사쿠데타가 발생했다. 정부는 최소한의 군비지출을 통해 경제상황을 향상시키려고 노력하였다. 그 밖에도 정치적 환경은 좌파학생들의 끊이지 않는 시위로 특징지어졌다.[40]

2.4.   군사정부

2.4.1.   개괄

계속해서 한국의 군부지배 과정이 서술될 것이다. 군부정권에 반대하는 세력의 구조에 대해서는 그 중요성 때문에 별도로 소개할 것이다.

2.4.2.   박정희 정권

2.4.2.1. 정치적 변화

박정희의 군사쿠데타 이후 반공주의는 국가의 공식적인 이데올로기가 되었다. 정부는 민간에게 권한을 이양하겠다고 약속했지만, 우선 모든 정당을 금지했다.[41] 경제적 이유로 불만이 팽배해 있었던 국민들은 민간에게 정부를 이양할 것을 요구했다. 그리고 이것은 1963년 박정희의 성공적인 대통령 입후보를 통해 이루어졌다. 이를 위해 박정희는 자신이 중심이 되는 민주공화당을 창당했고, 민주공화당에는 군 출신이 대거 포진했다. 민주공화당은 국회에서 다수를 차지했으며, 그 결과 1962년 12월 17일 국민투표로 대통령 중심제의 헌법이 채택되었다.

박정희의 반대자들은 윤보선 전 대통령을 중심으로 세력을 규합했다. 사회민주주의 성향을 지닌 개혁정당들은 각종 방해와 압력으로 내적 발전이 불가능했다. 이들 대다수가 쿠데타 이후 장기간 구금상태에 처해 있었다.[42]

1971년 4월, 박정희는 국가기구를 총동원해서 대통령선거에 나섰음에도 불구하고 간발의 차로 당선되었다. 이리하여 박정희는 1972년 10월 17일 놀랄 만한 조치를 단행하였다. 박정희는 계엄령을 선포하여 국회를 해산하고 유신(개혁)헌법을 공표하였다. 그리고 1972년 11월 국민투표를 실시하였다.[43] 이로써 대통령은 막강한 권한을 행사할 수 있게 되었다. 대통령은 사용의 제한이 없는 긴급명령권을 가지게 되었고, 또 언제든지 국회를 해산할 수 있었다. 그리고 국회의원의 1/3을 임명할 수 있었으며, 대통령은 국민투표가 아니라, 2천여 명의 대의원(Wahlmännergremium, 통일주체국민회의)의 투표로 선출하게 되었다. 1972년 12월 27일 처음이자 마지막 통일주체국민회의 투표에서 박정희는 2359표를 얻어 대통령에 당선되었다. 무효표만 2표 있었을 뿐, 반대표는 하나도 없었다.[44]

2.4.2.2. 경제발전

남한의 1인당 국민총생산은 1962년 80달러에서 1979년 1600달러로 상승하였다. 이것은 수출경제로의 총체적 전환이 가져온 결과였고, 노동자들의 수탈과 억압에 의해 이루어진 것이었다.[45] 경제성장에 요구되는 재정은 외국차관으로 해결하였다. 그렇지만 1970년대 말 경제침체가 시작되었다. 정경유착으로 자본이 비효율적으로 사용되었다.[46]

2.4.3.　전두환 정권

1979년 10월 26일 박정희가 사망했다. 그는 자신이 임명한 중앙정보부 부장의 총에 맞았다. 이와 함께 민주주의에 대한 희망이 다시 피어났다. 하지만 전두환은 스스로 지도자로 나설 것을 계획하고 군사쿠데타를 일으켰다. 이에 반대하며 저항하는 세력들에 대해서 전두환은 폭력으로 억눌렀다. 특히 심각했던 것은 광주학살이다. 1980년 5월 27일 광주에서는 수천 명이 죽임을 당하고 부상을 입었다.

계엄령 아래 전두환은 1980년 10월 새로운 헌법을 공표했다. 국민투표에서 투표인 95%가 새로운 헌법에 찬성표를 던졌다. 단 한 가지 언급할 만한, 이전 헌법과의 차이는 대통령선출에 관한 것이었다. 대통령은 단임제 7년 임기로 선출될 수 있다. 새 헌법에 따라 1981년 초에 전두환은 대통령으로 선출되었다. 그전에 민정당이 정부여당으로서 맨 처음 창당되었고, 계속해서 다른 정당들이 창당되었다.[47]

2.4.4.　군에 대한 사회적 저항

2.4.4.1. 국회 밖의 저항

군사정권의 정치가 사회적으로 반대와 저항 없이 유지되었던 것은 아니다.[48]

전통적으로 저항의 역할을 수행하던 대학생들은 적극적으로 행동에 나섰고, 그것은 잦은 시위로 나타났다. 대학생들의 저항행위와 짝을 이룬 것은 저항적 지식인들이었다. 그 대표적 인물이 김지하 시인이다. 김지하는 1970년 사회 풍자적인 시 「오적」(五賊)을 발표하였고, 이 시 때문에 사형선고를 받았다. 이후 김지하는 무기징역으로 감형되었다가 1982년에 석방되었다.[49]

　　1970년 11월, 노동자 전태일이 노동자들의 비참한 환경에 대한 사회적 주의를 불러일으키기 위해 분신했다. 전태일의 분신은 노동자계급, 독립적 노동조합들의 파업과 항의집회로 이어졌다. 이것은 이후의 변화에 중대한 분수령 역할을 한다.

　　교회의 역할 또한 특별히 중요한 의미를 가지고 있다. 조직화된 반대파들이 추적을 당했기 때문에 항의집회는 종종 기독교단체들의 몫이 되었다.[50] 그렇지만 순수한 종교적 활동만 고집하는 보수적 기독교단체 역시 존재했다.

2.4.4.2. 국회 내의 저항

국회 밖에서의 저항과 함께 국회 내부에서도 반대는 항상 있어왔다. 그러한 활동은 주도적 인물들의 개인적 대립 활동으로부터 큰 영향을 받았다.[51] 1970년부터 김대중은 인정받는 유력인사로서 확고히 자리를 잡았으며, 그와 함께 김영삼 역시 한 역할을 담당했다.[52]

　　유신헌법의 선포 이후, 김대중은 일본에 체류했다. 그곳에서 그는 한국의 정보기관에 의해 강제로 한국으로 납치되었다. 이에 국제적 항의와 내부의 정치적 압력에 부딪힌 일본정부의 태도에 힘입어 김대중에 대한 더 심한 탄압은 좌초당했다.[53] 그후 김대중은 1980년의 광주민중항쟁에 연루되었다는 이유로 사형선고를 받게 되지만, 결국 사면되었다.[54]

2.4.4.3. 저항과 통일

한반도의 분단은 한국인들에게 부자연스러운 것으로 인식되었다. 그럼에도 한반도 통일은 두 국가의 서로 다른 정치적 계산으로 인해 지금까지 좌절상태에 있다.[55] 남한에서는 이승만 정권 이래로 '국가보안법'에 의해 북한과의 교류가 금지되어 있었다. 또 국가보안법은 반국가적 단체들과의 교류를 일체 범죄로 취급했는데, 여기서 반국가적 단체는 북한의 단체들만 의미하는 것이 아니었다. 국가보안법은 정치적 반대파에 대한 법률적 억압수단의 핵심을 이루었다.[56] 또한 국가보안법은 정부 외부에서 이루어지는 통일을 위한 모든 노력을 방해하였다.

이러한 방해에도 불구하고 1980년대 들어와서부터 통일에 대한 문제의식과 북한과의 교류는 정치적 반대파에게 중요한 의미를 지니게 되었다. 광주학살과 함께 민주화에 대한 희망이 파괴되었다는 것이 그 하나의 이유가 될 수 있을 것이다. 뿐만 아니라 통일 없이는 남한에서 민주주의가 불가능하다는 판단에 따른 것일 수도 있다. 그렇지만 군은 항상 자신의 역할을 북한에 반대하는 것에 두었다.

그 결과 사람들은 외국의 권력, 특히 미국이 군부강화와 통일의 방해를 목적으로 수행하는 역할에 대해 점점 비판적으로 바라보게 되었다.[57] 광주학살에서 미국의 영향은 분명했다. 학살에 투입된 군인들은 미군사령부의 지휘 아래 있었다.[58] 그러한 이유로 남한 내에서는 반미주의가 형성되었다. 1980년부터 1986년까지 6차례 시도되었던 미문화원 방화는 반미주의의 전형적인 표현이었다. 1982년 3월에는 부산 미문화원에서도 방화가 일어났다.[59] 반미주의와 함께 또 한편에서는 민족 자체의 의미에 대한 물음이 대두되기 시작했다.

그렇지만 통일의 가치는 정치적 반대파 내부에서도 특히 민주주의와 사회에 대한 문제제기에서 논쟁적 지점이 되었다. 1980년대에는 통일을 촉구하며 대학생들의 분신시도가 여러 차례 나타났다. 그 밖에도 일부 사람들은 드러내놓고 북한을 방문하여 의식적으로 자신을 형사소송에 노출

시켰다. 문익환 목사와 대학생 임수경이 바로 그 사례이다.[60]

2.5. 군사정권에서의 전환

필리핀의 마르코스 정권이 전복하자, 정부와 반정부진영의 대화를 요구하는 목소리가 커졌다. 하지만 전두환은 대화를 거부했고, 결국 1987년 6월에 여당(민주정의당) 소속의 장군 출신 노태우가 대통령후보로 뽑히도록 했다. 그 결과 전국적으로 시위가 잇따랐으며, 시위에는 중산층까지 참여했다.

마침내 1987년 10월 9일, 국민투표로 새로운 헌법이 결정되었다. 헌법에 따라 군부는 정치적으로 중립을 지켜야 한다는 것이 확정되었고, 보도검열은 금지되었다. 그리고 대통령에 대응하는 국회의 힘이 강해졌고, 비상사태에 대한 대통령의 권한은 제한되었다. 대통령 임기는 5년의 단임제로 결정되었다.[61]

김대중과 김영삼이 대통령후보로 나서면서 야당은 분열되었고, 결국 노태우가 대통령으로 선출되었다. 그후 1993년의 대통령선거에서 노태우는 현직 대통령으로서 김대중에 대항해 김영삼을 지지했다. 그렇게 해서 김영삼이 대통령으로 선출되었다. 선거에서는 내용에 대한 논쟁이 중요한 역할을 했다. 김영삼 정부는 박정희가 군사쿠데타를 일으킨 이후 최초로 군부지배에서 벗어나 민간정부를 수립했다.[62]

2.6. 정치시스템과 개인적 관계들

지금까지 살펴본 바와 같이 한국의 정치시스템에서는 개인적 관계들과 경쟁이 중요한 역할을 했음이 밝혀졌다. 그에 비해 정당과 이익단체들의 중요성은 상대적으로 뒤로 밀려나 있었다. 이러한 풍토는 문화적인 전통에 힘입어 형성되었다고 볼 수 있다. 유교사상은 개인적 관계들을 바탕으로 해서 세계관을 확립했다. 그리고 이러한 사고방식은 다음과 같은 정치적 변화의 틀 속에서 유지될 수 있었다. 맨 처음에는 미군정의 행정조치 그리고 훗날 '진보정당'의 제도권 진입을 차단함으로 해서 정치적 다양성은 매우 협소해졌다. 정치적 판단기준의 체계가 무의미할 정도였다. 그나마 정치적 판단기준이 있었다고 한다면 무엇보다도 각각의 군사정권에 대한 태도와 민주주의에 대한 문제의식이 결정적인 역할을 했을 것으로 보인다. 한국경제를 이끌어가는 집단은 확실히 정권과의 좋은 관계에 힘입어 자신들의 위치를 다져나갈 수 있었다. 이러한 사실 역시 정치적으로 구성 가능한 일정한 방향의 이해관계를 발전시키는 데 아무런 도움이 되지 못했다. 김대중과 김영삼이 대통령후보로서 벌인 논쟁은 처음으로 실질적인 내용을 담고 있었다.[63]

3. 이민

3.1. 개괄

한국을 떠나는 이주현상은 한국의 정치적·지리적 위치 때문에 그 역사가 오래되었다. 예를 들어 오래전부터 중국과 러시아에는 한국인 소수집단이 있어왔고, 식민지 시기 들어와서부터는 일본에도 한국인 소수집단이 존재했다. 그외에도 고전적인 이민국가인 미국과 캐나다, 오스트레일리아, 뉴질랜드로도 이주가 이루어지고 있었다. 그리고 서유럽의 몇몇 국가에도 한국인 소수집단이 존재한다. 이렇게 한국을 떠난 이주민의 숫자는 400만 명에 이르는 것으로 평가되고 있다.[64]

여기서는 독일이민에 국한해서 서술할 것이다.[65] 독일이민은 주로 남한에서 구서독으로 이주하는 것이었으며, 노동이민이 주를 이루었다. 독일로 이주한 가장 큰 집단은 간호사와 광부, 두 집단이다. 그리고 소수이지만 망명을 인정받은 집단이 있다. 그 밖에 독일 속의 한인집단에 속해 있는 사람들로는 대학생들과 사업가들 그리고 그 가족들이 있다. 이 사람들은 대부분 다시 한국으로 돌아간다. 그럼에도 불구하고 그들도 노동이민자들과의 관계에서 일정한 역할을 수행했다. 물론 북한사람들도 동독으로 가기는 했었지만, 거의 대부분이 독일통일 이후 북한으로 돌아갔다. 그들의 대부분은 교육을 목적으로 동독에 갔다.

먼저, 이민의 원인과 결과가 서술되어야 할 것이다. 그와 연결해서 몇몇 집단의 이민과정이 소개될 것이다. 여기서 중점은 노동이민을 온 두 집단에 둘 것이다. 그와 함께 오늘날 독일 속 한인의 총체적 삶의 모습이 드러나야 할 것이다.

3.2. 이민의 사회적 원인과 결과

3.2.1. 경제정책으로서 인력수출

소개된 것처럼 박정희 정권과 그 이후 정권 아래서 한국의 경제정책은 수출 중심으로 수립되었다. 그 선상에서 인력수출에 대한 사고가 생겨났다. 이러한 틀 안에서 광부와 간호사의 독일이민을 살펴보아야 할 것이다. 이어서 또 하나의 인력수출 활동으로는 '건설계획'(construction programme)이 있었고, 이에 따라 산유국들과 건설계약이 체결되었다. 이를 통해 한국 경제에서 외화소득이 차지하는 비율이 눈에 띄게 높아졌다. 1969년 1억 달러이던 외화소득이 1976년에는 약 10억 달러로 급증했고 이듬해부터는 20억~30억 달러의 외화소득을 올렸다.[66] 그와 동시에 부분적으로 오일쇼크가 시작되었다. 건설노동자들은 주로 한국기업에 소속되어 일을 했고, 따라서 노동조건이 한국현실에 맞게 갖추어지는 것이 허용되었다.

인력수출과 관련해서 특히 중요한 것으로 한국의 베트남전쟁 참여를 들 수 있다. 한국군의 참전비용은 미국이 지불하였는데, 참전군인의 급료가 달러로 지급되었다. 1965년부터 1970년까지 한국군의 베트남전 투입으로 거두어들인 외화소득이 약 10억 달러에 이르렀으며, 심지어 1968년에는 베트남전 참전에 의한 외화소득이 수출소득을 능가했다.

3.2.2. 경제와 사회에서의 결과들

인력수출은 경제적으로 수출 주도의 경제계획과 그에 따른 산업시설 건설에 투입할 재정을 조성하는 데 기여를 했다. 간호사들은 일정 기간 동안 연간 약 5천만 달러를 독일에서 한국으로 송금했다. 그렇지만 이러한 정책의 정치적·사회적 결과는 참담했다.[67] 독재정권은 인력수출에 부수적으로 따르는 지원을 받았는가 하면, 베트남전 참전은 한국사회가 병영화로 나아가는 데 일정한 역할을 했다. 그런가 하면 외화벌이의 기초가 되었던 사람들이 겪어야 했던 인간적인 어려움에 대해서 한국사회는 전혀 관심을 기울이지 않았다. 한국에서는 광부와 그리고 부분적으로는 간호사에 대한 사회적 시선이 높은 편이 아니었다. 특히 광부는 한국의 사회적 체계에서 결코 높은 위치에 있지 않았다. 그리고 간호사들은 한국에 비해 성적으로 자유로운 서구의 삶 때문에 동족들의 불신에 직면해야 했다. 예를 들어 한국대사관의 노동담당 부서는 한인 노동자들에게 거만한 태도를 취하기 일쑤였으며 그들에게 도움을 주려는 노력은커녕 모습조차 보이지 않았다. 한국대사관의 이런 자세는 한인 유학생들이 정중한 대접을 받았던 것과 대비된다.

독일의 상황으로 인해 한국에서는 간호조무사 교육을 받고자 하는 여성들이 많아졌는데, 이 여성들은 온 가족을 위해 자신을 희생하는 가족드라마를 만들어냈다. 이들 중 상당수는 사우디아라비아로 가기도 했는데, 그곳에서는 상당히 한정된 노동조건에 노출되었다. 그리고 노동인력의 수출은 한국의 보건환경에 문제를 발생시키는 부정적인 효과를 낳았다. 부분적으로 간호사들이 독일로 떠나는 동안 한국에서는 간호사 부족현상이 일어났던 것이다. 어쨌거나 이 나라에서 공중보건을 구축하는 것은 어려운 일이었다. 왜냐하면 독일의 노동조건이 훨씬 매력적이었기 때문이다.

독일뿐 아니라 산유국들로의 남성노동자 수출은 각종 가족문제를 양산했다. 대부분의 남성노동자들이 결혼을 했고 가족을 한국에 남겨두고 떠났다. 가족들과 함께 떠나는 것은 무척 어려운 일인데다, 특히 산유국가에서는 금지된 것이었다. 남편은 돈 벌러 가고 한국에 살고 있는 아내들이 남편이 송금한 돈을 마음대로 써버리거나 다른 남자에게 열중하는 일도 종종 일어났다. 그리고 남편들이 다시 한국에 돌아왔을 때는 문제가 발생하곤 했다.

3.3. 이민집단

3.3.1. 간호사

3.3.1.1. 모집요강

1959년부터 1976년까지 한국에서는 독일파견 간호사들의 모집이 진행되었다. 원래는 법에 위배되는 것이었지만, 처음에는 간호사 모집이 사적으로 이루어졌다. 주로 가톨릭단체들이 간호사 모집활동을 했는데, 가톨릭병원을 위해 간호사들을 찾다가 이것이 독일파견 간호사 모집으로 이어졌고 부분적이지만 수도원의 새로운 수련생을 찾기도 했다.[68] 이어서 상업적 중개인들도 간호사 모집에 뛰어들었다.[69] 특히 상업적 중개인들이 간호사를 모집하는 과정에서는 갖가지 스캔들이 발생했는데, 이를테면 간호사들의 급여에서 중개인의 알선비 혹은 '기부금'이 빠져나가는 일도 있었기 때문이다.[70] 이와 관련해서 자세한 내용은 뒤에 다시 다루도록 하겠다.

공식적인 모집은 1971년 7월에 시작되었다. 독일병원협회와 한국의 정부기관인 '해외개발공사'(KODCO)의 협약이 그 기초가 되었다.[71] 이 협약에 기초해서 모집된 간호사는 통틀어 약 1만 명이었다.[72] 다른 나라에서 모집된 외국인 노동자와 달리, 이 협약에 기초한 모집의 경우 특별한 점은 독일에서 파견된 모집단체가 중심이 되어 신청여성들의 선발이 이루진 것이 아니라 한국측이 직접 모집여성을 선발했다는 점이다. 독일행 비행기 요금은 고용자가 부담했지만 돌아가는 한국행 비행기 요금은 파독여성들이 부담해야 했다.[73]

공식적으로 이 협약에 따른 모집은 한국의 발전을 돕는다는 명목을 가지고 있었다. 하지만 그것은 사실이 아니었다. 특히 한국 간호사들의 교육수준을 생각한다면, 결코 타당하다고 볼 수 없었다. 그것은 오히려 독일에 있는 한인여성들의 저개발국(한국) 원조로 보아야 할 것이다.[74]

3.3.1.2. 교육

한국인 간호사들은 교육받은 수준에 따라 두 가지로 분류될 수 있을 것이다. 하나는 국가고시에 합격하여 간호사가 된 사람들이고, 또 하나는 간호조무사(Krankenpflegehelferin)들이다. 정식 간호사가 되기 위해서는 다시 두 가지 길을 통해 교육받을 수 있는데, 전통적인 방법으로는 대학교육을 받는 것이 있고 또 한 가지 방법으로는 간호사 교육을 위해 특성화된 교육기관을 통하는 것이다. 두 가지 경우 모두 정식 간호사가 되기 위해서는 동일한 국가시험을 통과해야 한다. 그리고 국가고시에 통과하기 위해서는 높은 수준의 교육이 요구된다.[75] 후자의 방법은 직접적으로 독일이나 미국으로 이민을 목적으로 한 여성들을 대상으로 만들어진 것이었다. 이 경우에는 중등교육과정을 마친 여성들에게도 열려 있었기 때문에, 젊은 여성들이 여기에 많이 지원했다. 이처럼 교육수준이 매우 높은 편이었으며, 의학적인 지원의 수준까지 포괄하고 있었다. 따라서 한국의 교육은 그 시대 독일 간호사 교육이 간병에 중점을 둔 교육이었던 것과 비교해 볼 때 국제적으로도 충분히 인정되는 수준이었다. 그에 비해 간호조무사 교육은 그보다는 낮은 수준이었다. 간호조무사 교육은 모집이라는 틀 안에서 독일에서 요구하는 수준에 맞추어 기본적인 간호사 교육을 하는 수준이었다. 그리고 이것은 조무사 교육을 받은 많은 여성들이 자신들의 기대에 미치지 못하는 현실을 접하고 실망하는 원인이 되었다.[76]

3.3.1.3. 적응의 문제

간호사들의 첫번째 근로계약 기간은 3년으로 정해져 있었는데, 이는 체류허가와 직결되는 문제였다. 따라서 상당히 많은 문제가 일어났다. 왜냐하면 이 시기에 가장 중요한 적응의 문제가 발생했으며, 또 간호사들에게는 불이익을 당하지 않고 고용주를 변경하는 것이 불가능한 일은 아니었지만 법적으로 많은 제약이 뒤따랐기 때문이다. 개별적으로 비록 간호사들이 이미 1년 동안 일을 했다 해도 고용주를 바꿈으로 해서 비행기 요금 일체를 배상할 것을 요구받는 경우도 있었다. 적응의 문제는 특히 요양원에서 심각하게 발생했는데, 요양원의 경우에는 높은 수준의 교육이 최소한으로밖에 필요하지 않았을 뿐 아니라 간병의 역할이 중심이었기 때문이다. 그 밖에도 간호사들은 육체적으로 힘든 일을 해야 하기 일쑤였는데, 이런 일을 하는 데 전혀 적합하지 않게 한인여성들의 체구는 작았던 것이다. 물론 이와 함께 언어문제가 간호사들의 어려움을 가중시키는 데 한몫을 했다. 독일어 수업이 제공되었지만 현실적인 필요에 비해 불충분해서, 대부분의 간호사들은 개인적으로 공부를 해야 했다. 또한 심리적인 문제도 발생했다. 한국사회에서는 어떤 문제가 일어나거나 마찰이 발생했을 경우 여성들이 직접적으로 나서서 해결하는 것이 관례 혹은 일반적인 현상이 아니었다. 그렇기 때문에 한인여성들은 자신들의 이해관계를 충분히 강하게 드러내는 데 익숙지 않은데, 이런 성향은 예를 들어 업무를 분담하는 데서 불이익을 당하기 십상이었다. 때로는 독일인 동료들이 이런 한인여성들의 성향을 이용하기도 했다. 이와 관련한 한인간호사들의 불만은 공공병원보다 종교단체에서 운영하는 병원에서 더 크게 나타났다.[77]

처음에는 한인간호사들의 경우 연금보험에 가입되어 있지 않았으며, 이것은 그녀들이 독일에 머무르게 될 경우 단점으로 작용했다. 하지만 그녀들이 한국으로 다시 돌아가거나, 계속해서 다른 나라로 이주한다면 장점이 될 수 있었다.[78]

주거상황은 그래도 간호사 기숙사에서 생활하는 경우가 많았기 때문에 다른 이민집단에 비해 좋은 편이었다. 하지만 간호사 기숙사에서 함께 음식을 만들어 먹을 때는 어려움이 따랐는데, 가령 레인지가 충분치 않아 한인간호사들이 뒤로 밀리는가 하면 혹시 저녁식사로 한국음식을 요리했다면 음식 특유의 냄새와 마늘냄새 때문에 함께 사는 독일인들의 항의가 빗발쳤다.[79]

모집협약에 포함되어 있었던 사회상담(Sozialberatung)은 충분하지 않았다. 한인을 위한 사회사업(Sozialdienst)에 할당된 자리는 모두 합쳐서 열세 자리에 불과했을 뿐이며, 그 가운데 9.5자리가 카리타스(Caritas)에 소속되어 있었다. 한인사회에서는 자신의 문제를 다른 사람에게 공개적으로 밝히는 것이 일반적이지 않다는 점도 문제를 더 심각하게 했다. 카리타스와 관련해서는 이따금 종교적 제약이 뒤따랐다. 거기에다 흔히 고용주들은 사회사업을 중요하게 받아들이질 않았고 그 때문에 사회사업의 실시가 미진한 편이었다. 시골지역에서는 사회사업이 실질적으로 연결되어 있지도 않았다.[80]

간호사들에게 또 다른 심각한 문제로는 자신들의 생활과 근무 조건에 대한 정보가 매우 부족했다는 점을 들 수 있다. 정보의 부족은 초기에 간호사들이 자신들을 둘러싸고 있는 환경을 정확히 인식하는 데 어려움을 겪게 했다. 대부분의 간호사들은 단 한 차례도 한국어로 된 근로계약서를 받지 못했다.[81]

3.3.1.4. 독일행의 동기

독일로 온 간호사들의 나이는 18~30세가 주를 이루었다. 그중에서도 특히 21~25세가 큰 비중을 차지했다. 대다수 여성들이 미혼이었다. 이주동기에 대한 간호사들의 답변은 이들의 특수한 상황을 잘 보여준다. 비록 경제적인 것이 중요한 동기로 작용하긴 했지만, 이들에게는 다른 경제적 배경이 존재했다. 이들 간호사의 상당수는 경제적으로 중간계층에 속하는 집안의 출신이었다. 때문에 유럽의 다른 이민집단처럼 직접적인 빈곤이 이주의 중요한 동기라고 볼 수가 없었다. 한국과 독일의 경제적 상황의 차이 때문에, 순수한 경제적 관점에서도 확실히 이주는 이들에게 유리했다. 그리고 사회보장이 지닌 장점들까지 포함시킨다면, 1965년 독일에서 간호사의 소득은 한국보다 약 4배가 높았다.[82]

유럽에 대한 관심이나, 적어도 한번은 다른 나라에서 살아보고 싶다는 욕구도 이주의 동기로 자주 언급되었다. 왜냐하면 이 또한 외화에 대한 제약 때문에 다른 방법으로는 실현되기 어려운 것이었기 때문이다. 그와 함께 또 다른 교육의 기회에 대한 희망을 비롯한 갖가지 개인적인 이유들도 한몫을 담당했다. 이 경우는 한국에서 전통적으로 여성에게 가해졌던 사회적 억압이 떠남의 동기가 될 수도 있었음을 보여주는 것이었다. 여기서 떠남은 해방의 한 가지 방식이었다. 또 한 가지 주의를 기울여야 할 것으로 독일과 한국의 문화적 연결고리를 들 수 있다. 특히 독일의 음악가들은 한국에도 잘 알려져 있다. 독일만이 아니라 한국에도 꿈의 나라를 희구하는 울림이 있다. 그것은 비참한 역사의 경험에도 불구하고 흐려지지 않는 것이었다.[83] 독일행은 한국에서 경제적으로 어려운 처지에 있는 가족 출신의 여성들이 발을 내디디기에 비교적 비용이 적게 드는 편에 속했다. 이 경우는 대학교육을 받지 못한 간호사들이 독일행을 결정하는 경제적인 동기로서 큰 역할을 했다는 점에서 참조할 만한 요소이다.[84]

3.3.1.5. 체류와 귀향

간호사들의 절반 이상이 독일에서 자신들의 기대가 충족되었다고 판단했다. 이와 관련해서는 체류기간이 길수록 더 긍정적인 반응을 보였다. 그런 만큼 한국으로 송금도 줄어들었는데, 1971년 송금규모는 1100만 독일마르크였다. 결혼을 했거나 자신의 소득에 만족하는 여성들일수록 만족도는 더 높았다. 그리고 정보를 더 많이 가지고 있으면 그만큼 더 만족해했다. 그러나 대부분의 간호조무사들은 자신의 기대에 미치지 못해 크게 실망을 했다. 왜냐하면 간호조무사들은 일반적으로 요양원에서 특히 고된 노동을 해야 했기 때문이다.

독일체류의 기간이 길면 길수록 그만큼 귀국하려는 마음은 엷어졌다. 이것은 교육수준이나 독일생활에 대한 만족도와는 상관없었던 것으로 보인다. 그렇지만 귀국을 결정하는 데 가장 중요한 요소는 가족의 상황이었다. 가족의 상황이 귀국 여부를 좌우했는데, 특히 결혼이 귀국의 주요한 동기였다. 이와 마찬가지로 독일에서 배우자를 만나 결혼한 경우, 이것이 독일에 머무르게 된 주된 동기가 되었다. 한국에 돌아가 다시 직업인의 생활에 편입되기가 매우 어렵다는 점도 귀국 여부를 결정하는 데 중요한 요소로 작용했다. 왜냐하면 한국과 독일의 직무체계나 업무형태가 상당히 달랐기 때문에 한국의 취업시장에서 독일 간호사경력은 아무런 장점이 없었다. 또 귀환자들의 나이가 24~27세였다는 점에서 짐작할 수 있듯이, 노처녀(old Miss)가 되지 않기 위해서는 한국의 전통에 따라 빨리 결혼을 해야 한다는 의식도 강했다. 한국의 노동시장은 점점 더 많은 기회를 제공하고 있었지만, 종종 여성들에게는 이것이 아무런 대안도 되지 못했다. 더 높아진 눈도 독일에 남게 된 한 가지 이유가 되었다. 이렇게 해서 절반 정도의 간호사가 한국으로 돌아갔다.[85]

1974년 독일은 경제위기를 겪으면서 독일인들에게 간호사 직업은 다시 매력적인 것이 되었다. 동시에 노동시장에서 독일인과 유럽 출신 외국인에게 법적인 우대가 강행되었다. 특히 바이에른과 바덴뷔르템베르크 주에서는 노동계약 기간이 끝난 한인간호(조무)사들에게 더 이상 체류허가를 연장해 주지 않았다. 그렇다고 해서 이런 한인여성들을 추방하지는 않았지만, 이로 인한 어려움이 귀국의 동기가 되었던 것은 분명하다. 한편 이러한 상황에 대한 저항이 성공적으로 이끌어지기도 했다.[86]

3.3.2. 광부

3.3.2.1. 개괄

비록 많이 알려지지는 않았지만 광부는 간호사와 함께 한인이민자들 중
가장 큰 집단이다. 여기서 소개될 광부집단의 이민과정은 간호사들의 이
민과정에 대한 설명에 기대고 있다.[87]

3.3.2.2. 모집과 인적 범위

간호사와 마찬가지로 광부 역시 1963년 모집에 관한 정부협약에 기초하
여 모집이 이루어졌다. 1977년을 끝으로 광부모집은 마감했으며, 그때까
지 약 8천 명의 광부가 독일로 떠났다. 간호사의 선발과정과 달리, 한국
측에 의한 광부모집은 각종 부정행위로 얼룩진 문제들을 양산했다. 원래
는 광부로 일한 경험이 있는 사람들이 선발되어야 했다. 하지만 현실에서
는 대학생을 비롯하여 일반회사원이나 그들과 유사한 정도의 기초지식밖
에 없는 사람들이 선발되기 일쑤였다. 이러한 사람들이 광부지원을 한 동
기는 일반적으로 독일에서 일정 기간 돈을 벌기 위해 혹은 경험을 넓히기
위해서였다. 이미 앞에서 언급했지만 독일에 대한 좋은 이미지가 독일행
을 결정하는 요소로 작용하기도 했다. 경제적인 이유는 간호사의 경우보
다 훨씬 더 중요했던 것으로 보인다. 필자가 수집한 정보에 따르면, 독일에
광부로 온 사람들의 상당수가 한국에서 실업상태였다. 결혼한 사람의 비
율도 간호사와 비교해 볼 때 높았다.

3.3.2.3. 생활상황

법적인 상황으로는 3년으로 한정된 (한 회사로 제한된) 노동계약과 거주허
가가 특징적이었다. 계약기간 종료 후에는 귀환이라는 수순은 이미 예상
할 수 있는 것이었고 현실적으로 그렇게 되었다. 이러한 제약조건은 노동

조건이나 상황에 직접적으로 영향을 끼쳤으며, 그것은 상당히 혹독했다. 간호사들과 달리 광부들은 이 같은 제한적인 상황을 타개하는 것이 법적으로 불가능했다. 적응의 문제 역시 간호사와 비교하여 분명히 더 심각했다. 몇 개의 단어를 넘어서는 어학수업은 애당초 제공되지 않았거니와, 강도 높은 업무와 그로 인한 피로 때문에 개인적으로 독일어를 배우는 경우도 매우 드물었다. 이미 예정되어 있는 수순과 형편없는 독일어 구사능력 때문에 광부들은 더더욱 기숙사에 묶여 있을 수밖에 없었다. 주거밀도와 위생상태도 간호사들에 비해 좋지 않아서 종종 매우 심각한 문제가 발생하곤 했다. 한국음식을 요리하는 것조차 금지되어 있는 곳도 있었다. 이러한 이유에다 직업상의 문제 때문에 광부들의 질병 발생률이 매우 높은 것으로 나타났다. 그런데다 가벼운 질병도 해고나 한국으로의 추방으로 이어지곤 해서, 광부들은 이에 대한 항의를 이끌어냈다.[88] 한편 주거가 기숙사로 집중됨에 따라 이것은 고용주에 대한 강한 의존을 가져왔다. 언어문제는 광부들을 통역에 의존하게 만들었는데, 통역 역할을 하는 사람들은 흔히 한국의 독재정권을 위해 일하고 있는 사람들인데다 그것도 고용주가 선발했다. 그렇기 때문에 통역자들이 광부들의 이익이나 그들 개개인의 사정을 위해서 일하지는 않았다.

광부들은 연금보험에 대한 의무가 없었다. 연금에 대한 고용주와 노동자의 할당액은 특별기금으로 적립되었고, 귀환하는 광부에게는 이 기금으로부터 돈이 지급되었다. 대사관을 통한 행정업무는 비정규적인 것이었기 때문에 귀환광부에게 직접 돈이 지급되었다. 고용주의 모집비용과 비행기 요금도 이 기금에서 지급되었기 때문에, 고용주는 광부모집으로 인한 추가비용이 발생하지 않았다. 조기귀환이나 기금의 행정업무 비용 같은 것 역시 기금에서 지불되었다. 이 기금은 1987년에도 290만 독일 마르크가 비축되어 있었지만, 기금의 사용에 대한 상세한 내용은 제시되지 않았다.[89] 당시 이 특별기금이 보유한 돈과 그에 따라 발생하는 이자는 한국의 노동부가 관리하고 있었다.[90]

3.3.2.4. 체류와 귀향

여러 가지 문제에도 불구하고 파독광부의 대략 절반 정도가 독일에 머무르고 있다. 독일에 머물기로 결정한 데는 한국에서의 불투명한 미래가 한 가지 이유가 되었을 것이다. 또 고용주 쪽에서 볼 때도 3년이 지난 광부들을 돌려보내고 새로운 노동자를 데려와 교육시키는 것보다 3년의 경험이 있는 광부들이 끌렸을 것이다. 533명이 이런 경우였다. 계속 독일에 체류하는 또 하나의 경우로는 간호사로서 독일체류가 보장된 한인여성과 결혼한 사람들이 있었다. 그리고 몇 차례 항의를 거듭한 끝에 400명의 한인 광부들이 보장된 체류권을 얻어내었는데, 이것은 한국의 정치적 상황에서 기인한 것이었다.

그리고 165명의 경우 독일연방정부 경제협력기구의 주선으로 직업교육을 이수할 수 있었다. 120명의 한국인이 독일의 대학에서 공학을 공부할 수 있었고, 이를 통해 한국에서 취업의 기회를 획득했다. 지멘스 사 같은 경우에는 한국과 관련된 노동인력을 창출하기 위해 교육을 지원했다. 이런 한편으로 한국에서 자신의 위치를 만들어내는 데 어려움을 겪은 귀환자들도 상당수 있었는데, 이들의 경우 한국의 현실에서는 나이가 너무 많았기 때문이다. 이들 가운데 일부는 사우디아라비아나 미국 등지의 다른 나라로 다시 떠났으며 또 일부는 그동안 모은 돈으로 한국에서 택시를 구입해서 생업에 종사하기도 했다. 사실 광부모집은 한국 광산업의 발전을 위한 노력의 일환으로 시작되었음에도, 광산지역의 현실 때문에 독일에서 광부생활을 했던 사람들 가운데 한국의 광산으로 간 사람은 한 명도 없었다.

3.3.3. 망명한인

독일에는 정치적으로 탄압받은 것이 인정된 한인이 60~100명가량 존재한다. 여기에는 대학생과 지식인 그리고 부분적이지만 독일에서 정치적으로 활동하고 정부에 대항했던 광부들이 속한다.[91] 1967년, 한 사건이 사회적으로 큰 물의를 일으켰다. 한국의 중앙정보부가 독일에서 한인 여러 명을 납치하여 한국으로 끌고 가 북한을 위한 간첩행위를 했다는 혐의로 재판에 회부했던 것이다. 이에 독일정부는 공개적 항의와 외교적 압력을 행사하였으며, 마침내 납치되었던 한인들 모두 다시 독일로 돌아올 수 있었고 난민으로 등록되었다. 이와 관련한 또 다른 사안으로는 한국중앙정보부가 당시 대학생이었던 김성수를 한국으로 납치하려고 시도했던 사건이 있다.[92]

3.3.4. 입양아

산업화의 과정에서 한국에서는 노동자들의 빈곤이 심각해졌다. 그리고 사생아에 대한 유교적 금기가 있었다. 이러한 현실 속에서 아이들을 외국으로 입양 보내는 일이 법적으로 별 어려움이 없게 되었는데, 이 법은 1982년까지 유지되었다. 1962년부터 1979년까지 한국에서 외국으로 입양된 아동은 총 5만 4769명에 이르렀다. 그 가운데 1800명이 국제입양기구 '인간의 대지'(Terre des Hommes)의 주선으로 독일로 입양되었다. 한국아동의 독일입양이 본격적으로 이루어진 것은 1971년부터인데, 독일은 입양의 역사에서 다소 뒤늦게 시작되었다.[93]

3.3.5. 유학생

1911년 한인학생 한 명이 베를린에 있는 대학에 등록했다. 이것이 한인 최초의 독일유학이었으며 그후 1950년대까지 독일의 한인유학생은 100명이 채 안 되었다. 일본의 한국점령과 한국전쟁도 외국유학생 숫자가 많지 않은 원인이 되었다. 1960년대에 들어와서 유학생의 숫자가 늘어나는데,[94] 실례로 1975년 여름학기 때 구서독의 대학에 등록한 한인유학생은 579명이었다. 그 뒤로도 1983~84년 겨울학기에는 1946명, 1988~89 겨울학기 3557명, 1992~93년 겨울학기에는 4686명이 등록하는 등 한인유학생의 숫자는 꾸준히 늘어났다.[95] 그리고 1980년부터는 연간 약 50명의 한국 출신 학생들이 박사학위를 취득하였다.[96]

3.3.6.   상업종사자

독일 속 한인의 외연확장에는 사업가나 기업 소속의 주재원 또한 포함된다. 한국의 해외수출은 1964년부터 1993년까지 700배나 증가했다. 1993년 현재 한국의 수출규모는 세계 전체에서 13위를 차지한다.[97] 현대, 삼성, 대우, 금성 등과 같은 대기업과 여러 은행이 독일에 진출했으며, 그 밖에도 중소규모의 기업들도 지사를 두고 있다. 그 중심은 프랑크푸르트이다.[98]

3.4.   체류단계와 생활실태

3.4.1.   사회적 관계

3.4.1.1. 통계

1994년 12월 31일 현재 독일에 거주하는 한국국적의 사람은 2만 930명이며, 그중 남성은 9769명이고 나머지 1만 1161명이 여성이다. 여성이 상대적으로 많은 것은 광부보다는 간호사들이 더 많이 독일에 머물렀기 때문이다. 이 통계에는 한국 출신으로 독일시민권을 획득한 사람은 포함되어 있지 않지만, 유학생을 비롯하여 기업이나 사업과 관련된 사람들은 포함되어 있다. 대략적인 평가에 따르면, 국적과 상관없이 평균 1만~1만 2천 명의 한국 출신 성인이 독일에 살고 있는 것으로 추정된다.[99]

3.4.1.2. 종교

평가에 의하면 독일 거주 한인의 50~60%가 기독교도이며, 개신교와 가톨릭이 대략 반반을 이루는 것으로 보인다. 나머지는 소수의 불교도를 제외하고는 종교를 갖고 있지 않았다. 한국 내 기독교인의 비율과 비교할 때, 독일에 살고 있는 한국 출신의 기독교인 비율이 더 높은 것으로 나타났다. 특히 전체 한국인의 종교현황과 비교해 보았을 때, 독일 거주 한인의 경우 가톨릭신도의 비율이 상당히 높았다. 이것은 가톨릭단체들이 파독간호사 모집의 초기에 큰 역할을 담당했고, 한인간호사들의 사회적 상담을 도맡아 한 데서 기인한다. 독일 거주 한인의 연령을 살펴보면 35~50세가 약 50%를 차지한다.[100]

3.4.1.3. 직업과 소득

일찍이 1984년 현재 독일 거주 한인의 7554명이 직업을 가지고 있었는데, 그중 광부로 와서 여전히 광산에서 일하는 사람은 203명뿐이며 3225명이 공장에서 일을 했다. 이것은 광산노동자들이 갱도 속에서의 중노동에서 노동강도가 덜한 다른 직종으로 가능한 한 옮기려고 애썼음을 의미하며, 직업교육 수준이 높을수록 직업이동은 용이했던 것으로 보인다. 그리고 2616명이 간호직종에 종사했다. 이 수치는 독일에 거주하고 있는 한인 간호사의 숫자에 비해 낮은데, 그 이유는 파독간호사로 와서 결혼을 하고 가정주부가 된 사람들이 있었기 때문이다. 또 엄청난 집념의 학구열로 대학입학을 해서 졸업까지 한 간호사들도 몇 명 있었다. 이런 일이 가능할 수 있었던 것은 다음과 같은 상황으로 설명할 수 있을 것이다. 독일에 온 상당수 간호사들은 경제적으로 중간계급 출신이었다. 그녀들은 이미 한국에서 간호학교를 졸업하고 국가간호사 자격을 획득하는, 힘들지만 빠른 길을 거쳤다. 그렇기 때문에 그녀들은 강도 높은 교육에 익숙해 있었을 뿐 아니라, 젊었다. 게다가 당시 독일은 고등교육의 기회를 개방하는 것이 지배적인 분위기였고, 대규모 연방교육진흥법(BAFöG, 직업과 직업교육 진흥법)에 의해 재교육의 길이 열려 있었다. 전통적으로 한국인들은 교육을 중요하게 여긴다는 점과 간호사라는 직업의 특성상 광부들보다는 언어의 장벽을 쉽게 극복할 수 있었다는 점 또한 이런 놀라운 결과를 가능하게 했을 것이다. 그 밖에 1417명이 자영업에 종사하고 있었다.[101]

한편 1992년[102]의 통계를 살펴보면, 한국국적의 남성 125명이 에너지 산업 분야에서, 437명이 가공생산업체에서 사회보장보험의 의무를 이행하며 일하고 있었다. 그리고 한국국적 여성 2087명이 서비스산업 분야에서 일하고 있었다. 이 수치를 보면, 독일시민권을 취득해서 이 통계에 포함되지 않은 한국 출신의 사람들을 감안한다 하더라도 한인 공장노동자는 크게 줄어들었다는 것을 알 수 있다. 1984~90년에 남성 557명과 여성 1347명이 독일시민이 되었다.[103] 이 시기에 한국으로 돌아간 사람은 의미 있는 숫자가 못될 만큼 미미했다. 또 조사결과는 1984년 이후 한인남성의 경우에는 이동이 잦았던 데 비해, 같은 시기 여성의 유동성은 확실히 종결되었음을 보여준다. 남성들의 이동이 잦았던 것은 대부분이 다른 직업을 찾을 수밖에 없는 상황에 놓여 있었기 때문일 것이다. 그들은 광산에서 공장으로, 다시 공장에서 다른 직업으로 전전했으며, 형편없는 언어수준은 번번이 그들의 어려움을 가중시켰다. 그에 비해 여성들은 곧바로 독일사회로의 편입을 확고히 할 수 있는 영역에서 일하고 있었으며, 기회만 포착한다면 곧바로 다른 가치의 일들을 할 수 있었다. 결혼으로 주부가 되는 것도 그중 하나일 수 있었을 것이다.

노르트라인베스트팔렌 주의 조사에 따르면, 이미 1984년에 한인가정 중에서 가계소득이 세금공제 후 3500마르크 이상인 가계가 60%나 되었다. 이 결과는 한인들이 주로 일하고 있던 루르 지역(Ruhrgebiet)의 특히 전통적 산업의 고수입구조에서 기인했다. 또 간호사의 급여수준은 일반적으로 공공업무를 담당하는 사람들의 수준과 동일했다. 게다가 전통적 산업과 병원에서는 초과근무에 따른 초과수당이 지급되었다.[104]

3.4.1.4. 법적 상황과 국적

1974년부터 1990년까지 독일국적을 취득한 한인은 5101명이었다. 이 가운데 2123명(대부분 여성)이 독일인과 결혼해서 독일국적을 취득하였다. 다른 국가 출신들의 독일시민권 취득현황과 비교해 본다면, 독일시민권 취득자격을 갖춘 사람의 비율이 다른 국가들 출신의 평균보다 두 배 가량 높았다.[105]

독일에 계속 머무르고 있는 한인들은 대부분 영주권을 가지고 있었다.[106] 다만 한국식당의 요리사 경우에는 연결원칙에 따라 고용주에게 묶여 있는 체류허가가 나왔는데, 이런 제한조건은 요리사들이 착취의 피해자가 될 수 있는 여지를 주었다. 현재 요리사는 한국에서 독일로 활발하게 건너오는 유일한 이주자집단이다.

3.4.2. 결혼

3.4.2.1. 한인들 간의 결혼

1970년대 중반부터 80년대 초까지만 해도 결혼은 대부분 한인들끼리 했다고 볼 수 있다. 당시는 대부분의 한인광부들이 한국으로 돌아가야만 하는 시기였다. 게다가 광부들뿐 아니라, 간호사들도 결혼적령기에 있었다.

한인부부를 대상으로 한 설문조사에 따르면, 약 1/3이 자신의 삶에 만족하지 못하는 것으로 나타났다. 주요한 이유로는 외로움, 제한적이고 단조로운 삶 그리고 독일인들의 차별대우가 거론되었다. 나머지 2/3는 완전히 혹은 부분적으로(대다수가 여기에 속한다) 자신의 생활에 만족하고 있었다. 그리고 응답자의 절반 정도가 만약 다시 선택할 수 있다면 확실히 혹은 아마(대다수가 여기에 속한다) 독일에 올 것이라고 답했다. 10% 정도는 확실히 독일에 오지 않을 것이라고 했고, 나머지는 아마 독일에 오지 않을 것이라고 답변했다.

1984년에 이미 18%가 독일에 머물기를 바란다는 의사를 분명히 밝혔다. 그 밖에는 한국으로 돌아가는 데 대해 절반 정도 확신을 가지고 있었지만 아직 세부적인 계획까지는 구체적으로 세우지 않은 사람들이 있었는가 하면 귀향 여부에 대해 아무런 결정을 하지 않은 사람들도 있었다.[107] 한편에서는 독일의 이민자 문제가, 또 한편에서는 한국의 경제도약과 같은 새로운 사회적 변화가 귀향에 대한 결심을 굳히게 할 수 있었을 것이다. 그렇지만 지금까지는 한국으로 돌아간 가족은 하나도 없다.[108]

3.4.2.2. 독일인과의 결혼

1970년부터 1981년까지 1622쌍의 독일인과 한국인이 부부로 맺어졌다. 그중 90%가 한국인 여성과 독일인 남성의 결혼이고, 나머지 10%가 한국인 남성과 독일인 여성의 결혼이다.

한국인 남성과 외국국적 여성의 결혼비율은 지중해 지역에서 온 외국인 노동자들의 독일국적 여성과의 결혼비율과 거의 맞먹는다. 반면 한국인 여성의 독일인 남성과의 결혼비율은 다른 서구국가에서 온 여성들의 독일인 남성과의 결혼비율에 비교될 만한 수준이었다. 이와 같은 수치에서 다음과 같은 사항을 유추해 볼 수 있을 것이다. 즉 한인남성들의 사회적 상황과 교류기회는 다른 외국인 노동자들의 그것과 거의 비슷한 수준이었을 것이라는 점이다. 그에 반해 한인여성들은 외국인 노동자들이 흔히 처할 수 있는 고립상태를 스스로 벗어나고자 했으며 또 자신들 앞에 놓인 장벽을 극복하기에 유리한 분야에서 활동하고 있었다는 점이다.

그에 걸맞게 독일남자와 한국여자로 구성된 가족의 사회적 위치는, 물론 다소 편차는 있었지만 소외집단이나 하위계층에 속하는 경우가 거의 없었다.[109]

독일남성과 결혼한 한인여성의 경우, 한국에 있는 가족들과 가끔 갈등이 빚어지기도 했는데, 갈등의 원인은 한인여성의 서양남자와의 결혼에 대한 사회적으로 부정적인 인식에서 비롯되었다고 볼 수 있다. 한인여성과 서양남자의 결혼을 흔히 한국에 미군이 주둔하면서 그들이 한국여성들과 맺은 관계와 동일한 것으로 받아들이는 습성이 강했다. 그래서 이러한 관계들은 매춘과 연관시켜 생각해 버리는 경향이 있었던 것이다. 물론 이러한 선입견은 충분히 극복 가능한 일이었다.[110]

3.4.3. 자녀세대

3.4.3.1. 1.5세대

'1.5'세대는 어린나이에 부모와 함께 독일에 와서 이곳에서 자랐지만 한국에서 이미 학교교육을 통해 사회화 과정을 겪은 아이들을 지칭하는 개념으로 이해하면 될 것이다. 일반적으로 1.5세대는 6세가 넘어서 독일에 왔으며 한국어를 모국어로 습득한 상태였다. 조사에 따르면 1983년에 1.5세대는 2250명으로, 독일에 살고 있는 한인의 약 14%가 1.5세대였다.[111]

1.5세대에 속하는 젊은이들은 특히 정체성의 문제를 겪고 있다. 왜냐하면 그들은 두 개의 문화 속에서 성장했기 때문이다. 그래서 이들은 부모와도 갈등을 일으키고 친구들 사이에서도 다툼이 일어나곤 했다. 또 이들은 자신들의 삶에 대해 명확한 전망을 가지지 못한 편이었으며, 이와 더불어 한국어를 제대로 구사하지 못하는 언어문제도 있었다.[112] 이 아이들은 한국에서 자신들이 생각했던 삶이 자신의 의지와 상관없이 단절되는 경험을 했기 때문에 이런 문제들을 풀기가 더욱 어려웠다. 뿐만 아니라

정체성 혼란으로 이들은 그 나이에 통과의례처럼 겪는 문제들을 더욱 강하고 크게 느낄 수밖에 없었으며 모든 활동이 그 문제들을 파고드는 데 쏠리기도 했다. 더구나 부모는 이들에게 아무 도움이 되지 못할 수도 있었다.[113] 그 이유는 아마 이 아이들의 부모들 역시 독일에서 자신의 삶을 정착시키는 데 매달려 있어야 했기 때문일 것이다.

3.4.3.2.   2세대
3.4.3.2.1.   한인부부의 자녀

1983년이 되면 독일에서 한인부모 사이에서 태어나 1.5세대에 속하지 않는 자녀가 대략 2900명쯤 되었다.[114] 한인부모들은 자녀들이 한국식 예절을 몸에 익힐 것을 요구했지만 그들의 언어수준이 그런 예법을 자녀들에게 가르치기에는 역부족이었다. 당연히 그것은 각종 문제를 불러일으켰다. 표본이 될 수 있는 노르트라인베스트팔렌 주의 설문조사는 다음과 같은 결과를 보여주고 있다. 자녀와 한국어로 대화하는 부모는 18%에 불과했고, 43.3%가 주로 한국어로 대화하면서 가끔 독일어를 사용했으며, 32%는 주로 독일어로 대화하고 한국어는 가끔 사용했으며, 부모의 6%는 오직 독일어만 사용했다. 이와 달리 자녀들의 경우에는 부모와 한국어로 대화하는 자녀는 겨우 7%밖에 안 되었으며, 20.3%가 한국어를 주로 하고 가끔 독일어를 쓰면서 부모와 대화했으며, 34.4%는 독일어를 주로 하고 한국어는 가끔 사용했다. 그리고 38.3%의 자녀가 독일어만 사용하는 것으로 나타났다.[115]

이 조사에서 충분히 짐작할 수 있듯이, 부모들은 자녀교육에서 가장 큰 어려움으로 언어문제를 꼽았다. 부모들은 자녀들의 한국어 구사능력이 부족해서 그들에게 한국 문화와 사고방식을 가르치기 어려운 점이 문제를 일으킨다고 보았다. 반면 자녀들은 자신들의 부모가 독일의 언어와 관계방식에 대한 지식이 결여되어 있는 것이 문제라고 보았다. 이로 인해서 자녀들이 학교에서까지 문제를 일으키기도 했는데, 이따금 가족이 감당하기 힘들 정도로 심각한 문제가 발생하는 경우도 있었다.

그렇지만 몇몇 예외를 제외하고는 거의 대부분의 아이들(1.5세대, 2세대)이 김나지움을 다녔다.[116] (지금은 대부분 대학생이 된) 자녀들의 시각에서는 다음과 같은 문제들이 발생했거나 발생할 수 있다.[117]

부모와 자식 사이에 정체성에 대한 차이가 존재한다. 부모들은 자녀들도 자신들과 동일한 정체성이 갖춰지기를 기대하지만, 그 아이들은 독일에서 성장했고 이런 성장배경은 그들의 정체성 형성에 지대한 영향을 끼친다. 그렇다고 해서 이런 성장배경이 곧 아이들이 순수한 독일 정체성을 가졌다는 것을 의미하지는 않는다. 아이들 또한 자신들이 한국어를 제대로 못한다는 것을 괴로워한다. 그럼에도 불구하고 그들의 의식은, 성인이 되어서 독일에 왔거나 한국에서 살고 있는 한국인과는 분명 다르다.

또 하나 갈등요소로 꼽을 수 있는 것은 한인부모들이 자녀들에 대해 갖는 기대이다. 부모들은 자녀들이 앞으로 이루어낼 성과나 획득할 지위를 자녀교육에서 우선순위로 여긴다. 이런 기대는 자녀가 단순히 대학교육을 받아야 하는 데 그치는 것이 아니라, 직업시장에서 보다 나은 기회를 가질 수 있는 분야를 전공하기를 원하는 것으로 이어진다. 구체적으로 부모들은 자녀들이 법학이나 의학, 경제학 등을 전공하여 그 분야로 진출하기를 기대한다.

끝으로, 성과 이성관계에 대한 입장의 차이도 갈등을 불러일으킨다. 대부분의 부모들이 보수적인 태도를 보이는데, 보수적인 부모들은 특히 딸들에게 엄격하고 많은 제약을 가한다.

이상과 같은 갈등요소들에서 서로 소통이 되지 않고 문제가 발생했을 때, 젊은 세대들은 그 근본원인이 언어에 있다고 보기보다는 서로의 시각이 다른 데 있다고 판단한다.

사회적 차별의 위험에 대해서는 젊은 세대는 오히려 태연하게 대응하고 있다. 그렇지만 일반적으로 그들은 아직 직업세계에서의 경험이 거의 없다고 할 수 있다.

3.4.3.2.2.   한독부모의 자녀

1970년부터 1981년까지 한국인과 독일인 부부 사이에 태어난 자녀는 1427명이다. 여기서는 모계가 한국인인 경우가 대부분이었다.[118] 이 아이들은 독일에서 태어나 자랐고, 독일인 부(모)가 거의 혹은 전혀 한국어를 구사하지 못하거나 한국문화를 습득하지 않았기 때문에 교육에서 독일어의 영향이 월등히 높았다. 이런 자녀들은 뒤늦게 정체성 혼란을 겪는 경향을 보였다. 외국인에 대한 적대가 심해질수록 그만큼 정체성 문제도 크게 나타날 수 있다.

3.4.3.2.3.   입양아

지금은 대부분 청소년 혹은 청년으로 성장한 입양아들은 전적으로 독일사회 속에서 사회화 과정을 거쳤다. 입양한 자녀들이 한국과의 관계를 이어나가는 것을 장려하거나 허용하는 부모들도 있었지만, 또 어떤 부모들은 한국과 관계 맺는 것을 반대했다. 입양된 아이들이 자기 친구들 사이에서는 불편하거나 낯선 존재로 비춰지지는 않았지만, 그 밖의 상황에서는 비록 이들이 독일사회에서 사회화 과정을 거쳤다 하더라도 낯선 이방인으로 여겨졌다. 대부분의 입양아들이 한국방문을 원하지 않았지만, 그래도 한국을 찾아가 보고 싶어하거나 한국으로 이주하기를 원하는 경우도 일부 존재했다. 외국인 적대에 대해서 크게 위협적으로 느끼지는 않는 것으로 보인다. 입양아들은 스스로에 대해 한국과 가깝다고 규정하지는

않지만, 자신을 한국인으로 느낀다는 언급들도 실제로 찾아볼 수 있다.[119]

　1990년 국제입양기구 인간의 대지(Terre des Hommes)는 입양아들의 한국방문을 추진했다. 입양아들은 한국방문을 통해서 한국인으로서의 자신을 경험했다기보다는 자신이 얼마나 독일인인지 선명하게 느끼게 되었다. 한편 이들에게는 자신들의 삶의 이력에 나 있는 공백을 메우고 싶고 자신들의 출생을 확인하고자 하는 욕구가 있었으며, 이런 점이 고려되어 고아원을 방문하는 기회를 갖기도 했다. 그런가 하면 통속적이고 포괄적인 욕구를 가진 입양아들도 있었다. 인상적인 것은 입양아들에게는 이 방문을 통해 자신들이 전혀 예상하지 못한 특별한 어떤 것을 얻고 싶다는, 이상한 기대가 있었다는 점이다. 하지만 이런 기대감은 안내자를 통해 설명될 수 있는 성격의 것이 아니었다.[120]

3.5.　한국인의 환경

3.5.1.　개괄

같은 민족의 집단이 다른 사회에서 자신들만의 이력을 가지고 있는가라는 물음에 대한 대답은 그들이 자신들만의 세계를 만들어낼 수 있는가에 달려 있다는 것이다. 이에 관한 한 한인들은 독일에서 성공했다고 볼 수 있다. 한국 상점과 식당들도 상당히 많은가 하면, 또 언급할 만한 것으로 태권도의 도입이 있다. 물론 동아시아 방어무술의 한국적 형태로 인식되는 이곳의 태권도는 독일에 살고 있는 한인과 아무런 상관없이 클럽들에서 운영되고 있다.[121]

　한국 외교·영사 대표부들 역시 자신들의 역할을 하고 있다. 본에는 한국대사관이 있고 프랑크푸르트와 함부르크·베를린에 한국영사관이 있다. 그리고 뮌헨에는 명예영사관이 있다.

　한인의 독일이주가 시작되고부터 한인의 사회복지사업을 꾸려나가는 담당자들이 있었다. 그들은 주로 가톨릭 사회단체 카리타스(Caritas)나 개신교의 디아코니 선교회(Diakonisches Werk)에 소속되어 있다.

독일에서도 한국의 신문들을 구독할 수 있는데, 신문은 프랑크푸르트를 통해서 배달된다. 『조선일보』는 1980년대 초반부터 유럽지부를 설치해 두고 있다. 그리고 얼마 전부터 한국과 유럽의 소식들을 함께 실은 『유로신문』(*Europe Shinmun*)이 한 달에 1~2회 발행되고 있다.

3.5.2.   지역적 특수성

여기서 조사되고 있는 단체들은 한인이 많이 살고 있는 구서독의 주들에서 활동하고 있다. 1994년 12월 31일 자료에 따르면 바덴뷔르템베르크 1699명, 바이에른 1272명, 베를린 2424명, 함부르크 1461명, 헤센 3929명, 노르트라인베스트팔렌에 7263명의 한인이 거주하고 있다.[122]

한인이 살고 있는 가장 주요한 지역들의 상황은 다음과 같다.

루르 지방은 한인 간호사와 광부들이 가장 많이 활동하고 있는 지역이다. 그래서 이곳 한인사회는 주로 한인들끼리 결혼한 가족의 특징을 강하게 지니고 있다.[123] 여성이 가족의 구성원으로서 남편을 따라 독일로 온 경우가 아니라면, 대부분의 부부가 모두 직업을 가지고 있다. 이곳 한인사회에서 또 중요한 의미를 가진 집단은 보훔대학의 학생들이다. 그들은 같은 대학생집단보다는 한인사회와 매우 밀착되어 있다는 특징을 지녔다.[124] 루르 지방의 한인사회에는 한국영사관의 직접적인 영향이나, 뒤셀도르프와 같이 사업이나 기업과 관련된 한인집단의 영향은 없었다. 소규모 한국 식당과 슈퍼는 이미 상당수 자리 잡고 있었지만, 한국 레스토랑은 이제야 발달하기 시작했다.[125]

베를린은 한인간호사들이 처음 독일에 와서 일을 하기 시작한 지역이다. 그렇지만 또 베를린은 광부 출신 한인들이 독일 내에서 직업이동을 하면서 주로 정착하게 된 지역이기도 하다. 지멘스와 KWU(발전설비제작기업), BMW에는 모두 합쳐서 250명의 직업교육을 받지 않은 한인들이 근무하고 있었다.[126]

1992년에 베를린에 거주하는 한국국적을 가진 사람은 1842명이었고, 여성과 남성의 비율은 대략 3대 2 정도였다. 북한국적을 가진 한국인도 195명 살고 있었다.[127] 그 밖에 언론사 기자들과 독일통일 이후의 상황을 연구하기 위해 두세 달 정도 머무는 연구자 등, 언젠가는 돌아갈 방문자들이 베를린에 거주하고 있었다. 한국인 유학생들도 빼놓을 수 없는데 그들 역시 보훔대학의 경우와 마찬가지로 주로 한인사회와 교류를 하고 있었다.[128] 그리고 기업 주재원으로서 혹은 사업차 베를린에 머무르는 한국사람이 소수 있었다. 한국 식품가게와 식당들도 당연히 존재했다.[129] 베를린의 정치적 상황은 한인사회에 큰 영향을 끼쳤다고 볼 수 있다. 베를린에는 한국영사관뿐 아니라, 중국대표부의 일부로 북한의 외교관들이 상주하고 있었다. 한독부부가 한인부부보다 수적으로는 더 많았지만, 가족구성의 측면에서 본다면 한인사회에서 한인가정과 한독가정이 각각 절반 정도 되는 것으로 나타났다.[130]

프랑크푸르트에도 한국인들이 상주하고 있는데, 이곳의 한인사회는 기업이나 사업차 머물고 있는 사람들로 이루어진 것이 특징이라고 할 수 있을 것이다. 특히 은행주재원들이 주축을 이루고 있다. 1976년에는 한인학교가 설립되었으며, 설립 초기에는 독일에서 계속 살고 있는 가정의 자녀들이 주로 이 학교를 찾았지만 지금은 한인학교에 다니는 학생들의 부모 중 약 2/3가 상사주재원이거나 사업가 혹은 한국의 해외 공공기관에서 근무하는 사람들이다.[131] 부모들의 직업 혹은 직장이 이러하다 보니 한독가정보다 한인가정이 압도적으로 많다. 그러나 독일에 계속 거주하는 한인들 사이에는 한독가정이 상당히 많은 편이다.[132]

함부르크 역시 베를린과 마찬가지로 한인간호사들이 독일에 처음 와서 일을 하기 시작했던 지역이다. 그리고 광부들이 근무기간이 끝나고 독일 내에서 이주하면서 이곳으로 와 정착했다. 특별한 것이 있다면, 1960년대에 한인 조선기술자 70~80명이 가족과 함께 함부르크에 와서 살기 시작했다는 점이다.[133] 함부르크에는 무역업이나 무역 관련 일을 하는 사람들이 주로 살고 있으며, 한국총영사관이 주재해 있다. 그외에는 한국식당이 특히 많다는 점을 특징으로 꼽을 수 있을 것이다.[134]

뮌헨은 처음에는 유학생들만 있던 곳이었다. 특히 음악과 독문학, 공학(총 24개 학과)을 전공하는 학생들이 많이 있었다. 초기에는 이들 유학생이 중심을 이루었는데, 그후 한인간호사 약 450명이 뮌헨에 와서 일을 했으며 그로부터 한참 후에 소수의 전직 광부들이 이주해 왔다. 1993년 공식적인 거주자기록에 따르면, 한국인 출신은 불과 306명밖에 안 되는 것으로 조사되었다. 그렇지만 독일인 남성과 결혼하면서 독일이름을 갖게 된 한인여성들이 있었기 때문에, 이 조사로는 한국 출신의 여성들을 정확히 파악하기란 어려웠다.[135] 그 밖에 특별한 것이라면, 뮌헨에서는 태권도 사범들이 특히 우대받았다는 점과 통일교파가 뮌헨에 상당히 뿌리 내리고 있었다는 점을 들 수 있다. 뮌헨에서 통일교는 공식적으로 협회등록을 해서 활동하고 있었지만,[136] 뮌헨의 통일교도들 가운데 한국인은 거의 찾아볼 수 없었다.

뮌헨의 한인사회는 유학생들과 한독가정이 주를 이루었다. 한국기업들의 해외주재원이나 사업상 이곳에 머무르는 사람은 상대적으로 적은 편이었다. 뮌헨은 물가가 매우 비싼 곳이어서 그런지,[137] 한국식당도 몇 군데밖에 없었다.[138] 1977년부터 시작된 바이에른 주의 경직된 외국인 정책 때문에 많은 한인간호사들이 바이에른을 떠났다. 아마 이들은 한국으로 돌아가거나 독일의 다른 주에 정착했을 것이다. 그렇지만 독일인과 결혼하여 법적으로 보호를 받을 수 있는 여성들의 경우에는 이곳 뮌헨에 머물렀다.

슈투트가르트와 그 주변에는 약 500명의 한국 출신이 살고 있다. 주로 유학생과 한독가정이 살고 있는데, 이곳에 거주하는 한인은 거의 대부분 여성들이다. 슈투트가르트는 외교활동의 영향도 거의 받지 않거니와 한인사회 내에서 상사주재원이나 사업차 와 있는 사람들의 영향력도 거의 없었다.[139]

지금까지 살펴본 바를 요약하자면, 이민과 관련하여 지역적인 특성은 한인들이 정착하는 데 결정적인 의미를 지녔다고 볼 수 있다. 물론 그들이 맨 처음 도착한 지역이 우선 그들의 정착지가 되었다. 그런 의미에서 루르 지방은 결정적 의미가 있다. 왜냐하면 루르 지방은 광부와 간호사들이 독일에 처음 와서 활동했던 지역이기 때문이다. 그후 일어나는 독일 내에서의 이동은 독일사회의 외국인 수용태도에 결정적으로 좌우되었다. 체류허가 연장에 대해 엄격하게 심사하는 등 까다로운 태도를 취했던 바이에른이나 바덴뷔르템베르크 같은 주는 한인들에게 더 이상 관심의 대상이 되지 못했다. 물론 독일인과 결혼해서 법적으로 보호를 받을 수 있게 된 경우는 예외였다. 그렇지 않은 한인들은 상대적으로 외국인에게 친화적인 주로 삶의 터전을 옮기게 되는데, 특히 베를린과 같은 대도시는 이런 측면에서 매력적이었다. 그외에도 루르 지방이나 함부르크, 프랑크푸르트 역시 한인들이 많이 이주한 지역으로 중요한 의미를 갖고 있다. 이 지역들에서는 독일에 일시적으로 체류하는 사업관련 사람들로 구성된 한인사회가 형성되었다. 한편 베를린은 그 시절 한반도 분단이라는 상징성 때문에 정서적으로 중요한 정치적 의미를 가지고 있었다. 그리고 한인남성들에게는 광산근무의 기한이 끝나고 난 후에도 루르 지방의 다른 대도시들이 매혹적인 도시로 남아 있었다.

3.6.   해석

자료를 분석하는 과정에서 분명해진 것은 (이민자들의) 편입수준과 이어지는 삶의 연대기는 그들을 받아들이는 국가의 현실에 좌우된다는 사실이다. 이런 한편으로 출신국가의 특수성 또한 중요한 역할을 한다. 교육의 확장이나 독일인과의 교류 같은 요소들을 포함하여, 간호사들의 편입수준은 광부들에 비해 높았다. 출신에 따른 차이는 크게 언급할 만한 것이 없었지만, 독일의 생활여건에는 차이가 나타났다. 가령 간호사들은 독일인과의 교류와 언어습득의 기회가 더 많은 환경 속에서 살고 있었던 데 비해, 광부들의 사정은 그렇지 못했다. 한인광부들의 형편은 오히려 다른 '외국인 노동자'(Gastarbeiter, 정책적 초청노동자)의 처지와 비슷했다. 따라서 이들의 편입수준은 오히려 외국인 노동자와 비교할 만하다. 특히 독일인과의 결혼비율 같은 것에서 이 두 집단의 편입수준이 유사하다는 사실을 확인할 수 있다.

독일에 입양된 아이들의 경우 스스로는 완전한 독일인으로 사회화되었다고 인식하고 있었다. 그렇지만 외모에서 고스란히 드러나는 이들의 인종적 출신은 독일사회에서 이들이 마주하게 되는 상황에서 또 다른 작용을 하였다.

한편으로는 출신국가의 특성도 분명 중요한 요소로 작용한다. 한인가정 자녀들 대부분이 김나지움을 다니는 것은, 한국사회가 특히 고등교육에 얼마나 높은 가치를 두는지를 반영하는 것이라고 설명할 수 있을 것이다. 김나지움에 다니는 한인아이들의 숫자는 독일인뿐만 아니라 다른 이민집단과 비교해서도 월등히 높다. 그렇지만 독일에서는 중등교육은 물론 대학교육을 받는 데 학비가 들어가지 않는다는 사실 또한 결코 무시할 수 없는 중요한 요소이다.

3.7.   개별인터뷰의 분석

3.7.1.   개괄

미국에서는 시카고의 이민사례들을 분석하는 과정에서 동화(同化)이론이 발전하였다. 이 동화이론에 따르면 출신이 다른 이민자들은 이민한 사회에 편입되어 가면서 적어도 2~3세대에 이르면 자신들 본래의 전통을 잃어버리고 편입된 사회의 언어나 전통을 수용해야 한다. 이 같은 과정은 미국과 같은 이민국가에서 문화적 동질성을 유지해 나가는 데 바람직한 것으로 받아들여져 왔고, 동화의 표시로 증명되었다.[140]

그렇지만 이러한 평가는 문제가 있는 것으로 보인다. 동화에 속하는 요소 가운데, 자기 고유의 정체성을 더 이상 출신국가를 가지고 규정하지 않으려는 자세도 포함되어 있다. 하지만 완전히 독일화된 한국계 아이들의 경우에도 부분적으로는 스스로를 한국과 연결시키려는 모습이 보였으며, 그것으로부터 자기정체성의 일부를 표현하고자 했다. 이러한 경향은 부모와의 유대관계가 강할수록 그리고 자신들의 정체성을 한국적 기원을 통해 함께 규정할수록 더 강하게 나타났다. 따라서 완전한 동화란 애초에 가능한 것이 아니라고 볼 수 있다.

한편 이주자집단에게 이주해서 지금 살고 있는 국가와 자신을 얼마나 연결시키고 있는가 하는 질문을 던졌다. 이 물음을 통해 이들의 편입 정도를 살펴보고자 한 것이다. 따라서 고유의 전통이나 정체성에 대한 순응 혹은 그것이 부여하는 역할은 이 질문과 관련된 것이 아니다. 한마디로 자신들이 살고 있는 나라의 상황을 얼마나 자신의 사고에 포함시킬 수 있는지에 관한 물음이며, 또 개인적이고 어쩌면 정치적인 자기이해에 관한 질문이다. 이것은 결국 독일에 살고 있는 한인들이 한국과 어느 정도의 관계를 맺고 있는가 하는 것과 관련이 있다.

개인 상황에 관한 인터뷰는 이상과 같은 시각을 바탕으로 해서 분석되어야 할 것이었다. 여기서는 총 42개의 인터뷰가 분석되었다. 이를 위해 인터뷰를 대표하는 표본집단이 당연히 필요한 것은 아니라고 보았다. 그렇지만 또 한편으로 이 인터뷰들을 통해 한국인에 관한 전형적인 어떤 것을 전혀 도출할 수 없는가 하는 점은 분명치가 않다. 일부 예외가 있기는 하지만, 인터뷰한 사람들은 공통적으로 한인조직에서 활동하고 있었다. 그러나 이 연구에 포함된 조직들은 그들 간의 공통된 점을 찾아내기에는 그 성격이 너무나 달랐지만, 각 조직의 구성원들 사이에는 식별 가능한 차이를 찾아볼 수 없었다. 독일에 살고 있는 한인들 대부분이 최소한 한 개 조직에 가입하고 있었다. 이것이 의미하는 바는, 사회적으로 소수인 하나의 집단 안에 교회공동체, 스포츠클럽, 한인회 등과 같은 많은 숫자의 조직이 존재한다는 것이다.[141]

인터뷰에 대한 평가는 다음과 같이 표로 분석해서 정리했다. 이로써 몇 가지 추세를 확인할 수 있었다. 분석대상자는 모두 47명이며, 여성이 25명, 남성이 17명이다.

〈표 1〉 출생연도

	1936~45	1946~50	1951~55	1956~60
여성	8	6	10	1
남성	10	5	2	

〈표 2〉 독일 입국연도

	1960~69	1970~79	1980~
여성	7	17	1
남성	6	11	

<표 3> 독일도착 당시 체류목적

	간호사	간호조무사	광부	유학생	이주자 가족
여성	15	6		2	2
남성			14	3	

<표 4> 현재의 직업

	여성	남성
대졸사무직	3	3
간호사	12	2
간호조무사	3	
광부		1
자영업	2	4
2개월~2년의 직업교육을 받은 직업인		4
3년 이상의 전문교육을 받은 직업인		1
대졸 공학기술직		1
산업장인(Industriemeister)		1
사회상담가	1	
교육자	2	
가정주부	1	
조기연금생활자	1	

<표 5> 독일에서 직업교육

	재직업교육	직업교육	추가교육	해당 없음	교육 중 중단
여성	5	3	1	15	1
남성	5	3		8	1

〈표 6〉 결혼상태

	결혼	이혼
여성	21	4
남성	15	2

〈표 7〉 자녀수

	무자녀	1자녀	2자녀
여성	8	3	14
남성		1	13

〈표 8〉 배우자 및 이혼 전 배우자의 국적

	한국	독일	그 외	무응답
여성	7	13		1
이혼여성	1	2	1	
남성	14	1		
이혼남성	2			

〈표 9〉 국적

	독일	한국
여성	21	4
남성	10	7

〈표 10〉 세금공제 후 소득(단위: 마르크)

	3천 미만	3천~5천	5천~8천	8천 이상	무응답
여성		4	12	5	4
남성	3		10		4

〈표 11〉 자녀의 언어

	독일어만 사용	주 독일어, 한국어 구사 가능	독일어와 한국어
한독가정	5	5	1
한인가정		20	4

〈표 12〉 한인단체 가입현황

	없음	1개 단체	2개 단체	3개 단체	4개 이상
여성	1	8	9	7	
남성		3	2	6	6

〈표 13〉 독일단체 가입현황(중복응답 가능)

	여성	남성
노동조합	5	8
정당	1	3
스포츠클럽	2	
시민단체		1
여성단체	2	
다문화조직	1	
학술조직	1	1
없음	9	2
무응답	7	3

〈표 14〉 생활의 중심(국적별)

	독일	한국	독일과 한국	무응답
독일국적 여성	11	1	6	3
한국국적 여성	1	1	2	
독일국적 남성		3	7	
한국국적 남성	1	1	4	1

〈표 15〉 귀향의향(국적별)

	없음	경우에 따라	무조건	무응답
독일국적 여성	12	5	1	3
한국국적 여성	1		1	2
독일국적 남성	1	6	2	1
한국국적 남성*	1	3		2

* 한 응답자는 그 사이 직업상 이유로 한국으로 돌아가야 했다.

3.7.2. 국적

응답자의 상당수는 독일국적을 취득하고 있었다. 특히 여성이 남성에 비해 거의 두 배 이상 많았다. 개중에는 독일시민권을 취득하면서 한국국적을 포기해야 했기 때문에 눈물을 흘렸다는 사람들도 있었다. 독일시민이 된 사람들은 자신의 정체성을 잃어버리는 느낌이 들기도 했다는 말을 했지만, 대부분이 독일시민권을 취득했어도 자신이 독일인이라고 생각지는 않는다고 답하였다. 이런 표현은 일반적으로 단지 독일국적을 취득했다고 해서 독일인이 되는 것은 아니라는 것을 보여준다. 아무튼 시간이 흐르면서 자기정체성을 상실했다는 느낌은 사라지고 그 대신 독일국적을 취득함으로써 얻게 되는 장점들을 알게 된다. 실용적이고 형식적인 장점 외에도 선거권과 같은 정치적 참여의 가능성도 장점으로 언급되었다.

3.7.3. 생활의 중심과 내적 변화

응답자들이 외부적 삶과 내부적 삶의 중심을 각각 어느 나라에 두고 있는지에 대한 질문은 성별과 국적에 따라 다르게 대답한 것으로 나타났다. 삶의 중심을 독일에만 두거나 혹은 독일과 한국 모두 자기 삶의 중심이라고 생각하는 응답자들은 독일사회에 상대적으로 더 편입되었다고 요약할 수 있을 것이다. 그리고 이런 답변은 독일국적과 한국국적이 거의 비슷한 비율로 나타났는데, 오히려 한국국적을 그대로 가지고 있는 사람들에게서 이런 답변의 비율이 더 높았다. 하지만 여성들의 경우에는 국적이 분명한 차이를 보이는 것으로 나타났다. 독일사회에의 편입 정도가 낮은 여성은, 편입 정도가 높은 남성보다 그 수가 적었다. 따라서 국적이 결정적인 것은 아니지만, 이곳 독일사회에 대해 가지는 소속감에 대한 정보가 될 수 있을 것이다.

　질문에 대답한 한인들은 자신들 내면의 변화에 긍정적 요소로 작용한 것으로서 정치문화의 영향을 언급했다. 예를 들어 한국과 비교하여 자유로운 정보, 더 넓은 정치적 행위의 공간, 더 높은 양성평등이 거론되었다. 부정적인 요소로는, 여성들의 경우 지나친 개인주의를 간혹 언급하였다. 그리고 직장생활 이외에는 지나치게 한인사회에 한정된 삶을 부정적으로 이야기했다. 이에 반해 한인남자들의 경우에 한인남자들 사이의 우정이 지나치게 적다며 불평하였다. 또 남자들은 종종 직업적 성장 가능성이 지나치게 제약되어 있다고 느꼈다.

3.7.4. 귀향의지

한국으로 돌아가길 원하지 않거나 또는 경우에 따라 어떤 분명한 조건 아래서는 돌아가지 않겠다고 답변하는 한인의 숫자는 남성과 여성 모두 독일국적을 취득한 쪽이 한국국적을 가지고 있는 쪽보다 두드러지게 높은 것으로 나타났다. 그리고 여성의 귀향의지는 확실히 낮은 편이었다. 여성들의 경우 독일국적을 취득한 숫자가 더 높았다.

3.7.5.   이민자의 위상에 대한 평가

많은 한인들이 스스로를 이민자, 노동이민자 그리고 그와 더불어 이주자로 정의했다. 여기에는 두 종류의 그룹이 있는데, 한 그룹은 자신이 외국인으로 인식되는 것을 의식적으로 꺼려했지만 또 한 그룹의 경우에는 사회가 자신들을 외국인으로 받아들이고 있고 그로부터 스스로를 외국인이라고 느낀다는 것을 분명히 했다. 후자가 더 흔한 경우인 것으로 나타났다. 스스로를 외국인으로 사회적 분류를 한다는 것은 종종 삶의 어두운 이면으로 여겨지기도 했다.

많은 한인들이 독일의 법과 법치국가에 대해 강한 존경심을 보였다. 한 응답자의 표현에 따르면, 사람은 자신이 살고 있는 사회의 규칙을 따르며 살아야 한다.

한편 다문화사회가 만들어져야 한다는 생각이 널리 퍼져 있었다. 거의 대부분의 한인들이 이중국적을 원했다. 그리고 일부는 독일이 스스로 이민국가임을 분명하게 인정하는 것 또한 중요하다고, 혹은 그것이 더 중요하다고 강조했다. 그들은 독일인들이 자신들은 단일 인종이라는 사고를 버려야 한다고 말했다. 한번은 국적과 충성의 관계에 대해서 이야기할 기회가 있었다. 만약 전쟁이 일어난다면, 한국국적을 가진 사람은 곧바로 이 나라를 떠나겠지만 독일국적을 가진 사람은 전쟁이 난 독일에 그대로 머무를지에 대해 적어도 고민을 할 것이라고 답했다.

외국인에 대한 적대적인 태도는 투표권 인정과 진보적인 사회분위기,

조직과 개인들에 의한 계몽활동을 통해서 극복이 가능할 것이라고 응답자들은 생각했다. 그렇기 때문에 이주자 신분으로서는 독일을 사랑할 수 없다는 의견이 나오기도 했다. 독일사회의 문제점이 무엇인가에 대해서는, 일반적으로 독일인들은 애정이 별로 없다는 점과 나치시대의 영향이 남아 있는 점을 들었다. 독일사회의 상황에 대한 평가에서는 빈부격차가 갈수록 커진다는 점이라든가 소규모 정당들의 영향 등과 같은 지점들이 언급되었다.

3.7.6. 맺음말

인상적이게도 자기 삶의 중심을 이루는 국가에 대한 질문에서, 국적은 이곳의 한인들에게 결정적 요소가 아니었다. 그렇지만 자기 내면적 삶의 중심에 대한 질문에 대답한 여성들의 경우에는 국적이 큰 역할을 했다. 귀향의사에 대해서는 남성과 여성 모두에게 국적이 결정적인 역할을 한다는 결론을 내릴 수 있을 것이다. 하지만 여성들의 경우 앞의 두 가지 모두에서 독일국적이 강하게 작용했다.

결국 이것은 사회적 편입이라는 것은 단지 국적에만 좌우되지 않고, 다른 요소들 또한 중요하다는 것을 보여준다. 여성들의 경우 전체적으로 쉽게 독일사회에 진입한다. 여성들은 직장에서 독일어를 구사할 수 있고 또 사용해야 했다. 그리고 여성들은 독일인들과 함께 일을 했다. 그외에도 한인여성들의 경우 남성들에 비해 명백히 더 높은 비율로 독일인과의 관계 속에서 살고 있었다. 이로써 그 사회에의 편입은 실질적인 삶의 상황과 국적이라는 법적 문제 양자가 매개되어서 이루어진다는 것을 알 수 있다. 그리고 양자는 상호 연관되어 있다.

또한 독일시민권을 취득한 많은 여성들에게서 확인되는 것처럼, 삶의 중심이 한국에서 독일로 이동했음에도 그 누구도 자신을 독일인이라고 느끼지는 않았다. 그에 비해 한국국적의 포기라는 상처는 분명하게 감지되었다. 이것은 독일이라는 삶의 중심과 한국적 정체성이 서로 모순되지 않는다는 것을 보여준다.

그 밖의 내면적 변화는 한국의 전통적인 가치와 그리고 독일사회 속에서의 발전 가능성 또는 실패의 싸움을 보여준다. 예를 들어 남자들이 자기들끼리의 친구관계가 충분하지 않음을 불평한다는 것은 곧 유교에서 말하는 기본적인 관계가 유지되기를 바란다는 것을 나타낸다. 또 한편으로 정보의 확장이나 정치적 활동 가능성, 남녀평등 같은 요소들은 긍정적으로 받아들이는 빈도가 높았다. 전통적으로 민주주의에서 자랑스럽게 여겨온 이러한 항목들에 대한 긍정은 인상적이었다. 비록 이러한 요소들이 한국의 정치적 상황과는 명백하게 차이를 보이는 것들이지만, 오히려 그렇기 때문에 독일의 정치시스템과 그 정치시스템의 바탕을 이루는 헌법적 가치를 돋보이게 하는 것들이라고 볼 수 있다. 따라서 바로 이런 시스템 내부로, 독일에 살고 있는 한인들의 편입이 이루어져야 할 것이다.

1) Yoo 1995(in Cornelia Schmalz-Jacobsen/Georg Hansen Hrsg.), SS. 285~301; Park 1994, S. 201ff.

2) 유교사상에 관해서는 Yu(1984, S. 28ff) 참조.

3) Kang/Lenz 1992, S. 28ff; Stolle 1990, S. 27ff.

4) Choe 1982, S. 135ff; Yu 1984, S. 48ff.

5) Lee 1983, S. 149ff 참조.

6) Maull/Maull 1987, S. 106f; CAJ Hrsg. 1981, S. 62f.

7) Maull/Maull 1987, S. 111.

8) Kang/Lenz 1992, S. 30.

9) '한'의 개념에 관해서는 Chung(1993, in Evangelisches Missionswerk Hrsg.), S. 8 참조.

10) Yu 1984, SS. 54, 57f; Jong 1990, S. 29f.

11) Jong 1990, S. 33f.

12) Lee 1986, S. 35.

13) Maull/Maull 1987, S. 107.

14) Jong 1990, S. 33; Yu 1984, S. 73f.

15) 같은 곳; Jong 1990, S. 42.

16) 같은 책, S. 26ff.

17) 전체적 내용에 관해서는 Jong(1990, S. 46ff) 참조.

18) 같은 책, S. 64f.

19) 같은 책, S. 64ff; Lee 1990, S. 14.

20) 같은 책, S. 9ff 참조.

21) Jong 1990, S. 56.

22) 같은 책, S. 55ff; Lee 1990, S. 59ff.

23) 같은 곳.

24) Lee 1990, S. 15f.

25) Lee 1986, S. 47f.

26) Jong 1990, S. 80f; Lee 1990, S. 16.

27) Jong 1990, S. 92ff; Lee 1990, S. 17ff 참조.

28) 같은 책, S. 18; Yu 1984, S. 82ff; Jong 1990, S. 95.

29) 이에 관해서는 인터뷰15 참조.

30) 전쟁의 진행에 관해서는 Kindermann(1994, S. 69ff); UN에 끼친 영향에 관해서는 Fraenkel(1951, S. 23ff) 참조.

31) Jong 1990, S. 88ff.

32) Lee 1986, S. 48ff.

33) Jong 1990, S. 107ff.

34) 같은 책, S. 107; Lee 1990, S. 22.

35) Jong 1990, S. 110.

36) 같은 책, S. 125ff 참조.

37) Yu 1990, S. 88ff; Jong 1990, S. 130ff.

38) 같은 책, S. 144; Lee 1990, S. 24.

39) Jong 1990, S. 144ff; Lee 1990, S. 24f.

40) 같은 책, S. 26.

41) Jong 1990, S. 185ff; Lee 1990, S. 28.

42) 이러한 전체 과정에 관해서는 Jong(1990, S. 191ff); Lee(1990, S. 30ff) 참조.

43) Maull/Maull 1987, S. 62.

44) Jong 1990, S. 191.

45) Lee 1986, S. 56.

46) 같은 책, S. 59; Lee 1990, SS. 33ff, 42.

47) Jong 1990, S. 227; Lee 1990, S. 47f.

48) Korea-Komitee Hrsg. 1986, S. 26ff.

49) Lee 1986, S. 131.

50) Maull/Maull 1987, S. 108.

51) 상세한 것은 이기택(1987, 1쪽 이하) 참조. 저자는 정당의 탄생과 관련해서 내용적 요소뿐만 아니라, 조직과 관련된 지도적 인물들에 대해서도 소개하고 있다.

52) Lee 1986, S. 1f; Korea-Komitee Hrsg. 1986, S. 29.

53) Lee 1986, S. 159ff.

54) Maull/Maull 1987, S. 67.

55) 같은 책, S. 153ff.

56) 국가보안법에 관해서는 Lawyers for a democratic Society u.a. Hrsg.(1992, S. 36ff); Park(1994, S. 212ff) 참조.

57) 한민련 1985, 1호, 45쪽 이하, 57쪽.

58) Denis 1988(in Werning Hrsg.), S. 82f; 사령부의 구조에 관해서는 Lee, Yueng-

Hui(in ebenda, S. 52ff) 참조.

59) 『우리나라』 41호, 1986.

60) Suh Eui-Ok 1991. 한국여성단체의 미공개 발표문.

61) Lee 1990, S. 49f.

62) Kindermann 1994, S. 189ff. 또한 이러한 요소를 강조했다.

63) 또한 이러한 분석이 있었다. Park 1994, S. 210f.

64) Haarmann 1981; Gohl 1976; Liegel 1981 참조.

65) Yoo 1995, in Cornelia Schmalz-Jacobsen/Georg Hansen Hrsg., SS. 285~301 참조.

66) Nestler-Tremel 1985, S. 26; Lee 1986, S. 48ff.

67) Ganzen Nestler-Tremel, 1985, S. 28; Stolle 1990, S. 48ff; Lee 1986, S. 54ff; Yoo 1975, S. 9ff 참조.

68) Kim, Young-Hee 1986, S. 21f.

69) Kim, Young-Hee 1986, S. 20f; Yoo 1975, S. 3ff; Nestler-Tremel 1985, S. 27f; '재독 한인간호사 25주년' 팸플릿 1990, 재독한국여성모임, 9쪽.

70) Yoo 1975; Viehweger 1972; Sanfte und liebe Wesen-Korea Not, unser Nutzen, Rundfunkmanuskript, Hamburg.

71) Shim 1974, S. 2ff; Yoo 1975, S. 9ff; Kim, Young-Hee 1986, S. 21ff.

72) Auskunft der koreanischen Botschaft aus dem Jahre 1981(in Choe/Daheim 1987, S. 21f).

73) Kim, Young-Hee 1986, S. 28; Die deutsche Krankengesellschaft Hrg. 1974(?).

74) CHO-Ruwwe 1989(in Zeitschrift "der Überblick" Nr. 4/89), S. 87f.

75) 교육에 관해서는 Yoo(1975, S. 70ff) 참조.

76) 같은 책, S. 10ff; Kim, Young-Hee 1986, S. 22ff.

77) Yoo 1975, S. 258ff; Shim 1974, S. 83ff.

78) Nestler-Tremel/Tremel 1985, S. 229 참조.

79) 이민자들의 일반적인 주거환경에 관해서는 Treibel(1990, S. 89ff) 참조. 한인간호사들의 주거환경에 관해서는 Yoo(1975, S. 258) 참조. 특히 직장실태와 비교해서는 Shim(1974, S. 89); Stolle 1990, S. 89ff) 참조.

80) Shim 1974, S. 131; Stolle 1990, S. 81. 다른 이민자그룹에 관해서는 Thränhardt(1983, in Hamburger u.a. Hrsg., S. 62ff) 참조.

81) Nestler-Tremel/Tremel 1985, S. 229 참조.

82) Kim, Young-Hee 1986, S. 258; Shim 1974, S. 15ff 참조.

83) 한독관계의 발전에 관해서는 'Komitee 100 Jahre Deutsch-Koreanische Beziehungen'에서 발간한 팸플릿(1984) 참조.

84) Shim 1974, S. 15ff.

85) 독일체류와 귀향의 동기 및 과정에 관해서는 Yoo(1981, S. 156ff); Shim(1974, S. 15ff); Choe/Daheim(1987, S. 67ff) 참조.

86) Stolle 1990, S. 51ff.

87) 광부들의 상세한 상황에 관해서는 Nestler-Tremel/Tremel 1985. 이 책에 서술되어 있는 개별적 증거들은 따로 포함시키지 않았다.

88) 한국노동자연합 1979, 2호, 28쪽.

89) 『조선일보』 1987. 8. 26.

90) 인터뷰59 참조. 이에 관해서는 뒤에서 자세하게 다룰 것이다.

91) 이것은 망명자격을 획득한 사람들에 대한 측정이다.

92) Ganzen Schibel(Kontaktadresse), o.J. 참조.

93) Terre des Hommes Hrsg. 1982; Chang 1988(in *Zeitschrift der Koreanischen Frauengruppe* Nr. 10, 1989), S. 43ff; Kim 1982, 부록 표 4.

94) Kim 1987, S. 5.

95) 독일통계청 1976; 1985; 1990; 1994년 자료.

96) Kim 1987; Mitteilungen der Beauftragten der Bundesregierung für die Belange der Ausländer 1984.

97) 『한겨레신문』 1993. 12. 1.

98) 이와 같은 상황은 일반적으로 알려진 사실이지만, 정확한 수치는 나와 있지 않다.

99) 독일통계청의 시민권 취득과 국적에 관한 통계자료에 따른 것이다(1993).

100) Kim, Young-Hee 1986, S. 155.

101) 두 가지 수치에 관해서는 Choe/Daheim(1987, S. 21) 참조.

102) 독일통계청 자료.

103) 독일통계청 자료(1993).

104) Kim, Young-Hee 1986, S. 165.

105) 독일통계청 자료(1993) 및 자체 계산.

106) 독일통계청 자료(1992).

107) Kim, Young-Hee 1986, S. 178ff; Choe/Daheim 1987, S. 52ff 참조.

108) 자체 관찰의 결과.

109) Blasius 1982(in *Han Korea Kulturmagazin* Heft 1), S. 176ff; Simon 1985(같은 책

Heft 8).

110)   Stolle 1990, S. 89.

111)   독일통계청 자료 및 자체 계산.

112)   박진숙 1987, 17쪽 이하.

113)   인터뷰12 참조.

114)   독일통계청 자료에 기초한 자체 평가.

115)   Kim, Young-Hee 1986, S. 197.

116)   같은 책, S. 205.

117)   1993년 10월에 열린 한국여성단체의 세미나에 참여한 청년들을 통해 나온 결과이다(김옥진/김수진, "미래에 대해서 또는 우리(이민2세대)는 우리의 미래를 어떻게 보고 있는가? 우리는 우리의 부모들과 어떤 문제를 겪고 있는가?").

118)   Simon 1985, S. 50 참조.

119)   인터뷰55 참조.

120)   Holz/Nohr 1990 참조.

121)   Treibel 1990, S. 135ff.

122)   독일통계청 자료(1995).

123)   인터뷰18.

124)   인터뷰 3; 8; 19; 21; 22.

125)   자체 관찰의 결과.

126)   인터뷰52.

127)   Weiße 1993, S. 34.

128)   인터뷰 27; 28.

129)   인터뷰52.

130)   김순임씨로부터 얻은 정보이다.

131)   『유로신문』 1994. 5. 16.

132)   인터뷰34.

133)   인터뷰12.

134)   Seelmann 1993, SS. 17ff, 58 참조.

135)   인터뷰40.

136)   통일교 분파에 관해서는 Maull/Maull(1987, S. 109) 참조.

137)   인터뷰42.

138)　김현숙씨로부터 얻은 정보이다.

139)　인터뷰 622.

140)　Treibel 1990, S. 58ff. '동화'의 기념에 관해서는 Just in Just/Groth Hrsg.(1985, S. 23f) 참조.

141)　예를 들어 베를린에 거주하는 한인이 약 3400명인데 이들을 위한 교회공동체가 15개나 된다(Weiße 1993 참조). 이곳에 사는 한 한인여성에 따르면 그 밖의 한인조직이 25개나 베를린에 있다.

제3부

독일 속의 한인
그리고 한인조직

1. 개괄

여기서 독일 내 한인조직을 모두 다 살펴본다는 것은 불가능하다. 그러기에는 그 숫자가 너무 많기 때문이다. 그래서 필자는 표본이 될 수 있다고 판단되는 조직들을 골라서 분석하는 방법을 택했다. 우선, 독일에 상주하는 한인들의 자치조직을 분석대상으로 했다. 그리고 이 조직들은 외부로 향한 영향력 확대를 조직의 목표로 삼고 있다. 여기서는 한 가지 사례를 제외하고는 이주1세대로 구성된 조직만 소개하기로 한다. 물론 부분적으로는 독일에 상시 거주하는 한인들과 그렇지 않은 한인들이 다 소속되어 있는 조직들도 살펴볼 것이다. 개개의 경우에서는 한인과 독일인이 섞여 있는 조직들도 대상이 되고 있다. 조직의 운영이 개별적이고 자율적으로 이루어지는 경우에, 그 조직의 설립을 공공기관이 주도했는지 여부는 개별적으로 다루지 않았다. 또 독일에 한시적으로 살고 있는 사람들로 이루어진 조직임이 명백한 경우에는 조사대상에서 제외시켰다. 유학생단체가 그 예가 될 수 있을 것이다. 이와 마찬가지로 취미동호회 등과 같은 형태로 다양하게 존재하는 모임도 조사대상으로 삼지 않았는데, 이런 조직은 내적 결속력을 다지는 데 활동의 목표가 있었기 때문이다. 끝으로, 재독한국의 연구기관들 역시 언급의 대상이 아니다. 연구기관들은 공공기관의 성격을 띠고 있고, 따라서 자치조직의 형태를 취하고 있지 않다.

이상과 같은 틀에서 그 전형이라고 판단되는 조직들을 소개한다. 필자는 가능한 한 이 조직들의 모습을 총체적으로 다루려고 시도하였다. 이를 실현하는 데 중요한 요소가 된 것은 조직이 위치한 지역, 조직의 종류와 목표 그리고 그러한 종류와 목표로 결속되어 있는 구성원들이다. 이렇게 해서 루르 지방, 베를린, 프랑크푸르트, 함부르크, 뮌헨, 슈투트가르트와 같은 대표적인 이민지역에 있는 조직들이 선택되었다. 그리고 조직의 종류와 관련해서는 다음과 같은 사항들이 고려되었다. 우선, 자신들이 떠나온 국가와의 연관성 속에서 조직된 단체들이 있다. 이 단체들은 구성원들이 현재 독일이라는 해외에 살고 있다는 특징을 지녔다는 점 외에는 독일과 연결될 만한 활동을 하고 있지 않다. 독일 전역에 살고 있는 한인들이 만든 한인협회가 여기에 속할 것이다. 한인의 사회적 상황은 그들이 노동이민자로서 독일에 왔다는 특징을 가지고 있다. 따라서 단체를 만드는 것도 그들의 직업적 상황과 밀접하게 연결되어 있었다. 간호사협회와 광부협회가 여기에 속한다. 일반적으로 이런 협회의 구성은 그들이 떠나온 나라와 그들을 받아들인 나라의 상황에 따라 제한을 받는다. 이민자들은 경제적으로 열악한 상황과 정치적으로 어려운 현실이 지배하는 나라를 떠나, 아무런 방해를 받지 않고 정치적 활동이 가능한 나라로 왔다. 이와 같은 상황은 정치적 조직의 형성을 용이하게 했다.

사람들뿐 아니라, 단체들도 변화의 과정 속에서 각각의 진보적 방식으로 자신들을 받아들인 나라의 조건으로부터 영향을 받는다. 당연히 한인조직들의 활동 역시 그 영향을 받았을 뿐만 아니라, 한독조직의 구성에도 용이한 환경이 조성되어 있었다. 후자의 예로는 한국여성단체와 코리아협의회(Korean-Verband) 그리고 한독문화교류단체 같은 조직을 들 수 있을 것이다. 그리고 한인교회 공동체도 한인사회의 외연확장에서 중요한 역할을 했다. 한인교회 공동체는 처음부터 한국과 독일의 상황으로부터 강한 영향을 받았다. 설명의 순서는 개별단체의 활동에 따라 구성하는 방식을 취했다. 한국 공공기관과 외교대표와의 긴밀함 정도는 또 다른 기준이 되었다.

전체적으로 조직들을 설명하는 데는 인터뷰가 이용되었다. 각 조직의 경우에는 그 조직이 발간하는 간행물 그리고 회의록 같은 내부자료들을 제시했으며, 증명이 필요한 특수한 사례에서는 그 증거들을 밝혀놓았다.

서술구조는 조직의 설립과정을 먼저 소개하고 이어 변천과정을 소개하는 순서로 했다. 조직의 변천과정은 다음과 같은 순서로 서술했다. 조직의 회원, 정관, 활동과 업무의 종류, 홍보활동, 재정조달, 특수성과 성과, 문제점, 전망. 그러나 부분적으로 조직의 문제라든가 전망 같은 개별 요소를 설명하지 않기도 했는데, 그 이유는 인터뷰에서 이 요소들에 관한 내용이 나타나지 않았고, 그와 관련한 정보도 찾을 수 없었기 때문이다. 개별 조직이 놓여 있는 상황의 특수한 문제들을 다룰 필요성이 있다고 판단되면, 그 또한 함께 소개해 놓았다. 예를 들어 한 조직에서는 재정이 가장 큰 문제의 요소가 될 수 있다. '회원'에 관해서는 충분한 정보가 제공되는 한에서, 회원규모뿐 아니라 그들의 사회적 구성이나 변화도 포함했다. 또 어떤 조직이 긴 변화의 역사를 가지고 있다면, 국면에 따른 '변화'를 소개했다.

정치적 조직의 경우 부가적으로 선택된 내부구조에 대해서는 다루지 않았다. 정치적 조직은 개별 구성원의 차이나 정치적 입장의 차이에 따라서 부분적으로는 국제적인 연관성 속에서만 이해할 수 있다.

2. 한인조직

2.1. 한인조직에 대한 소개

2.1.1. 관변단체

2.1.1.1. 개괄

관변단체(Offiziöse Organisationen)의 주요 활동무대는 특정 지역에 국한되지 않고 독일 전체를 포괄하기 때문에, 독일연방 차원의 관변단체들을 소개한다. 독일 내 한인 관변단체를 모두 다 소개하고 있지만, '재독대한체육회'(Koreanischer Sportbund in Deutschland)의 경우에는 '재독한인연합회'(Verband der Koreaner in Deutschland e.V., Eingetragener Verein 등록된 협회)와의 관계에 국한시켜서 언급할 것이다. 그것은 재독대한체육회에 관한 내용이 재독한인연합회의 관찰내용과 중복되었기 때문이다. 여기서 소개하는 지역단체는 전체적인 개괄의 틀을 잡기 위해 의식적으로 넓게 분포되어 있는 지역에서 선택된 단체들이다.

'재독한인간호협회'(Koreanische Krankenschwesternverein in der Bundesrepublik Deutschland)를 여성단체로 분류하지 않고 관변단체에 포함시켰는데, 그 이유는 재독한인간호협회의 설립과정과 활동이 한국대사관과 관련되어 있기 때문이다.

일반적으로 관변단체의 의식에서는 잠재적 회원이 중요한 의미를 가진다. 잠재적 회원은 거주하는 지역이나 직업과의 관련 속에서 언급하고 있으며 그리고 회원을 명시해 놓았다. 그리고 실질적으로 활동을 하고 있고 조직에 일정한 기여를 하고 있는 사람의 경우에는 활동적인 회원으로 간주했다. 활동적 회원의 숫자는 유동적이었으며, 현재 대표의 활동에 크게 좌우되는 것으로 확인되었다.

2.1.1.2. 한인회

2.1.1.2.1. 재독한인연합회

2.1.1.2.1.1. 설립역사

재독한인연합회(Verband der Koreaner in Deutschland e.V.)의 설립은 '태수회'(인터뷰 56; 64)라는 모임을 그 기원으로 하고 있다. 태수회는 1960년대에 뮌헨에서 유학생들이 중심이 되어 만들어졌다.

"1960년대 뮌헨에 한국인이라고는 처음에 유학생들밖에 없었어요. 약 24명 정도였고, 대부분이 음악을 전공했지요. 그러고 나서 간호사들이 왔습니다. 그래서 처음에는 한인모임이 유학생들로 조직되었지요. 그리고 그것이 나중에 한인협회가 되었습니다."(인터뷰40)

태수회는 한국대사관과 교류를 하고 있었다. "이 모임의 초대회장은 당시 대사관과 좋은 관계를 유지하기 위해 노력했습니다. 군사독재자 박정희가 1965년 독일을 방문했을 때 회장은 그를 만나려고 시도했지요. 그렇지만 처음에는 그 당시 이 모임의 운영위원인 한 사람을 제외하고는 아무도 그 사실을 알지 못했어요. 그리고 나중에 둘 사이가 틀어졌을 때, 회장 스스로 이 시도에 대해 이야기했습니다. 초대회장이 1967년 '동백림' 사건으로 한국으로 납치되었습니다. 그리고 이 그룹은 해체되었어요. '태수회'가 활동하던 당시, 학생이 아니었던 한인들은 이 모임에서 배제되었습니다. 그들은 다른 계급에 속해 있었어요. 그러고 나서 한인회가 한인 광부들과 간호사들이 사는 지역에 설립되었습니다."(인터뷰1)

인터뷰 56과 64의 이야기를 간략하게 정리하면 다음과 같은 그림을 그릴 수 있을 것이다. 1970년대 초 광부로 독일에 온 한인들은 한인협회를 유학생 간부들로부터 이어받았다. "70년대 초까지만 해도 지식인, 대학생, 교수, 박사 들이 한인협회를 이끌었어요."(인터뷰56) "박사 한 명이 한인협회를 독일연방에 협회등록을 해서 이끌었고, 협회의 회칙을 바꿨습니다.

비록 이 협회가 예나 지금이나 독일에 있는 한인들의 친목도모를 가능하게 해주고 있지만, 회칙이 변경된 이후 협회는 한인들이 고향과 밀접하게 연결될 수 있도록 한인이 사는 지역의 한인회들을 진흥하고 한국대사관과 긴밀한 관계를 유지할 수 있도록 도와야 했지요. '재독한인연합회'가 공식적으로 창립한 시기는 대략 1972년 4월입니다. 그 이후 적극 활동한 회원들은 거의 대부분 광부로 독일에 온 사람들이었어요."(인터뷰56)

"처음에는 광부로 독일에 왔지만, 그후 재교육을 받아서 박사가 된 사람이 이전 지식인모임의 박사로부터 회장자리를 이어받았어요. 그다음부터 광부로 독일에 온 사람만 회장을 할 수 있는 전통이 만들어졌습니다."(인터뷰64)

1971~72년에 프랑크푸르트 한인협회의 회장을 지냈던 사람과 진행된 인터뷰38에 따르면, 당시까지만 해도 학생 신분이었던 한인들이 협회에서 활발하게 활동을 했다고 한다. 왜냐하면 그 시기에 광부로 온 한인들은 언어 때문에 의사소통의 문제를 비롯하여 가족이 함께 올 수 없음으로 해서 생겨난 각종 가족문제들, 체류기간이 제한된 근로계약 등 여러 가지 어려움을 겪고 있었다. 그에 반해 학생들은 독일친구들이나 사회활동가들과 함께 이들의 어려움들을 도울 수 있는 위치에 있었다.

2.1.1.2.1.2. 상부조직으로의 발달

① 회원

재독한인연합회는 자신들의 위상을 독일에 살고 있는 모든 한인의 조직으로 설정하고 있다. 따라서 독일에 살고 있는 모든 한인이 연합회의 잠재적 회원이다. 재독한인연합회는 독일 내 33개 지역한인회를 대표한다(1993년에는 35개였다). 만약 한 지역의 협회가 회칙의 이사 정족수를 채우지 못하게 될 경우, 그 협회는 이웃지역의 협회와 연합할 수 있다. 각 지역의 한인회는 비록 한인연합회에 소속되어 있지만, 이와 동시에 상부조직인 한인연합회로부터 독립적이다. 모든 지역협회가 자체 정관을 가지고 있거나 등록된 협회로서의 법적 지위를 갖추고 있는 것은 아니다.

이와 함께 재독한인연합회 산하에는 3개 협회가 있는데, 이 협회들 역시 독립적이다. '재독한인글뤼크아우프회'(Glückauf Koreanischer Freundschaftsverein in der BRD), '재독대한체육회'(Koreansichen Sportbund), '재독한인간호협회'(Koreansiche Krankenschwestern, 등록협회)가 그것이다(인터뷰 56; 64). 각 지역협회의 회장은 연합회에서 대표로 활동한다. 그들은 예를 들어 3개의 산하협회가 얼마나 많은 표를 가질 수 있을지에 대해 제안할 수 있다. 그리고 이러한 제안들은 총회에서 통과 여부가 결정된다(인터뷰56). 총회에는 각 지역협회와 산하조직의 대표들이 참가한다. 지역협회의 의석수는 지역마다 다른데, 이 의석수는 그 지역에 거주하는 한인규모에 따라 정해진다(인터뷰56).

"1975년에 나[여성]는 연합회 총회에 참석했었어요. 그 당시 보훔 한인협회의 서기로 활동하고 있었지요. 이 총회에는 대략 300명이 왔어요. 그런데 여성은 겨우 서너 명에 불과했어요. 회의는 남자들이 주도했지요. 그리고 남성들 위주로만 진행되었어요. 나는 여성들을 자극했어요. 우리도 강해져야만 한다고. 그런데 그게 70년대 말까지는 되지 않았어요. 왜냐하면 거의 모든 한인여성들이 독일에서 가정을 이루어 살고 있었어요. 그리고 집안일이 너무 많았지요. 1980년대부터 조금씩 여성들이 상부의 총회에 참석하기 시작했어요. 그리고 지금은 여성들이 40~50명 참석하지요. 아이들은 이미 장성했고, 가족의 경제적 형편도 안정되었습니다. 때문에 여성들도 사회적 사건에 참여하는 것이 가능해졌어요."(인터뷰18)

② 정관

정관은 최근에 들어와서 바뀌었다. "앞에서 언급한 규칙[의석수 계산]은 아주 새로운 것이에요. 예전 정관에도 유사한 규칙이 있었지요. 하지만 그것은 너무 낡은 것이었고, 더 이상 실행 가능한 것이 아니었어요. 왜냐하면 재독한인들의 삶과 생활이 상당히 많이 변했기 때문이지요."(인터뷰56)

"내가 처음 회장으로 뽑혔을 때, 지방법원에 등록된 정관을 보았어요. 우리의 정관은 1975~76년 이후로 한번도 바뀌지 않았더군요, 그 사이에 많은 변화가 있었는데도 말이죠. 저는 충격을 받았어요. 낡은 정관에 따르면, 오직 한국국적을 가진 사람만 회원이 될 수 있었답니다. 그것이 의미하는 것은 나 역시 회원이 될 수 없다는 것이지요. 당연히 회장도 될 수 없겠지요. 여기에는 다른 많은 회원들과 전 회장도 해당된답니다. 하지만 아무도 그런 얘기를 하지 않았어요. 그 뒤에 이것 때문에, 그리고 다른 여러 가지 배경으로 회원들 사이에 분쟁이 일어났어요. 아무튼 저는 그 이후 정관을 새로 다듬는 일에 착수했지요. 그리고 변화된 모든 사항을 지방법원에 등록시키도록 했어요."(인터뷰56)

새로운 정관에 따르면, 한국 출신은 모두 회원이 될 자격이 있다. "예전 정관은 전체적으로 체계적이지 않았어요. 목적에서부터 협회의 구조에 이르기까지. 그래서 이런 것들이 새로운 정관에 규칙으로 정해졌지요." (인터뷰56)

이사진은 모두 명예직으로 활동하고 있다.

③ 활동과 업무의 종류

1975년 이후 연합회는 정기적으로 한국에서 개최되는 전국체전에 독일에 거주하는 한인들의 대표로 참석하고 있다. 일본, 미국, 캐나다에 사는 한인들의 대표도 한국의 전국체전에 참석한다. "그 당시 한국정부는 일본대표와 긴밀히 교류하고 있었어요. 우리는 그래서 미국대표들과 함께 정부와의 교류를 강화하는 데 힘썼지요. 우리는 우리의 고향을 위해 무엇인가 하기를 원했어요."(인터뷰56)

연합회는 해마다 한국의 광복절(1945. 8. 15) 무렵에 체육대회, 음악의 밤과 같은 큰 행사를 개최했다. 이 행사는 한국대사관의 지원을 받아 열렸으며 독일 전역에서 약 2천 명의 한인이 모였다.

6년 전부터는 2년마다 재외한인들의 대표모임이 열리고 있다. 1990년 3차 모임이 독일에서 '국제한민족대표회의'라는 타이틀을 걸고 진행되었다. 이 행사에는 한국외교부 대표를 포함해서 320명의 한인이 참석했다. 일본의 대표는 제6공화국(노태우) 정부와 북한 대표도 이 행사에 참여토록 하는 문제를 놓고 협의하고자 했지만, 협의는 결렬되고 말았다.

연합회는 독일에 있는 한인들의 결속을 다지는 데 노력한다. 연합회는 지역협회들의 활동을 적극 장려하고 후원한다. 그리고 연합회가 자체적으로 프로그램을 추진하고자 한다면, 대사관이 이를 지원한다. "연합회와 대사관의 관계는 서로 떼려야 뗄 수 없는 관계라고 말할 수 있지요."(인터뷰56)

또 연합회는 독일정부와의 관계를 유지하기 위해 노력한다. 예를 들어 '재독 한인광부 25주년 기념회' 같은 큰 행사가 조직되면, 연합회는 독일정부에 초대장을 보낸다(예를 들어 노동사회부장관인 블륌 Blüm에게). "비록 그들이 오지 않을지라도, 우리는 우리의 의도를 밝힌 정보를 보낸답니다. 우리 생각에는, 우리가 독일에 살고 있기 때문에 독일정부와 관계를 가져야만 해요."(인터뷰56)

지역 한인협회들은 다른 외국인단체들과도 교류를 하고 있다. "도르트문트 한인회에는 예를 들어 러시아인 회원들이 있어요. 만약 그해의 행사로 바자회 같은 것이 계획되어 있다면, 바자회에 다른 외국인단체들도 함께 참석하지요. 때로는 한인협회에서 세미나를 조직하기도 해요. 재독 한인연합회뿐만 아니라 지역 한인협회도 '한국의 통일'과 같은 주제로 행사를 개최하지요. 하지만 활발하지는 않아요. 왜냐하면 공식적으로는 '민주평화통일자문회의'라는 기구가 있기 때문이지요. 하지만 해외의 자문위원들을 한국의 중앙회의에서 지명합니다. 그들에게는 한국의 통일에 대해 연구하는 임무를 부여되어 있지요. 만약 연합회 스스로 이러한 주제로 무엇인가를 하려 한다면, 그건 오려 자문회의 업무를 방해하는 것이 될 수도 있어요. 때문에 연합회는 이런 주제를 우리의 업무라고 생각하지 않습니다."(인터뷰56)

"한인연합회는 주로 독일에 살고 있는 한인들의 관계를 돈독하게 하는 데 애쓰고, 조국을 위해 대사관과 가깝게 지내려고 노력하지요. 연합회 활동의 외연은 예나 지금이나 회장이 누군가에 따라 크게 좌우됩니다."(인터뷰56)

④ 홍보활동

재독한인연합회는 거의 전적으로 한국과 관련된 일만 한다. 따라서 연합회는 독일의 한인사회와 한국에 잘 알려져 있다. 얼마 전(1994)까지만 해도 연합회는 자체 회보나 그 비슷한 것도 발행하지 않았다. 그러다가 1994년 말부터 연합회는 두 달에 한번씩 독일에 거주하는 한인들을 위해 한국어로 된 신문을 발간하고 있다.

⑤ 재정조달

연합회는 각 지역협회에 분담금을 할당한다. 만약 어떤 협회의 대표자가 연합회 총회에 참석하고자 한다면, 그 대표자는 분담금을 연합회에 내어야 한다. 분단금은 연간 100마르크이다.

연합회는 한국정부로부터 보조금을 받아서, 그 보조금으로 본에 있는 연합회 사무실을 운용하는 데 드는 비용 등을 충당한다. 그러나 지원 총액에 대해서는 알려져 있지 않다. "전두환과 노태우 정권 때는 지금보다 더 많은 보조금을 받았어요. 현재의 문민정부는 우리 스스로 잘 운영을 해야 한다는 입장이에요. 하지만 우리는 이민2세들을 위한 학교를 지원하기 위해 많은 돈이 필요합니다. 그래서 연합회는 한국정부에 이 사안에 대해서 문제를 제기했지요."(인터뷰56)

　"회장임기 동안 저는 재독 한인광부 30주년을 맞이해서 한국의 유명 가수들을 초청하는 대중가요 무대를 기획했어요. 이 행사는 한국정부와 공영방송〈KBS〉그리고 독일에 진출해 있는 한국기업들로부터 지원을 받았지요. 그렇게 해서 연합회의 행사재정 지원에 관한 규칙이 생겼어요. 만약 행사에서 수익이 발생하면, 연합회는 그 수익을 '재독대한체육회' 같은 곳에 이민2세대의 활동 장려를 위해 지원한답니다."(인터뷰56)

⑥ 특수성과 성과

한국정부는 매해 이곳 한인사회에 특별히 기여한 바 있는 한인들에게 감사의 편지를 보낸다. "박정희 시대에도 공로를 치하하는 구조가 있었지요. 그때 정부는 극소수의 공로를 치하하는 편지를 보내주었어요. 그 기준은 얼마나 많은 외화를 한국에 보냈는가 하는 것이었죠."(인터뷰56)

　감사편지를 몇 통 작성할 것인가는 한국정부가 정하는 것이었다. 감사편지를 받게 될 사람은 거의 대부분 한인협회나 한인연합회 부속기구의 업무 또는 한인학교에 기여한 사람들 중에서 선택되었다.[1] "이 공로에 대한 치하가 비록 물질적인 것은 아니지만, 명예로운 것으로 여겨졌지요." (인터뷰56)

　"재독한인연합회는 독일의 한인사회에 필수적인 부분입니다. 연합회는 한인과 대사관 그리고 한국과의 관계를 중간에서 연결시켜 주는 역할을 합니다."(인터뷰56)

⑦ 문제점

"만약 제대로 일하고자 한다면 연합회 일은 끝이 없습니다. 그러기에는 우리가 사용할 수 있는 수단은 너무 적어요. 이게 문제이죠."(인터뷰56)

　"총회의 분위기가 완전히 변했습니다. 최근 총회는 너무 정치적으로 변했어요. 그전에는 가족적인 분위기였지요. 연합회의 회장이 되는 것이 최근에는 이곳에 사는 한인들에게 최고의 명예가 되었습니다. 그래서 많은 한인들이 회장이 되고 싶어하죠. 물론 선거에서 조작이나 뭐 그와 비슷한 것이 있는 것은 아니지만, 대부분의 대표들이 자신들에게 음식이나 차비 같은 물질적인 것을 제공하는 사람에게 투표하지요."(인터뷰56)

"연합회에서 가장 심각한 문제는 인간관계입니다. 독일에 사는 한인들은 비록 모두가 한국에서 오기는 했지만, 각자 다른 지역에서 왔습니다. 많은 사람들이 자신의 과거를 드러내는 것을 원치 않아요. 그 때문에 사람들 사이에 갈등이나 불신이 생겨나지요. 그 밖에도 한국인들은 이상하게 단결이 잘 안돼요. 각자가 자신이 최고라고 주장하지요. 설사 단결한다고 해도, 곧바로 파벌이 생겨나요. 그것은 조직의 일을 어마어마하게 방해하게 되지요. 우리는 이런 것에서 벗어나야만 합니다. 얼마 전 23기 회장선거에서 싸움이 벌어졌어요. 거기서 방금 내가 말한 것과 같은 문제가 발생했지요."(인터뷰56)

한 후보자가 총회의 소집이 유효하지 않다는 이유로 이 문제를 본(Bonn)에 있는 법정까지 끌고 갔다. 그 근거는 연합회의 감독이 정관을 변경할 때 오류를 범했다는 것이었다. 이 임의적 회칙에 대한 청원은 법원에서 받아들여졌고, 이로써 총회는 유효하지 않은 것이 되었다. 총회 전에 선거감독관은 (나중에 법원에 청원을 낸) 그 후보의 자격이 유효하지 않다고 선언했었다. 감독관의 주장에 따르면 그 후보는 공탁금과 관련해서 잘못을 범했다는 것이다.[2]

"지식인층과 비지식인층 사이의 긴장감도 잠재적으로 존재합니다. 그래도 그건 나아졌습니다."(인터뷰56)

⑧ 전망

"연합회는 앞으로 더욱더 이민2세대들의 전망에 기여해야만 합니다. 이를 위해 연합회는 정치활동을 해야 합니다. 일부 해외한인들이 예를 들어 미국에서 시의회 의원으로 일하고 있습니다. 제1세대는 독일에서 기회가 없었습니다. 하지만 2세대는 그런 위치를 만들어야 합니다. 또 나이가 많은 한인들을 위한 노인요양원이 마련되어야 해요. 한국정부는 이런 계획에 대해 지원을 해주어야 합니다."(인터뷰56)

2.1.1.2.2.　베를린 한인회

1994년 현재 베를린에 거주하는 한인은 4천 명이다. 여기에는 독일에 정착한 사람들, 유학생들, 한국기업들의 주재원 그리고 독일국적을 가진 한국계 이민자들이 포함되어 있다. 상사주재원은 프랑크푸르트와 비교할 때 그 숫자가 매우 적다. 프랑크푸르트에 거주하는 한인은 대다수가 상사주재원이라고 할 수 있다. 베를린에 사는 다수의 한인들은 간호사나 광부들보다 먼저 독일에 왔다. 그들은 이곳 베를린에서 한인 혹은 한독 가정을 꾸렸다. 베를린 한인의 여성과 남성의 비율은 약 3대 2이다.[3]

베를린에 거주하는 한인남성들 상당수가 자영업자이다. 레스토랑(15~16명), 체육관(13~14명), 한인식료품점(20명), 기타 상업(약 10명)을 운영하고 있다. 그리고 대략 30~40명이 독일 중소기업에서 일한다. "저는 1970년에 루르 지역에서 베를린으로 왔습니다. 그 당시 대략 300명가량이 지멘스(약 150명) 그리고 KUW와 BMW(약 100~150명)에 취직이 되어서 베를린에 왔습니다. 이 가운데 절반 정도가 그때 들어간 회사에서 20년 이상 일하고 있지요 나머지 사람들은 이직을 하거나 퇴직했는데, 퇴직 후에는 자기 사업을 하고 있습니다. 독일통일 이후에 일부 한인들은 실업자가 되었습니다. 왜냐하면 사업자들이 독일인 노동자를 원했기 때문이지요. 저는 그렇게 들었습니다. 하지만 정확한 숫자는 잘 모릅니다."(인터뷰52)

2.1.1.2.2.1. 설립역사

베를린 한인회(Koreanischer Verein in Berlin e.V.)는 1972년에 설립되었다. 이것이 의미하는 바는 당시 베를린에는 확실히 한인이 많이 살았다는 것이다. 설립의 취지는 매우 단순하고, 그렇기 때문에 중요하다. 한인들은 정보를 교환하기를 원했고, 즐거운 환경을 만들기를 원했다. 공통의 생활방식과 언어는 외국에서의 삶을 좀더 편하게 만들어준다. "남자들은 만남이 잦아지면서, 그저 술만 즐겨서는 안 된다고 생각했어요. 그 대신 그 만남이 삶을 위해 더 필요한 것이 될 수 있고, 서로에게 도움을 이끌어낼 수 있는 더 많은 무엇인가가 생겨나야 한다고 생각했지요."(인터뷰52)

베를린 한인회는 고작 타자기 한 대만 있었을 뿐, 사무실도 없었다. 그래서 회장이나 이사들이 자기들 집에서 회보를 직접 만들어야 했다(인터뷰52).

"베를린에 사는 한인들 사이에는 특별한 긴장감 같은 게 있었어요. 북한대사관이 동베를린에 있었고, 남한영사관이 서베를린에 있었죠. 마음만 먹는다면 지하철로 어려움 없이 동베를린으로 갈 수가 있었습니다. 한편에서는 이러한 상황이 서베를린에 사는 한국[남한]인들을 성가시게 했지만, 다른 한편에서는 정말로 북한을 지지하고 싶어하는 한인들이 있었죠. '동백림' 사건이 일어나면서 이런 긴장감은 더 뚜렷해졌어요. 그 때문에 사람들은 자기 이웃이 북한 편인지 아닌지를 경계하게 되었지요. 북한에서 온 많은 선전물이 베를린의 한인사회에서 돌았습니다. 그래서 협회는 한국영사관과 함께 이에 대한 교육활동을 벌였습니다."(인터뷰52)

2.1.1.2.2.2. 변천과정

① 회원

베를린에 거주하고 있는 한인들이 잠재적 회원이다.

② 정관

정확한 정관은 파악할 수 없었다. 다만 주로 회장을 선출하기 위한 총회가 존재한다. 투표권은 총회에서 연간회비 20마르크를 내는 한인에게 주어진다. "만약 한인 세 명이 후보로 나섰다면, 총회에 참석하는 인원은 대략 700~800명쯤 됩니다. 최근에 와서 베를린에서는 회장자리를 놓고 경쟁이 매우 심합니다."(인터뷰52)

1기부터 3기 회장의 임기 동안 베를린 한인회에서 일했던 사람은 인터뷰에서 베를린한인회 회장선거를 둘러싼 문제에 대해 이렇게 이야기했다. "지금까지 나쁜 사례들이 수없이 많았습니다. 예를 들어 어떤 후보는 회장이 되기 위해 많은 돈을 써서 표를 얻으려 했습니다. 더 많은 표를 얻기 위해 사람들을 차로 실어왔지요. 그런 것은 원래 깨끗한 것이 아니에요. 거기에다 후보자는 3천 마르크를 공탁금으로 걸어야 했어요. 이런 구조는 다른 방식으로 규칙이 정해져야 합니다."[4] "선거유세에서도 가끔 문제가 발생했어요. 상대후보의 사적인 일을 비방하거나, 사람들에게 저녁식사나 음료를 대접하기도 했어요. 그 밖에 다른 것도 있었지요. 제 생각에 그건 좋지 않아요. 그렇지만 사람들은 일단 후보가 되면, 어떻게든 이겨야 한다는 생각만 했습니다."(인터뷰52)

17명의 이사가 명예직으로 일하고 있다. 이사회는 한 달에 한번 정기적으로 열리며 12명 정도가 참석한다. "토론과 회의는 회칙에 따라 민주적으로 진행됩니다. 그리고 상대방의 의견은 존중되고요. 가끔 의견차가 클 때도 있습니다. 이런 경우 회장이 자신의 권한을 행사합니다, 결정을 내립니다. 이런 게 외부에서 보면 강압적이고 독재적으로 보일 수 있겠지만, 달리 방법이 없잖아요. 목표를 이루어야 하지만, 그렇게 하기에는 재정수단이 충분치가 않습니다. 제 생각에 협회는 회장 중심으로 돌아가야 해요. 그렇지 않으면 일이 진행이 되지를 않죠. 한국사람들은 만나기만 하면

서로 다른 주장을 내어놓기 일쑤지요. 그리고 목소리가 커지고, 금방 적이 되어버린답니다. 왠지 한국사람들은 단결하기 어려워요."(인터뷰52)

③ 활동과 업무의 종류

베를린 한인회의 1994년 5·6·7월호 회보에는 협회 자체적으로 고찰한 21년 협회역사에 관한 글이 실려 있다. 회보에 소개된 협회의 변천단계를 요약하면 다음과 같다. 1972년부터 1979년까지를 시작단계라고 할 수 있을 것이다. 1980년부터 1986년까지는 베를린에 거주하는 한인의 대표기관이 성장하는 단계이다. 1987년부터는 이 대표기관이 안정화되는 단계라고 할 수 있을 것이다. 각 시기에 이런 것들이 특징적으로 강조되었다. 1980년에는 한인2세대에 관한 문제가 제기되기 시작했다. 어린이행사가 조직되었는데, 이 행사에 약 450명의 한인이 참석했다. 반면 배구행사에 참석한 인원은 약 250명이었다. 1982년에 협회는 영사관의 지원으로 사무실을 열었지만 1983년 말에 결국 문을 닫았다. 회장과 대표의 개인적인 문제로 더 이상 사무실을 유지할 수 없는 상황이었다는 것이 그 이유이다. 1983년, 회장은 한 달에 한번 타자기로 작성한 회보를 발행했다. 1984년, 신임 회장은 재정지원을 받기 위해 베를린 주정부에 로비를 했으며 그 결과 협회가 다시 사무실을 운영할 수 있는 성과를 거두었다. 1985년, 회장선거 과정에서 문제가 제기되었고, 법원은 그것이 유효하지 않다고 판결했다. 그러나 재선거에서 지난번 뽑혔던 후보가 다시 선출되었다. 1986년, 새로 선출된 회장은 열심히 일을 했고, 베를린 한인사회에 새바람을 불어넣기 위해 노력했다. 1987년부터 회장임기는 2년이 되었다. 컴퓨터를 사용하게 되면서 회보는 더 좋아졌다. 협회의 사무실이 시내 근처로 이전했다. 앞으로 협회는 베를린에 사는 한인들의 이익을 더욱 잘 대변해야 할 것이다. 그리고 편견 없이 남북한의 통일을 도와야 할 것이다.

협회는 주로 베를린의 한인사회와 관련된 일을 했다. 체육대회나 대중음악회를 조직했으며, 한국의 광복절행사에 참여했으며, 또 한인학교를 지원했다. 협회의 회보는 삶에 관한 다양한 정보를 제공하면서, 한인 사회에 도움을 주었다. 이런 정보를 통해 새로운 한인사업이 지원을 받기도 했다. "1994년 베를린에 한인경제협회가 창립되었습니다. 이 협회에는 한인 자영업자와 사업자 약 20명이 소속되었어요. 그리고 그들은 한국의 KOTRA와 협력하여 한국으로부터의 수입을 활성화시켰습니다. 이런 것들도 협회가 지원을 했습니다."(인터뷰52)

협회는 회보를 발간했고, 회보는 매달 혹은 두 달에 한번 1350부가 발행되었다.

협회는 베를린의 한국영사관과 교류를 하고 있었으며, 영사관은 협회를 지원했다. "우리 협회는 지금까지 영사관과 별 문제없이 지냈어요. 물론 여기에 살고 있는 한인들이 여권을 연장하거나 이와 유사한 사안들을 영사관에 처리하러 갔을 때, 영사관의 해당 부서들과 마찰이 생기기도 하지요. 영사관 직원들은 종종 관료주의적이에요. 그래서 한번은 우리 협회가 그것을 문제 삼았답니다. 협회가 영사관과 대립관계에 있어야 하는 것은 아니지만, 협회는 이곳에 사는 한인들의 불만을 대변해 주어야 합니다."(인터뷰52)

협회는 베를린 주정부와도 교류를 하고 있는데, 특히 외국인위원회와 관계를 맺고 있다. 그리고 '베를린 한인간호요원회'(Verein der koreanischen Krankenschwetern und Krankenpflegehelferinnen in Berlin e.V.)와 교류하고 있으며, 이 조직은 협회의 사무실을 함께 사용하고 있다(2.1.4.2. 참조).

다른 외국인협회와의 교류는 거의 없는 것으로 보인다. "이전 회장이 베를린의 터키인협회와 교류하려고 시도했었다고 들었습니다. 그것말고는 다른 것은 없었습니다."(인터뷰52)

"베를린에는 한인친목회가 상당히 많습니다. 볼링, 배구 등등. 그런 모임들과 협회는 어떤 식으로는 관련을 갖고 있기는 하지요."(인터뷰52)

④ 홍보활동

"협회도 한번 베를린에서 열린 외국인 혐오 반대시위에 참가한 적이 있습니다. 그것 외에는 이런 일들과 관련해서 직접적인 활동은 없었습니다."(인터뷰52)

⑤ 재정조달

앞에서 언급하고 있듯이, 베를린의 한인으로서 선거에서 투표권을 행사하고자 한다면, 연간회비 20마르크를 납부해야 한다.

협회의 재정조달의 한 가지 방식으로 기부가 있다. "100명 정도가 활발하게 기부를 합니다. 독일은 일종의 사회민주주의 국가이기 때문에 여기 사는 한인들 역시 많은 돈을 갖고 있지 않답니다. 물론 사람들이 사회적 안정이 보장된 사회에서 살고 있기는 하지만, 미국이나 일본에 사는 한인들처럼 살지는 못합니다. 경제적으로는 미국이나 일본에 있는 한인들이 우리보다 더 나을 겁니다. 협회의 집을 하나 장만하는 것이 우리의 큰 바람입니다. 우리는 지금까지 6만 마르크를 모았지만, 이것으로는 충분치가 않아요. 한국정부나 한국의 부자들로부터 기부를 받아서 그것을 가능하게 할 수도 있겠지요."(인터뷰52)

"매달 영사관에서 우리에게 800마르크 정도를 지원해 줍니다. 만약 큰 행사가 있으면 800마르크보다 많이 지원을 하지요(추가적으로 500에서 2천 마르크까지). 하지만 영사관의 지원은 항상 부족해요."(인터뷰52)

10년 전부터는 베를린 외국인위원회에서 협회를 재정적으로 지원하고 있다. 특히 한 달에 1800마르크에 달하는 사무실 임대료를 지원해 주고 있다. "지난해[1995] 사무실 계약이 만료되었어요. 그다음부터 협회는 임대료를 거의 두 배나 지불해야 했어요. 우리는 그것을 어떻게 조정해야 할지 방법을 찾을 수가 없었습니다. 독일통일 이후 주정부는 보조금을 줄이거나 폐지하려고 합니다. 주정부에서 말하는 것처럼 한다면, 우리는 차츰 재정적으로 독립을 해야만 해요."(인터뷰52)

회보의 편집을 맡고 있는 회원들은 사례비를 받고 있다. 그리고 그들은 대부분 유학생이다.

⑥ 특수성과 문제점

"저는 전 회장이 일했던 것처럼 일을 합니다. 그래서 무엇이 성공적이었는지에 대해 특별히 말하기가 어려워요. 여기에 살고 있는 한인의 역사는 더욱 길어졌어요. 저는 책임감을 느낍니다. 그리고 한인사회를 위해서 무엇인가를 해야만 하지요. 협회의 재정상황은 점점 나빠지고 있어요. 그 때문에 저는 많은 것을 할 수가 없답니다. 만약 문제가 발생한다면, 저는 그걸 극복하려고 노력할 것입니다. 협회의 상황을 유지하는 것도 중요하지요. 사람들은 협회의 일이 항상 반복되기만 한다고 말하지요. 하지만 지금까지 협회가 한 일도 한인사회를 위해 중요한 일이었고, 앞으로도 중요한 일입니다."(인터뷰52)

⑦ 전망

"언급한 것처럼 베를린에 있는 한인들을 위한 집을 하나 갖는 것이 중요한 목표입니다."(인터뷰52)

2.1.1.2.3. 보훔 한인회

2.1.1.2.3.1. 설립역사

보훔 한인회(Koreaner-Verein in Bochum)는 1960년대 말에 설립되었다. 당시 보훔에는 한인광부들이 250~300명 살고 있었다. 그들은 자신들 사이의 친목이 필요했다. "지금까지 수집된 자료는 없습니다. 하지만 제가 회장이 된 다음부터 자료들을 문서로 정리하기 시작했습니다."(인터뷰18)

"초기에는 한인들이 만나는 곳이라고는 거의 탄광뿐이었습니다. 모두가 거기서 일을 했으니까요. 중반까지만 해도 한인들은 협회모임을 가질 시간이 없었죠. 아이들도 어렸고, 경제적으로도 안정되지 못했어요. 그래도 얼마 전부터는 협회의 일이 천천히 다시 돌아가기 시작했습니다. 아이들도 어느 정도 자랐고, 그만큼 1세대들은 나이가 들었죠. 그러다 보니 고향을 더 그리워해요. 요즘 많은 한인들이 여러 도시의 한인회에서 주최하는 연말파티 같은 데 찾아온답니다."(인터뷰18)

2.1.1.2.3.2. 변천과정

① 회원

보훔에 살고 있는 18세 이상의 한인은 회원자격을 가진다. 최근 회원은 150명이 넘는다. 대략 60여 한인가정과 한독가정이 보훔에 살고 있다(인터뷰18).

② 정관

보훔 한인회에는 일반적인 정관이 있다. 정관의 일부가 변경되었는데, 특히 회원에 관한 내용이 바뀌었다. "예전에는 오직 한국국적을 가진 사람들만 회원이 될 수 있었어요. 이 문제는 '재독한인연합회'도 가지고 있었죠. 하지만 이런 규정은 오랫동안 독일에서 산 한인들의 현실에 맞지 않았어요. 지금은 한국에 뿌리를 두고 있는 독일인과 한국에 뿌리를 두고 있지 않은 독일인도 후원회원이 될 수 있습니다."(인터뷰18)

회원에 관한 규정을 제외하고, 정관이 특별히 하는 역할은 없는 것으로 보인다. "우리는 민주적으로 일을 합니다. 그런 점에서 상위조직인 재독한인연합회는 문제가 많습니다. 거기서는 몇몇 사람들이 자기들의 뜻대로만 운영하려고 하지요. 하지만 여기는 다릅니다. 보훔에 살고 있는 한인들의 직업은 간호사 아니면 노동자들로 단순합니다. 그에 비해 다른 협회에 소속되어 있는 한인들은 직업이 다양해요. 그래서 우리 협회에서는 복잡한 문제 같은 것은 거의 없어요. 우리 협회장의 임기는 2년입니다. 요즘 우리는 모두가 한번씩은 회장을 하도록 장려하고 있어요."(인터뷰18)

③ 활동과 업무의 종류

보훔 한인회는 보훔에 거주하는 한인들의 친목을 도모하고, 서로 도움을 주고받을 수 있도록 주선하는 일을 최우선으로 하고 있다. 그리고 상위조직인 한인연합회가 주관하는 행사에도 참여한다. "한인회에서 하는 일은 어디나 다 비슷합니다. 다만 규모가 큰 한인회들만 도시에 따라 차이가 있지요."(인터뷰18)

"외국인위원회에 볼일이 있을 때 함께 가준다든가 또는 그런 유사한 일은 더 이상 한인회의 업무가 아니에요. 왜냐하면 여기 사는 한인들의 삶이 안정되었거든요. 제 생각에는 2세들을 위한 활동이 매우 중요합니다. 예를 들어 한글학교라든지, 문화활동 같은 것 말이에요. 우리는 독일어를 잘해야 합니다. 2세들은 또 학교에서 좋은 성적을 얻어야만 해요. 이와 동시에 우리의 문화도 보존해야 합니다. 이렇게 함으로써 우리는 독일에서 우리의 위치를 지키고 높일 수 있습니다."(인터뷰18)

보훔 한인회는 별도의 회보를 발행하지 않는다. 그리고 연합회는 때때로 독일사회를 향해 공식 서한이나 문서를 발표하기도 하지만, 이곳은 별도의 홍보활동이 필요하다고 보지 않는다.

④ 재정조달

보훔 한인회에는 정해진 회비가 없다. "우리도 회비를 거두려고 노력했어요. 그런데 잘되질 않았죠. 연말파티에서 각 가정이 100~150마르크씩 기부를 합니다."(인터뷰18)

한국대사관은 상위조직인 연합회에 재정지원을 하고 있으며, 연합회는 이 지원금을 각 지역의 한인회에 일정 정도 나누어준다. "가령 우리는 연합회로부터 한 해에 300마르크를 받고 있습니다. 그것말고는 재정지원을 받는 곳이 하나도 없습니다. 당연히 재정적으로 어려움을 겪고 있지요. 만약 협회에 돈이 들어갈 일이 생기면 회장이 얼마간 내어놓습니다. 요즘에는 아무도 회장을 하려고 하지 않아요. 한인들 대부분이 그 사이 독일인처럼 개인 중심으로 살게 되었어요. 거기다 회장들은 이따금 마지막에 가서 욕을 먹기도 하지요. 시간 쓰고 돈도 쓰고 했는데도 말입니다." (인터뷰18)

⑤ 특수성과 성과

"우리 협회는 가족적인 분위기입니다. 이런 분위기는 다른 한인회와 좀 다르지요. 저는 3년 동안 회장을 맡고 있어요. 협회에서 파티를 열기 위해 음식장만을 해야 한다면, 이런 일이 여기서는 아무런 어려움 없이 잘 이루어집니다."(인터뷰18)

⑥ 문제점

"재정형편 말고는 협회에 딱히 문제랄 게 거의 없습니다. 제가 개인적으로 걱정하고 있는 것은 전혀 다른 문제인데, 많은 한인들이 아직도 독일어로 정확하게 자기 의사를 표현하는 데 어려움을 겪는다는 점이에요. 이들이 독일에서 산 지 벌써 20년이 넘는데다 직장을 다니며 일도 했는데 말이죠. 제 말은, 우리 모두가 완벽한 독일어를 구사해야 한다는 게 아닙니다. 그렇지만 서투르고 형편없는 문장을 구사하지 않도록 노력할 필요가 있다고 봅니다."(인터뷰18)

2.1.1.2.4. 뮌헨 한인회

1994년 현재 뮌헨에는 약 350명의 한인이 살고 있다. 약 10개의 한인가정과 유학생, 얼마간의 교환교수를 비롯하여 다수를 차지하는 한독가정이 한인사회를 형성하고 있다(인터뷰 40; 42에 근거한 추정). "뮌헨은 외국인들이 살기에는 생활조건이 아주 나빠요. 기독사회당(CSU)은 매우 보수적이고 외국인에게 적대적이에요. 집세도 비싸고 생활비도 많이 들지요. 노동자로서는 뮌헨에서 생활을 꾸려나갈 수가 없다고 봐야죠."(인터뷰42)

뮌헨 한인사회에는 개신교공동체 두 군데와 가톨릭공동체 하나가 있다. 문선명의 통일교가 뮌헨에 교회를 두고 있기는 하지만, 교인 대부분이 독일인, 일본인, 이탈리아인 등이다(인터뷰42).

지금까지 뮌헨에는 한국에서 진출한 기업이 거의 없었다. "바이에른은 최첨단 기술이 발달했습니다. 한국은 이 분야에서 지금까지는 영국에 지사를 더 많이 두고 있지요. 그렇지만 한국도 점점 바이에른에 투자하는 데 관심을 갖고 있어요."(인터뷰42)

2.1.1.2.4.1. 설립역사

1960년대의 뮌헨에 한인이라고는 유학생들뿐이었다. 약 24명이 있었는데, 공학과 독문학을 전공하는 3명을 제외하고는 대부분 음악을 전공했다. 그후 간호사 약 450명이 뮌헨에 왔다. 그로 인해 학생모임이 한인회로 탈바꿈하게 되었다. 뮌헨 한인회(Koreaner-Verein in München)는 1968년에 창립했다. 설립동기는 한인들의 친목을 도모하는 것이었다(인터뷰40).

2.1.1.2.4.2. 변천과정

① 회원

뮌헨에 거주하는 한인은 협회의 잠재적 회원이다.

② 정관

"협회 정관이 있기는 하지만, 실질적으로 의미는 없어요."(인터뷰40) 인터뷰42에 따르면, 뮌헨 한인회는 사실상 정관을 없는 것과 마찬가지이다. 이로써 인터뷰40에서 말하고 있는 내용이 사실임을 확인할 수 있었다. "한인회는 등록된 협회가 아닙니다. 하지만 협회가 등록이 된다면 분명 한인들은 제대로 일하기가 어려울 것입니다. 만약 등록되면 협회는 활동과 변경 사안들을 지방법원에 보고해야 합니다. 하지만 지금 수준에서 협회는 그런 것을 할 수 있는 능력이 없어요."(인터뷰40)

뮌헨 한인회는 연합회의 총회에서 3표를 가지고 있다(인터뷰42).

③ 활동과 업무의 종류

다른 한인회들과 마찬가지로, 뮌헨 한인회는 한인들의 친목도모에 주력한다. 그래서 협회의 활동은 평범하다. "뮌헨에 사는 한인들은 대략 일년에 두 번 정도 만납니다. 연말모임일 수도 있고 체육대회일 수도 있지요. 그런 행사에는 100명 정도가 참석합니다."(인터뷰42)

연말파티는 정기적으로 개최된다. 재독한인연합회에서 개최하는 행사에 뮌헨 한인회도 참석한다. "뮌헨에 사는 사람들이 얼마나 많이 연합회에서 주관하는 행사에 참여하는지는 특히 누가 회장인가에 달려 있습니다."(인터뷰40) "지금의 뮌헨 한인회는 예전보다 많이 좋아졌습니다. 예전에는 한인회에 그저 잡음만 있었지요. 그래서 아무도 회장이 되려고 하지 않았어요. 하지만 요즘은 회장직을 두고 확실히 경쟁을 합니다."(인터뷰42) 예를 들어 1994년에 신임회장이 중심이 되어 300명 정도가 옥토버 페스트를 방문했다.[5]

④ 재정조달

"회비를 내는 사람은 한 명도 없습니다. 한국대사관이 해마다 우리에게 300마르크를 지원해 줍니다. 그외에는 아무것도 없습니다. 그에 비해 프랑크푸르트의 많은 한국지사들은 프랑크푸르트 한인회에 재정지원을 하고 있습니다. 그래서 회장이 자신의 임기 동안에 이런저런 업무를 보는 데 자기 돈 약 5천 마르크를 썼습니다. 예를 들어 저도 제 임기 동안 매달 약 200마르크의 전화비를 부담했어요. 한인회에 손님이 오기라도 하면 회장

이 그 모든 비용을 내야 합니다."(인터뷰40)

⑤ 문제점

"한인들은 다른 사람들을 전혀 칭찬할 줄 모릅니다. 행여 어떤 사람이 잘되면 사람들은 배 아파 합니다. 회장이 자기 임기를 마치고도 사람들로부터 욕을 듣지 않는다면, 그 사람은 일을 정말 잘했다는 뜻입니다. 만약 백가지를 잘하고 한 가지 실수를 한다면, 그건 그 사람이 모든 것을 다 잘못했다는 것을 의미하게 됩니다. 그래서 이전 회장들은 다시는 회장을 맡으려고 하지 않는답니다. 회장은 일을 잘하려면 자기 돈을 써야만 합니다. 그렇지만 끝에는 욕만 먹어요. 제 아내는 저에게 다시 회장을 한다면 이혼할 것이라고 말했어요."(인터뷰40) "한인들은 정말 단결을 할 수가 없어요. 미국에 살든 한국에 있든 다 그래요. 개개인은 능력이 있지만, 함께하는 것은 한인들에게 어려워요. 아마 한국이 오랜 시간 억압을 당해서 그럴지도 모르지요. 식민지 시절 일본의 지배는 한국인들 사이에 분열을 조장했죠. 그 때문에 국가는 그후에도 공동의 정체성을 만들 수가 없었어요. 오히려 계속해서 그렇게 가도록 훈육했습니다. 또 한편으로는 종교가 영향을 줍니다. 뮌헨에 사는 한인의 거의 80~90%가 교회에 소속되어 있어요. 그들의 목사가 절대적 힘을 갖고 있지요. 목사가 무슨 말 한마디만 하면, 교인들 모두 그 말에 따라 행동하지요. 만약 개신교 목사와 가톨릭 신부가 한목소리를 낸다면, 제 생각에는 한인회가 아주 잘 돌아갈 겁니다. 예를 들어 가톨릭교회의 예배가 토요일에 있다면, 개신교회는 일요일에 예배가 있어요. 그러면 한인회는 주중에 하루를 잡아 만나야 합니다. 거기에다 교회 자체의 행사가 한가득입니다. 그래서 교인들은 다른 일을 위한 시간을 낼 수가 없어요."(인터뷰42)

"제 임기 동안 설문조사를 해서 한인가정과 한독가정의 숫자 그리고 협회에 대한 바람을 파악하려고 노력했습니다. 우편으로 설문지 306통을 뮌헨에 사는 한인들에게 보냈습니다. 그렇지만 답변해서 돌아온 설문지는 거우 21통에 불과했습니다. 사람들은 한인회에 전혀 관심이 없어요. 뮌헨에는 일본인단체와 중국인단체도 있습니다. 예를 들어 중국인들이 신년에 모임을 가지면, 1천 명 이상이 참석합니다. 중국인뿐만 아니라 독일인까지도. 입장료가 일인당 100마르크나 되는데도 말입니다. 1993년에 저는 뮌헨 한인회 25주년을 기념하여 한독가정까지 참가할 수 있는 큰 행사를 기획하려 했습니다. 이 문제를 간부들과 의논했습니다. 그리고 그들도 찬성했어요. 하지만 당시 그 자리에 없었던 몇몇 사람이 반대를 했습니다. 자신들이 없는 자리에서 내린 결정이기 때문에 그 결정은 무효라는 겁니다. 그래서 계획은 취소되었어요. 협회의 일이라는 것이 그런 식입니다."(인터뷰40)

"한인 개신교인, 가톨릭교인, 유학생, 화이트칼라, 노동자 또는 간호사 등등, 혹은 나이에 따라 뮌헨에 사는 한인들은 무리가 나누어져 있습니다. 저는 화이트칼라로서는 처음으로 회장이 되었어요. 그래서 다른 화이트칼라들 몇몇도 적극적으로 활동했지요. 그게 다른 한인들에게 거부감을 주었던 것 같습니다. 이런 건 분명 한인들에게 문제입니다. 이런 의식은 한인들 사이의 결속에 방해만 될 뿐입니다. 제가 한번 한인회에 한인 여성합창단과 한글학교를 편입시키자고 건의했었는데, 거부당했습니다."(인터뷰40). "몇몇 한독가정이 '한독문화협회'를 만들려고 계획했었어요. 우리는 처음에 한인회 안에서 이 일을 진행하려고 노력했었지요. 오랫동안 뮌헨 한인회에 소속되어 있던 보수적인 한인 몇 사람이 그것을 원하지를 않았어요. 그러는 사이에 한독협회는 독자적으로 만들어졌어요."(인터뷰41)

"한인 한 명이 자동차사고로 사망한 적이 있어요. 그 남자는 개신교인이었습니다. 그래서 장례식을 개신교 목사가 주도해야 했습니다. 그런데 목사 두 사람이 싸움이 났어요. 한 목사가 주장하기를, 자기는 한국기독교교회협의회에 소속된 목사이기 때문에 자기가 장례식을 주관해야 한다는 것이었어요. 반면에 다른 목사는 자신이 죽은 사람이 다니던 교회의 담당목사이기 때문에 자신이 장례를 주관해야 한다고 했죠. 결국 그 장례는 가톨릭 신부가 주도했어요. 그게 요즘 교회들이에요. 교회는 자신들 본래의 사명을 잊어버렸어요…"(인터뷰42)

"만약 투표를 해서 회장을 선출한다면, 분명히 여성이 당선될 겁니다. 왜냐하면 뮌헨에는 한인 여성이 남성들보다 더 많이 살고 있기 때문입니다. 하지만 한인들은 일반적으로 남자가 회장이 되어야 한다고 생각합니다. 한국관청도 정확히 그렇게 생각하지요. 1994년에 여성이 회장이 되었답니다. 그런데도 한국대사관은 계속 저에게 연락을 취했어요. 신임 여성 회장이 그에 대해 서면으로 항의를 할 때까지 말입니다."(인터뷰40)

⑥ 전망

"2세들은 계속해서 한국의 좋은 전통을 이어받아야 해요. 그렇지만 그럴 가능성에 대해서 저는 부정적입니다. 예를 들어 '한국인의 집' 같은 것이 있다면, 한국에서 온 방문객들을 거기서 지내게 할 수 있고, 우리들도 이용할 수 있지요. 그런데 우리에겐 돈이 없어요."(인터뷰42)

뮌헨의 외곽 그레펠핑(Gräfelfing)에 있는 공동묘지에는 이미륵(1899~1950)의 묘지가 있다. 이미륵은 한국인 최초로 독일에서 공부를 했고, 뮌헨에서 최초로 한국어를 가르친 사람이다. 독일을 찾은 첫번째 한국인인 이미륵은 문학작품을 통해 자신의 고향 한국을 독일에 알렸다.[6] "1992년 뮌헨에 '이미륵기념사업회'가 만들어졌어요. 그는 작가일 뿐만 아니라 정치투사였습니다. 그는 일제시대에 일본경찰에게 쫓겨 중국으로 갔어요. 그리고 여섯 달 동안 상하이의 한국임시정부에서 일을 했습니다. 그다음 그는 중국여권으로 뮌헨에 왔어요. 당시 그는 뮌헨대학에서 외국인학생

대표로 정치적 활동을 했어요. 그리고 대표로 벨기에에 가서 한국과 아시아에서 일본이 자행하는 공격적인 태도에 대해 고발했어요. 우리는 그에 대해 2세들에게도 알리기를 원해요. 여하간 뮌헨에 사는 한인들은 한인회를 중심으로 결집해야 합니다."(인터뷰42)

2.1.1.3. 재독한인간호협회

2.1.1.3.1. 설립역사

재독한인간호협회(Koreanischer Krankenschwestern-Verein in der Bundesrepublik Deutschland e.V.)는 공식적으로 1986년에 창립했다. 그리고 이 협회는 독일에 있는 한인간호협회들의 상부조직 역할을 해야 했다.

"1972년에 저는 함부르크와 베를린 등의 다른 간호사들과 함께 독일에서 간호사협회를 만들려고 노력했어요. 저는 여러 지역의 대표들을 보훔에 있는 저희 집으로 초대했지만, 참석자들은 설립이라는 목표에 대해 큰 의식이 없었어요. 그 사람들은 집으로 돌아가서, 예를 들어 함부르크와 베를린의 간호사들은 자신들의 지역에 자신들만의 간호사협회를 설립했어요. 그래서 연방정부 단위의 협회를 설립하는 것은 실패했어요."(인터뷰18)

"어느 날인가, 당시[1986] 본에 있던 한국대사관 직원이 '프랑크푸르트 간호협회'를 찾아왔어요. 그 직원은 협회 소속의 간호사들에게 연방정부 단위의 협회를 만들기 원하느냐고 물었습니다. 하지만 그곳 간호사들은 우선 지역협회가 만들어져야 한다고 생각했어요. 그래야 지역협회의 대표들이 연방정부 단위의 협회를 만들 수 있을 것이라고 생각했죠. 더욱이 프랑크푸르트의 협회 자체도 그렇게 오래된 것이 아니었어요. 그다음에 대사관 직원은 같은 질문을 하기 위해 '헤센 한인간호협회'를 찾아갔죠. 그리고 그것을 계기로 연방정부 단위의 협회가 만들어졌어요. 대사관

직원이 헤센 협회의 간호사들과 간단하게 연방정부 단위의 협회를 만들어버린 것이지요. 긍정적으로 말하면, 본에 있는 한국대사관이 이런 협회를 만들었다 할 수 있고요. 부정적으로 말하면, 대사관 직원이 자신의 성과를 위해 협회를 만든 것이라고 할 수 있지요. 한국 대통령이 독일을 방문했을 때, 대사관은 공식적으로 이곳에 사는 한인들을 대표할 수 있는 협회가 필요했던 거죠. 그래야 공식적으로 환영 그 비슷한 것을 할 수 있으니까요."(인터뷰61)

"프랑크푸르트와 헤센 협회의 관계는 원래 서로 적대적이었어요. 그게 이유가 있답니다. 프랑크푸르트 한인간호협회는 1982년에 창설되었습니다. 그리고 회장선거에 후보가 14명가량 나와 치열하게 경합했어요. 그당시에 파벌도 있었고요. 전반적으로 선거 분위기가 좋지 않았어요. 제가 받은 인상은, 이 여자들은 협회의 일이 아니라 회장직에 더 관심이 많다는 것이었어요. 여하간 한 여성이 회장으로 뽑혔어요. 그런데 그 과정이 무효로 선언되었지요. 그리고 재선거에서 다른 사람이 선출되었어요. 그녀는 다른 파벌 사람이었죠. 그후 선거에서 패배한 파벌이 이 파벌과 걸핏하면 부딪혔어요. 결국 그녀들은 자기들끼리 다른 협회를 설립했어요 [1984년 무렵]. 그게 바로 헤센 한인간호협회예요. 그래서 결국 프랑크푸르트에는 말하자면 두 개의 한인간호협회가 있게 되었죠."(인터뷰61)

"80년대 중반에 다시 한번 연방정부 단위의 간호사협회를 만들려는 시도가 있었어요. 이를 위해 우리는 뒤셀도르프, 본, 보훔에서 모였습니다. 그런 다음 협회를 만들었어요. 그리고 총회를 본에서 개최했죠."(인터뷰18) 이 이야기에 비춰본다면, 헤센 한인간호협회의 간호사들이 계속해서 다른 도시에 사는 간호사들에게 연방정부 단위의 협회를 설립하기를 원한다는 의사를 표출한 것 같다.

"설립과정은 그 자체로 나중에 문제가 되었어요. 설립은 각 지역에 있

는 한인간호사들의 필요에 의해서가 아니라 대체로 사적 이해관계에 의해 이루어졌습니다."(인터뷰61)

2.1.1.3.2. 변천과정

① 회원

잠재적 회원으로 평가되는 숫자는 대략 5500명으로, 독일에 거주하는 한인간호사들이다(필자가 판단하기에 인터뷰61이 말하는 숫자는 사실성이 없다. 독일에 상주하는 한인 숫자 참조).

함부르크, 베를린, 쾰른, 본, 비스바덴의 한인간호협회들은 각각 독립되어 있었음에도 불구하고, 일종의 지부로서 활동해야 했다(인터뷰61). 각 지역의 협회와 독일을 총괄하는 협회의 관계는 명확하지가 않다. '함부르크 한인여성협회'(Verein Koreanischer Frauen e.V. in Hamburg)의 경우 이전에는 간호협회의 한 종류였지만, 지금은 더 이상 간호협회가 아니다. 더욱이 함부르크의 간호협회는 연방협회가 설립되기 훨씬 전에 자신들의 이해관계에 의해 만들어졌다(상세한 것은 '함부르크 한인여성협회' 부분 참조). '베를린 한인간호요원회'(Koreanische Krankenschwestern- und Krankenpflegehelferinnen-Verein e.V.) 역시 연방협회보다 훨씬 이전에 만들어졌다. 그리고 자신들의 활동력을 통해 발전했다(상세한 내용은 2.1.4.2.1. 참조). 인터뷰61에 따르면, 상부조직과 지역조직의 관계는 각 지역의 간호사들이 상부조직의 이사나 고문으로 지명되는 식으로 해서 맺어졌다.

회원투표권에 관한 시스템은 아직까지 불분명하다. 예전에는 투표권이 있는 개인회원과 각 지역의 대표가 선거를 할 수 있었다. 하지만 요즘은 더 이상 그렇지가 않다. 투표권이 있는 개인만 투표를 할 수 있다. 예전에는 총회에서 각 지역에서 파견된 대표들은 200마르크, 개인회원은 40마르크를 납부해야 투표권을 행사할 수 있었다(인터뷰61).

"원칙적으로는 각 지역의 대표들이 상부조직의 회장을 선출해야 해요. 하지만 이게 지금까지 그렇게 진행되지 않고 있어요. 왜냐하면 이 구조가 아직도 규칙으로 정해지지 않았기 때문이지요."(인터뷰61)

초기에는 투표권을 가진 회원이 200~300명 정도 되었다. 그러나 지금 협회의 회원은 약 70명에 불과하다. "마지막 총회에는 48명이 참석했어요. 회원이 계속 줄고 있어요. 지역의 한인회 회원들은 늘어나고 활발해지고 있죠. 여기 사는 한인들의 경제적 상황은 시간이 지나면서 안정되었어요. 그리고 그 때문에 지역행사도 많아졌고요. 아마 그게 상부협회의 회원이 줄어든 원인일 수 있겠지요."(인터뷰61)

회원의 절반가량이 한독가정이다. 대부분의 회원이 한인회 활동을 하고 있고, 중산층에 속한다. 남편들의 직업은 기술자, 의사, 교수 등 다양한 편이다. "전체적으로 여기 사는 한인에게 그런 느낌을 받습니다. 저는 여러 한인회들을 방문하는데요. 그들은 자신을 위해 부지런하고 큰 문제없이 살고 있어요. 그건 아마 다른 외국인집단에 비해 높은 수준의 교육을 받아서 그럴 겁니다."(인터뷰61)

② 정관

협회는 처음부터 정식으로 법적 등록을 했으며, 본부를 프랑크푸르트에 두고 있다. 그렇지만 협회 사무실은 갖고 있지 않다. 그래서 협회의 주소는 회장 개인의 주소로 표시된다. 정관은 다음과 같은 갈등을 겪으며 바뀌었다(인터뷰61).

협회는 '재독 한인간호사 25주년'을 기념하여 큰 행사를 계획했었다. 하지만 일부 회원들이 비용이 많이 드는 대규모 행사에 반대했다. 행사를 계획했던 회원들, 특히 회장은 이미 공식행사의 초대장이 한국대사관을 비롯하여 여러 단체들 그리고 독일의 기관들에 발부되었기 때문에 변경할 수 없다고 뜻을 굽히지 않았다. 그러나 반대하는 회원들은 협회가 회장 개인의 협회가 아니고 회원들의 얼굴이라고 주장하면서, 특히 한국에서 음악그룹을 초대하는 것을 반대했다. 왜냐하면 초청하는 데 비용이 많이 들기 때문이었다. 반대자들은 회장에게 행사에 들어가는 일체의 비용을 회장이 책임진다는 각서를 쓸 것을 요구했고, 행사비용은 대략 10만 마르크로 예상되었다. 하지만 회장은 각서 쓰기를 거부했다. 급기야 행사를 반대하던 회원들은 행사장에서 공개적으로 시위를 벌이며 상한 계란을 던지기도 했다. 그들은 이 행사가 회원들의 승인을 받지 않았다는 이유를 내세워 이 문제를 법정으로 끌고 갔고, 회장이 승소하는 것으로 일단락되었다.

그런데 인터뷰61은 정관이 어떻게 바뀌었는지 구체적인 내용에 대해서는 밝히지 않았다. 단지 이렇게 말했을 뿐이다. "법원에서 문제가 되었던 것은 모두 바뀌었어요." 필자는 협회정관은 확인하지 못했지만, 협회이사에 관해서는 1995년 2월 28일자 『유로신문』에 실린, 김영삼 대통령의 방문을 환영하는 협회의 광고를 통해 파악할 수 있었다. 고문 4명, 감독관 3명, 회장 한 명과 부회장 4명, 4개 부서(대외관계, 간행, 문화홍보, 국제업무) 각각에 소속된 사무처장·회계·총무·부처장 그리고 위원회 위원 14명, 상담사 12명 등 모두 54명이었다. 이것만 보면 협회의 조직규모가 상당히 크다는 인상을 받게 된다. 하지만 인터뷰61의 설명에 따르면 협회는 주로 각 시기의 회장에 의해 움직여나가는 것으로 보인다. "이사회는 부정기적으로 열립니다. 이사 가운데 대략 절반이 회의에 참석하지만, 최종결정은 회장이 내립니다. 따라서 회장의 역할이 매우 중요합니다. 회장은 자기 의견을 내세우기보다는 협회 전체를 대표할 수 있는 인품을 갖춘 사람이 되어야 합니다. 1994년에 제가 회장으로 뽑혔을 때, 제일 먼저 물었던 것은 지역의 간호협회에 [상부]협회의 이사를 추천해 줄 수 있겠느냐는 것이었어요. 하지만 지역협회들은 별 관심이 없었습니다. 그게 제 업무를 어렵게 만들었어요. 이사회를 구성할 때는 출신들을 잘 안배할 수 있도록 신경을 써야 합니다. 예를 들어 그 사람이 국가시험을 통과한 간호사인지, 그럴 경우에도 직업학교 출신의 국가시험 통과 간호사인지, 간호대학 출신의 국가시험 통과 간호사인지 또는 그 간호사가 베를린에서 왔는지, 함부르크에서 왔는지 혹은 그외 다른 지역에서 왔는지 등 신경 쓸 게 너무 많았습니다. 저는 가능한 한 이런저런 고려를 다 하려고 노력했습니다. 그리고 제 생각에는 어느 정도는 성공했던 것 같습니다. 이렇게 해서 새로운 회원 몇 분이 이사가 되었지요."(인터뷰61)

그럼에도 대략 54명에서 많게는 70명까지의 회원이 역할을 맡는다는 것은 특히 눈에 띄는 대목이다. 협회는 상부조직인 '한인연합회'에 소속된 3개 산하단체 중 하나이다. 그리고 모든 이사는 명예직이다.

③ 활동과 업무의 종류

"한마디로 이야기하면, 협회는 독일에 사는 한국인들 사이의 친목을 도모하고요. 그리고 협회의 기능에 의해 한국대사관과 절반은 공식적인 관계를 맺고 있습니다."(인터뷰61)

행사들은 대부분 공식적이고 의미 있는 동기를 가지고, 예를 들어 재독 한인간호사 30주년을 기념하여 조직된다. 한국정부나 독일의 유사기관에서 누군가가 협회를 방문하면, 회장과 임원들이 만남의 자리에 참석한다. 그 밖의 활동으로는 행사참여, 협회 또는 한국대사관과 가까운 조직들(예를 들어 한인회들, 간호사협회들, 글뤼크아우프회) 간의 만남, 주로 한국의 간호협회에서 주관하는 학회 참석 등이 있다.[7]

"1993년 제8회 간호사·간호학학회가 독일에서 열렸습니다. 저희가 주관한 학회였습니다."(인터뷰61)

협회는 대한간호협회의 한 지부이다. "우리의 정관은 대한간호협회의 정관과 비슷합니다. 대한간호협회는 공로패나 그와 유사한 것을 수여합니다. 그리고 사회에서 이 협회의 위치는 상당히 중요합니다. 대한간호협회 회장의 위치는 정부의 장관과 비교할 수 있습니다. 한번은 우리 협회에도 학회에서 발표를 해달라는 제안이 들어왔습니다. 우리는 겁을 먹었습니다. 왜냐하면 우리는 독일에서 간호사로서 학술적인 업무를 한 적이 없었기 때문입니다. 이에 비해 대한간호협회의 회원들 중에는 학자가 많습니다. 우리 협회[독일]의 지난번 회장이 독일 노인요양원의 현재 상황에 관해 발표를 했었습니다. 발표에 대한 호응이 아주 좋았습니다. 왜냐하면 아직까지 한국에는 노인요양원이 별로 없습니다만, 노후의 삶이 큰 이슈가 되고 있기 때문입니다. 이것이 의미하는 것은, 이런 현실적인 문제를 우리의 주제로 삼을 수 있다는 겁니다."(인터뷰61)

"가령 중대한 사안이 생기면, 우선 우리는 대사관 직원이나 영사와 그에 관해 의논합니다. 정치적 영향이 있기는 하지만, 가능하면 한국정부를 위한 일을 하겠다는 것이 저희들 입장입니다. 저는 회장이 된 다음 한국을 방문하여 노동부장관을 만났습니다. 장관은 우리가 젊은 나이에 독일에 갔고, 그것이 한국에 아주 도움이 되는 성과를 주었다고 하더군요. 그러면서 우리가 계획하고 있는 '재독 한인간호사 30주년' 행사를 지원하겠다고 약속했습니다."(인터뷰61)

또 협회는 독일에 진출한 한국기업들과도 교류를 하고 있다. "기업들은 우리 행사를 후원해 줍니다. 이건 회장이 임기 동안 기업들과 얼마나 좋은 관계를 유지하는지에 달렸다고 봐요. 한국기업의 직원들은 대체로 우리를 무시합니다. 그들은 대학을 졸업한 화이트칼라고, 반면 여기 살고 있는 한인들은 주로 간호사나 광부로 이곳에 왔지요. 때때로 그들은 우리 앞에서 자신들이 마치 왕인 것처럼 행세합니다. 그리고 우리나 한인회에서 주관하는 행사에는 거의 참석하지도 않지요. 이건 옳지 않습니다. 인간의 가치는 교육수준으로 평가되는 것이 아니라, 그 사람의 사람됨, 인품

에 달린 것이지요."(인터뷰61)

지금까지 정기적인 회보는 발간되지 않고 있다.

④ 재정조달

연회비는 40마르크이다. "회비는 재정조달에서 큰 몫을 차지하지 않습니다. 거의 모든 비용을 회장이 부담합니다. 예를 들어 행사 하나가 있으면, 그때마다 우리 협회나 다른 한인회에서 뭐든 지원을 합니다. 대부분은 친목을 위한 것이고요. 빙고나 로또 게임도 이런 행사에 속하는데, 그럴 때 상품으로 내어놓는 것이 TV든 현금이든 모두 회장이 부담을 하지요. 또 전화비나 여행경비, 사무비용 등 일체의 비용을 회장 자신이 지불해야 합니다. 저는 1994년 5월부터 회장을 맡았는데, 11월 말까지 약 1만 마르크를 지출했습니다. 제가 생각하기에, 앞으로 제 임기가 끝날 때까지 5만 마르크 정도 들어갈 것 같습니다. 결국 돈 없는 사람은 회장이 될 수 없다는 뜻입니다. 저는 자식도 없고 일도 하루에 반나절만 하는데다 남편이 출장이 잦은 편이라 시간이 많은 편입니다. 그래서 제가 회장을 하는 것이지요. 저는 공부를 더할 생각도 없습니다. 회장 일은 저에게 취미생활 같은 것이지요. 그런데도 많은 사람들이 말하기를, 제가 벼슬에 올랐답니다."(인터뷰61)

"한국기업들은 스폰서로 우리 행사들을 지원해 줍니다. 이미 말했듯이 회장이 그들과 얼마나 우호적인 관계를 맺고 있느냐에 달렸습니다. 우리가 큰 행사를 기획하고 있으면, 대사관에서 기업들에게 금전적 지원을 당부하는 편지를 써줍니다."(인터뷰61)

"대사관 역시 우리를 재정적으로 지원합니다. 대사관은 '재독 한인간호사 25주년' 행사에 5천 마르크를 지원해 주었습니다. 아무튼 회장은 이런 지원을 받아낼 수 있는 능력이 있어야 합니다. 예를 들어 지난번 회장은 수완이 아주 좋았습니다. 발도 넓어서 많은 인사들을 알고 지냈습니

다. 하지만 성격 때문에 다른 회원들이 그 사람을 별로 좋아하지는 않았습니다."(인터뷰61)

"대한간호협회에서는 우리에게 전혀 지원을 하지 않고 있습니다. 한국에서 학회가 열릴 때도 우리 대표는 참가비용을 자기가 내야 합니다. 우리도 독일기관에서 지원을 받기를 원합니다. 그렇지만 어떻게 또 어디에 신청을 해야 하는지 모릅니다."(인터뷰61)

"어림잡아서 협회는 매해 약 2만 마르크의 수입과 지출이 있습니다."(인터뷰61) 하지만 이 말은 행사비용에 관한 언급(예를 들어 한 행사를 위해 10만 마르크의 비용이 발생했다)이나, 회장이 지출한 비용에 관한 언급과 일치하지 않는다. 이런 불일치는, 예를 들어 회장의 지출이나 스폰서 지원과 같은 항목들이 정확하게 회계처리가 되지 않는 등 재정파악이 제대로 안되고 있는 것으로 해석할 수 있다.

⑤ 문제점

"협회의 가장 큰 문제는 인간관계입니다. 이건 모든 한인회에 해당되는 것이기도 합니다. 만약 저 대신 다른 사람이 이번에 회장이 되었다면, 아마 그 사람은 해임되었을 겁니다. 그 정도로 서로 관계가 좋지 않습니다. 회장은 사람들이 하는 말에 일일이 다 주의를 기울여야 해요. 제 생각에는 회원들은 회장을 도와야 합니다. 누가 회장이 되든 그런 것과는 상관없이요. 그런데 그렇게 되지가 않지요."(인터뷰61)

⑥ 전망

"우리는 재정적으로 안정되어 있지 않기 때문에 많은 것을 기대하지 않습니다. 다만 우리는 인간관계가 좋아지고, 지금 협회의 상태가 앞으로도 유지되기를 희망합니다. 2세들을 위해서 협회는 더 많은 일을 해야 합니다. 예를 들어 한글학교 같은 것이지요."(인터뷰61)

2.1.1.4. 한인 글뤼크아우프 친목회[8]

2.1.1.4.1. 설립역사

한인 글뤼크아우프 친목회(Glückauf Koreanischer Freundschaftsverein)가 공식적으로 밝힌 설립일은 1973년 12월이다. 협회의 설립연도에 대해서는 서로 주장이 달랐는데, 초기에 협회에서 활동했던 일부 한인들은 협회의 설립을 1969년으로 거슬러 올라간다(인터뷰64).

창립 당일 지그부르크(Siegburg)에서 정관이 통과되었고, 1대회장이 선출되었다. 1대회장은 광부로 독일에 왔다가, 그 뒤 박사학위를 취득했다. 1974년에 협회는 야유회를 1회 주관했다. 3대부터 1978년의 6대 회장까지는 한국대사관과 광산에서 통역을 해주던 한인들이 회장으로 선출되었다. 협회의 활동으로는 소풍밖에 없었다.

1979년부터 1983년까지는 활동이 전혀 이루어지지 않았고, 회장도 없었다. 협회는 이 기간을 침체기로 간주한다. 하지만 그 이유는 알려진 바가 없었다.[9] 다만 추측건대 이 시기가 한인광부들에게 변화의 시기였을 것으로 보인다. 이 시기에 광부들은 한국으로 돌아가거나, 독일 내에서 직장을 옮겼다. "1983년까지 무슨 일이 있었는지, 우리는 대략 짐작만 하고 있을 뿐입니다. 우리에게는 남아 있는 자료가 거의 없습니다."(인터뷰64)

"지금은 한인광부들이 그리 많지 않습니다. 그래도 '글뤼크아우프' (Glückauf)라는 이름은 계속되고 있지요. 왜냐하면 우리는 광부로 이곳에 왔고, 여전히 그 모습이 우리 기억 속에 남아 있고, 또 우리를 하나로 묶어주는 공통점이기 때문입니다. 그 뒤로 미국으로 이주한 한인광부들도 그곳에서 계속 '글뤼크아우프' 모임을 만들어서 서로 가깝게 지내고 있습니다. 이 모임에 소속된 일부 한인들은 경제적으로 성공했습니다. 그래서 그들은 이 모임에 경제적으로 어려움을 겪는 사람이 있으면 도움을 줍니다. 그들은 서로 마치 전우처럼 여기기 때문이랍니다."(인터뷰64)

1983년 5월, 협회의 회원들은 딘슬라켄(Dinslaken)에서 다시 모여 7대회장을 선출했다. 그리고 이사회가 한 차례 열렸고, '한독수교 100주년'과 '재독 한인광부 20주년'[10] 기념행사를 계획했다. 이렇게 해서 협회는 다시 살아났다.

2.1.1.4.2. 변천과정

① 회원

광부로 독일에 온 한인이라면 현재의 활동 여부와 관계없이 회원 자격을 가진다. 지금은 대략 100명의 한인들이 총회에 참석한다. 행사가 있을 때는 300~400명이 모인다. 가령 1992년에 열린 한 행사에는 한인이 1천 명이나 참가하기도 했다. "참석자 숫자는, 얼마나 많이 그리고 널리 행사가 홍보되었는지에 달려 있습니다."(인터뷰64)

광부 출신 한인의 경우 대략 2500명이 오늘날 독일 각 지역에 흩어져 살고 있을 것으로 사람들은 추정한다. "우리는 회원명부를 완성시키려고 노력하고 있습니다. 지금까지 우리가 확보한 회원주소는 650여 개입니다."(인터뷰64)

"여기 사는 한인들은 전반적으로 생활이 안정되어 있습니다. 그리고 자녀들도 성장했고 대부분 김나지움 아니면 대학을 다닙니다. 아마 이건 한인엄마들이 특히 자녀교육에 대한 공명심이 있기 때문일 겁니다.

지금 독일에 살고 있는 한인들은 계속 독일에서 살 것이라고 생각합니다. 그렇지만 많은 사람들이 꼭 국적을 바꾸기를 원하는 것은 아닙니다."(인터뷰64)

② 정관

1994년까지 두 차례 정관이 바뀌었다(1994 협회정관). 어떤 조항들이 변동되었는지는 필자가 확인할 수 없었다. 하지만 한 가지 변경사항은 연대기를 통해 파악할 수 있었다. 회장의 임기는 1987년부터 2년이 되었다.

글뤼크아우프회의 정관은 여타 협회의 정관과 유사하다. "우리는 예나 지금이나 항상 회비를 둘러싸고서 문제가 생깁니다. 사람들은 총회나 행사에 와서 회비를 냅니다. 그러다 보니 늘 참석자 숫자를 파악하는 데 어려움을 겪게 됩니다. 그래서 우리는 총회를 열어서 회비납부 조항을 정관에 포함시키기를 바랍니다."(인터뷰64)

"모든 결정은 이사회에서 이루어집니다. 하지만 대부분 회장의 의견이 받아들여지지요."(인터뷰64)

③ 활동과 업무의 종류

협회의 이름이 말해 주고 있듯이, 협회는 독일에 광부로 온 한인들의 친목을 다지고 보다 친밀하고 협동적인 관계를 장려한다(협회의 정관).

한인광부나 '글뤼크아우프'회와 관련된 타이틀 아래 사교적인 문화행사가 해마다 1~2회 개최된다. 그것은 '재독 한인광부 25주년' 기념행사일 수도 있고, 또는 협회 20주년 행사 같은 것일 수도 있다.[11]

1989년에 협회는 독일에 거주하는 한인들을 위한 집(한인회관)을 마련하기 위해 추진위원회를 구성했다. 그리고 협회가 한인광부들이 적립했던 연금기금의 나머지를 되찾기 위해 전력을 다하기로 결의한 해이기도 하다. 한인광부들의 나머지 연기금은 여전히 한국정부의 감독 아래 묶여 있었는데, 협회는 독일에 살고 있는 한인광부들의 몫을 받아낼 것을 결의했다. 한인광부들은 광부 모집기간 동안에는 독일의 연금납부 의무에 해당되지 않았다. 따라서 그들은 한국대사관 직속위원회에 별도로 분담금을 납부했다. 독일에 남은 사람들도 물론이고 상당수 한국으로 돌아간 사람들도 자신들이 납부했던 돈을 돌려받지 못했다. 그리고 청구권 시효가 만료되어 버렸다. 그 총액이 3400만 마르크에 달했다.[12]

1994년에 협회는 독일에서 한국사회를 위해 기여한 공로가 인정되어 한국 노동부장관으로부터 공로상을 받을 만한 사람들의 명단을 작성해야 했다. 이를 위해 협회는 각 지역의 한인회에 후보를 추천해 달라는 편지를 발송했다. 그런 다음 이사회에서 공로상 수여자를 결정하게 되었다.[13] 왜 협회가 이런 임무를 맡게 되었는지는 필자로서 확인할 길이 없었다. 다만 협회가 재독한인연합회에 속해 있기 때문에 이 일의 책임을 맡았으리라고 추측해 볼 따름이다.

"활동의 종류는 대체로 회장에 의해 크게 좌우됩니다. 요즘은 재독한인광부들의 역사와 재독한인연합회에 소속된 한인회들의 발전에 관한 내용을 간행할 계획을 가지고 있습니다. 그리고 광산에서 사고를 당한 적이 있는 독일에 있는 한인광부들의 경험을 수집하고 있습니다."(인터뷰64)

협회는 재독한인회에 소속된 다른 한인회들과 밀접한 관계를 맺고 있었다. 그 밖의 한인조직들, 특히 정부에 반대하는 조직들과는 전혀 교류를 하지 않다. "독일에 사는 사람들은 남한과 북한에 대해 더 바람직한 판단을 할 수 있어야 합니다. 반정부적인 단체에서 적극 활동하는 한인들은 오로지 남한만 비판하고 북한은 찬양하지요. 제 생각에 남한은 북한보다 더 민주적이에요. 우리 세대는 가난과 전쟁을 경험했습니다. 남한은 정치적으로나 사회적으로 매우 복잡하게 얽혀 있습니다. 그건 경제발전 과정에서 어쩔 수 없이 뒤따르게 되는 것이지요. 피할 수가 없습니다. 저는 독재자와 싸우는 남한에 살고 있는 비판적 한국인들을 인정할 수 있습니다. 하지만 외국에서는 아니에요. 일부 한인들은 단지 망명 자격을 얻기 위해 정치적 활동을 합니다. 이런 단체에서 활동하는 한인들은 무조건 배척당해야 해요. 우리가 아니라 그들이 배척되어야 해요."(인터뷰64)

"일부 통역관들이 한국 정부와 중앙정보부를 위해 활동한 것에 대해 제가 단지 말할 수 있는 것은, 그것이 한국정부의 입장에서는 불가피했다는 것입니다."(인터뷰64)

④ 재정조달

"회원의 연회비는 30마르크입니다. 하지만 상당수 회원들이 회비를 정기적으로 납부하지는 않습니다. 총회에 참석하면, 회비를 내는 식입니다. 그래서 이사들이 사비로 비용을 충당합니다. 회장은 연간 약 3천 마르크, 부회장은 약 1500마르크를 지출합니다. 교통비, 전화비, 사무비 등, 모두 이사들이 개인적으로 부담합니다."(인터뷰64)

"한인광부들에 관한 자료를 간행하는 데 '한인복지회'(Koreanische Wohlfahrtsverein)에서 약 2만 마르크를 지원받습니다. 한국대사관에서는 정기적으로 지원받는 돈이 없습니다만, 협회가 행사를 치를 때는 그때마다 500 내지 1천 마르크를 후원해 줍니다."(인터뷰64)

⑤ 특수성과 성과

"협회의 존재는 없는 것보다는 낫습니다. 그리고 이곳에 사는 한인들은 조직되어 있어야 합니다. 특히 한인들에게 문제가 생기면, 협회가 도움이 됩니다. 협회의 회원들은 소속감을 느낍니다."(인터뷰64)

⑥ 문제점

"우리 협회는 내부적으로 큰 문제는 없습니다. 다만 내가[현재 회장] 한 조직의 역할에 대해 정의하려 한다면, 아마 저는 '그래! 너 정말 잘났다' 등등의 소리를 들을 겁니다. 제 생각에 지도자에게는 항상 적이 많은 것 같습니다. 많은 사람들이 당사자 앞에서는 아무 말 하지 않고, 항상 뒤에 가서 욕을 합니다."(인터뷰64)

"요즘은 아무도 이사회에서 일을 하려 들지 않습니다. 사람들은 희생자가 되는 것을 원치 않습니다. 언제나 소수의 사람들만 협회를 위해 시간과 돈을 쓸 준비가 되어 있습니다."(인터뷰64)

"우리 협회는 '재독한인연합회'에 소속되어 있습니다. 거기는 문제가 많습니다. 저는 아주 오랫동안 '재독대한체육회' 회장으로 일했습니다.

이 협회 역시 재독한인연합회 소속이지요. 그리고 재독대한체육회 자체에 종목별로 10개의 한인체육회가 소속되어 있습니다. 원래 이 체육회는 이곳에 사는 한인들이 자발적으로 만든 것입니다. 그런데 나중에 '대한체육회'의 지부가 되었지요. 그리고 한국의 대한체육회로부터 승인을 받았습니다. 여하간 체육회 활동은 매우 어렵습니다. 그리고 많은 문제들이 일어나지요. 예를 들어 체육행사가 정기적으로 개최되면, 사람들은 공무원들 때문에 열을 받게 되지요. 과거에 한국 공무원들은 아주 심하게 '관료주의적'이었어요. 지금은 많이 나아졌습니다."(인터뷰64)

"재독한인연합회 회장은 광부로 독일에 온 사람들 중에서만 선출될 수 있습니다. 제 생각에 이 규칙은 좋지 않아요. 왜냐하면 이런 구조는 제한적일 수밖에 없어요. 그렇다고 제 이야기가 대학졸업자나 그 비슷한 수준의 한인들이 일을 더 잘할 것이라는 뜻은 아니에요. 아무튼 이 제한은 없어져야 해요. 또 연합회는 한국 정부와 사회에 대해 영향력을 가질 수 있어야 해요. 그러기 위해서 협회에는 존경받을 만한 인물이 필요합니다. 여하간 직업이 기준이 되어서는 안 됩니다."(인터뷰64)

⑦ 전망

"1세대와 2세대 간의 세대차이가 매우 큽니다. 왜냐하면 2세들은 우리와 완전히 다르게 살았기 때문입니다. 우리는 그들에게 우리의 전통과 문화를 전수해 주어야 합니다. 그렇지 않으면 우리에게 더 이상 다음세대는 없어질지도 모릅니다. 그래서 우리는 2세들을 위해서 많은 일을 해야만 합니다. 하지만 우리는 재정적으로 여유가 없습니다. 우리는 한국정부가 2세들을 위한 기획에 지원해 주기를 기대합니다. 사람들은 오늘날 한국이 부유하다고 말합니다. 그렇지만 아무튼 독일과 비교한다면 그렇지는 않지요. 게다가 우리는 이곳에서 세금을 냅니다. 그렇기 때문에 독일정부도 우리를 위해서 무엇인가 해야만 합니다. 또 우리는 이곳에서 통일 이후 사회적으로나 경제적으로 얼마나 많은 문제들이 발생했는지 보았습니다. 우리 협회는 하나의 자치조직입니다. 따라서 우리는 재정자립을 할 수 있는 능력이 길러야 합니다.

한국정부는 우리를 지원하기 위해 노력합니다. 이를테면 한국의 전국체전에 참가했을 때 정부는 5천 마르크를 실무비용으로 지출해 주었습니다. 그리고 2세들의 비행기요금 일부를 부담했지요."(인터뷰64)

"우리 협회와 간호사협회는 미래가 그리 밝다고 할 수 없습니다. 계속 쪼그라들고 있지요. 왜냐하면 우리가 늙어가고 있기 때문입니다. 그래서 협회를 위해 일하는 사람이 점점 줄어들고 있어요. 아직도 협회 차원에서 우리 노후를 위한 계획을 세우지 못하고 있습니다. 한인복지회의 돈을 독일에 사는 한인들의 노인요양원을 위해 사용할 생각을 하기는 했습니다." (인터뷰64)

2.1.1.5.   재독한인복지회
2.1.1.5.1.   설립역사
재독한인복지회(Koreanischer Wohlfahrtsverein in Deutschland)는 1990년에 창립했다.

"재독 한인광부들은 한독협정에 따라 3년짜리 노동계약을 맺었어요. 그들은 일반적인 노동자가 아니라, 견습생으로 간주되었어요. 3년 뒤에 그들을 한국으로 돌려보낼 수 있게요. 그래서 한인광부들은 연금이 아니라 생명보험을 납부했어요. 독일에서 노동기간이 완전히 끝나고 한국으로 돌아갔을 때 비로소 납부금 전액을 돌려받을 수 있었죠.

이 협정은 공식적으로 정부 차원에서 맺은 것이기 때문에, 보험납부금 전액이 우선 한국정부에 공탁되었어요. 그리고 정부는 요건에 해당되는 보험납부자를 찾아서 납부금을 돌려줬어요. 그렇지만 한국으로 돌아가지 않고 다른 나라로 이주한 광부들이나 독일에서 일하는 동안 죽은 광부들도 있었어요. 여하간 많은 광부들이 이 보험금을 신청하지 못했고, 그러다가 청구시한이 지나버렸습니다. 그래서 여전히 상당한 금액이 남아 있었고, 정부가 그것을 관리했지요.

1988년 당시 대통령이었던 노태우 대통령이 독일을 방문했을 때, 독일에 거주하는 광부 출신의 한인들이 그 돈을 독일에 사는 한인들의 복지를 위해 사용할 것을 건의했어요. 그리고 대통령이 그에 동의했습니다.

1963년부터 1992년까지 원금과 이자를 합친 총액은 340만 마르크에 달했어요. 하지만 정부는 원금은 그대로 두고 이자만 지급하고자 했습니다. 그래서 복지에 충당할 이자분의 지급은 계속 노동부가 관리했고, 그 권한은 노동부장관에게 있었어요."(인터뷰59)

"마침내 노동부는 이자를 매해 연말에 지급했지요. 그리고 독일에 사는 광부 출신 한인들의 몫은 40%였습니다. 이에 대해 우리는 불만이었어요. 하지만 정부가 한국과 다른 나라에도 독일에서 광부로 일했던 사람들이 있다고 주장하니, 우리에게는 다른 선택권이 없었습니다. 한인광부의 절반은 독일에 머물렀고 계속 여기서 살 겁니다. 그런데도 우리 몫은 겨우 40%밖에 안 되었어요. 1993년 협회는 처음으로 12만 5천 마르크를 받았습니다. 그 돈은 1994년의 사업에 사용되었습니다."(인터뷰59)

"한국정부는 우리에게 모든 권한을 주지 않았어요. 우리는 여기서 복지를 위해 많은 돈이 필요한데도 말이지요. 예를 들면 우리는 1세대와 2세대를 위해 큰 건물이 필요합니다. 1세대는 그들의 노후를 위한 공동의 숙소가 필요하고, 규모가 큰 한인조직들은 사무실 등이 필요합니다. 2세대의 경우도 공간이 필요합니다. 우리는 대사관에 한국정부가 연금분배에 대해 다시 한번 고려해 줄 것을 건의했습니다."(인터뷰18)

노태우 전 대통령의 약속 이후로 잔여보험금 처리를 위한 위원회가 조직되었고 재독한인연합회 소속의 지역한인회와 한인간호사회, 한인 글뤼크아우프 친목회, 재독대한체육회의 대표들이 이 조직에 참여했다. 조직은 36명으로 구성되었으며, 이 인원에는 지역적 비율도 고려되었다(인터뷰59; 글뤼크아우프회 연대기).

2.1.1.5.2.   변천과정

① 회원

독일에 거주하는 광부 출신 한인이 회원이다.

정관과 규칙이 갖추어져 있다(예를 들어 절차를 위한 규칙). "이사회는 회장 1명, 부회장 2명, 사무총장 1명, 감사 3명으로 구성되어 있습니다. 임기는 2년입니다. 정관은 다른 협회와 마찬가지로 민주적으로 되어 있습니다."(인터뷰59)

② 활동과 업무의 종류

협회는 주로 복지를 위해 자금을 사용한다. "가장 어려운 것은 사업을 결정하는 일입니다. 이에 대해 서로 다른 의견이 수천 개나 됩니다. 우리가 하나가 되기 위해서는 꽤나 많은 시간이 걸릴 겁니다."(인터뷰59)

1994년 협회는 자체 자금으로 우선 회원들의 2세들의 학업을 지원하기 위한 장학금을 만들었다. 그들의 아버지는 독일에 와서 광부로 일했고, 대부분 경제적으로 가정형편이 좋지 않았다. 가난한 전직 광부들 역시 도움을 받았다.

"열 명이 장학생으로 선발되었습니다. 그들은 1년에 4천 마르크를 받았습니다. 장학생 선발은 매우 어려웠어요. 선발과정에서 우리는 두 가지 기준을 가지고 있었습니다. 그럼에도 불분명한 것들이 있었지요. 게다가 지원자들 거의 대부분이 집안사정이 거의 비슷비슷했습니다. 그러나 우리는 별 충돌 없이 결정할 수 있었습니다. 많은 사람들이 지원을 받고 싶어했습니다. 그래서 또 알게 되었지요. 많은 한인들이 독일에서 아직도 경제적으로 어려운 여건에서 살고 있다는 것을요. 사회보조금을 받는 사람도 있었고, 실업자도 있었습니다. 그들은 나이가 든데다 상당수가 [통일 이후] 얼마간 사이에 실업자가 되었습니다."(인터뷰59)

협회의 사업은 외부의 압력 없이 이사들이 결정한다. 대사관과 공관 직원들은 협회와 노동부 사이를 중재한다(인터뷰59).

③ 재정조달과 문제점

1993년까지는 몇몇 한인들이 자발적으로 해마다 100마르크를 협회에 지원했다. 하지만 1994년부터는 협회의 자체 기금이 있다는 이유로 이들의 지원이 끊겨져 버렸다. 그러나 협회는 회원들의 회비납부가 절실하다고 말한다.

"여기에는 큰 문제가 있습니다. 우리에게는 운영비가 없습니다. 모든 실무비용을 우리, 회장이 다 부담해야 합니다. 사무실도 없고요. 그래서 협회는 한국노동부에 실무비용을 신청했지만, 거절당했습니다. 저는 지금까지 회장으로 일하고 있습니다. 왜냐하면 이 일을 명예로운 일이라고 생각하기 때문입니다. 하지만 언제까지 계속할 수 있을지는 모르겠습니다."(인터뷰59)

④ 전망

"앞으로도 협회가 해야 할 일이 많습니다. 1세대들은 늙었고, 그들 중 상당수가 머지않아 노인요양원으로 가야 하지요. 2세대들에게도 자신들을 위한 공간이 필요합니다. 그들끼리 만날 수 있는 그런 곳 그리고 도서관 같은 곳도 필요하고요…. 우리의 최종 목표는 보험금 원금을 한국정부로부터 넘겨받는 것입니다. 그다음에야 협회의 전망은 밝아질 수 있어요."(인터뷰59)

2.1.2. 한인 개신교 공동체

2.1.2.1. 개괄

많은 한인 교회공동체들 가운데 EKD(Evangelische Kirche in Deutschland, 독일 복음주의 교회)와 관련이 있는 곳만을 골랐다. 한편으로 EDK는 그 역사가 가장 오래되었기 때문에 한인조직들의 구조 변화와 관련하여 매우 흥미로운 이야기를 들려줄 수 있다. 또 한편으로 여기서 선택한 교회공동체들은 EKD와의 관계로 인해, 한인조직들이 이곳의 기관들과 어떻게 맺어질 수 있었고 또 이곳 사회와 어떤 연결을 가지고 있는지를 보여주는 적절한 예가 될 수 있다.

가톨릭 공동체에서는 이상의 특징들을 찾기가 어려웠기 때문에 조사하지 않았다. 게다가 가톨릭 수도회는 한인 교회공동체의 진흥보다는 사회사업에 더 높은 가치를 두고 있는 것으로 보인다.

2.1.2.2. 재독한인교회협의회

2.1.2.2.1. 설립역사

재독한인교회협의회(Koreanischer Evangelischer Gemeindekonvent in der Bundesrepublik Deutschland)는 1979년에 공식적으로 설립되었다.

1972년부터 독일 한인 개신교회의 한인목사들이 중심이 되어 자발적으로 조직한 모임이 있었다. 한인교회들은 계획을 가지고 설립되었다기보다, 한인들 스스로의 필요에 의해 만들어진 것이다. 그래서 처음에는 여러 교회의 목사들 사이에 직접적인 교류가 전혀 없었다. 그러다가 일에 대한 정보를 교환하고 교회들 간의 공동사업을 장려하기 위한 모임의 필요성을 인식하게 되었다. 무엇보다도 목사들을 위해 이런 모임이 필요했다(자세한 내용은 한인교회에 관한 인터뷰 12; 37 참조).

첫 모임에서 모임의 회장을 누가 할 것인지를 두고 싸움이 일어났다.

그 때문에 교회협의회의 설립이념은 이 모임에서 정해지지 않았다(상세한 내용은 노르트라인베스트팔렌 한인교회와의 인터뷰37 참조). 이 모임은 1979년 교회협의회가 공식적으로 설립될 때까지 '목사모임'이라는 이름을 붙이고 있었다(인터뷰12).

교회협의회는 세계교회(Ökumene)를 지향하는 교회들이 중심이 되어 설립되었다. 교회협의회의 창립 이후 한인교회나 NCCK(한국기독교교회협의회)에 소속된 목사들이 EKD와 NCCK의 협의와는 상관없이 자체적으로 각자의 종파를 지향하는 한인교회를 독일 여기저기 설립하였다. 그래서 독일의 한인교회는 서로 교류하기가 어렵다.[14]

"협의회의 설립은 여러 가지 이유에서 시급한 것이었습니다. 독일의 한인교회들은 성장하고 있었고, 점차 안정되어 갔습니다. 교회의 운영과 결정과정에 교인들의 참여가 높아졌습니다. 그래서 목사들 모임을 위한 새롭고 확장된 구조와 새로운 시스템이 긴급했습니다. 또 한편으로 EKD와 NCCK의 연결을 위해 실용적인 면에서 형식적 조직이 필요했습니다." (인터뷰12)

2.1.2.2.2. 변천과정

① 회원

이전의 회원교회 규모는 파악할 수 없었다. 오늘날 교회협의회는 8개의 한인 개신교회를 회원으로 두고 있고, 이 교회들 대부분이 그 산하에 또 다른 교회들을 거느리고 있다. 이것을 모두 합치면 교회 수는 21개이다. '노르트라인베스트팔렌 한인교회연합회'(Landesverband der koreanischen Evangelischen Kirchengemeinde in NRW. e.V.)가 4개의 교회로 구성되어 있고, '라인주 총교회위원회'(Gesamtgemeinderat der koreanischen Evangelischen Kirchengemeinde in Rheinland) 역시 4개의 교회 그리고

'라인/마인 지역 한인교회'는 프랑크푸르트, 비스바덴, 보름스의 3개 교회로 이루어져 있다. '바이에른 교회'는 뉘른베르크와 뮌헨의 교회로 이루어져 있다. 남부독일 지역에는 슈투트가르트·튀빙겐·괴핑엔·트로싱엔 교회로 4개가 있고, 베를린에 1개, 함부르크에는 2개의 독립된 교회가 있다(인터뷰62).[15]

조사에 따르면, 1993년 10월 기준으로 독일의 한인교회 숫자는 98개이다. 이것은 조사를 통해 파악된 숫자이다. 조사자는 어림잡아 약 100개의 교회가 있고, 그중 90여 개가 여러 종파에 소속된 개신교회, 7개가 가톨릭교회라고 추정했다. 각 교회의 교인 수는 20~500명이다.[16]

1994년 12월 2일 기준으로 협의회 회원교회의 교인은 모두 약 1500명에 이르며, 그 가운데 세례를 받은 교인은 1072명이다.

"주일마다 예배에 참석하면, 그 사람은 교인으로 집계됩니다. 또 6개월 동안 아무 연락 없이 교회에 나오지 않으면 그 사람은 교인명부에서 지워버립니다. 따라서 교인의 수는 바로 현재의 수치이며, 정확한 것입니다. 한편 다른 교회들 중에서도 회원이 되기를 원하는 교회가 일부 있습니다."(인터뷰62)

② 정관

회원총회는 매년 한번씩 열린다. 총회에서는 연간업무 계획이 수립되고 새로운 이사가 선출된다. 정관에서 밝히고 있는 주요 업무는 회원교회들 간의 연결, 선교, 목사의 목회업무, 세계교회(Öknumene)의 실현 등이다(인터뷰62).

재독한인교회협의회에는 교회협의회의 기능과 구조를 명문화한 정관과 회원교회들을 위한 '교회법'이 있다. 협의회의 정관과 교회법은 1986년에 확립되었고, 두 차례(마지막은 1992. 11. 28) 부분적으로 변경되었다(협의회의 정관).

정관이 변경된 이유 한 가지는 교회협의회가 한국교회들의 '노회'(老會)와 같은 기능을 할 수 없다는 점 때문이었다. 교회협의회는 회원교회에 대해 어떤 결정도 내릴 수 없었다(인터뷰62).

또 한 가지 이유는 EKD와 NCCK 사이에 합의된, 독일 내 한인교회와 한국 내 독일교회의 목사업무에 관한 내용의 골자와 관련이 있다(서류번호 5245/2.332 4520/8.332). 협정(13조)에 따르면, 협의파트너는 세계교회 공동체의 의미에서 교단에 소속되지 않은 교회도 소속된 교회와 동등하게 대하도록 힘써야 한다. 문화관광부의 보고에 따르면, 한국 개신교에는 약 300개의 교파가 있으며 그중 약 20개가 이른바 알려진 교단이다. 독일의 한인교회에서 목회하는 목사들은 특정 교파에 소속되어 있다. 그리고 이것은 한국사회에서 불가피하다. 그래서 교회는 비록 세계교회를 지향하지만, 한인 담임목사는 소속된 교파에서 온다(인터뷰62).

한인교회의 교인들은 줄곧 '노회'(장로회, 교회 고문체계)가 만들어지기를 바랐다. 노회에서는 장로들의 지위가 죽을 때까지 보장된다. 만약 한 교인이 교회에서 이 위치에 올랐다면, 그것은 곧 신망이 높다는 것을 의미한다. 그렇지만 협의회의 회원교회들은 원칙상 세계교회를 지향하고 있고 노회와 유사한 기능이 EKD에는 존재하지 않는다.[17]

협의회에 소속된 담임목사들의 서로 다른 위상도 문제이다. 1981년 EKD와 NCCK의 최초의 공식적 협의에 따르면 두 가지 형태의 한인목사가 있다. 하나는 NCCK에서 파견된 목사이고, 또 하나는 자발적으로 독일에 온 목사이다(인터뷰12).

정관과 회원교회들의 구조에서 '세계교회'(Ökumene)라는 목적은 분명하다. 반면 교회협의회는 교회의 조언자 입장에서 교회협의회의 교회법에 따라 교회의 형식상 위치를 인정한다. 이 두 가지 제도로 앞에서 언급된 문제는 해결되었다.

③ 활동과 업무의 종류

1988년부터 2년마다 '한인교회의 날' 행사가 개최된다. 이 행사에는 모든 회원교회가 4일 동안 참여한다. 그리고 목사들을 위한 워크숍이나 여성들을 위한 워크숍 같은 각종 워크숍이 열린다.

협의회는 EKD와 관련된 여러 회의와 행사에 참여한다. 이것은 EKD와 독일 내 한인교회나 NCCK 사이에 서로 정보와 관심사를 교환하고 중개하기 위한 것이다(인터뷰62). 또 여기서는 다른 나라 개신교회와의 교류도 이루어진다(인터뷰12).

교회협의회는 세계교회(Ökumene) 운동을 확장시키기 위해 활동한다. 목사들은 목회업무의 깊이를 더하고 담임목사들 간의 협업을 위해 정기적으로 모인다.

교회협의회는 과거에 정기적으로 한국어로 회보를 발간했다. 최근에는 회원교회들에 관한 소식을 정기적으로 알린다. 최근 협의회는 한국과 독일의 개신교회 출판사 지원을 받아 신약성경을 한국어와 독일어로 출판할 계획을 세우고 있다. 이것은 2세대를 위한 활동의 기초가 될 것이다(인터뷰62).

또 협의회는 한국의 민주화와 통일을 위해서도 일한다(인터뷰62).

④ 재정조달

회원교회들은 정기적으로 회비를 납부한다. 각 교회의 회비는 세례 받은 교인 수에 따라 결정된다(인터뷰62).

EKD와 NCCK의 합의에 따라 독일에 생겨난 자리를 담당하는 목사는 EKD로부터 다양한 방식으로 재정지원을 받는다. "EKD는 가장 상급의 행정기관입니다. 그래서 EKD와 NCCK 간의 협약에 참석한 각 주(Land)의 주교회(Landeskirche)는 EKD의 결정을 적용하고 수행합니다. 각각의 주교회에 소속된 자리는 주교회에 따라 다릅니다. 한국목사들이 담당하고 있는 일부 자리는 주교회에서 그 지위를 완전히 보장하는 자리입니다. 하지만 그 밖의 자리들은 보조금을 받거나 혹은 3/4의 고용상태에 있습니다. 교회들은 주교회로부터 얼마간의 보조금을 받아서 자체사업을 해나가고 있습니다."(인터뷰62)

⑤ 특수성

"함부르크와 노르트라인베스트팔렌(NRW)에서는 회원들과 회원교회 사이에 분쟁이 있었습니다. 물론 나중에 이 문제들은 해결이 되었습니다. 제 생각에 교회협의회는 이런 분쟁들의 해결을 위해서 분명히 노력해야 합니다. 최근에는 회원교회들 사이의 감정적인 싸움은 거의 없어졌습니다. 그리고 교회협의회도 안정이 되었습니다."(인터뷰62)

"교회협의회는 세계교회(Ökumene)를 지지합니다. 저는 이것이 한국에 있는 개신교회들에게 좋은 모델이라고 생각합니다. 한국에는 너무 많은 교파가 있습니다. 그리고 그들은 교파조직을 통해서 움직입니다. 그것은 개신교를 혼란스럽게 할 뿐입니다."(인터뷰12)

⑥ 문제점

1989년 협의회의 정관이 확고하게 자리잡을 때까지, 교회와 목사의 서로 다른 구조와 활동방식 때문에 회원교회들 사이에 직접적으로 분쟁이 일어나기도 했다. 이 모든 것에도 불구하고 협의회의 활동은 유지되었다(인터뷰12). EKD는 협의회가 한국의 '노회'와 같은 기능을 하는 것에 반대했다. "예전에 서울남부노회와 주교회의 협력관계를 만들려는 시도가 있었습니다. 그렇지만 성공하지 못했습니다. 왜냐하면 한국과 독일 개신교의 시스템과 구조는 예전에도 달랐고, 지금도 다르기 때문입니다."(인터뷰62의 부인).

"독일을 비롯한 유럽에 있는 한국교회들의 신도 숫자는 그렇게 많지 않습니다. 그러니 한국교회들은 교파를 지향하는 것을 포기해야 합니다.

그건 교회들 사이에 분열을 가져올 뿐입니다."(인터뷰 62; 12)

"교회들 간의 내부적인 싸움은 대부분 믿음에 대한 이해가 서로 다르고 정치적·사회적 참여 때문에 일어납니다. 오직 세계교회의 이상을 통해서만 교회는 하나가 될 수 있습니다."(인터뷰12)

처음부터 협의회 모임에 참여해 온 한 교인은 1984년 6월 1일자 협의회 회보에 당시 협의회 시스템을 둘러싼 논쟁에 대해 자신의 의견을 개진했다. 이 내용을 요약하면 다음과 같다. "노회 또는 장로 시스템을 도입할 것인지, 그렇지 않을 것인지에 대해서 협의회 내에서 논의가 있었다. 이에 대한 입장이 분명하다면, 왜 성도들 스스로 그것을 결정할 수 있도록 회원교회 내부에서 자세한 논의를 거치지 않는 것인가. 하지만 신도들의 논거는 매우 빈약하다. '어떤 사람이 아주 오랫동안 교회를 위해 일을 했다면, 그 사람에게는 장로의 지위를 줘야 해요.' 그런가 하면 어떤 목사는 이렇게 말한다. '지금 내가 한국에 있었다면, 나는 독일에서보다 더 좋은 지위에 있었을 겁니다.' 또는 '나는 당신들을 위해서 그렇게 한 것입니다. 나로서는 그게 어떻게 되든 상관없어요'라고 말한다."

⑦ 전망

"교회협의회는 특히 2세대의 교육을 위해 힘써야 합니다. 그에 대해 우리는 무척이나 많은 논의를 했지요. 그렇지만 지금까지 우리는 정보를 모으기만 했어요. 교회의 교사나 청소년들을 위한 세미나를 조직하는 것은 간단하지가 않습니다. 왜냐하면 교회들이 독일 전역에 흩어져 있기 때문입니다. 그리고 목사들은 자기 업무 보는 것만으로도 시간이 부족합니다."
(인터뷰12)

"독일에 있는 한인들은 매우 작은 집단입니다. 그래서 자신들만의 문화를 지키기가 어려워요. 그렇기 때문에 특히 한인공동체를 형성하는 것이 중요합니다."(인터뷰12)

2.1.2.3. 노르트라인베스트팔렌 한인교회연합회와

라인주 총교회위원회

1966년에 한국 개신교인들의 모임에서 '노르트라인베스트팔렌 한인교인

연합회'(Landesverband der koreanischen Evangelischen Kirchenmitglie-

der in NRW)라는 이름이 생겨났다. 주 연합회를 만들기 위해 노르트라인

베스트팔렌(NRW) 주에 속한 여러 도시의 사람들이 부퍼탈(Wuppertal)에

모였다.

1974년에는 이름이 '노르트라인베스트팔렌 한인교회연합회'(Landes-

verband der koreanischen Evangelischen Kirchengemeinde in NRW)로 변

경되었다.

1987년 회원교회들이 분열되면서, (두이스부르크에 있는) 한 그룹은

'라인주 총교회위원회'(Gesamtgemeinderat der koreanischen Evangeli-

schen Kirchengemeinde in Rheinland)로 불리게 되었다. (보훔에 위치한) 또

한 그룹은 우선 '노르트라인베스트팔렌 한인교회연합회'라는 이름을 계

속 사용했다. 그후 1991년에 보훔의 그룹은 법적으로 협회등록을 하였고,

(등록된) NRW 한인교회연합회(Landesverband der koreanischen Evange-

lischen Kirchengemeinde in NRW e.v.)를 공식명칭으로 사용하고 있다.[18]

1994년 'NRW 한인교회연합회'는 3개의 회원교회를 가지고 있었다.

보훔, 뒤셀도르프, 쾰른에 있는 교회들이다. 그리고 지겐(Siegen)에 있는

교회는 거의 동등한 권리를 가진 회원교회이다. 반면 '라인주 총교회위원

회'는 뒤스부르크, 아헨, 본, 쾰른에 회원교회를 가지고 있다(인터뷰; 회보).

2.1.2.3.1. 설립역사

1963년에 247명의 광부가 최초의 파독광부그룹으로 독일에 왔다. 이들은

주로 노르트라인베스트팔렌(NRW) 주에 속하는 아헨(Aachen), 딘슬라켄

(Dinslaken), 발줌(Walsum), 겔젠키르헨(Gelsenkirchen), 카스트로프라우크셀(Castrop-Rauxel)에 도착했다.[19] 파독 한인광부(1977년까지 총 7936명)는 모두 NRW 주에 첫발을 내디뎠다. 1966년까지 NRW 주에는 총 2500여 명의 한인광부들이 왔다. 그리고 같은 해 한인간호사 1227명이 파독 간호사로는 첫번째 그룹으로 NRW를 포함한 여러 주에 들어왔다. 이러한 상황만으로도 작은 한인사회를 구성할 객관적 조건은 충족되었다. 특히 1966년부터는 한인남성뿐 아니라 한인여성들도 있었다.

이들 한인들은 낯설고 외롭고 고립되어 있는 느낌(인터뷰를 한 모든 사람이 이 말을 했다)을 가지지 않을 수 없었다. 이들 중 상당수가 이미 한국에 있을 때부터 기독교인이었다. 자연스럽게 여러 기숙사에 작은 모임들이 만들어졌다. 이들은 좀더 마음이 편안해지고 외로움을 덜기 위해 일요일이면 기숙사에서 교회의 형식 없이 자기들끼리 예배를 하며 기도했다. 한 사람[20]은 이 순간을 이렇게 묘사한다. "이 기도모임은 우리가 외국생활에서 생긴 몸과 마음의 고통에서 벗어날 수 있는 피난처였어요."

하지만 이들은 기숙사에서 자기들끼리 임시적으로 예배하는 것으로는 충분하지 않다고 점점 느끼게 되었다. 한국에서처럼 일요일이면 성경과 찬송가책을 들고 교회에 가고 싶다는 소망을 품게 되었던 것이다.

1964년 어느 날, 한인들은 자신들의 소망을 이루기 위해 아헨에 있는 한 독일교회에 가기로 결정했다. 이 상황을 접하고 그 교회의 독일인 목사는 놀라지 않을 수 없었다. 게다가 당시 이들은 독일어로 하는 목사의 설교를 이해할 수 없었다. 목사는 이런 사정을 아헨의 교구감독관에게 보고했고, 교구감독관은 슈투트가르트에 있는 디아코니 선교회(Diakonischen Werk, 독일 개신교 복지재단)에 전달했다. 디아코니는 긴급히 한인 목사나 신학생을 수소문했다. 마침내 괴팅겐에서 신학대학을 다니는 한인 유학생을 찾아냈다. 그리고 그에게 자기 나라의 '신실한 신도들'[21]을 위해 예배를 주관할 수 있겠는지 문의했다. 이 한인들이 한 가지 언어밖에 구사하지 못했기 때문이다.[22] 당시 목사로서 박사과정을 밟고 있던 그 유학생은 디아코니로부터 이런 제의를 받고 비로소 그렇게 많은 한인들이 광부로 독일에 와 있다는 사실을 알게 되었다(인터뷰37).

목사는 1964년 그 제의를 받아들이고부터 한 달에 한번 괴팅겐에서 아헨으로 갔다. 당시 그는 박사논문을 쓰고 있었다. 하지만 그는 아헨뿐 아니라, 한인들이 있는 곳이면 어디서나 자신이 해야 할 일이 얼마나 많고 중요한지 서서히 깨닫게 되면서, 과감하게 박사과정을 포기했다(인터뷰37). 그리고 아헨을 비롯하여 한인이 있는 NRW의 곳곳을 찾아가서 설교를 하기 시작했다. 이때는 계약 없이 임시로 라인 주교회(Rheinischen Landeskirche)와 베스트팔렌 주교회(Westfälischen Landeskirche)의 디아코니와 함께 목회활동을 했었다. 곧 이어 계약에 대한 협의가 이루어졌고, 1965년 4월에 그는 라인 주교회의 디아코니로부터 한국교회를 위한 담임목사로 임명되어 뒤스부르크로 이사했다. 그리고 활발한 활동을 했다.[23]

그의 목회활동은 NRW 주에 국한되지 않고 독일 전역으로 확장되었다. 그는 한 달에 한번 하노버와 프랑크푸르트를 방문했고 두 달에 한번 베를린을 찾았다. 사람들의 말에 따르면, 그는 매달 6천 킬로미터 넘게 자동차를 운전하며 목회 등의 활동을 다녔다고 한다. 당시 한국교회들은 해마다 크리스마스나 부활절이 되면 독일 전체의 한인교회가 연합예배를 하였다. 한번은 약 2천 명의 한인이 겔젠키르헨(Gelsenkirchen)에 모여 크리스마스 예배를 했다. "버스가 약 20대 건물 앞에 서 있었습니다. 저는 그때 아픈 사람 빼고는 독일에 있는 한인들이 다 왔구나, 하는 생각이 들었습니다. 남자들에게는 그곳에서 여성 간호사들을 만날 수 있다는 것이 매우 중요했습니다."(인터뷰37) 이 모임은 독일 전역의 한인들이 한자리에 모일 수 있는 유일한 기회였다.[24]

이 목사는 단지 종교적인 목회활동만 했던 것은 아니었다. 그외에도 한인들의 사회적 문제들, 예를 들어 한인광부들의 노동계약이 3년 기한으로 제한되어 있는 것 등과 같은 문제들에도 신경을 썼다.[25] 목사는 자신의 활동목표를 당시 독일에 있던 한인들의 상황에 맞추어서 설정했다. 독일의 한인교인들은 우선 함께 있는 것이 필요했다. 그리고 사회적·법적 조언과 도움이 필요했다. 그들에게 필요한 것은 교파로 나뉘어 있는 교회가 아니었다(인터뷰37).

이와 같은 환경 속에서 초기의 연합이 'NRW 한인교회연합회'라는 이름과 함께 1966년에 출범했다. 여러 지역에 흩어져 있는 교인들이 한자리에 모이고, 함께 일하는 것이 연합의 출범이유였다. 이를 위해서는 어떤 한 목사가 주도한 것이 아니라 교인들에 의해 연합회가 탄생하는 것이 중요했다. 이로써 연합회의 핵심 기능은 NRW에 있는 각 교회의 교인들이 선출한 이사들이 중심이 되어 작동하게 되었다.[26]

당시 한인들은 비록 각자의 지역에서 모임을 갖기는 했지만, 예배를 할 장소가 딱히 정해져 있지 않았다. 예배는 개인의 집이나 기숙사 또는 기숙사의 잔디밭에서 진행되었다.[27]

1966년, 교인들 사이에서 이사가 선출되었다. 회의록[28]의 기록에 따르면, 이사회는 회장 한 명, 사무총장 한 명으로 구성되어 있었다. 회보『교우』가 한국어로 발행되었다. 신학대생 몇 명이 자원봉사로 목사와 함께 만들었다.

교회는 한인들이 만나서 한국에 대한 정보와 일상문제들에 대한 정보를 서로 교환할 수 있는 가장 중요한 장소였다. 그렇기 때문에 당시의 교회는 일반적인 교회의 형식이라기보다는 오히려 사회적 형식을 갖추고 있었다. 또 한국에서 기독교인이 아니었던 사람들도 예배에 참석했다. 물론 그때도 한인회와 같은 다른 한인모임들이 있었지만, 이러한 모임들의 활동은 비정기적이었고 그나마 드물었다. 반면 한인교회는 정기적으로, 적어도 일주일에 한번 모임을 가졌다(인터뷰 19; 20; 21). 그 밖에도 당시 (1967년까지) 독일 '한인회'(Koreaner Verein)의 회원들은 거의 모두 대학생이었다(인터뷰1. 상세한 내용은 '2.1.1.2. 한인회' 참조).

1967년부터 1969년까지는 파독광부가 극소수였다. 이것은 한국중앙정보부에 의해 한국인 17명이 납치당했던 사건과 관련이 있었다.[29]

앞에서 말한 목사는 1969년까지 활동했다. 그로부터 2년 4개월 후 1972년 6월에 그의 후임으로 한국에서 목사가 새로 왔다. 이것은 그 사이 한인교회에는 목사가 없었다는 것을 의미한다. 이런 상황은 한인교인들과 전혀 관계없는 여러 집단들 간의 이해충돌에서 비롯되었다. 그리고 이 상황은 일부 교인과 새로 온 목사 사이에 교회의 발전을 둘러싸고 결정적인 갈등요소가 되었다.[30]

인터뷰와 회보에서 말하는 바에 따르면, 이해관계를 둘러싼 이 싸움은 다음과 같은 상황으로 전개되었다.

첫째, 라인 주교회의 디아코니는 1964년부터 독일의 한인교인들을 위한 일을 했다. 한인목사를 물색하여 1965년에는 업무계약을 맺기까지 했다. 한편 한국기독교교회협의회(NCCK, 제네바 세계교회협의회 WCC의 회원이다. 그리고 한국의 여러 기독교 교파가 NCCK의 회원이다)는 독일에 있는 한국 기독교인들의 상황을 전혀 모르고 있었다(인터뷰37).

1965년 베를린 교구감독관 샤르프(Scharff)가 NCCK를 방문하기 위해 한국에 갔다. 당시 그는 독일복음주의교회(EKD)에서 인권문제를 담당하고 있었다. 이 방문을 통해 NCCK와 EKD의 교류가 생겨났다(이 교구감독관은 2년 뒤 한국에서 목사 한 명을 간호사들과 한인들을 담당하게 하기 위하여 베를린으로 초청했다[31]).

둘째, EKD는 처음에 이 문제와 직접적인 관련이 없었다. 라인 주교회의 디아코니 선교회가 독일의 한인목사를 정식으로 임명하고자 했을 때, 어떤 공식적인 길을 통해서 EDK가 목사를 임명할 수 있는지가 문제로 떠올랐다(인터뷰37).

셋째, 한인목사는 임명과정에 대해 NCCK에 알렸다. 그리고 NCCK는 그를 한국에서 파견한 목사로 인정했다. 이렇게 해서 NCCK는 공식적인 임명권자가 되었고 EDK의 협의기관이 되었다(인터뷰37).

넷째, 2년 임기의 임명기간이 두번째 만료되었을 때 디아코니 선교회는 NCCK에 자신들은 이 계약을 기꺼이 다시 연장하기를 원한다는 입장을 전달했다. 하지만 NCCK는 해당 목사가 현재 한국의 사회적 상황에 대한 정보가 너무 없다는 이유를 들어 디아코니의 제안을 받아들이지 않았다. 그가 이미 오래전부터 한국을 떠나 있었다는 것이다. NCCK는 그렇기 때문에 해당 목사가 독일의 한인교인들을 위한 목회활동에 적합하지 않을 수 있다고 했다. 하지만 디아코니는 이와 정반대로 파악하고 있었다. 해당 목사는 독일에서의 오랜 경험 덕분에 지금의 상황을 잘 알고 있고, 따라서 그가 이 일에 적합하다는 것이었다. 여하간 이 대화는 더 이상 진행되지 않았다. NCCK는 새로운 목사를 파견하기를 원했고, 그때까지 활동했던 목사는 이미 뮌헨대학의 교목 자리를 얻었다. 그는 한인 개신교도들 때문에 계속 독일에 머물기를 원했다. 지금까지 자신이 해오던 일이 한인들에게 매우 중요하다고 판단했던 것이다. 그리하여 그는 뮌헨으로 갔다(인터뷰37).

다섯째, 그러나 신임목사가 파견되기까지 2년이 더 걸렸다. 그리고 이와 관련하여 이해관계 다툼에 대한 아주 흥미로운 추론이 있다. 전임목사가 NRW에서 일하는 동안 불미스러운 일이 발생했다. 많은 한인간호사들이 급여에서 50마르크가 자신들이 알 수 없는 곳으로 송금되고 있다며, 이 문제를 목사에게 이야기했다. 그래서 목사는 해당 병원의 행정부서에 그 돈이 어디로 송금되고, 왜 그런 일이 발생하는지 문의했다. 이에 병원 측은 다음과 같이 말했다. "우리는 계약에 따라 돈을 한국인 의사의 통장으로 송금합니다. 왜냐하면 우리 병원의 한인간호사들은 이미 한국에서 이 의사와의 계약서에 서명을 했기 때문입니다. 이 계약서에 따르면 그녀들은 매달 50마르크를 그에게 지불해야 합니다. 서명이 된 계약서가 우리 앞에 있습니다." 목사는 이 문제를 계속 추적하였고, 진실을 찾아냈다. 한국정부와 독일정부가 공식적으로 간호사 파견에 대한 협약을 맺기 전에, 대학병원에서 근무하는 본(Bonn) 지역의 한인의사 한 명이 개인적으로 한인간호사 수백 명을 독일의 병원들에 소개해 줬다. 그는 파독간호사 모집요건에 한국에 병원을 신설한다는 명목으로 자칭 'Diakonischen Gesellschaft e.V.'라는 기관에 월 50마르크를 분담하는 조건을 달았던 것이다. 목사는 한국의 모집담당 관청과 NCCK에 이 문제를 문의했다. 모집관청은 "한국에는 그런 종류의 단체가 없다"는 연락을 보내왔고, NCCK도 "우리는 그에 대해 아는 바가 없다"는 답변을 했다(인터뷰37).

진실은 다음과 같다(인터뷰37). 그 의사는 개인적으로 바트 크레우츠나흐(Bad Kreuznach)의 디아코니 간호사회와 교류가 있었다. 그는 간호사회에 처음으로 한인간호사들을 중개해 줬을 때, 한 가지 구상을 하게 되었다. 공식적인 수단들과 기부금을 가지고 한국에 병원을 설립하고자 했던 것이다. 디아코니 간호사회는 그에게 이 일을 법적으로 정확하게 하기 위해 등록된 협회를 설립할 것을 권했다. 그렇게 그는 등록협회를 설립했고, 그 당시 NCCK의 사무총장을 찾아갔다. 그 자리에서 사무총장에게 NCCK가 독일의 기독교 간호사회와 공동으로 한국에 병원을 지을 것을 권유했다. 그리고 사무총장은 긍정적인 반응을 보였다. 이리하여 그 의사와 사무총장 사이에 모종의 관계가 형성되었다.

목사는 이 상황을 인정할 수가 없었다. 무엇보다 중요한 이유는 당시 50마르크는 그 한인간호사들에게 큰돈이었기 때문이다. 따라서 이것은 착취일 수 있었다. 그리고 만약 교회가 이 일에 연루되어 있다면, 그것은 곧 교회가 착취에 가담하는 것을 의미했다. 그래서 그는 한시바삐 이 사태를 라인 주교회에 보고했고, 이어 이 사실은 슈투트가르트에 있는 EDK 디아코니 본부에 전달되었다. 디아코니는 라인 간호사회에 그 의사와 간호사회가 함께 일했는지 문의했다. 그리고 "우리는 그와 아무 관련이 없다. 이 사조직과 등록협회에 대한 책임은 한인의사가 맡고 있다"는 답변이 돌아왔다.

이 문제가 공론화되어 비난의 화살을 받을 가능성을 최소화하기 위해 슈투트가르트의 디아코니는 신속하게 그 의사에게 화살의 방향을 돌렸다. 그에게 이렇게 말했다. "우리 EDK는 당신이 사적인 목적으로 한국 간호사들로부터 50마르크씩 착복하는 것을 용납할 수 없습니다. 전체적으로 이 문제를 해결하기 위해 당신은 다시 NCCK와 연락을 취해야 할 것입니다. 그래야 우리가 공식적으로 NCCK와 이에 관해 이야기할 수 있습니다." NCCK가 EDK에다 한국 내 병원건립을 지원해 줄 것을 건의하고 또 NCCK 스스로도 이 사업을 지원하는 것이 하나의 공식적인 방법일 수도 있었다. 그리고 NCCK의 사무총장이 EDK와 이 문제를 의논하기 위해 독일로 왔다. EDK의 책임자는 사무총장에게 직접 NRW의 한인목사와 해당 의사를 대화의 자리에 초대하라고 말했다. 이에 사무총장은 "그 목사에게 만남의 자리를 주선할 테니 나오라고 해도 아마 오지 않을 겁니다"라고 답했다. 더욱이 사무총장은 EKD가 그를 위해 마련해 놓은 호텔에 묵지 않고 그 의사의 집에서 머물렀고, EKD는 그 사실을 알게 되었다. 결국 EKD는 사무총장과 더 이상 논의를 진행하는 것을 원치 않는다고 입장을 표명했다. 왜냐하면 사무총장이 NCCK의 사무총장으로서 공적인 논의를 하기 위해 온 것이 아니라, 자기 이해관계 때문에 온 것이 명백했기 때문이다. 입장표명 후 EKD는 정말로 사무총장과 접촉하지 않았다. 급기야 사무총장은 이 사건 때문에 즉시 한국으로 돌아가야 했다. 그리고 NCCK의 신임 사무총장은 뒤늦게 EKD의 디아코니와 다시 협상에 나섰다. 그 결과, 지금까지 적립된 돈은 병원건립을 착수할 때까지 수탁 형식으로 디아코니에 두기로 했다. 그리고 건립의 계획이 수립되면, '세계를 위한 빵'(Brot für die Welt)이 건설비용을 부담하고 부지비용은 NCCK가 맡기로 했다.[32]

이 일련의 사건이 촉발하게 된 이야기의 당사자인 한 한인여성은 자신의 경험을 다음과 같이 들려주었다.[33] "서베를린의 몇몇 병원에서는 80마르크를 이 의사의 통장으로 직접 송금했어요. 그렇지만 제가 일하던 병원에서는 우리가 정말 그 돈을 그 의사 통장에 넣어주기를 원하는지 우리에게 물었어요. 병원 자체적으로는 그렇게 할 의무가 없었습니다. 그래서 우리는—당시 우리 병원에는 한인간호사가 28명 있었습니다—그 의사의 불쾌한 행위에 대해 알게 되었죠. 그리고 그 돈은 '우리는 팔려온 것이 아니다'라는 입장에 따라 내지 않기로 결정했습니다. 게다가 우리는 한 달에 50마르크로 살고 있었어요. 다른 한인들도 우리의 조치를 알았고, 그녀들도 그 의사에게 더 이상 돈을 보내지 않았습니다. 그러자 그 의사는 베를린으로 와서는 우리를 록시 호텔로 불러내서는 우리에게 무례하게 욕을 했어요. 심지어 우리 모두를 죽일 거라고 협박도 했어요." 또 다른 한인여성이 이 추문을 확인해 주었다. 그녀도 몇 년 동안 이 돈을 지불했다. 그 기간이 3년은 안 되었다고 한다. 그리고 그녀는 그 의사와 관련된 또 다른 이야기를 해주었다.[34]

여섯째, NCCK가 사건을 파헤친 목사가 그곳 목사직을 그대로 유지하는 것을 취소한 것은 시간적으로 이 추문이 알려진 뒤의 일이었다. 그로부터 2년도 더 지나서야 신임목사가 파견되었고, 이런 식으로 사태가 마무리되는 데 대해 한인교인들은 크게 실망하였다. 특히 한인교인들은 이 문제에 그 어떤 영향력도 행사할 수 없었다. 이 일은 그저 기관들 선에서만 다루어졌던 것이다. NCCK가 내린 결정의 배경에 대한 추측과 그에 대한 실망감은 다음의 발언을 통해 확인할 수 있다. "그 목사 때문에 의사는 불법적인 사업을 끝내야 했어요. 그는 목사에게 몹시 화를 내었을 뿐 아니라, 다시 NCCK에 한인들에게 바람직한 목사가 아니라며 목사를 비난했습니다. 그리고 NCCK는 그 목사의 자리를 연장하는 것을 승인하지 않았습니다. 그것은 당시 NCCK가 독일의 한인목사를 임명하는 데 전권을 가지고 있었다는 것을 의미하지요. 새로운 목사를 독일로 파견하면서 NCCK는 독일의 한인교회들과 교류를 갖게 됩니다. 그전에는 독일에 있는 한인교회와 한인들에게 아무런 관심이 없었습니다."[35]

　　"저는 그후 일에 대해서는 아무런 객관적 증거도 갖고 있지 않습니다. 당시 EDK의 디아코니를 책임지고 있던 총장은 한국의 NCCK를 방문해서 사무총장을 만났습니다. 이 사무총장은 추문을 더 얹어서 한국으로 돌아갔던 사무총장의 후임이지요. 디아코니 총장이 저에게 말했습니다. '제가 보기에 NCCK의 입장은 분명히 재임명에 반대인 것 같습니다. 그리고 한국에서 새로 목사를 임명해서 파견할 것으로 보입니다.' 디아코니 총장으로부터 이런 귀띔을 들었을 때는 한국에 있는 많은 목사들이 독일에 오고 싶어했던 시절이었어요. NCCK는 여러 교파를 포괄하고 있는 조직입니다. 그렇기 때문에 각 교파는 자기네 목사를 독일로 보내기를 원했을 테고, 그래서 어느 교파의 누구를 선발할지 결정하기가 어려웠을 겁니다. 신임 사무총장은 애당초 당시의 추문과 아무런 관련이 없습니다. 사실은 그 의사가 저에 대한 불평을 이전 사무총장에게 했다는 것입니다. 그렇지만 제 생각에는 NCCK는 재임명과정에서 이와 같은 이야기를 공식적인 입장에 덧붙이는 것을 허용하지 말았어야 합니다. 저는 NCCK가 그 결정을 위해 그렇게 많은 시간을 허비한 것이 잘못되었고, 무책임하다고 생각합니다. 독일에 있는 한인성도들은 하루라도 빨리 목사가 필요했는데도 말입니다."[36]

1970년 들어와서 다시 한인광부들이 독일에 왔다. 그것은 NRW 한인교회의 활동을 부활시키는 데 영향을 주었다. 당시 많은 광부들이 보훔으로 왔다. 그래서 보훔의 몇몇 한인들이 이사직을 넘겨받게 되었다. 이로써 보훔은 NRW 한인교회에서 중요한 위치가 되었다.[37]

NRW 지역의 한인교회들이 공식적으로 정식 목사를 더 이상 두고 있지 않았지만, 교인들은 자기가 살고 있는 지역에서 정기적으로 모임을 가졌고 연합모임도 가졌다.[38] 이미 그들은 목사의 개입 없이 자신들의 힘으로 연합회를 명실상부한 형태로 강화시켰기 때문이다. 이것은 비록 NRW의 한인교회에서 목사의 위치와 활동이 교인들에게 중요하기는 했지만, 교인들은 교회의 활동을 목사가 아닌 자신들이 결정하는 것을 더 중요하게 생각했음을 의미한다. 이와 달리 한국의 교회활동은 목사에 의해 더 많은 것이 결정된다. 1970년 크리스마스에는 한인 약 600명이 예배를 하러 뒤셀도르프에 모였다. 그곳에서 그들은 한 보조목사의 도움을 받아 세례식과 성찬식을 거행했다. 이 모임에서 모인 기금으로 교회연합회는 한 해의 업무를 처리할 수 있었다.[39]

1966년부터 연합회는 이사회를 두게 되었으며, 이사는 매해 새로 선출되었다.[40] 1971년 6월에는 연합회의 총회가 다시 본에서 열렸다. 총회에서는 새 이사가 선출되었고, 여러 교회의 활동보고가 있었다. 그리고 앞으로의 전망과 활동에 관한 논의가 이루어졌다. 각 지역 45개 모임(예를 들어 당시에는 한 병원에 하나의 모임이 있었다)의 주소록이 완성되었다.[41] 그리고 부회장의 자리를 새로 만들었다.[42]

1971년 이사회는 하팅겐(Hattingen)에서 3일간의 연수회를 열었고,

1972년에는 쾰른에서 총회가 열렸다. 새로 선출된 이사들은 매우 활발하게 활동했다. 이로써 한인교회의 활동은 활기를 띠었다. 최초의 파독 한인광부그룹과 함께 독일에 와서 오랜 시간 광산에서 통역으로 일했던 회장은 독일기관들과의 접촉경험이 많았다. 교인들이 다시 교회에 담임목사를 두기를 소망하자, 회장은 한인들의 서명을 모아 라인 주의 디아코니책임자를 찾아갔다. 그런데 그 책임자는 이틀 후면 한국에서 목사 한 명이 독일의 한인교회를 위해 뒤셀도르프에 도착한다고 말했다.[43] 하지만 정작 이곳의 한인들은 목사가 온다는 사실을 전혀 모르고 있었다. NRW의 한인교회 교인들조차 자신들의 동의도 없이 어떻게, 왜 갑자기 한국에서 목사가 오게 되었는지 몰랐던 터라, 이것은 목사임명을 둘러싸고 중대하고 지난한 문제를 불러일으켰다. 그리고 결국 1989년까지 한인교회가 분열되어 있는 주요한 원인이 되었다.[44]

이 문제와 상관없이 NRW 한인교회의 활동은 이 시기에도 계속 진행되었다. 1970년 6월 보훔 지역에서는 처음으로 한인남성 25명이 예배를 위해 카스트로프슈베를린(Castrop-Schwerlin)에 위치한 광부기숙사의 잔디밭에 모였다. 그외에도 보훔의 오스발트 거리(Oswaldstraße)에 있는 광부기숙사에서 예배가 조직되었다. 1970년 가을 이 예배는 한 독일목사의 도움으로 보훔 게르테(Gerthe)에 있는 독일교회에서 열렸다. 그곳에 한인 30명이 참석했고 이들이 보훔 한인교회의 창립교인들이다(인터뷰15).

한인들은 서로 가까이 지내면서 거의 한 가족처럼 뭉쳐 있었다. 그들은 사회적인 활동도 했는데, 예를 들어 성가대를 만들어서 노인요양원과 병원들을 방문해 나이 들고 병든 사람들을 위로했다. 다른 도시에도 이런 연합이 비슷한 방식으로 확산되었다. NRW의 여러 지역 — 뒤스부르크, 에센, 겔젠키르헨, 도르트문트, 쾰른, 아헨, 뒤셀도르프, 본, 딘슬라켄, 함보른(Hamborn), 카스트로프라우셀, 부퍼탈, 크레펠트(Krefeld),

랑엔펠트(Langenfeld), 클레베(Kleve), 레버쿠젠(Leverkusen), 뤼덴샤이드(Lüdenscheid), 노이스(Neuss), 에슈바일러(Eschweiler), 오버하우젠(Oberhausen)—에 20여 개의 연합체가 생겨났다.[45]

그 사이 독일의 다른 도시에서도 한인 개신교회들이 하나둘 세워지기 시작했다(2.1.2.4.1. 참조). 1972년에 프랑크푸르트, 베를린, 함부르크, 뮌헨의 한인목사들이 재독한인교회협의회를 설립했다. 잡지『흐름』(12쪽)에 실린 설명에 따르면, 창립모임이 1972년 6월 프랑크푸르트에서 열렸다. "이 모임은 새 목사가 오기 전에 이미 계획된 것이었어요. 새 목사도 이 모임에 참석했죠. 그래서 우리는 그에게 독일의 교회와 아무런 연결 없이 어떻게, 왜 이곳에 오게 되었는지 물었습니다. 그런데 새로 온 목사는 자신이 이 협의회의 회장이 되어야 한다고 거듭 고집했습니다. 그 이유는 자신이 NCCK의 파견으로 이곳에 온 유일한 목사라는 것이었습니다. 그래서 협의회의 설립이 1979년으로 연기되었어요." 또 인터뷰37은 앞에서 말한 잡지에 실린 이야기에 다음과 같이 덧붙였다. "새로 온 목사는 자신이 NCCK에서 파견되었기 때문에 독일에 있는 모든 한인교회의 조정관이라고 주장했어요. 그래서 그는 다른 한인목사들, 예를 들어 베를린[당시 베를린의 목사는 베를린 주교회 교구관의 초청으로 왔다]이나 프랑크푸르트[그는 최초의 신학대생으로 와서 그후 헤센의 한인교회에서 보조목사로 일했다]의 목사들과 자신의 위치를 동일하게 생각하지 않았습니다."

2.1.2.3.2. 변천과정

2.1.2.3.2.1. 1973/74~77

광산의 한국남자들은 3년 기한의 노동계약을 체결했기 때문에 원칙적으로는 모두 한국으로 돌아가야 했다. 하지만 그들 대부분은 한인간호사와 결혼하거나 이직을 위한 직업교육을 받음으로써 여기에 머물렀다. 이것이 의미하는 바는 그들이 광산의 환경을 떠나서 계속 경제활동을 할 지역으로 서서히 삶의 자리를 옮겼다는 것이다. 거의 모든 한인광부들이 더 이상 광산에서 일하고 싶어하지 않았다. 그리고 그들은 보훔의 오펠(Opel)과 같은 금속업체에서 일자리를 찾을 수 있는 큰 기회를 얻었다.

이 한 가지 상황만으로도 교회의 변화가 요구되었다. 특히 교회가 중심 역할을 하던 지역의 경우가 그러했다.[46] 보훔 교회와 뒤스부르크 교회는 주 내에서 10개 교회의 중심 역할을 했다. 그래서 여기서는 이 두 교회를 주로 다룰 것이다.

보훔과 그 인근도시의 교인들은 1974년 보훔에서 독일교회 하나(멜란흐톤 교회)를 찾아내서 이 교회로 옮겼다. 그와 함께 그들은 차츰 안정을 찾아갔다. 보훔 교회는 우선 보훔, 도르트문트, 에센, 겔젠키르헨의 한인들을 잘 통합시킬 수 있었다.[47] 교회는 이전처럼 계속 유지되었다.

목사 한 명이 NRW의 10개 교회를 관할하기란 어려운 일이었다. 더욱이 당시에는 결혼예배도 종종 목사가 주관해야 했다. 왜냐하면 많은 한인들이 결혼을 할 나이에 있었던데다 한인광부들은 어떤 종류의 체류허가도 받지 못한다면 근무순환 원칙에 따라 한국으로 돌아가야 했기 때문이다. 경우에 따라서는 결혼으로 귀국을 막을 수 있었다. 그래서 이 무렵 담당목사는 '주례목사'(인터뷰15)라고 불리기까지 했다.

새 목사는 예를 들어 한 달에 한번만 한 교회를 방문할 수도 있었다. 그렇기 때문에 교회의 교인들이 직접 자신들의 프로그램을 진행할 수 있었다(인터뷰15). 1974/75년 보훔 교회에서는 보훔에 목사를 한 사람 더 채용하는 것을 놓고 교인들 사이에서 논쟁이 벌어졌다. 하지만 목사를 더 채용하는 일은 이루어지지 않았다. 이러한 논쟁이 벌어진 이유는 새 목사가 교인들의 동의 없이, 또 임명과정에 대해 교인들이 알지도 못한 상태에서 독일에 왔기 때문이다.[48] 인터뷰57은 이렇게 말한다. "그 목사가 여기 처음 왔을 때 사람들, 특히 당시에 서명운동[앞의 내용 참조]을 이끌었던 교인들이 불만을 가졌다는 것을 알 수 있었습니다. 그가 도착하고 두번째 일요일에 딘슬라켄에서 예배가 있었습니다. 새 목사가 예배를 집도했지요. 한 성도가 물었습니다. '어떤 영향력과 지원 덕에 당신이 여기에 올 수 있었습니까?' 또 당시 이사회를 책임지고 있던 성도 한 명은 목사의 면전에서 이 과정이 얼마나 화나는 일인지 조목조목 따졌습니다."

이와 같은 문제에도 불구하고 한국에서 목사가 도착한 이후 교회는 서서히 활력을 찾아갔고, 교인도 늘어났다. 연합회의 공동예배가 개최되면 700~800명이 참석할 정도였다.[49] 1974년에 연합회는 '노르트라인베스트팔렌 한인교회연합회'(Landesverband der koreanischen Evangelischen Kirchengemeinde in NRW)라는 새 명칭으로 단장했다. 이와 함께 교회들은 자신들의 구조를 확립하는 첫걸음을 내디딜 수 있었다.

이 새로운 목사는 연합회의 담임목사로서 NRW 지역의 10개 교회를 위해 1972년 6월 뒤스부르크에 왔다. 이리하여 뒤스부르크 교회는 예를 들어 딘슬라켄·함보른·오버하우젠의 교인들은 뒤스부르크로 통합되었다. 그리고 1972년에 한인광부들이 독일에 많이 남기도 했지만 그만큼 많은 이들이 근로계약 조건에 따라 한국으로 돌아갔다. 그것은 교회활동과 교인 수에 영향을 끼치지 않을 수 없었고, 이런 상황은 여러 교회들을 하나의 교회로 통합하기를 요구했다. 뒤스부르크 교회는 뒤스부르크노이도르프(Duisburg-Neudorf)에 있는 독일교회인 '예수교회'(Christus Kirche)에 공간이 마련되어 있었다(인터뷰57).

뒤스부르크에 있는 한인교회는 스스로 1973년을 창립의 해라고 부른다. 반면 보훔의 교인들은 교회의 설립연도를 1970년으로 진술하고 있다.[50] 이러한 차이는, 보훔의 교인들이 교회의 창립시기를 새로운 목사의 도착과 일치시킬 수 없는 반면에 뒤스부르크의 교인들은 새 목사와 함께 좋은 출발을 했다는 데서 그 원인을 찾을 수 있을 것이다. 그런데 두 교회 모두 자신들의 역사적 과정 속에서 EKD와 NCCK의 협약에 따라 한국에서 파견된 이 목사가 공식적으로 최초의 담임목사라고 말하고 있지만, 1965년부터 1969까지 활동했던 첫번째 목사는 자신이 있었을 때 공식적인 임명이 이루어지는 기회가 주어진 때로부터 EKD와 NCCK의 공식적인 관계가 형성되었다고 진술하고 있다(두 교회의 회보와 인터뷰37).

뒤스부르크 교회의 설명에 따르면, 1973년 4월 1일 뒤스부르크 한인교회의 창립예배 때 교인이 120명이었다. 이 숫자가 그해에는 유지되었지만, 1975년부터는 개별 예배 참석자의 숫자가 73명으로 줄었고, 1977년에는 60명으로 줄었다.[51] 다른 새로운 교회들의 교인 수와 변화에 대한 정확한 보고는 없다. 그렇지만 그 상황이 뒤스부르크 교회와 유사할 것으로 평가된다. 이유는 당시의 목사와 교회가 한국의 정치적 상황과 군사독재에 반대하는 태도를 취하고 있었기 때문이다.[52]

그 목사는 매우 정치적이었고, 정부의 반대편에 서 있었다. 그는 한국에서도 상당히 활발하게 진보적인 정치적 활동을 하는 목사나 지식인 들과 함께 일했다. 또 그는 한국과 독일의 합의와 그에 따른 계약과 관련하여 한인 간호사 및 광부 들의 사회적 상황을 잘 알고 있었다. 누군가 뒤스부르크 교회의 회의록을 관찰한다면, 많은 수의 반정부 지식인과 정치인이 한국에서 이 교회를 찾은 것을 분명히 확인할 수 있을 것이다.

인터뷰 19와 21은 다음과 같이 말한다. "교회를 찾아가 보면서 내 삶의 철학과 삶에 대한 상상이 100% 바뀌었습니다. 만약 내가 한국에 있었더라면, 지금도 여전히 보수적인 종교인이었을 겁니다."(인터뷰21) "저는 1977년에 이곳에 왔어요. 여기 오자마자 기숙사에서 뒤스부르크에 있는 교회에 한국정부에 반대하는 공산주의 목사가 있다는 소리를 들었습니다. 그러니 교회에 가지 말라며 위협을 받기까지 했어요. 혹시라도 거기에 갔다간 구타를 당하게 될 거라는, 뭐 그 비슷한 말을 통역관 하나가 하더군요. 하지만 저는 이렇게 말했죠. '나에게 한 달만 시간을 주세요. 내 눈으로 직접 보고 싶어요. 나 스스로 경험하고 싶어요.' 그 목사님의 설교를 들었을 때, 저는 더할 수 없는 행운이라고 생각했죠. 그 목사님은 사회의 모순적 상황을 자세히 설명해 주고 정치적으로 독재자와 그 추종자들에 반대하는 주장을 하셨거든요. 그 무렵부터 저는 완전히 다른 사람이 되었어요. 한국에서는 그런 기회를 전혀 갖지 못했고, 또 그럴 수도 없었죠." (인터뷰19) 이렇게 자신들의 경험을 긍정적으로 받아들인 사람들은 교회에 머물렀다. 그러나 그들은 소수였다. NRW 목사의 임명과정에 대해 비판적인 입장에 서 있었던 사람들(예를 들어 인터뷰 19; 21)조차 이 목사의 사회적이고 정치적인 활동을 문제라고 느끼지 않았다.

인터뷰57(뒤스부르크 교회의 창립교인)의 설명에 따르면 "1973년 크리스마스를 얼마 앞두고 보훔에서 교포 한 사람이 우리를 찾아왔습니다. 그 사람과 함께 몇몇 교인과 목사가 한국의 정치적 상황에 대해 토론했어요. 우리는 우리의 종교적 양심에 따라 더 이상 침묵해서는 안 된다고 생각했습니다. 대략 8명이 '민주사회건설협의회'라는 모임(2.1.5.2.1. 참조)을 만드는 데 서명했습니다. 그리고 우리는 여러 가지 행동을 함께하기로 했습니다. 우리 교회의 목사와 교인인 우리가 1974년 3월 1일 본의 뮌스터 광장에서 한국의 군사정부, 특히 10월에 공표된 '유신헌법'에 반대하는 시위에 참여한 뒤부터 목사는 지나치게 정치적이라는 비판을 받았습니다. 우리는 그의 설교를 1200부씩 정기적으로 독일에 사는 한인들에게 보냈습니다. 시위에 참여한 이후 우리는 기부나 우편료를 거의 받을 수 없었습니다. 그리고 많은 교인들이 떠났습니다. 그와 동시에 근처에 새로운 교회가 생겨났습니다." 이로써 정치적인 문제에 개입하기를 원치 않은 (독일에 살고 있는) 한인들로부터 교회는 완전히 고립되었고, 본에 있는 한국 대사관

과 중앙정보부로부터 관리를 받았다.[53]

발줌(Walsum)의 케틀러(Kettler) 기숙사에 살고 있던 한인광부들이 1975년 4월에 공식서한 한 통을 광산의 인사담당자와 뒤스부르크 한인교회를 담당하는 목사에게 보냈다. 편지에는, 광산의 한인통역관들이 광부들에게 혹시라도 뒤스부르크에 있는 공산주의 교회를 찾아다닌다면 즉각 한국으로 보내버리겠다고 위협했다는 내용이 담겨 있었다. 통역관들은 광부들에게 기숙사뿐 아니라 작업장에서도 군사적인 규율을 강요했다고 한다.

목사는 이 편지를 다시 EKD의 외무청, 디아코니 동아시아위원회 회장, NCCK에 보냈다. 이리하여 EKD가 이 문제에 개입하게 되었고, 마침내 독일노동조합까지 이 일에 개입하게 되었다. 〈WDR〉(Westdeutscher Rundfunk Köln, 서독의 방송사)은 "감시"(Monitor)라는 프로에서 사례의 하나로 1975년 6월 2일 뒤스부르크의 예배를 둘러싼 문제를 보도했다.[54] 이 사건을 조사하기 위해 조사기관에서 사람들이 왔고, 조사관들은 일부 통역관들이 목사가 매우 정치적으로 한국의 군사정부에 반대하는 활동을 했다는 이유로 목사의 설교를 녹음해서 한국중앙정보부에 넘겨줬다는 사실을 밝혀냈다.[55]

한국대사관 그리고 조사위원회에 진실을 폭로한 통역관이 일하던 광산회사는 이 통역관을 해고하고 한국으로 돌려보내려고 시도했다. 통역관은 이에 반발하며 이의를 제기하였고, 이 문제는 뒤스부르크 경찰의 도움으로 정리되었다. 그 통역관은 계속 독일에서 일할 수 있게 되었다.

이 사건 이후 한 통역관은 '발줌 사건'에 대응하여 조사결과가 거짓이라는 것을 밝히기 위해 반대시위를 조직하였다. 그런데 이 시위의 목적이 잘못 통역되는 바람에 오히려 정반대로 언론에서 보도되었다. "이 시위는 군사독재와 새 헌법에 반대하는 것입니다." 이로 인해 본의 한국대사관에

근무하는 일부 직원들이 다른 곳으로 전출되기까지 했다.[56]

목사의 사회참여와 관련해서 또 다른 예가 있다. 목사는 한인 간호사들과 광부들에 관한 보고서를 작성하였다. 보고서는 특히 한인간호사들이 국가고시를 통과한 간호사들임에도 불구하고 언어적 한계 때문에 그들의 교육수준에 걸맞은 대접을 받지 못하는 것에 대해 비판하고 있다. "따라서 한인간호사들은 한국에서 짧은 기간 동안 독일어를 배울 것이 아니라, 독일에서 업무에 투입되기 전에 언어를 정확하게 배워야 한다. 이를 위해서는 다른 새로운 조처가 취해져야 한다. 계속해서 광부들은 이미 체결한 노동계약 때문에 가족을 동반할 수 없는 처지이다. 이와 같은 실정 앞에서 독일사회가 그토록 비인간적인 사회인가 하는 물음을 던지지 않을 수 없다. 이로 인해 많은 가족문제가 발생하고 있다." 이에 대해 한국대사관은 격앙된 반응을 보였다. "이런 발언들은 인력수출 정책을 방해합니다." 목사의 보고서는 한국의 언론에도 영향을 끼쳤다. 왜냐하면 이런 상황에 대해 한국에서도 비판의 목소리가 터져나왔기 때문이다. 그리고 목사가 개인적으로 알고 지내던 차관직에 있는 사람이 목사를 찾아와서 협조를 부탁했다.[57]

사회적·정치적 참여는 루르 지역에 있는 한인교회들의 활동에 큰 영향을 주었다. 그리고 이들의 활동에서 사회참여는 전통이 되었다. 이를테면 '인권'이 교회의 중요한 업무가 되었던 것이다(인터뷰15).

이 시기 한편에서는 연합회가 기반을 잡았고, 또 한편에서는 서로 결합될 수 없는 다양한 교회의 구조와 교인들의 생각들이 독일 내 분쟁과 여러 문제들의 원인이 되었다. 그것을 요약하면 다음과 같다.

첫째, 목사는 한인교회 교인들의 동의 없이 독일에 왔고 이로써 교인들 사이에 불만이 싹트기 시작했다. 교인들이 중심이 된 공동결정이라는 이 같은 사고는 한국에서는 매우 낯선 것이었다. 뿐더러 교회는 항상 하나의 교회여야 했다. 이것이 의미하는 바는 교회공동체는 언제나 목사 한 명을 두어야 한다는 것이었다. 그리고 교회의 전체적 구조가 한국이든 독일이든 위에서 아래로 위계적으로 작동해야 한다는 것이었다.

둘째, 목사는 한국의 정치상황과 관련된 일들에 매우 적극적으로 참여하였고 그로 인해 NRW의 한인교회들은 줄곧 한국정부로부터 정치적 압박을 당해야 했다.

셋째, 일반적으로 교회는 오직 신과 그에 따른 행복만을 믿는 '신실한 기독교인'들로 구성된다는 전통을 가지고 있었다. 이는 교인들이 정치적인 참여를 전혀 하지 않는다는 것을 의미했다.

연합회 구조의 발달과 재정상황은 다음과 같이 요약할 수 있다. 처음부터 한인교회들은 분명한 구조와 헌금이라는 정기적 수입을 가지고 있었다.

1973년 뒤스부르크 교회는 창립예배와 함께 '뒤스부르크 한인교회를 위한 미래의 교회건물 지원금'이라는 제목의 프로젝트를 출범시켰다. 그해 이미 1만 3037마르크가 모였고 1977년에는 총 1만 8198마르크가 모금되었다. 그러나 1978년에 이 돈은 다른 목적으로 사용되었다. 1만 2천 마르크가 이른바 정치적 활동과 한국의 한 목사를 위해 쓰였고, 5800마르크는 뒤스부르크 교회에 새 피아노를 들여오는 데 쓰였다. 이 일은 뒤스부르크 교회의 교인들 사이에 그리고 NRW의 교회들 사이에 심각한 논쟁과 분란을 불러일으켰다. 이 논란과 분쟁은 1981/82년 상황이 종료될 때까지 이어졌다. 그러나 잠재적으로는 1987/89년까지 계속되었다.

2.1.2.3.2.2. 1978~85/86

1977년에 마지막 파독 한인광부그룹이 NRW로 왔다. 이들을 포함하여 총 8850명가량의 한국남성이 광부로 NRW에 왔다.

1978년 디아코니 선교회는 보훔의 연합회에 사회복지사 자리 하나를 신설하여 한인 한 명을 고용했다. 이 자리는 1995년 현재까지 유지되고 있다. 당시 한인들에게는 갖가지 문제가 있었다. 이 문제들은 특히 노동계약과 생활조건 때문에 발생한 것이었다.[58]

1972~79년에 연합회의 10개 교회가 도르트문트, 본, 보훔, 쾰른, 아헨, 뒤스부르크 등 6개 교회로 통합되었다. 목사 혼자서 여러 곳에 분산되어 있는 교회들을 방문하기가 어렵다는 것이 그 이유였다. 또 많은 한인들이 한국으로 돌아가거나 이직을 해서 다른 주로 옮겨가기도 했다. 그 밖에도 연합회의 상당수 교회가 정치적 활동 때문에 상당수 교인을 잃었다.[59] "처음 이곳으로 와서 뒤스부르크에서 설교를 하게 되었을 때, 나는 무엇에 관해 설교하고 주로 어떤 일들을 이야기해야 하는지 전혀 알지 못했습니다. 한국 개신교에는 72개 교파가 있고[1972], 그 교파들은 복음을 각기 다르게 해석했기 때문입니다. 극도로 보수적인 해석에서부터 매우 자유로운 생각까지. 하지만 여기 연합회의 교회들은 이곳에 사는 다양한 교파의 사람들이 함께 모이는 말하자면 '결집지'였습니다."[60]

1978년 NRW 교회들의 교인 중 일부가 교회와 목사에 관한 문제를 공개적으로 항의하는 편지를 썼고, 1979년에 같은 문제로 두번째 공개편지를 썼다. 그리고 그들은 EKD와 라인 지역 디아코니를 방문했다. 편지의 내용은 특히 교회건립을 위한 조성금을 잘못 사용했다는 점과 목사에 대한 비판이었다. 이 조성금은 훗날 독일에 한인교회의 건물을 세우기 위한 것이었다.[61] 몇 가지 진술들을 요약하면 다음과 같다.

첫째, 뒤스부르크 교회의 한 교인이 목사에 대해 상당한 불만을 품고 있었다. 그가 이 편지의 주도자일 수도 있다.[62]

둘째, "교인 한 명이 이 목적을 위하여 1만 마르크를 기부했습니다. 정작 이 문제와 관련해 공개편지를 써 불미스러운 일을 일으켰던 사람들은 직접적으로 기부한 적이 전혀 없었습니다. 우리는 한인교회 건물을 짓는 다는 것이 한낱 공상에 불과하다는 사실을 깨닫고는 그 돈의 일부를 한 국으로 보내기로 결정했어요. 긴급한 정치적 활동을 위해서요. 나머지로 우리는 교회를 위해 피아노를 한 대 구입했습니다."(인터뷰57)

셋째, "모금의 사용목적 변경에 관한 결정은 교회의 이사회에서 내려 졌어요. 나중에 그에 반대했던 사람들은 이사회에 속해 있지 않은 사람들 이거나 이사회에 참석하지 않은 사람들입니다."[63]

넷째, "회칙에 따르면 뒤스부르크 교회는 재정과 관련해 총회에서 그 사용목적을 확정합니다. 하지만 이 경우는 목사가 이사들하고만 결정을 했어요. 게다가 이사회에는 12명이 참석했는데, 그중 6명은 결정을 내리기 전에 가버렸지요. 아무튼 그 돈은 그날[금요일] 결정이 나자마자 한국으로 송금되었습니다. 교인들이 그 사실을 알고는 많은 사람들이 몹시 화를 냈 고 그리고 교회를 떠났습니다.

보훔 교회는 이미 목사에 대해 불만이 매우 많았어요. 예를 들어 1974/75년에 보훔 교회의 교인들은 담임목사를 바꾸어야 하는 것 아닌 가, 고민했습니다. 당시 교회에는 보조목사가 있었습니다. 그는 매우 좋은 사람이었습니다. 교인들은 새 목사를 뽑기 위해 투표를 했고, 다수가 그 보조목사에게 투표했습니다. 하지만 보훔 교회는 담임목사의 급여를, 예 를 들어 EKD의 자금 같은 것을 통해 스스로 조달할 수가 없었기 때문에, 그 결정은 실현되지 못했습니다. 나중에 가서야 보훔 교회는 이에 대한 생각을 했지요."(인터뷰57)

다섯째, "뒤스부르크 교회가 조성금의 목적을 변경하기로 결정했다 는 것을 보훔 교회가 알게 되었을 때, 특히 결정과정에 대해 알게 되었을 때, 교인들은 부당한 처사라고 평가했습니다."(인터뷰15)

"보훔 교회의 이사회는 이미 1976년에 목사에 대한 항의편지를 재독

한인교회협의회[당시 교회협의회는 공식적으로 창립된 것이 아니었다]에 보냈습니다."(인터뷰16)

여섯째, "공개편지 이후 우리 교회의 교인들 상당수가 교회를 떠났습니다. 그렇지만 그들은 근본적으로 무슨 일이 일어났는지에 대해 의견이 없었습니다. 그들은 그저 다른 사람들의 설득에 넘어갔던 것입니다. 그리고 떠났습니다. 이 사건을 계기로 교회를 떠났던 한 사람이 당시 자신은 제대로 올바른 자세를 취하지 못했다는 편지를 써서 보냈더군요."[64]

일곱째, "그 목사가 어떤 면에서는 권위적이었을 수도 있습니다. 그렇지만 그런 모습이 곧 그가 옳지 않게 행동했다는 것을 의미하지는 않습니다. 그가 올바른 태도를 보였기 때문에, 나는 그를 지지합니다. 예를 들어 당시 이사회에서 한 자리를 차지하고 있었으나 그후 물러난 한 교인은 교회의 정치적 참여에 반대했었습니다."(인터뷰57)

이 논쟁은 1982년까지 이어진다. EKD는 조사를 위해 사람들을 보냈고, 그 조사는 사소한 것으로 인해 종결되었다.

1979년까지 뒤스부르크 교회의 (교회적 의미에서) 이사는 목사가 지명했다. 반면 1980년부터는 이사는 교인들이 선출하게 되었다. 이와 같은 변화는 이 사건과 관계가 있을 수 있다. 왜냐하면 사건의 중심에 서 있던 목사가 특히 '권위적'이라는 비판을 받았기 때문이다.[65]

예를 들어 뒤스부르크 교회의 예배에 참석하는 교인이 1978년 1월 60명에서 1979년 12월에는 27명으로 줄어들었다. 이러한 감소추세는 1982년까지 계속되었다. 1982년부터는 예배에 참석하는 교인의 숫자가 다소 나아져서, 1983년 3월에는 51명까지 되었다.[66]

한편 교회활동은 뒤스부르크 교회뿐 아니라, 다른 교회들에서도 예전과 같이 진행되었다. 교인 수의 면에서 다른 교회들은 뒤스부르크 교회처럼 크게 어려움을 겪지는 않았다. 하지만 적어도 교인이 늘지 않거나 어느 정도는 줄었다. 왜냐하면 NRW 연합회의 교회들이 정치적 참여를 했기 때문이다.

보훔 교회에는 새로운 경향이 생겨났다. 이 교회는 담임목사의 정치적 참여와 상관없이 목사에 대해 불만을 가지고 있었다. 목사가 예배에 오든 오지 않든, 교회는 자신들의 일을 자율적으로 처리했는데, 당시 한인 사회복지 담당자 역시 정치적으로 한국정부에 반대하는 활동을 했다. 그는 박사과정을 수료했음에도 불구하고 한동안 한국으로 돌아가지 않아도 되는 것이 허락되었다. 그는 1974년 만들어진 '민주사회건설협의회'의 창립회원으로서 많은 한인들이 이 모임에 참여하도록 힘을 썼다. 그와 함께 보훔 교회의 일부 교인들은 한국의 정치적 상황에 관한 토론회를 가졌다. 이 모임은 교회 밖으로 확장되어 보훔의 한국유학생들에게까지 뻗어나갔다. 이와 같은 상황은 직접적으로 또 간접적으로 보훔 한인모임들의 새로운 설립에 영향을 끼쳤다. 물론 그들 중 다수가 보훔 교회에 속해 있었거나 지금도 속해 있지만, 그때 만들어진 한인모임들은 교회와 관련이 없었으며 정치적 활동을 했다. 예를 들어 루르 지역의 한인 협동조합 '한마음'(1978/79~88)이나 '전태일기념사업회 유럽본부'(1983~89)가 있었다 (인터뷰15).

1983년에 NRW의 교회들 사이에 '토요기도모임'이라는 인권모임이 만들어졌다. 이 모임은 특히 남한의 인권을 위해 애썼다. 이 모임은 출발에서부터 모임의 활동을 차별화하고 전문화했다. "1980년 5월 '광주항쟁'(2.4.3. 참조) 이후 우리 교회는 이곳에 사는 한인들로부터, 특히 전라도 지역에서 온 사람들로부터 더 이상 '공산주의 교회'가 아니라 '한국의 민주주의를 위해 활동하는 교회'로 인정받았습니다."(인터뷰 19; 20; 21)

1983년 함(Hamm)에서 또 다른 회원교회가 설립되었다. 이 교회의 창립과 함께 연합회는 7개의 회원교회를 두게 되었다. 1984년에 한인선교사가 한국 개신교회 역사상 최초로 독일에서 목사안수를 받았다. 그는 1989년 당시 담임목사의 후임으로 취임했다.

1982~85년의 시기에는 겉으로는 교회 내에 커다란 분쟁이 없었고, 교회들은 '이민자교회'로 안정적으로 자리를 잡아나갔다. 더 이상 한인교회들은 일시적인 교회가 아니었다.

뒤스부르크 교회와 보훔 교회의 1983년과 1984년 활동을 살펴본다면, 연합회 회원교회들의 활동윤곽을 그려낼 수 있을 것이다.

보훔 교회는 내부를 대상으로 한 활동으로 정기예배, '사회참여와 교회의 믿음'을 주제로 한 연수회 그리고 '한국의 정치사' '교육과 문화식민주의' '우리는 지금 무엇을 해야 할 것인가' 등과 같은 주제로 세미나를 개최하였다.

토요기도모임은 한 달에 한번 연합회 전체의 만남으로 이루어졌다. 모임에서는 당시 한국에서 중심이 되고 있는 정치적 주제들에 관한 토론을 했으며, 이러한 주제에 상응하는 활동을 조직했다. 교회의 모든 하부모임 — 성가대, 여성모임, 청소년모임 — 은 일년에 한 차례 자체적으로 예배를 주관했다.

외부를 대상으로 하는 활동으로는, 교회 내부의 사람들을 포함한 신앙이 없는 사람들을 위한 예배, 개신교회의 날 행사 참여, 다른 교회와 함께 진행하는 연수나 체육대회 참여 같은 것들이 있었다.

한 가지 특별한 것은 이 교회가 한인회관 건설계획을 추진해 나가고 있었고 이를 책임지는 모임을 만들었다는 것이다. 이것은 한편으로는 1979년의 사건(2.1.2.3.2.2)에 대한 대응으로 해석할 수 있고, 또 한편으로는 '이민자공동체'의 건립을 위한 활동으로 해석할 수도 있다.

교회는 독일 협력교회와 함께 '성경공부'나 '이사회모임'을 가지기도 했다. 또 교회는 '외국인과 독일인, 함께하는 삶: 오늘과 내일'(Ausländer und Deutsche Miteinander leben: heute und morgen)이라는 주제로 1985년 2월에 열린 세계교회(Ökumene) 활동회의에 참석하기도 했다. 이 활동회의는 독일 개신교회의 날과 독일 가톨릭중앙위원회가 중심이 되어 바이에른의 복음주의 루터 교회와 뮌헨과 프라이징(Freising)의 대주교 교구와 협력해서 시작되었다.

뒤스부르크 한인교회는 교회 내부를 대상으로 한 행사로 정기예배, 여성모임에 관한 연수, 한국에서 온 방문객들(가령 대학교수이자 목사로서 정치적 참여활동을 하는 사람이 방문하기도 했다)과 함께하는 토론회, 업무모임에 따른 다양한 연수, 교회에 소속된 한글학교의 크리스마스 행사 등이 있었다.

외부를 대상으로 하는 행사로는 주변의 한인회와 함께하는 체육대회, NRW 연합회의 모든 교회와 함께하는 예배, 한국의 가난한 사람들을 위한 기부금모금 등이 있었다.

또 교회는 독일교회와 함께 만든 여러 모임에 참여했다. 이 모임들은 파트너 교회와 함께 만들기도 했지만 EKD 단위(대부분은 공식회의)에서 만들어지기도 했다.

연합회의 회원교회들은 공동모임을 제외하고는 자율적으로 운영되었다. 그리고 각 교회의 교인들은 우선은 연합회가 아니라 자신들의 교회와 자신을 일치시킨 것으로 보인다.

2.1.2.3.2.3. 1986/87~89

1986년 5월, NRW 연합회 교회들의 내부분쟁이 다시 수면 위로 떠올랐다. 연합회에 이것말고는 새로운 것이 전혀 없었다. 그리고 연합회는 눈에 띄게 분열되었고, 담임목사는 캐나다로 떠났다. 이 상황을 간단하게 설명하면 다음과 같다.

독일 속의 한인 그리고 한인조직

첫째, 인터뷰19의 설명에 따르면 보훔 교회의 교인들은 이미 담임목사를 탐탁지 않게 여기고 있었다. 무엇보다도 담임목사는 교회의 일들을 결정하는 과정에서 오로지 자신의 목소리만 높였기 때문이다. 하지만 교인들은 교회 일을 함께 결정하기를 원했다. 이 사실을 알게 된 목사는 보훔 교회가 자신에게 불만이 있다면 자신은 NRW의 다른 교회를 위해서만 일하는 편이 좋겠다고 반응했다.

보훔 교회의 1985년 9월 17일자 회의록에 따르면, 한 교인이 연합회의 회보 『흐름』의 경향에 대한 항의편지를 보냈다. 당시 잡지의 편집위원회는 목사와 보조목사, 뒤스부르크 교회의 교인 한 명, 보훔 교회의 교인 한 명, 사회복지 담당자(최근 그는 뒤스부르크 교회에 소속되어 있다)로 구성되어 있었다.

비판의 내용을 보면 우선 원래 이 잡지는 발행재정을 부담하고 있는 교인들에게 속해야 한다는 점과 두번째로 목사는 아무런 제한도 받지 않고 "자신이 원하는 것"을 잡지에 실을 수 있다는 점 그리고 세번째로 교인과 목사가 서로 다른 이해집단인 것처럼 의도적으로 서로를 적대시함으로 해서 '개인에 대한 위계질서'와 '목사 중심의 시스템'이 만들어지고 있다는 점 등이 거론되고 있다. 이로써 많은 교인들이 여러 면에서 불만을 갖고 있었음을 능히 짐작할 수 있다.

둘째, 1986년 5월 1일 연합회의 회원교회들은 EDK의 교회청과 NCCK 그리고 재독한인교회협의회와 라인란트/베스트팔렌 디아코니 선교회 앞으로 공개적인 항의편지를 보냈다.[67] 편지에는 당시의 상황과 한인교회에서 일어나는 문제들에 대한 교인들의 입장 표명 그리고 교회의 전망과 제안이 담겨 있었다. 인터뷰19는 그 내용을 다음과 같이 요약한다. "이곳에 한인교회가 처음 세워졌을 무렵에는 여기 사는 한인 기독교인들뿐 아니라, 책임 교회기구들도 모든 한인들이 그저 한시적으로 여기에 머물러 있을 거라고 생각했습니다. 그랬기 때문에 교회와 목사는 단지 영혼을 돌보는 일에 기초해서만 작동했지요. 시간이 지나면서 한인들과 교인들은 이민자가 되었고, 한시적일 줄 알았던 교회는 이민자들의 교회가 되었습니다. 따라서 교회는 삶의 조건이 변하는 데 맞춰 구조적으로 변해야 합니다. 그리고 다른 내용으로 일을 해야 합니다. 예를 들어 목사는 EKD에서 임명했지만, 외국인교회는 EKD로부터 합법적인 인정을 받지 못했습니다. 그로 인해 목사가 교회를 등한시하는 일 같은 게 일어날 수 있었지요. 그럼에도 교회는 그에 대해 문제를 제기할 길이 없었습니다. 다음으로, 지금 상황에서 연합회의 일곱 교회에 목사 한 명 있는 것은 너무 적습니다. EKD의 재정상황을 고려한다면 연합회에는 최소한 두 명의 목사가 필요합니다."

셋째, 기관들이 아무런 반응을 보이지 않자, 교회들은 다시 편지를 보냈다. 그래도 응답이 없었다. 이 시기 목사는 보훔 교회에서의 설교를 거부했다(인터뷰 19; 20).

넷째, 1987년 5월 23일 함 교회를 제외한 여섯 회원교회가 한목소리로 목사를 반대하며 업무감독을 청원하는 편지를 썼다. 연합회의 교인 50%가 여기에 서명을 했고 서명서는 라인 주교회로 발송되었다.[68]

1987년 9월 26일 개혁을 지지하는 교인 약 200명이 3일 동안 라인 주교회 앞에서 "연합회를 위한 목사 세 명"이라는 요구를 내걸고 단식투쟁에 들어갔다.[69]

다섯째, 주교회청은 이 요구를 부분적으로 받아들였다. 연합회에는 목사 한 명이 더 5년 기한으로(1994년 3월까지) 배치되었다. 그후 다시 목사는 한 명이 되었다(인터뷰20).

여섯째, 그 뒤로 연합회는 분열되었다. 목사에 반대하던 집단은 연합회에 머물렀고, 다른 집단은 '라인주 총교회위원회'(Gesamtgemeinderat der koreanischen Evangelischen Kirchengemeinde in Rheinland)라는 이름으로 새로 조직되었다(인터뷰 20; 21; 22). 이로써 한 지역에 한인교회가 두 군데 생겨났다. 이 두 교회는 한 교회를 뿌리로 해서 형성된 것이었다.

문제의 목사는 1989년 9월까지 총교회위원회의 담임목사로 재직했다. 나중에 총교회위원회(뒤스부르크, 아헨, 본, 함 등 4개 회원교회)는 이전에 보조목사로 일했던 목사를 신임목사로 받아들였다. 연합회에 속한 다른 4개의 교회(보훔, 아헨, 쾰른, 뒤스부르크)는 1988년 9월에 역시 보조목사로 일하고 있었던 목사를 자체적으로 선발했다. 베스트팔렌 주교회청의 입장에서 볼 때, 목사는 연합회 한인교회들의 선택에 의해서가 아니라, 우선 NCCK를 통한 임명이 중요했다. 그래서 다시 지난날과 같은 유의 문제(앞부분 참조)가 발생했다. 교회청과 NCCK 그리고 연합회 회원교회 사이에 논쟁이 벌어졌다. 하지만 NCCK의 더딘 반응 때문에 교회청은 연합회의 회원교회들이 뽑은 목사를 인정하기로 결정했다. 1988년 9월에 그는 주교회청으로부터 연합회의 담임목사로 임명되었다(1988~89 보훔 교회 회의록).

1986년부터 1989년까지는 다음과 같이 특징지을 수 있다. 교회의 역할과 구조를 둘러싸고 분쟁발생, 한인교회 교인들의 공동결정권을 둘러싼 싸움 그리고 한인들의 전통적 사고와 새로운 사고의 충돌.

2.1.2.3.2.4.   발달과 안정기, 1990~93 그리고 오늘날

2.1.2.3.2.4.1.   노르트라인베스트팔렌 한인교회연합회

① 회원

보훔에 본부를 둔 노르트라인베스트팔렌 한인교회연합회(Landesverband der koreanischen Evangelischen Kirchengemeinde in NRW. e.V., 이하 NRW 연합회)는 1994년 현재 보훔, 뒤셀도르프, 쾰른 등 세 지역에 회원교회를

두고 있고, 지겐(Siegen)에도 거의 동등한 자격의 회원교회가 있다. 회원교회의 교인들이 줄어들면서 아헨 교회는 쾰른 교회에, 뒤스부르크 교회는 뒤셀도르프 교회에 통합되었다. 이렇게 교회의 지역이 바뀐 이유는 교인들이 개인적 혹은 직업상의 이유로 자주 이사를 했기 때문이다. 예를 들어 아헨의 한 광산이 문을 닫음으로 해서 한인노동자들은 어딘가 다른 곳에서 일자리를 찾아야 했다. 그래서 교회 또한 쾰른으로 넘어가게 되었다(인터뷰20). 이러한 사정과 함께, 한인들의 한국귀환은 거의 끝났지만 독일 내에서의 이주는 늘 존재했다는 사실을 확인할 수 있다. 이는 한인들의 생활토대, 특히 한인가정의 생활토대가 아직 확고하게 자리잡지 못했음을 보여주는 것이다.

지난 시절과 비교해 볼 때, 연합회의 교인들은 크게 줄어들었다. 그렇지만 과거에는 교인 수가 유동적이었던 데 비해, 지금은 안정되었다. 새로 교회에 오는 한인들 대부분은 유학생이었다. 그들은 이곳에 임시로 체류하는 사람들이었다. 초기부터 지금까지 한인들과 연합회를 둘러싸고 있는 생활환경의 기본 조건은 끊임없이 변해 왔다. 교인 수의 감소는 다음과 같은 사실들에서 비롯되었다. 즉 한국으로 귀향, 생업 때문에 발생한 독일 내에서의 이주, 독일 내에서 EKD나 NCCK와 관련 없이 자생적으로 만들어져 연합회 교회들과 경쟁관계에 있는 다수의 한인교회 그리고 NRW연합회 교회들 사이의 다툼과 분열 등이다.

다른 한인교회들도 마찬가지이지만 교회의 교인구성이 특이한데, '가족구성원' 단위로 이루어져 있다. 예컨대 가족 중 한 사람이 세례를 받았다면 그 가족은 자동적으로 교인에 포함되는 식이다. 이에 반해 다른 조직들은 개인 단위로 구성된다.

1992년 6월 연합회의 보고에 따르면, 연합회 회원은 모두 343명으로 성인이 195명, 청소년과 아동이 148명이다. 그리고 보훔 교회에는 1994년

기준으로 성인 75명이 소속되어 있었다.

유학생을 제외한 대부분의 회원들은 파독모집을 통해서 독일로 왔다. 그리고 대부분 독일에 와서 가정을 꾸렸기 때문에 자녀들의 나이가 엇비슷하다. 여성들은 대부분 간호사 혹은 간호조무사 직업을 가지고 있다. 남자들은 임금노동자 아니면 자영업자(9%)인데, 자영업의 경우 여행사, 식당, 식료품점을 운영하고 있다(인터뷰20).

"예를 들어 보훔 교회에서는 회원의 약 20%가 독일시민권을 가지고 있었습니다. 특히 1990년부터 시민권을 취득하는 추세가 늘어났습니다. 하지만 이 비율은 평균적으로 다른 지역 한인들이 독일시민이 되는 비율보다 확실히 낮습니다.[70] 심지어 다른 회원교회의 교인들이 시민권을 취득하는 비율과 비교해 봐도 낮은 것입니다. 왜 그런지는 저도 잘 모르겠습니다."(인터뷰20)

자녀들의 연령은 10~17세이며, 1.5세대에 해당하는 젊은 성인들이 있다. 거의 대부분 아이들(95%)이 김나지움을 다닌다(인터뷰20).

② 정관

초기에는 연합회에 정관이 있었다. 하지만 회원교회는 공식적으로 정관의 도입이 필수는 아니었다. 오히려 회원교회들은 자율적이었다. 그 한 가지 예로, 뒤스부르크 교회에서는 1981년부터 이사를 목사가 임명하지 않고 투표권을 가진 교인들이 선출했다. 그런가 하면 보훔 교회는 이미 오래 전부터 선거시스템을 도입했다(인터뷰19 및 앞의 내용 참조).

보훔 교회는 1990년까지 한국교회법에 의거한 정관을 가지고 있었다. 한국교회법에 따르면, 한 교회에 세 개의 협의회 — 최고회의(담임목사와 최소한 장로 1명), 총회, 이사회의 — 를 두는 것을 규칙으로 한다. 1992년에 재독한인교회협의회는 회원교회들을 위해 특히 이 세 개 협의회를 기초로 한 표준정관을 최종적으로 도입하였다. 이것은 각기 다른 정관들을 통일시키기 위해서였다. 예를 들어 '함부르크 새한인교회'는 이 규칙들을 자신들의 정관에 포함시켰는가 하면, 보훔 한인교회에는 처음부터 최고회의를 두지 않았다(1991년의 새 정관에도 포함되지 않았다). 다만 옛 정관에서는 목사가 교회법에 따라 총회의 의장을 맡았다.[71]

1987년의 분열 이후, 직접적으로는 1989년 새로운 목사의 임명 이후, 새로운 정관이 입안되었다. 1991년 연합회는 법적으로 공식협회로 등록했고, 새로 입안한 정관을 도입하였다. 연합회는 법적으로 등록된 협회의 원칙에 따라 공동체의 기능을 고려한 정관을 가지고 있었다. 그리고 회원교회들은 각각의 정관을 가지고 있었고, 그것은 교회법을 따르고 있었다. 하지만 그것이 (공식협회로서) 연합회의 정관에 반하는 것은 아니었다. 예를 들어 보훔 교회의 경우, 이전 정관과 비교하여 지금의 정관은 거의 바뀌지 않았다. 목사의 지휘 그리고 임명과 사직에 관한 새로운 규칙 두 개가 만들어졌다. 7조와 13조 5항에 따르면 총회의 의장은 목사가 아니라 이사회의 의장이며, 목사는 총회와 이사회의 고정인원이다. 13조에 따르면 담임목사는 특히 업무규칙과 업무의 표준을 지켜야 한다. 목사는 담당교회청과 연합회의 협의(EKD와 NCCK의 협의에 관한 2조 3a항)에 의해 임명된다(1992 정관).

이와 더불어 연합회 그리고 보훔 교회도 교인과 목사의 관계에서 명백히 교인에게 초점을 두고 있었다. 이것은 오랜 다툼 끝에 이끌어낸 결과였다.

연합회의 다른 교회들 역시 보훔 교회와 거의 유사한 정관을 가지고 있었다. 다만 차이가 나는 한 가지 예를 들면, 뒤셀도르프 교회의 정관 4조는 "이사회의 의장이 총회의 대표가 될 수도 있다"고 명시하고 있는 데 반해 보훔 교회의 정관은 "이사회의 의장이 총회의 대표이다"고 되어 있다(회원교회들의 1992 정관).

연합회의 이사는 의장 한 명, 부의장(회계담당 겸임) 한 명, 사무처장 (특별한 경우 수고비 지급됨) 한 명으로 구성되었다. 그리고 7개 위원회와 2개 감독위원회가 있으며, 각 위원회는 각자 업무를 위한 규정을 가지고 있다(1992 정관). 그외 연합회의 구성은 함부르크 새한인교회의 그것과 매우 유사하다.[72]

③ 활동과 업무의 종류

"거칠게 보아서 우리 업무의 중점은 세 시기로 나눌 수 있습니다. 70년대부터 80년대 초까지 우리 교회연합회는 한국의 민주주의를 위해 더 많이 활동했습니다. 예를 들어 시위나 서명운동 같은 것이죠. 이런 활동을 한국의 다른 단체들이나 독일의 단체들과 함께했습니다. 1980년 5월 광주항쟁이 일어났을 때, NRW의 많은 한인들이 예전에는 '공산주의 교회'로 보았던 우리 교회를 '민주주의를 위한 교회'로 인정해 주었습니다.

80년대 초부터 말까지 우리 교회는 '교회의 개혁과 교인들의 참여'를 중점으로 삼았습니다. 우리 교회는 한국에 있는 교회들처럼 통상적인 교회 중 하나가 되어서는 안 됩니다. 왜냐하면 우리는 여기 독일에 살고 있고, 이 상황을 장점으로 활용할 수 있으니까요. 예를 들어 우리는 한국의 교회들이 할 수 없는 것을 실행할 수 있습니다. 구체적인 예로, 교회 일에 있어서 목사와 성도의 평등한 참여나 세계교회 활동 같은 것을 들 수도 있겠지요. 우리 연합회 회원들은 이러한 생각들에 대해 같은 의견입니다. 그리고 우리는 그것을 통해 신앙인들의 삶 또한 세간의 교회들과 다른 의미에서 이해하지요. 한국에서 목사나 교인들이 우리를 방문하면, 의심의 마음을 품기도 하지만 기분 좋아하기도 하지요.

90년대 초반부터 우리 교회는 진정한 믿음에 전념하고 있습니다. 예를 들어 기독교 종교를 가진 사람으로서 사회참여 같은 것이지요. 또 우리 스스로 독일에서 우리의 삶을 어떻게 형성할 수 있을지에 대해 모색하

려고 노력합니다."(인터뷰 19; 20; 21)

　활동으로는 내부를 대상으로 한 프로그램들이 압도적으로 많다. 예를 들어 다양한 주제의 주말세미나가 1년에 여러 차례 열린다. 그 주제는 기독교 관련, 환경, 직업병, 사회·정치적인 내용이다. 그리고 각 모임에는 특화된 연수가 있는데, 전체 교인을 위한 연수라든가 아동 혹은 여성을 위한 연수 등이다. 연수에서는 이민자집단의 문제, 가족이나 부부 문제, 2세대 교육문제를 주제로 다룬다. 그 밖에도 바자회나 체육행사가 있다(인터뷰19).

　정기예배가 있으며, 이 예배는 성인과 아동이 나뉘어서 진행된다. 그리고 1세대와 2세대의 관계 발전을 목적으로 한 가족예배가 한 달에 한 번 거행된다. "이게 처음에는 매우 어려웠지만, 지금은 상당히 좋아졌습니다."(인터뷰20)

　1987년부터 연합회와 각 회원교회에 여성모임이 만들어지기 시작했으며, 주로 바자회나 행사, 구호활동 같은 것을 여성모임이 조직한다. 여성모임에는 이사회가 구성되어 있는데, 이사는 여성회의 총회에서 선출된다. 그리고 회비를 걷는다(1987. 11. 18 회의록; 인터뷰20).

　1982년에는 어린이예배가 조직되었다. "당시 아이들의 나이가 대부분 6세 이하였어요. 그래서 2, 3년 후부터나 예배가 진행되었지요. 어린이예배가 매우 잘 진행되던 시절이 있었습니다. 부모들이 열심히 봉사했지요. 하지만 이 아이들이 청소년이 된 다음부터는 예배가 이전 같지는 않습니다. 연합회에는 또 청소년사업을 위한 모임이 있는데, 특별한 기능을 하지는 않습니다."(인터뷰20) 그러나 1년에 한번 청소년수련회가 있으며, 재독한인교회협의회 소속교회의 청소년들이 참여한다(인터뷰21).

　1989년 교회는 '재독 한인광부 25주년'을 주제로 대규모 세미나 및 축제를 기획했다. 이 축제는 독일에 거주하는 기독교인들보다 한인들 사이에서 큰 반향을 불러일으켰다(인터뷰20).

교회가 외부를 대상으로 기획한 행사로는 연대활동과 구호활동이 있다. 토요기도모임은 한 달에 한 차례 만나서 한국의 현 상황, 특히 인권상황에 대해 공유했다. 그리고 모임이 할 수 있는 일들을 계획했는데, 최근에는 한국의 '장기수협의회'를 비롯하여 가족 없는 출소자를 위한 집을 운영하는 선교단체를 지원하기 위해 모금을 하고 있다. 기금마련을 위해 각종 행사를 개최하며, 한국의 인권상황에 관한 정보도 제공한다. 또 이 모임은 한국의 가난한 사람들을 위해 지원금을 보낸다(인터뷰19; 1985~88 회의록).

연합회는 정기적으로 독일교회와 함께 일을 한다. 중요한 행사는 독일 개신교회의 날이다. 독일의 교회들과 합동예배를 하거나, 디아코니의 날과 음악 예배를 공동으로 조직한다(인터뷰19; 1985~88 회의록).

연합회는 개별 사안에 따라 독일의 비기독교단체들과 함께 일하기도 한다. 대부분은 인권에 관한 것이다(인터뷰 19; 20; 21). 그래서 많은 교인들이 민중문화협회 회원이기도 하다(2.1.3.2 참조). 그렇다고 행사를 양쪽이 함께 추진했다는 의미는 아니다. 일반적으로 행사는 한 조직의 주도 아래 이루어진다. 그리고 행사가 시작되면 많은 교회구성원들은 개인적으로 비공식적인 지원을 한다. 연합회가 비기독교조직과 공동의 일을 이끌어나가는 것은 매우 드문 일이다. 1987년 한국의 대통령후보 한 사람이 독일을 방문했는데, 이를 계기로 9개의 한인단체가 공동으로 대규모 회의와 시위를 조직했다. 이것은 교회가 다른 단체들과 공식적으로 함께 일한 경우이다(인터뷰19; 1987 회의록).

교회는 외국인 정책과 외국인 적대에 관한 정보를 제공한다. 하지만 아직 교회의 중심 활동은 아니다(인터뷰21).

예배에는 매주 평균적으로 성인 40~50명과 아동 25~30명이 참석한다. 연수에는 대략 30명 정도가 참여한다. 연합회의 총회는 규칙상 이사회 소속 교인들이 참석한다. 총회에서는 교회의 모든 사안이 세부적으로 보고되고 논의된다. 예컨대 1994년 8월에 연합회는 쾰른 대성당 앞에서 한반도 통일을 위한 시위를 이끌었으며, 150명 정도의 교인들이 참여했다(인터뷰20).

④ 홍보활동

연합회는 독일에서 주로 한국의 정치적 상황이나 인권과 관련해서 시위나 서명운동을 통해 여론을 조성한다(인터뷰 19; 21).

연합회는 회보『교우』를 한국어로 발간하고 있으며, 지금까지 약 350호가 발행되었다.

⑤ 재정조달

연합회는 회원교회들에 할당된 분담금으로 운영된다. 1993년 보훔 교회의 연합회 분담금은 1만 마르크였다(인터뷰20).

월 혹은 주 단위 헌금과 특별헌금, 십일조가 교회의 주 수입원이다. 1987년 보훔 교회 헌금 등의 총수입은 2만 4500마르크이다(1987. 10. 25 회의록). 그리고 1993년 주교회청의 지원을 제외한 전체 헌금과 기타수입의 합계는 약 4만 8700마르크인데, 이 가운데 4만 4천 마르크가 교인들이 낸 돈이다. "유학생 가정을 제외하고 각 가정이 한 해에 대략 2천 마르크를 교회에 헌금합니다."(인터뷰20) 그리고 연합회는 1994년에 담당 교회청으로부터 추가지원금 2만 2천 마르크를 4개 회원교회의 활동 명목으로 받았다(인터뷰20).

담임목사는 1994년 3월까지 교회청으로부터 독일교회 담임목사와 똑같은 급여를 받았다. 그리고 같은 해 5월부터는 근무시간이 절반 정도인 목사직에 해당하는 급여를 받았다. 때문에 연합회는 담임목사의 급여를 보충해 줄 추가비용의 지출을 하기로 했으나, 이전과 동일한 수준의 급여를 지급한 것은 아니었다. 연합회가 그만큼을 지불할 능력이 없었기 때문이다(인터뷰 19; 20).

또 연합회는 보조목사를 한 명 두었으며, 임명은 연합회가 했다. 따라서 보조목사의 급여가 지출의 큰 부분을 차지했다(인터뷰20). 보조목사에게는 월 2천 마르크(세금 제외)가 지급되었으며, 이 돈은 4개 회원교회가 비율에 따라 분담했다.

연합회는 NRW에 지을 예정인 한인교회 건물을 위해 1993년까지 약 7만 마르크를 적립했다. 수익의 5%는 이웃사랑, 그러니까 구호활동에 지출되었다. 축제를 비롯한 여러 활동, 특히 교육활동(세미나, 어린이 프로그램, 연수회 등)이 주된 지출항목이다(인터뷰20).

재정 면에서 연합회는 지금까지 크게 어려움을 느끼지 않았는데, 신임 담임목사의 급여를 50%만 지원받게 된 후로는 다소 어려움을 겪고 있다(인터뷰 19; 21).

⑥ 특수성과 성과

"우리 연합회는 미래를 가지고 있습니다. 교인들은 서로 긴밀하게 묶여 있고, 협동하여 일을 합니다. 만약 문제가 생기면 우리는 함께 해결할 기초와 힘을 가지고 있습니다."(인터뷰20)

"우리 연합회는 세계교회(Ökumene)입니다. 이곳에서는 사람들이 교파에 관계없이 만날 수 있습니다. 우리는 믿음을 통해 서로를 친구로 느끼지요. 교인들은 또한 교회 바깥의 활동에서도 신앙인과 비신앙인을 구별하거나 경쟁하지 않고 참여합니다. 저는 이것이 좋다고 생각합니다. 그리고 교인들은 교회에 매우 강한 소속감을 느끼지요."(인터뷰19)

⑦ 문제점

"우리는 당연히 분쟁이나 견해의 차이를 민주적으로 조정합니다. 특히 우리는 목사와 다툼이 있었습니다. 그리고 지금은 재독한인교회협의회 — 협의회는 독일에 있는 회원교회 목사들이 주체가 되어 설립되었습니다 — 와 갈등을 겪고 있습니다. 그것은 협의회의 목사들이 회원교회 대표들을 권위적으로 대하기 때문입니다."(인터뷰19)

"1994년 9월에 우리 연합회는 신임목사를 위한 환영예배를 했습니다. 우리는 협의회의 회장목사를 초대했지요. 그런데 오지 않겠다고 하더군요. 그는 우리 연합회를 좋아하지 않습니다. 그리고 매우 권위적이지요. 저는 그래서 심지어 우리 연합회가 협의회에서 탈퇴해야 하는 것 아니냐는 말까지 했습니다."(인터뷰20)

"제 생각에는 다툼과 논쟁은 조직의 활동에 긍정적인 기여를 합니다. 만약 그게 민주적으로 이루어진다면요. 우리가 목사와 교인의 동등한 권리를 고려하여 연합회를 공식협회로 법적 등록한 후부터, 목사에 대한 우리의 자세에 애로점이 생겼습니다. 왜냐하면 우리는 한편으로는 법적으로 목사와 동등한 권리를 가지고 모든 실무에 대해 규칙을 정했지만, 또 한편으로는 한국의 예절에 따라 교회에서 '교인들은 목사를 존경해야 한다'고 여기기 때문이지요. 이런 것이 우리를 곤란하게 하고, 우리의 문제입니다. 가령 1993년에 연합회는 다시 담임목사와 문제가 발생했습니다. 5년 임기의 업무계약이 끝났을 때, 그의 임기는 연합회 회원들의 동의를 얻으면 한 차례 더 연장될 수 있었습니다. 회원들은 다음과 같은 이유로 연장을 거절했어요. 목사의 태도가 너무 권위적이고, 교인들의 바람을 무시한다는 것이었어요."(인터뷰20) 이리하여 연합회에는 다시 예전과 유사한 소란과 논쟁을 일어났다. "비록 투표를 통해 연합회가 이 문제를 연장하지 않는 쪽으로 해결되기는 했지만, 우리로서는 말처럼 그리 간단한 일은 아니었어요."(인터뷰19)

⑧ 전망

"우리가 지금 계획하고 있는 모든 일이 현실로 옮겨져야 합니다. 말한 것처럼 우리는 독일에 있고, 그렇기 때문에 한국교회들의 성격을 객관적으로 바라볼 수 있습니다. 따라서 우리는 보수화된 교회의 전형적인 모습에 더 이상 동조해서는 안 됩니다. 그리고 그런 교회들에 대해 비판적인 위치에 서야 합니다. 일반적으로 한국의 교회들은 자기 자신을 위해 하나님의 자비와 은혜를 구합니다. 여기서 벗어나 교회가 사회적 문제에도 참여하는 방향으로 변해야만 해요. 동시에 한국의 기독교는 무속신앙이나 도교와 같은 한국의 전통을 인정해야 합니다. 이렇게 할 때 비로소 교회는 교인들과 올바른 관계를 세울 수 있어요. 제가 생각할 때 교회는 자비나 은혜뿐이 아니라, 사회적 참여에 대해서도 신경을 써야 합니다. 우리 교회는 사회참여 쪽에 더욱 중심을 두고 있습니다. 그 때문에 교인의 절반은 완전히 만족하지 못합니다. 저는 새로운 목사가 이런 일들을 잘 이끌어가기를 바랍니다."(인터뷰 19)

"우리는 세미나에서도 그리고 다른 여러 곳에서도 2세대들의 전망에 대해 정말 많은 이야기를 했어요. 하지만 우리 세대의 노년의 삶에 대해서는 그러지 못했죠. 우리는 늙어가고 있어요. 곧 이 문제에 직면하겠지요."(인터뷰20)

2.1.2.3.2.4.2. 1987년부터의 라인주 총교회위원회(뒤스부르크, 쾰른, 본, 아헨)

뒤스부르크 교회가 창립한 이후 뒤스부르크에는 담임목사가 있었다. 그리고 라인주 총교회위원회(Gesamtgemeinderat der koreanischen Evangelischen Kirchengemeinde in Rheinland, 이하 총교회위원회)가 뒤스부르크에 위치해 있다(설립역사 참조).

따라서 여기서는 총교회위원회에 관한 예로서 뒤스부르크 교회를 소개한다.

① 회원

1994년 현재 총교회위원회에는 총 260여 명의 세례를 받은 성인교인이 소속되어 있다.

총교회위원회는 지금까지 대략 두 차례 교인이 크게 감소했다. 한번은 교회와 목사의 정치적 참여 때문이었다(1975~78). 그외 추가적인 이유로는 인근에 교단에 소속되지 않은 자유교회 몇 개가 생겨난 것을 들 수 있다. 자유교회는 교회를 나간 교인들이 자기들끼리 독자적으로 만든 것이기도 하다.[73] 이 과정에서 교인은 120명에서 60명으로 크게 줄었다.

두번째 감소에서는 이미 줄어든 숫자가 다시 절반가량으로 줄어들었는데, 그 원인은 1978년에 돈의 사용목적을 둘러싸고 벌어진 논쟁과 관련이 있다(앞의 내용 참조). 특히 이 사건은 뒤스부르크 교회에 크나큰 영향을 끼쳤다. 1979년 12월에 예배에 참석한 교인이 27명으로까지 줄어들었던 것이다. 그전에는 약 55명이 예배에 참석했었다. 이와 같은 상황은 1982~83년까지 경향적으로 이어졌다. "1982년에 우리는 더 이상 이런 식으로 고립되어서는 안 된다고 생각했습니다. 이곳의 한인사회와 다시 교류를 하기 위해서 우리는 다른 한인단체들과 함께 배구대회를 개최하는 안을 내어서 실행에 옮겼습니다. 그 행사는 당시 크게 침체되어 있던 상황에 많은 도움이 되었습니다. 이를 통해서 우리 스스로 다시 우리 교회에 생명을 불어넣었다고 생각합니다. 이 행사는 전통처럼 해마다 우리의 주체로 개최됩니다."[74]

1993년 9월 30일 현재 뒤스부르크 교회의 교인 수는 134명이다. 이 가운데 100명은 세례를 받은 성인이고, 청소년 24명과 세례 받지 않은 성인이 10명이다. 예배에는 성인의 경우 평균 55~67명이 참석하고, 어린이와 청소년은 약 40명가량이 참석했다(1993 뒤스부르크 교회회보, 76쪽). "교인들의 숫자는 늘어나는 추세입니다. 왜냐하면 우리 교회가 제대로 안정을 유지하기 때문이지요. 1978년에 우리 교회를 떠났던 사람들이 지금은 다시 돌아오고 있습니다."(인터뷰57)

이곳에서 이민자로 살고 있는 한인가정이 교인구성의 기본을 이루며, 한독가정과 유학생들도 있다. 교회회보를 통해 사람들은 누가 박사학위를 취득했고, 한국으로 돌아갔는지 등과 같은 소식을 접했다.

"우리 교인들은 귀향준비가 되어 있지 않습니다. 행여 바라는 사람이 있어도, 그건 단지 꿈에 지나지 않아요. 금방이라도 한국으로 돌아갈 것처럼 말하는 소리도 여러 번 들었고 그런 사람들도 보았습니다. 안타깝게도 그런 말을 한 사람들도 여전히 이곳에 머물고 있습니다. 만약 연금생활에 들어간다면 한국을 오가면서 살 수도 있겠지요. 그렇지 않고서야 할 수가 없어요."(인터뷰57)

② 정관

뒤스부르크 교회는 성문화된 정관이 처음에는 없었다. 대신 기록되지 않은 한국의 교회법을 따랐다. 초기에는 이 교회법에 따라 목사가 이사를 임명하다가, 1981년부터는 교인들이 이사를 선출한다. 교회에는 이사회가 구성되어 있으며, 여기서 연간 사업계획을 수립한다. 그리고 이 사업계획은 총회에서 확정된다.[75]

세례를 받은 교인 중 1년 이상 교회에 나오지 않거나 다른 교회에 다니는 사람은 총회에서 제외된다(인터뷰57).

1987년 NRW연합회에서 나온 교회들이 '라인주 총교회위원회'라는 명칭을 사용하면서, 회원교회의 구조와 조직은 교회협의회의 법에 따라 일정 부분 변경되었다. 그전에는 교회가 정관에 대해 특별히 신경을 쓰지 않았다.[76]

1993년 11월에 재독한인교회협의회가 회원교회들을 위한 교회법을 통과시킨 이후, 교회는 이 정관을 따르고 있다.[77] "1993년부터 총교회위원회는 장로교에 소속되었습니다. 하지만 우리 교회가 한국에 있는 교회들과 교류를 가질 때는 세계교회의 태도를 취합니다."(인터뷰57)

③ 활동과 업무의 종류

대부분의 활동은 NRW연합회의 활동과 비슷하다. 일부 특별한 중점 사업은 다음과 같다.

뒤스부르크 교회는 1983년부터 한인 청소년들을 위한 '한글학교'를 열고 있다. 이 학교는 한국교회의 '주일학교'와 동일한 기능을 하는 것을 목표로 하는데, 일요일에 부모들이 예배를 하는 동안 어린아이와 청소년들은 한글수업을 한다. 최근 한글학교에 다니는 청소년과 어린이는 80~90명이다. 한인가정뿐 아니라 한독가정의 자녀들이며, 상당수가 20세 이상이다. 학교에서는 한국어와 한국문화를 배운다.

"우리 한글학교가 뒤스부르크에 만들어진 후에 '뒤스부르크 한인회' 주도로 한글학교가 또 만들어졌어요. 이 사람들은 자기네 학교와 우리 학교가 하나로 통합되어야 한다고 말해요. 본에 있는 한국대사관에서도 그렇게 말하고요. 그렇지만 이 주변의 한인사회에는 여러 가지 문제가 끊임없이 일어난답니다. 도박이나 술 등과 같은 문제들이지요. 하지만 교회는 언제나 안정감을 줍니다. 사람들은 누가 무슨 일을 하고 그 사람이 어떻게 살고 있는지 너무나 잘 알고 있어요. 오늘날 뒤스부르크 한인사회는 매우 작은데다 나름대로 분명한 형태를 띠고 있기 때문이지요. 한편으로 이러한 상황은 긍정적입니다. 그만큼 한국인들이 여기에 뿌리를 내렸다는 뜻이니까요. 또 한편으로는 그런 만큼 많은 문제들에 대해 듣게 됩니다. 이러한 문제들이 뒤스부르크 한인사회에 존재하는 한, 우리 한글학교는 교회 안에 머무를 것입니다."(인터뷰57)

또 교회는 한글학교 이외에도 청소년교육을 위해 많은 노력을 하고 있다. 한인청소년들은 독일에서 하나의 인격체로서 좋은 삶을 일구어나가야 하며, 그와 동시에 이들 2세대가 한인교회를 이어받아야 한다. 이로써 독일에서 한인공동체의 삶이 사라지지 않고 계속 이어질 수 있다. 교인들은 2세들 중 몇 명을 한국으로 신학공부를 하러 보낼까 고민한다. 이를 통해 그들은 어떻게 기독교 공동체가, 또 한인사회가 기능할 수 있고 조직될 수 있는지 배울 수 있을 것이다.[78]

교회는 교인들의 노후생활에 중점을 두고 있다. 많은 교인들이 함께 살기를 원하고 삶의 마지막 순간까지 예배를 할 수 있기를 바란다. 교회는 한인교회 건물을 짓기 위해 지금까지 약 20만 마르크를 모아놓고 있다. 이 건물은 한국인의 집과 같은 역할을 하고, 요양원의 기능도 해야 할 것이다. 동시에 교회는 독일 주정부로부터 지원을 받기 위해 노력하고 있다. 교인들은 독일정부 역시 이곳에 살고 있는 나이가 든 한인들을 위해 지원을 해주어야 한다고 주장한다.[79]

청소년수련회에는 60명가량이 참여한다. 1992년에는 프랑스의 '테제공동체'(Communauté de Taizé)에서 수련회를 했다. 성인 혹은 청소년을 위한 세미나 그리고 저녁토론회도 교회의 중요한 업무 중 하나이다.

교회는 5년에 한번 교회연감을 발행한다. 연감에는 토론, 설교, 시 그리고 특히 상세한 연간보고가 실린다. 대부분이 한국어로 되어 있지만, 점차 독일어로 쓴 것이 많아지고 있다. 가령 청소년들의 기고문 같은 경우가 그러하다. 연간총회의 내용은 서면으로 보고된다. 이로써 그해 사업이라든가, 특히 재정부문의 수입과 지출(매우 세부적 수입내역과 위원회의 지출까지)에 대해 구체적이고 자세하게 확인할 수 있다. 총교회위원회 차원에서도 연감이 비정기적으로 발간된다.

교회의 사회적 참여도 예전과 다름없이 교회의 업무 중 하나이다. 다만 참여의 종류가 약간 변하였다. 이를테면 과거에는 교회가 민주화 시위에 직접적으로 참여했다면, 지금은 '광주항쟁'의 희생자를 추모하는 예배를 하는 식이다. 졸링겐(Solingen)에서 극우주의자들의 방화사건이 일어났을 때, 교회는 희생자들을 위한 기부금을 모으고 독일단체들에서 시작된 서명운동에도 참여했다(인터뷰57; 1993 총회보고, 12쪽). "참여의 적극성은 우리가 언제 어디서 사회적 참여를 할 수 있는지에 달려 있습니다."(인터뷰57)

"우리의 결정과정은 당연히 민주적입니다. 이것은 교회의 기본 원칙입니다. 우리 교회는 한국의 민주주의를 위해 정말 열심히 싸웠습니다. 만약 교인들 사이에 의견차이가 생긴다면 이사회는 결정을 위해 중요한 역할을 수행합니다. 우리 교회에서는 목사 또한 혼자서 결정하지 않습니다. 영향력이 큰 장로회 같은 것도 없습니다."(인터뷰57)

④ 재정조달

주요 수입은 월간헌금, 주간헌금, 감사헌금 그리고 십일조이다. 1992년 10월부터 1993년 9월까지 뒤스부르크 교회의 수입은 6만 3459마르크이다. 여기에다 목사를 위한 헌금이 5250마르크이다. 보고서에는 담당 교회청의 보조금이 누락되어 있었다(1993 총회보고, 14쪽). 보조금은 보훔의 연합회와 비슷한 수준인 2만 2천 마르크 정도일 것으로 추정된다.

또 담임목사에게는 연합회의 경우와 마찬가지로 1993년 3월까지는 주교회청으로부터 풀타임제 목사에 해당하는 급여가 지급되었다. 그리고 그후에는 하프타임에 해당하는 급여가 지급되었다. 그리고 총교회위원회에는 보조목사가 있다.

보훔의 디아코니는 청소년을 위한 행사에 보조금을 지원했다.

지출항목은 연합회의 그것과 매우 유사하다. 다만 교육사업 부문의 지출은 이 교회가 연합회보다 더 많았다(1993 총회보고, 14쪽).

"교회는 교인들에게 가능하면 헌금부담을 주지 않으려 합니다. 헌금이 우리의 목적은 아닙니다. 교인들은 스스로 적당하다고 생각하는 만큼 내면 됩니다. 교회의 목표는 교인들이 자신들의 삶을 더 좋게 만들고 행복하게 꾸려나갈 수 있게 하는 데 있습니다."(인터뷰57)

"우리도 언젠가는 독일교회의 지원에 기대지 않고 독립해야 합니다. 특히 목사자리에 대한 지원금이 그렇습니다."(인터뷰57)

⑤ 특수성과 성과

"우리는 서로 가족처럼 여깁니다. 이 말은, 우리가 교회에서 사람들이 어떻게 공동체와 함께 나아갈 수 있는지 잘 훈련을 받았다는 뜻입니다. 우리는 청소년 프로그램을 위해 많은 돈을 지출합니다. 왜냐하면 그것이 매우 중요하기 때문입니다."(인터뷰57)

⑥ 문제점

"다른 교파의 교인들은 하나님을 마음으로 믿는 반면에, 우리 교인들은 하나님을 단지 머리로만 믿습니다. 우리 교인들은, 말하자면 신학을 공부하기를 원해요. 믿음을 믿는 것이 아니고요.

어떻게 우리의 2세대가 우리 교회를 이어받게 할 것인가는 우리에게 놓여 있는 하나의 큰 물음이지요."(인터뷰57)

⑦ 전망

"우리는 한인교회가 각 세대를 위한 교회가 되도록 노력합니다. 노인요양원이나 한국기독교센터와 같은 1세대와 2세대를 위한 우리의 계획은 현실화되어야 합니다. 최근 들어와서 이를 위해 우리는 매우 열심히 일하고 있습니다.

우리 교회의 일들은 잘 진행되고 있습니다. 왜냐하면 이러한 일들에서 우리의 뜻이 하나로 모아지기 때문입니다. 앞으로도 계속 지금처럼 진행되어야 합니다. 우리 세대는 아무런 문제가 없다고 생각합니다. 그리고 최근 우리는 서로 매우 화목합니다."(인터뷰57)

2.1.2.4. 함부르크 한인교회

2.1.2.4.1. 설립 및 1974년 초창기까지의 역사

1960년대 중반 함부르크에는 대학생이나 상업종사자, 외교관을 제외하고 대략 50명가량의 한인이 상주하고 있었다. 이 시기 총 100여 명 정도의 한인이 함부르크에 살고 있었을 것으로 추정된다.[80]

당시 한인목사 한 사람이 교환교수로 잠시 함부르크에 머무르고 있었다. 1969년 5월 23일 이 목사와 함께 31명의 한인들이 신학과의 한 강의실에서 처음 예배를 했다(인터뷰12).

이날 목사는 "오늘부터 우리는 외국인도 아니고, 이방인도 아니고" 오히려 "우리는 믿음의 백성이고 하나님의 자녀"라는 내용의 설교를 했다.[81] 설교에서는 한인들이 외국인으로 그리고 이방인으로서 외로움과 낯섦을 뼈저리게 느끼고 있음이 선명하게 드러났다. 게다가 이들에게는 언어장벽이 있는데다 독일교회에서 접하는 사람들의 태도가 낯설고 어색하게 여겨져서 독일사회에 잘 통합될 수가 없었다.[82]

이들은 한 달에 두 번 예배를 했다. 처음에는 임시로 신학과의 강당을 이용하다가 1969년 7월 18일부터는 도마 교회(Thomas Kirche)로 장소를 옮겼다. 그러다가 또 한번 교회를 옮겨야 했는데, 독일교목의 도움으로 1969년 8월 8일부터는 정기적으로 마틴 루터 킹의 집(Martin-Luther-King-Haus)에서 예배를 할 수 있게 되었다.[83] 이는 약 석 달 만에 안정적인 공간을 마련했다는 것을 의미한다.

1970년 2월에 목사가 한국으로 돌아감으로 해서 예배모임은 거의 1년 동안 중단되었다. 그래도 1970년 크리스마스에는, 루르 지역의 한인교회에서 일하다가 당시 뮌헨에서 대학사목을 하고 있던 목사와 함께 예배를 했다. 1971년에 새 목사가 함부르크에 왔다. 이로써 모임은 다시 시작되었다. 1971년 2월 5일에는 한인 47명이 마틴 루터 킹의 집으로 예배를 하러 왔다. 그 자리에서 '교우: 신앙의 친구'라는 모임을 조직하고 이사를 선출했다. 고문 4명, 외부대표 1명, 내부대표 1명, 서기 1명, 회계 1명 그리고 도시의 각 지역 책임자를 선출했다. 그리고 목사에게 한 달에 한번 정기적으로 예배를 집도해 줄 것을 청했다. 1971년 4월에 교회는 그리스도교회로 이전해서, 1987년 2월까지 머물렀다. 예배시간은 금요일에서 일요일로 바뀌었다.[84]

1972년 3월, 함부르크 한인교회(Koreanische Evangelische Gemeinde e.V. Hamburg, 1990년부터 함부르크 새한인교회)는 새로운 형식으로 이사회를 선출해서 의장 1명과 이사 10명으로 구성되었다. 이사회는 한 달에 한번, 예배는 한 달에 두 번 열렸다. 같은 해 8월에 교회는 지금의 목사를 교회 담임목사로 임명하기로 결정하였다. 그리고 목사는 교인들이 일하는 작업장들에서도 예배를 집도했다. 교회의 예배는 한 달에 세 번으로 정해졌다. 성가대가 조직되어 매주 토요일과 일요일에 모여 연습을 했다. 신학대학생 한 명이 목사 옆에서 도와주어 교회의 활동이 다양해졌다.[85]

일찍이 1970년에 한인간호사들이 함부르크로 왔다. 이리하여 교인은 꾸준히 늘어났다. 1973년과 1974년에는 55~158명이 예배와 각종 모임에 참석했다.[86]

1972년 10월 29일, 교회는 조직을 새롭게 정비하고 1973년도 이사회를 선출하였다. 의장, 사무처장, 서기, 회계가 각각 한 명씩 선출되었다. 그리고 해외문제위원회, 선교위원회, 예배조직위원회, 사회 및 교인 지원위원회, 친교위원회, 음악 및 성가대 위원회, 교육위원회 등 7개 위원회가 구성되었다.[87] 이로써 교회조직의 기본 구조가 최초로 확정되었다.

1973년 들어서 활동들은 정기적으로 이루어지고 더욱 활기차며 다양해졌다. 월 및 주 단위의 헌금체계가 도입되었다. 회보 『교우』의 창간호와 예배를 위한 첫번째 주보가 발간되었다. 목사는 추가적으로 하이데(Heide), 뤼베크(Lübeck), 킬(Kiel), 하노버(Hannover)에서도 예배를 집도했다. 어린이예배가 진행되었다. 독일어수업이 열렸고, 성가대는 정기적으로 연습했다. 그리고 각종 기념일을 위한 예배가 특별한 준비와 많은 참여(1973년 부활절예배에는 90명이 참여했다) 속에서 거행되었다.[88]

1973년 11월 4일, 한인교회 이사들과 EKD의 협력회의가 개최되었다. 협력회의에는 상급 교회청의 대표와 디아코니의 담당자가 EKD 대표로 참석했으며, 변호사 한 명이 배석했다. 회의에서는 다음 두 가지가 합의되었다. 첫째, 1974년부터 EKD는 함부르크의 한인교회에 재정적인 지원을 한다. 둘째, 한인교회는 법률에 근거한 회계처리를 위해 공식협회로 등록한다.[89]

1974년에는 7개 위원회에 도서관 및 간행물 위원회와 교인모집위원회가 추가되어 9개로 늘어났다. 또 다른 활동들도 추진되었는데, 예를 들어 덴마크 5일 연수, 한글학교, 한국의 양심수가족이나 수해피해자를 위한 모금, 함부르크 내 6개 지역에서 예배 등이 있다. 크리스마스 예배에는 한인 158명이 참석했다.[90]

1978년까지 목사 혹은 선교사의 교체가 잦았다. 교회가 담임목사를 구하지 못할 때는 선교사가 목회를 대신했는데, 이렇게 변동이 빈번했던 것은 목사나 선교사들이 목회를 하기 위해 독일에 온 것이 아니었다는 데서 그 원인을 찾을 수 있을 것이다. 그들은 이곳에 신학공부를 하러 왔던 것이다(인터뷰12). 게다가 그들은 목사직에 걸맞은 사례비를 받았다기보다는, 일종의 장학금(약 1500마르크)을 받았다. 이러한 형식은 1989년까지 계속되었다(인터뷰 12; 14). 목사가 목회담당을 하든 선교사가 하든, 그와 상관없이 교회의 활동은 꾸준히 발전했다.

1974년에 디아코니의 사회복지부서에 한인을 담당하는 자리가 신설되어 교회의 교인 한 명이 그 자리에 들어갔다(인터뷰12).

1974년까지의 시기를 함부르크 한인교회의 초기 또는 초창기라고 할 수 있을 것이다. 교회업무는 예배와 교육에 중점이 두어져 있었다. 독일에 처음 온 사람들은 독일생활에 대한 정보 면에서 교회로부터 유익한 도움을 받았다. 한인들은 교회에서 다양한 정보들을 교환할 수 있었고 자신들이 고립되는 것을 피할 수 있었다. 이들은 처음에는 3년의 계약기간이 끝나면 한국으로 돌아갈 것이라고 생각했다. 하지만 결혼이나 금전적인 문제 등과 같은 이유로 애초에 이들이 생각했던 대로 이루어지지 않았다. 당시 함부르크로 온 한인들은 80여 명의 조선기술자를 제외하고는 거의가 간호사들이었다(1975년까지 왔다). 그렇기 때문에 여성이 교인의 다수를 이루었다. 이 점은 NRW의 경우 한인광부들이 교회의 다수를 차지했던 것과 대비된다고 하겠다. 함부르크에서 1974년과 1975년은 한인들이 독일에 그대로 머물 것인지 아니면 한국으로 돌아갈 것인지 결정하는 해였다고 할 수 있을 것이다. 그리고 이곳에 머물기로 한 사람들은 한국에서 가족을 데리고 왔다(인터뷰12).

이 시기에 교회는 무엇보다도 재정 면에서 어려움에 부딪히게 되었다. 1974년부터 EKD의 지원으로 줄어들었던 것이다(인터뷰13). 그 밖에는 이 초창기를 지나서 나중에 겪게 될 어려움들에 비한다면 그리 큰 어려움이라고 할 수 없었다. 이 시기까지만 해도 한인들이 훗날과 같이 크게 다른 무리들을 짓지 않았기 때문이다. 종교분야 역시 마찬가지였다(인터뷰 12; 13). 1972년에 한인 가톨릭교회가 함부르크에 세워졌다. 1973~75년에는 한국의 교파 중 하나인 '동방교'가 함부르크와 그 주변에 사는 한인들 사이에 퍼져나갔으며, 이로 인해 일부 교인들 사이에 분열이 일어났다.[91] 나중에는 여러 한인교회가 기독교단체를 설립했다. 이와 같은 상황은 다음 단계에서 여러 가지 점에서 교회의 일을 크게 방해했다.

변천과정

2.1.2.4.2.1. 발전단계(1975~80)

이 시기 함부르크 한인들의 삶은 전체적으로 정착의 시기였다. 함부르크 의 한인사회는 서서히 안정되어 갔고, 한인들은 더 이상 임시적인 삶이 아니라 장기적이고 평범한 삶을 꾸려나갔다. 이들의 주요 관심사나 문제 가 정착할 것인가 떠날 것인가에서 자녀의 양육과 교육 문제로 옮겨갔다. 자녀를 이곳에서 낳았든 혹은 한국에서 올 때 데리고 온 사람이든 이들 에게 가장 중요한 것은 자녀 양육과 교육이었다.[92]

교회 스스로는 이 시기를 구조가 재조직되고 선교의 사명이 실현되 는 시기로 정의했다.[93] 이 시기에 교회 내부에 새로운 모임들이 만들어져 서 지금의 형태를 갖추게 되었다. 가령 어린이예배 모임, 새로운 청소년 모 임, 한독부부 모임과 같은 것이 그 예이다. 회지 『교우』가 정기적으로 발 행되었다. 교회의 정관이 다시 한번 통과되었고, 이 정관은 1989년까지 효 력을 유지했다. 의장에서부터 위원회까지 12명의 이사회가 정관에 규정되 었으며, 이(1977년 정관의) 형태는 1989년까지 바뀌지 않았다. 다양한 새로 운 프로그램들이 모임활동들과의 연계 속에서 실행되었다. 총회와 각종 회합이 정기적으로 개최되었다.[94]

1974년에 함부르크 한인교회가 EKD와 반(半)공식적인 관계로 들어 선 이후로 해마다 독일인과 한국인이 함께 만나는 프로그램이 정기적으 로 진행되었다. 1975년 10월 '외국인의 날'에 거행한 독일인과 한국인의 합동예배가 그 한 가지 예인데, 이 예배에서는 독일목사가 설교를 하였으 며 한인교인은 91명이 참석했다.[95] 또 한인교회와 공동으로 장소를 사용 하던 예수교회의 90주년 기념행사에 한인교회도 함께 참여했다. 그리고 한인교회가 10주년을 맞이했을 때는 한인교회를 위해 힘써준 독일인들에 게 감사장을 전달하였다. 1980년 킬에서 외국인 목사들의 회합이 개최되었을 때는 함부르크 한인교회도 참가했다.[96] 독일 개신교회의 날 행사에도 교회는 정기적으로 참석했고, 한국정치를 주제로 한 활동도 했다. 또한 한인교회는 비교인 한인단체들과 이와 유사한 방식으로 활동을 하고 있었다.[97]

1979년 4월 26~27일 재독한인교회협의회가 프랑크푸르트에서 창립되었다.[98] 함부르크 한인교회의 목사는 이 창립활동에 적극적으로 참여했다. 교회는 공식적으로 협의회 산하에 있었으며, 정기적이고 활발하게 함께 활동했다(인터뷰12).

교회의 통계에 따르면, 1977년 7월 현재 등록교인은 85명이고 등록은 안 했지만 정기적으로 교회를 방문하는 사람이 18명이다. 1975년, 교회를 찾던 함부르크와 함부르크 주변에 살던 한인 중 70명이 한국으로 돌아갔다. 그리고 교인 8명이 다른 도시로 이사를 갔으며, 오랫동안 교회에 나오지 않던 교인 27명이 명단에서 지워졌다. 이로써 그동안 교회와 관련되어 있던 한인은 총 210명이었음을 확인할 수 있다.[99]

1977년 1월부터 6월까지 평균 50명이 예배에 참석했다. 1975년 정기적으로 헌금을 내는 41명의 1인당 월평균 헌금은 31마르크이다. 1976년은 34명의 월평균 헌금이 40마르크, 1977년에는 50명의 월평균 헌금이 30마르크이다.[100]

1974년부터는 함부르크의 한인들 사이에서 종교적·사회적으로 파벌이 형성되기 시작했다고 볼 수 있다. 이런 상황에서 함부르크의 한국공관은 정치적인 측면에서 한인들에게 지대한 관심을 기울였다.

교인들 사이에서도 알력이 있었다. 그것은 함부르크 한인교회가 특히 목사의 급여를 지급하기 위해 법적 협회(e.V.)로 등록하면서, 교인과 목사의 관계가 고용주와 피고용인의 관계처럼 되었기 때문이다(인터뷰13).

이런 한편으로 교회의 활동은 계속되고 있었다. 교회가 교인도 많고 전반적으로 재정형편도 좋은 편이었기 때문이다. 독일기관이나 독일 개신교·가톨릭 교회와 직접적인 관계를 맺고 있지 않은 다른 한인단체들과 달리, 교회는 EKD의 재정지원을 받고 있었다.

교회는 교인들 스스로 정한 월 헌금을 비롯하여 다른 종류의 헌금으로 교회 내부의 프로그램과 외부를 대상으로 한 프로그램을 진행하는 데 아무런 어려움이 없었다.

교회는 오히려 다른 문제들에 직면해 있었다. 이 시기 5년 동안 목사가 세 번이나 바뀌었다. 그중 한 목사는 1976년 10월부터 2년 계약으로 담임목사를 맡았으나 2년도 채 안 된 1977년 말에 사퇴하고 캐나다로 떠났다. 담임목사의 잦은 교체는 교회의 안정에 상당히 부정적인 영향을 끼쳤을 뿐 아니라 교인들을 혼란에 빠트렸다.[101] 마침내 1978년에 새로운 목사가 왔으며, 그는 1989년까지 머물렀다.

또 한 가지 문제는 "함부르크 한인교회가 한국의 정치와 관련해서 선교사명의 일환으로서 어느 수준까지의 정치적·사회적 참여를 하는 데 힘을 기울여야 할 것인가" 하는 것이었다. 함부르크 한인교회에서 이와 같은 물음의 주제를 이루었던 한국의 정치·사회적 사건은 1975년 박정희 군사정권의 언론탄압, 1979년 중앙정보부장에 의한 현직 대통령 살해, 1980년 전두환의 쿠데타 그리고 1980년 5월 27일 광주학살이었다.[102]

이에 따라 한편으로는 교인들 사이에서 원칙적 입장을 둘러싸고 격렬하게 논쟁이 벌어졌다. 심지어 "목사는 목사의 임무에 국한되어야 하며, 그렇지 않을 경우 목사를 바꿔야 한다"는 발언도 나왔다.[103] 또 한편으로는 교회가 외부의 압력, 특히 정치적 압력에 대항해야 했다. 교회회보[104]에 실린 다음의 글은 이런 상황을 잘 보여주는 예이다. "1978년 가을 '선교교회'라고 불리는 장로교(합동) ─ 이 단체는 한국에서 일반적으로 극보수로 알려져 있다 ─ 한인교회가 설립되었다. 창립교인 중 한 명이, 비록 그 자신은 학생이라고 주장했지만, 당시 한국중앙정보부 요원으로 알려져 있었다. 이것은 그 교회의 목표와 역할이 무엇인지를 여실히 보여준다. 이것은 우리 교회가 사회적 참여를 교회의 사명으로 고백하고자 하는 것과는 대조를 이룬다."

이러한 분쟁은 이 시기 초반에 폭발하여 잠깐 동안 격렬해졌다가 조용히 수그러들었다. 어찌되었든 교회는 교인들에게 중요한 장소였고, 1980년 한국정치의 엄혹한 상황이 극으로 치달았기 때문인 것으로 짐작된다. 그 밖에 1978년에 새 목사가 교회에 왔으며, 그는 정치적 활동을 활발하게 했다.

2.1.2.4.2.2. 1981~87년의 안정기와 1988~89년의 분쟁기

1980년대 초까지는 함부르크의 한인들이 이곳에 장기적으로 머물 것인지 떠날 것인지를 마지막으로 결정하는 시기였다고 말할 수 있다. 그것은 이들의 자녀들이 학교에 갈 나이에 접어들었기 때문이다. 한국부모들에게 학교교육은 매우 중요했다. 가정을 제외하면, 특히 학교가 사회화가 이루어지는 거의 유일한 곳이었기 때문이다. 그래서 교회는 어린이와 청소년의 교육 그리고 가정에서의 교육을 중점 사업으로 설정했다. 더구나 가족 내 갈등과 다툼이 자주 일어났다. 한인가정뿐만 아니라 한독가정도 자신들만의 문제를 가지고 있었다. 교회는 이런 사정을 충분히 알고 있었고, 사람들이 서로 교류하면서 자신들의 고민을 털어놓을 수 있는 모임들을 만드는 데 힘을 기울였다. 교회는 특히 한독가정이 독일인과 한국인들의 가교 역할을 할 수 있을 것으로 보았다(인터뷰12). 그리하여 1980년 2월에는 한독부부 50명가량이 대화의 자리에 초대되었는가 하면, 한독가정을 위한 크리스마스 행사에는 한독가정에서 70명이 참석했다.[105]

교회 측면에서는 이 시기가 안정기에 해당한다. 1978년에 새로 온 목

사는 1981년까지 임시 목사로 지내다가, 1982년에 교회로부터 담임목사
로 임명되었다.

교회의 구조는 확정되어 있었지만, 매우 복잡했다. 왜냐하면 함부르
크 한인교회는 실질적으로는 교회로서 한인교회의 구조에 상응하여 기
능을 해야 하는 반면, 법적으로는 한인교회가 등록된 협회이기 때문이었
다. 이런 이유로, 가령 교회에서 목사의 역할과 관련해서 어려움이 있었
다. 그것이 가장 큰 문제였다. 또 교회 고유의 역할을 전망하기가 쉽지 않
았다. 그렇다고 해서 교회가 등록협회로서의 규정과 다르게 조직되었어야
한다는 의미는 아니다(인터뷰14).

총회는 정관에 근거해서 개최되었다. 의장, 회계, 서기 이외에도 9개
위원회가 있었는데, 그런 만큼 직책이 많아질 수밖에 없었다. 그래도 교회
는 위원회 대표를 맡을 사람을 찾는 데 어려움을 겪은 적은 없었다. 이따
금 추가로 청소년위원회가 구성되기도 했다.[106] 1979년부터는 정기적으로
교회를 찾는 교인이 150명 정도 되었다. 그러나 예배에 참석하는 인원은
50명 안팎에 불과했는데, 일부 교인들은 주말에도 일을 했기 때문이다(인
터뷰 13; 14). 이 숫자는 1989년까지 꾸준히 유지되었다.

다양한 위원회가 있었지만, 인터뷰나 교회활동에 대한 보고서에서조
차 어떤 위원회가 어떤 활동을 했는지 확인할 수가 없었다. 그 원인은 아
마 교회의 구조가 상당히 위계적인데다 실천적 업무보다 형식을 훨씬 중
요하게 여겼던 데 있었을 것으로 보인다.

여성이 교인의 다수를 이루었지만, 교회의 의장은 거의 대부분 남자
였다.

교회의 프로그램은 주로 내부를 대상으로 했는데, 예를 들어 예배,
각종 모임활동 — 여성(1982), 청소년, 성가대, 어린이, 한독부부 등 — 세미
나, 단기연수, 체육대회나 야유회 같은 친목행사, 목사의 심방 등이 있었

다. 이러한 프로그램들이 정기적이고 활발하게 진행되었다. 교회의 이러한 활동들은 한 사회 안에서 연령, 성별, 정치적 경향성, 사회적 참여에 따라 형성되는 집단들의 축소판으로 볼 수도 있을 것이다. 그리고 교육과 간행을 매우 중요하게 여겼다.[107]

외부를 대상으로 한 프로그램도 확대되었다. 무엇보다 함부르크에 거주하는 다른 한인모임들과의 체육대회가 해마다 열렸는데, 이를 통해서 가치관이 서로 다르든 같든 그에 관계없이 참가집단들은 한인사회의 화목한 분위기 조성에 견인차 역할을 했다.[108]

이 시기의 교회는 교육활동과 함께 독일교회와의 교류 및 협력 활동에 중점을 두었다. 교회는 그리스도 왕 교회(Christ-König Gemeinde)와 협력관계를 맺었으며, '북엘베 선교센터'(nordelbischen Missionszentrum)와도 긴밀하게 함께 일했다.

1981년에 교회는 큰 싸움에 휩쓸리게 되었다. 1980년 '조국통일해외기독자회'(Auslandschristen für Wiedervereinigung Koreas)가 프랑크푸르트에 창설되었고(3부 2.1.5.3.1. 참조), 모임의 회원들은 조국통일 실현이라는 뜻을 가지고 북한을 방문하였다. 그후 이 모임은 함부르크 한인교회에서 자신들의 북한방문 경험을 발표하는 것에 대한 제안을 하였다. 함부르크 한인교회의 일부 교인들이 이 모임의 회원으로 참여하고 있었다(인터뷰12).

목사는 이 제안을 다음과 같은 이유로 거절하였다. 조국통일해외기독자회는 자체적으로 행사를 주최할 수 있고, 함부르크 교회 아니어도 함부르크에서 장소를 빌릴 수 있다는 것이었다(인터뷰12).

이 모임의 회원으로 활동하는 교인들을 비롯하여 정치적으로 보수성향으로 알려진 ─ 그렇기 때문에 그전까지는 교회 내부의 정치적 활동에 강하게 반대했던 ─ 일부 교인들은 이 행사를 교회에서 치르고자 했다. 이로 인해 교인들 사이에 분쟁이 일어났다(인터뷰12).

동시에 미국 LA의 한인신문 『신한민보』와 독일의 한인신문 『민주한국』은 이 사건을 다른 사건들과 비교하면서 다루었다. 『신한민보』는 정치적으로 남한정치에 반대하는 입장에 서 있었고, 지금도 반대편에 서 있다. 그리고 『민주한국』 역시 반대입장에 있었다. 가톨릭교도이며 당시 독일의 한인 정치잡지(『주체』)의 편집장을 맡고 있던 한국인이 베를린의 한한인가톨릭교회의 교인들로부터 구타를 당하고 쫓겨났다.[109]

함부르크 한인교회는 이 기사를 잘못된 비방이라고 간주했다. 그리고 그에 대한 입장표명을 하고, 그것을 관련단체들에 전했다.[110] 이 일련의 일을 두고 '조국통일해외기독자회 사건'이라고 부른다.

마침내 이 분란은 교인들 스스로 극복함으로써 해결되었다. "이 사건은 교회에 커다란 충격을 주었다. 그럼에도 교인들은 이 싸움을 지혜롭게 해결하였다."[111]

이것은 결국 조국통일해외기독자회에 소속된 목사들과 함부르크 한인교회 사이의 개인적 대화로 해결되었다. "그것은 원래 우리[조국통일해외기독자회]의 실수였습니다. 1981년에 우리 회원들은 첫번째 회합인 빈에서 열린 '북한과 해외 기독교인들의 대화' 이후 그들의 경험을 널리 퍼뜨려야 한다는 의무감을 가지고 있었습니다. 만약 어떤 사람이 자신만의 생각을 실현시키려고 하고 또 그것을 위해 비슷한 생각을 가진 사람들을 찾고자 한다면 다른 사람들을 강요해서는 안 됩니다. 당시의 우리를 말하자면, 다른 사람들에게 우리처럼 생각하고 행동하기를 강요했어요. 그에 대해 나는 함부르크 한인교회의 목사와 개인적으로 대화를 나눴지요. 그리고 문제를 해결했습니다."(인터뷰37)

1988년에 담임목사는 교회가 법적 등록협회를 포기하고, 그 대신 한국교회법을 적용할 것을 제안했다. 교회의 목사는 고유의 목회업무를 피고용자라는 틀 안에서 사고할 수 없으며, 교회의 이사가 목사보다 더 큰 권력을 가지게 되면 격렬한 논쟁과 양쪽의 권력싸움이 끊이지 않는다는 게 담임목사의 주장이었다. "사실이 그렇지요."(인터뷰13). 이 경우 교회법에 따르면, 목사가 교회총회의 의장이 되어야 한다.

이 제안은 목사와 교인들 그리고 교인들 사이에 큰 싸움을 불러일으켰다. 이와 동시에 교회창립 이후 갖가지 사정과 관련하여 발생해서 극복되었거나 잠복해 있던 분란들이 터져나오는 계기가 되었다. 결국 이것은 1989년 교회의 분열과 담임목사의 사퇴라는 결과를 가져왔다. 인터뷰를 통해 파악한 사정을 정리해 보면 다음과 같다(인터뷰 12; 13; 14).

첫째, 교회에는 한국의 군사정부에 반대하는 입장과 교회 내 정치적 활동을 둘러싸고 논쟁이 자주 벌어지고 있었다.

둘째, 담임목사는 이미 한국에서부터 교계 내부에서 정치적으로 활발하게 활동해 왔다. 그리고 종교적 인간은 저 세상에 대한 믿음이나 개인적 행복의 추구만 붙잡고 있어서는 안 되며, 종교적 인간으로서의 삶을 어떻게 영위해 나갈 것인지 고민해야 한다는 게 담임목사의 기본적인 사고였다. 인간은 정치적 의식을 가져야 하고 사회적 논쟁에 활발하게 참여해야 한다는 것이다(인터뷰13).

셋째, 교인들 개개인의 정치적 입장과 삶에 대한 태도가 서로 달랐다. 예를 들어 많은 교인들에게는 목사가 기대했던 그런 정치적 의식이 없었다. 오히려 그들에게 교회는 자신들의 외로움을 토론하고 서로 위안할 수 있는 장소였다. "만약 교인들이 대학생이었다면, 목사의 사임이 모두에게 당시와는 다르게 다가왔을 겁니다."(인터뷰13) 또 한편으로 많은 교인들이 목사의 의식으로부터 영향을 받아, 사회문제에 대한 참여 의식이 성장했다(인터뷰 13; 14). "일반적으로 교회에서 목사의 영향은 언제 어디서나 매우 큽니다. 교회의 프로그램들이 목사의 의도에 매우 크게 좌우됩니다. 교인들이 목사에게 거는 기대는 목사의 영향력에 비례하죠. 영향력이 크면 그만큼 기대가 높아지게 되죠. 만약 교인들이 목사의 월급이나 생활비, 활동비를 일부 지불한다면 당연히 그들은 그에 상응하는 뭔가를 얻기를 원하겠지요. 이런 연관성 속에서 모든 것을 분명하게 설명할 수 있습니다. 따라서 목사에게 거는 교인들의 기대가 가지각색이라면 목사가 그 모든 것을 충족시켜 줄 수 없다는 것은 명백한 사실입니다. 게다가 교인들의 다수는 한국목사들의 전통적 역할인, 예를 들어 잦은 심방 같은 것을 바라는데, 목사는 사회적 참여를 가장 우선시한다면 더욱 그럴 것입니다."(인터뷰13)

넷째, 함부르크의 한국공관이 교회에 행사하는 정치적 영향력은 실로 컸다. 무엇보다도 함부르크 교회는 한국의 민주화를 위한 각종 행동과 행사에 적극적으로 참여하는 것으로 잘 알려져 있었기 때문이다. 간첩혐의라든가 다른 교파의 보수적인 한인교회들이 함부르크에 생기는 것 등의 문제들도 끊이지 않고 발생했다. 그리고 이런 일련의 사태의 배후에 한국중앙정보부가 있다, 없다 하는 의구심이 늘 뒤따랐다(인터뷰12). 다음의 발언이 그 예이다. "1981년에 한 한인교회가 함부르크에 세워졌어요. 그리고 한국유학생 하나가 교회의 위원으로 임명되었어요. 당시 그는 함부르크에서 공부를 하고 있었고, 지금은 프랑크푸르트에서 영사로 지내고 있죠. 이 교회는 우리 교회와 정치적인 색깔이 달랐어요. 1981년에 이 교회가 설립된 것은 결코 우연이 아니었죠. 왜냐하면 우리 교회는 1980년 5월 광주학살 이후 한국의 군사정권에 대항해서 매우 활발하게 싸우고 있었거든요."(인터뷰12)

이 싸움은 교회가 두 개로 갈라질 때까지 1년여 동안 이어졌다. 교인들은 이 싸움을 다양한 방법으로 조정하고자 했다. "한 교인이 토론거리를 끄집어내면, 누군가가 물었죠. 왜 그 주제를 꺼냈냐고. 그리고 싸움이 시작되었습니다. 또는 토론중에 의견의 차이들은 자주 투표를 해서 끝을 냈어요. 하지만 서로 고함지르고 몸싸움을 하고 기물을 파손하는 일도 있었죠. 토론이 평화스럽게 이루어진 적은 없었죠. 이런 식의 토론이 그럼에도 때때로 새벽 4시까지 이어지기도 했어요. 저는 이런 것이 그저 두렵기만 했어요. 또 익명으로 목사를 비방하는 편지를 써서 독일 전역의 한국인들에게 보낸 사람도 있었죠."(인터뷰14)

마침내 목사에 반대하며 생겨난 분파가 목사의 퇴진을 요구했다. 이에 대해 목사는 구두가 아닌 서면으로 통보되어야 한다고 반응했다. 목사의 반대자들은 목사의 퇴진을 요구하는 서명운동에 들어갔다(인터뷰14).

지금은 '새한인교회'(Neue Koreanische Evangelische Gemeinde)에서 활동하고 있고, 당시 목사를 지지하던 분파는 마지막 시기에 이 문제를 해결하기 위한 새벽기도회를 열었다. 다른 분파는 자신들끼리 어딘가에서 예배를 했다(인터뷰14).

두 분파가 EKD에 보낸 편지로 인해 이 사태가 알려지게 되었을 때, EKD와 한인교회가 공간을 사용하고 있던 그리스도 왕 교회가 이 사태에 개입하였다. 그리스도 왕 교회는 한인교회에 자기네 공간을 더 이상 사용하지 말 것을 요구했다. 그리고 EKD는 두 분파를 다시 하나로 합치게 하려고 노력했다(인터뷰14).

담임목사는 그전부터 EKD가 한인교회를 위한 공식적 목사자리를 마련해 줄 것을 요청하고 있었지만, 이때까지 이루어지지 않았다. 결국 담임목사는 사퇴의사를 표명했다. 그리고 마지막으로 목사는 북엘베 선교센터와 니엔도르프(Niendorf) 교회연합, 함부르크 디아코니를 향해 한인교회의 담임목사에게 공식적 자리가 얼마나 중요한지 역설했다. 한인교회가 세계교회의 이념에 따라 활동한다는 데 근거해서 이 자리는 마련되었다(인터뷰14).

이렇게 담임목사는 물러나고, 두 분파는 각각 새로운 이름으로 교회를 세웠다. 새로운 목사자리는 사퇴한 목사를 지지하던 사람들이 만든 교회에 마련되었다. 이것이 이 싸움의 결과이다.

2.1.2.4.2.3. 재건(1990~): 함부르크 새한인교회

다른 교회는 예전처럼 등록된 협회인 '함부르크 한인교회(e.V.)'라는 이름을 사용했다.[112] 반면 함부르크 새한인교회(Neue Koreanische Evangelische Gemeinde in Hamburg)는 정관을 변경하였다. 그리고 새한인교회는 EKD의 회원교회가 되었기 때문에 더 이상 등록된 협회로 있을 필요가 없었다.

두 교회는 공식적인 창립일이 동일한데, 이에 관해 서로 문제를 삼지 않는 것으로 보인다. 그리고 각각 정기적으로 다른 한인 개신교회들과 합동예배를 했다.

교인의 구성을 보면 다음과 같다. 함부르크 한인교회(e.V.)는 거의 전적으로 한인가정이 교인을 구성하고 있는 데 비해 함부르크 새한인교회는 한독가정의 교인이 주를 이루었다. "서로 갈라지고 얼마 동안은 여섯 한인가정이 우리 교회에 나왔어요. 그러나 시간이 지나면서 이 가족들은 다른 교회로 갔습니다. 특히 한국남자들이 우리 교회를 지루하게 여긴 게 이유였죠."(인터뷰14)

1990년 1월 2일 새로운 이름으로 창립예배를 했다.

① 회원

1994년 2월의 평가에 의하면 50명이 교인등록을 하였고, 그중 27명이 세례를 받았다. 교인 대부분이 한독가정이다. 따라서 다른 함부르크 교회의 교인이 약 75명이라고 한 것과 비교한다면, 함부르크 새한인교회의 경우에는 여성들의 남편은 교인으로 집계되지 않았을 수도 있다(인터뷰14). 교회가 분리된 뒤로 교인이 크게 줄어들었다.

"대부분의 교인들이 결혼했고 또 한독가정이었어요. 한 10% 정도만 미혼이었죠. 여성교인의 절반 정도가 간호사로 일했고 나머지 절반은 가정주부였어요. 지금은 남성교인이 일곱 명 있습니다. 그중 몇몇 사람은 여행사를 운영하고 있고, 대학생들도 있고요. 올해부터 연금생활을 하기 시작한 사람도 몇 명 있지요. 나중에 미국으로 가고 싶어하는 사람들도 있는데, 날씨 때문이에요. 그리고 자녀들은 대체로 김나지움에 다닙니다."(인터뷰14)

② 정관

정관은 교회가 다시 세워진 후에 근본적으로 바뀌었다. 이전 정관은 등록된 협회의 표준을 따랐다면, 새 정관은 교회법에 기초해 있다.[113] 목사의 직무와 교인들의 업무는 교회법에 따라 세부적으로 명시되어 있다. 이로써 교회는 복잡한 법규정 없이 기능할 수 있었다. 특히 새 정관은 교회가 세계교회 정신을 바탕으로 하고 있음을 분명히 밝히고 있다. 선거시스템과 목사의 임명방식이 완전히 바뀌었다. 이전 정관은 목사의 임명에 요구되는 조건이 전혀 없는 반면, 총회의 교회법에 근거한 새 정관(제7조)은 임명조건을 명확하게 규정하고 있다. 그리고 새 정관(제14, 15조)에서는 목사가 교회총회의 의장 자격을 가지는데, 이전 정관에서는 목사의 업무에 대한 언급이 없다(1990년의 새 정관; 1989년까지의 구 정관; 인터뷰14).

③ 활동과 업무의 종류

분열 이후 활동은 전보다 줄어들었다. 구체적으로 한국에서 반정부활동을 했고 지금도 하고 있는 사람들이 교회를 방문하는 일이 전보다 줄어들었다(인터뷰14). 그 원인은 목사의 교체에 있을 수 있다. 이전 목사는 한국의 사회운동과 민주화를 위해 적극적으로 헌신하는 목사나 선교사들과 밀접한 관계를 맺고 있었다.

교인의 구성 또한 이전보다 단순해졌다. 대부분이 여성이며, 미혼여성과 청소년을 제외하면 한독가정을 꾸리고 있다. 이 여성들은 남편과 동행하지 않고 혼자 예배에 참석하기 때문에, 정기적으로 예배에 출석하고 다양한 활동을 하기가 어려운 실정이었다(인터뷰14).

그럼에도 교회는 EKD의 회원교회이고, 따라서 이 관계에서 생겨나는 업무들이 있었다. 또 교회는 지금까지 해오던 활동의 전통을 유지시키려고 함으로써 이전과 동일한 활동들을 얼마간 추진하고 있었다. 그렇지만 교인 수의 감소로 활동의 생동감은 예전만 못할 것으로 보인다.

교회의 활동과 임무는 잡지 『돌베개』 신판에 실린 1994년 재건 이후 교회창립 25주년을 기념하는 글에 다음과 같이 씌어 있다. "20년 넘게 우리는 이곳에 살고 있다. 그리고 우리의 문화를 지키고 있다. 또 한편으로 우리는 다문화사회에 살고 있다. 따라서 우리의 교회는 한국인과 독일인 사이, 다른 문화집단들 사이, 한인교회와 독일교회 그리고 다른 교회들 사이에 다리의 역할을 할 수 있도록 노력해야 한다."(41쪽)

교회활동의 중심이 다른 집단이나 교회와의 협력에 있다는 것을 확인할 수 있다. 현재 다른 집단이나 교회와의 협력활동을 열거하면 다음과 같다.[114]

첫째, 교회는 함부르크의 다른 한인단체들을 비롯하여 모든 한인들과의 관계를 돈독히 하기 위한 협력활동을 하고 있다.

둘째, 교회는 재독한인교회협의회의 회원으로서 다른 회원교회들과 함께 일한다.

셋째, 최근 함부르크의 6개 한인교회가 설치한 조정기구의 활동을 참여한다. 만약 함부르크 한인교회들과 독일교회 사이에 문의사항이나 협력활동이 생기면 함부르크 새한인교회가 이들 사이를 중개했다(인터뷰14).

넷째, 교회는 독일 그리스도 왕 교회와 긴밀한 관계 속에서 협력활동을 한다. 양자는 여러 활동과 다양한 상황에 관해 함께 토론하면서 이를 통해 한국인과 독일인이 함께하는 바람직한 삶을 현실화시키는 데 힘을 기울인다.

다섯째, 교회의 담임목사는 니엔도르프(Niendorf) 교회연합에 소속되어 있으며, 두 명의 교회대표가 교회회의에 속해 있다.

여섯째, 교회는 '세계교회'라는 목표 아래 북엘베 선교센터와 함께 일한다.

일곱째, 교회는 함부르크의 기독교회들과 공동으로 다양한 활동을 이끌어나간다.

여덟째, 교회는 선교 아카데미와 교류를 하면서 선교 아카데미에서 주최하는 세미나들에 참여한다. 그리고 한국과 독일의 학문적 교류를 추진한다.

아홉째, 교회는 북엘베 교회의 외국인교회 전문위원회와 긴밀하게 협력한다. 외국인 문제를 비롯하여 문화교류, 개별국가의 정치적 상황이나 선교사업 현황에 관한 보고 등과 같은 부문에서 협력활동을 한다.

열번째, 함부르크의 코리아협의회는 1980년 광주항쟁 이후 한국의 인권과 민주화를 위해 활동하고 있다. 교회는 코리아협의회와 긴밀하게 협력한다.

이상과 같은 다른 조직들과의 교류, 한인단체뿐 아니라 독일인조직이나 외국인조직들과의 결코 느슨하지 않은 공식적인 교류는 하루아침에 이루어진 것이 아니었다. 교회의 오랜 노력으로 일구어낸 산물이었다. 그리고 필자의 생각에 교회는 이러한 활동을 실현하는 것을 전제로 삼아왔고, 앞으로도 계속 전제로 해야 할 것이다.

이와 함께 한인교회에서는 담임목사의 역할이 매우 중요하다는 것 또한 의심의 여지가 없다. 내용 면에서 볼 때, 지금의 구조는 1978년부터

1989년까지 재직했던 담임목사가 수립한 교회정책에 상응한다(인터뷰1). 더구나 지금의 담임목사는 자기 업무시간의 1/3을 EKD와 관련된 일을 하고 있다.

최근 외부를 대상으로 한 활동으로는 다음과 같은 예가 있다.[115]

첫째, 국제아동후원기구 '인간의 대지' 및 독일교회와 협력하여 교회는 독일의 한국계 입양청소년들의 한국방문 프로그램을 실시했다. 이 프로그램의 목표는 입양청소년들이 한국을 만나고 자신들의 뿌리를 찾을 수 있도록 하는 것이었다.

둘째, 교회는 한독가정을 위한 노인요양원 건설을 계획하고 있다. 이를 위해 교회는 독일교회와 협력하여 이 프로젝트를 위한 위원회를 만들었다.

셋째, 한인여성이 상담가로 일하고 있는 디아코니 상담소와의 협력 속에 교회는 한국계 청소년과 성인들에게 만남의 장소를 제공하고 있다.

넷째, 교회는 독일인과 한인2세들을 대상으로 해서 한국어 수업을 실시한다.

다섯째, 함부르크와 주변의 한독가정들을 만남의 장소로 초대했다. 서로를 알아갈 수 있도록 하고 화목한 환경을 만들기 위한 것이었다.

여섯째, 교회는 "언어, 문화 그리고 정신은 민족이 가진 삶"이라는 기치 아래 '문화학교'를 개설할 계획을 세우고 있다.

내부를 대상으로 하는 프로그램은 일반적으로 다른 것에 비해 훨씬 많은 편이었다. 예배, 세미나, 주말연수, 모임활동 등이 정기적으로 진행되고 있었다. 이와 관련해서는, 과거와 비교해 중요한 변화는 없었다.

교인이 감소함으로 해서 활동의 역동성은 아무래도 전과 다를 수밖에 없었다. 교회는 한동안 잡지를 정기적으로 발행할 수 없었던 것이 그 한 가지 예이다. 프로젝트 하나를 진행하고자 해도 그것을 조직하는 데 어려움을 겪었다(인터뷰 13; 14).

과거 교회는 기부행사를 열어서 한국의 민주화를 위해 애쓰는 한국 내 단체들을 재정적으로 지원했었다. 하지만 최근 들어서는 이 같은 활동을 더 이상 추진하지 않았다. 그 대신 교회는 앞에서 언급한 것처럼 이곳의 삶과 관련하여 발생하는 문제들을 해결하는 데 더 많은 노력을 기울인다.

교회는 교인들을 위한 한국어 계간지를 발간하고 있다. 잡지는 목사의 설교, 교인들의 새로운 소식, 주말 세미나나 연수에 관한 소식, 선교소식 등을 담고 있다. 예배를 위해서는 매주 주보가 발행된다. 특별한 상황을 담기 위한 특별호를 내기도 한다.

최근에는 한 주에 평균 20~30명이 예배에 참석한다(인터뷰14).

④ 홍보활동

외부를 대상으로 하는 프로그램이나 행사들을 통해 교회는 독일에서도 특히 함부르크와 한국에 꽤 알려져 있다. 교회는 앞에서 언급한 다른 교류단체들과 함께 독일의 외국인 정책이나 외국인에 대한 적대행위와 관련하여 서명운동을 벌이고 토론회 같은 것을 개최하거나 공식서한을 보냈다. 교회의 여성회는 독일교회에서 독일여성들과 함께 구 유고슬라비아의 전쟁을 반대하는 행사를 개최하기도 했다. 교회는 민주화나 그 비슷한 일을 위해 한국에 지원할 경우, 다른 조직들과 보조를 맞추었다(인터뷰 12; 13; 14).

교회는 선교활동을 통해서도 외부에 알려져 있다. 함부르크의 한인교회들과 독일교회들의 매개 역할을 하고 있으며, 또 여러 나라 선교사와 교인들이 오는 '함부르크 기독교회협력모임'에도 참여한다(인터뷰12).

⑤ 재정조달

목사의 풀타임근무 급여는 EDK에서 지급한다. 그러나 예전에는 EDK가

하프타임근무에 해당하는 급여만 지급해서 나머지 절반은 교인들이 부담했다. 따라서 교회의 지출에서 큰 부분을 차지했던 목사급여가 해결됨으로 해서 지금은 문제가 없다. 그리고 목사와 교인들의 권력관계 때문에 발생하는 문제도 특별히 없다(인터뷰14).

EKD는 3년 동안(1992~94) 수천 마르크를 교회의 활동들에 지원했다. 교회는 이 지원금을 재독한인교회협의회의 주체로 2년마다 열리는 '재독 한인교회의 날' 행사에 쓰거나 개신교회의 날 행사에 한인교회들이 참여하는 데 사용한다.

처음부터 교회는 '십일조'와 같은 헌금시스템을 만들지 않았다. 교인들은 교회의 지출사안에 따라 매달 50~100마르크를 기부하는 방식인데, 이것이 교회의 주 수입이다. 최근 들어와서는 교인이 줄어듦에 따라 이 수입 역시 줄었다. 교회가 분리되기 이전, 특히 1982~89년 교회의 수입은 꾸준히 증가했는데, 그만큼 교인이 많고 안정되어 있었기 때문이다. 1989년과 1990년에는 교회의 분쟁으로 수입이 특히 크게 줄어들었다.

전체적으로 교회의 재정은 큰 문제가 없는 것으로 보인다. 다만 1995년부터는 교회가 재정적인 어려움에 부딪힐 수 있는데, 교회활동에 대한 EKD의 지원이 1994년에 끝나기 때문이다.

현재 교회에서 중차대한 문제는 재정이 아니라, 교인의 구성과 숫자이다(인터뷰14).

⑥ 특수성과 성과

"원래 우리 교회는 분리하기 전까지만 해도 함부르크에서 매우 큰 역할을 했었죠. 특히 한국의 양심수들을 적극적으로 지원한 것은 의미 있는 활동이었습니다. 그것을 통해 우리 스스로 어떻게 이 세계를 비판적으로 관찰할 수 있는지 배우게 되었어요. 그리고 우리는 의식화되었죠. 저는 교인으로서 목사가 우리에게 복음을 하늘에서부터가 아니고, 사회적 환경으로부터 가져다주었다는 것을 자랑스럽게 생각합니다. 우리 교회가 많은 단체들과 협력활동을 조직했다는 것도 하나의 성과입니다."(인터뷰14. 인터뷰 13도 동일하게 인식하고 있었다).

"독일의 일부 한인교회들이 '세계교회'를 옹호합니다. 그건 한국에 없는 것이지요. 우리 교회도 '세계교회'를 표방합니다. 그와 함께 교회는 성과도 얻었습니다. 한국의 개신교회들도 세계교회를 추구해야 합니다. 그래야 불필요한 분열을 막을 수 있습니다."(인터뷰12)

⑦ 문제점

"한국에는 여러 다양한 기독교, 개신교 교파들이 있습니다. 모든 집단이 다 자기들 교회가 승리하길 원합니다. 그 때문에 함부르크에도 시간이 흐르면서 개신교 한인교회가 여섯 개나 생겨났지요. 이런 것을 그만큼 교인이 새로 생겨서 그렇다고 볼 수가 없습니다. 오히려 많은 사람들이 그저 교회를 옮겼거나 옮기고 있을 뿐입니다. 어떤 사람이 친구와 함께 이 교회 다니다가 친구가 새로 생긴 저 교회로 가면, 따라가는 식이지요.

또 한편으로는 한국의 정치적 상황과 관련하여 함부르크 한국영사관의 영향도 있었습니다. 영사관은 우리 교회의 일에 방해를 놓으려는 시도를 끊임없이 했습니다. 제 생각에는 1989년과 1990년에 우리 교회가 갈라진 결정적인 원인이 여기에 있습니다.

지금 여기 살고 있는 한인들은 대체로 30년 전에 왔습니다. 그래서 그들은 독일에 올 때 배어 있던 그 태도를 그대로 지니고 있습니다. 전혀 변화가 없었습니다. 한국의 정치문화에서는 공무원이 일반사람들 위에 있습니다. 이 문화는 그 사이 조금은 변했지요. 하지만 여기 사는 사람들은 아직도 그런 낡은 생각을 가지고 있고, 그 생각에 따라 행동합니다. 실제로 한국영사관의 영향은 엄청나게 큽니다. 그리고 사람들은 그 영향을 정말 빨리 받습니다. 이러한 연결고리 속에서 이곳의 한인들은 반사회적이

랄까, 예컨대 협소한 자신들의 이익만 주장합니다. 당연히 이런 태도는 교회활동을 비생산적으로 만듭니다."(인터뷰12)

"저는 항상 교회가 둘로 쪼개져서는 안 된다는 입장이었습니다. 하지만 전혀 그렇게 되지 않았죠. 우리 교회는 교인이 적기 때문에 특히 과거처럼 다양한 프로그램을 진행할 수 없는 어려움을 겪고 있습니다. 우리 교회가 지금은 매우 명확한 구조를 갖추고 있는데도 말이에요."(인터뷰14)

"다수의 교인이 여성들입니다. 또 대부분이 한독가정을 꾸리고 있습니다. 그래서 남편들은 교회에 오지 않습니다. 일요일에 여성들이 예배에 참여해도, 끝나면 곧바로 집으로 갑니다. 그러다 보니 우리는 프로그램에 관해 충분한 시간을 가지고 차분하게 의논할 수가 없습니다. 이것은 문제입니다. 예전에는 완전히 다른 문제들이 있었죠. 예를 들어 교회활동에 대해 갖가지 의견과 기대가 활발하게 나왔습니다."(인터뷰13)

⑧ 전망

"독일의 한인 단체들이나 교회가 성공하기를 원한다면, 구성원들이 한 가지만을 고집해서는 안 됩니다. 다양해야 합니다. 한인들의 다양한 흥미와 성격들을 한데 모아 대변할 수 있게 되면, 한인단체는 잘 돌아갈 것입니다. 독일의 한인들은 우선 수적으로 소수입니다. 의식적인 파괴행위와 한인들의 일반적인 일처리 방식이 조직의 작동을 방해합니다. 이런 것들이 변한다면, 미래가 있겠지요."(인터뷰12)

"지금 함부르크에는 7개 개신교 한인교회가 있습니다. 많아도 너무 많습니다. 일부 사람들은 이렇게 말합니다. '너희 교회는 EKD로부터 재정지원을 받고 있기 때문에, 너희는 다시 하나가 될 수 있어. 그러면 너희는 목사와 부목사의 월급을 줄 수 있을 거야'라고요. 제 생각에 그것은 전망으로는 기괴한 것입니다. 왜냐하면 교회가 하나가 되는 데 금전적 이해관계가 개입되어서는 안 됩니다. 교회는 필수적인 것이지만, 이런 방식

과 양상은 아닙니다."(인터뷰13)

"우리 교회는 교인이 더 많이 늘어날 수 있도록 계속 발전해야 합니다. 하지만 지금 상황에서는 장기적인 전망이 암울해 보입니다. 가령 독일에 온 지 얼마 안 되는 한인들이 교회를 찾는다면 원래 있던 교인들과 아무래도 이런저런 마찰이 생길 수도 있습니다. 그래도 교인들은 새로 들어온 이들과 함께 가려고 하겠지요. 그러나 시간이 흘러 언젠가는 새로 왔던 사람들은 한국으로 돌아갑니다. 결국 우리는 의미 없는 헛수고를 했다는 뜻이지요. 이민자들이 만든 교회는 2세들이 이어받아야 합니다. 그런데 2세들은 1세대들과 완전히 달라요. 이런 상황에서 아마 20년쯤 지나면 교회가 사라질지도 모른다는 상상을 어렵지 않게 할 수 있습니다.

목사는 6년 계약기간을 한번 더 연장할 수 있습니다. 그러나 저는 목사가 계약연장을 해서 머물 거라고 생각지 않습니다. 왜냐하면 그는 한국에서 바로 왔기 때문입니다. 그래서 이곳 일이 그에게 너무 피곤할 것입니다. 제 생각에는 독일의 교회에서 목회할 한인목사는 이곳에서 찾아야 하고, 또 여러 도시의 교회들에서 서로 교대하는 방식이어야 합니다. 그렇게 하면 목사는 생활 속에서 이곳에 정통해질 수 있겠지요."(인터뷰14)

2.1.2.5.   남독일 한인교회

2.1.2.5.1.   설립역사

남독일 한인교회(Koreanische evangelische Gemeinde im süddeutschen Raum e.V.)는 1976년에 설립되었다. 그 당시 교인들이 목사 없이 스스로 조직한 한인교회 공동체가 뮌헨, 뉘른베르크, 슈투트가르트, 튀빙겐에 있었다. 어느 날 뉘른베르크 한인교회는 독일 주교회와 디아코니에 혹시 한인교회에 목사를 보내줄 수 있는지 문의했다. 이렇게 해서 한인목사가 그곳에 부임하게 되었고, 그는 뷔르템베르크와 바이에른에 있는 4개 교회의 목회를 맡았다(인터뷰62, 교회의 담임목사).

1971년 슈투트가르트에 그리고 1972년에는 튀빙겐에 한인 개신교회가 세워졌다. 이 지역에는 한인광부들은 없고, 한인 간호사들과 유학생들만 있었다. 한국에서 온 목사가 우연히 이곳을 방문하면, 그럴 때 새로 온 교인들은 세례를 받았다(인터뷰62).

슈투트가르트에서 100킬로미터 주변에는 한인이 약 500명 살고 있었고, 그들 대부분은 한독가정이었다.

2.1.2.5.2. 변천과정

뉘른베르크, 슈투트가르트, 튀빙겐, 괴핑엔(Göppingen), 트로싱엔(Trossingen)에 한인 개신교회가 있었다. 이 교회들은 NCCK에서 파견된 목사 한 명이 이 교회들의 목회를 담당하였다.

① 회원

180명의 성인이 이 교회들의 교인이었다. 교인의 절반은 한독가정을 이루고 있었으며, 나머지 절반의 대부분은 한인유학생들이었다. 여성들의 독일인 남편은 교인이 아니었다. "[1989년] 내가 여기서 목회하고부터 교인은 두 배로 늘어났습니다."(인터뷰62)

"대부분의 교인이 직업을 가지고 있었습니다. 여성들은 대개 간호사였어요. 독일인 남편들의 직업도 기업의 관리자급이라든지 의사, 교수, 샐러리맨 등 대체로 좋은 편이었지요. 제가 받은 인상으로는, 한국여성의 경우 남편이 높은 위치에 있으면 상당히 빨리 독일화되는 경향을 보이고 한국적 특성을 잃어버렸습니다. 만약 남편이 중간 수준의 직업을 가졌으면, 그 여성은 가정에서 자기 고유의 위치를 지키며 살 수 있습니다. 여하간 이곳의 한독가정은 별 다툼 없이 단란하게 잘살고 있습니다. 그렇지만 다른 지역에서는 갈등이 많은 한독가정들이 있다는 소문을 들었습니다."(인

독일 속의 한인 그리고 한인조직

터뷰62)

② 정관

교회에는 자체 정관이 있었는데, 1993년부터는 한국교회협의회의 정관을 받아들여서, 그 정관에 교회 고유의 절차적 규칙들을 첨가했다.[116]

"교회는 언젠가는 건물을 구입할 생각으로 공식협회로 법적 등록을 했습니다. 어찌되었든 교회는 법적으로 보호받아야 합니다."(인터뷰62)

③ 활동과 업무의 종류

예배와 성경읽기가 교회의 주요한 활동이다. "우리는 서로 다른 지역에 4개 교회가 있기 때문에 다른 활동들을 추진하기가 매우 어렵습니다."(인터뷰62)

한번은 2세들의 한국방문 행사가 있었다. "그다음에도 이 행사를 계속하려고 했었습니다. 하지만 신청자가 너무 적어서, 더 이상 할 수 없었습니다."(인터뷰62)

교회는 한국의 개신교회들과 교류를 하고 있다. 그리고 바이에른 주교회로부터 지원을 받는다.

전에는 교회에서 정기간행물을 발행했다. "내가 이곳에서 목회한 후부터는 간행물을 발간 못하고 있습니다. 간행물을 담당하는 교인들이 제대로 관심을 쏟을 수 없었기 때문입니다."(인터뷰62)

④ 재정조달

헌금이 가장 중요한 재정원이다. 재정 면에서는 그다지 어려움을 겪지 않는다. 교회는 교회건물을 짓기 위해 특별헌금을 모으고 있으며, 지금까지 상당 액수가 모였다(인터뷰62). 그러나 정확한 액수는 인터뷰에서 밝히지 않았다. 목사의 급여는 EDK에서 지원을 해주고 있다.

⑤ 특수성과 성과

"우리는 예배를 마치고 함께 식사하는 프로그램을 운영하고 있는데, 매우 성공적입니다. 교인들은 자유롭게 한국어로 모든 것을 이야기할 수 있습니다. 제가 보기에 한국어로 말할 수 없다는 것이 그들에게는 가장 큰 어려움인 것 같습니다."(인터뷰62)

⑥ 문제점

"우리 교인들은 대부분이 여성들인데도 여성회가 없습니다. 한편으로는 여성들이 많기 때문에 특별히 여성회를 만들 필요를 느끼지 못하는 것도 있습니다. 이중의 조직일 수도 있으니까요. 또 한편으로는 여성들이 여성회에 대해 큰 관심이 없습니다. 만약 이사선출이 이루어진다고 하면, 의장에 나서겠다는 생각을 하는 여성은 아마 아무도 없을 것입니다. 부의장도 되고 싶어하지 않습니다."(인터뷰62)

"교인들이 공통적으로 안고 있는 문제는 심리적 고립감입니다. 그들은 여기서 오래 살았지만, 자신들이 독일인이라는 생각을 전혀 하지 않습니다. 자기실현의 기회가 매우 제한되어 있습니다. 직장에서 승진하거나 직업적 발전을 하기가 무척 어렵습니다. 가정에서 평화로운 삶이 유일한 행복이지요. 사회적으로 그들이 할 수 있는 일이 그다지 많지 않습니다." (인터뷰62)

⑦ 전망

"독일의 한인교회에 미래가 있는지에 대해, 저는 이렇게 말할 수 있습니다. 이곳에는 한인들이 그렇게 많지 않고 1세대들은 늙어갑니다. 2세대들이 교회를 넘겨받을지는, 지금으로서는 의문입니다. 이것은 독일교회의 발전과 긴밀하게 연관되어 있지요. 30년 후에 우리의 2세대들이 교회와 어떻게 관계를 맺을지 전혀 예상할 수가 없습니다. 그래서 지금은 구체적인 조치를 취할 수가 없답니다. 만약 한인교회가 이곳에서 한인유학생들을 목표로 하게 된다면, 선교와 교회의 의미는 달라지겠지요.

2세대들은 비록 여기서 태어나고 성장했지만, 직업세계로 진입하면

열의 아홉은 이런저런 문제에 부딪히게 될 것입니다. 독일은 아직도 이민국가가 아니에요. 만약 2세대들이 독일사회에서 좌절을 겪을 수밖에 없고 또 겪으면서도 계속 이곳에 살게 된다면, 한인교회는 그에 따라 역할을 찾게 되겠지요. 10년 내에 사람들은 이 사태의 추이를 명확하게 보게 될 것입니다. 독일의 통합정책은 동화정책에 가깝습니다. 독일은 다문화사회가 될 준비가 되어 있지 않습니다. 오히려 순수한 독일을 추구합니다."(인터뷰62)

2.1.3. 문화단체와 한글학교
2.1.3.1. 개괄
여기에 소개되는 한인문화협회들은 다음과 같이 활동의 폭이 명확하게 규정될 수 있다는 점에서 선택되었다. 즉 루르 지역은 한인남성들이 맨 처음 독일에서 일하고 생활한 지역이다. 베를린은 한인들의 독일 내 이주지역으로 중요하다. 이 점은 광부 출신 한인들에게도 해당된다.

그외 세종학교는 이미 연구가 되어 있다.[117] 따라서 유사한 설명은 불필요하다고 본다.

2.1.3.2. 보훔 한인민중문화협회
2.1.3.2.1. 설립역사
보훔 한인민중문화협회(Verein der koreanischen Min-Jung-Kultur e.V. in Bochum)는 1986년 11월에 비공식적으로 만들어졌다. 그리고 1987년 1월 보훔에서 열린 1차 총회에서 정관을 통과시킴으로써 공식적으로 출범했다. 1963년 한인들이 독일 루르 지역에 이주한 후로 이곳 한인사회는 자신들의 자치를 위한 모임이나 자신들의 이해관계를 중심으로 한 모임 등으로 다양하게 분화되어 나갔다. 한인들의 생활사정에 따라 혹은 한국과 관련된 특수한 상황에 따라 조직이 만들어졌던 것이다. 이 협회는 그 한 가지 예이다.

루르 지역의 한인교회는 특히 교인들의 정치적 가치 지향성이 서로 매우 달랐다. 이미 설명한 바와 같이[118] 한인교회는 이곳에서 단순히 성도들을 위한 장소로서의 기능만 한 것이 아니라, 한인들의 친목장소로 기능했다. 거기에다 신앙과 관련해서도 서로 다른 입장들이 있었다. 더욱이 한인교회가 아무리 친목을 위한 장소로서의 역할을 어느 정도 담당했다 해도, 분명한 한계가 있었다. 왜냐하면 종교적 믿음이 항상 전제되었기 때문이다(인터뷰 8; 15; 22).

대부분의 한인들은 독일에 살고 있지만 직접적으로나 간접적으로 항상 한국과의 연결을 이어가고 있다. 이곳에 다양한 한인단체들이 만들어져서 활발하게 활동하면서, 자신들 활동의 일환으로 한국에 있는 사람들과 정식으로 교류를 했다. 이러한 교류는 대부분 한인단체들 각각이 설정한 목표에 따라 이루어졌다. 이를 통해 한인들은 한국과의 연결고리를 잃지 않았으며, 확실히 이 교류들은 조직의 활동에 영향을 끼쳤다. 전통적인 색조를 띤 현대음악을 작곡하는 한인 음악가가 보훔의 한인교회를 방문했을 때, 그는 교인들에게 한국문화와 관련된 모임을 만들 것을 조언하였다. 당시 교인들은 서구악기를 다루는 음악밴드를 만들 계획을 세워놓고 있었다. 한편 그 무렵 한국에서는 외부의 다양한 문화, 특히 미국에서 건너온 문화의 홍수 속에서 전통문화가 눈에 띄게 사라지고 있는 데 대해, 우리 문화를 추구하고자 하는 의식적인 움직임이 있었다. 이런 움직임은 부분적으로 독일의 한인들에게도 전통문화가 자신들을 위해, 특히 2세대들을 위해 매우 중요하다는 의식을 심어주었다. 또 그 사이 한국 정치·문화·종교계의 저명인사들 상당수가 이곳의 한인단체들을 방문했다. 그들은 함께 세미나를 하면서 그때그때의 한국정치 상황에 대한 생생한 정보를 전해 주었다. 이러한 의식들이 한데 모여서 1982년에 한인 문화모임 '두레'가 탄생했다(인터뷰15; 필자).

이런 한편으로 특히 한국 정치조직과의 교류는 이곳 단체들이 활동을 확대해 나가는 데 부정적인 영향을 끼쳤다. 왜냐하면 이곳에 살고 있는 대부분의 한인들은 남한 군사정부의 보복조치와 억압에 대해 두려움을 갖고 있었기 때문이다. 그 시절에는 군사정부에 저항하거나 한반도 분단을 고착화시키는 정책을 거부하는 행동 그리고 북한주민들과의 교류를 공식적으로 시작하기 위한 사회적 참여들은 야만적으로 탄압받고 억압당했다(인터뷰8).

한인들의 생활상황은 그 사이 분명히 변했다. 가정을 이루게 되었고, 자녀들이 태어나고 성장했다. 경제적으로도 과거에 비해 훨씬 안정되었다. 예전이나 지금이나 귀향의지는 가지고 있지만, 귀향할 수 있는 조건은 오히려 더 나빠졌다(인터뷰 8; 15; 22).

시간이 흐르면서 이 모든 요소는 다양한 목적을 가진 다양한 모임을 탄생시키는 견인차 역할을 했다. 루르 지역의 한인노동자연맹(1975~89), 보훔의 한인 문화모임 '두레'(1982, 지금은 민중문화협회에 포함되었다), 루르 지역의 한인 협동조합 '한마음'(1978/79~88), 루르 지방의 '전태일기념사업회 유럽본부'(1983~90), 루르대학 한인학생회(1976~92, 한국정치에 대한 참여를 목적으로 한 느슨한 조직), '전쟁과 군비경쟁에 반대하는 재독한인연맹'(1984)이 이렇게 해서 만들어진 모임들이다.

1978/79년부터 1988년까지의 한인 협동조합은 민중문화협회의 전신으로 볼 수 있을 것이다. 1978년에 이곳에 사는 한인 한 사람이 떡을 만드는 기구를 한국에서 가지고 왔는데, 그 기구를 어떤 비공식모임에 선물했다. 이 모임은 루르 지역의 한인교회 외부에서 훗날의 한인 협동조합을 위해 만들어진 것이었다. 그들은 일찍이 광산에서 자신들의 경험과 한국의

정치상황을 접하면서 정치적 생각을 갖게 되었다. 그들은 떡을 만들고 또 한국요리에 없어서는 안 되는 채소를 재배해서 한인들에게 판매했다. 이와 같은 일은 구성원들이 각자의 여가시간을 투입하는 협동조합 형식으로 이루어졌다. 그리고 판매수익금(구성원들은 무보수로 일했기 때문에 실질적인 수익은 없었다고 볼 수 있다)은 한국의 전태일기념사업회에 전달되었는데, 그것은 한국 노동운동에 앞장선 전태일기념사업회의 활동을 지원하고 연대하는 의미에서였다(인터뷰 15; 22).

동시에 모임의 구성원들은 한인유학생들과 함께 여러 가지 정치사상들을 학습하고 한국정치의 미래전망에 대해 토론했다. 1978년 2월 21일, 한국정부는 정치적 탄압의 일환으로 서울의 동일방직 여성노동자들의 노동조합 활동을 저지하기 위해 여성노동자들에게 똥물을 뒤집어씌운 사건이 발생했다. 동일방직에는 약 1400명의 노동자가 일하고 있었고, 그중 80%가 여성이었다. 이 여성노동자들은 섬유노련 내에서 자발적으로 노조를 결성하였다. 당시 섬유노련은 박정희 정권의 하수인 역할을 하는 어용노조였던 한국노동조합총연맹 산하의 산별노조였다. 동일방직 여성노동자들은 자신들의 권익을 보다 잘 실현시키고자 했다. 한국 노동조합 역사상 최초로 여성노동자가 동일방직 노동조합의 지부장으로 선출되어 노조 민주화를 시도하였다. 그해 노조원들은 조합규정에 따라 민주적 선거를 통해 1년 임기의 새 지부장을 뽑기로 되어 있었다. 이에 회사는 이 선거를 저지하기 위해 한국노동조합총연맹 소속의 회사 어용노조원들을 동원해서 선거에 참여한 여성노조원들을 닥치는 대로 폭행하고 심지어 똥물을 퍼붓고 입에 집어넣는 등 야만적인 행위를 서슴지 않았다. 그리고 경찰은 여성노조원들을 마치 짐승 다루듯이 질질 끌고 가 감방에 처넣었다. 결국 이들은 자신들의 일터에서 쫓겨나야 했다.[119] 당시 한국에는 이와 같은 사건이 비일비재하게 일어났다.

25명으로 구성된 특별한 형식을 갖추지 않은 모임이 1979년에 정식으로 한인 협동조합 '한마음'을 설립하였다. 지금까지 해오던 활동은 더욱 강화되어 계속 이어졌다. 이것을 기초로 해서 1982년에는 문화모임 '두레'가, 1983년에는 다양한 주제들을 보다 깊이 있는 논의하기 위한 '전태일기념사업회 유럽본부'가 생겨났다(인터뷰15).

특화된 내용의 모임에 참여했던 사람들은 대부분 여러 모임에 가입해 있었는데, 이것은 자연히 협동조합의 활동을 위축시켰고 점차 협동조합이 가지는 의미는 사라져 갔다. 시간이 흐르면서 채소를 재배하고 떡을 만드는 육체노동은 조합원들에게 힘들고 부담스러워졌다. 조합원이 많지 않았기 때문에 결국 이들 개개인에게 지나치게 많은 양의 육체노동이 부과될 수밖에 없었다(인터뷰22).

이와 같이 다양한 모임들이 적극적으로 정치적 활동을 했다. 그것은 이들이 한국대사관으로부터 자주 감시당하게 되고, 또 정치에 무관심하고 전혀 정치적이지 않은 듯한 다른 한인들과 알게 모르게 거리가 생긴다는 것을 의미했다(인터뷰15).

1986년 문화모임 두레의 한인들은 보훔교육청의 지원을 받아 보훔의 알텐 비테 거리(Alten Wittenerstraße)에 한인을 위한 센터를 마련하게 되었다. 그리하여 그들은 센터를 효과적으로 활용할 방안을 고민했으며, 가능하면 많은 한인들에게 이 소식을 알리고 센터를 통해서 무엇을 해야 할지 의견을 듣기 위해 준비모임을 결성했다. 많은 사람들이 관심을 보였는데, 심지어 과거에는 정치적인 사안에 참여하는 한인들과 아무런 관계도 맺지 않으려 하던 사람들까지 관심을 가졌다(인터뷰22).

이 시기에 민중운동, 즉 정부에 저항하는 운동이 일어나고 있었다. '민중'을 번역한다면 아마 'einfache Leute' 정도에 해당할 것이다. 민중은 의식화된 집단을 나타내는 한 가지 단어이며, 무엇보다도 늘 일상의 삶과 연결되어 있는 전통적 민족문화의 틀 속에서 명료하게 표현되었다. 기쁨, 분노, 슬픔, 쾌락 그리고 이러한 일상적 감정과 함께하는 삶의 체험은 선조들의 경험이 녹아들어 있는 문화적 전통으로 나아가는 다리가 되어주었다. 문화적 전통이라 함은 역사 속에서 삶을 영위해 나갈 수 있도록 해주는 살아 있는 힘을 뜻한다. 민요라든가 농악, 탈춤 그리고 특히 한국의 어릿광대라 할 수 있는 '말뚝이'와 그가 쓰는 가면 '말뚝이탈'이 여기에 속한다. 말뚝이는 고통과 분노 같은 삶의 부정적 경험으로부터 에너지를 얻어 이 에너지를 힘과 용기와 삶의 의지로 승화시켜서 삶의 환희를 드러낸다.[120] 민중문화운동은 커다란 반향을 불러일으켰으며, 그 하나가 이 모임의 이름이다. 그리고 민중문화운동은 이곳 한인사회의 성장에 매우 적합한 것이기도 했다.

한인노동자연맹이 광산에서 한인들의 대량해고에 항의하며 권리를 지키기 위해 만들어진 데(재독한인노동자연맹; 인터뷰15 참조) 비해, 민중문화협회는 한국문화를 자녀들에게 계속 전해야 한다는 신념에서 탄생했다. 또 창설자들은 문화활동이 독일주민과의 상호이해에 기여할 수 있다고 생각했다. 그 밖에도 정치적 신념이 달라 적이 되어버린 한인들을 서로 이어주는 다리 역할을 하기 원했다(인터뷰 8; 15; 22).

1986년 11월에 약 30명의 한인들이 민중문화협회 창립 준비모임을 가졌다(인터뷰22). 이 모임에서는 협회의 결성동기와 목적을 설명하는 안내지를 만들었다(앞의 배경에 관한 내용 참조).

그리고 얼마 후, 역시 같은 달에 루르 지역을 비롯하여 여러 지역에서 한인과 독일인 지지자 약 150명이 설립을 축하하고 전망에 대해 논의하기 위해 모였다. 35명이 설립멤버로 서명했다(인터뷰22). 설립멤버들은 두 달여에 걸쳐 협회의 조직구조와 정관을 만들었다(인터뷰15). 1987년 1월에 총회가 개최되었고, 약 80명의 한인이 참석했다(인터뷰8). 그렇지만 총회에 참석한 사람들 모두가 협회에 가입한 것은 아니었다. 창립연도에 회원은 약 50명으로 늘어났다(인터뷰15).

설립시기 조직의 의의는 비테 거리에 있는 센터가 보훔의 모든 한인들에게 상담소 역할을 하는 데 두었다.[12] 이 점은 특히 정치에 직접적인 관심이 없거나 혹은 정치적인 참여를 하는 조직과 연루되기를 꺼려하는 사람들을 염두에 둔 것이었다(인터뷰22). 그리고 협회는 각각 독립적으로 한국의 정치에 참여하는 여러 조직을 상호 연결시켜 주는 가교 역할을 할 것이었다.

총회는 초안에서 몇 가지를 변경한 정관을 통과시켰고, '민중문화협회'라는 이름을 확정지었다. 각 위원회가 구성되고 위원회 대표도 선출했다. 회비는 월 5마르크로 정해졌다.

조직구조 또한 체계적으로 확립되었다. 작은 변화를 빼면 지금까지 유효한 당시의 정관(제3조)에 따르면 목적은 다음과 같다. 첫째, 협회는 한국의 옛 민중문화를 보호하고 그에 대해 알고 배우며 널리 알린다. 둘째, 협회는 한인의 자기정체성과 '민중'으로서의 의식을 강화한다. 셋째, 협회는 한인과 독일인의 문화교류와 친교를 촉진한다.

회원자격(제5조)은 정회원과 후원회원 두 가지 형태로 규정되어 있다. 협회의 정관을 인정하는 재독한인은 모두 정회원이 될 수 있었다. 협회의 활동을 직·간접으로 지원하는 독일 및 그 밖의 해외 한인 그리고 독일인은 모두 후원회원이 될 수 있다.

협회의 기구(제8, 9, 10조)는 총회, 이사회(의장, 대내총무, 대외총무, 회계, 서기), 운영위원회, 회계감사위원회로 구성된다.

이사회는 매해 총회에서 선출된다. 그리고 운영위원회에는 5개 분과 위원회가 있다. 교육 및 자료 위원회, 사회·회원 복지 및 조직 위원회, 문화 및 예술 위원회, 홍보 및 출판 위원회, 2세교육활동위원회이다.

회계감사위원회는 3인으로 구성되어 있으며, 협회의 다른 직책을 겸임할 수 없다.

설립한 그해 협회는 적극적으로 활동을 펼쳤으며, 상당한 반향을 불러일으켰다. 특히 한국의 정치적 상황과 문화사에 관한 토론이 활발하게 전개되었다(인터뷰8). 대외적으로 협회를 널리 알리고 민족에 대한 이해를 촉진하기 위해 농악을 비롯한 한국의 문화를 독일인들에게 선보였다. 특히 홍보활동의 일환으로 추진한 문화공연은 그해 대외활동의 중심을 이루었다(1988. 1. 9 회의록). 그 밖에 문화의 밤, 농악모임, 어린이와 성인을 위한 댄스교실, 한인 입양아들의 가족만남, 어린이와 독일인을 위한 한국어교실, 시청각교육, 성인과 청년들의 편안한 만남의 자리 등이 개최되었다(팸플릿 1987/88; 인터뷰8).

회원들은 정기적으로 한 달에 최소한 두 번 이상 만났으며, 여기에는 이사회를 비롯한 내·외부 행사들도 포함되었다. 토론의 밤과 같은 행사에는 20~50명이 참여했는데, 한국에서 토론발표자가 올 때는 참석자가 이보다 더 많았다.

협회는 조직의 저변을 확대하기 위해 공식적으로 '비정치성'을 표방했지만, 활동은 생각한 것처럼 전개되지 않았다. 그 이유는 협회에서 적극 활동하는 회원들이 개인적으로 정치적 지향성이 분명했으며 동시에 다른 정치적 모임에서도 활동하고 있었기 때문이다. 정치적 지향성이 없거나 불분명한 사람들은 처음에는 몸을 사리다가 이윽고 모임에 소극적이고 수동적으로 참여하다가는 결국 나오지 않았다(인터뷰15). 초기에는 문화행사를 통해서만 더 많은 회원을 확보하려고 했다. 그러나 한국의 저명한 반정부인사들이 독일 혹은 루르 지방을 방문하면 반드시 협회의 모임에 들르곤 했는데, 그것은 적극적인 회원들이 직간접적으로 이들과 알고 지내는 사이였기 때문이다. 이로써 협회는 공식적으로 표방한 선을 제대로 지키기 힘들었을 것으로 보인다. 협회 안팎의 환경이 이를 허락지 않았던 것이다(인터뷰 15; 22).

2.1.3.2.2. 변천과정

2.1.3.2.2.1. 설립기와 정체기(1988~92)

루르 지방에서 시의 지원을 받아 한인센터와 같은 공간을 운영한 사례는 한인협회가 유일했다. 그렇기 때문에 초기에는 종종 다양한 스펙트럼의 모임들이 한인센터를 이용했다. 코리아협의회(Korea-Komitee)의 총회장소로 이용되기도 했는데, 코리아협의회는 자발적으로 참여한 독일인들이 활동하고 있는 거의 유일한 단체이다. 그리고 독일 노동자단체의 만남의 장소,[122] 한국 대통령후보의 독일방문을 환영하기 위해 여러 한인조직이 참여한 행사준비의 장소, '한국양심수후원회'의 모임장소 등이다(1988 회의록, 6쪽).

1987년의 대내외 행사가 대부분 문화와 관련된 것이었다면, 1988년부터 협회는 비공식적으로 정치적인 성격을 띠었다.

1998년 1월 9일 정기총회에는 등록회원 49명 중 30명이 참가했다. 총회에서는 이사가 선출되었고, 1987년 활동에 대한 평가와 더불어 1988년 활동에 관한 안건들이 제기되었다(1988. 1. 9 회의록).

평가에서는 다음과 같이 몇몇 활동부분에 대한 비판이 나왔다. 첫째, 위원회들이 매우 수동적이었다. 그래서 각 위원회는 계획했던 것보다 활동이 줄었으며, 특히 홍보 및 출판 위원회의 활동이 적었다. 둘째로, 내부행사가 너무 적었다. 셋째로, 2세교육활동위원회가 특히 활성화되어야 한다(1988. 1. 9 회의록).

다음연도 활동에 관한 제안으로는 다음과 같은 것들이 있었다. 농악모임은 하부모임이 되어야 한다. 이를 위해서는 각 위원회가 적극적으로 활동에 임해야 할 것이다. 독일 단체나 기관 등과 같은 다른 조직들의 초대에 응하는 식의 문화활동에 그쳐서는 안 되며, 협회 스스로 문화행사를 조직해야 할 것이다. 그리고 문화활동은 비회원 한인들과 연관된 더 폭넓은 토대 위에서 이루어져야 할 것이다(1988. 1. 9 회의록).

일부 회원들은 협회 원래의 취지를 발전시키기 위해 기본 계획을 유지하기를 원했지만, 일부는 협회를 정치적으로 활성화시키고자 하는 의도가 토론에서 드러났다.

1988년도 협회의 수입은 2만 2361마르크로, 예상수입을 거의 달성한 것이었다(1988 회계보고). 그러나 회비수입은 예상 수준의 절반에 그쳤다(2500마르크). 또 여러 행사에서 농악모임이 공연을 해서 받은 사례비 수입(1900마르크)이 있었다. 협회는 '문화의 밤' 행사를 위해서 ABP(Ausschuß für entwicklungsbezogene Bildung und Publikum, 개발도상국의 교육과 출판을 지원하는 독일개신교기금)로부터 4천 마르크를 지원받았다. 이는 협회가 독일기관과 재정지원을 통한 교류를 있었음을 의미한다. 그리고 협회는 기부금을 받았지만, 매우 적은 액수(약 300마르크)였다.

임시총회(1988. 2. 13 회의록)에서 각 위원회 대표가 임명되었고, 1988년 자금계획이 논의되는 등 구체적인 업무가 논의 및 결정이 되었다. 정기총회가 끝난 후에는 모든 업무를 전체 회원과 함께 구체적으로 검토하고 통과시키기 위해 임시총회가 항상 개최되었다. 이것은 협회의 독특한 운영방식으로서 협회의 전통이 되었다.

1988년 협회의 활동은 앞에서 열거한 문제들에도 불구하고 매우 활발했다. 이사들은 한 달에 한번 정기적으로 모였고, 위원회들은 다양한 행사를 진행했다. 한국 노동조합 운동, 한국의 민주주의, 한국의 정치상황, 북한 바로알기 등과 같은 주제로 토론의 밤이 열렸는가 하면 행사에서는 농악의 공연이 빠지지 않았다. 그리고 한국 전통춤을 배우는 수업이 개설되었다(1988 회의록).

대외적인 활동으로는 주로 독일인들의 모임을 비롯하여 노동조합이나 교회 같은 단체들의 초청으로 거의 달마다 국악이나 한국무용 공연을 했다(1988 회의록).

협회는 대규모 행사를 세 번 치렀는데, 그 하나가 1988년 3월 19일 보훔의 에리히 케스트너 종합학교에서 가진 '한국주간'이다. 이 행사기간 동안 여러 도시에서 한인들뿐 아니라 한국과 관련된 일을 하고 있는 독일인가정의 사람들 등 약 200명이 발걸음을 했다. 이 행사에서 협회는 특히 홍보 면에서 큰 성공을 거두었다(인터뷰 8; 15; 1988 회의록).

이어서 1988년 9월에 한국 대통령후보의 방문을 계기로 해서 협회는 다른 한인모임과 함께 한국의 군사독재에 반대하는 시위를 조직하였다. 이와 연결해서 '남한의 현 정치상황과 통일'을 주제로 한 공개행사도 개최하였으며, 이 행사에 여러 도시의 한인들만 해도 300여 명이 참여하여 큰 성공을 거두었다. *WAZ*지는 이 행사의 탐방기사를 실었다(인터뷰 8; 15; 22; 1988 회의록; 전단지).

그 밖에도 협회는 1988년 11월 20일에 베를린 〈ZDF〉방송의 '문화경쟁'(Kulturwettbewerb)이라는 프로에 출연했다. 이 출연은 특히 협회의 회원들에게 자신들의 활동에 대한 자부심을 불어넣어 주었다(인터뷰 8; 15; 22; 1988 회의록).

1989년 협회는 센터를 보훔 시에 돌려주어야 했는데, 보훔 시는 새로운 이주자들과 난민들을 위한 공간이 필요했기 때문이다. 그리하여 이사들은 담당관청을 방문했으며, 다른 공간을 받을 수 있었다(인터뷰8).

그 사이 협회가 간접적으로 정치적 지향성을 가지고 활동한다는 것이 분명해졌다. 가령 한국의 정치에 반대하는 시위가 열리면, 항상 협회의 음악모임은 악기를 들고 맨 앞에 서서 연주를 하여 언론의 이목을 끌었다

(인터뷰15).

이처럼 협회는 한편으로는 비정치적이고 문화적인 활동에만 머물러 있다는 경향을 보이면서도 또 한편으로는 한국정치와 관련해서 혹은 반정부인사들의 독일방문과 관련해서 다양한 사건들이 있었다. 따라서 협회는 때로는 전혀 정치성을 띠지 않은 모습으로, 또 때로는 정치적인 모습으로 비쳤다. 이와 같은 이중적인 모습은 비정치적인 회원들과 한국정부의 보복을 두려워하는 회원들의 관심에서 멀어지는 결과를 가져오는 한편, 정치적 사건들에 직간접적으로 연루되었던 사람들은 협회에 피해를 주지 않기 위해 협회를 탈퇴해야 했다. 예를 들어 한국의 야당 국회의원이 비밀리에 북한을 방문한 다음에 독일에 들러서 교포들을 만난 일이 있었다. 이 사실이 알려지면서 협회의 일부 한인들이 한국중앙정보부로부터 혐의를 받았다. 이 상황은 협회의 활동에 매우 부정적인 영향을 끼쳤다(인터뷰8). 협회는 비정치적인 한인들에게 '공산주의'로 낙인찍혔고, 활동을 줄여야 했다. 이 시기부터 1992년 말까지 협회는 활동을 계속해 오던 행사나 긴급한 행사들로 제한하였다. 대학축제에 음식부스를 만들어서 판매와 다문화 활동을 한다든가, 켐나데 축제(Kemnade-Fest)나 지역민속축제 같은 데 음식부스나 문화모임으로 참가하는 정도였다(인터뷰8).

1989년 회의록에 따르면, 한국에서 온 강사가 진행하는 장구수업 같은 문화와 관련된 활동은 계속해서 진행되었다. 그렇지만 다른 위원회들의 활동은 거의 중지되다시피 했다. 1988년과 비교하여 수입 또한 크게 줄었다(1만 4238마르크). 일부 회원들은 정치적 상황과 직접적으로 혹은 간접적으로 연관된 여러 가지 이유로 탈퇴하였다. 이것이 그해 협회의 주제였다.

1990년 협회에 위기가 찾아왔다. 총회개최의 충족인원이 단 한번도 모인 적이 없었던 것이다. 1991년에는 총회를 열기 위하여 회원들에게 세

차례나 참석을 청해서 마침내 세번째에 49명 회원 중 19명이 참석해서 정관에 따라 총회를 열 수 있었다(1990; 1991 회의록).

설상가상으로 보훔 시가 협회의 공간을 다른 목적으로 사용하기로 결정함에 따라 1991년 7월 6일 협회는 공간을 포기해야만 했다. 그로 인해 협회의 활동은 대부분 무기력해졌다. 그럼에도 불구하고 1991년과 1992년 회의록을 보면 이사들은 정기적으로 이사의 집에 모여서 협회의 문제에 대해 계속 논의했음을 알 수 있다. 그리고 특히 장기적인 행사들은 지속되었다. 당연하게도 회비, 음악공연 사례비 등의 수입은 급격하게 줄어들었다.

1992년 10월 협회는 보훔 시로부터 새로운 공간을 제공하겠다는 통보를 받았다. 이사들은 우선 협회가 이 공간을 사용해야 하는지, 사용료를 정말 부담할 수 있는지를 놓고 고민했다. 사용료만 해도 과거에 비해 크게 높은데다 회원들이 이전처럼 협회의 활동에 관심을 보일지 불투명했던 것이다(1992년 이사회는 회원들에게 이와 관련한 설문조사를 했다). 협회는 회원들의 동의를 얻어 이 공간을 사용하기로 결정했다.

이와 같이 협회의 활동이 어려움에 처한 상황에서도 협회는 다음과 같은 사안을 결정했다. 1989년에 협회는 '재유럽민민족민주운동협의회'(유럽민회)의 회원단체 가입에 관한 논의를 했다. 유럽민회는 1988년에 구성되었으며, 협회는 유럽민회에서 동등한 자격을 가진 협회로 기능하기를 원했다(1988 총회회의록).[123] 협회는 결국 가입하지 않기로 결정하는데, 이것은 협회의 고유성을 지킨다는 측면에서 매우 중요한 결정이었다. 1990년 협회는 정식으로 법적 등록(e.V.)을 했다. 이로써 협회는 다시 한번 확실한 형식을 갖추게 되었다. 1991년 총회에서는 회원들 개개인이 계속 회원으로 남아 있을 것인지 여부를 밝히기로 했다. 7명이 탈퇴의사를 표명했고, 17명은 후원회원으로 남기로 했으며, 일부 회원은 한국으로 돌아갔다.

이것이 통과되어, 정회원은 28명이 되었다(1991 회의록). 이와 더불어 협회
는 활동을 더욱 발전시키기 위해 노력하였다.

2.1.3.2.2.2. 정상화 및 부흥기(1993~)

1993년 1월, 회원들이 직접 수리하고 리모델링한 새 공간에서 총회가 열
렸다. 이날 다시 협회의 구조와 목표에 걸맞은 활동들을 드디어 활성화시
킬 수 있을 것이라는 희망이 생겼다.[124]

한국의 민주화를 향한 정치적 상황이 좋아졌다.[125] 그것은 협회의 활
동과 회원들 그리고 주변환경에 영향을 주었다.

① 회원

앞에서 살펴보았듯이, 협회는 창립회원 35명으로 시작했다. 1990년까지
회원은 54명으로 늘어났고(앞의 내용 참조), 1991년부터는 이 숫자가 29명
으로 줄어들어 지금까지 안정적으로 유지되고 있다. 1993년부터 회비가
월 10마르크로 올랐는데도 거의 모든 회원이 정기적으로 회비를 내고 있
다(인터뷰22).

회원 29명의 구성을 보면, 학생 2명 이외에는 모두 직업을 가진 이민
자들이다. 직업별로는 간호조무사 9명, 노동자 9명, 자영업자 2명, 광부 2
명, 기술자 1명, 태권도사범 1명 그리고 대졸 직장인 3명이다. 한독가정의
회원 4명을 제외하고는 모두 한인가정 회원이다(1993. 12 회의록). 회원의
약 1/3이 독일시민권을 가지고 있으며, 대부분의 회원들이 맞벌이가정이
기 때문에 경제적으로 안정되어 있는 편이다. 예를 들어 두 자녀를 둔 간
호조무사 여성과 직업교육을 받은 노동자의 4인가족 소득은 5천~5500마
르크(세금 제외) 정도이다. 홀벌이 회원들도 있는데, 상대적으로 경제사정
이 매우 빡빡한 편이다(인터뷰8).

회원의 상당수가 노동조합원(금속노조 IG-Metall, 광산노조 IG Bergbau,

공공노조 ÖTV)이며, 2~5명이 정당에 가입해 있다. 대부분의 회원들이 두 개 이상의 조직에 속해 있었다(인터뷰8).

회원의 다수는 일상생활에서 독일어를 구사하는 데 큰 어려움을 느끼지 않았다(인터뷰8).

"학생들을 빼놓고는 모든 회원이 독일시민권을 취득하기 위한 조건을 충족시켰지만, 많은 사람들이 지금까지 시민권을 신청하지 않고 있어요. 우리는 언젠가는 한국으로 돌아가리라는 생각을 막연히 하고 있지요. 그 이유야 다양할 수 있겠지만, 한 가지는 분명합니다. 우리는 외국인으로서 독일인들에게 시민으로 받아들여지지 않아요. 특히 이곳의 외국인에 대한 적대는 우리를 못 견디게 하죠. 만약 이중국적이 도입되면 모두가 독일시민권을 얻을 것입니다.

회원들의 아이들은 모두 김나지움에 다닌답니다. 학교생활을 매우 잘하고 있어요. 우리 아이들이 앞으로 어떤 직업을 가지게 될지는 지금 뭐라고 섣불리 말할 수 없어요. 아이들은 아직 학교에 다녀요. 하지만 우리 아이들이 독일인과 경쟁할 때는 아마 손해를 볼 겁니다. 몇몇 아이들은 이미 장성해서 대학에 다니고 있어요."(인터뷰8, 현재 회장).

② 정관

1989년부터 5개 위원회가 3개로 축소되었다. 그간의 경험에 비추어볼 때, 협회의 규모에 비해 5개 위원회는 너무 많다고 판단했기 때문이다. 1989년부터는 교육 및 홍보·출판·기록 위원회, 문화사업·친교활동·조직사업 위원회, 2세대교육활동위원회 등 3개 위원회가 구성되어 있다.

회계감사위원이 3명까지 필요치 않다고 판단하고 1991년부터는 2명이 회계감사를 책임지고 있다. 2명으로 나뉘어 있던 총무의 기능은 하나로 합쳤다.

1994년에는 이사진의 잦은 교체가 계획된 활동추진에 장애요소인 점을 고려해 이사의 임기를 1년에서 2년으로 늘렸다.

1990년 협회가 정식으로 법적 등록을 한 후부터 협회의 이전 정관은 형식 면에서 등록협회의 표준과 유사해졌다. 목표설정과 구조는 처음부터 변하지 않고 유지되었다.

③ 활동과 업무의 종류

내부를 대상으로 하는 프로그램이 외부를 대상으로 하는 프로그램보다 많았다. 1년에 여러 차례 학습세미나가 열렸으며, 세미나에서는 주로 사회·정치·한국 관련 주제 등 다양한 주제들을 다루었다. 회원들은 정기적으로 한국 전통악기를 연마하였으며, 행사를 앞두고 있을 때는 대체로 일주일에 1번씩 모였는가 하면 때로는 강도 높은 연습을 하기도 했다. 보훔대학 축제와 켐나데 축제에서는 한국음식을 판매하여 수익을 올리기도 했는데, 그것은 회원들이 자원봉사를 했기 때문에 가능했다. 뿐만 아니라 한국문화를 소개하는 기회가 되었고, 이런 공동의 활동을 통해 회원들끼리 더욱 가까워질 수 있었다. 그리고 회원들을 위해 야유회나 축제 같은 공동체적 행사가 조직되었는데, 이런 행사의 대부분이 한국의 국경일에 열렸다(인터뷰 8; 15; 22).

1994년에는 2세대를 위한 프로그램이 이들의 의지로 성사되었다. 2세들은 이야기나 붓글씨와 장구 배우기를 통해서 한국어를 습득했다. 처음에는 청소년들이 자기들끼리의 친교모임 정도로만 생각했기 때문에 큰 성공을 거두지 못했다. 부모들은 이 프로그램을 위해 많은 노력을 기울였다. 가을방학 동안에는 청소년 17명이 3일 동안 유스호스텔에 모여 장구와 소고 치기를 배웠다. 이를 통해서 청소년들은 서로 더 가까워졌고, 자신들이 직접 모임과 프로그램을 조직해서 한 달에 한번 정기적으로 만나고 있다. 이러한 청소년활동은 오래전부터 협회의 바람이었음에도, 협회는 청소년들에게 동기부여를 할 수 있는 적절한 계기를 찾지 못하고 있었던 터였다. 그렇기 때문에 회원들은 이 청소년모임을 커다란 성공으로 여겼다(인터뷰15).

협회는 다른 한인단체들과 협력관계로 일했다. 예를 들어 해마다 오월이면 '오월민중제'가 열리는데, 이 행사에 참여하는 단체들 가운데 다섯 개 단체가 돌아가며 그해 행사를 주관한다(현재는 재독한국여성모임, 루르 노동자연맹, 베를린 노동자교실, 베를린 범민련, 보훔의 민중문화협회, 한국양심수후원회). 5월은 한국인들에게 정치적으로 매우 중요하다.[126] 오월민중제에는 스위스, 프랑스, 덴마크에서 온 사람들을 포함해 약 60~150명이 참여한다.

지난 시기에 협회는 대사관이 주최하는, 대부분 친교도모 행사에도 참가했다(예를 들어 체육대회). 정치적인 지향성이 다르거나 정치성을 띠지 않은 각 지역의 한인단체들(한인회, 글뤼크아우프회 등)과 보다 우호적인 소통관계를 다져나가기 위해 협회는 그들과의 친교를 도모했다. 한인회가 자신들의 행사에 협회의 음악모임을 초대하면 협회는 이를 기꺼이 받아들여 행사를 함께했다(인터뷰8).

독일의 단체들과 협력활동은 그들의 행사에 초청받아서 가는 수준에 머물러 있었다(앞의 내용 참조). 협회는 독일 교회단체들의 요청에 응해 한국문화를 소개하는가 하면, 대학이나 기업의 다문화행사에 초대되어 가는 식이었다. 한동안 협회의 문화모임은 독일연방 전역(뮌헨, 브레멘, 베를린, 함부르크, 파더보른 등)의 독일단체들로부터 초대를 받았는데, 그 모든 초대에 다 응할 수 없을 정도였다. 이처럼 협회는 문화를 통해 독일인과 한인들이 서로를 알아가는 데 충분히 기여했다(인터뷰 15; 22).

협회는 다른 외국인단체들과도 독일단체들과 유사한 교류를 하고 있었다. 가령 음악모임은 필리핀단체 같은 외국인단체의 문화공연에 초대를 받았다. 외국인단체들로부터 초청이 들어오면, 협회는 연대의식의 일환으로 대부분 함께했다. 애초에 협회는 이러한 관계가, 예를 들어 정기적 만남 같은 방식으로 활성화되고 일회성에 그치지 않기를 바랐지만 아직은 협력적 관계의 수준에는 이르지 못했다. 그 원인은 양쪽 모두 아직은 충분한 힘을 갖고 있지 못한 데 있었다. 이와 같은 종류의 관계를 만들어내기에는 인력이나 돈 모두 부족했다(인터뷰 8; 15).

연간 프로그램 계획은 이미 총회에서 수립되지만, 적극적으로 활동하는 회원의 부족으로 계획대로 완전히 진행되지 못하는 경우가 다반사다. 그것이 하나의 문제이다(인터뷰 15; 22).

그해(1994) 협회가 계획한 프로그램을 살펴보면 다음과 같다. 보훔 주변의 한인회와 보훔의 한글학교 및 한인교회와 협력한 '한인 문화의 밤', '갑오농민항쟁 100년'과 '한국의 통일'을 주제로 한 세미나, 청소년을 대상으로 한 한국 음악과 춤 교실과 한국어교실, 한국 전통축제와 대학의 축제에서 음식판매, 도서 모으기와 문서작업, 한인센터 보수작업 등이다 (1994 회의록). 여기서는 협회가 안정적인 발전을 위해 신중하게 우회적인 활동을 펼쳐나가고 있다는 것이 엿보인다.

운영위원회(확대된 이사회)가 1년에 최소 네 번 열리며, 잘 기능하고 있었다. 세미나 같은 정규모임에는 15~20명의 회원이 참가한다. 협회가 켐나데 축제에 음식부스로 참여하면 모든 회원이 함께 나서서 일을 한다.

회의록은 작성하고 있지만, 협회가 출판을 긴급하고 중요하게 생각하고 있음에도 회보의 발간은 아직 실현되지 않았다(인터뷰8).

④ 홍보활동

협회를 알리는 팸플릿을 지금까지 단 한번(1987) 만들었다. 앞으로 팸플릿 작업을 다시 할 계획이다(1994. 1 회의록).

독일단체들에서 공연, 시위 혹은 5월시위에의 참여 등과 같은 프로그램을 통해서 간접적으로 홍보활동을 하고 있다.

묄른(Mölln)에서 한 터키여성이 외국인 혐오자들의 방화로 목숨을 잃은 사건이 발생했을 때 협회는 다른 한인단체들과 함께 당국에 공식 항의서를 보냈다(인터뷰 8; 15). 한 단체로부터 협회에 다른 외국인단체들과 함께 외국인정책에 대해 적극적으로 활동하자는 제의가 왔다. 하지만 협회는 이 제의를 받아들일 수 없었는데, 무엇보다도 많은 회원들이 독일어에 어려움을 겪고 있었기 때문이다. 협회는 공적인 활동을 하기를 원했지만, 이런 활동을 충분히 해낼 수 있는 회원이 별로 없었다(인터뷰15).

⑤ 재정조달

협회는 우선 회비(약 2800마르크)에 의존했다. 1993년부터 회원들은 정기적으로 회비를 납부했다. 이것은 회원들이 협회의 일에 관심을 가지고 있음을 의미한다. 1992년에서 이월된 돈을 제외하고, 1993년 협회의 수입은 약 1만 1천 마르크였다. 이 가운데 회비가 차지하는 비중은 25%이고, 다문화행사에서의 음식판매 수익금이 4500마르크로 약 40%, 문화모임의 공연사례금이 1250마르크로 약 11%를 차지했다. 그 밖에 소규모 기부금이 있었다(1994 회의록).

이전에 비해 음식판매를 위한 회원들의 노동력을 조직하기가 점점 어려워졌다. 왜냐하면 회원들은 나이가 들어가는데다 시간을 내기가 갈수록 힘들어졌기 때문이다(인터뷰 8; 12).

과거 협회는 ABP와 같은 독일기관들의 지원활동의 하나로 재정적인 지원을 받았다. 그러나 앞에서 말했듯이 협회의 활동이 줄어들자, 이 지원을 받을 수 없게 되었다. 앞으로 협회가 청소년을 대상으로 하는 활동들을 적극적으로 개발해 낸다면, 전과 같은 재정지원을 기대할 수 있을 것이다(인터뷰 15; 22). 물론 보훔 시로부터 센터를 지원받고 있지만, 1993년도 지출에서 약 5700마르크의 임대료와 부대비용은 협회로서 크나큰 부담이 아닐 수 없었다. 그외의 지출은 거의 전적으로 내부의 활동비 및 사무비용이 차지했다(1994 회의록).

협회는 1994년의 수입이 1993년도와 비슷한 수준으로 실현될 것으로 예상하고 있었다. 따라서 협회가 더 많은 프로그램을 추진하게 되면 재정 상황은 상당히 나빠질 것으로 예상된다. 회원들은 이로 인해 어려움을 겪을 터인데, 그렇다고 특별히 다른 대안이 있는 것도 아니었다. 왜냐하면 독일기관들의 외국인단체 활동에 대한 지원이 점점 더 줄어들고 있기 때문이다(인터뷰8).

⑥ 특수성과 성과

"우리 협회는 독일인과 함께 문화활동을 하면서 서로를 알아가는 데 일정한 기여를 했습니다. 우리 아이들은 한국문화를 배우게 되었고, 그 과정에서 아이들은 자신들의 정체성과 의식을 발전시킬 수 있었어요. 이를 위해 우리는 최선을 다하고 있습니다. 우리 협회는 루르 지방을 위해 매우 중요합니다. 왜냐하면 우리 협회는 종교와 아무런 관련이 없기 때문이에요. 그렇기 때문에 협회는 모든 사람들에게 열려 있어요.

우리 협회는 민주주의 원칙을 지키려고 노력합니다. 많은 회원들이 오랜 조직생활 경험을 갖고 있기 때문에 [민주주의 원칙의 준수가] 성공할 수 있었다고 봐요. 이따금 완고한 회원들도 있지만, 그렇다고 해서 최종적으로 우리의 활동과 원칙에 영향을 주지는 않았어요. 협회는 우리에게 의지할 수 있는 공간을 제공합니다. 그리고 우리는 서로 가깝고 친한 관계를 유지하고 있어요."(인터뷰 22; 15).

"한국에서 민주주의를 위해 싸우는 사람들이 우리를 방문한다면 우리 협회는 그들과 함께 토론할 수 있는 기회를 마련합니다. 우리는 다양한 형태로 문화활동을 이끌었어요. 또 우리는 정부에 저항하는 한국의 예술가들이 이곳에서 그림과 음악을 전시하고 상연할 수 있는 기회를 만들었지요.

우리 협회는 이곳의 한인들에게 사회적으로 건강한 삶을 누릴 수 있는 기회를 제공합니다. 독일사회와 독일기관에도, 그들이 원한다면 협회는 한국문화를 알 수 있는 기회를 제공하고 있습니다."(인터뷰8)

⑦ 문제점

"우리에게 커다란 다툼은 없습니다. 하지만 예나 지금이나 '한국의 통일'이라는 주제에 대해서는 의견의 차이가 있습니다. 일부 회원들은 북한을 방문했어요. 그러나 그들이 북한체제에 동의하기 때문이 아니라, 통일을 위해 노력하기 위해서였어요. 그들은 북한을 가보지 않은 사람들과 다른 시각을 가지고 있어요. 그것이 협회를 분열로 이끈 것은 아니지만, 활동에 피해를 주어서는 안 된다는 점에서 때로는 문제가 됩니다. 따라서 우리는 이 갈등을 토론을 통해 조정하지 않습니다. 대신 활동을 통해, 예를 들어 문화활동을 통해 조율합니다. 이 문제는 시간이 필요합니다. 그리고 남한과 북한의 정치적 변화가 필요합니다."(인터뷰8)

"계획된 프로그램들이 자주 진행이 되지 못하고 있습니다. 2세들의 교육활동이 강화되어야 합니다. 사람들은 항상 이 일이 매우 중요하다고 말하면서도 아무것도 하지 않아요. 예전에는 정치적 활동에 대해 서로 의견이 달라서 말다툼이 벌어졌지만 지금은 그렇게 격한 논쟁이 벌어지지 않습니다."(인터뷰15)

"우리의 새로운 생각을 현실화하려 할 때 그를 위한 재정수단이 너무 적습니다. 그래서 지금보다 더 적극적인 회원들이 필요합니다. 많은 회원들이 다른 단체에도 가입해 있어요. 물론 회비는 열심히 내지요. 하지만 여러 가지 프로그램을 준비하는 데 필요한 활동은 별로 하지 않는답니다."(인터뷰22)

⑧ 전망

"우리는 2세대를 위해 아주 많은 투자를 해야 합니다. 또 그들이 한국을 직접 접해 보는 기회를 가지게 되면 그들에게 긍정적인 경험이 될 겁니다. 그들은 비록 여기서 태어나고 자랐지만, 두 개의 문화와 역사흐름 그리고 지역 사이의 긴장지역에서 살고 있습니다.

사람에 대한 우리의 인식을 확장시킬 필요가 있다고 봅니다. 그렇게 해야 우리는 더 많은 회원을 모집할 수 있고, 협회의 업무를 잘 분담해서 진행시킬 수 있고, 또 이곳 한인사회의 믿음을 얻을 수 있습니다. 그래서 저는 협회가 과거처럼 외부에 단지 정치적 논쟁을 위한 장소로 비쳐서는 안 된다고 생각합니다. 우리 활동의 발전을 방해할 뿐입니다. 한편으로 저는 한인들이 이곳에 오래 눌러앉아 살게 되면서 뭔가 의미 있는 삶을 찾으려 하기보다는 그저 편해지려고만 한다는 인상을 받습니다. 그러나 그들이 협회가 이끄는 사회적 활동을 하려면 시간과 돈을 투자해야만 합니다. 많은 사람들이 그렇기 때문에 협회에 가입을 안 하려고 합니다. 바람직한 것이 아니라고 저는 생각합니다.

협회의 목표는 변하지 않았습니다. 우리는 협회를 안정과 기쁨의 장소로서 매우 중요하게 생각합니다."(인터뷰8)

"우리는 한인센터를 외부에 더 많이 개방해야 합니다. 그리고 활발하게 공론화하는 활동을 이끌어내야 합니다. 우리 협회는 이곳 한인들의 이익을 대변해 주는 협회가 되어야 합니다. 따라서 협회는 사람들에게 생활문화와 정보를 제공하는 장소가 되어야 합니다. 한국에서 온 사람들과 이곳 사람들의 일상생활에서 정보는 매우 중요합니다. 회보도 발행되어야 하고요.

2세들에게 한국어수업이라든가 부모와 청소년의 대화 같은 다양한 프로그램을 제공해야 합니다."(인터뷰 15; 22)

"1세대들, 다시 말해 우리에게는 노년을 어떻게 보낼 것인가가 중요합니다. 협회는 이런 점에 신경을 써야 합니다. 우리에게 한국악기를 가르칠 전문적인 교사가 필요합니다. 여기에는 그런 전문가가 거의 없어요. 한국에서 초빙해 온다면 비용이 상당히 많이 들겠지만 그럼에도 불구하고 협회가 예를 들어 공공기관의 지원을 받아 반드시 성사시켜야 한다고 생각합니다."(인터뷰15)

"협회는 교회를 다니지 않는 사람들에게 편안하게 만날 수 있는 장소를 제공해야 합니다. 협회의 공간은 사적이든 공적이든 축하행사를 위해 사용할 수 있습니다. 모든 한국인들에게 열려 있습니다."(인터뷰22)

2.1.3.3. 베를린 한독문화협회
2.1.3.3.1. 설립역사
베를린 한독문화협회(Koreanisch-Deutscher Kulturkreis in Berlin e.V.)는 1985년에 창립했다. 1980년대 초반에 들어와서 베를린 한인사회는 점차 기반을 확고히 다져나갔다. 한인사회의 환경이 만들어졌고 가족과 협회의 생활은 자리를 잡았지만, 한편으로 또 분화되었다.

예나 지금이나 한독가정이 한인가정보다 많다. 2세대들의 문제가 분명하게 드러나기 시작했다.

원칙과 성격이 서로 다른 수많은 한인 모임과 단체들이 베를린에서 활발하게 활동했다 한인단체, 한인간호사단체, 한인교회, 취미·문화·정치·여성 관련 단체 등 수많은 조직이 그사이 생겨났다.[127]

"1984년에 저는 자원해서 일주일에 한번 사설유치원의 약 30명 원생들에게 한국무용과 한국어를 가르치기 시작했어요. 모두 한독가정이나 한인가정의 아이들 아니면 한국에서 입양된 아이들이었지요. 이 과정에서 특히 재독한국여성모임 베를린 지역모임의 여성회원들과 '노동자연맹'의 회원들은 한인청소년들을 위한 활동으로 베를린에서 한국문화를 장려할 수 있겠다는 그 가능성을 보았습니다.

정치적으로 반정부활동과 관련되어 있던 한국여성모임, 노동자연맹 그리고 과거에 '민주사회건설협의회'에서 활동했던 한인들은 확실히 베를린의 다른 한인들에게서 고립되어 있었습니다. 한마디로 이 모임들은 빨갱이였지요. 그렇지만 여기서 봉사하던 사람들은 문화활동과 청소년활동을 반정부활동으로 한정시키는 것을 원하지 않았어요. 특히 청소년들 때문에 더 그랬는데, 2세들은 근본적으로 부모의 정치적 성향과 아무 관련이 없었어요.

뿐만 아니라 문화활동은 정치적 입장과 상관없이 베를린의 다른 한인들과 교류하는 기회를 만들어줄 수 있으리라는 희망이 있었어요. 그외에도 여기에 헌신하던 거의 모든 여성들이 독일인과 결혼했지요. 그리고 지금까지는 한인 여성과 남성들이 독일인들과 함께할 수 있을 만한 공간이 없었어요. 청소년이나 문화 활동은 공동의 프로젝트가 될 수 있었어요. 이러한 배경에서 나온 고민의 결과 협회가 생겨났습니다."(인터뷰45, 한인 창립멤버로 협회의 청소년활동에 봉사했다)

2.1.3.3.2.   변천과정

① 회원

회원명단을 보면 회원은 약 70명이며, 70%가 한국인이다(인터뷰 44; 50).

그러나 협회가 왕성하던 시기에는 불과 12~15명만 적극적으로 활동했다. 정기적으로 활발하게 활동한 한인들은 한국여성모임이나 재유럽민민족민주운동협의회 베를린지부에서 활동한 사람들과 겹친다고 볼 수 있다. 이들은 협회의 활동 역시 한인회 활동의 하나로 생각했다. 성인을 대상으로 한 활동이 적을수록 그만큼 한인회원의 참여는 줄어들었다. 재유럽민민족민주운동협의회에 협회의 가입문제를 놓고, 결국 가입하지 않기로 하자 한인들의 참여는 더 줄어들었다. 일부 한인들은 실망감을 드러내

면서 더 이상 회비를 내지 않았다. 약 8~9명의 회원이 협회활동을 하고 재정까지 부담했다.[128]

　"유명한 한인 음악가와 '민주민족통일해외한국인연합 유럽지부'(Alliance for Democracy and Reunification of Korea, Sektion Europa)의 초대의장 그리고 '민주사회건설협의회' 초대의장도 회원으로 가입했어요. 아무튼 우리 협회의 초대의장이 자신이 아는 한인들은 거의 강제로 가입시켰어요. 대부분이 한국여성모임이나 민건회와 관련 있는 사람들이었지요. 신규 회원들 가운데 독일인을 제외하고는 반정부투쟁에 가담하지 않는 사람은 거의 없었어요."(인터뷰45) 이것은 회원에 대한 처음의 생각이 성공하지 못했음을 의미한다.

　회원의 약 70%가 한인이며, 다수가 한독가정의 구성원들이다. 소수이지만 한인 남성회원들도 있으며, 대다수가 직업을 가지고 있다.

　대부분의 회원들이 독일어 구사에 별로 어려움을 느끼지 않는데, 독일인 배우자와 생활하기 때문일 것이다. 회원들의 자녀들은 유복한 환경에서 자라고 있었다.

② 정관

인터뷰에서 정관은 중요한 주제가 아니었다. 협회의 연혁에서 정관과 관련된 문제는 드러나지 않았다. 협회는 정식으로 법적 등록(e.V.)을 한 공익협회이다. 필자는 문서화된 정관은 확인할 수 없었다.

　이사회는 의장, 부의장, 총무, 회계 등 4명으로 구성되어 있다. "지금까지 늘 한국인이 의장을 하고, 독일인이 부의장을 했어요. 독일인 회원들은 이사회의 직책을 맡는 것을 별로 좋아하지 않아요. 대개가, 말하자면 거의 압력에 의해 자리를 맡았어요."(인터뷰45)

　이사회는 서로의 신뢰를 바탕으로 조화로우면서도 민주적으로 운영되고 있다(인터뷰 44; 50). 회의는 한 달에 한번 열리며, 거의 항상 이사들 모두가 참석한다(인터뷰44는 한인회원이며 3년 동안 의장을 지냈다. 인터뷰 44와 50은 같은 이사회에 속해 있었다). 그렇다고 항상 분란이 없는 이사회만 구성되었던 것은 아니다. "처음에는 많이 싸웠어요. 일종의 권력다툼 같은 것이었죠. 가령 이전의 어떤 의장이 그랬듯이 '부의장은 이미 전달받았는데 나는 왜 못 받았지?'라는 식이었죠."(인터뷰45)

③ 활동과 업무의 종류

"협회는 한국문화와 독일문화의 교류를 활성화하는 것을 목표로 했어요. 그러나 독일인회원들이 자신들의 문화를 대하는 건강치 못한 태도 때문에 매우 일방적인 교류가 되었어요. 다시 말해 한인회원들은 자신들의 문화를 실천하는 포럼을 꾸리고 있었던 거죠. 이런 것이 상당히 중요하다고 생각하지만, 또 한편으로 독일인들의 도움이 있었기 때문에 폭넓은 관심을 받을 수가 있었죠. 이 포럼은 협회가 세워지고 여러 해 동안 KDK[베를린 한독문화협회]의 중심 활동영역이었어요.

　이와 함께 또 협회는 한인여성과 독일인남성의 공동의 삶에서 발생하는 혹은 독일의 환경에서 일어나는 문제들을 위한 일종의 '자조모임' 역할을 해야 했어요. 협회가 정말 그랬는지는 저로서는 판단이 잘 안 되네요. 그리고 협회는 자녀양육 문제에 신경을 써야 했는데, 이 문제는 바로 지금 아이들이 처한 특별한 위치에서 생겨난 것이에요. 한인아이들은 그들대로 전혀 한국적이지 않은 환경에 둘러싸여 있었고 혼혈아이들은 또 그들대로 서로 혼합되지 않는 독일적인 환경에서 살고 있었으니까요."(인터뷰50)

　지금까지 협회는 주로 대외적인 활동과 2세들을 대상으로 하는 활동을 해왔다. 구체적으로 한국문화를 독일인과 2세들에게 알리기 위해 '붓글씨' '한국무용' '태권도' '한국음식'을 주제로 한 프로그램을 진행하고 있었다(인터뷰44).

회원들은 프로그램을 조직하기 위해 초기에는 2주에 한번 만났으나 점점 3주에 한번, 한 달에 한번으로 만남의 간격이 늘어났다. 물론 형식과 관계없는 만남도 있었다. 하지만 이것은 회원들이 시간이 지남에 따라 관심이 줄어들어 갔음을 의미한다(인터뷰44).

"'1990년 한국의 날' 같은 대규모 공개행사가 조직되었을 때, 회원들은 매우 적극적으로 참여했어요. 한국의 날 행사는 민속박물관의 강당에서 개최되었는데, 300명이 참석했어요. 통역을 맡은 여성들도 있었지요. 한국 무용과 음악 공연을 하는 문화의 밤도 있었어요."(인터뷰44)

해마다 여름이면 협회는 거리축제에 참가하여 회원들과 청소년들이 한국 무용과 음악을 선보였다. 여기서 받은 공연 관람료는 협회의 수입으로 들어갔다.

또 협회는 한국의 문화단체들을 베를린으로 초대하는 행사를 마련했다. 초대받은 단체들은 공연도 하고 또 협회의 한인과 독일인 회원들에게 한국 전통 음악이나 춤을 가르쳐주기도 했다.

"지난해에는 한국의 민속음악단체[사물놀이패]가 다른 단체의 초청으로 왔어요. 그리고 1994년에는 우리 협회의 회원이 아닌 사람이 이 단체를 초청했지요. 이 사물놀이패는 이곳에 자신들의 유럽지부를 만들기를 원했어요. 이런 식으로 뭔가를 조직하려면 우리 협회가 공식적으로 나서서 해야 하는데, 늘 제대로 역할을 하지 못했어요."(인터뷰44)

한국 사회와 정치 발전을 위해 헌신하던 예술가들이 초대를 받아 독일에 왔을 때, 협회는 그들의 전시와 공연을 조직하였다(인터뷰45).

협회의 가장 중요한 업무는 예나 지금이나 청소년활동이다. 이미 언급한 것처럼 한 회원이 개인적으로 나서서 청소년을 위한 활동을 하기 시작했다. "청소년들과 저는 50제곱미터 크기의 저희 집에서 만났습니다. 또 만날 장소가 마땅치 않을 때는 카페에서 만나기도 했어요. 우리는 먼저 농담부터 하기 시작했어요. 왜냐하면 부모들은 자기 아이들이 농담하는 것을 절대 허용하지 않거든요. 청소년들에게는 부모의 간섭으로부터 벗어나 자유로움을 느낄 수 있는 활동들이 필요했죠. 그런 활동을 하면서 그들은 다른 사람들에게 자신을 열 수 있거든요. 우리는, 그러니까 청소년들과 저는 자유로운 기분으로 모든 것을 할 수 있는 그런 장소를 소망했어요."(인터뷰45)

협회는 베를린의 외국인위원회로부터 재정지원을 받을 수 있는 장소를 찾아내려고 노력했다. 여러 해 동안 애쓴 끝에 1990년에 협회는 시의 지원으로 청소년들을 위한 집을 크로이츠베르크(Kreuzberg)에 마련했다(인터뷰 44; 45). 독일통일 이후 단체들에 대한 시정부의 지원금이 전체적으로 줄어들었고, 협회도 이것을 피해 갈 수 없었다. 그래서 1995년부터는 이 청소년센터를 포기해야 한다(인터뷰65).

이런 공간이 마련되기 전에 청소년모임 '단비'가 협회의 하부조직으로 1987년에 생겨났다. 단비는 나이에 따라 16세 이상 모임과 12~15세 모임으로 나누어졌으며, 청소년들의 국적은 다양했으나 다수가 한국과 연관되어 있었다(인터뷰45; 협회의 자료).

다음은 한독문화협회의 청소년활동에 대한 공식적인 소개이다. "청소년활동은 중요한 두 가지 임무를 충족시켰습니다. 이 활동은 우선, 대부분 독일에서 태어나고 자란 어린이나 청소년들에게서 적어도 부모 한쪽의 고향과 관계맺음을 조성하는 것이어야 했습니다. 그리고 다음으로, 이들이 이중국가 출신이라는 긴장된 환경 속에서 자신의 정체성을 찾고 발전시켜 나갈 수 있게 도와주는 것이었습니다.

청소년활동을 어린이와 청소년의 성장을 위한 일종의 지원이자 세대와 세대를 이어주는 다리를 만드는 것이라고 한다면, 활동내용은 어떠해야 하고 또 그 목표를 실현하기 위해서는 어떤 길을 가야 하는가라는 물음이 제기될 수 있을 것입니다. 많은 단체들로부터 청소년활동에 대한 수많은 제의가 들어왔습니다. 어떤 사람들은 통일문제가 활동주제의 한 가지가 되어야 할 것이라는 의견을 보냈는가 하면, 또 어떤 사람들은 정치적 내용이나 기존의 성인단체들과의 공동활동을 제안했습니다. 드물기는 했지만 전통이나 문화에 관한 내용도 촉구되었고, 역사나 그 비슷한 것도 언급되었습니다.

아무튼 청소년활동의 필수적 내용은 이미 정의된 목표들로부터 나와야 합니다. 청소년과 성인, 자녀와 부모 사이의 다리 역할이 그것입니다.

우선, 어린이와 청소년들의 상당수가 부모와 성장배경이 다르다는 점을 고려해야 할 것입니다. 어른들은 삶의 중요한 시기를 한국에서 보냈습니다. 정체성 형성에 결정적인 시기인 유년기와 청소년기에 한국의 지배적인, 다시 말해 그들에게 각인될 수 있는 그런 영향을 받았습니다. 반면 2세들은 거의 예외 없이 독일에서 태어났고 한국에 대한 경험이라 해봐야 짧은 휴가기간 동안의 체류가 고작입니다. 그들에게는 서구적 사회화의 영향이 각인되어 있습니다. 그리고 그들 스스로 삶의 중심을 자연스럽게 독일로 받아들이고 있습니다. 한국으로의 이주(이 아이들에게 귀향이라는 말은 해당되지 않습니다)는 아이들에게는 최소한의 주제일 뿐입니다. 어른들에게는 완전히 다릅니다. 그들은 단기간 이곳에서 일하고 다시 한국으로 돌아가기 위해 독일에 왔습니다. 비록 대부분에게 이 짧은 기간이 이미 삶의 중요한 부분이 되었음에도 불구하고 고향(여기서는 분명히 '귀향'을 의미합니다)으로의 귀환에 대한 바람은 계속 커져만 갑니다.

이로 인해 여러 세대들의 삶에서 필연적으로 자신들에게 다가오는 한국의 무게감이 달라질 수밖에 없습니다.

이러한 다름을 전제하고 청소년활동은 이루어져야 합니다. 다름에서 출발해서 활동의 내용이 채워져야 합니다.

전반적으로 독일의 환경에서 성장한 어린이와 청소년들에게 한국을 이해할 수 있는 토대를 만들어주어야 합니다. 우선 역사와 문화, 전통에 관한 지식이 여기 속하겠습니다. 그리고 진정한 의미에서 전통의 응집이자, 매개체인 언어가 있을 겁니다. 이렇게 해서 앎이 생겨난다면, 어린이와 청소년들은 한국이 무엇을 의미하는지, 한국이 어른들에게 어떤 영향을 끼쳤고 지금도 여전히 영향을 주고 있는지 등등을 이해할 수 있게 될 것입니다. 이러한 기본이 되는 앎이 어린이와 청소년들에게 긴급히 필요한 다리가 되어야 합니다. 이 다리는 그들이 어른들에 대해, 또 그 어른들이 독일에서 하는 일에 대해 깊이 생각해 볼 수 있는 기회가 될 것입니다.

우리의 목표는 어린이와 청소년들이 두려움이나 혼란스러움 없이 이 다리를 건너가서 자신들의 부모와 만날 수 있도록 하는 것입니다. 만약 어른들이 이 아이들이 다리를 건널 수 있도록 도와준다면, 그건 참으로 아름답고 소망할 만한 일입니다. 거꾸로 청소년들이 어른들에게 다가오게 된다면 더 좋은 일입니다.

하지만 그것으로 청소년활동을 한정시켜서는 안 됩니다. 당연히 2세들을 위한 활동은 정치적·사회적 내용을 담고 있습니다. 이미 청소년활동의 초창기부터 많은 청소년들이 한국의 사회·정치적 상황에 관해 상당히 탄탄한 지식을 갖추었다는 것은 인상적이었습니다. 그렇지만 여전히 배경지식이 부족했습니다. 이것도 중점 활동의 하나가 되었습니다.”

청소년모임 ‘단비’의 성장은 협회의 성장과 궤를 같이했다.

협회는 활동의 중심을 청소년활동에 두었다. 담당자(인터뷰 45; 50)로 참여했던 회원들은 최선을 다했고, 성공을 거두었다. 협회와의 일체감(Identifizierung)에 대한 물음에 이렇게 답했다. “어려운 질문입니다. 나는 협회를 어느 정도는 내 아내와 일치시킵니다. 개인적으로 중요한 이유는 아내를 이해하는 것이었어요. 청소년활동이 저의 주요 관심사였어요. 그리고 그것을 통해 나 자신이 한국에 대해서 많이 알게 되었어요. 그래서 나는 문화적으로 아내를 이해할 수 있었지요."(인터뷰50)

1991년까지 청소년활동은 매우 활발했다. "'1990년 한국의 날'이 성 공적이었기 때문에 1991년에는 더 긴 '한국의 날'을 계획했어요. 이 행사 는 청소년들이 직접 조직하고 진행해야 했습니다. 그런데 그들은 오히려 성인들을 고려했어요. 청소년들이 만든 프로그램들은 매우 좋았어요. 당 연히 성공을 거두었죠. 마지막날 밤에 공연이 있었는데, 청소년들은 어른 들과 부모들 앞에서 자신들이 기획한 음악과 춤을 공연했어요. 청소년들 은 공연 뒤풀이로 1세대와 2세대가 함께 춤추고 토론할 수 있는 자유로운 밤을 계획해 놓았는데, 어른들은 공연이 끝나자 바로 떠나버렸어요. 청소 년들과 옆에서 그들을 도와주던 어른들 몇 명만 남았죠. 청소년들은 정형 화된 프로그램보다 자유로운 밤에 더 가치를 두었기 때문에, 무척이나 실 망했어요. 이 일은 상당히 부정적인 결과를 가져왔습니다. 청소년들과 그 들을 위해 활동하던 회원들이 갑자기 수동적이 되었거든요."(인터뷰44. 인 터뷰 45와 50도 이 내용을 지지한다)

협회는 한인단체들 — 재독한국여성모임(여성모임의 회원들은 양쪽 단 체의 관계를 '한국여성모임의 딸 단체'로 표현했다), 베를린 노동교실, 베를린 한인간호요원회의 민속춤모임 그리고 그사이 없어진 '유럽민회' — 과 교 류를 하고 있었다(인터뷰44).

협회는 또 독일 단체와 기관들과도 교류를 하고 있었다. 동베를린 지 역의 독한협회(deutsch/koreanischen Kulturgesellschaft in Berlin/Ost), 다 문화단체(die binationalen Initiative), 독일 보이스카우트, 클라우젠호프 재단(Institut Klausenhof in Dingden) 등이 있었다(인터뷰 44; 45).

그리고 터키단체 같은 외국인단체들하고도 협회는 청소년활동으로 교류했으나, 지금은 중단되었다. "터키 청소년은 한국계 청소년들과 상황이 완전히 달랐습니다. 한국계 청소년들은 청소년활동에 접근하기 어려운 환경이었습니다. 터키아이들의 경우 청소년센터가 상당히 실용적일 수 있었는데, 그들은 집에 가도 자기만의 공간이 거의 없거나 있어도 무척 좁았거든요. 그리고 터키아이들은 일반적으로 방과 후에 딱히 할일이 없었어요. 한인가정이나 한독가정은 중산층이에요. 그러니 그 아이들에게 집에 자기만의 공간이 부족해서 청소년센터가 필요했던 건 아니죠. 그들에게 필요한 것은 집에서는 가능하지 않은 자유로운 공간으로서 센터였어요. 청소년들이 센터에서 작은 파티를 열어 음악을 틀어놓고 춤추고 노래 부르면 이웃에서 득달같이 경찰에 신고했어요. 너무 시끄럽다는 등의 이유였죠. 우리는 비싼 임대료 때문에 센터를 다른 곳으로 옮길 수도 없었어요. 한국계 아이들은 보통 방과 후에는 음악, 무용 등을 배우러 다니느라 시간이 거의 없었어요. 또 학교에서도 독일친구들을 비롯해 친구들이 많았고, 학업성적도 좋은 편이었죠. 겉으로 볼 때, 이 아이들에게는 센터가 필요치 않았어요."(인터뷰45)

협회는 회보를 발간하지 않고 있다.

④ 홍보활동

만약 외국인 적대에 항의하는 시위가 베를린에서 열리면 협회는 청소년들과 함께 참여했다(인터뷰45).

⑤ 재정조달

회비는 1년에 60마르크이다. "회원의 약 10%만 정기적으로 회비를 납부합니다. 그래서 우리는 회원들에게 당부의 편지를 보내기도 했지만, 아무 효과가 없었습니다. 제 생각에, 협회는 누구에게나 열려 있고 그래서 사람들은 가입을 합니다. 그러다가 흥미가 없어지면 그저 회비를 더 이상 내지 않습니다. 그런데도 한 명 빼놓고는 탈퇴한 사람이 하나도 없어요. 책임감이 별로 없다고 봐야겠지요. 그 밖에 많은 회원들이 다른 협회에도

가입해 있습니다."(인터뷰44)

재정은 8~9명의 회원들이 자발적으로 내어놓는 기부금으로 충당하고 있다(인터뷰50).

외국인위원회에서 사무 및 인건비 일부와 청소년센터를 지원해 주고 있다(인터뷰45).

"과거에는 ABP가 청소년들의 세미나에 지원을 했습니다."(인터뷰45)

"예를 들어 거리축제의 수익금은 협회 기부금으로 들어갑니다. 협회의 은행계좌에는 비상상황에 대비하는 예비금으로 1천 마르크가 있습니다."(인터뷰44)

⑥ 특수성과 성과

"1990년과 1991년의 한국의 날 행사는 전체적으로 성공적이었습니다. 그러나 한독문화협회가 모든 활동을 다 이처럼 성공적으로 이끌어내는 것은 아닙니다."(인터뷰44)

인터뷰50은 청소년활동을 가장 성공적인 것으로 평가했다. 청소년활동 프로그램에는 한국에서 입양된 아이들도 참여하고 있다. 이 아이들은 한국과 아무런 연관 없이 사회화과정을 거쳤으나 자신들의 뿌리를 찾고 싶어한다. "청소년활동의 내용이 잘 구성되었는지, 또 그러한 활동이 청소년들에게 어떻게 다가갔는지는 제가 평가할 수 없습니다. 왜냐하면 제가 직접 이 활동을 조직했기 때문입니다. 그럼에도 저의 시각에서는 청소년활동은 성공적인 활동이라고, 청소년들이 이 활동을 통해 많은 것을 얻었다고 평가할 수 있습니다."

"제 관점에서 볼 때 청소년들이 청소년활동을 통해서 한국에 대해 진정한 관심을 키워나갈 수 있었던 것이 성공이었습니다. 그들은 가령 영화관을 간다거나 수영장을 가는 등, 자신들이 원하는 바를 모두 다 할 수 있습니다. '한국'이라는 공통의 주제에 대해서도 마찬가지입니다. 그들이 계속해서 함께 무엇인가를 시도한다면, 언젠가는 자신들의 힘으로 시도한 것을 이룰 수 있을 것입니다. 한편 자기 부모를 나쁜 부모라고 생각하는 청소년들이 두번째로 많은 숫자를 차지합니다. 부모를 대표해서 저는 부모와 다투고 갈등을 겪는 아이들을 한국식으로 따뜻하게 보듬어주고 그들에게 푸근함을 안겨주려고 노력했습니다. 소풍이나 워크숍이 있는 날이면 저는 이른 아침부터 아이들이 먹을 따뜻한 밥이며 김치 등 한식을 장만했어요. 이를 통해서 저는 독일인이 사람을 대하는 것과 한국인이 사람을 대하는 것이 어떻게 다른지 알려주고 싶었어요. 아이들은 저를 '마마 송'이라고 불렀습니다. 이런 점이 일정 정도 성공했다는 것을 말해 주는 것 아닐까요."(인터뷰45)

⑦ 문제점

"회원들은 협회의 모임에 적극적으로 참여하지 않아요. 다함께 모여서 활동에 대한 생각들을 발전시켜야 해요."(인터뷰44) "모임이 있을 때면 사람들이 그저 오지를 않습니다. 나중에는 이런 소극적인 사람들에게 회의록도 보내지 않게 되었어요. 그런 다음에는 아무런 소식도 받지 못했다며 비판이 들어오죠. 처음부터 세력다툼 같은 문제가 있었습니다."(인터뷰45)

"협회가 문화나 청소년 활동에 중점을 두고 있기 때문에 회원이 많이 들어와야 한다는 최초의 고민은 아직 해결되지 않았습니다. 우리 협회는 문화와 정치가 서로 합쳐져 있습니다. 이를테면 한국에서 반정부활동을 열심히 하는 예술가의 전시회를 협회가 조직하는 것 같은 거죠. 그다음부터는 한국정부가 보복할까 두려워한다거나 정치적 입장이 다른 사람들은 당연히 나오지 않습니다. 오히려 우리 협회는 상부조직인, 정치적으로 반정부적 성격을 띤 베를린의 '민회'와 갈등이 있습니다. 우리 협회가 회원단체로 가입하지 않았기 때문이지요. 이 문제를 놓고 내부에서 토론을 했는데, 민회 설립에 참여했던 일부 회원들은 가입에 찬성한 데 반해 나머지 사람들, 특히 독일인 회원들은 그와 같은 사고발상에 놀라움을 금치 못했어요. 그 때문에 회원들 사이에 갈등이 생겼지요."(인터뷰45) 인터뷰50은 협회가 유럽민회에 가입하지 않은 데 실망해서 일부 회원들이 협회를 탈퇴했다고 말한다. 여하간 그들은 회비를 내지 않고 있다. "이처럼 가입문제가 쟁점이 되는 것은 단체가 계속 늘어나고 있다는 데 그 원인이 있습니다. '범민련'이 있었고, 그다음에는 이거 또 그다음에는 저거, 또 다른 단체가 연이어 생겨났습니다. 우습게도 이 모임에 있는 사람이 저 모임에도 있고, 늘 똑같은 사람들이 여기저기 단체에 가입해 있었습니다. 저는 지금까지도 우리에게 민회가 있는데도 왜 범민련을 만들었는지 이해도 안 되고 하고 싶지도 않습니다. 계속해서 새로운 모임들이, 여전히 같은 사람들이 주도해서 만들어졌습니다. 억지로 단체가 만들어지고 또 만들어집니다. 이러니 잘될 리가 없죠. 여기서 단체 하나가 생겨나서 저기 다른 단체를 강제로 고사시키지요. 저는 외부에서 이 같은 과정을 줄곧 지켜봤는데, 그렇다고 해서 모든 것이 다 이해되는 것은 아닙니다. 아니, 더이상 이해할 수 있는 성질의 것이 아니에요."(인터뷰50)

"협회가 청소년센터를 마련했을 때 저와 회원들 사이에 다툼이 있었습니다. 그 뒤에 저와 아주 친한 사람이 의장으로 당선이 되었어요. 우리는 함께 청소년센터에서 일했습니다. 그런데 성인회원들은 자기네가 센터를 컨트롤하고자 했어요. 이건 한독문화협회의 본거지 문제와 관계가 있는데요, 신임회장은 청소년센터를 협회의 본거지로 삼으려고 했거든요. 반면 저는 협회의 서류철 몇 가지만 그곳에 갖다 두는 정도로만 생각했었죠. 또 성인회원들은 센터의 수리보수 같은 것을 자기들이 처리해야 할 일이라고 생각했으며, 반면 저는 청소년들 스스로 자신들의 센터를 꾸며야 한다고 생각했어요. 그렇게 함으로써 센터에 대한 책임감을 가질 수 있도록 말이에요. 뿐만 아니라 청소년들이 성인들의 감독 아래 있어서는 안 됩니다. 모든 것을 그들 스스로 할 수 있어야 해요. 만약 우리의 도움이 필요하면, 그때 우리에게 도움을 청하면 돼요. 저는 제 역할을 성인, 그러니까 부모들과 청소년들의 다리로 정의합니다. 그래서 싸움이 일어났고, 결국 우리의 우정도 깨졌어요. 저는 마치 외톨이가 된 것 같습니다. 직접적인 대화가 더 이상 불가능한 상태예요. 서로 이해하는 게 달라서 걸핏하면 일의 진행이 가로막히곤 해요. 지금은 많은 사람들이 저보고 융통성이 없었다고들 하지요."(인터뷰45)

　　"청소년들에 대한 한국부모들, 그러니까 어른들의 관심은 제각각이에요. 범민련에서 적극적으로 활동하는 한인들이, 한국의 반정부인사들이 일본을 거쳐서 베를린에 왔을 때 청소년들을 초대했어요. 그러나 저는 그것에 반대했기 때문에 전갈을 받지 못했죠. 청소년모임에 나오는 한인청년 하나가 일본에 있는 한인단체를 정치적인 이유로 방문했을 때도 저는 말했어요. 그 방문은 단지 너의 개인적 관심이라고, 그러니까 너는 대외적으로 독일 청소년모임을 대표해서는 안 된다고. 많은 청소년들이 자기 부모가 생각하는 정치에 직접적으로 관여하고 싶어하지 않아요. 그들은 자신들의 정치적 생각을 스스로 펼쳐나갈 수 있어야 해요."(인터뷰45)

⑧ 전망

"청소년센터의 기능은 매우 중요합니다. 하지만 시의회도 지원을 더 이상 하지 않을 계획입니다. 회원들은 다른 단체들에서도 그런 것처럼 협회의 일을 부차적으로 생각합니다. 왜냐하면 모두 다 다른 곳에서 필수적인 일을 해야 하니까요. 회원들은 협회를 위해 한정된 돈과 시간밖에 사용할 수 없습니다. 가장 중요한 것은 재정문제입니다. 협회가 상근직원을 둘 수 있을 만큼의 형편만 된다면, 활동을 지금보다 훨씬 효율적으로 추진할 수 있겠지요. 또 잡지도 발행할 수 있을 거고요. 게다가 한인단체들이 너무 많습니다. 사람들이 한 군데 한인단체에서만 한국과 관련된 활동을 한다면 일이 더 잘될 겁니다. 한국정부도 우리를 위해 뭔가를 할 수도 있을 테고요. 예를 들어 한인센터나 책이나 자료를 위해 금전적인 지원을 할 수도 있을 겁니다. 왜 한국 정부나 대사관은 한인회만 지원하는 걸까요?"(인터뷰44)

"얼마 전에 재독한국여성모임이 '1세대와 2세대'라는 주제로 청소년들과 함께 세미나를 개최했습니다. 이런 건 아주 좋다고 생각합니다. 제 소망은 청소년들이 한독문화협회를 통해 특화되고 지속성 있는 모임을 만드는 것입니다. 몇몇 사람들이 정기적으로 모여서 이 주제만 놓고 토론해서 그 내용과 목표, 방향성을 찾아나가야 합니다. 이러한 집단작업이 독일 전체 차원에서 이루어져야 합니다. 지금 긴급히 필요한 것은 바로 이것입니다."(인터뷰45)

인터뷰50은 전망과 관련해서 다음과 같은 견해를 표명했다. 한인모임이 새로 하나 만들어진다는 것은 곧 이중으로 쓸모없는 것이 생겨나는 것을 의미한다. 어디나 같은 사람들로 구성된 한인단체들이 자신들의 상황을 반추해 보지 않는다면, 현실을 파악하지 못한다면, 한독문화협회뿐 아니라 다른 단체들도 미래는 없을 것이다. 그렇다고 단체들이 하나로 통합되어야 한다는 의미는 아니다. 무엇보다 서로 타협해야 한다. 만약 '한글학교와 문화'를 주제로 한 단체가 생겨난다면, 결국 이것은 그 단체가 기존의 문화 관련단체들과 경쟁을 해야 한다는 것을 의미한다. 우리의 인적·재정적 자원이 한정되어 있기 때문이다.

2.1.3.3.3. 베를린 한독문화협회 소속 청소년모임 단비

단비는 1987년에 만들어졌다.

한독문화협회의 성인들은 청소년모임을 만들어야겠다는 생각을 가지고 있었다. 그리하여 협회는 1987년 부활절 기간 동안 클라우젠호프 재단(Institut Klausenhof in Dingden)에서 5일 동안 세미나를 열고 청소년들을 초대했다. 세미나에는 12~18세의 한인가정과 한독가정의 청소년과 한국에서 입양된 청소년 30여 명이 여러 도시에서 왔다. 이 세미나에서 청소년들은 비공식적인 모임 '단비'를 조직했다.

"내년에 청소년들과 함께 다시 한번 클라우젠호프 재단에서 세미나를 열려고 합니다. 1987년 세미나에 참석했던 청소년들은 세미나에 대한 갈망을 가지고 있어요. 그때 그곳에서 느꼈던 따뜻함을 잊지 못하니까요." (인터뷰45, 한인 교육자)

"그때 저는 열다섯 살이었어요. 클라우젠호프에서 최초로 청소년 세미나가 열렸어요. 거기서 모든 한인들이 자기가 아는 모든 것에 대해 썼어요. 저도 다른 사람들과 함께 그 자리에 있었어요. 그렇게 세미나가 시작되었죠. 우리는 정말 마음에 들었습니다. 모두 또 하기를 원해서 몇 년 동안 또 했었죠. 우리는 다시 베를린에서 모임으로 만났어요. 거기서 여러 가지 이야기를 하고 여러 가지 일을 했지요. 저는 모임에만 가면 늘 기분이 좋았어요. 한인들 사이의 분위기가 저에게는 최고로 마음에 들었어요. 거기에는 혼혈아들도 있었어요. 학교와는 다른 친구집단이었어요. 더 따뜻하고 이해의 수준도 비슷하고요. 우리는 이곳에서 태어나고 자란 한인인 동시에 외국인이었어요. 이런 이야기를 가장 잘 나눌 수 있었어요. 그리고 제가 한국과 가까워질 수 있게 해주었어요. 그리고 제가 어디에 속해 있는지 자주 생각하게 해주었어요."(인터뷰53, 2세대)

"초기에 우리가 모였을 때는 청소년센터가 없었어요. 그래서 우리는 집에서 만났어요. 그러다가 우리 공간이 생기니, 정말 행복했어요. 드디어 아무런 간섭도 받지 않고 만날 수 있었으니까요."(인터뷰53)

15~18세 청소년 30명이 이 모임에 가입했다. 그동안 모임은 축소되었고 창립·발달 시기처럼 활발하지도 않다. 그럼에도 이 모임은 존재한다.

그 청소년들이 지금은 대학에 다니는 것이 그 이유가 될 수 있을 것이다. 이들에게는 새로운 환경과 새로운 과제가 있었고, 지금도 그렇다. 그 사이 성인이 된 청소년들은 변함 없이 만나고 있으며, 이 모임을 다른 형식으로 발전시키고 있다. 예를 들어 청년들은 세미나를 조직했고, 베를린이나 프랑크푸르트를 비롯한 여러 지역에서 사람들이 세미나를 들으러 왔다. 이런 점에서 그들은 네트워크를 형성하고 있다. 프랑크푸르트와 루르 지방에는 지금도 계속 '단비'와 교류하고 있는 유사한 한인 청소년모임들이 있다(인터뷰 53; 55).

청소년들은 모임의 활동이 활발하던 시기에는 한 달에 5마르크의 회비를 오랫동안 정기적으로 납부했다. 단비는 일년에 두 차례 독일어로 된 청소년잡지를 발간했다. 그리고 정체성 문제라든가 한국역사를 주제로 한 다양한 세미나가 열렸는데, 발표 등 모든 것을 스스로 준비했다. 민속음악을 연주하고 장구도 배웠다(인터뷰53).

"우리를 담당하던 어른들은 처음에는 우리의 보호자였고, 나중에는 대화상대였어요. 우리는 함께 여러 가지를 조직했고, 규칙을 정했어요. 결정은 함께 내렸는데, 그것이 좋았어요."(인터뷰53)

"단비의 역할은 예나 지금이나 우리에게 매우 중요합니다. 그리고 저는 이 모임을 저와 똑같은 것으로 생각해요. 이 모임은 저와 우리에게 안정감을 줍니다. 전반적으로 말해서 우리 어른들은 청소년들을 위해서 뭔가를 해야 합니다. 그렇지만 저는 시간이 별로 없어요. 사람은 혼자서 많은 것을 할 수는 없지요. 게다가 시간이 지나면서 우리의 숫자가 줄어들었어요. 이것이 문제입니다."(인터뷰53)

"초지역적인 모임에서 우리에게 더 많은 것을 얻었고 훨씬 더 재미있었어요."(인터뷰53)

2.1.3.4. 한국어와 한국문화의 배움터, 베를린 세종학교

2.1.3.4.1. 설립역사

1992년 12월 1일, 한인과 독일인 15명 — 주로 한인 — 이 학교를 설립하기 위해 한 유치원에서 만났다. 대부분 한독가정 아이들의 부모들이었다.

설립 동기와 이유는 다음과 같다. "한인여성들은 일반적으로 이곳에서 25년 넘게 살았고, 자녀들도 있었어요. 하지만 시간도 없고 적당한 기회도 없었기 때문에 집에서 아이들에게 한글을 가르칠 수가 없었지요."(인터뷰 29; 30)

"베를린에 한글학교가 [1981년부터] 하나 있었어요. 한인들 약 30%가 슈판다우(Spandau)에 살고 있는데도 학교가 북쪽[크로이츠베르크 근처]에 있었죠. 그 밖에도 당시 슈판다우의 지방관청이 우리가 사용할 수 있는 학교공간을 제공하지 않았어요."(인터뷰 29; 30)

"베를린 한인사회에 속해 있는 한인들의 정치적 입장은 여러 갈래입니다만, 크게 두 가지로 요약할 수 있습니다. 한쪽은 매우 보수적이고 유교의 규범에 따라 살고 있지요." 유교의 가르침은 왕과 신하 사이의 돌봄과 충성, 아버지에 대한 자녀의 존경, 아내에 대한 남편의 지배, 나이 많은 사람과 적은 사람 사이의 겸손과 존경, 친구들 간의 믿음 등 다섯 가지 원리를 핵심으로 하고 있다.

"여기에 공산주의에 대한 거부감이 한국의 공교육이나 프로파간다 때문에 더해졌습니다. 그래서 베를린의 많은 한인들이 아직도 이러한 기준 속에서 살고 있습니다. 그들은 한국정부가 하는 일은 모두 다 옳다고 믿습니다. 또 한쪽, 그러니까 우리가 속해 있는 집단은 그들과 정치적 입장이 다를 뿐 아니라 삶의 철학도 다릅니다. 한글학교는 그런 보수적인 집단의 영향을 매우 강하게 받고 있습니다."(인터뷰29) "우리는 아이들에게 올바른 한국의 정신과 문화를 전달할 수 있는 독립적으로 운영되고 고유

의 가치를 지닌 한글학교를 희망했습니다."(인터뷰30)

이 모임에 속한 한 한인여성은 독일의 한글학교가 놓여 있는 상황을 비판하는 글을 썼는데, 그 글은 한국의 신문(『한겨레』)에 실렸다. "…독일에는 한글학교가 있다. 이 학교들은 대략 대사관에서 지원을 받는가, 한인교회에서 지원을 받는가, 사회단체들로부터 지원을 받는가에 따라 구분할 수 있다. 모두 공통적인 어려움을 가지고 있다. 예를 들어 이곳에 사는 한인아이들에게 적합한 글이 없다든가, 재정문제라든가 또는 적당한 선생님을 찾는 데 어려움을 겪는다. 한국대사관의 지원을 받는 한글학교들은 한국정치의 오랜 군사문화에 오염되어 관리나 운영 면에서 비민주적이고 비독립적이다. 이런 문제를 해결하고 민주적이면서 이곳의 아이들에게 맞는 학교 관리와 운영을 통해 올바른 교육을 하기 위해 학부모들은 '세종학교'를 세웠다. 이 학교는 성실한 부모들과 양심적인 독일지식인들이 협력해서 만든 것이다. 개교를 준비하는 동안 이 학교의 개교를 위해 참여했던 사람들은 이러한 변화를 원하지 않는 사람들로부터 비방당하고 방해를 받았다. 우리는 '북한을 지지한다'거나 '빨갱이'… 계속해서 희망하는 것은 해외의 한국대사관이 낡은 사고 ― 권위나 흑백 ― 에서 해방되어야 하고 열린 마음으로 일을 해야 한다는 것이다."[129]

"거기다 우리는 어머니 쪽의 모국어를 배움으로써 어머니와 아이들의 관계가 새로워질 것이라는 희망도 있었습니다."(인터뷰29)

이러한 생각을 실현하기 위해 준비위원 15명이 학교건물에 관한 실무, 언론업무, 예산수립, 회의록 작성 등과 같은 업무를 분담했다. 이들은 처음부터 독일정부로부터 지원을 받고자 했다(인터뷰 29; 30. 이전의 한인학교 '한글학교'는 1981년부터 베를린 한국영사관과 한국의 교육부로부터 일정 부분 지원과 인정을 받았다[130]).

한 준비위원이 개인적인 관계를 동원해서 자신들의 이와 같은 용건을 슈판다우의 교육청에 전달했다. 그리하여 이들은 지멘스슈테트 거리(Siemensstädter Straße)에 있는 하인리히헤르츠 고등학교(Heinlich-Hertz-Oberschule)의 교실 하나를 구할 수 있었다. "우리가 가능하다 싶은 장소란 장소는 다 찾아다니면서 알아보며 헛고생을 하고 다녔는데 슈판다우 교육청이 우리를 도와주었습니다."(인터뷰29. 이 이야기는 1994년 3월 27일자『베를린 차이퉁』*Berliner Zeitung*과의 인터뷰에 실렸다) 동시에 협회는 '한글과 문화를 위한 베를린 세종학교'라는 이름으로 정식으로 법적 등록을 했다(인터뷰 29; 30).

베를린 세종학교(Sedsong-Schule in Berlin e.V.)는 한국의 문화와 언어에 관심이 있는 모든 한인아이, 독일아이 그리고 성인을 위한 장소가 되어야 할 것이다. 중심은 언어에 두되, 그와 동시에 문화에도 두어져야 할 것이다. 아이들은 이 학교에서 자유로운 분위기 속에서 배울 수 있어야 할 것이다. 그리하여 아이들이 즐겁게 학교에 올 수 있어야 할 것이다. 아이들은 학교에 오는 일주일에 한번 다른 아이들을 만날 기회를 가지는 데 그치지 않고 그것을 통해서 개인적인 접촉기회를 늘려나가야 할 것이다. 학교재정은 기본적으로 부모들의 지원으로 운영되어야 할 것이다. 이상이 기본 입장이었다(인터뷰 29; 30).

"설립시기에 우리 사이에 갈등이나 문제 같은 것은 없었습니다. 다만 돈이 없기 때문에 홍보활동에 어려움이 있었습니다. 우리는 대중매체를 통해서 개교소식을 가능한 널리 알리고 싶었거든요. 그래서 우리는 입소문으로 홍보를 많이 했어요. 이렇게 한 데는 또 다른 이유가 있었어요. 여기 베를린에는 베를린 한인회에서 발간하는『한인회보』라는 잡지가 있습니다. 우리는 거기다 광고를 내려고 했죠. 하지만 한인회로부터 공식적으로 거절당했어요. 세종학교가 예전 한인학교의 경쟁학교이고 이 한인학교의 일을 방해한다는 것이 이유였죠. 그래서 잡지에 이런 광고를 실을 수 없다는 것이었습니다. 게다가 한인회는 한인들과 한독가정의 주소록을 가지고 있었는데, 500마르크를 내면 그 주소록을 받을 수 있거든요. 그런 주소록을 우리에게는 줄 수 없다는 것이었어요.

그래서 우리는 이를테면 '공개서한'을 작성해서 그것을 잡지에 보내고 베를린 한인사회에 공공연히 알렸죠. 우리는 전화번호부에 등록된 한인들의 주소를 찾기 시작했어요. 마침내 한인이나 한인으로 짐작되는 이름의 주소를 약 1천 개 찾아내서, 우리 협회를 소개하고 세종학교 개교를 알리는 소식지를 보냈어요.

1년 후에는 한인회의 잡지가 우리의 광고를 실어주었어요. 그렇지만 그들이 초반에 보여주었던 태도는 베를린 한인사회에 영향을 주었습니다. 잡지가 광고를 실어주지 않으니까 이런 말까지 나돌았어요. 세종학교는 정치적 배경을 가지고 있고 반정부적 정치활동을 한다고요. 그것이 지금까지도 학생과 회원 수의 증가에 영향을 끼치고 있습니다."(인터뷰 29; 30)

2.1.3.4.2.   변천과정

부활절 방학기간인 1993년 3월 26일에 학교는 문을 열었다. 그리고 1993년 4월 23일부터 수업을 시작했다. 학교가 문을 연 첫날 약 180명이 학교를 찾아주었고, 창립회원과 개인들로부터 2천 마르크의 기부금이 모였다.

① 회원과 학생

회원_ 설립 당시 회원은 31명이었는데, 그 사이 43명으로 늘어나서 최대 47~48명까지 되었다. 회비는 월 10마르크이다.

"우리는 예를 들어 부모들의 직업이 무엇이고 가정형편은 어떤지 등등을 의식적으로 물어보지 않습니다. 말하자면 우리 협회의 불문율이에요. 왜냐하면 우리는 정치, 종교, 사회 등의 문제와 상관없이 만나기를 원했기 때문입니다. 그래서 우리 주소록에는 학생의 이름과 주소만 기재되

어 있어요."(인터뷰29)

　학생_ 처음에는 미성년자 55명과 성인 6명이 있었다. 최근(1994년 4월
16일 상황)에는 미성년자와 어른 합해서 57명이다. 성인의 숫자는 미성년
자의 경우처럼 안정적이지 못한데, 그 이유는 성인들은 장기간 한국어를
배우기보다는 일부 목적과 관련해서 배우기 때문이다.

② 정관 및 학교구조

정관_ 협회설립 때 정관이 기초되었고 이후 변경되지 않았다.

　제1조는 "사업연도는 베를린의 학사일정을 따른다"고 되어 있다. 이
로써 협회가 학교와 하나로 묶여 있음을 알 수 있다.

　제2조는 협회의 목적에 관해서이다. "협회는 한국 언어와 문화, 한국
에 관한 지식을 독일연방공화국—각별히 한국 출신 부모의 자녀들—에
장려하는 것을 그 목적으로 한다. 정관의 목적은 특히 한국 언어ㆍ문
화ㆍ역사 그리고 한국에 관한 포괄적인 지식을 정규수업을 통해 제공함
으로써 실현하는 데 있다. 학사일정과 강의안에 관한 세부사항은 회원총
회에서 결정한다."

　제3조는 '공익성'을 규정하고 있다. 그리고 제6조는 '협회의 조직'에
관한 것으로서, 회원총회와 이사회(의장, 부의장, 서기, 회계감사, 총무)로 구
성하며 이사회에 관해서는 제8조에서 규정하고 있다(협회정관).

　이사는 자원봉사의 자리이다. 협회구조는 다른 한인단체들과 비교해
서 매우 단순하다. 우선 위원회가 없는데, 이 점은 협회의 업무와 활동이
학교를 중심으로 이루어지기 때문일 수 있다. 다음으로, 구조와 그 구조
와 결합된 업무방식이 주로 독일인들로 구성된 독일단체들의 그것과 유사
해 보인다. 예를 들어 새로운 업무가 생기면, 먼저 위원회부터 만드는 것
이 아니라 일종의 태스크포스처럼 한시적으로 그 일을 담당할 사람들을
꾸려서 수행하고 업무가 끝나면 그 모임 역시 해체하는 식이다. 협회의 정

관은 처음부터 독일어로 작성하였으며, 한국어 번역본이 없다.

학교구성_ 처음에는 미성년반과 성년반이 5개 반으로 나뉘어 있었다. 미성년반의 경우, 6세 이하 유아반이 1개 그리고 나머지는 나이에 따라 반을 나누었다.

시간이 흐름에 따라 일부 어린이와 청소년들이 같은 반 친구들보다 수업 성취도가 월등하게 높은 것으로 나타났다. 하지만 당시에는 재정적인 어려움 때문에 협회는 이런 아이들을 위한 반을 별도로 만들 수가 없었다. 지금은 학업수준이 높은 아이들을 위한 반이 개설되어 있다.

미성년의 나이는 3~17세이다. 미성년의 경우에는 한 가정에서 한 명이면 수업료가 한 달에 40마르크이며, 두 명 이상이면 두번째부터는 한 달에 25마르크가 추가된다. 성인의 수업료는 한 달에 60마르크이다.

수업은 일주일에 한번 3시간 한다. 교사는 6명이며, 모두 베를린의 대학에서 공부하거나 박사과정을 밟고 있는 유학생들이다. 교사에게는 매달 400마르크의 수고비가 지불되는데, 다른 한글학교에 비해 많은 액수이다(인터뷰 29; 30).

일부 교과서는 이사회가 선택한다. 그러나 수업교재의 내용은 기본적으로 교사가 결정한다.

한국 역사와 관련된 언어와 문화를 중점적으로 가르친다. 미성년에게는 한국의 예절과 명절, 명절의 의미와 의식, 춤과 노래 등을 가르친다. 성년에게는 외국인이 이해할 수 있는 텍스트를 사용해서 가르친다.

③ 활동과 업무의 종류

1993년에는 이사회가 66회 열렸지만, 1994년에는 전년도처럼 자주 모이지 않았다. 그러나 시급한 문제나 업무가 생기면 신속하게 회의가 소집되었으며, 관심이 있는 학부모들은 자발적으로 회의에 참석했다. 회의가 열리면 이사들은 거의 모두 참석했다(인터뷰 29; 30).

협회는 한국문화를 독일인과 회원자녀들에게 알리고 협회수입을 높이기 위해 도시의 다양한 거리축제에 참여했다. 일부 한인가정 아이들과 한독가정의 아이들은 한국무용을 공연할 수 있을 정도의 실력을 갖추어서 이런 거리축제에서 선보였다.

1993년, 협회는 학교와 협회활동의 의미를 널리 알리고 재정지원을 받기 위해 대외활동을 더욱 늘렸다. 1994년에는 수업내용과 학교행사에 집중하기 위해 각종 프로그램을 계획했다. 프로그램으로는 여름방학을 이용한 한국탐방, 독일과 비교한 '한반도 통일'을 주제로 한 글쓰기대회, 역사박물관 견학 등이 있었다.

협회는 베를린 한인들 사이의 의사소통을 위한 디딤돌을 마련하는 데 힘을 기울였다.

협회는 아이들과 함께 개교 1주년 기념축제를 준비했으며, 아이들은 흥미롭고 활동적인 다양한 프로그램을 함께 만들었다.

협회는 슈판다우 외국인위원회에서 열리는 회의에 대표 2명을 파견했는데, 그것은 이 지역을 대표하는 공화주의자 5인이 특히 청소년문화에 많은 영향을 끼치고 있었기 때문이다. 공화주의자들이 결정을 주도하는 것을 막고 협상하기 위해, 협회는 이 일을 특히 중요하게 생각했다.

또한 회원들은 독일의 이민자정책, 외국인정책 그리고 교육정책에도 관심을 기울였다. 협회는 175개 외국인단체가 참여하는 베를린 외국인위원회에서 함께 일했다.

협회는 베를린에 있는 한독문화협회(KDK, 1986~)[131]와 함께 문화협회는 문화에, 협회는 언어에 집중한다는 전망을 세우는 한편, 오랜 기간 구상한 계획은 베를린에 한인을 위한 상담소를 설립하는 것이었다. 상담소는 연금·사회·학교·교육·심리·건강·외국인 문제 등 사회 전반의 문제에 대해 안내해 주는 것을 목표로 할 것이었다.

모든 결정은 민주적인 절차에 따랐다. 예를 들어 학부모, 이사, 교사가 모두 투표에 참여했으며, 학교운영은 학부모들이 담당했다.

④ 홍보활동

앞에서 언급한 것처럼 협회는 자신들을 알리기 위해 적극적인 홍보활동을 펼쳤다. 『베를린 차이퉁』(*Berliner Zeitung*)지는 협회와 학교의 설립과 관련해 1993년 3월 27일자에는 "한인들이 언어와 문화 보존을 위해 협회를 만들었다"는 제하의 기사로 다루었고 1994년 4월 22일자에도 보도했다. 『베를린 모르겐포스트』(*Berliner Morgenpost*)지도 설립에 관해 보도하면서 특히 학부모들의 참여에 대해 베를린 외국인위원회가 보내는 찬사를 강조했다.

또 협회는 특별한 사안이나 축제에 관한 소식지를 한글로 작성해서 베를린을 비롯한 독일 전역의 한인들에게 보낸다. 그리고 각종 문화행사에 참여해서 간접적으로 다문화사회에 홍보활동을 한다.

지금까지 협회의 정식 간행물은 없지만 협회를 소개하는 팸플릿은 있다. 개교 1주년을 거치면서 협회는 1년에 1회 학생과 학부모를 위한 소책자 형태의 잡지를 2개국어로 발간하고 있다.

⑤ 재정조달

협회와 학교의 주된 수입원은 회비와 수업료이다. 이것만으로는 전체를 꾸려나가기가 역부족이며, 협회에서 탐방여행 같은 프로젝트를 진행할 때는 특히 더 그렇다. 그래서 협회는 이런 프로젝트를 할 때는 교육위원회나 문화위원회에 비용을 신청하거나 민간기업의 지원을 받으려 한다.

1993년 협회의 수입은 회비, 수업료, 개인기부금, 외국인위원회의 지원금 등 약 3만 마르크였다. 1994년 협회는 슈펜다우 지방자치단체로부터 특별구매 지원금 1만 마르크를 받아서 학교에 필요한 교구와 악기, 복사기, 인쇄기 등을 구입했다.

지출에서 가장 큰 부분을 차지하는 것은 교사들의 사례비이다. 학생들의 언어수준이 천차만별이기 때문에 지금보다 교사가 더 많이 충원되고 특별반이 새로 만들어질 필요가 있다. 재정이 중요한 문제이다.

⑥ 특수성과 성과

"처음부터 함께했던 아이들은 계속 다니고 있고, 차츰 새로운 아이들도 오고 있습니다. 우리 학교의 정치관에 대해 잘못된 인상(앞의 내용 참조)을 가졌던 많은 부모들이 서서히 아이들을 우리 학교로 보내고 있어요. 그것은 부모들이 처음 가졌던 태도를 버리고 아이들을 제대로 된 학교에 보내고 싶어한다는 것을 의미합니다. 좋은 현상이라고 생각합니다. 그리고 우리는 베를린 한국영사관으로부터 지원을 받을 계획이 전혀 없습니다."(인터뷰30)

"교사들은 우리에게 매우 중요합니다. 왜냐하면 교사들은 자기 고유의 영역에서 스스로 결정해야 하기 때문입니다. 그리고 교사들은 문제가 있다고 판단되면 이사나 부모들과 터놓고 대화할 수 있습니다. 다른 유학생들도 여기 교사를 하고 싶어한다고 그들이 말하더군요."(인터뷰30)

"독일에 있는 대부분 한글학교는 이름에서부터 오직 한국인만 다닌다는 인상을 풍깁니다. 사실이 그렇기도 하고요. 우리 학교의 분위기는 좀 다릅니다. 독일인 아버지나 독일인들도 언어장벽 없이 모임에 참석할 수 있습니다. 이와 함께 자연스럽게 아버지들의 네트워크와 독일인들의 네트워크가 만들어집니다."(인터뷰30)

⑦ 문제점

"협회활동에 큰 어려움이나 갈등은 없습니다. 회원들끼리도 싸움이나 갈등이 일어나는 일은 거의 없어요. 부모들도 자발적으로 적극 나서고요. 문제라면 가령 앞에서 말했듯이 한인회와의 불쾌한 일이에요. 그들은 정치적인 이유로 우리 학교의 광고를 자기네 잡지에 실어주지 않으려고 했어

요.”(인터뷰29)

  “학교 입장에서는 수업이 너무 짧습니다. 원칙적으로 언어수업만으로
는 충분하지 않습니다. 베를린에서는 아직도 한국이가 모국어로 인정이
안 되고 있습니다. 우리는 이에 대해 항의할 것입니다. 원칙적으로는 시의
회가 학교 운영비를 부담해야 합니다. 우리가 제대로 하려면 재정이 가장
큰 문제입니다.”(인터뷰30)

  “부모들이 집에서 한국말을 안 써요. 한독가정만 그러는 게 아니라 한
인가정도 마찬가지예요. 아이들이 한국말을 어떻게 효과적으로 배울 수
있을 것인지는 또 다른 문제예요. 가령 우리는 목요일 오후에 학교를 여는
데, 그건 부모들과 아이들이 금요일과 토요일에는 학교에 오래 머물 수 있
는 시간이 거의 없기 때문이에요. 그리고 아이들이 수업을 통해서 한국말
실력이 늘었다고 장담하기는 힘들 것 같아요. 아직은 이루어지지 않았다
고 보고 있어요. 이것도 문제입니다. 우리는 그 해결방안을 지금까지 찾지
못했어요. 다만 반을 더 많이 만들 계획은 하고 있어요.”(인터뷰29)

  “수업에서 독일어가 너무 많이 사용됩니다. 그건 옳지 않다고 봅니
다.”(인터뷰59)

⑧ 전망

“우리가 계획한 것들이 실현되도록 할 것입니다. 우리는 큰 희망을 가지고
있어요. 예를 들어 우리가 신청한 재정지원이 모두 통과되는 것이죠. 통과
된다는 것은 그만큼 우리의 활동을 중요하게 여긴다는 의미니까요. 그리
고 우리 활동은 이미 매우 중요한 일이에요.”(인터뷰29)

  “베를린의 한인교회들에도 한글학교가 있습니다. 앞으로 우리는 정
치적 입장과 상관없이 그들과 함께 일하고 싶습니다. 특히 아이들을 위해
서요.”(인터뷰29. 인터뷰59 또한 비슷한 의견이다)

2.1.4   여성단체

2.1.4.1. 개괄

여기 소개되는 여성단체들은 넓은 스펙트럼에서 파악하기 위해 선택된 것이다. 그래서 독일연방 전체를 포괄하는 모임 하나를 소개한다. 베를린과 함부르크 지역을 기반으로 한 각각의 모임에는 일정한 특징이 있다. 예를 들어 함부르크는 한인 사업가들이 많은 점이 특징이라면, 베를린은 이런 외연을 가지고 있지 않다.

2.1.4.2.   베를린 한인간호요원회

2.1.4.2.1.   설립역사

1965년에 한인간호사 20명이 베를린에 왔고 1966년에 또 한 차례 한인간호사와 간호조무사 126명이 베를린에 도착했다. 이들은 개인적 연줄로 혹은 당시 본의 한 병원에 근무하던 한인의사의 소개로 이곳에 왔다.[132]

　　"우리가 왔을 때 본으로부터 베를린의 모든 간호사들이 함께 회장과 부회장을 뽑아야 한다고, 그것이 재독한인간호협회 베를린지부가 될 것이라는 소식을 들었습니다."(인터뷰47) 1966년부터 1970년까지 회장을 지낸 인터뷰47은 초기의 역사를 설명하면서 '본으로부터'라는 말을 자주 사용했다. 여기서 '본'이 본에 소재한 한국대사관을 의미하는지 혹은 자신들을 소개해 준 한인의사를 지칭하는지, 그것도 아니면 본에 있는 어떤 대상을 가리키는지는 불분명하다. 인터뷰47은 당시 한인간호사 모집의 기본 조건에 대한 이해가 필요하다며 이렇게 말한다. "그 의사가 자기 소개로 독일에 온 한인 간호사들과 관련된 모든 것을 조직했어요. 그는 특히 한국에 병원을 지을 계획을 세워놓고, 한인간호사들로부터 기부금을 거두는 데 관심이 있었습니다. 본의 한국대사관은 한국의 정치상황 때문에 이곳 한인들을 정치적 사찰하는 데 각별히 신경을 썼어요. 여기에 얽힌 에피소드 하나가 있어요. 1969년에 본의 한국대사관은 이곳 한인간호사들의 고향방문을 조직했지요. 그렇지만 비행기요금은 간호사들이 부담해야 했어요. 여하간 145명이 함께 고향에 갔어요. 그때 제가 책임자 역할을 했는데, 특히 서울공항에서 방문단원들의 여권과 비행기표를 다 거둬서 외교부에 제출했다가 돌아올 때 다시 받아와서 나눠주는 책임을 맡았지요. 외교부는 말하자면 우리를 감독하기 위해 여권과 비행기표를 마음대로 가져갔던 거예요.

본 이야기를 하자면, 대사관과 그 의사 양쪽의 역할을 따로 떼어놓고 설명하기가 어렵습니다. 예를 들어 베를린의 선출 관련소식은 본의 한국대사관이 알려주었지만, 일년에 한번 독일 모든 지역의 한인간호사 대표들이 참석하는 회의는 그 의사가 조직했고 본의 그 의사 사무실에서 열렸어요. 참석자들의 교통비도 그 의사가 다 주었어요. 그리고 회의에 대사관 관계자는 참석하지 않았고, 우리가 회의 끝나면 인사차 대사관을 찾아가서 외교부 직원이나 부대사관을 만났죠. 게다가 그 의사는 자기 사무실에 한국여성 세 명을 두고 있었어요. 당시에 확실하게 조직된 재독한인간호협회는 없었지만, 그중 한 명은 의사 소개로 온 재독 한인간호사들의 책임자이자 '재독한인간호협회' 회장이었고, 나머지 두 명은 비서였어요.

1966년 12월에 한인간호사 126명이 회장과 부회장을 뽑기 위해 베를린에 모였어요. 간호사들 스스로 조직에 관심을 가지고 있었어요. 이곳에 맨 처음 온 이들은 당시 고향에 대한 그리움하며, 이런저런 문제들을 안고 있었으니까요. 아무튼 여기서 선출된 사람들을 본에 등록을 했었어요. 그리고 나서 갑자기 본으로부터 베를린에서 선출한 사람들은 인정할 수 없으며 다른 사람을 임명한다는 소식이 날아왔어요. 그녀 역시 우리와 함께 독일에 온 간호사였고 본의 의사 사무실 책임자로 있는 여자와 친척 사이였죠. 우리 모두 분노했고 그 임명을 받아들일 수 없다고 밝혔습니다.

그럼에도 그녀는 공식적으로 본에서는 베를린의 대표였어요. 하지만 실제로는 대표 역할을 수행할 수 없었죠. 총회에 참석한 그 누구도 그 사람을 대표로 인정하지 않았으니까요. 그래서 제가 회장으로 계속 일했어요. 우습게도 제가 본의 회의에 참석하면 본에서는 저에게 아무런 말도 하지 않았어요."(인터뷰47)

당시는 조직의 정관도 없고 공식적인 회원도 없었기 때문에 조직으로서 확립되었다고 볼 수 없다. 회장들의 임무는 주로 새로 온 사람들을 돕는 것이었다(인터뷰47).

"그때 저는 회장으로서 새로 온 간호사들을 많이 만나고 다녔어요. 관공서 일이라든가 병원이나 간호사 업무와 관련된 문제를 해결하는 데 도움을 주기 위해서였죠. 독일인 목사와 결혼해서 여기서 오래 산 한인여성이 있었는데, 그분이 나서서 통역을 해주며 우리를 도와주었어요. 한 종교기숙사에서는 22시 이후에는 기숙사 바깥출입을 일절 금지하는 등 그곳 한인간호사들은 독일의 수녀들과 다름없는 취급을 받았어요. 이런 부당함을 설명하기 위해서는 우선 언어장벽이 없고 한국 상황을 잘 아는 사람이 필요했거든요. 이런 것말고도 수천 가지 문제가 있었어요. 처음 온 사람들은 누구나 할 것 없이 말이 통하지 않으니 자신들의 문제를 스스로 해결할 수가 없었죠. 예를 들어 이런 문제 같은 거죠. 초기에 우리는 한국에서 주로 담당했던 진료과목의 업무와 상관없이 병원 마음대로 배치한 과에서 일해야 했어요. 그래서도 더 힘들었죠. 그래서 저는 병원 간호부장과 베를린 보건위생국에 새로 오는 한인간호사들을 한국에서 근무한 경력이 있는 과에 배치해 줄 것을 건의했고, 관청에서는 건의를 받아들였어요. 저는 한인간호사들에게, 말하자면 무슨 일이든 시킬 수 있는 심부름꾼 혹은 사회복지사 같은 존재였죠. 마땅히 해야 할 일이라고 생각하면 제 돈을 써가며 기꺼이 했어요."(인터뷰47)

독일 속의 한인 그리고 한인조직

"어찌됐든 본의 회의에 참석하는 것은 우리에게 좋은 경험이었어요. 그곳에서는 여러 지역에서 일어나는 문제들을 접할 수 있는데다 어떻게 하면 우리의 문제를 해결할 수 있는지 상담도 할 수 있었으니까요. 어느 날 저는 그 의사를 통해 베를린에 온 간호사들 126명은 베를린 시가 대납했다는 비행기요금을 3년 동안 매달 50마르크씩 갚아나가야 한다는 사실을 알게 되었습니다. 제가 의사에게 어찌된 일인지 물었더니, 이렇게 말하더군요. 맨 처음 소개한 간호사집단의 경우 베를린 시와의 계약이 그랬기 때문에 자신이 해줄 수 있는 일은 아무것도 없었다고요. 당시 우리 126명은 이미 병원건설 계획의 기부금 명목으로 매달 2.5마르크를 내고 있었어요. 의사가 우리에게 기부금을 계속 내겠다는 데 서명하라고 요구하더군요. 우리는 비행기값은 우리가 다 냈고, 기부금도 지금까지 낸 것만으로도 충분하다며 그 요구를 물리쳤어요. 의사가 오로지 자기이해(利害)에만 신경 쓴다는 것을 그때 알아챘죠. 1969년에 한국을 다니러 갔다가 그 의사의 아내도 한국에서 간호사중개업을 한다는 사실을 알게 되었어요. 그래서 우리는 본과의 관계를 끊어버리고 그곳과 상관없이 일을 했죠."[133]

"제가 본의 회의에 참석할 때는 비행기요금을 받았고, 그것말고는 없습니다. 1968년 크리스마스 때였는데 본의 한국대사관에서 그동안 수고 많았다는 감사편지와 함께 신발 사서 신으라고 50마르크를 보냈더군요. 하지만 저는 제가 좋아서 한 일이니 돈은 사양하겠다며 돌려보냈어요. 그랬더니 대사관에서 또 편지를 보냈더라고요. 제 태도를 몹시 유감스러워하면서 혹시 액수가 너무 적어서 그런 거냐고요.

그후 저는 한인들한테 대사관으로부터 돈을 받았다는 소리를 얼마나 많이 들었는지 몰라요. 대사관에서 필요할 때면 언제든지 부려먹을 수 있을 만큼 큰돈을 받았다 그러더라고요. 너무너무 화가 나서, 사람들이 어쩌면 그렇게 감사할 줄 모를 수 있냐고 혼자 중얼거리곤 했죠. 저는 그

일을 그만두었어요. 그러고는 1982년까지 협회와 아무것도 하지 않았어요."(인터뷰47, 당시 회장)

1970년부터는 한인 간호사와 간호조무사들이 더 이상 개인적인 소개에 의해서가 아니라, 한국과 독일의 국가간 협정에 따라 독일로 왔다.

1972년 9월에 '대한간호협회'의 지부로서 '서베를린 한인간호협회'가 정관까지 갖추어 공식적으로 출범했다. 정관은 대한민국의 상부협회와 동일했다. 그리고 공식적인 회장이 선출되었다.[134]

서베를린에는 1972년에 약 960명, 1974년에는 2150명의 한인 간호사와 간호조무사가 있었다(인터뷰46).

이렇게 많은 한인간호사들이 서베를린에 있었지만, 개중에서 협회에 가는 사람은 20~30명에 불과했다(인터뷰 46; 47; 48). 인터뷰47의 설명에 근거해서, 협회의 공식설립과 당시 상황은 정리해 본다면 다음과 같다. 이 조직의 활동 및 회장의 업무 그리고 1966년부터 1970/71년 무렵까지 자발적으로 참여한 한인들의 활동은 모두 개인적 차원에서 이루어졌다. 협회가 일정한 구조도 갖추지 않았거니와 회원들과의 접촉도 없었던 것으로 보이기 때문이다. 거기에다 특히 그 의사의 소개로 온 간호사들과 얽혀 있는 본에 대한 이야기가 무성했다. 첫 회장이 활동을 그만둔 뒤로, 후임자가 없어서 활동은 중단되었다.

1970년부터 한독협정에 따라 한인간호사들이 독일에 오게 되면서, 그들은 앞에서 말한 의사나 본의 사무실과 접촉할 일이 없었다. 그 때문에 처음 한동안 베를린에서는 1970년 이전에 온 간호사들과 이후에 온 간호사들 사이에 교류가 전혀 없었던 것으로 보인다. 1972년에 자발적인 참여에 의해 처음으로 본과 관계없이 협회를 설립한 여성들은 대부분 1970년 이후에 왔다. 이렇게 해서 협회는 이전의 역사와는 아무런 관련 없이 만들어졌다.

본과 관련 있는 '재독한인간호협회'(이하 재독협회)는 1986년에 공식적으로 설립되었다(인터뷰18). 최근에 와서 베를린의 협회는 재독협회와 교류를 하고 있다. 하지만 베를린 협회는 정관과 업무가 이 협회와 다르고 독립적이기 때문에, 프랑크푸르트에 본부를 둔 재독협회 산하의 지부가 아니다. 그런데도 재독협회는 대외적으로 독일 내 한인간호협회들의 상부조직인 것처럼 처신했다. 이런 외적인 요인 때문에 베를린 협회는 먼저 설립되었음에도 마치 재독협회의 지부인 것처럼 비쳤다. 재독협회가 주최하는 행사에 베를린의 협회가 초대를 받기는 했지만, 그렇다고 함께 진행하는 활동이 있는 것도 아닌데 재독협회는 베를린 협회를 산하지부로 간주해 버렸던 것이다. 이런 복잡한 상황은 본에 얽힌 이야기에서 그 원인을 찾아낼 수 있을 것이다. 따라서 베를린 협회의 설립역사는 1966년까지 거슬러 올라갈 필요가 있다.

"제가 예전에 협회를 위해 활동했던 여성들에게 들었던 것처럼 그때는 공식적인 회원도, 협회 사무실도, 세미나도 없었어요. 그 당시 활동했던 여성들은 대부분 이미 한국에서 '간호협회' 회원들이었어요. 이런 배경에서 협회에서 활동했던 여성들은 말하자면 한편이었죠. 그녀들은 돌아가며 자기네 집에서 만나 친목을 다졌어요. 아마 회의록이나 업무에 관한 편지 같은 게 좀 있겠지만, 공식적으로 모아놓은 것은 없었어요. 그래서 우리는 이 시기에 관한 문서자료가 거의 없고, 다만 이야기로 전해 들어 알고 있을 뿐이에요. 협회는 단 한번도 공식적인 업무와 관련된 일을 한 적이 없었어요. 1970년에 비해 1972년부터 간호사가 많아진 것도 그 원인일 수 있겠죠. 문제가 생긴 사람들을 일일이 다 도와주는 것만으로도 벅찼을 겁니다. 또 새로운 프로그램도 생기지도 않았습니다."(인터뷰48)

"1972년부터 82년까지는 거론할 만한 그런 활동이 거의 없었다고 할 수 있을 겁니다. 한번은 1972년 회장이 저를 찾아와서, 병원대표로 일할 의향이 없느냐고 묻더군요. 이런 식으로 당시 협회의 여성들은 일을 조직했어요."(인터뷰47) 1972년과 1979~82년 협회의 활동보고를 들여다보면, 협회가 제대로 작동할 수 있게 조직되었던 것은 아니라는 걸 확인할 수 있다. 예를 들어 창립총회가 개최되었는지도 정확하게 파악할 길이 없고 다만 1976년까지 회장이 새로 선출되었다는 것만 확인할 수 있었다. 1976년에 첫 임시총회가 열려서, 회원들은 회비를 1년에 10마르크로 결정하고 뒤풀이로 야유회를 갔다. 1977년에 협회는 배구팀을 조직했다(1991 협회 회보 3호, 9쪽).

한편 사람들 이야기에 따르면, 협회가 서서히 구조를 갖추어나갔던 것으로 보인다. 협회는 1978년에 새 정관을 만들었고 1979년에 그것을 개정했다.

대한간호협회의 정관에서 회원자격의 조항이 특히 문제가 있었다. 협회는 대한간호협회의 지부로 출발했기 때문에 처음부터 그 정관을 그대로 따랐다. 그런데 거기에는 "회원은 국가고시를 통과한 간호사로 정한다"고 되어 있었다. 이것이 의미하는 바는, 독일에 한인 간호조무사들이 상당히 많이 와 있고 또 국가고시를 통과한 간호사와 간호조무사의 업무분담이 독일은 한국과 달랐음에도 불구하고, 이곳 간호조무사들은 회원이 될 수 없다는 것이었다. 하지만 간호조무사의 숫자가 월등히 많았기 때문에 이들 없이는 협회가 작동할 수 없었다. 한국에서는 국가고시를 통과한 간호사가 담당하는 업무와 간호조무사의 업무가 구별이 되지만, 여기서는 두 집단의 업무구별이 거의 없었다. 게다가 한국에서는 파독간호사 모집을 계기로 해서 간호조무사 양성기관이 생겨났다. "그래서 협회는 이 조항 때문에 회원을 제대로 가입시킬 수가 없었어요. 그 조건은 여기 상황에 전혀 맞지 않았던 거죠."(인터뷰 46; 47; 48; 49)

인터뷰 46, 47, 48, 49는 이 시기 한인 간호사와 간호조무사들의 생활조건도 협회의 발전에 걸림돌이 되었다고 말한다. "초기에는 거의 다 미혼이어서 간호사 기숙사에서 생활을 했기 때문에 결속력이 있었습니다. 그러다가 시간이 지나면서 결혼하고 가정을 꾸린 사람들이 생겨났죠. 이래저래 서로 흩어져 살게 되었고 또 사적인 생활 때문에 시간 내기도 어려웠어요. 더구나 간호사들이니까 야간근무도 했고요. 뿐만 아니라 협회도 회원들에게 흥미를 가질 만한 매력적인 활동을 제공하지도 못했습니다." (인터뷰 47; 48)

"1979년도 회장은 협회를 무조건 한국의 협회 지부로 만들려고 했지만, 회원들 상당수가 이와 입장이 달랐어요. 당시 협회의 구조를 바꾸기 위해 매우 열심히 활동하던 회원이 있었는데, 그녀와 그녀 남편은 이곳 상황을 상당히 잘 알고 있었어요. 이곳 단체들은 어떤지, 특히 협회는 어떻게 보여야 하는지, 재단이나 베를린 시로부터 어떤 재정지원을 받을 수 있는지 등등을 말예요. 그들의 노력으로 마침내 협회는 1980년에 새로 정관을 만들어서 정식 등록을 했어요."(인터뷰48)

그다음부터 협회는 더 이상 대한간호협회의 지부가 아니었으므로, 회원에 관한 조항도 이곳 조건에 맞게 규정되었다. 낡은 정관은 협회의 활동을 극도로 방해했었다. "우리는 이곳 생활조건과 조직상황이 완전히 다른데도 불구하고 무조건 한국의 협회 지부로 있어야 할 이유가 없다고 생각했었습니다. 대한간호협회도 우리를 지부로 인정해 준 적이 한번도 없었고 재정지원을 해준 적도 전혀 없었습니다."(인터뷰46)

이 무렵부터 협회는 점차 활기를 띠기 시작했다. 1980년에는 경로잔치라든가 크리스마스 바자회 같은 행사를 마련하기도 했다. 한편 연 10마르크의 회비를 내는 회원은 과거와 다름없이 드물었다. 모임이 있을 때는 평균 20~40명이 참석했다(1991 협회회보, 9쪽; 인터뷰48).

1982~83년 이후에는 베를린 시 보건위생국으로부터 재정지원을 받

게 되었고 협회 사무실도 마련했다. 인터뷰에 응한 사람들은 이처럼 지원으로 재정이 보장되고 공간까지 생기는 조건 아래서 협회의 활동이 매우 활발해졌다고 증언하고 있다(인터뷰 46; 47; 48; 49).

"1985년에 대한간호협회의 관계자인 유명한 간호학자가 우리를 방문했습니다. 그 자리에서 나는 왜 한국의 협회가 간호조무사를 회원으로 받아들이지 않는지 질문한 다음에, 많은 한인 간호조무사들이 이곳에서 재교육을 받고 시험에 통과해서 정식 간호사가 되었다고 덧붙였습니다. 그 간호학자는 한국 협회의 회원자격을 변경할 수는 없다고 일축하면서, 유일한 가능성은 간호조무사들이 독일에서 직업교육을 받고 정식으로 시험을 통과해서 간호사가 되었건 그렇지 않건 관계없이 한국의 정식 간호사 길을 밟는 것이라고, 다시 말해 한국의 국가고시를 치러서 통과하는 것이라고 답변했습니다. 그럴 때만 회원자격이 주어진다는 것이었습니다.

아무튼 우리는 공식적으로는 한국의 협회와 아무런 관련이 없는 협회였지만, 변함없이 한국의 협회에 새로운 임원명단 같은 것을 보고했습니다. 그래도 우리는 한국에서 교육을 받았으니까요. 협회가 독일에서 시험을 치른 한국간호사들을 인정해 주지 않는 것은 정말 유감스러운 일입니다."(인터뷰46)

2.1.4.2.2. 변천과정(1982/83년 이후)

① 회원

현재 협회는 베를린에 약 600명의 한인 간호사와 간호조무사를 회원으로 두고 있다.[135]

설립역사에서 알 수 있듯이, 회원 수의 변화는 파악하기가 어렵다. 그 이유는 협회가 일종의 직능단체 역할을 하고 있었으므로 누가 회원인지 그 경계가 불분명할 수밖에 없었기 때문이다. 말하자면 베를린의 모든 한인 간호사와 간호조무사가 잠정적으로 회원이 될 수 있었다. 예를 들어 '한인회'의 경우와 마찬가지였다.[136]

회비는 1년에 10마르크라고 규정되어 있지만, 그 시스템이 제대로 작동하지는 않았다. 이 또한 한인회의 경우와 유사한데, 회원들이 회비를 정기적으로 납부하지 않고 총회나 행사가 개최되었을 때 참석한 회원들이 회비나 기부금을 내는 식이었다. "회장선거에 출마한 후보자가 많으면 그만큼 회원들도 많이 참석합니다. 그러면 회비도 많이 걷히지요."(인터뷰48)

회원은 모두 간호사나 간호조무사 직업을 가지고 있었다. 대략 절반이 한독가정을 이루었고, 나머지 절반은 한인가정을 이루고 있었다(인터뷰 46; 47; 48; 49).

② 정관

앞의 '설립역사'에서 언급한 정관개정 외에 인터뷰에서는 특별히 변경되었다는 이야기는 나오지 않았다.

인터뷰47에 따르면, 이사들은 정관을 외부를 비롯하여 필자에게 공개하는 것은 바람직하지 않다는 입장을 취하고 있었다. 왜냐하면 협회는 비록 프랑크푸르트에 본부를 두고 있는 재독한인간호협회와 별개의 독자적인 정관과 활동을 갖추고 있을지라도, 말하자면 반(半)공식적으로는 지부의 한 형태였기 때문이다. 재독한인간호협회는 상부조직의 기능을 하고 있었던 것이다.

누구든 협회가 한인 간호사와 간호조무사 파독 25주년을 기념하여 발간한 — 한국어와 부분적으로는 독일어로 된 — 특별회보의 표지라든가 대부분의 문서자료(예를 들어 회의록, 회보 등)를 본다면, 대한간호협회와의 복잡한 관계 같은 또 다른 문제를 접할 수 있을 것이다. 인터뷰의 증언에 따르면, 협회는 공식적으로 대한간호협회의 지부가 아님에도 그 회보의 표지에는 협회명칭과 나란히 대한간호협회의 로고가 그려져 있다.

협회의 정관을 잘 모르는 사람들은 이것만으로도 협회를 대한간호협회의 지부라고 지레짐작해 버릴 수 있다. 아무리 독일에서 법적 등록이 된 협회임을 나타내는 협회명칭이 표지에 박혀 있다 해도, 충분히 오해할 여지가 있었다는 것이다. 바로 이러한 점이 외부에서는 이해하기 어려운 복잡한 관계에서 비롯된 것이었다.

1991년 1월 30일부터 12월 31일까지 협회의 활동 및 재정에 관한 보고에서는 감사 2인이 이 시기 협회활동을 결산했다. 감사들은 협회의 제반 활동과 재독 한인간호사 25주년 공식행사에 대해서는 매우 긍정적이고 성공적이라고 평가하는 한편, 정관 제9조 1항에 의거해서 1991년도 총회가 개최되어야 했음에도 실행되지 못함으로 해서 협회활동에 관한 회원들의 의견을 들을 수 없었던 점은 유감이라고 평가했다. 이어서 감사들은 협회가 정관을 준수하고 회원들을 진지하게 받아들일 것을 주문하면서, 총회가 단순히 회장선출을 위해서만 개최되어서는 안 된다고 덧붙였다. 이와 같은 상황을 방지하기 위해서는 회원들의 적극적인 협조가 필요하다는 말도 잊지 않았다.

③ 활동과 업무의 종류

"협회가 베를린 시 보건위생국의 재정지원을 받으면서부터 협회활동들, 그중에서도 외부를 대상으로 하는 프로그램들이 더욱 생기를 띠고 활력을 얻게 되었습니다. 또 협회 사무실이 생겨서 특히 독일인을 대상으로 하는 외부활동도 가능해졌습니다."(인터뷰48)

회원들의 생활환경에도 많은 변화가 있었다. "회원들은 경제적으로 안정되면서 종일근무 대신 반일근무를 선호했고, 그런 만큼 예전보다 시간을 더 많이 낼 수 있었습니다. 또 살면서 이런 일 저런 일을 겪으면서 사회적 의식수준이 높아졌습니다. 따라서 과거보다 협회의 일을 자율적으로 더 많이 합니다. 또 우리 나이가 어느덧 마흔에서부터 예순 언저리가 되었습니다. 이런 나이에 집에만 틀어박혀 있다면, 건강에 좋을 리가 없습니다. 그래서 회원들은 여느 때보다 협회에 더 많은 관심을 기울이고 있습니다."(인터뷰 47; 48; 49)

"협회는 1985년부터 외부에 알려졌고 그에 따라 활동도 다양해졌다고 말할 수 있을 것입니다. 예를 들어 1985년 총회에는 167명이 참석했습니다."(인터뷰48)

협회는 다음과 같이 대내외적인 연례행사들이 있다. 건강세미나(1년에 약 10회), 한국과 독인 노인들을 위한 파티, 퇴직연금이나 외국인법 등과 같은 다양한 주제의 세미나 등을 정기적으로 개최한다.

세미나에는 평균 25명이 참석한다. 참가인원은 베를린의 다른 한인단체들이 동시에 다른 프로그램을 운영할 때와 그렇지 않을 때가 달랐다. 다른 단체에서 특별한 프로그램이 열리지 않는다면, 50명가량이 세미나에 온다. 발표자는 대부분 독일인이다.

취미활동모임이 과거에도 있었고 지금도 있다. 꽃꽂이모임, 한국전통농무모임(그리고 어린이 무용모임), 서예모임, 합창단, 노인요양원 방문활동모임 등이 있었다. "노인요양원을 찾아다니며 봉사하는 것을 보고 독일인들은 우리가 단지 간호사라는 직업인만이 아니라, 사회활동도 한다는 인상을 받았습니다."(인터뷰48)

꽃꽂이모임은 작품전시회를 열기도 했었지만, 합창단이나 서예모임, 어린이 무용모임과 마찬가지로 현재는 활동이 없다. "어린이 무용모임은 오랫동안 태권도학교와 함께 매우 활발하게 운영되었습니다. 공연도 했는데, 꽤 성공적이었죠."(인터뷰48)

이사회는 일반적으로 한 달에 한번 모인다. "이사들은 협회 사무실 개방시간에는 돌아가며 사무실을 지켰어요[하루에 두 시간, 일주일에 4번]. 요즘은 시에서 이 일에 대해 2400마르크를 지원하고 있습니다. 이 돈은 사무실 지킴이를 하는 이사들에게 돌아가지만, 이사들은 협회활동을 위해 고스란히 다 협회에 내어놓죠. 모두 명예직으로 자원해서 일을 합니다. 그리고 일을 위해 자기 지갑에서 돈을 꺼내는 일이 다반사죠. 한때는 회장후보로 나서는 이들이 많아서 경쟁이 치열했지만, 지금은 그렇지 않아요."(인터뷰48)

"우리는 정치적으로 중립을 지키기 때문에 정치적인 활동은 하지 않습니다. 예를 들어 데모를 해도 협회는 공식적으로는 참가하지 않습니다. 그렇지만 회원들은 개인적으로 참여할 수 있어요. 우리가 행사를 조직하면 베를린의 한국영사관에서 기부가 들어오지만, 정치적으로 영사관과 우리는 아무런 관련이 없습니다. 우리는 영사관 업무에 일절 관여하지 않습니다."(인터뷰48)

다른 단체들과의 긴밀한 협력은 없는 것으로 보인다. 다만 광복절을 맞이하여 체육대회가 열리면 거기에 참여하는 정도이다. 이 행사는 한인회가 본의 한국대사관 지원을 받아 조직한다. 협회는 1985년에 한 한국청소년모임과 협력관계를 맺었다(1991 협회회보, 9쪽).

협회는 몇 차례 특별한 경우에 한해 시의 지원을 받아서 특별회보를 발간한 적이 있다. 특히 한인간호사 파독 20주년 및 25주년 기념회보를 발간하였다.[137]

④ 홍보활동

협회는 무용모임을 통해 홍보활동을 이끌어냈다. 무용모임은 베를린의 다양한 행사를 비롯하여 슈펜다우 지역의 노동자복지 및 사회 관련 행사 또는 노인요양원 등지에서 한국무용을 선보였다. 이와 같은 사회적 활동을 통해 대외적으로 협회를 알릴 수 있었을 뿐 아니라 우리 민족에 대한 이해를 높이는 데도 기여했다.

협회는 베를린 시의 지원을 받아서 재독 한인간호사의 20주년과 25

주년 기념행사를 치르면서 베를린뿐 아니라 한국에까지 알려지게 되었다
(인터뷰48).

협회 회원들과 회장은 협회를 알리기 위해, 한국에서 열리는 직업과
관련된 주제의 국제세미나에 참가하기도 했다. 일부 회원들은 한국노동
부 등으로부터 훈장을 받았다(1991 협회회보, 9쪽).

⑤ 재정조달

협회는 주로 베를린 시 보건위생국이나 슈펜다우 지역의 지원금으로 행
사 등에 필요한 비용을 충당했다. 회비는 거의 걷히지 않았다. 1991년도
협회수입은 총 4만 7838마르크로, 그중 2만 8748마르크는 베를린 시의
지원금, 1만 2162마르크는 슈펜다우의 지원금 그리고 6677마르크는 전년
도 이월금, 10마르크는 회비이다.

1991년도 협회의 지출은 사무실 임대료, 행사비, 운영관리비가 대부
분을 차지했는데, 사무실 임대료 1만 4214마르크, 행사비 1만 4978마르
크, 운영관리비 8227마르크 그리고 다른 단체들에 기부금 2800마르크
로 구성되어 있다. 베를린 한국영사관은 때에 따라 기부를 했다(1991. 1.
30~12. 31 회계보고).

협회는 독일통일 이후 사무실 건물주가 그 공간을 다른 목적으로 사
용하겠다고 해서 이전을 해야 했다. 협회가 사무실 공간을 구하지 못하
고 있던 차에, 베를린 한인회로부터 자신들의 공간을 함께 쓰자는 제안이
들어왔다. 그리하여 협회는 시로부터 월 1250마르크의 임대료 지원금을
받지 않아도 되었다(인터뷰48).

⑥ 특수성과 성과

"무용모임은 사람들에게 인기있습니다. 베를린에 사는 한인여성들은 그
저 간호사만이 아니라, 무용모임 활동으로 다져진 다른 능력도 가지고 있
어요. 베를린의 외국인위원회는 우리에게 찬사를 보냅니다."(인터뷰46)

⑦ 문제점

"최근 우리는 한인회와 공간을 같이 사용하면서 다소 심각한 문제가 생겼습니다. 원래 한인회와 관계가 좋았어요. 우리가 마땅한 사무실을 구하지 못했을 때, 한인회 회장이 먼저 우리에게 사무실을 같이 쓰자고 했을 정도로 우호적이었어요. 그런데 우리가 이사할 무렵 한인회의 회장이 새로 뽑혔어요. 그 뒤로는 서로 대등한 관계가 아니라 마치 임대차관계인 것처럼 우리를 대하고 있어요. 한인회는 자기네가 임대인인 양 우리를 임차인 취급을 한답니다. 이 때문에 우리 협회장을 하겠다고 나서는 사람이 아무도 없을 정도예요.

베를린 한인회 역시 사무실 임대료를 베를린 시로부터 지원받고 있어요. 우리가 외국인위원회에 이런 상황에 대한 고충을 제기하자, 시로부터 우리 협회와 한인회는 사무실에 대해 동등한 권리를 가지고 있다는 답변이 왔어요. 그래서 우리는 사무실 사용규칙을 정하기 위해 시 대표 및 한인회와 함께 논의하는 자리를 갖자고 한인회에 제안했지만, 한인회로부터 가타부타 아무런 말을 듣지 못했습니다. 베를린 외국인위원회는 우리에게 이 문제와 관련해서 공문을 보냈는데, 이런 내용이었어요. 한인회가 계속 그와 같은 자세를 취한다면 임대료 지원금은 우리 앞으로 나가게 될 것이다, 그 이유는 한인회는 이제 부유한 국가가 된 한국으로부터 지원받을 가능성이 있기 때문이라는 것이었어요. 그렇지만 우리는 한인회와 그렇게까지 관계가 악화되는 것을 원치 않았고, 어떻게든 한인회와 절충안을 마련하기를 바란답니다. 그런데 한인회는 우리가 지나치게 부당하게 자기권리만 주장한다며 베를린 한인사회에 소문을 퍼트렸어요. 원래 우리 협회는 한인회 설립의 토대였어요. 남자들이 문제예요.

우리만의 사무실이 있었을 때는 행사 하나를 조직해도 미리 한인회와 행사날짜를 협의해서 정했어요. 이렇게 해서 행사들이 동시에 개최되

지 않도록 하고 또 서로 품앗이도 할 수 있었거든요. 하지만 지금은 전혀 그러질 못해요."(인터뷰47)

"우리는 세미나를 열면서 많은 회원들이 참석하기를 기대합니다. 하지만 겨우 25~30명만 옵니다. 그럴 때마다 몹시 실망하고 우리의 활동의 지가 꺾이곤 한답니다. 세미나 내용이 사람들의 관심을 끌지 못하는 것인가 등등을 고민합니다. 제 생각에 일반적으로 사람들이 재미있는 일에는 관심을 기울이지만 사회적 활동에는 별 관심이 없습니다. 한번은 주말 워크숍과 단체여행을 추진했는데, 거기도 사람들이 많이 오지 않았어요." (인터뷰 46; 48; 49)

⑧ 전망

"베를린에서 가장 젊은 한인간호사가 마흔 살입니다. 우리는 후계자가 없어요. 만약 계속해서 한인간호사들이 왔었다면 달랐겠지요. 10년 후에도 우리 협회가 건재하리라는 보장이 없다는 것을 충분히 짐작할 수 있습니다. 이것이 비록 우리의 문제이긴 하지만, 이러한 조건을 우리는 긍정적인 전망으로도 보고 있어요. 우리의 활동을 통해 협회가 외부적으로 알려졌어요. 그래서 우리는 계속해서 그렇게 나아갈 것이고 더 많은 시간을 할애해서 협회의 일을 할 것입니다. 예를 들어 사회활동을 더 많이 하려고 해요."(인터뷰 46; 48; 49)

"회장임기가 2년입니다. 업무 익히느라 1년쯤 보내고 겨우 활동에 적극 나서다 보면 어느새 임기가 끝나버립니다. 후임자는 일반적으로 전임자의 활동과 연속성을 가지면서 추진하기보다는 새로운 것을 시작하지요. 이런 구태가 변해야 합니다. 저는 앞으로 우리 협회가 회원들을 위한 프로그램을 더 많이 만들어야 한다고 생각합니다."(인터뷰48)

"저는 여기서 26년을 살았습니다. 지난날 우리가 이곳에서 노년의 삶에 대해 생각조차 거의 하지 않았다는 게 참으로 유감스러워요. 노년의 준비를 오랫동안 해야 한다고 저는 생각합니다. 지금 우리에게는 이에 대한 구체적인 아이디어가 없습니다. 앞으로는 구체적으로 계획을 세워야 된다고 봐요."(인터뷰46)

2.1.4.3.　함부르크 한인여성회

2.1.4.3.1.　설립역사

1970~76년에 한인간호사 430명이 함부르크에 와서 33개의 병원과 노인요양원에서 근무했다(1976. 12. 3 회의록). 이들은 독일정부가 독일 전역에 배치하기 위해 3년 계약으로 모집한 간호인력에 속했다. 이 가운데 약 200명은 계약이 끝나자 한국으로 돌아갔다.[138]

1976년 1월 15일, 한인간호사들은 상호교류와 상부상조를 목적으로 함부르크에 한인간호협회를 만들었다. 한인간호사 10명은 "우리 자신을 찾기 위해, 우리에 대해 알리기 위해 그리고 함께하기 위해"[139]라는 모토를 내걸고 일부 창립회원들이 일하고 있는 함부르크 엘베크(Eilbeck) 병원 회의실에 모였다(1976. 1. 15 회의록).

이날 회원들은 '함부르크 제1회 문화의 밤'이라는 축제 프로그램을 계획했으며, 이 축제는 오늘날까지 전통으로 이어지고 있다. 그들은 조직 형태를 결정하고, 이사를 선출하는 한편 정기 월례모임을 갖기로 했다. 두 번째 모임에는 32명이 모여서 조직의 형태와 구조를 세부적으로 짰다. 그리고 회비에 대해 논의한 결과, 연회비 5마르크로 확정했다. 이어 정관에 대해서도 다루었으며, 회원들을 위한 잡지의 발간도 논의했다. 그 밖에 문화의 밤을 비롯하여, 세미나, 심지어 모임에 늦을 시 벌금 등에 관해서도 의견을 모았다. 회원들은 모임 때마다 회의록을 한국어로 기록했다(1976. 2. 6 회의록; 인터뷰24).

정관에 따르면 협회의 목적은 다음과 같다(1978. 2. 3 회의록). "협회는 플로렌스 나이팅게일의 모범과 복지사업의 이상을 추구하고, 서로 정보를 교환하기 위해 회원들 사이에 네트워크를 만들며, 회원들의 문제를 해결하기 위해 서로 협력한다."

함부르크에서 일하는 모든 한인 간호사와 간호조무사는 회원이 될 수 있다.

협회의 조직은 이사회와 총회로 되어 있다. 이사회는 회장, 부회장, 회계 겸 총무, 서기, 위원회 대표 4인 등 총 8인으로 구성된다. 회장은 매년 월례모임에서 선출한다.

위원회는 예술분과위원회, 문화사업위원회, 사회활동 및 회원복지 위원회, 스포츠위원회 등 4개 위원회가 있다.

설립연도에 조직구조의 기초가 확정되었고, 모임의 활동들이 잘 조직되어 구성원들 스스로 이끌어나갔다. 활동으로는 문화행사, 잡지발간, (작은 도서관을 만들기 위한) 책 모으기, 야유회, 함부르크 한국영사관에서 조직한 행사 참여, 함부르크 한인간호사들의 실태 조사, 함부르크의 와병중인 한인간호사들을 위한 모금, 관청용무에 관한 정보, 함부르크의 다른 한인단체들과의 교류 등이 있다(1976. 1. 15~12. 13 회의록).

협회가 설립된 해에는 회원들의 월례모임이 정기적(월 1회)으로 개최되었고, 참석인원은 10~32명 정도였다. 모임은 항상 회원들이 근무하는 병원의 회의실에서 열렸다. 회의는 협회조직의 규칙에 세심하게 주의를 기울이며 민주적으로 진행되었다(1976 회의록).

2.1.4.3.2. 변천과정
2.1.4.3.2.1. 설립시기(1976~82)
협회의 활동은 처음부터 계획에 따라 내용과 조직 면에서 커다란 변화나 어려움 없이 안정적으로 추진되었다. 협회는 활동반경을 넓혀나갔지만, 이 또한 활동에 대한 초기 이념의 틀 안에서 이루어졌다(1979~82 회의록; 인터뷰24).

1982년에도 회원들은 함부르크 한인간호사들의 실태조사를 계속해 나가다가, 1983년에는 한독가정과 한인가정의 실태도 조사하였다(1981. 1. 28~1983. 3. 17 회의록). 이 시기의 회원들은 여전히 자신들을 한인여성으로서보다 간호사로서 먼저 이해하였다.

회의에 참가한 여성들의 성을 살펴보면, 1982년까지는 거의 모두 원래의 성을 그대로 쓰고 있었지만 1983년부터는 남편의 성을 쓰는 회원들이 자주 눈에 띈다. 이것은 회원들이 이 무렵에 독일에서 그대로 살 것인지 한국으로 돌아갈 것인지를 결정했다는 것을 의미한다. 이곳에 정착하기로 한 회원들은 이 시기에 가정을 이루어 다시 새로운 삶을 일구어나갔다. 회원들의 이러한 개인적 상황은 고스란히 그들의 활동에 반영된다(1976~82 회의록).

조직의 구조가 다시 세분화되었다. 이사회와 더불어 회원의 조직화를 더욱 탄탄히 하고 회원들의 병원 내 활동을 발전시키기 위해 지역별·병원별 연락망이 만들어졌다. 위원회에는 대표 외에 부대표의 업무가 추가로 생겨났다. 이사회의 구성원이 다른 조직에서 활동하는 것은 가능한 막기로 했다(1977~82 회의록).

설립연도에 진행되었던 활동들의 뒤를 이어 다음과 같은 활동들이 전개되었다. 다른 한인단체들과의 체육대회, 친교의 밤, 회원들의 상호부조, 잡지와 활동보고를 통해 협회의 존재에 대한 홍보 — 그러나 이것은 한국과 관련된 기관들에만 해당되었다(1977. 1. 1 회의록) — 귀향자들의 송별행사, 협회의 공간 마련 혹은 건축을 위한 고민, 소규모 세미나들, 독일연방 전체 한인간호사 모임에 참석, 가난한 한인유학생들에게 장학금 전달 및 바자회가 이 시기의 정기적 활동이었다.

또 문화의 밤은 점차 함부르크의 독일인들과 한인들에게 협회를 알리는 홍보수단의 역할을 했다. 문화의 밤은 협회의 활동에서 높은 비중을 차지했다.

한번은 문화의 밤에서 한국의 동일방직 여성노동자들을 위한 기부금을 모금할 계획이었다. 동일방직 여성노동자들은 1978년에 노동조합을 만드는 시도를 하다가 정치적으로 야만적인 탄압을 당했으며, 결국 공장에서 쫓겨나기까지 했다(1978. 9. 1 회의록). 그런데 이 모금계획이 문화의 밤 행사 직전에 가진 모임에서 취소되었는데, 그 이유는 회의록에서 밝히고 있지 않다. 다만 문화의 밤 행사를 마치고 난 직후에 열린 회의에서, 함부르크 한국영사관이 모임 앞으로 보낸 "한국으로부터 온 대통령의 지시"가 참석자들 앞에서 공개되었다(1978. 11. 3 회의록). 이로써 협회가 왜 기부금 모금계획을 스스로 포기했는지 그 이유를 능히 짐작할 수 있다. 게다가 늘 프로그램에 들어 있었듯이, 그날의 문화의 밤에서도 함부르크 영사는 인사말을 했다(프로그램 인쇄물).

당시 회원들은 자신들의 활동상황에 실로 지대한 관심을 기울이고 있었다. 그래서 한번은 영사관 관계자에게 이 문제에 대한 조언을 듣고 싶었지만, 그 관계자가 초대에 응답을 주지 않아서 만남은 성사되지 않았다(1978. 5. 5 회의록).

협회는 독일에서 공부하는 한인유학생들에게 장학금을 수여할 계획을 시작으로 해서 서서히 협회회원의 틀을 넘어서서 사회적 영역에서 활동을 펼쳐나갔다.

협회의 재정은 회비와 단체들 — 대부분 한인단체 — 의 기부금으로 조달되었다. 1978년 4월 7일의 모임에서는 모임의 재정상황에 대한 보고가 있었다. 수입은 3864마르크, 지출은 3642마르크였다.

대체로 정기모임의 참석인원은 최소 7명에서 최대 22명까지였다. 정기

모임에서는 주로 활동계획이 수립되고 활동에 필요한 준비를 했다. 당연히 문화의 밤이나 축제, 야유회에는 회원들의 참석률이 평소보다 훨씬 높았으며, 가족들도 동반했다(1977~82 회의록).

처음에는 병원 회의실에서 자주 모임을 가지다가, 모임의 장소가 점차 회원의 집으로 옮겨갔다.

2.1.4.3.2.2. 발전 및 안정기(1983~85)

이 시기 협회는 대외활동을 점점 더 넓혀나갔으며, 각 위원회의 활동범주도 이전에 비해 선명해졌다. 조직구조에서도 변화가 있었는데, 한독가정과 한인가정 파트가 신설되었고 각 파트의 대표가 선출되었다.

당해 연도 초에 각 위원회의 예산 및 연간 프로그램이 확정되었다.

재정문제와 관련해서는 규칙준수가 예전보다 더 철저해졌으며, 회의록 기록 역시 훨씬 더 충실해졌다(1983 회의록).

협회의 회보는 연 2회 출간되었다. 모임은 회원의 사택 아니면 한국식당에서 열렸다.

활동으로는 다음과 같은 것들이 있었다.

첫째, 연간 600마르크에 상당하는 기부금이 계속 한국에 전달되었다(1983. 2. 17 회의록).

둘째, 함부르크 한독가정과 한인가정의 실태조사가 이루어졌다(1983. 3. 17 회의록).

셋째, 협회의 야유회 때는 한국기업들을 비롯하여 함부르크의 한국영사관 또는 기관, 함부르크의 한국은행으로부터 물품기부를 받았다. 다른 단체에 행사가 있으면 협회는 이 기부물품들을 다시 그 단체에 기부하였다. 이는 이 시기 협회가 여러 한국관련 단체들과 가까운 관계를 맺고 있었음을 의미한다(1983. 6. 16 회의록).

넷째, 1983년 12월 16일 모임에서 회원들은 다음과 같이 정관의 일부 조항을 변경했다. 우선, 협회의 목표와 목적에 '친교 활성화'가 추가되었다. 다음으로, 회원들의 환경과 상황이 변화된 점을 고려하여 각 병원 및 노인요양원의 회장 대신 각 지역의 회장이 자치를 위해 도입되었다.

다섯째, 자녀양육을 주제로 한 세미나가 개최되었으며(1984. 3. 15 회의록), 한국어 수업에 관한 토론이 진행되었다(1984. 12. 13 회의록).

여섯째, 회장을 1인에서 2인 체제로 하고 지역회장을 없애는 것으로 정관이 변경되었다(1984. 12. 13 회의록).

2.1.4.3.2.3. 협회명칭 및 1986년 이후의 변화

1986년, 협회의 이름이 '함부르크 한인간호협회'(Verein der Korea-nischen Krankenschwestern in Hamburg)에서 '함부르크 한인여성협회'(Verein der Koreanischen Frauen e.V. in Hamburg)로 변경되었다. 그 이유는 함부르크에 거주하는 많은 한인여성이 간호사로 온 게 아니고 다른 이유로 독일에 왔기 때문이다. 예를 들어 주부나 대학생들은 협회에 가입할 기회가 주어지지 않았던 것이다(인터뷰24). 이와 동시에 회원들의 삶의 조건이 그사이 많이 변함에 따라 협회에서 간호사라는 직업의 의미가 서서히 퇴색되어 갔다.

① 회원

회원은 점차 증가했다. 1994년 초에 한인여성 회원은 84명에 이르렀는데, 이미 1988년에 회비를 납부하는 회원이 62명이나 되었다. 1985년부터 협회의 활동이 활기를 띠었다. 이것은 회원들이 실질적으로뿐 아니라 재정 문제에 대해서도 이전보다 훨씬 책임감을 갖게 되었다는 것을 의미한다(인터뷰24).

회원 84명 중 72명이 기혼여성이다. 나머지 12명 중 6명은 이혼했고 6

명은 미혼이다. 회원의 약 90%가 한독가정을 이루고 있다(인터뷰24).

회원의 1/3이 여전히 간호사로 일하고 있으며, 1/3 중 일부는 남편과 독립적으로 자영업을 하고 그 나머지는 남편과 함께 자영업을 하고 있으며, 1/3은 가정주부이다.

자영업으로는 병원, 식당, 생활용품 상점, 장난감가게, 모직판매점 등이 있는 것으로 파악되었다(인터뷰24).

인터뷰24가 파악하고 있는 회원 배우자 44명의 직업을 살펴보면 다음과 같다. 대학강사 1명, 회사원 20명, 교사 2명, 유명한 TV방송국 편집장 1명, 의사 7명, 변호사 1명, 판사 2명, 자영업자 10명, 세무사와 두부공장 사장 각 1명 등이다. 이로써 남편들 대부분 사회적으로 소외된 집단은 아님을 알 수 있다(인터뷰24).

"흔히 사람들은 한인여성들보고 남편 잘 만났다고 합니다. 회원들 대부분이 경제적으로 상당히 윤택한 편입니다. 그리고 남편들은 우리 활동에 잘 지원해 줍니다."(인터뷰23)

회원의 90%가 왜 한인가정이 아닌 다문화가정의 구성원인지 그 이유를 명확하게 설명할 수는 없지만, 이것이 흥미로운 점인 것만은 틀림없다. 인터뷰23은 한독부부가 다른 부부들보다 더 자유로워서 그런 것이 아닐까 추측했다. 한인남편들은 자기 부인이 모임활동을 하는 것을 잘 이해하지 못했다. "한인가정[남편들]은 우리보고 한국무용을 추기에는 너무 늙었다는 말을 곧잘 합니다."

"정확히는 잘 모르겠습니다만, 회원들 대부분이 다른 독일단체의 회원은 아닌 것으로, 예를 들어 정당원이라든가 노동조합원은 아니라고 봅니다. 그리고 그 남편들 중 다수가 정당활동을 하고 있는 것으로 알고 있습니다."(인터뷰24)

"회원들은 한국으로 돌아갈 의사가 없을 겁니다. 이곳에서 가정을 꾸

린데다 대부분이 독일시민권을 가지고 있으니까요."(인터뷰 23; 24)

"제가 생각하기에, 회원들은 한국어나 독일어 양쪽 다 언어구사 수준이 높지 않습니다. 여기서 말하는 것은 일상적인 언어가 아니고 수준 높은 언어입니다. 우리가 활동하면서 만나는 사람들은 대부분 지식인이나 학자들처럼 말을 유창하게 하는 사람들인데, 특히 그들과 토론할 때 우리의 언어구사 수준이 별로 높지 않다는 것을 깨닫게 되죠. 이건 우리에게 정말 중요한 문제입니다."(인터뷰24)

"우리 회원들이 독일어를 얼마나 잘하는지 가늠할 수가 없어요. 모임에서는 한국어로 이야기하니까요. 가끔 다른 한독가족들과 함께 만날 때가 있는데, 이상하게도 그럴 때면 자동적으로 한인여성들은 그들끼리 또 독일남성들은 그들대로 따로따로예요. 왜 그러는지는 저도 잘 모르겠어요."(인터뷰23)

"아이들에게 독일어는 사고하는 수단이고, 독일은 고향입니다. 한국어 수준은 매우 낮습니다만, 일단 아이들이 한국을 갔다 와보면 한국과 관련된 것에 훨씬 관심을 가집니다. 대부분의 아이들이 김나지움에 다니는데, 부모들이 자녀들 교육에 많이 개입하기 때문이랍니다. 예를 들어 한인아이들 거의 모두가 악기를 적어도 하나 정도는 다룬답니다.

제 생각에는 한인가정 아이들과 한독가정의 아이들은 다문화 환경이 자신들의 성장에 장애가 아니라 도움이 된다는 의식을 가지고 자랍니다. 예를 들어 아이들은 자신들의 한국어 능력에 자부심이 가지는데, 다른 아이들은 그런 게 없으니까요."(인터뷰24)

"우리 회원들의 아이들은 아직 어려요. 거의 다 결혼을 꽤 늦게 했으니까요."(인터뷰23)

② 정관

1986년에 정관이 개정되고 조직형태가 새로 만들어졌다. 개정된 정관에 따라 협회의 명칭은 '한인여성협회'가 되었다. 협회의 위치는 함부르크이다. 규칙 제53조에 따라 협회는 도움이 필요한 독일 거주 한인들을 지원하는 것을 목적으로 하며, 문화행사를 통해 독일시민과 독일에 살고 있는 한인들의 친밀도를 드높이는 것을 목적으로 하고 있다. 협회는 상업적 목적을 추구하지 않으며, 사적 이익을 위한 활동을 하지 않는다.

회원자격도 변경되었는데, 정관 제4조에 따라 협회의 목적을 인정하는 한국 뿌리를 가진 여성은 누구나 회원이 될 수 있다.

연회비(제7조)는 40마르크이다. 이것은 1991년부터 적용된 것이다. 1986년부터 1990년까지는 연회비가 20DM였다.

1986년부터 협회의 조직 또한 바뀌었다. 협회의 조직(제8조)은 이사회, 확대이사회, 위원회, 총회로 되어 있다. 이사회는 회장, 부회장 2인, 총무, 서기, 회계 등 5개 부문으로 구성된다(제9조). 이사회 구성원은 정기 회원총회에서 선출하며 임기는 2년으로 한다. 회장은 재선이 가능하다.

제13조 b항에 따라, 2년 동안 회비를 미납한 회원은 총회에서 3/4의 동의를 받아 제명할 수 있다.

제14조는 협회가 존립하지 않거나 지금까지의 협회목적이 해소되면 협회의 재산은 독일적십자(함부르크 시 연맹)에 양도하며, 적십자는 재산을 직접적이고 전적으로 공공의 목적을 위해 사용할 수 있다고 명시해 놓았다(1991. 12. 3 회의록).

개정정관은 이전과 비교해서, 훨씬 더 형식을 갖추고 엄격해지고 세분화되었으며, 회원들은 생활조건을 잘 반영하고 있다.

③ 활동과 업무의 종류

개정정관에 따르면 위원회의 활동은 변하지 않았다. 협회의 실질적인 활동은 회원 상호간의 지원에서 문화행사를 통해 독일에 살고 있는 한인들과 독일시민의 관계의 친밀도를 촉진하는 것으로 그 중심이 옮겨졌고 활동반경이 넓어졌다(인터뷰24).

예술분과위원회는 2년에 한번 문화의 밤 행사조직을 그 임무로 하고 있다(이전에는 1년에 한번). 문화의 밤을 통해 독일시민들은 한국문화에 대해 알게 된다. 이 위원회는 주로 대외적인 활동을 하며, 협회의 활동들 가운데 큰 비중을 차지한다. 문화의 밤이 개최되면, 약 300~400명이 행사에 오는데, 그중 적어도 절반가량은 독일인이다(인터뷰24).

문화의 밤에서는 한국 고전무용과 노래, 연극 공연 등 다양한 프로그램을 제공하며, 한인아이들이 여러 악기들을 연주한다. 다채롭게 진행되는 문화의 밤은 한국음식을 선보이고 선물을 주는 추첨식으로 완결된다. 이러한 행사를 통해 한인들은 자신들을 위해 고향의 일부분을 함부르크에 세우는 것뿐만 아니라, 독일시민들에게 한국의 문화를 널리 알리고자 한다.[140]

그리고 문화사업위원회의 업무는 1년에 두 번 회보를 발간하고 교육 관련 세미나를 2년에 한번(1994년부터, 그전에는 1년에 한번) 조직하는 것이다. 대내활동을 중심으로 하는 위원회이다.

세미나에서는 대부분 한국과 관련된 주제들, 특히 한국식 예절이라든가 한국무용 혹은 전통악기에 관한 내용들을 다룬다. 주제는 매번 바뀐다. 세미나는 그 주제에 맞게 초청한 강사의 발제가 있고 그에 관해 발표자와 참석자들의 토론이 전개되는 식으로 이루어진다. 세미나 개최지가 함부르크가 아니어서, 참석한 회원들은 세미나 기간 동안 함께 머물면서 서로 속 깊은 대화를 나누기도 한다.[141] 세미나는 일반적으로 금요일부터 일요일까지 진행되는데, 가족회원들도 참석이 가능하고 그들을 위한 프로그램도 마련되어 있다.

한국의 예술을 배울 수 있는 다양한 기회를 제공하는 협회의 연수 프로그램도 있다. 나중에 많은 찬사와 호응을 받게 되는 한국고전무용 모임이 만들어져서 정기적으로 연습을 하기 위해 모였다. 한국고전무용 모임은 공연을 선보이는 기회를 여러 차례 가졌으며, 큰 갈채와 찬사를 받았다. 회원들에게 이런 성공이나 인정보다 더 중요한 것은 고전무용을 통해서 자신들의 문화적 정체성을 지킬 수 있었다는 것이다.[142]

사회활동 및 회원복지 위원회는 함부르크에 사는 한인들 가운데 어려움에 처한 사람들을 도와주는 일 그리고 회원들끼리 어려움이나 행사가 있을 때 상부상조하는 일을 한다. 이 위원회는 대내적으로뿐 아니라 대외적으로도 활동을 한다.

1993년에는 예를 들어 한인노인들을 위한 경로잔치가 열렸다. 그리고 병원에 입원하는 회원이 생기면 회원들은 입원회원의 가족들이 신경 쓸 필요가 없도록 간병지원을 조직한다. 흔히 이와 같은 지원은 단기간에 효과가 나타나며, 급속도로 영향을 끼친다. 여기서 회원들이 오랜 기간의 경험을 통해 신속하고도 복잡하지 않게 문제의 해결책을 찾아내는 역량이 드러난다.

기획 및 다른 협회나 개인들과의 교류를 위한 위원회는 체육대회라는 틀 안에서 여러 한인단체들을 비롯해서 함부르크 한국영사관과도 친분을 쌓아 우호적인 관계를 유지하는 것을 그 임무로 하고 있다. 이 위원회의 활동은 협회 차원에서 보면 대외적인 활동이지만 또 한편으로 함부르크 한인공동체 내부의 일이기도 하다. 여성회는 함부르크 한인공동체의 다른 모임들과 공존하기 때문에 한인사회 내 모든 활동에 협력하는 것 또한 그들의 업무이다. 그래서 회원들은 체육대회나 야유회, 기타 공식행사가 있을 경우 협력한다.

협회는 함부르크 자유한자 시 문화청의 후원으로 해마다 열리는 국제문화행사에도 참여한다. 이와 같은 참여는, 예전과 달리 오늘날에 와서는 다른 문화에 대한 이해를 촉구하는 것이 긴요해졌다는 인식에서 비롯된 것이었다. 낯선 문화에 대한 개인적인 이해만으로는 선입견이나 불신을 없애고 극복하기에 역부족이다.[143]

또 협회는 다른 다문화 사안, 예를 들어 어린이 음악축제라든가 시립공원 축제에도 참여한다(인터뷰24).

독일단체들이나 다른 외국인단체들과의 정기적인 교류는 지금까지 이루어지지 않고 있다(인터뷰24).

앞서 언급하였듯이 협회는 얼마 전까지 한국 농촌지방의 학생들을 지원해 주고 있었지만, 몇 해 전부터는 중단했다. 그 한 가지 이유는 협회에서 지원한 한국의 학교로부터 의당 제공받아야 할 정보를 충분한 받지 못했다는 점이고 또 한 가지는 정식 등록협회(e.v.)는 이러한 장학금 수여가 허용되지 않기 때문이었다(인터뷰24).

한국정부가 어떤 목적을 위해 대대적인 모금행사를 벌이면 협회도 동참했다.

한인여성협회 회원들에게 최신 정보를 충분히 제공할 수 있도록 하기 위해 문서정보 시스템을 확립했다. 독일과 한국에서 회원들에게 중요한 법률의 개정이 있을 경우 회원들에게 공지되었으며, 또 이 시스템을 통해서 함부르크 한인공동체의 생활에 관한 소식을 비롯하여 함부르크의 문화생활에 관한 소식도 알 수 있다. 고립된 생활을 원하지 않는 사람에게는 매우 중요한 정보시스템이다. 1년에 두 번 발간되는 협회의 회보에는 지난 사건이나 행사에 관한 내용이 실리는 것뿐만 아니라, 회원들이 직접 쓴 시나 에세이 또는 여행기 같은 글도 실린다. 독일인을 대상으로 하는 정보일 경우에는 독일어와 한국어로 제공하고 있다. 회보는 주로 한국어로 되어 있었지만, 필요하다고 판단될 경우 독일어판이 약 300부 인쇄되기도 했다.[144]

정기 월례모임에는 평균 20명이 참석했다. 월례모임에서는 지난 사건들에 평가가 이루어졌고, 서로 정보를 주고받았다. 그리고 두번째 중요한 활동으로 다양한 교육 프로그램이 제공되는데, 전통 탈 만들기 프로그램과 전통 떡을 만드는 프로그램 등이 실시되었다(인터뷰24). 협회는 이러한 두번째 중점 활동의 일환으로 작은 세미나를 열어 독일의 통일과정, 한국의 통일, 자녀양육, 독일가족법 등과 같은 다양한 주제들을 그에 적절한 전문가를 초청해서 다루기도 했다(1986~93 회의록).

간부회의에는 이사들을 비롯하여 각 위원회 간부 등 평균 10~13명이 참석한다(위원회에는 추가로 이사회 부회장이 있었다). 회원들에게 큰 잔치가 있으면 50명가량의 회원들이 가곤 한다(인터뷰24).

④ 홍보활동

한번은 협회가 구청의 홍보책자에 소개된 적이 있다. 함부르크 경제진흥조합(Hamburgische Gesellschaft für Wirtschaftsförderung)이 주최하는 새해 만찬행사에 함부르크에 주재하는 한국기업 대표들과 협회가 초대를 받았는데, 한인단체들 중에서는 유일하게 협회가 초대되었다(인터뷰24).

협회는 한국행정부에도 어느 정도 알려져 있다. 이것은 한국의 외무부장관과 함부르크 영사가 협회에 신년축하 카드를 보내는 것으로써 알 수 있다.

함부르크의 여러 한국기업과 한인 자영업자들에게 협회는 잘 알려져 있다(인터뷰24).

⑤ 재정조달

우선, 활동비용은 회비로 충당한다. 1992년 1월 13일에 있었던 1991년도 결산보고에 따르면, 회비는 총수입의 약 21%를 차지한다. 그리고 수입내역은 다음과 같다. 회비 1740마르크, 함부르크 자유한자 시 문화청 지원금 3100마르크, 함부르크 한국영사관에서 800마르크, 기부금 900마르크, 민속축제 판매수입 1200마르크, 기타수입 500마르크. 최근 들어와서 협회는 회보광고료로 연간 1천 마르크의 추가수입을 올리고 있다. 대부분 함부르크에 있는 한국식당이나 여행사들이 싣는 광고이다. 기부금이나 물품후원은 함부르크 한인회나 한인 부모모임 같은 한인단체들에서 들어온다. 독일단체들로부터의 지원은 없다(인터뷰24).

1985년부터 협회는 정기적으로 함부르크 한국영사관으로부터 지원을 받고 있다. 문화청 지원은 문화의 밤이나, 회원들이 무용 같은 것을 배울 때 들어가는 강사비 등의 항목으로 정해져 있다(인터뷰24).

협회는 시의 지원 덕분에 함부르크 시민의 집에 있는 회의실을 총 60 마르크의 저렴한 사용료를 내고 한 달에 두 번 빌려 쓴다(인터뷰24).

재정상황에 대해서 지금의 회장은 다음과 같이 보고 있다. "지금의 활동에서 저희가 어려운 점은 없습니다. 하지만 협회가 큰 행사를 치르고자 한다면 지금의 수단만으로는 충분치가 않습니다. 그래서 지금까지 이런 큰 행사를 치른 적이 없었으며, 할 수도 없습니다."(인터뷰24)

과거에 비해 총수입이 증가했지만, 지출규모 또한 커졌다.

⑥ 특수성과 성공

"우리는 또한 우리의 활동을 통해, 예를 들어 문화의 밤과 같은 행사를 통해 한국문화를 독일여론에 알리는 성과를 얻었습니다. 우리 협회는 함부르크에서 이런 활동을 하는 유일한 모임입니다. 얼마 전까지 해마다 개최되었던 문화의 밤은 항상 큰 반향을 일으켰습니다."(인터뷰24)

"우리는 그외 다른 활동에서도 항상 성공을 거둡니다. 우리가 성공을 거두지 못한 활동으로 꼬집어 말할 만한 게 없습니다."(인터뷰 23; 24)

"우리 협회는 함부르크에서 한국문화를 독일과 함부르크에 알리는 유일한 모임입니다. 이 역할은 매우 중요하다고 생각하기 때문에 우리는 이런 활동을 계속해 나갈 겁니다. 문화적 교류는 다양한 문화적 배경을 가진 다양한 나라의 사람들 사이의 이해에 기여합니다."(인터뷰24)

"이 협회는 모임회원들뿐만 아니라, 대부분 다문화가정에 속해 있는 회원들의 가족들 사이가 가까워질 수 있게 해주었어요. 그들은 협회의 프로그램을 통해 한국을 가까이 경험할 수 있는 기회를 가져요. 예를 들어 한독 부부모임 같은 것도 있어요. 회원들과 그 가족들은 정기적으로 친교모임을 갖습니다. 아이들은 부모와 함께 한국과 관련된 연극을 하면서 간접적으로 한국을 배울 수 있는 기회를 가지지요. 그외에도 협회는 특히 함부르크 주변에 혼자 사는 한인들에게 의지할 수 있는 공간을 제공하고 있어요."(인터뷰 23; 25)

이미 협회는 함부르크에서 중요한 위치를 차지하고 있고, 한국인과 독일인 모두에게 중요한 역할을 한다고 말할 수 있을 것이다.

⑦ 문제점

"내부적으로는 위원회의 구체적인 활동을 진행할 때 겨우 회원의 1/3만 적극적으로 활동한다는 문제점이 있습니다. 그래서 우리는 소극적인 회원들을 끌어내기 위해 전화도 많이 해야 하고, 편지도 많이 써야 합니다. 벌써 이것만 해도 일이 많습니다.

외부적인 문제는 협회에 도서관을 만들 공간이 현재 필요하다는 것입니다. 그동안 모은 책이 상당히 많은데다, 한국음식 같은 교육 프로그램을 할 공간이 필요하기 때문입니다. 이런 공간이 생기면 다른 한인단체들도 함께 사용할 수 있을 것입니다. 그런 점에서 원래는 함부르크 한국영사관이나 함부르크 자유한자 시에서 우리를 지원해 줘야 합니다.

우리는 함부르크 한국영사관과 소극적으로 관계유지를 하고 있을 뿐입니다. 문화의 밤에 영사관 직원들을 초대하면 참석하는 정도인데, 영사관 쪽에서 우리의 프로젝트를 지원하기 위해 능동적으로 제안한 것은 아직 없습니다. 우리는 모든 활동을 우리의 인력과 우리만의 생각으로 추진하기 때문에, 때때로 활동이 너무 짧게 진행됩니다. 물론 영사관이 약간의 재정적인 지원을 해주고 있지만, 예를 들어 세미나나 영화상영 같은 것을 통해서 우리 협회를 지속적으로 한국과 연결시켜 주는 노력을 하지는 않습니다."(인터뷰24)

"문제는 거의 없습니다. 저는 협회에서 일어나는 모든 것을 긍정적으로 봅니다. 한인여성으로서 사람들은 협회에서 많은 것을 배울 수 있어요. 우리가 무엇인가를 했을 때, 반드시 성과를 얻었습니다. 우리의 활동을 개선하고 계속 발전시키기 위해 우리 스스로 비판에 열린 자세를 가지고 있습니다."(인터뷰23)

"협회가 단순히 여성들 간의 사교에 중점을 두어서는 안 됩니다. 사회나 정치 문제들에 대한 토론이나 겉으로 드러나지 않는 여성들의 관계를 다루는 토론이 없다는 것이 아쉽습니다. 모이면 주로 자기 집이나 정원 이야기로 시간을 보내기 일쑤입니다. 사람들이 단지 물질적 만족이나 외형적으로 아름다운 것에 대해서만 말할 수 있는 것은 아닙니다. 예를 들어 가족 사이에서 실제 일어나는 문제들도 이야기할 수 있어요. 이런 과정에서 서로 뭐든지 배울 수 있지요.

협회의 활동방향은 회장 손에 달려 있어요. 그래서 이전회장들 상당수가 그만두면 적극적으로 활동하지 않습니다.

최근 함부르크 한국영사관은 정기적으로 한인단체들의 대표를 식사에 초대합니다. 우리 협회의 대표들도 정기적으로 영사관을 방문합니다. 예를 들어 신년하례식 같은 데요. 예전에는 그러지 않았어요. 그리고 영사관의 재정지원을 바라지도 않았지요. 제 생각에는 영사관이 우리에게 인사를 하러 와야 해요. 바꿔어서는 안 된다고 봐요."(인터뷰25)

⑧ 전망

"우리는 사회활동 등과 같은 외부활동을 통해서 협회를 널리 알리고자 합니다. 지금까지 협회는 대내적인 활동에 상당히 많은 노력을 기울였기 때문에, 지금은 안정되었고 기초도 튼튼합니다. 그렇기 때문에 사회적으로 다른 사람들을 위한 활동을 이끌어나갈 능력이 갖추어져 있습니다. 예를 들어 한국에서 입양 온 아이들이나 청소년들을 대상으로 프로그램을 실시할 계획입니다. 독일적십자사 같은 독일의 단체들과도 긴밀하게 협력하고자 합니다. 그리고 협회의 문화 프로그램으로 노인요양원들을 방문하거나 함부르크에 거주하는 연세 드신 한인들을 위한 자선활동을 할 것입니다. 그 밖에도 독일에서 노년의 삶에 대한 전망이라든가 독일의 한인 2세들과 한국청소년들의 교류행사도 계획하고 있습니다.

저는 회장으로서 개인적으로 우리 협회가 남자들이나 독일인에게도 열려 있어야 된다고 봅니다. 왜냐하면 우리의 활동이 원래 여성에 특화된 주제들을 추구하는 것이 아니기도 하거니와 많은 남성들이 우리의 활동에 관심을 가지고 있는데다 우리 활동이 상당히 외부를 대상으로 하고 있기 때문입니다. 지금은 남성들이 우리를 간접적으로밖에 지원할 수 없습니다. 저는 그것을 바꾸고 싶습니다."(인터뷰24)

"앞으로 협회가 했으면 하는 것은 정치·사회적 주제들로 더 많은 세미나를 제공하는 것이에요. 그리고 예를 들어 사회적인 문제나 인간관계 문제를 상담하는 상담소를 마련하는 것이에요."(인터뷰 23; 25)

"간부들은 협회의 일을 정말 자기들 일처럼 열심히 하고 있습니다. 그만큼 협회를 자신들과 매우 가까운 존재로 생각하기 때문이에요. 제 생각에 이것은 멋진 업적이에요, 바로 이게 우리의 능력이지요. 우리는 2세들이 이어갈 수 있도록 협회를 계속 발전시켜야 합니다."(인터뷰23)

2.1.4.4.   재독한국여성모임

2.1.4.4.1   설립역사

재독한국여성모임(Koreanische Frauengruppe in Deutschland)의 공식 창

립총회는 1978년 9월 프랑크푸르트에서 열렸다. 여러 주에서 약 60명의 한인여성들이 총회에 참석했다. 그리고 총회에 뒤이어, 도시의 공장에서 저임금노동을 하고 있는 한국의 여성노동자들을 주제로 한 세미나가 열렸다. 총회에서는 이미 준비되어 있는 정관 초안이 통과되었고 모임의 활동계획이 수립되었다.[145] 베를린에는 이미 1974년부터 한인여성들의 모임인 '여성자조회'(Frauen Selbsthilfegruppe)가 있었다. 여성자조회는 여성들이 힘을 모아 공동의 문제, 그중에서도 3년 기한의 노동계약 문제를 해결할 목적으로 만들어진 것이었다. 당시 상당수의 한인간호사들이 노인요양원에서 근무하면서 한국여성의 체구로는 감당하기 벅찬 거구의 노인들 수발을 드는 육체노동을 해야 했다. 이들은 일터를 옮기고 싶어했지만, 노동계약 때문에 다른 곳으로 옮겨가는 것이 간단치가 않았다. 또한 이들은 3년 계약기간이 끝나면 독일에 더 체류하고 싶어도 법적으로 불가능했다(인터뷰35).

베를린에서 한인여성 10명이 처음으로 학생기숙사 휴게실에 모였을 때, 그들은 함께 있는 것이 자신들에게 얼마나 중요한지 깨달았다. 누구라 할 것 없이 모두가 그간 마음속에 응어리져 있던 말들을 끝도 없이 토해 내었고, 심지어 한번 입을 때면 멈추지를 않아서 순서를 정해 차례로 이야기하는 규칙을 정해야 할 정도였다.

그들은 베를린 한인간호사들이 처해 있는 어려운 상황뿐 아니라 개인적인 문제와 고민, 기쁨, 결혼과 자녀출산, 재교육 기회에 관한 정보 등을 서로 나누었다. 이와 동시에 자신의 의견을 효과적이고 논리적으로 표현할 수 있도록 교육 프로그램을 실시했다. 첫 모임 이후에 그들은 정기적으로 만났고 베를린의 다른 한인 여성들과 간호사들에게 이런 모임이 있다는 것을 알렸다(인터뷰35).

주로 간호사로 독일에 온 여성들로만 이루어진 베를린의 여성자조회를 비롯해서, 하이델베르크와 뮌헨 등 모두 15개 대도시에도 한인여성들의 조직이 있었다. 하이델베르크와 몇몇 도시에는 간호사들뿐 아니라, 유학생들 그리고 재독 한인교회의 교인이면서 정치적인 문제에 관심을 가진 여성이라든가 남편과 함께 '민주사회건설협의회'(1974) 회원으로 활동하는 여성들이 있었다.[146]

민주사회건설협의회의 회원으로 남편들과 함께 활동했던 한인여성들은 모임 내에서 자신들의 의견이 진지하게 받아들여지지 않는 일을 종종 겪으면서 모임이 점점 불편하게 느껴졌다. "민주주의를 위해 투쟁하는 여성들은 지배종속관계를 정확하게 인식하고 있습니다."(인터뷰36) 이런 이유로 이들은 한국여성모임을 조직할 생각을 하게 되었다. 하지만 민주사회건설협의회의 여성들 사이에는 활동의 중심을 어디에 둘 것인지를 두고 서로 다른 시각들이 존재했다. 즉 민주주의를 활동의 중심에 둘 것인지 여성문제를 중심에 둘 것인지, 아니면 민주주의와 여성문제에 똑같은 무게중심을 둘 것인지, 여성문제를 최우선으로 삼을 것인지 등으로 시각이 엇갈렸다(인터뷰36).

"저 개인적으로는 남성들과 일하는 것이 몹시 힘들었습니다. 남자들은 민주주의 문제를 국가들 간의 역학관계라든가 한 국가 내의 권력관계로만 접근하는 경향이 있었습니다. 하지만 저에게는 여기서 더 나아가 사회적 차원에서 가족과 개인을 비롯하여 여성과 남성의 관계 등을 민주주의 문제에 포괄시켜 논의하는 것이 중요했습니다. 민주사회건설협의회의 원동력은 남성들로부터 나왔습니다. 저는 여성들이 한 모임 안에서 남성들에 대항해서 싸우는 대신 따로 모임을 만들어야 한다고 생각했습니다. 민주사회건설협의회는 지금까지의 기조를 그대로 유지하고, 우리 여성들은 우리만의 원동력과 프로그램을 발전시켜야 한다고 보았습니다. 그리고 강자는 약자를 고려해야 하지만, 그것은 제한적일 뿐입니다. 약자는 스스로 자신의 이해관계를 대변해야 합니다. 이런 모토에 따라 우리 여성들은 재독한국여성모임을 조직하기 시작했습니다."(인터뷰36)

1976년 5월 하이델베르크에서 '여성운동의 시작과 한국여성의 사회적 지위'를 주제로 한인여성 회의가 개최되었다. 이 회의가 재독한국여성모임이라는 조직의 출발이었다. 1975년은 UN이 세계여성의 날을 선포한 해이다. 이런 환경은 여성들에게 용기를 주었고 여성들 스스로 자신들의 문제를 공개적으로 이야기할 수 있도록 고무하였다.[147]

이 회의와 한국여성모임을 독일 전체 차원에서 조직하기 위해 일부 여성들은 일정 기간 동안 학업 등과 같은 개인적 용무까지 희생하였다. 그들은 여성문제나 한국의 민주주의에 대해 관심을 가지고 있는 다른 도시의 한인여성들에게 편지나 전화로 연락을 취하였다. 모든 비용은 각자의 주머니에서 나왔다.

앞에서 언급한 베를린 한국여성모임도 이 회의의 준비와 동기에 관한 소식을 접하고 베를린에서도 일부 여성들이 다른 도시의 여성들처럼 이 준비에 참여했다(인터뷰 35; 36).

하이델베르크에서 열린 이 회의에는 여러 도시에서 약 50명이 참석했다. 그런데 이 회의에서는 여성조직의 안건을 거론할 수 없었다. 무엇보다도 민주주의나 여성 문제에 대해 참석자들의 시각이 여러 갈래인데다, 참석자들의 사회적 조건 또한 간호사·학생·주부 등 다양했기 때문이다. 게다가 여성들이 처음으로 독일 전국에서 모인 것이기도 해서 서로를 잘 몰랐다.[148]

그로부터 4개월 후 한인여성들의 2차 회의가 역시 하이델베르크에서 개최되었다. 2차 회의는 1차 회의가 계기인 동시에 자극제가 되어서 조직되었다. 회의에서는 두 가지 안건이 다루어졌다. 하나는 '여성운동과 법'인데 주제발표자는 외부에서 초빙되었으며, 또 한 가지 안건인 '재독 한인간

호사 문제'는 참석자들이 직접 준비해서 발표하였다.[149]

2차 회의에서 처음으로 재독한국여성모임에 관한 문제가 거론되었지만, 참석자들 상당수가 그 자리에서 거부했다. 왜냐하면 사회적 구성과 그에 따른 관심사안 그리고 정치적 시각이 천차만별이었기 때문이다. 다음 회의를 준비하고, 여러 도시의 여성들 사이의 갈등을 해결하기 위해 지역 대표를 확정했다. 이렇게 해서 여성들은 하나의 느슨한 조직을 갖추게 되었다.[150]

한인여성들의 3차 회의는 1977년 5월에 개최되었다. 여기서도 여성문제는 다루어졌지만, 단체의 결성을 둘러싸고는 여전히 의견이 분분했다.

"일부 여성들과 민주사회건설협의회에 소속된 여성들 사이에 문제가 있었습니다. 당시 한국의 군사정부는 이 단체를 빨갱이단체로 낙인찍었기 때문이지요. 토론에서는 특히 여성모임의 활동이 어디에 중심을 두어야 할지, 즉 여성문제인지 한국의 민주화인지가 주로 다루어졌습니다. 그리고 여성들도 당시 한국의 정치상황에 대해 비판적인 성명을 발표해야 할지 여부 그리고 만약 한다면 누가 서명 받는 작업을 할 것인지에 대해서도 토론이 되었습니다."(인터뷰36)

여성문제와 관련해서도 다음과 같이 논쟁이 있었다. "이론적으로만 여성문제를 다룰 것이 아니라 한인여성의 현실을 다루어야 한다는 데 대해서는 의견이 일치되었지만, 이 한인여성의 현실에 대해 참석자들 사이에 의견차이가 있었어요. 한 집단은 한인여성의 현실은 한국의 현실을 말하는 것이지 여기 독일의 현실이 아니라는 주장을 펼치면서, 그렇기 때문에 예를 들어 이곳 한인간호사들의 상황이나 문제가 한국여성들 전체의 여성문제를 대표할 수 없다는 것이었어요. 이런 의견을 가졌던 여성들 중 일부는 이 회의의 토론을 끝으로 우리와 갈라서게 되었죠."(인터뷰34) 여성들은 이번에도 모임설립에 대해서는 의견일치에 이르지 못했다.

이와 동시에 3차 회의에서는 바이에른 한인간호사들이 귀국길에 오르는 현재 상황에 관한 보고가 있었다.[151] 바이에른의 일부 한인간호사들은 이미 한국으로 추방을 당했으며, 이러한 상황에 직면한 한인간호사들이 하루하루 늘어나고 있었다.

이리하여 향후 활동과 행동에 관한 토론에서 한인간호사들의 추방에 반대하는 서명운동과 독일 전체 차원에서 여론을 환기시키는 활동이 계획되었다. "우리는 세 차례의 회의를 통해 재독 한인간호사들의 문제, 제3세계 여성들의 문제, 한국 여성노동자들의 문제를 이론적으로 파악하고 토론했습니다. 이런 이론적 바탕 위에서 행동을 이끌었다는 것은 곧 우리가 이론을 현실로 옮길 수 있다는 것을 의미합니다. 이렇게 해서 우리는 추상적인 차원에 머무는 것이 아니라 구체적으로 행동할 수 있었습니다. 이 행동은 그렇기 때문에 우리에게, 그러니까 조직된 사람들에게 매우 중요한 임무이자 큰 의미를 가지고 있었습니다."[152]

1977년 6월, 이 행동을 위한 준비모임에서 독일정부에 보낼 요구사안과 서명을 받을 서명용지가 결정되었다. 이 행동은 한인여성들이 조직되어 있는 곳이면 독일 어디서나 전개되었다. 거리에서 그리고 병원에서 동료들과 다른 직원들에게 서명을 받았으며, 큰 반향을 불러일으켰다. 실로 재독 한인간호사들의 업적은 인정받을 만했다. 총 1만~1만 2천 명으로부터 서명을 받았던 것이다.[153]

여성들은 누구와 협력하고 또 어떤 기관이나 대중매체와 손을 잡아야 하는지 정확하게 파악하고 있었다. 이들은 공공운수노조(Gewerkschaft Öffentliche Dienste, Transport und Verkehr), 외국인위원회, 여성센터, 개신교와 가톨릭 단체들, 〈바이에른 방송〉(Bayerischern Rundfunk)과 〈WDR〉, 외국신문사, 여성잡지 『용기』(*Courage*) 등에 자신들의 행동을 알리는 자료를 제공했다. 그리고 정보를 제공받은 단체들의 기능에 따라 이

행동은 여론에 소개되었다.[154]

여성들은 독일연방 노동사회부와 내무부에도 1만 명의 서명과 함께 공식 서한을 보냈다. "우리는 독일에서 계속 일할 수 있는 권리와 함께 기간이 한정되지 않은 노동 및 체류 허가를 요구한다. 그리고 이것은 우리 중 독일에 체류한 지 5년이 넘지 않은 사람들에게도 해당되어야 한다."[155] 동시에 여성들은 뮌스터 카리타스의 지원을 받아 1978년 3월에 기자회견을 열었다. 그 자리에는 자신들의 요구에 대한 답변을 듣기 위해 참석한 여성들 외에도 독일연방 노동사회부와 내무부의 대표가 초대되었다.

그 밖에도 독일병원협회의 대표, NRW 주의 내무부와 노동사회부 대표, 〈쥐트도이체 방송〉(Süddeutschern Rundfunk), 개신교 언론관계자, 〈WDR〉의 잡지 『모니터』(Monior)를 비롯한 여러 언론매체의 기자들이 기자회견에 참석했다. 그리고 『프랑크푸르트 룬드샤우』(Frankfurter Rundschau)과 『라인 포스트』(Rheinische Post) 신문이 기사로 다루었다. 텔레비전과 라디오에서도 이날의 기자회견을 뉴스로 보도했다. 이렇게 해서 여성들은 자신들의 목적을 달성했다.[156]

이 행동의 경험과 성과는 여성들에게 함께 힘을 모아 자신들의 이해관계를 주장해야 한다는 의식을 심어주었다.

기자회견이 있고 한 달 후, 이들은 한국의 동일방직에서 노동조합 활동으로 해고당한 여성노동자 66명을 위한 모금을 시작했다.[157] 이번 행동은 독일의 한인여성이 아닌, 한국의 여성노동자들과 관련된 것이었다.

1977년의 3차 회의에서는 행동계획뿐 아니라 사업계획도 함께 수립했다. 그리고 다음 세미나는 공동의 활동으로 자신들이 직접 발표하는 방식으로 조직하고자 했다. 하지만 "참석한 여성들에게 세미나의 내용이 얼마나 잘 전달될지는 어떤 주제를 어떤 방식으로 발표하는가에 달려" 있었다. "예를 들어 주제와 자료, 참고문헌이 세미나 전에 참석자들에게 알려진다면 세미나의 효과는 좋아요. 그리고 준비가 가능하죠. 또 공동의 활동으로 협력을 이끌어낼 수 있어요. 그것은 공동체를 향해 나아가는 한 걸음이에요."[158]

여성들은 거의 1년 동안 '여성노동자, 저임금 여성노동자'라는 주제로 다음 회의를 준비했다. 그리고 이 주제에 관한 자료가 세미나 전에 인쇄되어, 참석자들에게 배포되었다.[159] 세미나는 성공적이었다. 이를 통해 여성들은 공통의 관심사를 발견할 수 있었다.

세미나가 끝나고 곧 이어 세미나에서 다루었던 주제들을 자료집으로 발간하였다. 행동과 공동의 활동이라는 이 두 가지 경험을 통해 독일의 한인여성들은 이미 만들어져 있는 지역모임들을 독일 전체를 아우르는 연합으로 발전시켜야 한다는 확신을 하게 되었다. 이런 확신은 1978년 9월 프랑크푸르트에서 열린 4차 한인여성협회에서 현실로 이루어졌다.

약 60명의 한인여성들이 자동차로, 심지어 버스를 타고 회의에 참석했다(인터뷰35). 지역모임의 수정제안을 여러 번 거쳐서 최종적으로 결정된 이번 회의의 핵심은 반(反)위계질서, 반(反)권위 그리고 탈집중화였다. "우리는 모임에서 민주적 시스템이 실행되기를 무엇보다 원했기 때문에, 그것[세 가지 핵심]이 우리의 주요 관심이었어요."(인터뷰34)

그래서 중앙위원회에는 의장체제를 도입하지 않고 사무총장을 두기로 결정했다. 사무총장은 주로 대외적으로 의장의 기능을 수행하는 것으로 되어 있었다. 정관에 따르면, 지역모임은 중앙과 독립적으로 자체 프로그램으로 지역에서 활동한다. 대표단모임은 1년에 1회 이상 개최하며, 대표의 인원은 지역모임의 회원 비율에 따라 결정한다. 대표단모임에는 중앙의 간부들과 각 지역에서 자체적으로 선발한 대표들이 참여한다. 이 시기 여성모임은 15개 대도시에서 8개 지역모임이 꾸려지고 있었다(인터뷰 33; 34; 35).

여성모임은 지역모임의 자치와 기초민주주의의 원칙을 위해 탈집중화가 특히 중요하다고 판단했다.

"당시 우리는 재독한국여성모임에 대한 다양한 생각 그리고 천차만별의 직업들, 하나의 조직으로 단단히 결합하는 것에 대한 반발 때문에 고군분투해야 했습니다. 그래서 우리는 세미나를 통해 서로를 더 알아가고, 우리의 공동 목표를 찾는 일부터 시작했어요. 그러나 많은 여성들이 이렇게 세미나를 함께한 후에도 자신들을 조직의 활동 차원에서 정치활동에 나서게 하려는 게 아닌가 하는 우려를 했습니다. 그것은 민건회[민주사회건설협의회]에 소속된 일부 여성들이 우리의 목표는 정치적인 문제여야 한다는 입장을 분명하게 밝혔기 때문이죠. 한인간호사들의 추방위협에 대항한 행동을 경험한 이후로는 더 이상 전국 단위의 여성조직을 만드는 것을 걱정할 필요가 없었어요. 이 행동이 전개되는 동안에 몇몇 지역모임이 생겨나기도 했죠."(인터뷰 33; 34; 35)

"그 당시 학생들과 간호사들 사이에 입장의 차이와 갈등이 있었습니다. 여학생들은 이론적인 사안을 더 많이 다루기를 원했고, 간호사들은 그렇지 않았습니다. 직업군이 서로 다르고 사회적 지위도 다른 사람들이 여성이라는 이름으로 한 지붕 아래 모이고자 할 때 마찰은 예상된 것이었습니다. 원래 이론과 행동이라는 두 가지 방법론은 좋은 단체활동을 위해 상호 보완적이어야 합니다. 하지만 당시 우리는 여러 가지 이유로 그 점을 정확하게 인식하지 못했습니다."(인터뷰36)

창립 당일에 여성들은 여성문제에 대한 입장을 확립하고 활동의 중심과 목적을 다음과 같은 내용으로 구체화했다.

여성의 상황과 문제는 오직 현재적·구체적·역사적·사회적 맥락에서 파악할 수 있기 때문에 한인여성들의 문제는 현재 한국사회의 정치와 경제 그리고 문화와 직접적으로 맞닿아 있다. 나아가 제3세계의 문제들과도 연결되어 있다.

한인여성들의 해방은 차별받는 인종의 해방, 억압받는 민중의 해방과 밀접한 관계가 있다.

우리는 한국의 여성노동자와 하층민을 위해 힘쓰는 것을 우리의 가장 중요한 임무로 한다. 우리는 인간다운 삶을 영위할 권리를 위해 투쟁할 것이다.

우리는 큰 틀에서 우리 정부의 경제정책의 일환으로 독일에 왔다. 따라서 이곳 독일에서 우리가 우리의 문제를 토론하고 그 해결방안을 모색하는 것은 곧 한국의 문제에 대한 해결방안에 기여하는 것이 될 것이다.

그리고 우리는 한국 사회구조의 변화를 목표로 해서 매진할 것이다.

따라서 우리는 다음과 같은 목표를 중심에 둔다.

1. 우리는 비인간적 상황에서 살고 있는 한국의 노동자들과 연대한다. 그리고 그들을 위해 노력한다.

2. 우리는 독일에 살고 있는 한인여성들의 권리를 위해 싸운다. 우리는 독일연방에서 우리가 겪고 있는 고립을 끝내고자 한다. 이에 독일 시민들이 우리와 적극적으로 연대할 수 있도록 동기를 제공할 것이다.

3. 우리는 그 밖에도 여성 억압과 멸시의 토대를 이루는 우리 사회의 관습과 문화적 전통에 반대한다.

4. 우리는 같은 목표를 위해 전력투구하는 모든 조직 및 단체와 연대한다.

1978년 9월 17일

독일연방공화국 서베를린 한국여성모임(한국여성모임 창립선언)

2.1.4.4.2. 변천과정

서베를린 한국여성모임(통일 이전)은 내부적 갈등과 상관없이 조직활동 면에서 어느 정도의 안정성과 지속성을 보여줬다. 시간이 지나면서 발생한 분쟁들 대부분은 모임의 활동에 대한 의견이 다른 데서 비롯되어 때로는 뜨거운 논쟁을 불러일으켰다. 일부 회원들은 이로부터 탈퇴라는 결론을 이끌어내기도 했다. 그럼에도 이런 갈등상황이 여성모임의 존립 자체에 직접적인 위협이 되지는 않았다. 변함없이 여성모임은 그 자리에 있었다. (1989년에 여성모임에서 탈퇴한) 인터뷰16은 이렇게 말한다. "1989년에 일부 회원(Mitfrau)들이 저를 의장으로 추천했을 때, 많은 여성들이 다음과 같은 확고한 의견을 숨김없이 드러내었어요. 북한을 방문한 여성들이 모임의 입장을 수용하는 선상에서 회원으로 활동하거나 모임의 다른 기능들을 수행하는 것은 가능하지만, 의장의 역할을 맡아서는 안 된다는 것이었죠. 그때만 해도 이루 말로 다할 수 없이 놀라고 화가 났지만, 지금은 그 여성들의 입장을 이해할 수 있어요."

① 회원(Mitfrau)[160]

여성모임이 창립한 후 여학생들은 이해관계의 차이 때문에 모임에서 탈퇴하고, 대부분 간호사로 일하고 있는 여성들이 모임을 이끌어갔다. 훗날 학업을 위해 독일에 온 여성들이 모임에 가입하였다. 수적으로는 간호사로 이곳에 온 여성들이 예나 지금이나 항상 다수를 이룬다.

모임은 한국의 사회운동과 결부된 정치적 참여 때문에 한동안 공식적으로는 외부에 회원의 명단과 규모를 발표하지 않았다. "우리는 그 때문에 1983년까지 한번도 총회에서 함께 사진을 찍지 못했어요."(인터뷰34) 지역모임은 자신들만의 회원명단을 가지고 있었으며, 회비는 지역모임에서 거두어서 한꺼번에 중앙의 계좌로 들어갔다. 활발하게 참여하지 않는 회원들은 회비를 정기적으로 내지 않았다. 그래서 회원이 총 몇 명인지

독일 속의 한인 그리고 한인조직

사람들은 정확하게 알지 못했다(인터뷰33).

하지만 그 숫자는 1978년 9월 17일 모임의 창립총회에 60명이 참석했다는 것에서 추측이 가능할 것으로 보인다. 회원의 숫자는 시간이 가면서 꾸준히 늘어났다. 그런 한편으로 예전 회원들 중 일부가 소극적이 되었기 때문에 1992년까지만 해도 투표권을 가진 회원의 범위를 정의하는 데 어려움을 겪었다. 1993년에 정관을 개정하면서 모임은 최종적인 정의를 내렸다(정관 참조). 여하간 모임의 회원은 구회원이 신회원으로 대체되면서 70~80명을 꾸준히 유지했던 것으로 평가된다. 평균 50명 남짓한 회원이 정기적으로 회비를 납부했고 지금도 납부하고 있다(인터뷰 33; 34; 35).

1990년까지 모임은 중앙에 회원명부를 두지 않았으며, 1984년부터는 임원과 대표들의 명단을 작성해서 책임자들만 가지고 있었다. 1991년에 처음으로 회원 주소록이 공식적으로 만들어졌는데, 그것 역시 책임자들에게만 배포되었다. 1993년 이후 정기적으로 회비를 납부하는 회원들의 주소록이 정관개정에 따라 작성되었다. 앞의 1991년 주소록에는 71명의 주소가 기재되어 있으나, 1993년 주소록에는 48명의 주소가 실려 있다.[16]

초기에는 회비가 월 5마르크였으며, 그동안 회비는 1992년 월 10마르크, 1993년부터는 월 20마르크로 인상되었다.

회원의 80% 이상이 처음에 간호사나 간호조무사로 독일에 왔다(이 수치는 1989년 회원명단에 기초했다). 나머지 회원들(전체의 20% 이하)은 대부분 박사과정 등 학업을 목적으로 유학 온 학생들이었다.

1994년 기준으로 회원들의 연령은 30대 후반에서 50세 이상까지 분포되어 있으며 대부분이 40~50세이다.

1994~95년 현재 회원의 약 80%가 한독가정을 이루고 있다. 대략 30명에서 많게는 74명이 간호사로 취업해 있다(일부는 시간제근무를 하고 있다). 그리고 상당수가 연수를 받고 책임간호사나 전공간호사로 일하고 있

었다. 일부 회원들은 한국의 대학에서 간호학과를 전공해서 졸업했다.

간호조무사로 이곳에 온 일부 회원들은 독일에서 간호사교육을 계속 받았다.

약 22명의 회원이 이곳 야간 김나지움에서 아비투어(고등학교과정 졸업시험)를 통과했으며, 18~22명이 두번째 교육기회를 통해서 다른 교육, 예를 들어 (치과)의사, 사회학자, 심리학자, 자연치료사, 체육교사, 화가, 교육자의 길로 나가는 교육을 받았다.

회원 두 명은 이혼을 했다. 최근 가정주부(약 10명)로 있는 회원들은 대부분 사회분야에서 자원봉사를 활발하게 하고 있다.

많은 회원들이 여러 한인조직에서 중요한 역할을 수행하고 있다. 한 회원은 최근 뮌헨의 외국인위원회에서 활동하고 있다.

회원들의 남편(한국인과 독일인) 직업을 살펴보면 의사(9), 법률가(4), 교사(10명 이상), 대학의 학자(4), 공무원(2명 이상), 샐러리맨(여러 명), 엔지니어, 자영업자 등이다. 이상으로 전체 인구에서 소외집단에 속하지 않는다.[162]

여성모임의 총체적인 — 모임의 활동뿐 아니라 개인의 삶 — 모습을 들여다보면 회원들이 '교육'을 매우 중요하게 여긴다는 인상을 받는다.

"우리는 삶의 중심이 여기에 있다고 생각합니다."(인터뷰 33; 34; 35) "저희는 한인가정이에요. 저는 엄마로서, 우리가 한국과 독일이라는 두 개의 기반 위에 있다고 생각해요. 이 기반들이 서로 조화를 이룰 수 있도록 노력합니다. 그럴 때만이 우리는 한국이나 독일뿐 아니라 어디서든 뿌리를 내릴 수 있고 또 삶을 적극적으로 가꾸어나갈 수 있어요. 제 모토는 '의식화된 인간'이 되는 것이에요. 그렇지 않고서는 어디서도 평화롭고 자연스러운 삶을 누릴 수 없어요. 이른바 민족적 혈통으로는 결코 이에 도달할 수 없습니다."(인터뷰35)

② 정관

창립 이후 정관의 요강과 모임의 목적은 변하지 않았다.

목표설정과 관련해서는 고민이 있었는데, 시간이 흐르면서 회원들의 생활조건과 생활의 중심도 변함에 따라 목표설정의 중심을 그에 맞게 옮겨야 할 것인지를 고민해야 했다. "…점차 모임의 내용이 바뀌었습니다. 오늘날 연대활동은 오히려 모임의 외부로 옮겨갔고, 그렇게 대규모로 이루어질 여지가 더 이상 없습니다. 그렇다고 대사관에서 보낸 사람들이 성공을 거두었다는 의미는 결코 아닙니다. 오히려 활동의 중심이 정치적인 문제에서 이곳의 삶에서 생겨나는 문제들로 옮겨갔다고 할 수 있습니다. 무엇보다도 회원들 대부분이 이미 오랫동안 베를린에서 살았기 때문에, 그들에게는 이곳 삶과 관련된 주제들이 현실적인 것이 되었습니다. 예를 들어 새로운 외국인법이나 퇴직연금 문제 같은 것입니다. 지금도 여전히 우리의 주제는 기반을 잡고 뿌리를 내리는 것입니다. 대부분의 회원들에게는 자녀들이 있고, 그 아이들이 자신들이 여기에 왔을 무렵의 나이가 되었습니다. 독일과 한국 문화 사이에서 자란 이 아이들의 미래가 어떠할 것 같습니까? 일부 회원들은 어느덧 독일에서 산 날이 한국에서 살았던 세월보다 더 깁니다. 그들에게 한국사회는, 특히 여성으로서의 그들에게 낯설어졌습니다. 하지만 여기서 그들은 아직도 외국인[163]으로 통합니다." 이런 고민에 따라 모임은 목표설정의 중심을 옮기고자 했지만, 지금까지 공식적으로 정관은 바뀌지 않았다(1991~93 회의록).

모임의 조직구성이 변화, 확장되었다. 초기 모임의 조직은 총회, 지역모임, 대표모임으로 구성되어 있었으나(제3조), 시간이 흐르면서 중앙의 임원들과 활동조직들이 추가되었다. 초기에도 임원들이 있었고, 대표모임에서 임원을 임명했다. 그해의 해당 지역모임이 회원들 중에서 임원을 임명하였다. 특히 총무의 임명이 중요했는데, 총무는 총회의 동의를 받아 임명되었다. 그러나 이에 관해서는 정관에 명시되어 있지 않고 불문율로 되어 있었다. 모임은 탈집중화에 가치를 두고 있었다. 그러나 시간이 흐르면서 중앙 차원의 사업과 활동은 늘어나는 데 비해 지역모임의 자율적인 활동은 '소극적'이 됨(이유에 관해서는 아래 '문제점' 참조)에 따라, 사업방식이 바뀌게 되었다(인터뷰 33; 34; 35). 그 분명한 이유 한 가지로, 지난 20년 동안 많은 회원들이 잇따라 이사를 갔다는 점을 들 수 있을 것이다. 이 점은 독일 내에서 이사상황을 보면 확인할 수 있다. 설립시기에 모임은 튀빙겐, 하노버, 뮌스터, 슈투트가르트 등 15개 도시의 8개 지역에 지역모임을 두고 있었지만, 지금은 이 도시들에 회원이 없다. 그 대신 베를린, 뮌헨, 프랑크푸르트, 루르 지역 같은 대도시를 제외한 지역에는 연락을 담당하고 있는 1인 회원밖에 없다(창립정관; 1990. 10 정관). 그리하여 모임의 정관에는 중앙임원의 필요성과 그 역할 및 기능이 등재되었다.

총회(제8조)는 조직의 활동과 구조를 결정하는 최고기관이다.

지역모임(제9조)은 "조직의 구성요소로서 독립적으로 활동을 하며, 지역의 조건 및 사정에 적합하게 자체적으로 관리한다. 지역모임은 해당 지역 회원의 가입 및 탈퇴를 직접 결정한다. 또한 지역모임의 대표를 직접 결정한다. 지역모임의 대표는 모임규모에 따라 인원이 많아질 수도 있고 적어질 수도 있다."(1990 정관)

대표자모임(제10조)은 "각 지역모임의 대표들과 중앙임원으로 구성된다. 대표자모임은 정보의 교환 및 전달을 통해서 지역모임 활동을 대리하고, 모임의 업무를 할당하며, 총회의 결정에 따라 재독한국여성모임 공동의 활동을 추진한다. 대표자모임은 매분기 1회 개최하며, 대표의 임기는 1년으로 한다."(1990 정관)

"보통 대표자모임은 돌아가면서 지역모임 회원의 집에서 열립니다. 대표자모임은 처음부터 지금까지 한번도 빠지지 않고 열렸어요. 모임의 구

독일 속의 한인 그리고 한인조직

조가 지속적으로 작동한다는 것이 우리의 강점이에요."(인터뷰 33; 34; 35)

중앙임원(제11조)은 "총무 2인, 서기 2인, 회계 1인으로 구성한다. 총무의 임기는 2년이며, 총무는 임기 동안 다른 단체들에서 중요한 역할을 맡는 것을 금지한다. 매해 총무 1인을 선출하며, 이로써 당해에 선출된 총무는 전년도에 선출된 총무로부터 1년 동안 쌓은 경험을 전수받는다."(1990 정관)

활동모임 체계는 하나의 지역모임이 단독으로 책임지고 활동이나 사업을 해나갈 수 없어서 생겨났다. 그 이유는 다음과 같다. 우선, 한 지역모임의 일부 회원들이 어떤 활동에 대해 전혀 관심을 기울이지 않고 소극적으로 대하는 데 반해 다른 지역의 일부 회원들은 그 활동에 관심을 가지는 경우가 있기 때문이다. 또 한 가지 이유는, 한국의 여성단체와의 연대활동이라든가 독일 등 다른 해외 단체들과의 연대활동처럼 그 활동범위가 지역모임 차원에서 해결할 수 없는 경우가 있기 때문이다. 활동모임은 맡은 사업이 끝나는 것과 동시에 해체되기도 한다(1988. 10 총회회의록; 1990 정관).

제4조는 회원의 투표권에 관한 내용이다. 초기 정관은 회원을 "모임의 목적을 인정하는 한인여성은 누구나 회원이 될 수 있다"고 정의한다. 개정정관에서는 "모임의 목적을 인정하고 정기적으로 회비를 납부하는 한인여성은 누구나 투표권을 가진 회원이 될 수 있다"고 정의하고 있다. 이로써 모임은 지금까지의 어려움들, 예를 들어 선거나 회의록 배부 때 회원의 정의 때문에 겪어야 했던 어려움들이 해결되었다(1990. 9 회의록).

그동안 모임은 불필요한 관료주의적 업무비용을 이유로 협회등록을 하지 않았다. 하지만 등록협회(e.V.)가 되었을 때 누릴 수 있는 각종 이점들 때문에 모임에서는 협회의 등록을 둘러싸고 여러 차례 논쟁을 거듭했다. 그러는 사이 베를린과 뮌헨의 지역모임은 협회등록을 하였다(인터뷰35;

1990. 3 및 1993. 2 회의록).

모임의 업무는 처음부터 지금까지 무급명예직으로 운영되고 있다. 또 모임은 지금까지 사무실은 없고, 프랑크푸르트에 우편사서함을 가지고 있다. 이에 대해 모임의 입장은 다음과 같다. "사무실을 두게 되면 비용이 많이 들어갑니다. 사무실은 그 쓰임새가 확실해야 해요. 많은 사람들이 우리 모임의 사무실이 없는 걸 알고 놀랍니다. 그러면서 사무실도 없이 어떻게 그렇게 여러 가지 업무를 처리할 수 있는지 묻곤 하지요. 물론 어떤 모임이든 사무실이 있다면 훨씬 편하겠지요. 하지만 사무실이 꼭 필요한 것도 아닌데 단지 외부에 우리 존재를 그럴듯하게 보이기 위해서 [사무실을] 마련하지는 않겠다는 거죠. 우리는 사무실 없어도 아무런 문제가 없습니다. 프랑크푸르트 지역모임은 2년 동안 사무실을 두었다가 없앴습니다. 평가를 해보았더니 비용과 사용의 균형이 맞지 않았기 때문입니다."(인터뷰 33; 34; 35).

③ 활동과 업무의 종류

1976년 모임의 여성들이 1차 회의를 하고 있을 때 민주사회건설협의회에서 적극적으로 활동하던 한인남성들은 주방에서 여성들을 위해 음식을 마련하고 있었다. 남성과 여성에 대한 한국의 사고방식에서 볼 때, 그것은 "하나의 혁명적 행동"(인터뷰 33)이었다. 이와 동시에 여성들은 남성들과의 관계를 명확하게 정립했다. "남성들은 여성들의 토론에 참여할 수 없었어요. 심지어 우리는 여성들의 세미나에 남성들의 참여를 허용할 것인가 하는 것도 토론을 해서 공식적으로 결정했습니다. 왜냐하면 우리에게는 남성들이 있을 경우 우리의 활동과 토론을 우리의 뜻대로 이끌어갈 수 없었던 경험이 있었기 때문이지요."(인터뷰34)

약 7년 동안 여성들은 자기의식을 스스로 발전시켜 나갈 수 있도록 그들끼리만 모였다. 마침내 1982년 10월, 모임은 독일을 비롯한 유럽에

독일 속의 한인 그리고 한인조직

서 남성들이 주축이 되어 적극적으로 정치적 활동을 하고 있는 한인단체들 — 독일과 스위스의 '민주사회건설협의회', 독일의 '한인노동자연맹'과 '조국통일해외기독자회' 그리고 프랑스의 한국인들 — 을 총회에 초청했다. 그것은 한편으로는 여성들이 남성들과 동등한 위치에서 마주앉아 토론할 준비가 되었다는 측면에서 여성모임을 외부에 개방하기 위한 것이었다. 또 한편으로는 모임은 지금까지의 고립상태에서 벗어나서 다른 한인단체들과 정보를 교환하고 서로 협력하는 것이 필요하다고 판단했기 때문이었다. 이 총회에서 단체들은 공동의 임무로 1982년 부산 미문화원 방화사건으로 당국에 체포된 11명의 석방을 촉구하며 공동 공개행동에 나서기로 결정했다.[164]

이와 함께 여성모임은 독일의 다른 한인조직들과도 접촉하기 시작했다. 그리고 곧바로 이 단체들과 함께 일하게 되었을 때, 여성모임은 협력활동에 아무런 어려움이 없었다.

1987년 들어와서부터 독일과 스위스의 민주사회건설협의회, 독일의 한인노동자연맹, 유럽의 전태일기념사업회, 민주민족통일해외한국인연합 유럽지부(본부 일본) 그리고 프랑스와 덴마크의 일부 한국인들이 중심이 되어 '재유럽민민족민주운동협의회'(이하 유럽민회)의 설립을 1987년 9월 독일에서 공식적으로 선언하기로 했다. 설립목적은 독일에 흩어져 있는 한국의 민주주의를 위한 세력들을 하나의 네트워크로 결집시키고, 한인 정치·사회 조직들(학생연합도 여기 속했다) 간의 정보교환이 효과적이고 통합적으로 이루어지도록 하는 데 있었다. 이와 더불어 유럽민회는 일종의 '협의 및 조율 단체'로서 그 위상을 설정했다.[165]

한국여성모임은 유럽민회의 가입 여부를 내부안건으로 상정했고, 이에 회원들 사이에서 갑론을박 논쟁이 벌어졌다. 모임의 활동방식과 방향에 대해서 회원들 사이에는 서로 다른 기대가 있었다. 한국정치와 관련해서 정치적으로 의식화되어 있는 한 집단은 다른 한인 정치활동단체들과 기꺼이 협력하기를 원했는데, 해외의 반정부 한인들이 하나의 통합된 세력일 때 한국의 군사정권에 더욱더 큰 영향을 끼칠 수 있다고 보았기 때문이다. 또 이 집단에 속한 회원들은 여성모임이 공식적으로 외부에 정치적인 단체로 보이기를 원했다.

이에 반해 또 한 집단은 독일의 한인단체들과의 협력에 대해, 다음과 같은 이유로 매우 조심스러운 태도를 보였다. 첫째, 단체의 활동에서 여성들은 흔히 남성들의 결정과 지시를 받는 '하수인' 역할을 담당해야 했고 남성 중심의 지배구조 아래서 차별을 경험했기 때문이다. 둘째로, 이 소극적인 집단은 정치적 활동 등에서 여성모임의 이름을 외부에 직접적으로 드러내는 것을 원치 않았다. 여성모임은 항상 한국정부의 보복에 대해 두려움을 갖고 있는 회원들이나 한국의 정치상황에 직접적으로 관여하는 것을 원하지 않는 회원들을 고려해야 한다고 보았던 것이다. 그 밖에 일부 회원들은 과거에 독일 등 해외의 한인 정치단체나 한국의 정치단체들이 이와 같은 상부조직을 만들려다가 좌초되어 버리거나 결성해도 얼마 못 가서 해체되어 버린 사례를 많이 알고 있었다. 거기에 참여했던 개별 조직들이 상당 기간 동안 제 기능을 못할 정도로 그 후유증이 심각했기 때문이다.[166]

그래서 회원들은 일반적으로 개인 자격으로 정치활동에 참여했으며, 만약 참여하려는 지역모임이 있을 경우에는 중앙과는 무관하게 그 지역모임 단위로 참여했다. 실제로 많은 회원들이 다른 한인단체에 소속되어서 혹은 다른 한인단체들과 협력해서 정치적 활동에 참여했다. 여성모임은 1989년에 유럽민회에 가입할 때까지 공식적으로 이러한 전통을 유지했다(인터뷰 34; 35).

모임은 유럽민회의 회원단체로 가입할 것인지를 둘러싸고 격렬한 논박이 오가다가, 결국 임시총회(1989. 4)를 소집하여 결정하기로 했다. 그 결과 회원 대다수가 가입에 찬성표를 던졌다. 가입 찬성파는 더 이상 그런 식으로 한국과 관계 맺는 것을 원치 않아서 가입에 반대하는 쪽을 비판했다. 반대파의 입장은 다음과 같이 정리할 수 있을 것이다. 여성모임은 당연히 한국과 관련된 활동을 해야 하지만, 이때 중요한 것은 어떻게, 어떤 영역에서 그리고 어떤 측면에서 활동할 것인가라는 것이다. 더욱이 유럽민회가 정립한 규약을 보면, 여성모임의 활동방식에 아무런 역할도 부여하지 않기 때문에 가입을 하게 될 경우 지금까지 여성모임의 활동이 좌초될 수도 있다고 보았다.[167]

적극적인 회원 두 명이 여성모임 대표 자격으로 유럽민회의 위원회에 파견되었고, 여성모임은 정기적으로 회비를 납부했다.

그러나 머지않아 여성모임과 유럽민회 사이에 갈등이 일어났다. 두 조직의 활동방식이 근본적으로 달랐던 점이 주된 이유였다. 여성모임에서는 충분한 시간투입과 모든 회원의 참여로 활동이 공개적으로 이루어졌던 반면, 유럽민회의 활동방식은 말하자면 정반대였다. 유럽민회의 조직은 주로 한국의 정치적 현실에 초점을 맞추었기 때문에 일들이 빠르게 처리되어야 했고, 그래서 간부를 비롯한 대부분의 활동가들이 단독으로 결정하거나 혹은 소수가 '비밀리에' 현재 상황에 대한 의견을 교환하고 그에 따른 활동을 결정했던 것이다. 이 때문에 여성모임의 회원들은 모든 정보를 다 전달받지 못했을 뿐 아니라 자신들의 활동방식으로는 유럽민회의 활동결정에 참여하기가 매우 어려웠다(1989. 8 회의록).

다음은 그 극단적인 사례 하나이다. 1989년 8월, 한국의 한 여대생이 전국대학생대표자협의회(이하 전대협) 대표 자격으로 한반도 통일을 위해 남한정부의 엄혹한 법률위반에도 불구하고 비밀리에 일본과 독일을 거쳐 북한의 평양에서 개최되는 세계청년학생축전에 참가했다. 1989년 8월 19

일, 이 여학생은 가톨릭 신부와 함께 남북한의 군사분계선을 넘어서 남한으로 돌아와 곧바로 체포되었다. 그리고 허가받지 않고 북한을 방문했고 북한을 지지한다는 이유로 징역 5년형을 선고받았다.

그런데 공식적인 발표에서, 당시 이 여학생은 유럽민회의 도움을 받아 독일을 경유해서 북한으로 갔다는 것이 알려졌고 이에 한국정부는 국가보안법을 내세워 유럽민회를 이적(利敵)단체로 규정했다. 하지만 이 일은 유럽민회 내부에서도 비밀리에 추진되었던 것이다.

이런 경우, 유럽민회의 회원단체들은 그것이 정치적으로 옳은 행동인지 아닌지에 대한 논의는 차치하고 결정 그 자체에 전혀 참여할 수 없었다. 오직 유럽민회에 대한 신뢰 또는 그와 같은 결정을 한 활동가들의 정치적 신념에 기대는 수밖에 없었다. 하지만 그와 같은 신뢰가 없었다. 유럽민회는 여성모임뿐 아니라 베를린의 한인노동자연맹 같은 유럽민회의 다른 회원단체들로부터도 신뢰를 받지 못하고 있었다. 그리고 예나 지금이나 서로 다른 정치적 입장 때문에 분쟁이 발생했고, 해외에서의 정치적 활동에 대한 평가도 달랐다. 처음부터 독일에는 이러한 활동에 대해 다른 평가를 내리며 적대적인 집단이 존재했고 앞으로도 사라지지 않을 것이다. 이런 갈등은 한국의 정치적 상황 — 한반도 분단과 민주주의 문제 — 에서 비롯되었고, 지금도 그러하다(1989~91 회의록).

또 한 가지 사례는 유럽민회가 매달 발행하는 신문에 관한 것이다. 이 신문은 주로 한국정치 및 그와 관련된 반정부적 비판 또는 성명에 초점이 맞추어져 있었다. 유럽민회 회원단체들은 이곳 한인들의 삶을 다루는 기사들도 싣기를 원했다. 그리고 한국의 정치적 상황을 다룬 뉴스와 논평이 다양하지도 않았거니와 이따금 매우 교조적인 논조를 띠기도 했다. 여러 차례 신문의 발전을 위한 제안들이 있었지만, 신문의 경향은 거의 바뀌지 않았다(1990~91 회의록; 필자 관찰).

유럽민회에 가입한 이후 여성모임은 내부적으로 가입을 둘러싸고 갈등과 반목이 끊이지 않았으며, 그로 인해 모임의 활동과 분위기가 크게 훼손될 정도였다. 마침내 1991년 10월, 여성모임은 총회에서 오랜 논의와 고민을 거듭한 끝에 탈퇴하기로 결정했다. 이 시기 유럽민회는 한인들 사이에서 영향력이 줄어들면서 쇠락의 길을 걷다가, 여성모임이 탈퇴한 지 얼마 안 되어 해체되었다.

여성모임은 유럽민회의 가입과 탈퇴라는 지난한 과정을 거치는 격렬한 경험을 했음에도 이로 인해 조직이 분열되지는 않았다. 여성모임 측면에서 볼 때 이것은 한 단계 발전이자 자치의 승리라 할 수 있었다.[168]

'정관'에서 밝히고 있는 것처럼 시간이 지남에 따라 활동의 중심이 현재 삶의 현장으로 옮겨갔다. 그것은 여성들 스스로를 위한 것일 뿐 아니라, 자신들의 자녀들을 비롯한 2세대를 위한 것이기도 했다.

내부를 대상으로 한 프로그램으로는 2년에 한번 여성문제, 이민, 정치, 역사, 환경 등을 주제로 한 교양 세미나가 있다. 일반적으로 세미나의 주제는 회원들의 이해관계와 사회적 상황에 맞추어서 결정된다(인터뷰 33; 34; 35).

1976~79년에 개최된 교양 세미나는 '한국 여성해방의 시초' '한국여성의 사회적 위치' '양육책임자로서의 여성' '한국 농촌여성과 여성노동자' 등과 같이 전적으로 한국의 여성문제와 관련된 주제를 다루었다. 모든 경우 여성들 스스로 모임활동을 통해 발표를 맡았다. 이 시기 회원들은 자아발전을 위하여 여성문제에 지대한 관심을 기울였다.[169]

1980~82년에는 주로 경제·정치·역사·문화가 중심을 이루었는데, '한국 경제정책과 구조변동' '미국의 한국 주둔지정책에 대한 분석(1945~48)' '1894년 동학운동과 한국의 농민봉기' 등과 같은 주제들이었다. 발표자들은 대부분 외부에서 초빙해 왔다. 한국의 노동조합 운동과

1980년 광주항쟁은 회원들이 사회적 주제들에 몰두할 수 있도록 동기를 부여해 주었다.[170]

　1983년에 처음으로 '외국인 문제'를 주제로 한 세미나가 열렸고 발표자 또한 외부에서 초청했다. 그런데 여느 세미나에는 적어도 40~60명이 꾸준히 참석했는데, 이 세미나에 참석한 인원은 30명도 채 안 되었다. "무척이나 놀랐죠. 행여 우리 모임이 무너지고 있는 건 아닌지 걱정했어요." (인터뷰35) 1982년과 1983년은 독일에서 외국인에 대한 적대행위가 급격이 늘어났던 시기이다. 그러나 총회와 함께 열린 가을 세미나에는 다시 60명의 회원들이 참석했고, 당시 '자녀양육'을 주제로 한 세미나에서 참석자들은 활발하게 토론을 전개했다.

　1984년부터 지금까지의 교양 세미나에서는 앞에서 언급한 주제들이 섞여서 다루어졌는데, 그때그때 정치·사회적 상황이나 발달에 따라 회원들에게 흥미를 불러일으킬 만한 주제들이 다루어졌다. 이때 정치·사회적 상황이나 발달이라 함은 주로 한국에 관한 것이었지만, 독일에 관한 것도 다루어졌다는 점이 특징이다. 독일과 관련해서는 이민문제만 다루었던 것은 아니고, 예를 들어 독일 노동운동의 역사 같은 주제도 다루었다 (1984~94 회의록).

　교양 세미나는 여성모임의 역사에서 지금까지 단 한번도 취소된 적이 없다(모임의 전체 회의록과 회보).

　여성모임 전체 차원에서 개최된 교양 세미나와 함께 지역모임은 자체 교육 프로그램을 진행하고 있다. 특히 지역모임에서는 회원들이 모임활동을 통해 스스로 발표준비를 하고자 했다. 지역모임은 최소한 한 달에 한 번 모임을 가지는데, 여기서 회원들은 함께 배우고 모임의 활동과 행동에 관해 토론하면서 친목도 도모했다(모임의 전체 회의록과 회보).

　초기에는 지역모임들이 매우 강도 높게 자기교육을 하는 데 노력을 기울였다. "…저는 일이 끝나면 완전히 녹초가 되어서도 이미 어떤 예감을 가지고 집으로 돌아왔답니다. 그럴 때마다 저 자신이 낯설게 느껴지곤 했지만 말예요. 저는 식탁 위에 놓여 있는 제 아내가 남긴 쪽지를 본답니다. 쪽지에는 음식이 어디어디 있다고 적혀 있죠. 아마 아내는 여성모임에 갔을 테죠. 아! 또 여성모임이라니! …저는 여성들이 갓난쟁이를 보듬고 어린 아이들 손을 붙잡고 봄 세미나에 와서 정치와 사회에 관해 진지하고도 뜨거운 토론을 하는 모습을 본 적이 있습니다. 그 모습은 저에게 아주 깊은 인상을 남겼습니다. …그렇지만…세미나나 총회가 한 달에 두 번, 때로는 일주일에 네 번 열리기도 했어요. 당장 집 밖에서 세미나가 열리는 게 아니라도 우리가 함께 대화를 나누는 것도 방해받기 일쑤였죠. '이것을 마저 읽어야 해' '저것을 마저 써야 해' 등등으로요. 총회라도 있으면, 그 밤의 토론은 자정을 넘어서까지 이어졌어요. 그리고 저는 집에서 마냥 기다리죠. 어느 날인가는 너무 화가 난 나머지 작심을 하고 자정이 넘어서 모임장소로 찾아갔어요. 그리고는 신경질적으로 쏘아붙이는 소리만 들어야 했죠. 총회가 아직 안 끝났다고요. 저는 제 친구들에게 아내와 생활공동체를 만들라고 추천합니다. 아무튼 그날 저는 아내의 이부자리를 복도에 내다놓았습니다. 그리고 다음날 아침 우리는 대판 싸웠죠…".[171]

"배움과 교육 프로그램의 노력으로 우리는 사회와 세계에 대해 기본적인 생각을 갖추게 되었습니다. 예를 들어 한국에서는 대학에서 공부했거나 거기에 몸담고 있는 사람을 지식인이라고들 하지요. 이런 의미에서 본다면 우리 간호사들은 한국에서 지식인층에 속하지 않습니다. 왜냐하면 우리의 일은 정신적이라기보다 육체적인 것이니까요. 하지만 우리는 자기교육 과정을 거치면서 사실 우리 같은 사람들이 전문인력이고 육체노동과 정신노동은 동일한 가치를 지닌다는 것을 알았습니다. 그래서 우리는 의식적으로 우리를 노동하는 여성이라 정의하며, 한국의 여성노동자나 노동하는 여성들과 연대하기로 결정했습니다. 처음 여기에 왔을 때, 우리가 한국으로 송금하는 외화가 당시 한국경제에 어떤 역할을 하는지 몰랐어요. 뿐만 아니라 당시 한국의 정치가 어떤지도 몰랐죠. 이런 경제·정치에 관한 것 그리고 그것을 통해 생겨나는 사회적 형식에 대한 지식을 우리는 자기교육 활동과정에서 쌓았습니다."(인터뷰 33; 34; 35)

그 사이 지역모임들은 교육 프로그램을 이전보다 적게 진행하게 되었다(이유는 앞의 내용 참조).

1989년부터 1992년까지 모임은 회원들을 대상으로 해마다 여름휴가 기간에 2~3주일 동안 독일어 강좌를 개설하였다. "직장생활을 하는 참가자들이 정치·사회 분야의 공공기관에서 용무를 보다 잘 처리하고 나아가 공개적인 담론에도 참여할 수 있도록, 독일어 강좌는 효과적으로 문법의 완성을 기하고, 말하기와 글쓰기 모두를 포괄하는 독일어의 습득이 이루어질 수 있게 할 것이다."[172]

이 하계강좌에는 아이들도 함께 따라와서 한국어와 한국문화를 배우고, 서로를 알아가며 사귀는 시간을 가졌다.

이 프로그램은 몇 년 동안 계속 실시되었는데, 그만큼 프로그램이 여러모로 유익했기 때문이다. 참석자들은 프로그램을 통해서 앞에서 언급한 목표에 따라 자신들의 언어능력을 향상시켜 나갈 동기를 얻었다. 또 참석자들은 교사와 함께 자신들의 관심에 따라 수업교재를 선택함으로 해서 언어능력을 높이는 것뿐 아니라 교재의 내용에 관한 토론도 할 수 있었다. 여러 도시에서 온 2세대 등의 아이들은 장기간 함께 생활하는 드문 기회를 가질 수 있었다.[173]

외부를 대상으로 한 프로그램으로는 특히 한국 정치나 노동운동과 관련해서 그리고 한인 1세대와 2세대의 생활이나 이민자정책과 관련해서 독일 내에서의 활동이나 홍보활동을 들 수 있다.

이에 더하여 모임은 아마추어 무용단 '들풀'을 운영했다. 들풀은 한국의 전통적인 민속춤과 민중예술을 선보이면서 홍보활동에서 중요한 역할을 했다.

문화모임 들풀은 단순히 한국의 예술을 알리는 데 그치지 않고, 오히려 그보다는 한국의 역사와 사회적 관계들을 재현하면서 그 속에서 삶을 이어온 서민들의 모습과 그들의 생활에서 탄생한 예술을 독일의 여론에 소개하는 데 중점을 두었다. 그리하여 1985~86년에는 한국 여성노동자들의 상황을 그린 연극 〈공장의 불빛〉을 직접 기획하여 순회공연을 다니기도 했다.

들풀이 공연한 춤과 음악은 전통 궁중 무용과 음악이 아니라 농무와 농악이었다. 들풀이 이곳에 초청한 한국의 예술가들도 거의 대부분 예술활동을 통해서 한국의 사회발전에 기여하는 사람들이었다.

다른 한인단체들과 비교하여 여성모임의 특징이라면, 전통적으로 이 모임에는 체육대회라든가 다른 단체들과의 단순한 친목만 도모하는 행사 같은 것은 진행하지 않는다는 점이다.

모임은 창립 이후 지금까지 이곳에 있는 단체들, 즉 독일단체뿐 아니라, 다른 외국인단체들과 교류를 왕성하게 하고 있다. 1979년 지역모임들의 활동보고에 나오는 사례를 열거해 보면 다음과 같다.

뮌헨 지역모임은, 한인간호사들의 추방위협에 항의하는 행동에 적극적으로 참여했던 독일인들을 비롯하여 함께 '한독교류회'를 만들 계획을 했던 독일인들과 지금도 교류하고 있다. 이와 동시에 모임은 독일의 외국인 활동과 관련해서도 다른 외국인단체들과 협력하기 위해 뮌헨의 '외국인위원회'에 참여하는 것에 대해 고민하고 있다. '외국인의 날'에는 마리엔 광장에서 정보안내팀으로 참가해서 외국인여성들의 문제에 대해 여론을 환기시켰다.[174]

프랑크푸르트 지역모임은 연대관계를 만들기 위해서 IAF(Interessen-gemeinschaft der mit den Ausländern verheirateten Frauen e.V. in Frank-furt, 외국인과 결혼한 독일여성들의 프랑크푸르트 이익공동체)에서 조직한 만남에 참여했다.[175]

베를린 지역모임은 외국인위원회, 공공운수노조(Gewerkschaft Öf-fentliche Dienste, Transport und Verkehr), 여성센터와 교류하고 있다.[176]

시간이 지남에 따라 독일의 다른 단체들—한인단체를 비롯하여 독일 단체나 기관들—과도 교류가 시작되면서 협력활동이 확장되었다. 이것은 지금까지 여성모임이 이룩해 온 활동들의 결과물이다. 그 예를 살펴보면 다음과 같다.

첫번째, 여성모임은 '코리아위원회'(Kroea-Komitee, 1980~93)나 '코리아협의회'(Korea-Verband e.V., 1989~)와 함께 활동했거나 지금도 하고 있으며, 특히 KoKoKo(Korea Koordinationskonferenz, 한국협력회의, 1981~)에 참여해서 활동하고 있다. KoKoKo는 한인단체들과 독일단체들(예를 들어 코리아위원회)이 정치적 참여에 관한 정보를 서로 교환하고 협력하기 위해 만들어진 조직이다. KokoKo는 독일에 있는 단체들을 다양한 형식으로 한국과 연결시켜 연대할 수 있게 해주었다. 최근에는 이 일을 코리아협의회가 하고 있다. 그전에 KoKoKo에서는 참가단체들이 해마다 돌아가면서 이 일을 조직했는데, 1984년에는 재독한국여성모임이 한국과의 연대를 조직했다.

두번째, 여성모임은 사안에 따라서 IAF 혹은 IFA(Internationales Fo-rum ausländischer Arbeitnehmervereinigungen, 외국인노동자연합 국제포럼)와도 협력했다. 모임이 한국의 여성노동자를 위한 행동에 나섰을 때 이 단체들도 힘을 보태주었다.

세번째, 여성모임은 BUKO(Bundeskongreß entwicklungsplitischer

Aktionsgruppen, 개발도상국행동단체 독일연방회의)와도 협력했다. 여성모임의 일부 회원들은 BUKO의 모임에 참여했다.

네번째, 여성모임은 여성인권단체인 '여성의 대지'(Terre des Femmes)와도 긴밀한 관계를 맺고 있었다('홍보활동' 참조).

다섯번째, 최근 들어와서 여성모임은 페미니스트 단체인 프라우엔안 재단(Frauen-Anstiftung e.V.)과 긴밀한 관계에 있다. 여성모임은 이 단체의 회원으로서 다양한 활동모임에 대표를 파견하고 있으며, 얼마 전부터는 모임의 회원이 이 단체 임원으로 활동하고 있다. 이 단체는 특히 여성모임의 정치교육 활동에 재정적으로 지원해 주고 있다.

여섯번째, 베를린 지역모임의 회원들은 주로 제3세계의 정치활동을 지원하는 재단인 '나눔! 연대하는 세계를 위한 재단'(Umverteilen! Stiftung für eine, solidarische Welt)의 활동모임에서 자원봉사를 하고 있다.

또 여성모임은 이곳에 있는 수많은 단체들, 그중에서도 특히 교회단체들과 연결되어 있다. 그래서 개신교 교회의 날 같은 행사에 여성모임은 참석한다. 만약 하나의 공개행동이 모임에 의해 유럽의회에서의 협의단계까지 진행된다면, 모임은 그에 적합한 단체나 기관들에 연락을 취했다(인터뷰 33; 34; 35; 모임회의록). "우리는 다른 단체들과 정기적으로 교류를 하기가 어려울 정도로 교류의 범위가 너무 넓어졌습니다. 이 일을 담당할 인력이 없습니다. 이것이 지금 우리의 문제입니다."(인터뷰 34; 35)

모임은 한국의 여성조직들과 정기적으로 교류하고 있다. 예를 들어 서울과 이리의 여성노동자회, '한국여성의전화', 그 밖에 상부 여성조직이 있다. 특히 한국여성의전화는 여성모임과 프라우엔안 재단의 후원으로 설립되었다. 이 단체들은 자신들의 회보를 정기적으로 여성모임에 보내주고, 때때로 특별한 사건에 관한 소식을 전해 주기도 한다. 그리고 여성모임도 이들과 똑같이 하고 있다(인터뷰34).

모임은 매년 한국어 회보를 발간해서 독일을 비롯한 한국·일본·미국의 한인단체들에 보낸다. 최근에는 일부 글이 독일어로 실린다. 각 대표모임의 회의록은 자세하게 작성해서 회원들에게 정기적으로 전한다. 1990년부터는 회원들을 위해 작은 소식지 『까치소리』를 두 달에 한번 발행하고 있다. 소식지에는 회원들의 개인적 소식이나 일상생활에서 소소하지만 매우 소중한 이야기들이며, 서로 나누었던 생각들이 실린다.

1994년까지 여성모임은 조직 차원의 활동의 결과물로서 비정기적으로 보고서 몇 편을 출간했다. 1979년 재독 한인간호사들의 추방 위협에 반대하는 여론조성에 관한 보고서가 한국어와 독일어로, 1982년 부산 미문화원 방화혐의로 구속된 문부식과 김현장의 구명을 위해 '코리아위원회'와 함께한 행동에 관한 보고서, 1990년 국제여성연대 차원에서 후레아패션(현 익산에 있었던 독일계 봉제회사-옮긴이)과의 연대활동에 관한 보고서가 있다(인터뷰 33; 34; 35).

④ 홍보활동

모임은 1977~78년에 (모임의 설립에서 설명하고 있듯이) 재독 한인간호사들의 추방 위협에 반대하는 여론을 형성하는 활동과 더불어 출발했다. 그리하여 모임에는 기본적으로 사회적 문제에 관한 이론은 행동으로 옮겨져야 한다는 태도가 자연스럽게 배어 있다.

그동안 모임이 대외적으로 펼친 활동들을 살펴보면 다음과 같다.

첫째, 1978년 모임은 해고당한 동일방직 여성노동자들과 평화시장 여성노동자들을 위한 모금운동을 이끌었다. 동일방직과 평화시장 여성노동자들은 당시 군사정권이 금지했던 노동조합을 만들다가 탄압받고 일터에서까지 쫓겨나야 했다. 모임은 모금운동을 전개하면서 그와 함께 여러 도시에서 개최한 공개모임이나 매스컴을 통해서 여론에 호소했다.[177]

둘째, 1980년 군부에 의해 광주에서 민주주의를 위해 싸우던 사람들이 피의 학살을 당했을 때, 모임은 독일 곳곳에서 다른 한인단체들 및 독일단체들(예를 들어 코리아위원회)과 함께 군부의 광주학살에 항의하는 시위를 벌였다. 또 그해, 당시 대부분의 한국인들에게 민주화의 길잡이로 여겨졌던 반정부 정치인 김대중이, 군부의 입맛에 맞게 구성된 군사재판에서 사형선고를 받았다. 이에 모임은 역시 다른 한인단체 및 독일단체들과 서명운동, (항의)엽서 보내기 운동, 모금운동을 전개하면서 항의했다.[178] 1982년에는 부산 미문화원 방화사건으로 체포된 한국인들의 석방운동을 다른 단체들과 펼쳤다.[179]

셋째, 1984년 외국인여성과 독일여성 1천 명이 프랑크푸르트에서 만남의 자리를 가졌다. 모임도 이 자리에 참석했다. 모임은 여기서 이루어진 회의의 내용을 번역해서 한인여성들에게 나누어주었다.[180]

넷째, 1985년 모임은 한국의 민주주의를 위해 활동하는 독일 내 다른 단체들과 함께 '동학농민운동 90주년'을 기념하는 대규모 회의를 개최했다. 회의에는 한인과 그리고 한국과 직간접적으로 관계를 맺고 있는 독일인 400명이 참석했다. 그리고 모든 참여단체들이 공동으로 연출한 (농민운동을 그린) 연극 〈금강〉과 여성모임이 연출한 연극 〈공장의 불빛〉이 무대에 올랐다. 이를 계기로 각 단체에 소속된 사람들은 모두 하나가 되어서 한국의 정치와 관련해서 지속적으로 협력활동으로 해나가기 위한 건설적인 토론이 이루어졌다.[181]

다섯째, 모임은 아들러 그룹의 자회사로 한국 이리(현재 익산)에 있는 후레아패션 여성노동자들의 임금협상을 정치적으로 지원하는 한편, 비인간적인 노동환경과 자유로운 노동조합 활동의 방해에 대해 항의했다. 이를 위해서 모임은 '여성의 대지', 베를린의 ASA-Solifonds(제3세계 학생과 노동자 지원기금), BUKO와 협력하여 여론을 환기시키는 등의 활동을 펼쳤다. 그리고 후레아패션 문제를 가지고 1986년에 여성모임과 '여성의 대지'

가 취리히에서 아들러 그룹의 대표들과 만나 협상에 들어갔다. 그 결과 임금인상과 해고당한 여성노동자들의 복직 요구가 합의되었다. 1986년 5월에 여성모임은 후레아패션 여성노동자들로부터 자신들의 노동 조건과 상황을 상세히 쓴 편지를 받았다. 곧바로 모임은 이 편지를 번역하여 아들러 그룹의 책임자를 비롯하여, 독일섬유노조, 코리아위원회 등과 같은 단체에 보냈다. 1986년 11월에는 모임의 회원들이 BUKO 집회에 참석해서 한국 이리의 여성노동자들과의 연대활동에 동참할 것을 호소했다. 그리하여 이 행동은 독일 전역으로 확산되었고 약 20개 단체가 참여했다. 『타츠』(TAZ), 『쥐트도이체 차이퉁』(Süddeutsche Zeitung), 『프랑크푸르트 룬트샤우』(Frankfurter Rundschau), 『슈베비슈 타게스블라트』(Schwä-bisches Tageblatt) 등의 일간지와 『슈피겔』(Spiegel)은 이에 관해 보도했다.[182] "아들러 경영진의 무자비한 대응은 독일 전역에서 갖가지 항의행동을 불러일으켰다. 교회모임의 회원들, 여성단체들 그리고 제3세계 단체들이 아들러의 지점 앞에 플래카드를 펼쳐놓고 유인물을 사람들에게 나눠주면서 (아들러의 광고문구인) '파격적으로 싼 가격'의 이면에 주의를 기울일 것을 호소했다. 기독노동청년조직(Christliche Arbeiterjugend, CAJ)은 해고자들의 즉각 복직을 요구하는 서명을 모았고, 바이에른 어머니봉사단(Bayerische Mütterdienst)은 항의편지를 담은 바구니들을 하이바흐(Haibach)의 아들러 본사에 보냈다. 1987년 8월과 9월에 로테 초라(Roten Zora, 극좌 페미니즘 테러집단-옮긴이)가 아들러의 의류매장에 불을 질러 막대한 물리적 손실을 입히자, 아들러 경영진은 공개적으로 '테러집단의 폭력'에 무릎을 꿇을 수밖에 없음을 시인하면서 한국 여성노동자들의 요구사항을 모두 이행하겠다고 밝혔다."[183]

1987년 10월에 자르브뤼켄(Saarbrücken)의 아들러 그룹 직원 하나가 프랑크푸르트에 있는 여성모임의 회원에게 전화를 해서, 여성모임 프랑크

독일 속의 한인 그리고 한인조직

푸르트 책임자의 이름을 알려달라고 했다. 그의 말인즉슨 여성모임을 통해 한국 이리 여성노동자들의 상황이 공개적으로 널리 알려졌는데, 그중 실제 사실과 다른 부분이 있어서 바로잡으려고 한다는 것이었다. 이 통화에서는 아들러 그룹 직원들 상당수가 여성모임은 로테 초라와 함께 일하는 것으로 믿고 있다는 말도 나왔다.[184]

여성모임은 이러한 항의도 귀담아들어야 했을 것이다.

이 행동 이후 모임은 프라우엔안 재단으로부터 재정적으로 협조를 받아 연대활동의 경과와 결과를 기술한 보고서를 부분적으로 독일어를 함께 사용하여 한국어로 만들었다. 이 보고서는 이번 행동의 과정을 비판적이고 객관적으로 분석함으로써 향후 연대활동에서 실책과 문제가 반복되지 않도록 하기 위함이었다. 그리고 모임은 한국에서 활동하고 있는 여성도 독일의 연대활동 과정을 간접적으로라도 경험할 수 있기를 바라는 마음에서, 보고서를 이들에게 보내기로 했다. 하지만 안타깝게도 서울의 여성노동자회는 정치적 검열 때문에 이 보고서를 받을 수 없었다. "서울세관의 직원이 우리에게 연락을 했어요. 독일에서 우리 단체 앞으로 불온서적으로 보이는 책을 보냈는데, 그래도 받겠다면 와서 가지고 갈 수 있다고 하더군요. 당연히 우리는 그 책들을 받으러 가지 않았어요. 그로 인해 화를 당하고 싶진 않았기 때문이죠."(1992. 3 회의록). 한국의 여성단체들에게 소포로 보낸 책들은 거의 모두 주소가 불분명하다는 이유로, 불온서적일 수 있다는 이유로 되돌아왔다(인터뷰 33; 34; 35).

여섯째, 1990년 모임은 '재독 한인간호사 25년'을 주제로 베를린에서 공개 행사와 좌담회를 조직하였다. 좌담회에서는 '25년 그후: 한인천사들로부터 무엇이 나왔나?' '대체물: 개발도상국 여성노동자' '한독가정, 우리 생활의 일부' '한쪽의 곤경, 다른 쪽의 이익' 등과 같은 주제가 다루어졌다(행사책자 머리말 참조).

독일에 살고 있는 대부분의 한인간호사들은 1990년을 자신들의 삶의 여정에서 하나의 전환점으로 받아들인다. …오늘날 우리는 저 옛날 우리가 독일 길에 올랐던 데는 우리의 사적인 이유보다 서독의 간호인력 부족과 한국의 외화부족이 훨씬 더 더 결정적 역할을 했다는 것을 인식하고 있다. …우리는 이 사회의 상황을 유익한 기회로 여기면서 우리 스스로 정치·사회적으로 의식이 깨어 있는 여성으로 거듭났으며 성장해 왔다. …지금까지 우리가 거둔 성과에 대한 공정한 인정은, 우리 스스로 이 사회의 구성원으로 받아들여지고 있음을 느낄 수 있다는 점에서 중요한 의미를 가진다. …당연히 우리는 우리의 아이들을 위해 완전한 받아들임과 기회의 평등을 요구한다. 이 아이들은 여기서 자랐고 교육과정을 마치고 나면 직업의 길로 나설 것이다. …새 외국인법은 인간적 관점과 사회적 관점을 완전히 무시하는 순환 프로그램의 바탕을 이루고 있다….[185]

25주년 행사에는 한인과 독일인, 옛 동료들, 2세들 등 300명가량이 참석했다. 이와 동시에 모임은 한국과 일본·미국에서 조직을 만들어서 자신들과 비슷한 활동을 하고 있는 한인들을 초대했다.

모임은 기자회견을 포함하여 행사에 필요한 모든 일을 스스로 조직하기 위해 1년 전부터 행사준비에 들어갔다. 행사업무는 회원들에게 적절히 분담되었다. 여성 활동가들은 다년간의 조직활동을 통해 거의 전문가가 되어 있었다.

모임이 행사의 지원을 받기 위해 공공기관이나 관공서의 문을 두드리고 있을 때, 베를린 시 외국인위원회로부터 베를린 시가 후원자 자격으로 기꺼이 이 행사에 재정지원을 하겠다는 답변이 왔다. 하지만 모임은 후원자 자격이라는 시의 입장은 이 행사의 목적에 맞지 않다고 판단하고 이 제안을 거절했다. 프라우엔안 재단이 협력의 형태로 행사비용의 상당 부분을 지원해 주었다. 그외에도 '나눔! 연대하는 세계를 위한 재단'의 지원금이 있었다.

일곱째, 모임은 1993년 베를린에서 일본 여성단체와 함께 2차 세계대전 당시 아시아태평양전쟁에서 일본군이 자행한 '강제매춘'을 주제로 해서 공개 행사와 행동을 조직했다. "1988년 한국교회여성연합회는 내부에 정신대문제연구위원회를 설치하여 일본으로 강제매춘에 관한 증거를 찾아 나섰다. 1990년 가을, 36개 여성단체는 '한국정신대문제대책협의회'를 설립하고 일본정부에 다음과 같은 6개 조항을 요구했다. 첫째 일본정부는 조선인여성들을 종군위안부로 강제 연행한 사실을 인정할 것, 둘째 그 일에 대해 공식적으로 사죄할 것, 셋째 일본 식민지정책의 만행을 증명할 수 있는 모든 문서를 공개할 것, 넷째 희생자들을 위해 위령탑을 세울 것, 다섯째 이와 같은 식민지 과오가 다시는 반복되지 않도록 교과서 등 역사교육을 통해 이 사실을 알릴 것, 여섯째 오늘날 경제력을 앞세운 일본의 제국주의적 태도를 즉각 중단할 것."[186]

모임은 독일의 외국인 적대에 대해서도 공개 행동과 행사뿐 아니라 글을 통해서 여론을 환기시키는 활동을 펼쳤는데, 특히 독일 정부와 의회를 겨냥했다. 모임은 (독일통일 이전에는) 외국인 투표권과 (통일 이후에는) 외국인 적대 및 망명절차 개혁에 관한 입장을 공개서한 형식으로 언론은 물론이고 연방총리에서부터 주의회 민원실에 이르기까지 여러 차례 보냈다. 1993년 5월 24일자 『타츠』지에는 외국인 적대와 망명절차 개혁과 관련한 공개서한이 실렸다(인터뷰 33; 34; 35; 해당 담당자의 답신들).

오랜 기간 한국과 관련된 여론형성 활동 때문에 한국 정부와 대사관은 여성모임을 탐탁지 않아했다. 비록 재독한국여성모임이 유럽민회처럼 한국정부로부터 국가보안법 위반으로 '반국가단체'로 낙인찍히지는 않았지만, 모임에서 적극적으로 활동하던 회원들은 한국을 방문할 때면 혹시 자신들에게 무슨 일이라도 생기는 건 아닐까 걱정해야 했다. 심지어 1993년에 들어선 '문민정부' 때도 그러했다(인터뷰 33; 34; 35).

오랫동안 독일 한인사회에서는 여성모임을 '빨갱이'단체로 여기는 분위기가 있었고, 부분적으로는 지금도 여전히 남아 있다. 하지만 여성모임 스스로는 그렇게 생각지 않는다(인터뷰 33; 34; 35).

⑤ 재정조달

수입의 원천은 기본적으로 회비이다. 회비는 1992년 11월부터 월 20마르크이며, 그전에는 10마르크였다. 1992년도 총 회비수입은 약 6700마르크였고, 회비가 인상된 후 1994년도에는 1만 3290마르크였다. 회비수입의 대부분은 중앙의 실무에 필요한 비용으로 지출되었다(1992; 1994 회계보고).

1989년까지는 활동에 부수적으로 필요한 — 전화비에서부터 교통비에 이르기까지 — 비용을 회원들, 특히 간부들이 개인적으로 지출했으나, 이후로는 프라우엔안 재단으로부터 지원을 받았다. 또 활동추진 자금은 참가자들이 내는 참가비와 정치교육 활동을 지원해 주는 기관의 지원금으로 마련하였는데, 종종 AKE(Arbeitskreis Entwicklungspolitik Bildungs-werk e.V. in Vlotho/NRW, 개발도상국 교육 프로그램 지원단체)로부터도 교육 세미나의 자금을 지원받았다. 이런 이유로 여성모임은 지금까지도 대부분의 교육 세미나를 NRW에서 개최한다.

1990년부터는 교육 세미나 참가자들의 교통비와 실무진행비는 프라우엔안 재단으로부터 지원을 받고 있다.

그리고 지역모임의 활동추진비는 특별한 경우를 제외하고는 자체 자금에서 지출되고 있다.

또 지역모임 대표들의 교통비를 이전에는 각 지역모임이 자체적으로 마련했지만, 요즘은 중앙재정이 허락하는 한 중앙에서 지원한다.

모임의 재정상태를 살펴보면 1989년도의 경우 수입 1만 2800마르크와 지출 약 9200마르크이고 1994년도는 수입 3만 4705마르크와 지출 3만 4212마르크이다(1992; 1994 회계보고).

모든 회원이 무료봉사와 자발적인 참여로 자기 역할을 하고 있기 때문에 지금까지의 수입으로 모임의 활동들을 추진할 수 있었다(1989; 1994 회계보고; 인터뷰33).

초기에는 회원이나 지역모임이 활동에 필요한 교통비나 실무비용을 스스로 해결했다. 그리고 지역모임은 사업계획을 위해 다양한 방식으로 모금을 했으며, 회원들이 기부금을 내기도 했다(인터뷰35).

"초기와 비교해 수입이 10배나 많아졌습니다. 이와 같은 자금의 양적 성장에는 다음 두 가지 측면이 있었습니다. 하나는, 조직이 건전한 재정확립을 통해 여러 관점에서 자신들의 문제를 극복한 경우입니다. 하지만 [또한 가지 측면으로] 저희는 스스로 자금을 마련해서 재정자립을 하지 않고 국가기관 등과 같은 다른 출처에서 지원을 받아 자금을 마련한 조직이나 정당들이 그 돈을 적절하게 쓰지 못하는 경우를 보았습니다. 그들은 만약 외부에서 들어오는 지원금이 끊어지면, 아마 하던 사업도 중단해 버릴 겁니다.

한 조직의 자금출처는 그 조직의 철학이나 입장, 조직사업의 내용과 방법을 반영하고 있습니다. 모임 초기에는 우리의 활동을 위해 외부 어디서 지원금을 받을 수 있는지, 그에 대한 정보도 거의 없었고 기대도 하지 않았습니다.

시간이 지나면서 우리는 한편으로는 자금마련에 관한 정보를 얻게 되었지만, 모임의 활동내용이 옛날처럼 무조건 회원들의 이해관계를 직접적으로 반영하는 식은 아니었습니다. 그렇기 때문에 모임의 재정문제는 회원들이 모임의 중요성을 얼마나 인정하느냐에 달려 있습니다.

만약 조직이 이상적인 이해관계를 대표한다면, 그 조직의 활동은 회원들의 조건 없는 직접적인 참여가 있을 때 더 잘 작동합니다. 회원들이 자기 돈을 들여서 활동을 한다면 그렇다는 것입니다.

이상적인 조직이라면 조직사업을 할 때 자금의 두 가지 원천인 자체수단과 외부의 지원수단을 잘 고려해야 합니다. 그렇게 해야 전문적이면서도 동시에 조직의 토대를 이루는 사업이 가능해집니다."(인터뷰 34; 35)

⑥ 특수성과 성과

"한국 여성노동자들과의 연대활동은 우리에게 하나의 성취이고 가치 있는 일이었습니다. 우리가 더 많은 기회를 활용했더라면 더 많은 일을 할 수도 있었을 겁니다. 여하간 우리는 경제적이고 이상적인 연대활동을 이끌어냈습니다. 우리에게는 예를 들어 우리의 행동을 위한 기부행사에만 참여하는 사람들이 있습니다. 우리의 모든 힘으로 이끌어낸 행동은 다 귀중한 것들입니다."(인터뷰 33; 34; 35)

"회원들이 조직활동을 통해서 자기의식을 발전시키고 자기 고유의 의견을 주장하는 법을 배웠다는 것이 우리의 특징입니다. 지금 적극적으로 활동하든 소극적이든 그와 상관없이 회원 누구나 모임에 대한 소속감과 모임에서 느끼는 안정감에 대해서는 반대의견이 없습니다. 예를 들어 개인적인 이유로 일정 기간 동안 적극적으로 활동하지 못한 회원들도 회비를 꼬박꼬박 냅니다."(인터뷰 33; 34; 35)

"재독한인회에서 조직한 행사에 참여했을 때 왠지 저는 혼란스러웠어요. 식순에는 국기에 대한 경례, 한국대사와 몇몇 재독단체장의 인사말이 들어 있었는데, 그게 전부였어요. 한인회는 모임활동의 내용보다 형식이 훨씬 중요했던 거죠. 회장을 제외한 한인회 간부들은 회원들이 선출하지 않고, 주로 회장의 과거 학연 같은 것을 통해서 임명돼요."(인터뷰33)

"한국여성모임의 창간 회보가 나왔을 때, 당시 일부 한인들은 한국여성모임은 북한으로부터 돈을 받고 있고 회원들은 정치가 무엇인지도 모른다고 말했어요. 여자들이 그저 자기 남편들 따라서 그대로 하는 것일 뿐이라는 둥의 말도 했지요. 요즈음은 사람들이 우리 모임을 어떤 여성의 말처럼 생각해요. '북한을 방문한 모임의 회원들에 대해서는 아직도 부정적이지만, 여성모임의 회원들이 똑똑한 여자들이라는 건 알고 있어요.' 그 여성은 우리 모임의 활동방법과 구조에 호기심을 가지고 물었는데, 자기 생각에는 우리 모임이 아주 잘 조직되어 있는 것 같다고 하더군요. 한인회 회장선거 때면 회장후보가 표를 얻기 위해 총회에 참석하는 회원들 회비를 자기가 내주는 경우도 있어요."(인터뷰33)

"이곳 한인들이 15년 전과 지금 우리 모임을 평가하는 데는 큰 차이가 있습니다. 지난날 베를린에서는 우리를 '빨갱이 공산당'이라고 불렀던 사람들이 지금은 잘 조직된 단체로 정당하게 인정하고 있습니다. 그때는 이런 평판 때문에, 여성문제에 관심이 많은 한인여성들조차도 상당수가 우리에게 오려 하지 않았습니다. 제가 생각하기에는 우리가 자주권을 가지고 있었기 때문에 이런 사정을 극복할 수 있고, 그러니까 지금은 사람들도 우리를 다르게 평가한다고 봅니다."(인터뷰35)

⑦ 문제점

"말했던 것처럼 우리 모임은 조직활동에서 자치와 민주주의를 매우 중요하게 생각합니다. 그래서 우리는 직무를 번갈아 가며 맡는 시스템인데, 이것은 또 다른 면에서 문제를 일으킵니다. 회원들 개개인은 모임활동에 대해서, 특히 모임에 대한 책임감에서 서로 다른 다양한 접근방식을 취합니다. 또 여기에 지역모임들 각각의 특수한 성격까지 더해집니다. 만약 우리가 활동과정에서, 그러니까 세미나나 총회에서 각자의 역할과 직무를 세세하게 토론하지 않으면, 아마 활동을 둘러싸고 여러 가지 문제가 발생하면서 혼돈상황에 빠지게 될 것입니다. 이런 상황을 자주 겪곤 했는데, 이따금 매우 심각할 때도 있었습니다. 하지만 우리에게는 이런 갈등을 대화로 해결할 수 있는 사람들이 있습니다. 또 문제가 있으면 어떻게 해서든 가능한 해결책을 찾아내다 보니, 지금까지 우리 모임이 해체될 만큼 위기에 빠진 적은 없습니다. 시간이 가면서 일부 회원들이 모임에서 탈퇴했지만, 그건 회원들 간의 사사로운 인간적 갈등 때문이라기보다 모임성격에 대한 의견이 달랐기 때문입니다. 우리는 그런 결정 또한 존중했습니다."(인터뷰 33; 34; 35).

모임의 변천과정을 돌아보면서, 회원들은 지금이 모임의 정체기라고 진단했다. 이유는 아마도 지역모임의 회원들과 관련하여 지역의 기본 조건이나 활동내용에 있을 것이다. 예를 들어 뮌헨 모임은 초기에는 매우 활발했으나 그 사이 상당히 수동적이 되었다가, 점차 다시 활기를 띠었다(인터뷰 33; 34; 35).

최근 들어와 모임은 전반적으로 소극적인 상태에 있다. 그렇지만 회원들이 아직도 이런 국면에서 벗어나지 못하다 보니, 모임이 이렇게 되기까지 어떤 사실들이 결정적인 역할을 했는지 구체적으로 분석할 수 없었다. 생각할 만한 요소로는 다음과 같은 것들이 있다.[187] 회원들은 이곳에서 이미 20년 넘게 살았다. 그래서 다들 나이가 들었고, 거의 대부분이 가정을 꾸리고 있으며, 예전보다는 생활이 안정되었다.

첫째, 독일에서 오래 살면서 여성들의 가치관이 변했다. 그래서 활동의 중심이 다른 곳으로 옮겨가게 되었다.

둘째, 초기에는 여성들이 끊임없이 뭔가를 배우는 데 관심을 가졌던 데 비해 지금은 많은 회원들의 삶이 재교육이나 학문 정진을 통해서 직업적으로 고위직에 오르게 됨으로써 모임활동에 참여할 시간을 내기 힘들 수 있다.

셋째, 초기시절인 1970년대에는 회원들에게 공동의 토대가 '한국'이 었던 것은 분명한 사실이다. 만약 모임이 한국과 관련된 행동을 한다면 모든 지역모임의 모든 회원들이 다함께 그 일을 열심히 했다. 그러다가 1980년대 중반부터는 지역모임과 회원들의 관심의 강도와 분야가 변화되 었다. 오늘날에는 모임이 한국과 관련된 행동을 추진하려고 해도 인력부 족에 시달린다. 지역모임들의 관심이 점차 다양해진 것도 그 원인이 될 수 있을 것이다.

넷째, 많은 회원들이 모임이 '독일 한인여성들의 위치' '2세대' '독일의 외국인정책' '독일 여성조직들과의 협력' 같은 주제나 활동에 더 힘을 기 울여야 한다고 생각한다. 하지만 모임이 이런 주제로 활동을 이끌어나가 고 싶어도 이전처럼 적극적인 회원들은 여전히 찾을 수 없다. 회원들이 지 금 당장은 외국인문제와 자신들이 직접적인 관계가 있다고 여기지 않는 것도 원인일 수 있다. 그것은 다수의 회원들이 독일시민권을 가지고 있고 유복한 생활을 하기 때문인데, 또 그래서 바로 눈앞에 있는 다른 외국인 들의 삶을 제대로 볼 수가 없다. 여기서는 '여성의 정치의식 부족'이 한 가 지 역할을 하는 것일 수도 있다.

"요즘은 모임에 상근직원을 두어야 할지 고민하고 있어요. 전체적으 로 업무 자체는 광범위해졌는데, 회원들은 옛날만큼 적극적으로 참여하 지 않으니까요. 우리 활동이 제대로 진행되지 못하고 있습니다. 이미 오래 전부터 이것 때문에 고민하고 있고 아직도 논의하고 있습니다. 왜냐하면 그럼에도 우리는 자발적인 봉사로 모임활동을 하는 것이 이상적이라는 입 장이기 때문이지요."(인터뷰34)

⑧ 전망

"우리, 이곳의 한인들은 한국에서 자랐습니다. 우리는 이민자로서 우리의 이야기를 다루기를 원합니다. 그리고 이민자들의 권리를 위해 다른 조직들과 함께 일하기를 원합니다. 우리는 임시로 이곳에 왔고, 지금은 이민자로서 살고 있습니다. 개인적으로 우리는 현재 자기 삶에서 큰 변화를 겪고 있습니다. 하지만 독일은 여전히 이민자국가가 아닙니다. 독일사회에서 우리의 존재는 사회의 일원으로서 전혀 인정되지 않고 있습니다.

또 우리는 2세대와 함께 일하기를 원합니다. 그럼으로써 우리의 활동을 그들에게 전수할 수 있습니다. 그것은 이를 통해 2세대가 사회에서 자력으로 행동할 수 있다는 것을 의미합니다.

1993년 가을의 교육 세미나에서는 '한인여성의 가치관: 전통과 현대적 가치관념 사이에서 한인여성들의 딜레마'라는 주제로 우리의 이야기를 다루었습니다. 그리고 1994년 봄에는 열여섯에서 스물다섯 살 사이의 2세대들을 '다문화 교육에서 세대갈등'을 주제로 한 세미나에 초대해서 젊은이들과 그에 관해 토론했습니다. 바로 이런 것들이 제가 언급한 전망들을 위한 노력이었습니다."(인터뷰34)

"일반적으로는 신입회원이나 젊은 회원들이 조직의 활동을 이어받아서 계속해 나가고, 활동 또한 신구의 대립과정을 거치면서 발전해 나갑니다. 하지만 우리의 조건들은 전혀 다릅니다. 2세대가 우리 모임과 활동에 애정을 보이기만 해도 우리는 기쁠 것입니다. 그것이 지금 우리가 처한 상황입니다.

또 한국과 이곳의 한인들 혹은 한국과 이곳의 사회적 조건 사이의 간극은 매우 큽니다. 그래서 우리는 한국에서 사람들이 일을 처리하는 것처럼 그렇게 단순하게 할 수가 없습니다. 가령 어떤 문제가 있다면 우리는 그것을 우리 시각으로 분석해서 한국에 있는 사람들에게 보여줍니다. 한국에 있는 사람들에게 우리의 위치를 분명하게 말해 주어야 합니다. 그래야 그들과 마주앉아 더더욱 비판과 전략을 펼칠 수 있습니다.

모임의 활동 모두 내용을 풍성하게 채우기란 과거에도 그랬고 지금도 어려운 일입니다. 원한다면 어떤 사람들은 큰 노력이나 업무의 질과 상관 없이 대외적으로 자신을 거창한 사람으로 내보일 수 있습니다. 하지만 우리는 그러지 않으려고 합니다. 그렇게 되면 우리의 활동은 형식적으로 될 것이고 또 모임은 일부 회원들의 입장만 대변하게 될 테니까요."(인터뷰35)

"일찍부터 우리의 노년에 대한 생각을 하고 있었습니다. 훗날 우리는 공동체 형식으로 함께 살고자 합니다. 그것이 어떤 모습이 되어야 할지 고민하는 것이 우리의 계속된 과제입니다."(인터뷰 33; 34; 35)

2.1.5. 반정부조직

2.1.5.1. 개괄

다른 조직들과 달리, 반정부그룹은 그룹별로 소개하지 않고, 시기별로 소개하고 있다. 그 이유는 그룹들이 상호 의존적이고 협력적으로 발전해 나가면서 일종의 반정부적인 장(場)들을 독일에서 펼쳐 보였기 때문이다. 변천단계는 70년대, 80년대, 90년대의 시기별 구분에 거의 정확하게 상응한다. 따라서 여기서는 시기별로 서술한다.

그 밖에도 변화의 특수성에 주의를 기울였다. 이곳 조직들의 변천과정에는 일본의 반정부 한인단체들의 영향이 강하게 각인되어 있으며, 또 일본의 단체들은 남북한의 전개과정으로부터 영향을 받았다. 그리고 필요한 대목에서는, 물론 이 책에서 의미하는 그런 자치조직은 결코 아니지만 아무튼 이곳 자치조직들의 변화에 영향을 준 조직들을 소개해야 할 터인데, 이곳 자치조직들을 이해하는 데 반드시 필요한 조직들에 국한시켜서 살펴볼 것이다.

이곳 반정부 한인들의 공동 활동이나 독일과 한국 조직들의 협력 또한 분명한 역할을 했다. 그러나 독일인과 한인들의 협력활동은 특수한 문제들을 안고 있기 때문에 이에 관해서는 다른 장에서 언급할 것이다.

여기서는 이곳 한인들의 반정부적 현장에서 일정한 역할을 한 조직을 모두 다 소개하고 있다고 볼 수는 없을 것이다. 그보다는 오히려 뚜렷한 담론들이 형성되어 있는 조직들을 선별했다. 그리고 재독한국여성모임 역시 반정부 현장에서 일정한 역할을 했다. 그러나 여성모임은 그 고유의 의미에 초점을 맞추어서 앞의 여성조직에서 소개했으므로, 여기서는 특수한 경우에 한해서 언급할 것이다. 개별적으로 소개할 조직들은 다음과 같다(연월일 표시는 설립 및 해체 시기임. 별표의 조직들은 이 책의 의미에서는 순수한 한인 자치조직이 아니다).

- 민주사회건설협의회(1974. 3. 1~)
- 재독한인노동자연맹(1975. 11~1990)
- *코리아위원회(1977년 초~1993. 11)
- *민주민족통일해외한국인연합(한민련) 유럽지부(1977. 10. 15~)
- 조국통일해외기독자회(1980. 9. 20~)
- 루르 지방 전태일기념사업회 유럽본부(1983/86. 4~1990)
- 베를린 노동교실(1984. 2~)
- 재유럽민민족민주운동협의회(유럽민회, 1987. 9~1992. 7)
- 코리아협의회(Korea-Verband e.V., 1990. 10. 1)
- 조국통일범민족연합(범민련) 유럽지부(1990. 9. 15~)
- 재유럽한인노동자회(1990년 말~ , 한인노동자연맹과 전태일기념사업회 유럽본부가 합쳐졌음)

2.1.5.2.   1970년대 한인조직의 탄생과 발달

2.1.5.2.1.   민주사회건설협의회

'민주사회건설협의회'(이하 민건회)는 공식적으로 1974년에 결성되었다. 민건회는 독일에서 처음으로 한국을 향해 반정부활동을 하기 위해 조직된 재야 정치그룹이다.

1972년 10월 박정희 군사정권이 '유신헌법'을 공포하자, 한국에서는 유신헌법과 군사독재에 반대하는 엄청난 저항의 물결이 특히 대학생들을 중심으로 형성되었다. 한국에서는 정치적 탄압이 일상적으로 일어나고 있었다(이 책 '한국의 정치적 변화' 참조).

한국의 새로운 정치적 변화는 재독한인들도 이에 반대하는 시위에 나서도록 했다. 그들은 이러한 변화를 더 이상 방관하고 있을 수 없었던 것이다(인터뷰 1; 9; 51). 이들은 자신들이 한국으로 돌아갔을 때 어떤 위험을 감수해야 할지 잘 알고 있었다. 외국으로 나가는 한국인은 누구나 정보기관의 심사를 받아야 했으며, 당사자나 그 가족 중 누군가가 직접적으로든 간접적으로든 한국정치에 대항하여 싸운 전력 혹은 북한과 — 예를 들어 친척 가운데 삼촌 하나가 한국전쟁 때 행방불명이 되었는데 북한으로 간 것으로 추측되는 것 등과 같은 유 — 의 연관성 등과 같은 결격사유가 없는지 조사하는 것이었다. 만약 이 심사에서 결격사유가 발견되면 당사자는 외국으로 나갈 수 없었다. 때로는 개인적인 상황에 따라 각서를 제출하고 외국에 나갈 수도 있었으나, 각서에는 다시는 한국정치에 반대하는 정치적 활동을 하지 않겠다는 다짐이 들어가야 했다.[188] 게다가 독일로 오고자 하거나 독일에 와 있는 한인들은 특별한 정치적 부담이 있었는데, 당시 독일은 동서로 — 이데올로기적으로 — 분단되어 있었기 때문이다. 그래서 이곳 한인들은 1967년부터 특별감시를 받았다. 그해에 '세칭 공산주의 지식인 17명이 서독에서 납치를 당하는' 사건이 발생했다.

이런 조건 아래서 1972년에 정치적으로 서로 신뢰하는 한국대학생 몇 명이 유신헌법을 저지할 방법을 모색하기 위해 처음으로 한자리에 모였다. 바로 이것이 이 조직설립의 토대를 이루는 이념이다(인터뷰9).

당시 이곳의 한국남학생들 — 여학생은 매우 드물었다 — 사이에는 우선 공통점이 있었다. 모두 1940년 혹은 1945년 이후에 태어났기 때문에, 일본 식민지 지배체제의 정규교육이 아니고 미국식 교육 시스템과 내용으로 구성된 정규교육을 받았다. 반정부 대학생들은 정치적으로 두 갈래로 나뉘었는데, 하나는 사회주의 이데올로기(사회민주주의)를 지향하였고 또 하나는 기독교 차원에서 인간의 정의를 추구하였다(인터뷰51). 그리고 이들 한국학생들은 이곳에서 1968년 학생운동과 더불어 새로운 사회운동의 시작을 경험했다.[189]

　　1973년, 한인 12~15명은 조직건설을 위한 준비모임을 프랑크푸르트에서 가졌다(인터뷰 1; 51). 대부분이 대학생(약 8명)이고, 드물게 다른 집단(광부, 목사 등 약 4명) 출신의 사람들이 있었다. 인터뷰10[190]은 이렇게 말한다. "나는 민건회 창립회원입니다만, 내가 맡은 역할은 아무것도 없었습니다."[191] 이곳에 유학 온 학생들이 구성원의 중심을 이루었고, 활동 역시 그들에 의해 결정되었다.

　　민건회 구성원들은 박정희 군사독재를 반대하는 데모를 조직했는데, 예를 들어 괴팅겐에서도 학생 열 명이 이 데모에 참여하기 위해 왔다. 한국중앙정보부 요원이 데모장면을 찍는 것을 보고 학생 일곱 명이 겁을 내며 도망쳐 버리기도 했다(인터뷰1). 한국정부가 이곳까지 정치사찰을 하고 있었음을 여실히 보여주는 사례이다.

　　1974년에 공식적으로 창립할 때까지, 1973년에 모였던 한인(학생)들은 사람들을 규합하는 데 온힘을 기울였다. "1월부터 1974년 3월 1일 창립 때까지 우리는 독일[서독] 곳곳을 돌아다니면서 사람들에게 협의회 설립을 알리고 함께하자고 했어요. 한국인들이 살고 있고 우리가 그들을, 그들이 우리를 신뢰한다면 어디든 달려갔습니다."[192] 앞에서도 말한 것처럼 이들은 정치적 지향성이 서로 다르다 할지라도 한국의 군사독재정권을 반대한다는 점에서는 하나였다. "1973년 크리스마스 직전에 보훔에 있는 한국인(그는 기독교 신앙을 가지고 있었다)이 우리를 찾아왔습니다. 일부 회원들과 목사가 그와 함께 한국의 현 정치상황에 대해 토론했습니다. 우리는 신앙인으로서 종교적 양심에 따라 더 이상 침묵해서는 안 된다고 생각했습니다. 우리는 다양한 행동들을 함께하기 위해 여덟 명가량이 민건회에 가입하는 서명을 했습니다."(인터뷰57) "민건회가 출범하기 전부터 비공식적이지만 한인광부들의 모임이 있었습니다. 제가 이 모임을 조직했는데, 우리는 정기적으로 만나 한국 정치와 노동자들의 상황이라든가 우리의 상황에 대해 토론했습니다. 그리고 사람들이 민건회를 공식적으로 설립하기로 했을 때, 우리 모임도 함께했습니다."(인터뷰10) 다음은 (간호사로 이곳에 온) 인터뷰34의 말이다. "저는 협의회 창립회원이에요. 저는 이 모임이 한국의 민주화를 위해 일했기 때문에 회원이 되고자 했습니다." 이것은 광부나 간호사로 이곳에 온 많은 한인들이 목적의식적으로 한국의 정치적 상황에 반대하는 활동에 나섰다는 것을 의미한다.

1974년 3월 1일, 한인들은 본에서 유신헌법 반대시위를 출발점으로 해서 조직을 출범시켰다. 조직구성을 한다거나 규약을 기초(起草)하는 작업으로 조직이 시작한 것이 아니었다. "함께 데모를 하면서, 우리는 생각했죠. 이후에도 흩어지지 말고 계속 함께해야 한다고요. 그 자리에서 우리는 한국어와 독일어로 당시 한국의 정치적 상황에 반대하는 성명서를 발표했어요."(인터뷰9)

민건회는 대학생, 광부, 간호사, 목사와 신부 등 창립회원 55명과 함께 공식적으로 출범했다. 창립회원의 절반을 이루는 대학생과 지식인들이 주축이었다(인터뷰9). 그리고 남성들이 의사결정과정에서 주도적인 역할을 했다('재독한국여성모임' 참조).

그후 1차 총회는 1974년 8월 마르부르크(Marburg)에서 열렸고, 총회에서 창립회원들은 조직의 틀—이사회와 위원회와 규약—을 가결했다.

총회에는 약 80명의 한인들이 참석했고, 그들은 그 자리에서 회원으로 가입했다. 그후 일정 기간 동안 회원은 늘어나 독일 전체적으로 110명에 이르렀다. 5개 지역(베를린, NRW, 프랑크푸르트, 뮌헨, 튀빙겐, 슈투트가르트)에 지부를 두었고, 지부별로 회장을 정했다. 하지만 민건회는 항상 중앙의 이사회가 주도하고 있었는데, 그것은 중앙의 이사회가 주로 당시 한국의 정치적 상황에 적극적으로 대응하며 투쟁했기 때문이다.[193]

민건회의 공식적인 활동은 주로 세미나(연 2회)와 데모(연 2회)를 조직하는 것이었고, 이를 통해서 한국의 정치적 상황에 관한 이론적 · 이데올로기적 토론을 가능하게 만들었다. 이런 활동들은 비회원들에게도 열려 있었다(인터뷰9).

회원들은 정기적으로도 비정기적으로도 자주 만나서 — 이론적 · 이데올로기적 논쟁에서부터 회원구성 문제에 이르기까지 — 다양한 주제로 토론을 했다(인터뷰 1; 9).

특히 정치적 입장이나 개인적인 문제들, 일을 진행하는 (민주적 · 독재적 혹은 남성회원 주도적 등) 방식과 연관되어서 회원구성을 둘러싸고 갈등이 있었다. 확실히 이런 갈등은 부분적으로 한국의 정치적 상황이나 반정부인사들에 대한 한국정부의 정치적 탄압뿐만 아니라 남한의 반정부인사들에 대한 북한의 태도에서 기인했다. 아래에서는 필자가 인터뷰한 사람들의 발언에 기초해서 당시의 갈등과 문제들을 정리했다.

첫째, "회원들의 관계가 처음부터 불분명했어요. 처음에 민건회는 한국의 군사독재에 반대하는 공동의 목적을 이루기 위해 만들어졌고, 그렇게 활동했습니다. 하지만 회원들 사이에 암묵적으로 혹은 눈에 보이게 긴장감이 감돌았어요. 중앙정보부에서 조작한 정치적 사건[194]으로 이미 한국정부가 공공연하게 공산주의자로 낙인찍은 사람이 민건회에 적극적으로 참여하면, 그것 자체가 회원들에게는 편치 않았죠."(인터뷰38)

독일 속의 한인 그리고 한인조직

둘째, "민건회가 만들어지기 전에, 외부에 공개하지 않고 비공식적인 일명 '주체그룹'('자주와 독립', 주체이념은 북한의 김일성에게서 유래했다)이 있었어요. 이 그룹이 1973년에 잡지 『주체』를 발간했었지요. 그 내용은 대체로 친북적이었어요. 그래서 우리 교회의 대표들은 처음부터 한 가지 원칙을 전제로 했어요. 만약 주체그룹의 사람이나 또는 '1967년 동백림사건'에 연루된 사람이 민건회에 가입해 있다면, 우리는 가입하지 않겠다고요. 그런데 제가 민건회에 가입한 지 한 달쯤 되어서 느닷없이 북한으로부터 잡지를 받았어요. 북한이 어디서 제 주소를 알았는지 저는 아직도 모릅니다. 제가 이사를 했는데도 한동안 그 잡지를 계속 보내더라고요. 이런 일들이 저를 심란하게 했어요."(인터뷰57)

1980년 11월 28일자 북한의 『로동신문』에는 독일 등 유럽과 미국에 거주하는 해외동포의 명단이 실렸다. 북한의 시각에서 여러 분야 ─ 학문과 기술 등 ─의 저명인사들을 실은 것이었다. '조국통일민주주의전선'은 '코리아연방제' 방안의 현실화를 위해 이 방안을 제안하는 두번째 편지를 이들 저명인사들에게 보내기로 결정했다. 이 방안이 점차 해외한인들에게 긍정적으로 받아들여지고 있다고 판단했기 때문이다.

이 명단에 이름이 오른 인터뷰1에 따르면, 북한이 어디서 그리고 왜 자기 이름을 입수했는지 전혀 모른다고 했다. 여하간 그 스스로 북한에 연락하지는 않았다. 이로부터 다른 사람들의 경우도 동일한 방식으로 일이 이루어졌을 거라는 추측이 가능하다. 인터뷰1은 여기에 얽힌 에피소드 하나를 들려주었다. 어떤 사람(물론 한인이다)이 그 명단에 자기 이름이 없어서 화가 났다. 말하자면 그는 그 명단에서 의미하는 저명인사가 아니었던 것이다. "그 뒤로 그 사람은 북한에 적대적으로 되었습니다."

민건회의 3대 의장은 1967년 동백림사건에 직접적으로 연루되었던 사람이다. 그래서 민건회의 교회측 대표들은 점점 불만을 품게 되었다.

"민건회가 만들어졌을 때 저는 창립회원에 들어 있지 않았어요. 이념적으로 사회주의를 지향하는 사람들은 교회를 대변하는 사람들에게 받아들여지지 않았거든요. 한 목사는 아주 공개적으로, 제가 들어오면 자기는 민건회를 탈퇴하겠다고 말했습니다. 저는 나중에 회원이 되었습니다. 아무튼 시간이 지남에 따라 대립적 관계들과 내부갈등 때문에 민건회에 여러 문제가 생겼습니다."(인터뷰51)

셋째, "처음에는 저처럼 회원은 아니지만 민건회 활동에 관심 있는 사람들도 민건회 모임에 나갔습니다. 거사를 준비하는 모임이나 회의가 있으면 스무 명가량 모였습니다. 어떨 때는 10시간 넘게 회의가 이어지기도 했죠. 제가 기억하기로, 예를 들어 민건회 선언문에 들어갈 단어를 '민주주의'로 할 것인가 아니면 '자유민주주의'로 해야 하냐를 놓고 무려 9시간 동안, 그에 관한 학문적 논쟁을 한 것이 아니라 오로지 자기 의견을 관철시키기 위해 서로 옥신각신했습니다. 김지하 시인의 구명운동을 꽤 오래 했습니다. 원래는 그 일이 당시 한국의 다른 정치적 상황과 비교해 그리 급한 것도 아니었는데 말입니다. 저는 이런 사정을 나중에야 알아차릴 수 있었습니다. 사람들이 그저 반대를 위한 반대를 하고 있다는 인상을 자주 받았습니다."(인터뷰9)

넷째, "민건회의 창립멤버는 주로 학생들이었습니다. 그들이 민건회 핵심이었죠. 그러다 보니 가령 이곳 한인노동자들의 상황 같은 노동문제는 민건회 활동에서 거의 고려되지 않았어요. 광부로 이곳에 온 우리는 무엇보다 이곳의 노동여건에 대해서 그리고 그것을 기초로 해서 한국의 현 정치적 상황에 대해 논의하기를 원했어요. 그 시기 한인광부들은 특히 한정된 노동계약 기간이라든가 광산의 노동여건 등 정말로 풀어야 할 문제가 많았습니다. 이런 문제에 대해 한국대사관은 우리 한인노동자들이 아니라 고용주들의 이해를 대변했어요."(인터뷰10)[195]

독일 속의 한인 그리고 한인조직

이러한 갈등상황에도 불구하고, 회원들이 설정한 군부독재 반대라는 공동의 목표가 있었기 때문에 민건회는 적극적으로 활동을 펼쳤다. 이 목표만 가지고도 해야 할 일이 많았다. 민건회는 이곳에서 한국정치에 주의를 기울이도록 하기 위해 여론에 호소하여 많은 독일인들이 민건회 활동을 지지하게 되었다. 맨 처음 민건회는 재독한인들의 정치적 역량을 하나로 묶는 시도를 함으로써, 한국정치에 영향을 주고자 했으며 또 한국에서 반정부투쟁을 하는 사람들에게 연대와 협력을 표할 수 있었다. 또 부분적으로는 이곳에 살고 있는 정치에 무관심한 한인들이 한국의 현실정치에 대해 눈뜰 수 있게 하였다(인터뷰9).

2.1.5.2.2. 재독한인노동자연맹의 설립역사

1975년, 민건회 회원 가운데 광산에서 일하는 노동자들은 동료광부들과 함께 다음과 같은 이유로 자기들만의 결사체인 '재독한인노동자연맹'(이하 노련)을 만들었다. "이곳 한인광부들의 삶은 한마디로 처참했습니다. 독일광부들과 비교해 보더라도 차이가 날 뿐 아니라 차별도 심했습니다. 그리고 우리는 한국대사관으로부터 비밀리에 정치적 감시를 받는 특수한 상황에 놓여 있었죠. 정치적으로 의식화가 되어 있는지 아닌지, 그런 건 전혀 상관없었어요. 우리가 도움을 청할 만한 곳이 아무데도 없었습니다. 그래서 우리 스스로 도움을 주고받는 자치조직이 필요했습니다. 그것이 노련의 결성동기입니다."(인터뷰32)

한인광부 5~8명이 자발적으로 나서서 노련설립을 준비하는 모임을 자주 가졌으며, 이들을 창립회원이라 할 수 있다. 노련은 앞에서 언급한 재독 한인광부들의 이해관계를 대변해야 할 것이었다(인터뷰 10; 32). 목표는 현실과 부합하는, 즉 광부들의 현재 생활과 노동조건에 상응해야 할 것이었다. 그래서 노련은 마지막 남은 한인광부들의 추방을 막기 위해 적극적으로 항의시위에 참여했다. 1975년 노련이 처음 문을 연 날, 40~50명이 자리를 함께했다. 창립행사는 뒤스부르크에 있는 청소년수련관에서 열렸으며, 자연스럽게 루르 지방이 노련의 센터가 되었다. 당시에는 노련의 규약 같은 것이 없었으나, 나중에 정해졌다(인터뷰 10; 32).

노련의 구조에서는 집행부(6명)가 주로 업무와 활동을 이끌고 나갔다. "당시에는 어떤 일을 결정할 때 민주적 방식을 따른다는 것은 현실적으로 매우 어려웠습니다. 광부들이 일하고 있는 현장에서는 여러 가지 — 법적·사회적 — 문제들이 끊이지 않고 발생했고, 문제가 생기면 곧바로 대처해야 하기 때문이었습니다. 그때는 전화가 있는 회원도 거의 없었어요. 그러다 보니 우리의 활동을 결정할 권한이 아무래도 집행부에 더 많이 주어질 수밖에 없었죠. 일단 집행부에서 어떤 결정을 내리면, 곧바로 실행되었어요. 그래도 정말 잘 돌아갔습니다. 회원은 일정 기간 동안 꾸준히 늘어나서 70명이나 되었습니다."(인터뷰32)

집행부 이외에도 여러 위원회와 지역의 책임자들이 있었다. 구성원은 거의 전적으로 광부들이었다. 하지만 대학생 회원도 일부 있었다.

정기적으로 내는 회비는 월 10~20마르크이고, 집행부는 노련의 자금이 필요할 때마다 더 많은 돈을 냈다. 초기에는 회의나 집회를 치르기 위해 독일 공공기관으로부터 지원금을 받거나 하는 일이 없었다. 노련은 처음부터 주간지 『노련통신』과 계간지 『해방』을 한국어로 — 때로는 독일어로도 — 발간했다. 회원들은 노련에 필요한 자금을 전폭적으로 지원했다. 그래서 비용이 많이 드는 신문도 만들 수 있었고, 다른 활동들에 드는 비용도 충당할 수 있었다. "저희는 아주 끈끈하게 뭉쳐 있어서 무슨 일이든 힘을 모아 잘해 낼 수 있었습니다. 제가 생각하기에는 노련이 공동의 문제를 다루기로 갑자기 결정한다 해도 오히려 이러는 것이 조직원들을 더 단단하게 묶어주지 않았나 싶습니다."(인터뷰32)

내부 프로그램으로 매주 토론회가 열렸는데, 여기서는 노동법에서부터 한국정치 상황에 이르기까지 다양한 주제들을 다루었다. 토론회는 지난주 활동에 대해 비판적 검토를 마지막으로 해서 끝났다(인터뷰10).

처음에는 독일노동조합과 함께 일할 계획이었다. 그러나 노동조합은 노동자의 권익을 대변하기 위해 일하는데 노련을 노동자조직으로 간주할 수 없다는 이유로, 독일노조로부터 거부당했다. "우리가 한인노동자들의 권익을 옹호하기 위해 애쓰고 있을 때, 노동조합은 아무런 지원도 해주지 않았습니다. 그들의 입장은 우리 모두 조합원 자격이 되니까 노동조합에 들어와서 활동하면 된다는 것이었습니다."(인터뷰10) 또 한편으로는 한인을 비롯하여 외국인광부들과 연대하는 독일인 노동조합원들도 있었다. 그들은 예를 들어 외국인노동자들의 이해관계—법률상의 문제들—를 상급 노동조합의 중점 사업에 포함시키려고 노력했다(인터뷰32).

노련은 터키·스페인·튀니지·그리스 등 외국인 노동자조직과 우호적인 관계를 맺고 협력활동을 했으며, 또 에센의 기독청년노동자회 같은 독일 교회단체하고도 협력해서 활동했다.

노련은 해마다 다른 한인조직들과 오월민중제에 참여했으며, 거기서 한국의 현 정치상황과 노동운동에 관한 소식을 전했다(인터뷰10).

초기에 노련이 부딪힌 문제는, 한국대사관이 노련을 정치적 좌파로 간주하고 연맹조직을 와해시키려 한다는 것이었다. "기숙사 사감은 우리를 적대적으로 대했습니다. 그런 의미에서 우리 노련회원 70명은 많은 게 아니었습니다. 대사관이 방해하지만 않았더라면 회원이 100명은 너끈히 넘었을 겁니다. 노련이 결성된 뒤에 독일에 온 한인광부들이 있었는데, 그들은 이미 한국에서부터 독일 가서 재독 한인광부들 이익을 대변한다고 운운하는 노련이라는 조직에 절대 휩쓸려서는 안 된다는 경고를 받고 왔습니다."(인터뷰32).

그외에도 자금문제가 있었다. "무엇보다도 재정형편 때문에 노련은 광부들의 문제를 모두 다 해결할 수도 없었고 그 모든 사람을 다 도와줄 수도 없었습니다. 적극적인 회원들은 말 그대로 물심양면으로 헌신했습니다. 일하느라 집에 못 들어가기를 밥 먹듯이 했고 경제적으로도 한계상황에 봉착했습니다. 이런 일들 때문에 이혼한 조직원도 몇 사람 있었던 걸로 압니다."(인터뷰32)

"우리 연맹은 일본을 제외하면 해외에서 노동자들의 이해를 대변하는 최초의 한인 노동자단체입니다. 노련은 말하자면 좌파를 지향하는 조직이었지요. 그래서 이곳 한인사회는 처음부터 노련을 적대시했습니다."(인터뷰32) "노련이 정치적으로 적극 나선 데는 다 이유가 있었습니다. 본의 한국대사관은 이곳 한인광부들의 이익을 전혀 지켜주지 않았습니다. 한인광부들은, 특히 노련을 결성한 한인광부들은 왜 대사관이 그런 태도를 취하는지, 의구심이 들었죠. 이런 의문을 분석하면서 한국의 정치상황에 대한 사고로 뻗어나갔습니다. 대사관은 정권의 연장선이다, 한국은 군부독재국가라고 말입니다. 이런 과정에서 사람들은 특히 정치의식을 가지게 되었어요."(인터뷰1)

노련은 다음과 같은 목표를 세웠다. 노동자의 권익을 옹호하고, 한국의 노동자투쟁과 연대하고, 한반도의 정치적 발전을 위해 노력한다. "터놓고 말하자면, 원래 이론적으로는 계급투쟁을 목표로 설정했습니다. 과거와 다름없이 이 사회에 계급이 존속하고 있기 때문에, 이 목표설정은 지금까지도 변함이 없습니다. 제3세계에 살고 있거나 살았던 사람들은 무엇이 그들의 현실인지 너무나도 잘 알고 있습니다. 해외에서 노동자들의 권익을 옹호하는 한인광부들 같은 사람들 입장에서는 실천에서 — 현실적인 측면에서 — 민족적 이해관계가 계급투쟁보다 우선할 수밖에 없습니다."(인터뷰10)

노련은 한국에서 민중민주주의가 실현되기 위해서는 그에 앞서 한반도 통일과 주한미군 철수가 이루어져야 한다고 보고 이 두 가지 전제를 가장 중요한 임무로 설정했다. 그리하여 북한을 제대로 알기 위해 북한을 방문한 적이 있는 서독 거주 정치학자를 세미나에 초빙해서 강연을 듣기도 했다. 그때까지만 해도 독일에 있는 한인단체들 가운데 이런 시도를 한 단체는 없었다. 이러한 정치적 입장은 민주사회건설협의회와의 갈등을 불러일으켰다(인터뷰10).

혹자가 노련의 변천과정을 시기별로 추적한다고 했을 때, 그 사람이 인터뷰10(창립회원)의 관점에 서 있다면 1차시기를 이렇게 설명할 수 있을 것이다. "창립하고 거의 2년 동안은 우리 노련회원들은 동시에 민건회 회원이기도 했어요. 그런데 민건회 회원들이 총회에서 노련과 관련 있는 사람들은 민건회에서 자진 탈퇴하라고 요구했습니다. 1967년 동백림사건에 연루되었던 사람이 민건회 [3대] 의장으로 있을 때 열린 총회에서 일이었죠. 앞에서 이야기한 것처럼 공식적인 이유는, 노련의 정치적 입장 때문에 민건회 회원인 유학생들이 한국으로 돌아갔을 때 생존을 위협받게 된다는 것이었습니다. 하지만 사실은 정치적 노선 차이가 문제였을 테지요. 이런 사달이 생기는 데는 기독교집단이 결정적인 역할을 했습니다. 우리 광부들은 이 요구를 받아들여서 모두 민건회를 탈퇴했습니다. 우리의 탈퇴가 민건회 발전에 도움이 된다면 그러겠다고 말했죠."(인터뷰10)

2.1.5.2.3.　민주민족통일해외한국인연합(한민련) 유럽지부 그리고 민주사회건설협의회의 내분

2.1.5.2.3.1.　한민련 유럽지부 창립

"1977년 10월 15일에 한민련 유럽지부의 1차 모임이 소집되었고, 유럽의 한인 민주화조직들의 대표들이 참여했습니다."[196]

1977년 4월 한국에서는 '민주주의국민연합'이 창설되었다. 그와 함께 '민주구국헌장' 서명운동이 시작되었다. 이에 한민통(한국민주회복통일촉진국민회의)은 해외위원회를 조직하여 적극적인 서명운동을 펼쳤다. 그리고 서명운동을 통해서 해외에 살고 있는 한인들의 사이가 돈독해졌다. 이것이 발판이 되어 1977년 8월 도쿄에서 '해외한국인민주운동대표자회의'가 열렸고, 한민련 결성이 선포되었다. 본부는 도쿄에 두었다.[197]

그리고 유럽과 미주 지역에 지부를 두었고, 회원은 해외거주 한인들이었다. 지부는 해외의 반정부파가 한국에 더 많은 영향을 끼칠 수 있도록 해외의 반정부 한인조직들을 하나로 묶는 것을 그 목적으로 해서 설립되었다(인터뷰1).

1970년대에 한인들이 살고 있는 유럽의 국가들 ─ 독일, 스위스, 프랑스, 덴마크, 스웨덴 ─ 에는 민주사회건설협의회와 같은 한인 정치조직들이 생겨났다. 하지만 독일에 있는 그룹이 가장 클 정도로, 소규모 조직들이었다. 이 세력들을 규합하기 위해 서독에 본부를 둔 유럽지부가 만들어졌다(인터뷰1).

한민련은 그 강령과 규약을 옹호하는 반정부 조직과 사람들로 구성된 연합체이다. 목표는 한국의 민주화와 평화통일이다.[198]

2.1.5.2.3.2. 한민련 유럽지부의 재독조직들에 대한 영향

한민련이 출범하면서 일본에 있는 조직들과 독일 등 유럽의 조직들의 교류가 보다 긴밀해졌다. "일본에서 한민련 활동을 적극적으로 하던 사람들은 평균 50~70세인 데 비해 독일 등 유럽에서 활동하는 사람들의 나이는 평균 20~40세였습니다. 재독한인들에게는 새로운 경험을 할 수 있는 기회였기에 한민련 활동을 매우 중요하게 여겼습니다."(인터뷰1) 또 이 교류는 일본의 조직들이 독일조직들의 활동에 큰 영향을 끼치게 되었다는 것을 의미했는데, 그 이유는 일본조직들은 재정적으로 막강한데다 유럽지부에 자금지원을 해주고 있었기 때문이다. 그리고 유럽지부 간사는 이를 테면 총무의 역할을 담당했다(인터뷰1).

이때부터 이곳의 일부 반정부 한인들은 재일한인들과 지속적으로 교류를 하기 시작했다. 가령 일본에서 한국정치에 관한 회의가 개최되면, 재독한인들도 초청을 받았고 지금도 그렇다. 또 김대중 구명운동과 같은 군사독재에 반대하는 정치적 행동이 조직되면, 이 행동은 해외에 살고 있는 한인들의 네트워크를 통해 동시에 진행되었다.

일본 한민련은 이곳 조직들(한민련, 유럽민회, 범민련 참조)의 활동에 대해 직간접적으로 자금지원(사무실 임대료, 출판, 상근간사의 급여)을 했다. 재독한인들 사이에서는 일본의 몇몇 반한인사가 엄청난 부자라는 소문이 돌았다. 이를테면 그중 한 사람은 도쿄에 땅을 많이 가지고 있는데 그 땅한 평만 팔아도 일본 전체의 반정부활동을 1년 동안 이끌어나갈 수 있다는 등의 이야기였다(인터뷰26).

"한민련을 창립하기 위해 일곱 명 — 독일 4명(민건회 3명, 러셀모임 Russel-Gesellschaft 1명)과 프랑스, 덴마크, 스웨덴 각 1명 — 이 일본으로 갔습니다. 민건회에서 3명은 1대와 3대 의장 그리고 나중에 유럽에 한민련이 세워지고 대표가 된 사람이었습니다. 민건회 3대의장 때 한민련이 창설되었습니다. 그는 가장 나이가 많은 회원이었고 음악가로 널리 알려져 있었습니다. 또 '1967년 동백림사건'에 주모자로 연루되었지요. 재일한인들 사이에서도 널리 알려진 인사였습니다.

러셀모임[199]에서 온 사람이 일본에 있는 동안 민건회 3대 의장을 비판하는 발언을 했습니다. 그 사람 시각으로는 의장이 너무 권위적이라는 게 그 이유였어요. 결국 그 사람은 그때 발언으로 모임에서 배제되어 회의에도 참석 못하고 호텔방에만 있어야 했죠. 이것은 3대 의장의 태도를 보

여주는 한 가지 예일 뿐입니다."(인터뷰1)

"여하간 한민련은 좋은 목표를 가지고 있었고, 훌륭한 활동을 이끌었습니다. 이런 한편으로 일부 적극적인 회원들이 마치 조직이 자기들 개인 소유물인양 행동했어요. 그 때문에 많은 사람들이 시간이 지남에 따라 점점 관심을 잃어가자, 회원 몇 명하고 민건회 3대의장에게 충성스러운 사람들밖에 안 남았죠. 한민련 유럽지부[200]는 공식적으로 해체된 것은 아니지만, 활동을 하지는 않습니다."(인터뷰1) 민건회 3대의장이 한민련 유럽지부 초대의장이 되었다. 그후 1985년에 한민련 고문을 맡아서 얼마 전(1994년 말)까지 활동했다.[201]

확실히 한민련 유럽지부의 등장으로, 민건회 내부적으로는 새로운 변화와 갈등이 일어났고 외부적으로는 노련과의 관계를 새롭게 설정해야 했다. 민건회 회원들이 민건회의 한민련 가입 문제를 가지고 서로 글로써 공방전을 벌이는 과정에서 그동안 잠재되어 있던 갈등이 폭발했다. 다음은 회원들이 공개서한(1977. 12. 30; 1978. 2. 11)을 통해서 펼친 논쟁을 요약한 것이다.

1977년 12월 30일자 회원 16명의 "공개서한, 공동의 결단"

첫째, 민건회 총회에서 회원들은 원칙적으로 가입에 동의했다. 그리고 이에 덧붙여 민건회의 상설위원회 하나가 책임지고 한민련의 조직구조 및 의사결정 방식을 수립하기로 했는데, 그 이유는 이때까지도 한민련의 강령, 규약 및 구조가 알려진 바 없었기 때문이다. 1977년 10월 15일 유럽에서 열린 한민련 대표자모임에서 회원조직들이 확정되었고, 운영위원회가 구성되었으며, 조직의 창설이 신문에 공개되었다. 민건회 입장에서 볼 때, 이와 같은 절차는 민건회 상설위원들과의 논의와 동의 과정을 거치지 않고 진행되었다는 점에서 총회의 결정을 훼손하는 것이었다.

둘째, 한민련 유럽지부의 회원구조는 논쟁의 여지가 있기 때문에, 민건회의 총회는 가입문제를 다시 한번 논의해야 한다. 1차 모임에서 민주사회건설협의회, 재독한인노동자연맹, 한국 버트런드 러셀 모임, 남북한사회연구회, 프랑스 한반도자주통일회의 등 5개 조직이 한민련 회원조직으로 결정되었다. 이와 동시에 모든 회원조직은 그 규모에 관계없이 — 유엔에서처럼 — 각 한 표를 행사한다는 결정이 있었다.

이것은 민건회 회원숫자가 전체 회원조직 회원 총합의 80%를 차지함에도 의사결정과정에서 한 표밖에 행사하지 못한다는 것을 의미했다. 그 밖에도 민건회와 마찬가지로 의장과 총무간사가 각각 한 표씩 가지고 있다. 이런 조건 때문에 민건회는 의사결정과정에서 소규모 조직들보다 영향력이 더 작을 수밖에 없었는데, 민건회 스스로 원치 않는 것이어도 연합의 결정을 따라야 했다.

한민련은 이 조직이 조국통일과 한반도의 운명 그리고 단일한 민주주의 연방정부 실현을 위한 결정을 내릴 것이라고 선포했다. 그런데 의사결정과정이 비민주적 시스템으로 되어 있고 비민주적인 의장이 있는 이런 조직의 지도를 어떻게 따를 수 있단 말인가?[202]

셋째, 한민련이 연합조직이라면, 적어도 어떤 조직이 가입할 수 있다는 규준은 확정되어 있어야 한다. 예를 들어 규약, 회원의 규모, 임원명단 정도는 최소한 공개되어야 한다. 언론에 발표된 조직들이 모두 이런 조건들을 충족시켰는지 의심스럽다. 그 한 가지 예가 남북한사회연구회인데, 이 그룹은 『주체』라는 잡지를 발행한다는 것과 발행인 이름 이외에는 알려진 바가 전혀 없다. 이런 언더그룹도 한민련의 투표권 시스템에 의해서 그 활동에 한 표를 행사할 수 있다.

넷째, 이 그룹과의 관계는 이미 민건회 설립과정에서도 문제제기가 되었다. 그래서 이 그룹의 구성원들은 민건회에 가입할 수 없다는 결정이 모아졌다.

『주체』에 다음과 같은 내용의 글 한 편이 실렸다. "모두 알아야 한다. 한국 현대사 — 1945년 독립 이후 박정희정권에 이르기까지 — 에서 사회의 모든 분야(정치, 경제, 사회, 군사, 이념, 문화)에 걸쳐서 반민족적이고 민중과 대립해 온 무리의 절대 다수가 기독교인임. 이것은 결코 우연이 아니다. 기독교는 제국주의적 자본주의와 운명을 함께할 수밖에 없기 때문에, 일반대중과 대립하는 것은 필연적인 현상이다…"[203] "…계급사회를 타도하기 위해 그리고 사회주의로 하나 된 조국과 민족해방과 계급해방을 앞당기기 위해…"[204] (1977. 12. 30, 3쪽)

이 노선은 민족해방과 계급해방을 위해 모든 기독교인, 김지하 시인이나 반정부 정치인 김대중까지 제거해야 한다는 것을 의미한다. 민주화운동 선상에서 자신의 확고한 이념을 추구하고 종교를 비판하는 것은 마땅히 허용되어야 한다. 그렇지만 사람들은 한국사회의 모든 분야에 보수주의와 반공주의 경향이 만연해 있는데도 불구하고, 왜 유독 기독교와 기독교인들만 한반도 통일을 방해하는 반민족적 세력인지 이해할 수 없을 것이다.

또 한국 안팎의 민주화운동 세력은 1974년의 '7·4공동선언' 원칙에 입각해서 통일을 추구하고 있다. 이것은 이데올로기를 초월해서 누구나 한반도 통일에 복무해야 한다는 의미이다. 따라서 사회주의 방향의 통일을 요구한다면, 그것은 1974년의 남북한 공동선언을 위배하는 것이다.

다섯째, 이 문제와 관련하여 한민련의 입장을 명확하게 밝힐 것을 요구하는 시도가 있었다. 그 대답은 다음과 같았다. '남북한사회연구회'는 창립회원이며, 조직구조는 결정한 대로 유지한다는 것이었다. 그래서 가입에 반대했던 사람들은 한민련에서 독립된 '민주사회건설협의회'의 이름으로 계속 있기로 결심했다.

이상 민건회 서한에 대한 1978년 2월 11일자 답신은 다음과 같다.

답변 첫째, 이 주장은 잘못되었다. 모든 절차는 총회의 결정에 따라 민주적으로 이루어졌다(그 방식에 관해서는 이미 편지에 자세하게 설명했다).

답변 둘째, 한민련은 다양한 가맹조직으로 구성된 연합체이다. 연합체는 오직 가맹조직 각각의 위상과 활동을 존중하고, 각 조직의 자율성과 독립을 인정할 때 비로소 성립될 수 있다. 만약 연합이 구성원 다수결 원칙에 따라 의사결정과정을 거친다면, 구성원이 많은 조직이 연합의 결정에 일방적으로 영향을 끼칠 것이다. 이것은 곧 가맹조직들의 자율성 파괴를 의미한다. 그 밖에도 모든 가맹조직은 자기결정에 따라 연합을 탈퇴할 수 있다.

답변 셋째, 자기 조직 및 활동과 고유의 성격이 다르다고 해서 그 조직들을 적대시한다면, 그 사람은 운동 속에서의 협력을 무시하는 것이다. 이미 알고 있듯이 많은 한인들이 체류문제와 한국에 있는 가족들이 염려되어 익명으로 혹은 비밀리에 군사독재와 싸우고 있다. 한민련의 가맹조직 하나를 '언더그룹'으로 규정하는 태도는 궁극적으로 군사독재에 반대하는 민주화운동을 약화시키고 분열시킬 수 있다.

답변 넷째, 남북한사회연구회 노선과 같은 맥락의 논리는 결코 동의할 수 없다. 그 이유는 민건회 고유의 독립적인 위상을 인정하지 않기 때문이다. 민건회는 남북한사회연구회 같은 조직도 아니거니와 그 어떤 그룹과도 다르다. 민건회가 한민련을 매개로 해서 다른 조직들과 협의하고 사안에 따라서 공동 행동을 할 수 있다는 것은 반가운 일이다.

무릇 어떤 사람 혹은 조직이든 기독교를 비판할 수 있다. 역사적으로 한국의 기독교인들이 수없이 많은 오류를 범했다는 것은 결코 부정할 수 없다. 동시에 한국 근현대사에서 기독교는 중요한 역할을 했다. 그런 만큼 더 많은 비판을 받는 것이다. 그렇다고 그 글에서 비판하는 내용이 무조건 옳다고 생각하지는 않는다. 기독교인들이 자신들을 비판하는 사람들을 적대적으로 대할 것이 아니라 함께 대화를 나누고 토론하는 것이 바람직하다고 본다.

답변 다섯째, 민건회는 공개서한의 논조가 의식적으로 민건회를 분열시키려는 행동이라고 간주한다. 그러나 공개서한에 서명한 사람들은 오히려 자신들이 민건회 설립 이후 남북한사회연구회와 한인노동자연맹을 적대시함으로 해서 물의를 일으켜왔다는 것을 알아야 할 것이다.

이상의 서신논쟁 이후 민건회는 둘로 쪼개져서 기독교집단(16명)은 '한국민주사회건설협의회'(이하 한국민건회)라는 새로운 그룹을 결성했다. 주고받은 서신에서 드러나는 것처럼, 처음에는 기독교그룹이 민건회를 탈퇴하지 않고 그대로 있으면서 한민련과의 협력활동에는 참여하지 않았던 것으로 보인다. "협의회는 열여섯 명 가운데 이를테면 기독교그룹을 이끌고 가는 위치에 있는 한 사람을 제명했습니다."(인터뷰9) 이렇게 해서 한민련을 지지하는 사람들만 남은 민건회와 새 그룹 한국민건회의 관계는 분명해졌다.

"지미 카터가 주한미군 철수를 신중히 검토하고 있을 때, 민건회 내의 기독교그룹을 포함해서 한인 기독교인들이 미군철수를 반대하는 기도회를 조직했어요. 그들의 주장에 따르면, 미군이 한국에서 철수하면 한국의 군사독재자는 장기집권에 유리한 명분을 얻게 된다는 것이었어요. 이로써 민건회 회원들 간의 정치적 입장차이가 분명해졌지요. 다른 회원들은 원칙과 전술은 구분되어야 한다는 사람들을 대변했거든요. 한마디로 미군이 한국에서 철수해야 한다는 것이죠.

기독교그룹은 미국과 캐나다의 한인 기독교도들과 네트워크를 만들려고 했어요. 미국과 캐나다에서는 한인 기독교도들이 정치적 활동에서 주도권을 갖는 것이 가능했지만, 독일은 달랐지요. 대학생들이 주도권을 잡고 있었어요. 이런 이유로 새 그룹은 사실상 활동이 거의 없었어요. 그

저 새로 만들기만 했던 거죠."(인터뷰9)

"민건회는 한민련 창립을 계기로 분열되었습니다. 민건회는 한민련을 통해 재일한인들과 접촉했습니다. 그렇지만 일본의 어떤 조직으로부터 정치활동 자금이 독일로 흘러 들어왔는지 불분명합니다. 새 기독교그룹(우리 그룹)은 일부 회원들이 한국으로 돌아가는 바람에, 한 일이 아무것도 없었습니다. 기독교인들은 상황에 따라 상당히 진보적일 수도 있지만 또 상당히 보수적일 수도 있다는 게 제 생각입니다"(인터뷰57)

"다른 조직원들의 요청에 따라 우리 광부집단이 탈퇴한 뒤로 민건회는 더 이상 발전하지 못하고 분열만 거듭했습니다."(인터뷰10)

한민련이 출범하면서 민건회와 노련의 직접적인 연결선이 다시 만들어져, 양측은 그 속에서 협력하며 활동했다. "한민련의 지도부 자리는 민건회와 노련 회원들이 다 차지했습니다. 하지만 학생 및 지식인 쪽과 노동자들을 포함해서 독일에 체류하는 한인들 사이에는 알력이 있었습니다." (인터뷰1)

한민련 이름 아래 한국문제를 가지고 주로 국제무대에서 로비활동이 전개되었으며, 이 과정에서 몇몇 한인조직들을 비롯하여, 특히 북미와 서유럽 그리고 나중에는 중국과 구소련 등 해외의 토착 사회참여조직들과 연결이 되어서 이 조직들의 지도부나 개인들과 한 지붕 아래 모이게 되었다. 유럽지부는 예를 들어 사회주의 인터내셔널(Sozialistischen Internationale, SI)과의 교류를 유지해 나가려고 애썼다.[205]

한민련에 관한 상세한 설명은 생략하기로 하겠다. 하지만 다음의 것들은 주목할 만하다. 한민련 혹은 유럽지부는 자체 활동 외에도 예를 들어 『우리나라』라는 신문이라든가 한국학술연구회(Korea Forschungsgemeinschaft e.V.)나 학술 프로젝트의 간행물에 대한 출판지원 활동을 했으며, 또 직간접적으로 다른 조직들의 운영비도 지원해 주었다. 1987년에

'재유럽민민족민주운동협의회'(이하 유럽민회)가 결성되었을 때, 한민련 유럽지부는 베를린에 사무실을 두고 있었다. 유럽민회는 이 사무실을 무료로 함께 사용할 수 있었으며 신문 『민주조국』을 발행하는 데 매달 1200마르크를 지원받았다.[206]

'재일한국민주통일연합'(이하 한민통)이 1994년 9월 11일자 『민족시보』에 실린 "한민통 20년 역사"에서 쓴 내용을 요약하면 다음과 같다. 지금까지 한민통은 설정해 놓은 목표를 향해 열심히 활동했다. 1980년대 말부터 90년대까지 계속 한반도 통일을 촉구하는 움직임이 형성되었다. 그래서 여기에 참여하는 세력들을 보다 강고하게 조직해야 할 필요성이 제기되었고, 마침내 1989년 전국민족민주운동연합(이하 전민련)은 민족민주세력의 제안을 받아들여 범민족대회를 개최하기로 했다. 이에 한민통은 신속하게 반응하여 1990년 8월 15일 1차 범민족대회를 실현시켰고, 대회를 계기로 해서 '조국통일범민족연합'(이하 범민련)이 결성되었다. 이것은 재일한민통의 크나큰 업적이다.

이로부터 한민련과 유럽지부의 역할은 뒤로 물러나고, 다음에 소개하게 될 범민련과 범민련 유럽지부가 한민련을 이어받아 정치운동의 장에서 적극적으로 운동의 전면에 등장하게 된다. 이상의 관찰에서 범민련역시 재일한민통의 산물임을 확인할 수 있는데, 이는 범민련 및 그 유럽지부가 한민통과 밀접하게 연계되어 있음을 의미한다. 아무튼 한민련과그 유럽지부가 아직 있기는 하지만 활동은 거의 하지 않는 것으로 보인다.

2.1.5.2.4. 민주사회건설협의회의 성장과 쇠퇴

"1979년 박정희가 저격당할 때까지 여하간 많은 활동을 했습니다. 그 뒤로는 협의회 활동이 잠시 느슨해졌습니다. 군사독재자 전두환이 권력을잡고 1980년 5월에 광주혁명이 일어나자, 협의회는 다시 적극적으로 활동했습니다. 1984년 협의회 10주년 기념행사에 특히 프랑크푸르트에서 한인 기독교인들이 왔습니다. 이는 기독교인들이 다시 협의회와 힘을 합치겠다는 의미였고, 이 무렵까지는 협의회가 활발하게 활동했다고 말할 수 있을 겁니다."(인터뷰9)

"전통적으로 괴팅겐에서 공부하는 한인유학생들은 정치에 매우 적극적으로 참여했습니다. 어쨌든 박정희가 죽임을 당하고 집회가 열렸는데, 괴팅겐 한인유학생의 거의 절반쯤 되는 200명이 이 집회에 참석했습니다. 그들은 한국의 군사독재정권을 성토하는 공개토론회를 열어서 더 이상 군사독재를 허용하지 말도록 하자고 주창했습니다. 그리고 만장일치로 그들의 요구사항과 함께 성명서를 한국으로 보내기로 했습니다. 이 집회가 있고 일주일 뒤에 전두환이 군사쿠데타를 일으켜 권력을 장악했어요. 그러자 모두 다 서명하겠다던 성명서가 유명무실해졌죠, 서명한 사람이 불과 세 명밖에 안 됐으니까요. 괴팅겐의 많은 유학생들은 박정희와 그 군부 도당이 다시 권력을 잡으리라고는 전혀 생각조차 안했던 거죠."(인터뷰 1. 이것은 당시 한인유학생들의 태도를 보여주는 한 가지 예이다). 여기서 1980년대의 한인 독일유학생들은 70년대와 달리 정치적이었다는 것을 알 수 있다. 그외에도 한인유학생들이 많은 베를린, 루르 지방, 마르부르크의 대학들에서 한인대학생대표(모임)가 결성되었다. 80년대에 독일에서 민주화를 촉구하는 공동시위가 열렸을 때, 유학생들은 민건회 등과 같은 정치조직들과는 별도로 '베를린 한인대학생 대표' '보훔 대학생대표' 등의 이름을 내걸고 참여했다. 당시 데모현장을 설명하는 글들을 보면 이곳에 거주하는 한인들과 유학생들이 서로 독자적으로 움직였음이 선명하게 드러난다. 그 원인 중 하나는 수적으로 유학생이 늘어남으로 해서 학생들은 각 지역의 대학 내에 그룹을 조직할 수 있었기 때문이고, 또 하나는 이들은 졸업을 하면 자기 집으로 돌아갈 예정이었기 때문이었다. 이들은 한국 정보기관들에 자기 신상이 알려지는 것을 원치 않았거니와, 이곳 한인 정치조직들은 일찍이 정보기관들로부터 '빨갱이'로 낙인찍혔다는 것은 공공연한 사실이었다.

한국의 경우 사회운동에 적극적으로 참여한 1970년대의 대학생들과 80년대 대학생들 사이에 접합점이 거의 없다. 양 시기 정치적 전개과정의 중심축이 서로 달랐고, 그래서 80년대 대학생들은 70년대 운동의 성격과 방법론 등 그 내용에 동의하지 않았던 것이 이러한 단절의 원인이다.[207]

"80년대 초에 이미 민건회의 역할은 과거에 비해 축소되었습니다. 이에 대한 고민의 결과 1982년에 학술운동 차원에서 학문연구를 보다 깊게 한다는 취지로 '한국학술연구회'(Korea Forschungsgemeinschaft e.V. in Offenbach/Deutschland, KOFO)를 만들었습니다. 정치활동을 하는 한인 유학생들을 지원한다는 것도 또 한 가지 설립목적이었습니다. 연속기획으로 팸플릿 몇 개가 발간되었습니다. 한인학생들은 여기서 세미나도 할 수 있었습니다."(인터뷰9) "이 활동을 통해 독일을 비롯한 유럽을 망라하는 학생그룹 하나가 조직되었습니다. 하지만 한국정부의 정치적 탄압으로부터 보호하기 위해 이 그룹은 비공식, 비공개였습니다."(인터뷰11)

"[인터뷰11의 말을 빌리면] KOFO는 한민련과 한민련 유럽지부 1대의 장으로부터 대부분의 운영자금을 지원받았습니다. 그리고 한민련 유럽지부는 일본의 한민통으로부터 거의 모든 재정지원을 받았지만, 민건회의 활동은 예를 들어 『민주한국』 같은 잡지출판 같은 것도 회원들이 자체적으로 자금조달을 했습니다. 이 잡지를 계속 출판할 여력이 바닥났을 때, KOFO가 『우리나라』라는 신문을 발행했습니다. KOFO가 막을 내리게 되었을 때, 민건회 3대의장이자 한민련 1대의장과 KOFO의 관계도 끝이 났습니다."(인터뷰1)

인터뷰11은 KOFO와 『우리나라』지가 쇠퇴한 원인을 다음과 같이 설명한다. "KOFO와 신문에 참여했던 사람들—특히 KOFO의 책임자와 신문 편집국장—은 자신들이 그 회원으로서 한민련과 직접적인 관계가 있음에도 불구하고, 활동의 내용을 한민련과는 독립적으로 채워나가려고 했습니다. 그들은 신문이나 연구가 일종의 나팔수 역할을 하는 게 아닌 한, 연구와 신문은 어떤 한 조직 혹은 특정인의 영향을 받아서는 안 된다고 보았고 이 점을 중시했습니다. 만약 그들이 그런 나팔수 노릇 하며 고분고분했더라면, 아무튼 그들은 이곳 한인사회에서 호응을 얻지 못했을 겁니다. KOFO의 책임자는 이곳 한인대학생들과 착실히 관계를 맺어나가면서 그들과 함께 학술단체 KOFO에 유용한 토대를 서서히 다져나가고 있었지요. 뿐만 아니라 그는 다른 반정부 한인조직들에도 계속 참여하면서 활동가들과 스터디그룹도 만들었어요. 한민련이 이런 독자적인 행보들을 알아차리면서부터, KOFO와 『우리나라』지는 한민련과 갈등에 빠져들었습니다. 한민련은 '이것과 저것을 신문에 싣도록 하시오' 등과 같은 주문으로 편집부에 압력을 행사했어요. 게다가 또 다른 문제도 있었습니다. 1985년에 한국중앙정보부가 '구미유학생간첩단사건'을 발표했어요. 그때 KOFO와 『우리나라』지와 관련 있는 한 사람이 중앙정보부에 납치를 당해 감옥에 끌려가서 죽임을 당했어요[중앙정보부 주장에 따르면 '자살']." 인터뷰1의 다음 발언은 부분적으로 인터뷰11이 언급한 원인을 뒷받침해준다. "『우리나라』 2호를 보면 한민련 1대의장이었던 인물에 관한 기사가 나옵니다. '그는 타고난 음악가이자, 세계에서 가장 저명한 음악가 50인에 속하며' 등등이라고요. 저는 이 기사를 보고 편집국장에게 비판했어요. 그랬더니 신문의 재정을 지원하는 사람을 배려할 수밖에 없었노라고 말하더군요."

"80년대에 민건회 회원들 상당수가 한국으로 돌아갔습니다. 1987년에 민건회 기능은 멈추어버렸고 민건회 활동은 '유럽민회'로 옮겨갔죠. 참여했던 사람들도 거기서 활동을 했습니다. 이곳에 유학 온 한인들에게 가장 큰 문제는, 미국이나 일본 유학생들과 비교할 때 생활비를 벌기 위해 자기 학업수준에 맞는 일을 찾기가 거의 불가능하다는 것이었어요. 이 점은 계속 이곳에 머무르는 데 엄청난 제약이었습니다. 물질적으로 보장이 안 되면 아무것도 할 수 없으니까요."(인터뷰9)[208]

"박정희가 협의회를 약화시켰다고 할 수도 있을 겁니다. 말인즉슨 협의회로서는 전두환은 별 의미가 없었다는 것입니다. 대부분의 회원들이 박정희만 무너뜨리면 민주화가 이루어질 거라고 확신했으니까요. 그 한 가지 예가 1979년 3월에 협의회가 발표한, 민주사회 건설을 위한 10개 주장이 담긴 2차 선언서입니다. 이를테면 자신들이 생각하는 정권에서는 이러이러한 정치가 실행될 거라는 거죠. 전두환이 권력을 장악하자, 그들의 환상 역시 깨졌습니다. 그후 많은 회원이 한국으로 돌아갔죠."(인터뷰51)

"협의회가 쇠퇴한 이유 하나는 목표가 명확하게 설정되어 있지 않았다는 점이며, 또 한 가지는 반정부인사들이 한국에서 안정적인 직장을 얻게 되면 그들을 길들일 수 있다는 걸 한국정부는 너무나 잘 알고 있었다는 점입니다. 실제로 협의회 활동을 했던 사람들은 한국에 돌아가서 모두 대학교수가 되었습니다. 당연히 그런 자리를 얻으려면 정치와 관련해서 비판적인 언행을 일절 하지 않겠다는 각서를 써야 하는 것은 누구도 피해 갈 수 없었습니다. 말하자면, 이곳에 주저앉을 수밖에 없었던 사람들과 상반되는, '한때 그런 일'을 했었던 거죠. 또 한편으로 이것으로부터 직장을 가졌다는 게 얼마나 중요한지 미루어 짐작할 수 있습니다. 대학을 졸업하고도 정치적인 이유로 한국으로 돌아갈 수 없었던 몇몇 사람들은 자기 밥벌이 하느라 허덕여야 했어요. 예를 들어 그들은 웨이터로 일했지만 주변머리가 없어서 금방 쫓겨나곤 했습니다. 여기서 그들이 자신들의 학벌에 걸맞은 일자리를 구하지 못한다면, 사실상 한인 고학력자들의 형편은 매우 어려울 수밖에 없었습니다.

그 밖에도 협의회의 의미는 80년대 초부터 이런 이유들로 점점 퇴색되어 갔습니다. 1980년에 '조국통일해외기독자회'가 만들어져서 북한과 직접적인 대화에 나섰을 때, 이 그룹은 처음부터 심지어 이곳에서 정치적 참여를 하는 한인들로부터도 고립되었습니다. 그러나 시간이 지나면서 이 활동은 많은 한인들의 주제가 되었고 그에 대해 진지하게 토론하게 되었습니다."(인터뷰1)

이것은 정치적 활동의 내용이 변화했다는 것을 의미한다.

민건회 쇠퇴의 원인을 간단하게 정리해 보면 다음과 같다.

첫째, 민건회가 처음에는 반정부적 입장을 가진 이곳 한인들에게 지지를 받았다. 하지만 그들은 한편으로 이곳 삶의 조건들과 연관되어 있었다. 사회적으로 그들의 소속은 다양했다. 그래서 한인노동자연맹이라든가 기독교그룹 같은 새로운 조직을 만들어서 집단적으로 분화되었다. 이렇게 분화되어 나간 그룹들이 각각 조직별로 활동을 하다가 한민련이라는 하나의 연합체로 다시 묶인 것이다.

둘째, 민건회의 주축멤버들은 주로 공부하러 이곳에 온 사람들이었다. 그러나 1980년대에 독일유학을 온 정치적 성향을 지닌 이른바 운동권 학생들은 민건회와 관계를 맺지 않았다. 이런 이유로 민건회에는 조직을 이끌고 나갈 후임들이 없었다.

셋째, 이곳의 한인들이 반정부활동을 했을 때 한국정부로부터 실로 엄청난 정치적 탄압을 받았다. "민건회 회원으로 가입했는데, 그 사실이 정보기관에 알려지면 곧바로 추적을 당했죠. 가령 대사관에서는 그 사람 여권을 연장해 주지 않았어요. 그래서 10명도 넘는 회원들이 난민신청을 해야만 했어요. 그중 한 사람은 난민자격을 획득하고 한국으로 돌아가서 다시 한국국적을 받았습니다. 제 경우에는 가족들이 저 때문에 정치적 탄압을 받았는데, 여동생이 허가를 못 받는 바람에 외국에서 계속 공부를 할 수 없었어요. 또 아버지가 기업체를 하나 가지고 있었는데, 망했죠. 아버지의 해외출국이 금지되는 등등. 만약 제가 저를 위한 삶을 살았더라면, 어쩌면 이미 오래전에 서울대학교 교수가 되어서 그 다음에는 국회의원 또 그 다음에는 청와대에 있었을지도 모를 일이지요."(인터뷰9)

넷째, 공부를 하기 위해 이곳에 온 한인들이 정치적인 이유로 이곳에 계속 머무를 수밖에 없었을 때 그들의 생활여건은 너무나 가혹했다(앞에서 서술한 인터뷰들의 요약).

① 회원

앞에서 살펴보았듯이 초기에는 회원이 꾸준하게 늘어나 110명까지 되었다가 그후 계속 줄어들었다. 최근 독일에 있는 회원은 약 20명이다.

이미 보았던 것처럼 회원들 대부분이 지식인이다. 현재 한국에 거주하는 회원들은 주로 교수로 재직하고 있다. 대부분의 회원들은 이곳에 일시적으로 체류할 예정이었기 때문에 독일 단체나 정당에 직접 가입하거나 당적(黨籍)을 두지는 않았다. 이곳에서 태어나, 지금은 한국에서 살고 있는 회원들의 자녀들은 한국사회에 잘 통합되었다(인터뷰9).

② 규약

"민건회에는 명확한 정치노선이 없었습니다. 다만 우리 잡지나 성명서를 보고 사람들은 짐작했을 뿐입니다. 창립5주년이 되고 나서 민건회는 민주사회 건설을 위한 10가지 주장과 함께 2차 선언서를 발표했습니다. 조직구조에서는 특별히 변한 게 없었습니다."(인터뷰9; 민건회 설립역사 참조)

"협의회는 운동단체였어요. 그래서 사람들은 이것저것 구분할 필요가 없었죠."(인터뷰51)

③ 활동과 업무의 종류

앞서 말한 바와 같이 1년에 최소 2회 세미나를 개최했다.

대외적으로는 간행물을 통해 한국의 정치상황을 전하고 시위를 조직했으며, 독일인이나 한국인이 조직한 세미나들에서 다양한 주제를 발표했다. 또 독일의 여론이 한국의 민주화에 우호적이 되도록 노력했다. "예를 들어 민건회는 한국에서 출판이 금지된 김지하 시집을 독일에서 처음으로 독일어로 번역, 출판했습니다."(인터뷰9)

"협의회 회원들은 독일어가 유창했기 때문에 이곳 한인사회에서 통역이나 사회활동가 역할을 했어요."(인터뷰 1; 9)

민건회는 코리아위원회(Korea-Komitee)와 긴밀한 관계를 맺고 있었다. 또 활동의 상황에 따라 독일 사회단체들 — 정당(사민당 혹은 녹색당)이나 기독교단체 — 과 직간접적으로 교류했다(인터뷰9). "김대중 구출운동은 직접적으로는 협의회 활동이 아니었지만, 회원들은 정말 열심히 뛰어다녔습니다. 빌리 브란트 총리 시절 독일연방의회는 한목소리로 김대중 석방을 촉구했지요."(인터뷰1)

민건회는 '가톨릭농민회' '김지하구명모임' 등 한국에서 군사독재 반대투쟁을 하는 조직이나 반정부 재야정치인들과도 교류를 했다(인터뷰1).

또 재일한민통과도 왕래가 있었다. "협의회의 많은 회원들이 한민통이 주관하는 회의가 열리면 협의회에서 여러 회원들이 일본에 갔습니다. 반대로 협의회 행사가 있으면 한민통 사람들이 독일까지 왔죠."(인터뷰1)

"협의회는 원칙적으로 북한과의 대화를 거부했어요. 조국통일해외기독자회가 생겼을 때, 거기 참여한 회원들을 협의회에서 탈퇴하라고 종용했습니다. 협의회 지도부도 지금[1987년 이후]은 북한과의 대화를 전혀 문제 삼지 않습니다. 당시 협의회가 조직으로서 기능을 하고 있을 때까지만 해도, 정치적 활동 측면에서 북한하고 대화하는 것은 득이 될 게 없었습니다."(인터뷰1)

그 밖에도 민건회는 여기 소개된 독일과 유럽의 한인 정치조직들과도 함께 일했다.

"우리 그룹은 당연히 제3세계에서 온 대학생들과 연대했어요. 우리 스스로 정치적인 지향성을 가지고 있었으니까요. 제3세계 정치와 관련된 데모가 있으면 우리도 동참했고, 우리가 할 때는 그쪽에서도 함께 참여했죠."(인터뷰9)

"우리는 주로 한국정치 문제에 뛰어들었지, 독일사회에서 일어나는 일에는 직접적으로 나서지 않고 한 발 물러서 있었지요."(인터뷰9)

"전체적으로는 약 20명이 처음부터 1983년까지 협의회 내부회의에 정기적으로 참석했다고 할 수 있습니다."(인터뷰1)

민건회는 창립 때부터 한 달에 한번 처음에는 『광장』, 그다음에는 『민주한국』이라는 잡지를 발간했다. 글로 된 정보자료를 제공하는 것이 민건회의 주요 활동이었다(인터뷰9).

④ 홍보활동

앞의 '활동과 업무의 종류'와 '한민련' 참조.

⑤ 재정조달

민건회는 회원들의 회비와 기부금으로 운영되었다. "우리는 사무실은 없었지만 잡지며 신문, 정보자료들에 돈이 많이 들었어요. 회원들은 말하자면 자기가 번 돈으로 이 비용을 다 감당했습니다. 많이 벌면, 그만큼 더 많이 냈습니다. 독일기관들로부터 지원금을 받았던 세미나들을 제외하고는 외부의 재정지원은 없었는데, 우리는 자립하고자 했습니다. 연간 총 2만 내지 3만 마르크가 들어왔습니다. 이 돈은 간행물 내는 데 거의 다 썼어요. 우리는 늘 재정자립에 큰 자부심을 느낍니다."(인터뷰9) "잡지 『민주한국』은 정가 5마르크에 500부 정도 제작했습니다. 인쇄비와 우편료가 엄청났어요. 하지만 거의 무료로 배포되었기 때문에, 대부분이 제대로 된 직업이라고는 한번도 가진 적 없거나 그나마도 없는 실업자였지만 회원들은 자기 호주머니를 털어서 이 비용을 다 감당했습니다. 몇몇 회원은 신문제작비로 다달이 200마르크를 내어놓았죠. 어디 이뿐인가요, 회원들이 이 일에 쏟아부은 땀과 열정도 추가해야 할 것입니다."(인터뷰1)

⑥ 특수성과 성과

"민건회는 당시 이곳에 살고 있던 한인들의 정치적 이해관계를 대변해 주었어요. 지금 여기 살고 있는 한인들은 노동이민자든 학생이든 모두 처음에는 한시적인 체류로 이곳에 왔어요. 그래서 한인들의 생활입지가 불안정하고 정치적 사고의 수준도 낮았습니다. 그 결과 학생들이 민건회에서 중심적인 역할을 하게 된 것이지요. 민건회는 정치적 시대의 산물입니다."(인터뷰9)

"협의회가 생긴 후 미국과 캐나다, 오스트레일리아에서 비슷한 조직들이 만들어졌어요. 독일 협의회가 한몫한 거죠."(인터뷰1)

"이곳에 공부하러 온 대학생들은 공부 마치면 집으로 돌아간다는, 목표한 기한이 있었습니다. 그게 핵심이었습니다. 하지만 정치적 탄압으로 많은 회원들이 돌아가지 못하고 여기서 지낼 수밖에 없었습니다. 나중에 오는 유학생들은 우리처럼 되어서는 안 된다고 생각했습니다. 그래서 우리 경험에 비추어서 책임지지 못할 일은 하고 싶지 않아서, 가령 회원모집 같은 것도 적극적으로 하지 않았습니다. 아무튼 많은 회원들이 나중에 한국으로 돌아가서, 정치발전에 일익을 담당했습니다. 저는 그게 좋다고 생각합니다."(인터뷰9)

"이전에도 그랬지만 지금도 여전히 민건회는 소속감을 줍니다. 한국에 있는 예전 민건회 회원들은 서로 만나고 있습니다."(인터뷰9. 인터뷰1도 비슷한 발언을 했다)

"회원들 간의 충돌은 민주적으로 조정되었어요. 회원들은 민건회 활동으로 돈 같은 것을 벌기는커녕 오히려 정치 사찰이나 탄압을 받았지요.

그래서 모임에서 그 누구도 독단적인 행동을 할 수 없었습니다."(인터뷰9)

"회의는 민주적인 토론방식으로 진행되었습니다. 대부분 합의가 이루어졌습니다. 예를 들어 성명서를 내기로 했다가도 서로 합의가 이루어지지 않으면, 내지 않았습니다."(인터뷰1)

⑦ 문제점

오랜 세월 한국의 민주화를 위해 싸우기에는 유학 온 회원들의 객관적 삶의 조건 — 체류문제, 노동환경 등 — 이 매우 좋지 않았다(인터뷰9).

"인간적인 관계보다는 오히려 서로 다른 정치적 입장 때문에 충돌이 많았습니다. 제 생각에 당시와 지금 한인조직들의 상황은 다르지 않았나 싶습니다. 그 시절에는 한국의 정치적 상황뿐 아니라 삶의 조건 때문에도 참으로 어려움이 많았던 터라 어떻게든 우리는 똘똘 뭉쳐야 했습니다. 모임 내에서 인간관계 때문에 싸움이 일어났던 적은 없었던 걸로 기억합니다. 기독교그룹이 민건회 탈퇴를 행동으로 옮기자, 그로 인해 회원들의 여러 정치적 입장들이 적나라하게 드러났습니다."(인터뷰9)

"협의회에는 비민주적인 요소가 한 가지 있었는데, 그것이 협의회를 약화시킨 결정적인 요인이었어요. 바로 3대의장이었어요. 그가 의장으로 있을 때는 다른 의견을 주장하는 회원들은 밖으로 쫓겨났습니다. 단적인 예가 기독교그룹이에요. 당시 지도적 인물은 강제로 그룹을 탈퇴시켰으니까요. 저도 그중 한 사람입니다."(인터뷰1)

"협의회에는 발전적인 요소가 없었습니다. 현실적인 이유로 만들어진 정치조직들은 장기적인 전망을 가지고 있지 않습니다. 역사적으로 한국의 야당들이 바로 그런 식으로 일했습니다. 이런 특성이 정치조직들에서도 반복되었지요. 협의회 역시 자기 비전이 없었습니다. 어떤 사람들은 협의회가 중요한 역할을 했다고 말하지만, 저는 다르게 봅니다."(인터뷰51)

2.1.5.2.5.   재독한인노동자연맹의 발전 및 전태일기념사업회
유럽본부와 재유럽한인노동자회로 통합

노련의 일부 열혈 회원들이 민건회를 탈퇴한 후—그들은 양쪽 다 회원이었다—노련은 1984년 10차 총회 때까지는 상당히 왕성한 활동을 하여 독일뿐 아니라 유럽 전체에서 조직력이 탄탄한 한인 노동자조직으로 성장했다(인터뷰10). "우리가 탈퇴한 후에도 민건회는 계속 문제를 일으켰지만, 우리 연맹은 활동도 매우 활발했을 뿐 아니라 결속력이 대단했습니다."(인터뷰10)

"연맹이 만들어졌을 때부터 80년대[1981~82]까지, 노련은 다수의 한인광부들이 광산에서 일하고 있는 동안 한인광부들의 이익을 대변했습니다. 물론 처음부터 그와 나란히 정치적 성격을 띠고 있었지만 말입니다. 시간이 지나면서 어떤 사람들은 한국으로 돌아가고 또 어떤 사람들은 전직(轉職)을 해서 다른 도시로 이사를 가다 보니 한인광부의 수는 점점 줄어들었습니다. 또 연맹회원들 가운데는 한국뿐 아니라 미국으로 간 사람도 많았습니다(인터뷰10은 열 명이 넘는 것으로 추정한다). 재독 한인광부들에게 이 시기는 귀향할 것인가 체류할 것인가, 직업을 바꿀 것인가 등등을 정해야 하는 결단의 국면이라 할 수 있었습니다. 대략 열 명가량은 정치적인 이유로 난민자격을 받았습니다."(인터뷰32)

"1983년부터 연맹은 한국에 초점을 맞춘 정치활동으로 그 무게중심이 옮겨갔습니다."(인터뷰32)

1984년에 노련은 회원들 간의 대립과 연맹과 한민련 간의 대립이라는 두 가지 큰 갈등을 겪으면서 1985년부터 회원이 줄어들었다. 이 갈등들을 인터뷰와 자료를 가지고 다음과 같이 정리해 보았다.

첫째, 10차 총회 이후 회원들의 의견은 최종적으로 다음 두 가지 지점에서 갈라졌다. 하나는 노련이 조직 차원에서 '조국통일해외기독자회'의 활동에 적극 참여할 것인가 여부였다. 여기서 입장이 엇갈렸다. 그리고 찬성파가 총회에서 지도부를 장악했다. 또 하나는 한민련의 비민주적인 운영방식 ― 과 더불어 의장의 태도 ― 을 비판하면서 한민련 탈퇴를 주장하는 간부들이었다. 한민련은 거의 전적으로 민건회와 노련으로 구성되어 있었음에도 한민련에서 어떤 결정을 내릴 때 노련에 의견을 구하지 않았던 것이다. 이런 처사에 노련회원들은 불만을 품었다. 그렇지만 또 다른 적극적인 회원들의 의견은 달랐다. 이 일을 그런 식으로 처리해서는 안 된다는 것이었다. 대외적으로 부정적인 영향만 줄 뿐이므로, 내부적으로 해결해야 한다는 입장이었다. 이 회원들이 총회를 소집했다. 총회에서 일부 적극 회원들은 한민련 탈퇴를 주장하는 강경파 회원들을 한민련에서 강제로 퇴출시킬 것을 요구했다. "실제로 탈퇴를 주도했던 서너 명이 한민련에서 제명되었습니다." 이 대립으로 노련회원들은 분열되었다. 새 임원들은 회보 『노련통신』의 내용을 과거와 다르게 만들었다. 이를 계기로 노련은 쇠퇴의 길을 걸었다(인터뷰10).

둘째, 1983년 12월 3일 노동자연맹 이름으로 다음과 같은 한민련 탈퇴성명서가 발표되었다. "…한민련 유럽지부는 지금까지 단 한번도 조직의 활동을 가맹조직 회원들과 논의한 적이 없다. 그럼에도 불구하고 회원들은 한민련이 반정부운동의 연합체로서 긍정적으로 발전해 나가리라는 희망 때문에 이 같은 방침을 참아왔다. 이제부터는 한민련 총회에 가맹조직 회원들의 참석이 허용되지 않는다. 이는 한민련이 회원의 권리를 여전히 인정하지 않는다는 것으로서, 이 조직이 끊임없이 비민주적인 방식을 구사한다는 의미이다. 그 밖에도 한민련은 강령을 실현하는 데 노력을 기울이지 않는다…"

이 탈퇴성명서는 노련의 회보 『노련통신』 1983년 12월 23일자에 실렸다. 또 여기에는 노련의 탈퇴성명서에 대해 조국통일해외기독자회가 1983

년 12월 15일에 발표한 입장도 실려 있다. 조국통일해외기독자회는 이 사건에 대해 다음과 같이 큰 유감을 표명했다. "…1978년에는 기독교그룹이 한민련의 비민주적인 접근방식을 비판했다가 민건회를 탈퇴해야 했으며 ('민주사회건설협의회'의 내부논쟁 참조), 또 1981년에는 조국통일해외기독자회가 북한과의 대화를 조직한 것을 이유로 한민련 가입을 거부당했다. 이와 같이 재유럽조직들이 한민련에 참가할 수 없다면, 한민련 유럽지부는 동맹조직으로서의 기능을 상실했다고 보아야 할 것이다…"

그리고 이러한 입장발표에는 재유럽 한인 정치조직들 공동의 연합활동에 대한 새로운 전망으로서 다음 두 가지 제안이 들어 있는데, 이 전망은 한민련과 유사한 것이다. 큰 틀에서 볼 때 이 두 가지 제안은 지금까지 한인 정치조직들 간의 갈등과 그에 소속된 인물들 간의 갈등과 연관된 것이어서, 여기에 소개한다.

하나, "지금도 여전히 유럽에서 민주화와 민족자주 투쟁을 전개함에 있어서, 외세에 저항하고 민족통일을 향해 전력투구해 온 조직들은 가능한 한 함께 뭉쳐서 공동의 투쟁목표와 전략전술을 모색하려고 한다! 그러나 지금까지의 동맹형식은 이곳 한인조직들의 요구와 경험에 부응해서 그에 걸맞게 자주적으로 조직된 것이 아니라, 외부에 의해 하향식으로 결정된 것이다. 이런 협소한 시각이 조직을 지배했다. 유럽의 민주민족자주 연대투쟁은 이곳 한인조직들의 특수한 조건과 요구가 반영된 공동의 전망 위에서 새롭게 건설되어야 할 것이다. 아래로부터 결성된 연합조직에는 전망이 있다."

둘, "지난 10년 동안 '민주주의' '노동자 해방' '통일'을 둘러싼 논쟁을 거치면서 우리는 유럽 내 다양한 한인조직들의 관점과 주요 과제가 서로 다르다는 것을 배웠다. 지식인, 노동자, 기독교인 들이 각각 자기들끼리 힘을 합쳐 자신들의 관점과 주요 과제에 따라 '한국의 민주화를 위해' '노동계급 해방을 위해' '한반도 통일을 위해' 전력투구했다. 그러나 이 땅에서 군부독재와 외세를 몰아내고 그 어디에도 예속되지 않는 자주적인 민족 국가를 이룩한다는 목표는 지금도 예전과 다를 바 없다. 이와 같은 차이와 개개 조직의 주요 과제를 서로 포용하고 보완할 수 있는 연합조직이 요구된다."

셋, 인터뷰1은 이와 같은 한민련의 갈등과정을 자세하게 설명하는데 이로써 앞의 인터뷰10이 묘사한 갈등상황이 좀더 명료해질 것으로 보인다(앞의 첫째 참조). 인터뷰1은 노련의 일부 적극 회원들이 한민련 탈퇴성명서를 발표한 뒤로도 변함없이 적극적으로 활동하는 이유를 이렇게 밝히고 있다. "한민련 탈퇴를 결정하기 위해 만나는 자리에 노련 집행위원회 여섯 명 중 네 명밖에 참석하지 않았습니다. 나머지 두 명은 나중에 이 사실을 듣고는 탈퇴결정은 당치도 않다고 반발했습니다. 이어 그들은 자신들의 뜻에 동조하는 회원들을 모아서 노련은 한민련 회원조직으로 남아 있을 것이라고 발표했습니다. 이렇게 해서 노련 출신들이 계속 한민련에 참여했었고, 지금도 참여하고 있는 겁니다. 그 결과 약 2년 가까이 두 그룹이 다 노련이라고 자처하였습니다. 탈퇴성명서를 발표한 그룹은 회보도 발간하며 나름 적극적으로 활동했습니다. 그렇지만 2년 사이에 슬그머니 소멸되어 버렸습니다."

이로부터 다음과 같은 사실을 도출할 수 있다.

인터뷰10이 말한 것처럼 한인노동자연맹의 쇠퇴는 여하간 이 갈등이 원인이 되었다. 또 한민련 회원조직으로 남을 것인가를 비롯하여 한민련에 대한 평가에서도 입장이 서로 명백하게 달랐다.

하지만 조국통일해외기독자회 활동에 노련이 협력해야 할 것인가를 놓고 부딪힌 격론이 노련의 쇠퇴에 주요한 역할을 했는지는 명확하지 않다. 그 이유는 다음과 같다. 실제로 협력에 반대하는 회원들이 있었지만,

1983년에 선출된 새 집행위원회는 6명 전원 협력에 지지했다. 특히 한민련 탈퇴의 결정과정에 참여하지 않았으며 이 결정에 불복하고 활동했던 집행위원 두 명은 조국통일해외기독자회의 '북한과의 대화'에 열정적으로 참여했다.[209] 그렇지만 일부 노련회원들은 '북한과의 대화'를 추진하는 데 개입한 것이 노련을 약화시킨 한 가지 요인일 수 있다고 말한다.

이상의 인터뷰를 정리해 보면 다음과 같다.

한민련에 대한 노련 집행부 여섯 위원의 입장차이가 노련의 몰락에 한몫했다. 많은 회원들이 과연 한민련이 (아직도) 활동하고 있는가라는 의문을 품은 것은 차치하고라도, 일부 집행위원들만 한민련에서 줄곧 활동을 하고 있다는 것은 인상적이다.

1980년대 들어와서 '전태일기념사업회 유럽본부'(1983~86)와 '베를린 노동교실'(1984)이 만들어졌다. 두 조직에 대한 자세한 설명은 뒤에서 하겠지만, 이 조직들 역시 80년대 말에 쇠락의 길을 걸었다.

노련과 이 두 조직은 보다 적극적인 활동을 위해 통합을 면밀히 검토했다. 그리하여 1990년 말에 노련과 전태일기념사업회 유럽본부는 재유럽한인노동자회(이하 재유럽노회)로 통합하였고, 베를린 노동교실은 다른 방식을 고려했다(인터뷰58).

그러나 통합 후에도 활동은 크게 활성화되지 않았다. 재유럽노회는 한반도 통일을 전면에 내세워서 이를 활동의 중심으로 설정했다. 회원은 늘어나지 않아서 두 조직 모두 통합 이전보다 회원이 줄어들었다(인터뷰58; 26). 활동은 활성화되지 않았음에도 불구하고 재유럽노회는 지난 시기 노련의 이해관계를 대변했다. 이처럼 활동이 거의 없는 조직임에도 없어져서는 안 되는 이유가 과연 무엇인가라는 의문을 가질 수도 있을 터이다. 인터뷰58은 그 이유를, 이미 노련은 일부 활동을 이끌어왔었고 또 해체는 본의 한국대사관이 가장 바라던 바였을 것이기 때문이라고 말했다.

"조직은 계속 존재할 것입니다."

① 회원

노련 창립 때부터 1982년까지는 회원이 늘어났다고 할 수 있다. 1985년부터 회원이 급격하게 줄어들었다. 현재 노련의 회원은 15~20명이다(인터뷰 10; 32; 52).

초기 노련의 회원은 주로 광부들이었다. 시간이 지나면서 회원들은 다른 산업부문(예를 들어 철강업)으로 이직하거나 재교육을 받고 엔지니어가 되거나 자영업을 했다(인터뷰 10; 32; 58).

"현재 회원들(약 15~20명)을 보면, 약 절반이 노동자나 샐러리맨(예를 들어 간호사)이고 나머지는 한인상점 같은 자영업을 하고 있습니다. 광부회원은 한 명뿐입니다."(인터뷰58).

언어의 경우, 지금도 여전히 회원들 간에 차이가 난다. 독일어로 말하는 데 어려움이 없는 사람들도 있지만 그렇지 못한 사람들도 있다(인터뷰 10). "회원들이 독일어를 막힘없이 구사하지는 못하지만 알아듣고 이해를 하기 때문에, 이 사회에서 살아가는 데 별 문제는 없습니다. 다만 자신들의 감정을 정확하게 표현할 수 없을 뿐입니다."(인터뷰58). "독일어 구사에 회원들은 어려움을 겪고 있습니다."(인터뷰32)

"회원들 가운데 피고용인은 거의 대부분 노동조합에 가입해 있습니다."(인터뷰 10; 32; 58)

"지금 노련회원들은 범민련 활동을 적극적으로 하고 있습니다."(인터뷰10)

"회원들 자녀들은 학교에서 좋은 성적을 거두고 있으며, 자기 아버지가 독일어를 잘하든 못하든 그와 상관이 없이 그들의 모국어는 독일어입니다."(인터뷰 10; 58) "회원들은 더 나은 교육에 힘을 쏟기 때문에, 자식들은 거의 다 김나지움에 다니고 대학까지 갑니다. 그렇지만 아버지들이 자신들의 지향성이나 한국에서부터 몸에 밴 사회적 규범[전통]에 따라 자식들을 키우려고 하다 보니까 자녀들과 갈등이 많습니다."(인터뷰32)

"회원들 대부분은 한국으로 돌아갈 의향이 있는 데 비해 그 자녀들은 그렇지 않습니다."(인터뷰58)

② 규약

노련이 창립할 때 강령과 규약, 성명서가 발표되었다. 그 동안 규약은 일부 개정되었다. 개정은 주로 연맹구조에 관한 것이라고 하지만(인터뷰32), 정확하게 어떤 것이 바뀌었는지는 확인이 어려웠다. 앞에서 보았듯이 노련의 임원으로는 6명(때로는 10명)으로 구성된 집행위원회가 있었고, 활동과 관련된 대부분의 사안은 집행부에서 결정하고, 처리했다. 그리고 정기적으로 총회가 열렸다. "연맹은 의장, 위원회 그리고 회원들이 사는 지역의 지부대표로 구성되었습니다. 중앙집중 시스템으로 확립된 구조였습니다."(인터뷰10)

재유럽한인노동자회에도 규약이 있었다. 인터뷰58에 따르면, 재유럽노회의 목표를 제외하고는 노련의 규약과 크게 다르지 않다. 재유럽노회는 평화통일과 자주독립국가 건설을 주요 목표로 설정(규약 제3조)하고 있는 데 반해 노련은 재독 한인광부들의 이해관계를 대변하는 데 주력했다(노련설립 참조).

재유럽노회의 규약 제8조에는 총회, 의장 1인, 이사회, 위원회 그리고 각 지역의 지부를 두고, 이사회는 의장과 6개 위원회 대표, 지부대표로 구성한다고 되어 있다.

다른 조직들의 규약과 비교해서 특이한 것은 지부 시스템이다. 조직의 목표를 효과적으로 달성하기 위해 지부 시스템을 도입한다(제8조)고 되어 있는데, 이 시스템이 제대로 기능했는지 여부는 확인되지 않는다.

"회원들은 예전에도 지금도 봉사하는 마음으로 활동해요. 20년 동안 노회는 정말 부지런히 일했지만, 상근자를 단 한번도 둘 수가 없었어요. 우리가 가진 돈은 몽땅 민주화운동을 지원하느라 한국으로 보냈으니까요. 결국 우리에게 남은 게 아무것도 없어요. 기본적인 토대도 없답니다."(인터뷰10)

노련은 1976년에 협회등록(e.V.)을 했다가 회원들의 의견이 엇갈려 취소했다. 공식적으로는 NRW 경찰에 지역협회로 신고되어 있다(인터뷰32).

③ 활동과 업무의 종류

노련의 정규 활동은 '노련설립'에 소개되어 있으므로, 여기서는 중요한 것만 정리해서 언급한다.

이미 본 것처럼 1년에 2회 정기적으로 세미나가 열렸다. 세미나에는 30~100명이 참석했으며, 부부가 함께 오는 경우가 많아서 남녀비율은 거의 비슷했다. "우리 연맹은 '학습'을 매우 중요시했습니다. 한동안은 매주 혹은 2주마다 학습 프로그램을 진행했는데, 회원들이 매우 적극적으로 참여했어요."(인터뷰32)

내부 프로그램보다는 대외적인 프로그램이 더 많았다. 대외적으로는 노동법 상담이나 변호사 구하는 일 등과 같은 정치적·법적 정보를 제공하는 활동에 중점을 두었다. 한국의 정치적 상황에 항의하는 수많은 시위를 조직하는 일에도 함께했다. 이처럼 활동의 중심이 한국과 재독한인들의 상황을 널리 알리는 데 있었기 때문에, 독일조직과 독일의 외국인조직을 비롯하여 한국의 조직들, 해외 한인조직 등과 같은 여러 조직들과 활발하게 교류했다(노련설립 참조).

또 노련은 2세대 교육에 신경을 썼다. 한동안 한국어로 된 『어린이를 위한 노련통신』을 정기적으로 발간했으며, 주로 한국 전례동화들이 실렸다. 그리고 어린이 문화모임을 조직하여 전문가 한 사람이 모임을 이끌었다. 무엇보다도 한인조직으로서 노련의 사상에 뿌리를 둔 워크숍을 개최한 이 모임은 성공을 거두었다(인터뷰10).

그외에도 노련은 '독일이민자협동조합'(Bundesarbeitsgemeinschaft der Immigrantenverbände in der Bundesrepublik)에 가입해서 소수언어를 사용하는 어린이들의 이중언어 교육을 위해 힘썼다.

노련은 외국인정책 분야에도 참여했다. 여러 외국인조직들 사이에서 재독한인들을 대변했다. 또 1980년 4월에는 '외국인위원회'에서 조직한 행사에 참여했는데, 다양한—터키, 그리스, 스페인, 쿠르드— 외국인조직들이 힘을 합쳐 외국인법 개정제안을 결의하는 행사였다. 이 결의는 9월에 개최된 독일법조인회의에 전달되었다.[210]

노련은 한국을 알리고 다른 외국인단체들과 연대하기 위해 '국제 켐나데 축제'에 참여하고 있다.

상당히 많은 노력과 돈이 들어갔음에도— 대부분 한국어이며 경우에 따라서는 독일어로 된—발간활동은 노련의 주요 사업이었다. 가령 어려운 상황 속에서도 1990년까지— 이전보다 드물게나마— 회보를 발행했다. 노련의 전성기에는 정기적으로 한 달에 한번, 때로는 두 번 잡지를 냈다. 발행부수는 약 500부였다(인터뷰 10; 32; 58).

노련회보와 코리아위원회의 회보 『한국서신』에 실린—한국어와 독일어로 된—노련활동에 관한 기사와 당시 한국의 정치상황에 관한 기사를 접하고 사람들은 이런 인상을 받았을 것으로 보인다. 반정부조직으로만 여겨졌던 노련은 이와 더불어 특히 1970년대 말과 80년대 초에 재독 한인광부들의 이해관계를 대변했다.

노련 내의 갈등은 일반적으로 토론을 통해서 해결되었다. 위기의 시기(1984~85)에도 회원들은 대부분 의사결정 구조의 틀을 지켰는데, 주로 임시총회를 소집하는 등의 방식을 사용했다. "토론할 때는 마치 전쟁터를 방불케 했어요. 그렇게 격렬하게 밤을 지새워가며 토론했어요.. 어쩌면 한국인 특유의 기질로 볼 수도 있겠지요. 아무튼 이렇게 격론을 거쳐서 결정이 되면, 모두 그 결정에 따랐어요. 제가 보기에는 연맹의 결정과정이 반은 독재적이고 반은 민주적으로 진행되었던 것 같아요. 화급을 요하는 중요한 결정 같은 것은 민주적인 절차를 거칠 수 없는데, 이런 일이 자주 일어나곤 했죠. 연맹이 민주적인 절차에 따라 임시총회를 소집해서 결정을 한다면, 말 그대로 이미 기차는 떠나고 난 뒤겠지요. 그래서 연맹은 종종 '독재적' 방식을 취한다는 소리를 듣습니다."(인터뷰32. 인터뷰1도 비슷한 의견 표명)

④ 홍보활동

1980년 독일에서 김대중 구명운동이 전개되었을 때, 노련은 민건회, 코리아위원회, 재독한국여성모임과 연대하여 큰 성과를 거두었다. 9대 독일연방의회는 김대중의 생명과 자유를 촉구하는 결의안을 통과시켰다(1980. 11. 27, 9·28유인물).

여기서는 재독 한인광부들의 이해를 대변하는 단체로서 노련의 대중활동과 로비활동의 사례를 살펴보겠다. 독일연방의회 의원인 우베 옌스(Uwe Jens) 박사의 노동과 사회제도에 관한 질의에 대해 연방내각의 여성국무장관 안케 푹스(Anke Fuchs)는 이렇게 답변했다. "…한국의 정치적 상황 변화 때문에 광산 노동계약 기간이 만료된 한인광부들에게 노동체류 기한을 제한 없이 연장할―그리고 광산업 이외에서 취업할―수 있는 기회를 열어줄 생각이다…."(Bonn, 1980. 8. 28, IIa 6-43)[211]

⑤ 재정조달

주 수입원은 회비였다. "초기에는 회원들이 매달 5~10마르크를 냈어요(인터뷰10). 그러다가 매달 20마르크, 심지어는 40마르크까지 내기도 했습니다. 우리는 회비를 노동조합의 조합비 수준에 맞추려고 노력했습니다. 회원들은 정기적으로 회비를 냈어요. 연맹에 돈이 더 많이 필요하면, 회원들

은 기꺼이 돈을 내어놓았습니다."(인터뷰32)

"연맹의 좋은 특징 하나는, 기본적으로 적자가 나지 않는다는 점이었습니다. 그건 우리의 모토였고, 성공했습니다. 돈이 더 필요하면 필요한 만큼 집행위원들이 가장 먼저 나서서 기부를 했습니다."(인터뷰58)

회비 이외의 수입원으로는 기부와 축제 — 켐나데 축제, 대학축제, 메이데이 축제 — 에서 음식판매가 있었다. "연맹의 활동이 활발했던 시기에 독일인들로부터도 기부가 많이 들어왔습니다."(인터뷰58)

또 노련은 세미나나 대중행동 같은 행사를 위해 독일교회나 NRW 주정부의 사회사업 — 예를 들어 제3세계 교육 프로그램인 AKE — 으로부터 지원을 받았다(인터뷰32).

전성기에는 수입이 수만 마르크에 달했다(인터뷰32). 그러나 필자가 정확한 액수를 확인할 길은 없었다.

노련의 수입은 주로 행사·대중행동·출판 비용과 한국 민주화운동을 지원하는 데 쓰였다(인터뷰32).

인터뷰에서 노련의 재정문제에 관한 이야기는 거의 나오지 않았다. 아마 그것은 노련의 활동이 왕성했을 때는 언제나 회원들이 자발적으로 자금을 부담했기 때문일 것이다. 노련은 재정자립 시스템이 기본적이고도 올바른 것이라고 판단했다. 하지만 인터뷰32는 노련이 재정적으로 여유가 없어서 해외인사들을 초대하는 행사를 개최할 수 없었다고 말하고 있다.

⑥ 특수성과 성과

"일반적으로 선전활동을 통해서 우리의 요구를 실현하고자 했습니다.

처음부터 연맹은 한국땅에서 외세를 몰아내고 통일을 이루기 위해 온힘을 다해 싸웠습니다. 다시 말해 당시 우리 연맹은 다른 정치조직들보다 더 많은 일을 해냈다는 것입니다. 한민련이 이 이념을 실천으로 옮기기 전부터 우리 연맹은 실천하고 있었습니다. 우리 스스로 이에 대해 자부심을 느낍니다.

하지만 결과적으로는 연맹이 이곳 한인사회에 일정한 기여를 했다고 주장할 수 없습니다. 이 점은 저희뿐 아니라 모든 한인 정치조직들의 단점이었다고 저는 생각합니다. 그럼에도 우리는 정치적 활동을 통해서 적어도 잘못 알려져 있던 한국정치의 실상을 세상에 폭로했습니다. 이것이 중요하다고 판단합니다. 한 가지 에피소드가 있습니다. 작으나마 통일의 밑거름이 되고자 한 여학생이 전국대학생대표자협의회 대표 자격으로 독일을 거쳐 비밀리에 북한에 갔을 때(재독한국여성모임 참조), 제가 그 안내를 맡았습니다. 결국 이것은 우리 연맹이나 다른 한인조직들이 그 행동을 지지했고 또 전대협도 우리를 신뢰했다는 소리입니다. 그런 의미에서 우리 연맹은 이곳 한인사회에 정치적 의식을 심는 데 기여했습니다. 한국의 언론매체들이 앞을 다투어 이 사건을 보도했을 때, 이곳의 많은 한인들이 그간 정치에 별로 관심도 없었는데도 저보고 장한 일 했다고 말했습니다. 전체적으로 우리 연맹은 이곳 한인사회에서 일종의 자극제 같은 역할을 했다고 봅니다.

초기에 우리 연맹은 힘이 닿는 한 이곳 한인광부들의 이해를 대변했습니다. 그렇지만 이곳에 여전히 한인들이 많이 살고 있고 또 그 대부분이 지난날처럼 광산에서 일하는 것이 아니다 보니, 이 점에서는 우리 연맹이 특별히 기여한 바가 없습니다."(인터뷰10)

"회원들은 우리의 계획, 특히 정치적 행동계획에 대해 비밀을 유지했습니다. 우리는 군사독재자 박정희가 저격당했을 때 본의 한국대사관을 점령해서 민주적인 민간정권 창출을 주창할 계획이었습니다. 몇 달 동안 이 계획을 준비했지만, 전혀 비밀이 새어나가지 않았어요."(인터뷰58)

"우리 연맹은 노동자들이 스스로 존재가치를 느끼도록 하는 데 일조했습니다. 한국의 노동자들은 이런 표현조차 할 수 없었습니다. 우리 연맹

은 해외에서 최초로 한인노동자들의 이해관계를 대표한 단체입니다."(인터뷰32)

⑦ 문제점

"우리는 공식적으로 연맹의 구체적인 정치적 노선에 대해 토론한 적이 없습니다. 연맹은 사회주의 이념을 추구한다고 하면서도 내부적으로 우리가 지향하는 사회주의 모습을 구체적으로 논의해 본 적이 단 한번도 없습니다. 예를 들어 북한 사회주의를 모델로 할 것인지, 아니면 다른 것인지. 회원들 사이에 입장차이가 있었기 때문이지요. 또 그래서 겉으로 드러나지 않는 문제들이 생겨났습니다."(인터뷰58)

"토론을 할 때면 마치 풋내기들 토론 같아서 골치를 썩였지요. 토론을 통해서 서로 다른 의견들을 조정하는 것은 정당하고 민주적이라고 생각합니다. 하지만 단순히 비판을 위한 비판을 한다거나 다른 사람을 모욕하거나 기분 상하게 하는 토론이 되어서는 안 됩니다. 그렇게 되면 건설적인 토론을 할 수 없습니다. 하지만 그런 일이 종종 일어나지요."(인터뷰58. 인터뷰32도 비슷한 말을 했다)

"제가 언급했던 그런 갈등에서는 이미 서로의 입장이 엇갈렸습니다. 그런데 도저히 조율이 되지 않았습니다. 이런 점들이 우리의 문제였습니다."(인터뷰10)

"노련이 만들어진 후로 끊임없이 본의 한국대사관은 갖가지 방법으로 정치적 압력을 행사했어요. 어떤 한인이 화급을 다투는 문제로 우리를 찾아왔어요. 우리의 도움 없이는 해결할 수 있는 다른 선택지가 없었기 때문이었지요. 우리는 기꺼이 나서서 그 문제를 해결했고, 그런 뒤로는 그 사람과 전혀 접촉하지 않았어요. 우리와 엮이는 것을 두려워했기 때문이에요. 또 한 가지 예로, 〈ZDF〉가 우리와 한 인터뷰를 방영한 적이 있습니다. 한국어와 독일어로 된 한인광부들의 노동계약서가 서로 매우 달랐다는 내용의 인터뷰였어요. 그후 〈ARD〉도 우리와 인터뷰하고 싶다며 연락이 왔어요. 그런데 〈ARD〉가 아무런 설명도 없이 갑자기 인터뷰를 취소했어요. 아무래도 한국대사관이 모종의 술책을 썼을 거라는 생각이 들었죠. 〈ARD〉는 대사관에 인터뷰 내용이 사실인지 확인을 했겠지요. 그리고 대사관은 〈ZDF〉와 인터뷰한 단체는 좌파조직이라고 말했을 겁니다."(인터뷰58)

"독일노동조합의 태도에 대해 제 입장을 꼭 밝힐 필요가 있다고 봅니다. 우리나라 속담에 '팔은 안으로 굽는다'는 말이 있습니다. 독일노동조합이 바로 이 속담 그대로 행동했습니다. 당시 독일은 호경기를 구가하고 있었는데도 독일노동조합이 우리를 포함해서 외국인노동자와 연대하기를 꺼려한다는 느낌을 받았습니다. 물론 이론적으로는 충분히 이해할 수 있습니다. 아마 노조는 외국인노동자가 늘어나면 자국노동자들이 불리해질 수 있다고 생각했을 겁니다. 여기에 문화적 차이도 한몫했을 거고요. 뿐더러 우리 외국인노동자들에게는 언어장벽이 있었습니다. 사람이 자신의 상황을 말로 정확하게 표현할 수 없으면 혼자 동떨어져 있는 듯한 느낌이 듭니다. 이런 이유들로 독일인과 외국인 노동자들은 친밀한 관계로 발전하지 못했습니다. 물론 수많은 독일노조원들이 우리를 지원해 주었다는 것은 인정합니다. 하지만 저는 노동조합에 더 많은 것을, 달리 표현하면 다른 것들을 기대했습니다. 아무튼 우리 문제는 우리 스스로 해결하지 않으면 안 됩니다."(인터뷰10)

"저는 여러 독일노조원들과 한인뿐 아니라 외국인 노동자들의 문제를 가지고 논쟁했습니다. 저는 비판도 많이 했지만, 일부 그들의 의견도 수용했습니다. 외국인노동자 문제 — 부당해고나 임금수준 — 만 나오면 노조원들은 어김없이 '그건 바꿀 수 없다'고 대응했습니다. 노동조합이 독일인노동자의 이해관계를 최우선으로 대변한다는 것은 명명백백했습니다. 외국인노동자들처럼 독일인노동자가 이런 종류의 부당한 취급을 당하면 즉각 노동조합이 나섰습니다. 게다가 한인노동자는 외국인노동자들 사이에서도 소수였습니다. 예를 들어 터키노동자들은 한인노동자들보다 더 많은 것을 관철시킬 수 있었습니다. 더구나 광산노조는 특히 보수적이어서, 우리 한인광부들은 어려움이 훨씬 더 컸습니다. 심지어 노조가 피고용인보다 오히려 고용주의 이해관계를 대변하는 게 아닌가 하는 생각까지 들곤 했습니다."(인터뷰32)

⑧ 전망

"재독한인노동자연맹은 전태일기념사업회와 통합함으로써 재유럽한인노동자회로 끝이 났습니다. 아마 회원들 각자가 서로 다른 기대를 가지고 있었겠지만, 저는 우리 연맹이 혁명적 전위조직이 되어야 한다고 생각했습니다. 이를 위해 제 에너지를 바칠 각오가 되어 있었습니다. 그러나 얼마 지나지 않아 제가 바라던 대로 조직이 돌아가지 않는다는 것을 깨달았습니다. 그렇게 된 이유는, 아마 현실사회주의의 몰락을 사례로 들 수 있을 겁니다. 이론과 실천에는 커다란 간극이 있습니다. 진보적인 사람들은 이 간극을 전혀 메울 수가 없었습니다. 무릇 인간은 친화력이 있어야 하고 또 타인에 대한 감수성이 뛰어나야 하며, 바로 이런 품성을 기초로 해서 조직의 활동이 이루어져야 합니다. 우리 연맹은 그렇지 못했습니다. 아마 어떤 사람들은 우리에게 달리 선택할 여지가 없었다고 말할지도 모릅니다. 한인들은 정치의 '정'자만 입에 올려도 의심의 눈길을 보냈으니까요. 이 모든 것에도 불구하고 이런 반응에 충분히 민감하게 대응했더라면, 다른 결과가 나왔겠지요. 물론 어디까지가 민감한 것인지 그 기준은 불분명하지만 말입니다. 우리는 원론적인 논쟁에만 머물러 있었어요."(인터뷰10)

"노련은 조직이기주의에 빠져서는 안 됩니다. 문을 활짝 열어두어야 합니다. 노련은 노동자들의 결사체이기에 노동자들의 이익을 대변해야 합

니다. 그렇지 않으면 발전을 기대할 수 없습니다."(인터뷰32)

"저는 이 모임이 재유럽한인노동자회 이름으로 현상태를 유지할 때 전망이 있다고 봅니다. 회원들은 한반도 통일을 위해 힘을 기울이고 우리에게 도움을 청하는 한인들을 돕는 것이지요. 이런 일은 계속 있으니까요. 그렇지 않으면 아무것도 없습니다. 노동조합 또한 우리에게 자신들이 [전체] 노동자의 이익을 대변한다고 말했습니다."(인터뷰58)

2.1.5.3. 1980~90년대 한인조직의 생성과 발전

1980년대 들어와서 국회 밖의 반정부운동은 1980년 '광주항쟁' 이후 민주화뿐만 아니라 통일운동으로 발전했다. 그간의 경험을 통해서 민주화 구호만으로 충분치 않거니와 민주화가 한국 정치상황의 결정적인 요소가 아니라는 것을 체득했던 것이다.

이 시기 한국경제의 주도적인 동인(動因)이 점차 여성노동자가 다수를 이루는 경공업에서 남성노동자 중심의 중공업으로 옮겨가고 있었다. 70년대 노동자운동은 경공업 노동자들이 주축이 되어 전개된 데 반해, 80년대에는 중공업 노동자들이 주도했다. 또 80년대 들어와서는 합법적인 자주 노동조합의 건설과 노동자대중의 대규모 시위가 주를 이루었다.

2.1.5.3.1. 조국통일해외기독자회

2.1.5.3.1.1. 설립역사

조국통일해외기독자회(이하 기통회)는 1980년 9월 20일에 공식적으로 출범했다(관련 진술 참조).

"우리는 지금까지 한국의 민주화운동이 한국뿐 아니라 해외에서도 다음과 같은 문제를 안고 있다고 보았습니다. 우선, 왜 한국의 민주화운동이 성공을 못 거두고 있는가 하는 물음이 있습니다. 그 이유는 한국이 외세에 매우 강하게 의존함으로 해서 독재정권과 외세가 결탁해 있기 때문입니다. 한국의 이 같은 구조는 지배세력[국가]에 종속되어 있는 제3세계의 구조와 다르지 않습니다. 이에 따라 한국의 문제는 지배국가와의 종속적 관계라는 차원에서 접근해야 한다는 결론이 도출되었습니다.

또 한편으로 민주화투쟁과 민족자주투쟁이 동시적으로 진행되어야 한다고 분석할 수 있습니다. 그 궁극적 목표는 '한반도 통일'입니다."[212]

"우리는 이러한 사고를 1978년부터 토론하기 시작했고 이를 실현할 그룹을 조직할 필요가 있다고 보았습니다." 요컨대 이 사고의 발전을 논하는 비공식적인 그룹이 있었다는 의미이다. 이 그룹은 공식적으로 출범하기 전인 1980년 4월에 회보 창간호를 발간했다(인터뷰37).

"공식적인 설립의 동기는 '광주항쟁'이었습니다. 한국에서도 광주항쟁을 겪으면서 한반도 통일과 민족자주 문제가 제기되었지만, 이것을 언급하는 것 자체가 허용되지 않았지요. 그런 점에서 해외의 한인들이 힘을 모아 이 운동을 이끌고 나가야 한다고 생각했습니다."(인터뷰37)

"통일을 이루기 위해서 먼저 무엇을 해야 할 것인가라는 물음에, 남북한의 화해가 우선이라는 것이 우리의 입장이었습니다. 무엇보다도 동서독의 대응방식을 보면서 이를 경험할 수 있었습니다. 우리 그룹의 창립선언에는 반공을 표방하는 남한의 기독교인들이 먼저 북한 사회주의자들에게 손을 내밀어 대화의 물꼬를 터야 한다고 되어 있습니다. 남한의 기독교인들은 당시 남한에서 꽃피우던 '제3세계 신학, 그러니까 민중신학' 차원에서 접근해야 할 것이고, 북의 사회주의자들은 기독교인들과 함께 이 땅의 통일에 대해 논의해야만 합니다."(인터뷰37; 1980. 9. 20 기통회 창립선언 참조)

"그룹의 세 가지 관점을 요약한다면 다음과 같습니다. 첫째, 한국의 민주화투쟁은 제3세계 문제들과 연관시켜서 이해해야 한다는 것입니다.

둘째, 남한에서 민주화와 통일 두 가지는 언제나 현안으로 대두된다는 것입니다. 그리하여 토론에서는 '선민주 후통일'인가 '선통일 후민주'인가, 아니면 '민주와 통일 동시'인가가 쟁점이 됩니다. 그렇지만 남한에서는 말할 것도 없고 해외한인들도 통일을 주제로 해서 깊게 논의하고 그것을 실천으로 옮기는 것을 기피해 왔습니다. 바로 이 지점 때문에 우리 그룹은 행동에 나섰습니다. 셋째, 어떻게 하면 기독교인과 마르크스주의자들이 만날 수 있을까 하는 것입니다. 이와 같은 생각들을 우리는 '대화'라는 방법론으로 실천해 나가기로 했습니다."[213]

창립회원은 15~20명이며 그리고 미국과 스웨덴과 스위스에 각각 한 명이 있었다. 회원들은 모두 목사 혹은 개신교인이다(인터뷰37). 앞서 소개했듯이 노련회원들도 기통회에 참여했다. 인터뷰37이 목사로 재직하고 있던 독일의 교회에서 출범식이 열렸다.

기통회는 먼저 북한의 기독교인과 남한 출신으로 해외에 거주하는 기독교인이 함께 대화하는 자리를 만들 계획임을 북한에 알리는 일에서부터 시작했다. 이와 더불어 기통회 회보 2부를 보냈다. 그리고 얼마 후 북한으로부터 지지한다는 답변을 받았다(인터뷰37).

기통회가 자신들의 구상을 실천으로 옮기기 전이었던 창립시기에는 회원들 사이에서 의사결정과정을 둘러싸고 특별히 언급할 만한 갈등이 일어나지 않았다. 그리고 기통회의 구조―예를 들어 민주적 구조―역시 창립과정에서 특별한 역할을 한 것으로 보이지는 않는다. 그 이유로는 다음과 같은 것이 작용했을 수도 있다. 공식적으로 출범하기 전부터 이미 비공식적인 그룹이 그룹의 임무를 둘러싸고 치열한 논쟁을 해왔기 때문에, 분명한 노선 아래 확고한 목표와 행동으로 출범할 수 있었던 것이다. 이런 경우는 기통회처럼 분명한 동기와 목표를 가진 다른 정치조직들에서도 흔히 찾아볼 수 있다.

2.1.5.3.1.2. 변천과정

① 회원

최근 조직의 회원은 10명이다. 창립회원이 15명이었던 데 비해 줄었다. 조직은 많은 회원을 확보할 수 없었지만, 적극적인 회원들은 처음부터 지금까지 남아 있다(인터뷰37).

② 규약

규약이 큰 역할을 하지는 않았던 것으로 보인다. 조직에서 규약과 관련하여 중요하게 다루어진 것이 있는지는 확인되지 않았다. 더구나 인터뷰37은 초대의장이 탈퇴한 후 지금까지 줄곧 의장을 맡고 있으며, 그의 부인은 현재 간사로 일하고 있다. 이로써 조직은 오로지 조직의 목표에만 집중했고, 회원들도 그에 대해 아무런 문제를 제기하지 않았음을 알 수 있다. 기통회 하면, 물론 다른 회원들 이름이 간혹 거론되기도 하지만 주로 앞의 두 사람이 곧바로 거명된다.

"한때 우리 그룹은 엄격한 조직구조를 갖추고 있었지만, 활동하면서 조직이 느슨해졌습니다. 우리는 신학적 차원에서 통일운동을 실천하고 발전시키는 데 주력하고 있습니다. 지금은 의장과 간사 그리고 소수의 편집위원이 조직을 운영해 나가고 있습니다."(인터뷰37)

③ 활동과 업무의 종류

기통회는 1981~86년에 총 네 차례 조직의 중심 사업인 '통일대화', 즉 북한 기독교인과 남한 출신 해외 기독교인의 대화를 실천했다. 1차 통일대화는 1981년 11월 오스트리아 빈에서, 2차는 1982년 12월 핀란드 헬싱키에서 열렸다. 그리고 1984년 헬싱키의 3차 대화는 다른 제목으로 개최되었고 1986년 10월의 4차는 '조국통일을 위한 민족연합대표자 확대회의'라는 제하로 오스트리아 빈에서 개최되었다.[214]

1981년 6월, 기통회 대표 3인이 1차 통일대화를 준비하기 위해 북한을 방문했다.[215] 남한사람으로서는 분단 이후 최초로 북한을 공식적으로 방문한 것이었고, 한반도 남쪽사람들에게 엄청난 정치적 반향을 불러일으킨 사건이었다. 뿐만 아니라 남한이나 남한정부 그리고 해외와 반정부 조직들에게도 그러했다.

"이 대화가 준비과정에서 알려지면서, 이 대화를 환영하지 않았던 한국기독교교회협의회(NCCK)는 이에 대응해 성명서를 발표하는 동시에 '독일개신교회'(EKD)에 이 기독교그룹과 거리를 두어야 할 것이라는 내용의 전보를 보냈어요. 그래서 예정된 회의날짜 일주일 전에 아르놀드샤인(Arnoldshain) 재단으로부터 회의장을 빌려줄 수 없다는 통보를 받았어요. 물론 나중에 EKD는 태도를 바꿨지만, 아무튼 저는 살면서 그렇게 큰 충격을 받은 적이 없습니다.

우리 그룹과 저는 처음부터 제네바의 세계교회협의회(WCC)에 우리의 계획을 전달했고 비공식적으로 WCC와 협의를 했어요.

이곳 한인회 하나가 한국대사관의 사주를 받아 교민들에게 우리를 매도하는 유인물을 돌리기도 했죠. 배신자라는 둥 김일성을 위대한 지도자로 떠받든다는 둥, 우리 모임은 엄청난 압박을 받으며 완전히 고립되어 있었습니다. 가령 제 아내는 같은 도시에 살고 있는 한인간호사들과 사이좋게 지냈는데, 한인사회에 이 유인물이 나돈 뒤로는 그 사람들이 제 아내를 마치 모르는 사람처럼 대하더군요. 그렇게 우리의 계획은 시작되었지요."(인터뷰37)

1차 만남에는 북측에서 약 70명(참석자의 약 절반), 해외(주로 독일)에서는 기독교인뿐만 아니라 불교도와 천도교도가 참석했다.[216] 그리고 북측에서는 정치가도 참석했다.[217]

이 만남에서 남북한이 가장 먼저 합의한 사항은 '토론'이라는 용어 대신 '대화'라는 용어를 사용하기로 한 것이었다. 그것은 완전히 다른 정

독일 속의 한인 그리고 한인조직

치체제하에서 살고 있는 양측 참가자들이 1948년 분단 이후 처음으로 만나는 자리였기 때문에, 무엇보다 서로의 말에 귀를 기울이는 것이 필요했다.[218]

"빈에서 1차 회의가 열리고 있는 동안 남한의 정보기관, 즉 중앙정보부에서 저를 납치하려고 시도했지만 성공 못했습니다. 우리는 빈에 도착하자마자 곧바로 내무부에 보호를 요청했습니다. 당시 오스트리아는 진보적인 정부였고 또 중립국으로서 북한과 공식적으로 외교관계를 맺고 있었습니다. 그래서 중앙정보부는 기회를 얻지 못했죠.

그 시절 우리의 행동은 한국 정부와 중앙정보부에서 볼 때 오늘날 미국이 북한과 마주앉아 핵무기 사찰 문제를 협상하는 것에 버금갈 만큼 엄청나게 중대한 사건이었어요. 이를 잘 보여주는 한 가지 예가 있습니다. 첫 회의가 열리기 두 달 전에 중앙정보부는 과거 함부르크에서 독문학을 전공한 고위직 정보요원을 우리 모임에 침투시켰어요. 회의장소를 물색하기 위해 한인 기독교인 40명이 베른(Bern)에서 준비모임을 가졌는데, 그 요원도 이 자리에 참석했어요. 거기 있던 사람들은 그가 정보부요원이라는 걸 눈치 챘죠. 빈에서 회의가 한창일 때 그 사람도 그 속에서 바쁘게 설치고 다녔어요. 그래서 우리는 회의에 관한 기자회견을 회의장 밖에서 열었습니다. 그 요원은 회의장 안에 있었고요. 기자회견을 할 때 우리 회원 몇몇이 회의장에 기독교인을 사칭한 정보부요원이 있다는 플래카드를 펼쳐 들었습니다.

게다가 빈에서 회의할 때뿐 아니라 집에도 협박전화가 족히 수천 통은 왔을 겁니다. 협박전화를 받으면 저는 이렇게 대응했습니다. 중앙정보부가 동백림사건 때처럼 저를 납치했다가는 독일연방과 한국의 외교관계는 깨질 것이라고요. 동백림사건 이후에 양국은 이에 관한 협정을 체결했었거든요.

추측입니다만, 필시 중앙정보부는 우리 계획이 북한과 연계되어 있는 것이고 우리 모임을 공산주의자 집단이라고 매도하면서 독일연방안전기획부의 도움을 받아 제 전화를 도청했었을 거로 보입니다. 그래서 저는 교회 제 사무실 전화를 사용했습니다. 저는 헤센나사우(Hessen-Nassau) 주교회에 소속된 목사이니까 우리 모임의 활동을 상세하게 보고했습니다. 주교회의 결정권자들은 이 대화가 신학적으로 매우 중요한 사업이고 복음주의적 평화옹호에 기여한다고 판단해서 저를 전폭적으로 지원해 주었습니다. 그렇기 때문에 연방안전기획부가 직접 우리 활동을 감시하지는 않았을 거라고 봅니다. 더욱이 이 대화가 독일에서 개최된 것도 아니었습니다."(인터뷰37)

빈에서의 1차 대화 이후 두 가지 문제와 갈등이 생겼다. 한 가지는, 기통회와 기통회 회원은 물론이고 회의에 참석했던 사람들까지 독일 한인 사회와 심지어 반정부단체들로부터도 완전히 고립되었다는 것이다. 그전까지 한민련 가입단체였던 기통회는 그후 한민련에서도 제명되었다. 그리고 한국중앙정보부 요원들은 통일대화가 계속 성사되지 못하도록 곳곳에서 방해공작을 벌였다.[219]

또 하나는 모임 내부갈등이었다. 이 내분으로 1대의장은 기통회를 탈퇴해서 한인기독교연합(이하 한기련)이라는 새로운 단체를 만들었다. 인터뷰 36, 37과 기통회 잡지(4호, 1982, 40쪽)를 바탕으로 해서 갈등의 내용을 구성해 보면 다음과 같다.

첫째, 정치적 노선의 차이가 있었다. 이 (대화)계획에 대한 기통회의 생각은 무엇보다도 먼저 남북한의 대립상태를 풀 수 있도록, 결국은 북한 사람들과 화해의 자리를 마련하는 것이었다. 회원들은 회의의 진행과 내용에 대해 토론하고 준비했다. 초대의장이 남쪽의 해외 기독교인 대표로서 환영인사를 하기로 되어 있어서, 회의에서 인사말의 내용이 결정되었다. 그런데 그는 "남한정부도 나쁘지만, 북한정부도 크게 다르지 않다"는 식으로, 회의에서 결정된 내용과 전혀 다른 인사말을 했던 것이다. 그러자 회의장은 순식간에 몹시 불쾌하다는 분위기로 바뀌어버렸다. "일껏 북쪽 사람들을 초대해 놓고는 비판을 한다는 것은 정말 해서는 안 될 일이었습니다."(인터뷰37)

둘째, 1982년 2월 1차 통일대화가 열리고 얼마 지나지 않아 전두환 정권은 통일정책을 발표했다. 그러자 기통회 내에서 전두환 정부와도 통일대화를 추진하는 방향으로 나가야 한다는 견해가 대두되었다. 그러나 이 견해는 기본적으로 통일과 통일운동을 위한 대화를 고려한 것이라고 볼 수 없었거니와 1차 통일대화에서 도출한 '공동합의'에도 반하는 것이었다. 그리하여 기통회는 이 문제를 집중적으로 토론한 끝에 회원 다수의 동의를 받아 "모임은 전두환 정부와 통일대화를 추진하지 않는다"고 입장을 정리했다. 이 결정 후 초대의장은 정부와 대화를 하지 않겠다는 모임과는 함께할 수 없다는 입장을 밝히고 탈퇴했다(기통회 잡지 4호).

셋째, 초대의장(목사이며 얼마 전까지 프랑크푸르트 한인교회에서 목회활동을 했다)과 인터뷰37(역시 목사이며 얼마 전까지 프랑크푸르트의 한 독일교회에서 목회활동을 했다) 사이에 사적인 갈등이 있었다. 두 사람은 나이가 거의 비슷하고, 한 사람은 감리교신학대학을 나왔고 또 한 사람은 장로교 신학대학을 나왔다. 둘은 한국전쟁 때 통역을 하면서 처음 알게 되어 친구사이가 되었다. 그러나 독일로 신학공부를 하러 와서 한쪽은 (칼 바르트 Karl Barth의) 보수신학을, 또 한쪽은 (본의 신학교수들 같은) 진보신학을 전공하면서 서로 다른 방향으로 나갔다. 이로써 두 사람의 시각이 달랐고, 통일이 바라보는 관점 역시 마찬가지였다. 초대의장이 개인적으로 가족문제가 생겼을 때도, 두 사람의 의견은 달랐다.

임시총회에서 장시간에 걸친 논쟁 끝에 마침내 이 일은 거의 정리된 것으로 보였다. 그런데 초대의장이 갑자기 방향을 전혀 반대로 틀어버렸고, 그후의 사태는 더 이상 돌이킬 수 없는 방향으로 치달았다.

이때의 후유증은 지금까지도 남아 있을 만큼 매우 컸다. 예를 들어 장기적으로 구상된 모임을, 특히 프랑크푸르트에서 만드는 데 성공한 적이 한번도 없었다. 또 수차례 모임을 만들려고 애를 썼지만, 제대로 굴러가지 않았다(인터뷰38).

1차 통일대화를 추진하는 데 드는 비용은 전적으로 남쪽의 해외 기독교인들이 부담했지만, 2차는 북측에서 부담했다(인터뷰37).

2차 대화에는 북한과 해외에서 약 100명이 참석했다. 그래서 참석자가 1차보다 많았다.[220] 2차에서는 회의내용이 진일보한 면이 있는데, 참석자들은 다함께 토론을 할 수 있었다. 그 결과 '민족자주와 통일'이라는 남북한 공동의 임무가 도출되었다. 이를 위한 실천적 과제로서는 남한에서 외국군대—미군—를 철수, 외세에 의존해 있는 남한 독재정권 타도, 민중이 주인인 사회 건설을 실현해야 할 것이었다. 그리고 2차 대화에서는 주로 민족주의 시각에서 토론이 이루어졌기 때문에, 북한 사회주의의 '주체'이념과 남한 자본주의 차이성은 주제로 부각되지 않았다.[221]

4차 대화에서는 참가자 구성이 변했다.[222] 2차 대화까지는 단체의 대표 자격이 없는 사람들, 예를 들어 북한에 살고 있는 가족을 만나기 위해서 등의 개인적인 사연을 가진 한인들도 참석했던 데 비해, 특히 4차 대화는 '대표자'라는 명칭을 붙이고 개최되었다.

신문 『우리나라』는 그 이유를 다음과 같이 간접적으로 보도했다.

… 지금까지 회의에서 남북한 양쪽 한국인들은 환희를 느꼈으며, 최소한 해외한인들에게 반공의 벽은 허물어졌다. 해외한인들은 북한을 방문하면서 그곳 상황을 알게 되었고, 거꾸로 북쪽도 마찬가지였다.

이것은 매우 큰 의미가 있었음에도, 여기까지 오는 데 들인 비용과 시간에 비하면 그 결과는 참으로 미미했다. 해외한인들은 북한을 방문해서 몇 가지 개선사항을 건의했지만 상황은 바뀌지 않았다. 이곳 그룹이 제대로 준비를 하지 못함으로 해서 갈수록 회의의 상당 부분이 북측이 준비한 대로 진행되었다. 혹은 북측의 주장대로, 북은 대화를 통한 통일을 추구하는 데 반해 남은 대화를 회피하고 분단을 공고히 하기 때문일 수 있다. 그렇다면 왜 북한은 스스로 대화를 중단시키는 것인가….

4차 대화에는 유럽에서 8명, 북아메리카에서 15명, 북한에서 15명이 참석했다. 해외파는 모두 반정부조직에서 적극적으로 활동하는 사람들인 데 반해, 북쪽사람들은 정치인 아니면 목사들이었다.[223]

4차 대화는 기통회가 조직한 마지막 회의였다. "우리 그룹이 북과의 대화를 추진한 다음부터, 가령 재미동포들처럼 우리와 같은 목표를 지향하는 운동단체들을 잇따라 만들었습니다. 그래서 우리 단체는 더 이상 필요가 없게 되었죠."(인터뷰37)

기통회는 통일대화를 추진하는 활동 외에도 이 대화가 좀더 바람직하게 이루어지고 경과를 널리 알리는 것에 초점을 맞춘 각종 행사를 조직했다. 그 가운데 하나가 한인노동자연맹과 함께 조직한 행사이다.[224] 또 이러한 행사의 부정적인 예 가운데 하나로는 기통회가 함부르크 한인교회 내부갈등의 원인이 되었던 것('함부르크 한인교회' 참조)을 들 수 있을 것이다. 기통회는 대외적인 프로그램에 비해 상대적으로 내부 프로그램은 적은 편이었다.

여기서 짧게나마 '전쟁과 군비경쟁에 반대하는 재독한인연맹'(Föderation der Koreaner in der Bundesrepublik gegen Krieg und Wettrüstung)

을 언급할 필요가 있어 보인다. 그것은 이 단체가 기통회 탄생에 중요한 역할을 했고 활동 또한 서로 긴밀한 협조 아래 이루어졌기 때문이다. 이 단체는 주도적으로 이끌어가는 활동가 한 사람과 그외 한두 명으로 구성된 지극히 작은 규모의 조직이었다. 그 활동가는 자기 돈을 들여서 열과 성을 다했고, 기통회 같은 다른 조직들과 협력해서 적극적으로 활동을 했다. 그러자 반정부조직들의 대표자모임에서는 조직원 수가 이처럼 크게 차이가 나는데도 여느 조직과 동일한 권리를 행사하는 것의 문제점이 자주 거론되었다. 또 이로 인해 대외적으로 행사를 주관하는 조직들은 상당히 많은 것으로 알려져 있었지만, 참여조직이 많은 데 비해 행사의 질은 형편없는 원인이 되기도 했다(이 점은 여러 인터뷰에서 확인되었다).

조국통일해외기독자회는 아직 존재하지만, 예전처럼 활동이 많은 것은 아니다. "한때 우리 모임은 조직적 응집력이 대단했습니다마는 지금은 그렇지 못합니다. 모임이 오로지 한 가지 목표만으로 조직되었던 것이 그 이유라고 봅니다."(인터뷰37)

최근 기통회는 정기적인 활동은 하지 않고, 예를 들어 1994년 북한 핵문제 같은 현실적인 주제가 제기될 때마다 활동한다. 모임은 과거부터 지금까지도 꾸준히 독일여론 — 독일 교회와 정당 — 을 향해 정보를 제공하는 활동을 하고 있다(인터뷰37).

그리고 북한하고는 대화를 계속하고 있는데, 주로 복음과 주체사상의 관계를 주제로 한 세미나를 통해서이다.

EKD는 특히 영적·신학적으로 모임을 지원하고 있다. 1989년 북한기독교총연합회 대표가 독일을 방문했을 때, EKD는 그를 초대했다. 또 모임은 아르놀드샤인 재단의 지원을 받아 남쪽과 북쪽 사람들을 모두 초청해서 세미나를 개최하기도 했다(인터뷰37).

요즈음 모임의 의장과 간사는 '조국통일범민족연합 유럽지부' 고문을 맡고 있다. 얼마 전까지만 해도 범민련은 출범 당시부터 기통회와 협력해서 활동하는 것을 달가워하지 않았다. 그러나 시간이 지나 범민련이 북한과 직접적으로 대화를 추진해 나감에 따라 모임, 즉 기통회의 핵심 멤버 두 사람과 범민련 사이에 새로운 관계가 형성되었다(인터뷰37).

모임은 활동을 적극적으로 하던 시기부터 1988년까지 회보 『통일과 복음』을 한국어로 발간하였다(모임의 잡지 10호). 잡지의 내용은 대부분 한반도 통일을 위한 대화에 초점이 맞추어진 선전활동을 담고 있었다. 최근에는 독일어 소식지를 발행하고 있다(인터뷰37).

구성원들 대부분이 오랫동안 뚜렷한 자기주관을 가지고 한국의 민주화운동에 뛰어든 사람들이기 때문에, 특정의 한 사람이 그야말로 권위적으로 조직의 활동을 이끌어나갈 수는 없다(인터뷰37).

④ 재정조달

이미 살펴본 것처럼 회의(대화)에 들어가는 비용이 회원들 주머니에서 나와야 한다면, 회원들은 기꺼이 그 비용을 부담했다. 인터뷰에서 회비에 관한 언급이 없었던 것으로 봐서는, 회부를 정기적으로 납부하지는 않았던 것 같다.

독일단체들, 특히 개신교단체들이 재정적으로뿐 아니라 여러모로 모임을 지원하였다. 한인들의 기부도 얼마간 있었다(인터뷰37).

⑤ 특수성과 성과

"우리 모임은 남쪽사람들이 할 수 없었던 대화를 성사시켰습니다. 사업목표가 이를 통해서 남한에 영향을 주는 것이었다는 점에서 분명 이것은 중요한 업적입니다. 독재자 전두환이 이에 대해 두려움을 느꼈으므로, 이 목표는 실현된 것입니다. 전두환은 민간인인 재외동포들이 이런 위험천만한 정치적 행동을 감히 하리라고는 생각조차 못했을 겁니다. 1차 통일대화가 성사되는 것을 보고 독재정권은 자기들 나름의 통일플랜을 수립하게 되었다고 볼 수도 있습니다. 그리고 또 NCCK의 정책이 바뀌었습니다. 처음에는 대화를 방해하기까지 했던 NCCK도 대화가 회를 거듭하자 내부에 통일위원회를 신설했습니다. 그로부터 10년 후에 NCCK는 통일 문제 세미나에 저를 발표자로 초청하였는가 하면, 공식적으로 우리 모임을 인정하면서 진보적인 활동에 앞장섰다고 발표했습니다. 그 밖에 WCC는 1986년에 직접 나서서 남북한 신학자들이 함께 만나는 자리를 마련했어요. 한편 우리 모임은 이곳 동포들과 남쪽사람들에게 북한의 좋은 면을 알리는 일을 했습니다."(인터뷰37)

"몇 가지 다른 결과들도 있었습니다. 대화에 참석했던 미국의 한인목사들은 그후 '해외동포 북한이산가족 찾기' 운동을 추진했고, 여기저기서 주체사상과 복음을 주제로 한 토론이 벌어졌어요. 북한에서는 개신교회 두 군데가 문을 열었고, 김일성대학 종교학부에 신학과가 개설되었습니다. 1994년에 저는 젊은 신학생들이 조직한 세미나에 초대되었어요. 신학생들은 우리 모임의 역사를 새롭게 조명하고 제 책을 출판하고 싶다고 했습니다. 뿐만 아니라 우리 모임과 협력해서 사상적인 이유로 투옥되어 있는 남한의 장기수들을 위해 활동하기를 원했습니다."[225]

"모임은 밀알과 같은 역할을 했답니다. 우리나라의 진보적인 기독교인들은 통일운동에 선구자 역할을 해야 합니다. 왜냐하면 남한에는 보수적인 기독교인이 너무나 많을 뿐더러, 그들은 조직적으로 지금의 흐름에 역행하고 있기 때문입니다. 더구나 남한의 기독교인 수는 엄청납니다(국민의 25~30%)."(인터뷰38)

"독일의 사회적 조건이 이 일(대화)을 가능하게 했습니다. 독일도 우리처럼 분단되어 있었지만, 분단상태에서도 동서독은 어떤 식으로든 대화를 이어나갔습니다. 그래서 우리의 대화를 이곳보다 더 잘 이해하고 양해해 주는 곳은 아마 없을 겁니다. 뿐만 아니라 우리 모임은 그간 동독과 서

독의 풍부한 대화경험에서 많은 것을 배웠습니다. 우리 모임도 이곳에 살고 있는 사람들이 이끌어가고 있지요. 동서독의 객관적 조건이 우리와 우리의 활동에 많은 영향을 줬다고 저는 생각합니다. 그런가 하면 북한사람들이 서유럽을 방문하는 것이 허용되었지만, 서독정부가 그에 반대하는 바람에 그들이 이곳에 올 수가 없었지요."(인터뷰37)

"한국사회 문제를 둘러싸고, 우리 모임은 이곳 한인들 간의 정치적 갈등을 표면으로 끌어올렸습니다. 한마디로 불안을 조장한 거죠. 저는 15년 만에 처음으로 반정부조직들이 함께 조직한 '동학회의'에 참석했습니다. 그전 같으며 제가 다른 행사에 앉아 있으면 많은 사람들이 불편해했을 텐데, 이번에는 사람들이 그러더라고요. 그때는 저와 자리를 함께할 용기가 없었노라고 말입니다."(인터뷰37)

⑥ 문제점[226]

"일반적으로 다른 한인조직들도 마찬가지인데, 회원들이 일을 할 때 너무 의욕이 앞서고 감정에 치우치곤 했어요. 새롭고 좋은 주제가 제기되면, 사람들은 곧바로 단체나 조직을 만들었지요. 서로 의견이 달라서 충돌이 일어나면, 감정에 치우쳐 충동적으로 무마하려 하다가 급기야 그 집단은 파국으로 치달아버렸지요.

초대의장과 인터뷰37의 갈등은 이곳에서 조직의 활동뿐 아니라, 해외 기독교인과 북쪽사람들의 관계에도 부정적인 영향을 주었어요."(인터뷰38)

⑦ 전망

인터뷰38에 따르면 이 모임이 수행해야 할 임무는 무척 많은데, 문제는 그것을 수용할 역량이라는 것이다.

"제가 생각하는 우리 모임의 임무는 다른 조직들의 활동을 지원하는 것입니다. 한동안 내부에서는 모임의 해체를 놓고 숙고를 거듭했습니다.

하지만 오늘날 사람들이 남북관계에 대해 점점 더 관심을 많이 보이고 있다는 판단 아래 모임을 해산하지 않되, 우리가 가장 잘할 수 있는 일을 하기로, 이를테면 선전활동 같은 것을 하기로 했습니다."(인터뷰37)

2.1.5.3.2. 전태일기념사업회 유럽본부

한국에서 '노동운동'은 남과 북이 분단된 이후로 불과 얼마 전까지 기나긴 세월 동안 입에 올릴 수조차 없는 금기어였다. 노동운동은 곧 공산주의 운동으로 간주되었고 북한을 이롭게 하는 것으로 낙인찍혔다.

1960년대 초에 한국이 농업국가에서 공업 중심 국가로 옮겨가기 시작할 때부터 노동자들은 야만적이고도 철저하게 억압당했다('사회적 발달' 참조).

이런 억압적인 상황에서 1970년 11월 청년 재단사 전태일의 분신은 70년대에 잇따른 노동자봉기의 뇌관에 불을 붙이는 것이었다. 전태일은 오랫동안 부당한 노동조건을 고발하기 위해 맨몸으로 뛰어다녔지만 번번이 무위로 끝나는 좌절을 겪어야 했다.[227] 전태일은 한국 노동운동의 상징이다.

80년대 들어와서 제도권 밖의 운동은 노동운동, 여성운동, 환경운동 혹은 이데올로기적 지향성에 따른 운동으로 분화되어 나갔다.

2.1.5.3.2.1. 설립역사

1983년 한국의 반정부인사들은 전태일을 기념하는 곳을 마련하기 위해 모금운동을 벌이기 시작했다. 이곳 독일의 반정부인사들도 이 소식을 듣고 곧바로 이곳에서도 모금운동을 하는 데 동의했다(인터뷰26; 의장).

1983년 4월에 이 행동을 조직하기 위해 네 사람이 모였다. 이렇게 처음에는 모금운동을 위해 모인 것이기 때문에, 모임을 구성하는 네 사람은 조직구조를 확립할 생각을 하지 않았다. 다만 의장과 간사를 맡을 사람만 각각 한 명씩 정했다(인터뷰26).

　맨 먼저 활동에 참여한 사람들은 루르 지방의 한인 협동조합 '한마음'에 소속된 조합원들이었다. 원래 한마음이 추구하는 이념이나 활동은 정치와 직접적인 관련이 전혀 없었다. 이들은 주로 협동조합 활동을 통해 한국의 여러 활동단체들을 재정적으로 지원하고 있었다(보훔 한인민중문화협회 참조). 다음은 인터뷰26의 말이다. "한마음 조합원들은 직접 가꾼 배추 등 채소를 팔아서 얻은 수익금을 자신들이 합당하다고 생각하는 곳에 쓰고자 했어요. 조합원들 역시 노동자이기 때문에, 한국의 노동자들을 지원하기로 했습니다. 저도 한마음 조합원이었어요. 전태일기념관 건립을 위한 모금지원모임이 만들어졌을 때, 조합원들 중 어느 누구도 직접 나서서 이 지원모임에서 일정한 역할을 하려 들지 않았어요. 그 일 자체가 정치적인 것이었기 때문이죠. 그래서 제가 1대의장으로서 그 역할을 맡아 8년 동안 의장직을 수행했어요."

　1984년에 '베를린 노동교실'이라는 조직이 만들어졌고, 조직원 대부분은 광부로 독일에 온 사람들이다(베를린 노동교실 참조). 이들 역시 모금운동에 자발적으로 참여하였다(인터뷰26). 이처럼 루르 지방뿐 아니라 베를린에서도 사람들이 모금운동에 적극적으로 동참하였다.

　처음부터 모금운동에 대한 교민사회의 호응이 높아서, 47명은 정기적으로 매달 5마르크를 기부하기로 했다. 또 한마음은 판매수익금을 이 운동을 위해 사용했는가 하면, 한국음식을 판매해서 그 돈으로 모금운동에 동참하는 사람들도 있었다. 이 모든 것이 매우 적극적으로 진행되었다(인터뷰26). 모금운동모임이 일정한 형식을 갖춘 조직으로 출발한 것이 아니었기 때문에, 모임의 목적에 찬성하는 사람은 누구나 참여할 수 있었다. 전태일기념관이 문을 열 때까지 모금운동모임과 한마음, 노동자그룹은 함께 돈을 모아 한국의 기념사업회에 보냈다(인터뷰26).

초기에 이 운동에 참여한 사람들이 모두 다 70년대에 정치활동을 했던 것은 아니었다. 오히려 대부분이 조직의 설립과 직접적인 연관이 없는, 이를테면 이곳 정치운동의 장에서 새로운 얼굴들이었다.[228] 이런 의미에서 이곳에서 적극적으로 정치운동에 참여하는 한인들의 구성에 변화가 일어나고 있었다고 볼 수 있을 것이다.

당시 모금운동모임이 총회를 개최하면, 모임에 직접적으로 참여한 사람들뿐 아니라 한민련 같은 정치조직 대표들도 참석했다. 1984년에 전태일 열사 추모식을 계기로 부퍼탈(Wuppertal)에서 회의가 열렸는데, 250여 명이 참석하여 당시 정치현황을 주제로 토론을 했다. "우리는 많아야 60명가량 참석할 걸로 예상했습니다. 그래서 사람들이 맨바닥에서 잠을 자야 했죠. 이때가 노동자연맹이 분열되었던 바로 그 무렵이었습니다. 그 때문에 이 회의에서는 반정부한인들이 더 이상 서로를 적대시해서는 안 된다는 얘기가 주로 나왔습니다."(인터뷰26)

1985년에는 반정부 한인들과 조직들이 중심이 되어 '1894년 갑오농민전쟁'을 주제로 한 대규모 회의가 열렸다. 사실 이 회의는 시간이 지나면서 분화과정이나 내분 등으로 흩어지거나 서로 다른 방향으로 뻗어나간 반정부 역량을 하나로 결집시킨다는 데 더 큰 비중을 두고 있었다.[229] 당시 반정부파의 상황을 간단히 정리해 보면 다음과 같다.

첫째, 민주사회건설협의회는 이 시기 반정부활동에서 자기 역할을 거의 잃어버린 상태였고 한인노동자연맹 역시 크게 조국통일해외기독자회에 동조하는 파와 민건회와 함께 한민련 가입단체로 잔류한 파로 양분되어 있었다.

둘째로, 기통회의 경우 내부적으로는 심각한 갈등으로 조직와해에 직면해 있었고 대외적으로는 기통회 활동으로 인해 한민련 등과 같은 조직들로부터 고립되었다.

셋째로, 1980년대 들어와서 한인 기독교단체뿐 아니라 교회들이 서로 다른 방향으로 변화해 나가는 모습을 보이는데, 루르 지방과 함부르크의 한인교회가 그 예가 될 수 있을 것이다. 70년대까지만 해도 모두 정치에 적극적으로 참여했지만(3부 2.1.2.3 참조), 한쪽은 더 이상 정치에 관심을 기울이지 않게 되었고 또 한쪽은 '인권'문제에 무게중심을 두었다.

넷째로, 70년대 초기에는 이곳 한인들의 정치적 현장에 직접적으로 잘 알려져 있지 않았으나 그동안 정치적으로 의식화된 많은 사람들이 80년대 초에 한국의 노동자들에 대한 지원의 중요성을 인식하게 되었다. 그럼에도 이런 지원이 직접적인 정치적 행위로 비치는 것은 원치 않았다.

이런 맥락에서 루르 지방의 전태일기념사업회나 베를린의 노동자교실 같은 새로운 반정부조직들이 생겨났다. 이 조직들은 한국의 민주화운동뿐 아니라 — 한국정치의 변화흐름에서 일익을 담당하는 — 노동운동에도 참여하고자 했다.

다섯째, 한인조직들이 이러한 내홍에 휩싸여 있는 한편으로 재독한국여성모임은 내부적으로 안정되어 있었다.

이상과 같은 상황 아래 1985년 회의가 조직되어 프랑크푸르트에서 주로 문화행사를 중심으로 개최되었다. 재독 한인조직 전체에서 60여 명이 참여해서 자체 기획을 해서 독일어로 번역한 연극 〈1894년 금강 농민봉기〉를 비롯해서 재독한국여성모임이 자체 기획한 〈공장의 불빛〉이 상연되었다.[230]

"전태일의 삶을 널리 알리기 위한 운동단체가 생겨난 뒤로, 참여자들은 함께 전태일 전기를 읽으면서 그가 왜 그렇게 죽어야 했는지, 그의 삶을 분석했어요. 그러면서 우리는 그의 정신을 이어받기 시작했습니다. 제 자신의 삶이 그와 매우 닮아간다는 느낌을 받게 되었습니다. 토론에서도

'노동자계급'이라는 단어가 자주 오르내렸어요. 여하간 프랑크푸르트에서 이 회의를 함께 조직하고, 함께 경험하면서 우리는 서로 가까워지고 연대하고 있다는 자긍심을 갖게 되었습니다. 회의가 있고 얼마 후 이 운동모임의 인원은 약 50명이 되었고 프랑크푸르트의 일부 한인들도 우리와 결합하였습니다. 그렇게 이 운동은 성공적으로 진행되었어요."(인터뷰26) 회원의 구성은 이 시기에 더욱 세분화되었다.

이상의 상황으로부터 다음과 같은 추측을 끌어낼 수 있다. 이 시기 정치적 활동의 복잡한 난맥상을 타개할 새로운 길을 모색하고 있던 재독 한인들에게 전태일을 기념하는 운동모임은 반정부진영이 전열을 가다듬고 진일보할 수 있는 최적의 자리였다.

1986년 국제입양기관인 독일의 '인간의 대지'(Terre des Hommes)가 전태일기념관 건립비용을 지원하기로 결정하면서 마침내 서울에 전태일을 기념하는 집이 마련되었다. 그 결과 한국의 건립준비위원회도 이에 탄력을 받아 공식적으로 전태일기념사업회를 출범시켰다. 그리고 재야의 반정부인사들 중에서도 지도적 위치에 있는 두 사람이 전태일기념사업회 1대와 2대 의장이 되었다(인터뷰26). 이는 당시 한국 반정부진영에 이 프로젝트가 얼마나 중요한 것이었는지를 반증하는 것인 동시에 바야흐로 노동운동이 전면에 나서기 시작했다는 것을 의미한다.

한국에서 공식적으로 전태일기념사업회가 출범하자, 이곳 운동모임은 곧바로 거기에 결합하여 1986년에 '전태일기념사업회 유럽본부'(이하 사업회 유럽본부)의 설립을 공식 선언했다.

2.1.5.3.2.2 변천과정: 노동자연맹과 통합

인터뷰 26이 말한 것처럼, 모임이 사업회 유럽본부로 공식 출범한 것이 근본적으로 새로운 발전의 기회가 되지는 않았다. 그렇지만 사업회 유럽본부는 새로운 규약으로 조직구조를 확립하고, 활동은 규약(제4조)에 따라 공식적으로 확대되었다.

① 회원

"사업회 회원은 노동자, 지식인 등 한국의 민주화를 위해 활동하는 다양한 스펙트럼의 사람들로 구성되어 있었습니다. 사업회가 기념관 건립모금뿐 아니라 한국정치에 대한 분석을 하기 시작하자, 회원들의 견해차이가 분명하게 드러났습니다. 그래서 베를린 노동교실은 노동자연맹과 통합하지 않았습니다."(인터뷰26)

② 규약

규약에 따르면 일반적으로 그렇듯이 회원총회와 이사회, 위원회가 있다(제8~24조). 눈에 띄는 것은 절차인데, 의장이 간사와 부간사를 지명해서 총회에서 승인을 받는다(제10조 4항). 독특한 점은 부간사가 각 위원회 위원장을 지명해서 이사회의 재가를 받는다는 것이다. 그리고 위원회의 업무와 위원장(제22, 23조)은 규약 제24조에 따라 비밀에 부쳐졌다(1986. 2. 1 사업회 규약, 한국어).

규약의 내용과 상관없이 한 사람이 8년 동안 의장을 맡았다는 것만 해도 이미 일반적이지는 않았다(인터뷰26 참조).

사업회 유럽본부는 서울의 전태일기념사업회와 긴밀하게 접촉하면서 한국의 노동조합운동이나 정치적 상황 등에 관한 정보들을 교환했다. 이로부터 사업회 유럽본부 차원에서 실천해야 할 활동들이 나왔다. 특히 사업회 유럽본부는 동시대 사회운동에 관한 상당히 많은 자료와 책을 한국으로부터 받았으며, 이를 바탕으로 소식지나 자료를 만들어서 회원들과 반정부한인들에게 배포했다(인터뷰26; 소식지 1987. 10. 10).

③ 활동과 업무의 종류

사업회 유럽본부는 해마다 전태일 추모회를 개최하고 있다(통합 이후에는 재유럽한인노동자회 이름으로 개최한다). 추모회에는 회원뿐 아니라 반정부단체 대표들도 참석한다. "당시 서울의 전태일기념사업회가 정부로부터 정치적 탄압을 받고 있다는 걸 알았음에도 불구하고 제가 전태일 열사 이야기를 하면 대부분의 사람들은 두려워하기보다 오히려 존경심을 표한다는 것을 알 수 있었습니다."(인터뷰26)

사업회 유럽본부는 독일 기관이나 단체들과 직접적으로 교류를 하지는 않았지만, 엠네스티나 '인간의 대지' 등에 독일어로 번역된 자료를 보내는 식으로 교류를 이어갔다. 또 세미나 계획이 세워지면, 한국인이나 독일인 친구들의 도움으로 교회단체(예를 들어 ABP)라든가 NRW 주의 정치교육 후원기관(예컨대 AKE)으로부터 지원금을 받았다(인터뷰26).

1987년까지는 활동이 활발하게 전개되었다(사업회 유럽본부 1986~87/88 정보자료). 일종의 상부조직으로 1987년에 '재유럽민족민주운동협의회'(이하 유럽민회)가 설립된(유럽민회 참조) 이후로는, 그 가입조직이 된 사업회 유럽본부의 활동을 유럽민회 사무국이 이어받아서 추진했다(유럽민회 사무국과 서울 전태일기념사업회 간의 서신, 1988. 4. 10). 그러나 유럽민회의 다른 가입조직들(노동자연맹이나 재독한국여성모임)은 이전처럼 독자적으로 활동했다(인터뷰 27; 28; 36).

이로써 사업회 유럽본부의 핵심 사업(선전활동)이 유럽민회가 출범한 이후 불필요해졌다는 추론을 할 수 있는데, 유럽민회의 중요한 목적 하나가 한국의 사회운동에 관한 유럽 정보센터 역할을 하는 것이었다. 이것은 곧 독일 내 정치활동에서 사업회 유럽본부의 역할이 사라졌다는 것을 의미했다. 사업회 유럽본부 의장은 유럽민회의 설립에 적극적으로 참여했었다.

유럽민회가 설립된 지 3년 동안 3개 노동단체 — 전태일기념사업회 유럽본부, 재독한인노동자연맹, 베를린 노동교실 — 대표들은 조직이 직면

한 문제를 논의했다. 구성원과 조직의 성격 면에서 노동운동이라는 공통점을 가진 이 단체들은 회원이 크게 줄어들어 어려움을 겪고 있었다. 이에 사람들은 통합을 해서 보다 강력한 노동자조직이 탄생하기를 기대했다(인터뷰26). "그 뒤로 사업회 활동이 특히 눈에 띄게 후퇴했어요. 토론 끝에 베를린 노동교실은 독자적인 조직으로 남기로 했습니다. 나머지 두 조직이 통합해서 출범한 재유럽한인노동자회는 현재 회원이 15명밖에 안 됩니다. 노동교실 역시 회원이 겨우 6명입니다. 노련은 초기에 회원이 100명이나 되었고, 사업회도 후원자가 약 50명에 이르렀습니다. 우선 저부터 조직활동에 적극적으로 나설 의욕이 나지 않습니다. 그 근저에는 노동자조직은 순수한 정치조직이 아니라, '노동'을 중심으로 투쟁하는 조직이라는 인식이 깔려 있습니다."(인터뷰26)

④ 재정조달

사업회 유럽본부는 단체나 개인이 보내는 기부금에 의존하고 있었으며, 거의 모든 수입은 서울 전태일기념사업회에 보냈다(인터뷰26).

⑤ 문제점

"초기 운동모임에는 문제가 거의 없었습니다. 제가 생각하기에는 사업회, 그러니까 운동모임은 처음부터 제대로 조직된 구조를 갖추지 못했던 것 같습니다. 시간이 흐르면서 이런 상황이 모임의 발전에 큰 걸림돌이 되었습니다. 사업회가 전태일의 정신을 체계적으로 계승하지 못한 것은 참으로 유감입니다. 사람들은 추도에만 매몰되어 있었어요."(인터뷰26)

2.1.5.3.3. 베를린 노동교실

2.1.5.3.3.1. 설립역사

1984년 2월 어느 날, 베를린에서 노동교실은 공식적으로 창립선언을 했다(인터뷰28).

노동교실이 출범하기 전에는 비공식적으로 '사랑방'이라는 모임을 만들어서 한국의 (서부)노동조합에 기부금을 보내는 등 연대활동을 하기 시작했다(인터뷰28).

1980년 광주항쟁이 전두환에 의해 압살당하는 것을 보면서, 일부 재독한인들은 이러한 만행에 대항할 방도를 찾기 위해 한 집에 모였다. 그곳에 모인 한인 이민자와 유학생들은 함께 '스터디'를 했다. '노동철학' '자본의 논리' 등을 주제로 한 세미나를 통해서 유학생들은 이민자들이 '자기존재'에 대해 눈뜰 수 있게, 이른바 의식화과정의 길잡이가 되어주었다. "그것이 시작이었습니다."(인터뷰27)

처음에는 10명, 이어 20명이 넘을 정도로 모임은 커졌다. 이렇게 해서 초기에는 회원이 약 23명이었는데, 여기에는 회원들 각자의 배우자는 포함되지 않았다(인터뷰28).

"설립의 결정적인 동기는 탄압받는 노동자들과의 연대와 군사독재에 대항해 조직적인 투쟁이 필요하다는 것이었습니다. 저는 한국에 있을 때만 해도 어떤 것이 올바른 정치고 그렇지 않은지 전혀 몰랐습니다. 이곳에 와서 비로소 정치와 사회에 대해 눈을 떴습니다. 두 나라는 완전히 다릅니다. 한국이 뭔가 잘못되었다는 것을 깨닫기 시작했습니다. 세미나에서 처음으로 '부조리'라든가 '비민주적'이라는 단어를 들었습니다. 그 과정에서 이런 것들에 맞서 싸워야 한다는 의식을 갖게 되었습니다."(인터뷰28) "한국노동자들의 인간으로서 도저히 견딜 수 없는 노동조건이 우리 연대의 토대였다고 생각합니다. 무엇보다 이런 문제는 정치적 구조의 변화 없이는 해결될 수가 없습니다. 제가 보기에는 다른 회원들도 저와 비슷한 생각을 했던 것 같습니다."(인터뷰27) "누구나 자신이 태어나고 자란 조국을 절대 잊지 못할 겁니다. 조국에 대한 사랑은 너무나도 당연한 것입니다. 특히 조국이 어려움에 처해 있으면 생각을 더 많이 하게 됩니다. 그

래서 우리는 이 상황을 조금이나마 개선하기 위해 돈을 보내야겠다는 생각을 하게 되었습니다.”(인터뷰27)

처음에 노동교실은 주로 스터디와 한국노동자들을 위한 ‘모금운동’을 했다. 일주일에 두 차례 세미나를 했고, 모금운동의 일환으로 바자회 같은 것을 열기도 했다(인터뷰 27; 28).

회비는 한 달에 15마르크로 정기적으로 납부했다. 규약에 따라 그룹은 원만하고도 민주적으로 작동했다(인터뷰27).

“단 한번도 우리 이름을 전면에 내세우면서 행동에 나선 적이 없다는 것이 우리 그룹의 특별한 점입니다. 재독한국여성모임 베를린지부가 어떤 활동을 추진하면 우리는 기꺼이 지원했지만 우리 이름을 그 옆에 올리지 않았습니다. 예를 들어 바자회를 해서 1만 마르크를 모았을 때, 그 돈을 한인교회에 헌금해서 그 교회이름으로 한국으로 보냈습니다.”(인터뷰 27) “우리 그룹에서 활동하며 지금까지 모르고 있었던 것을 많이 알고 배우게 되면서, 저 스스로 새로운 삶에 대한 욕구가 생겨났습니다. 다른 회원들도 저와 비슷한 경험을 했을 거라고 생각합니다. 모두가 조화를 이루며 매우 적극적으로 참여했습니다.”(인터뷰28)

당시 베를린에 거주하는 한인은 약 3천 명이었다. 지금도 그렇지만 베를린 한인교회는 다른 한인단체들보다 진보적이었다. “노동교실의 회원들 거의 대부분이 교인이었어요. 우리는 모임이 끝나면 다함께 예배를 하러 갔습니다. 노동교실이 베를린 한인사회에 알려지자, 곧바로 우리에게는 ‘빨갱이’라는 딱지가 붙어다녔습니다. 교회도 모든 활동이 교회 내부에서 이루어지게 이끌어나갔던 터라, 우리를 달가워하지 않았어요. 그러다 보니 교회뿐 아니라 베를린 한인사회에서 여러 가지 크고 작은 문제들을 겪어야 했죠.”(인터뷰27)

“가장 심각했던 문제는 한국중앙정보부 요원들이 우리 그룹을 한인

사회로부터 고립시키려고 공작했던 일입니다."(인터뷰27) "한편으로는 이런 일이 그룹에 어려움을 가중시켰지만, 또 한편으로는 그룹을 더 강하게 결집시키기도 했습니다."(인터뷰28)

2.1.5.3.3.2. 변천과정

노동교실이 처음처럼 유지해 나가던 1987년에 유럽민회가 베를린에서 출범했다. 노동교실은 유럽민회의 창립에 참여한 조직이다(인터뷰27).

1987년부터 노동교실의 회원이 점점 줄어들었다. 주된 이유는 유학생 회원들이 학업을 마치거나 마치기 얼마 전부터 그룹과 거리를 둔 데 있었는데, 그들은 한국에 돌아가서 받을지 모를 정치적 보복을 두려워했기 때문이다(인터뷰27).

노동교실이 유럽민회의 가입조직이 되면서, 한국정치의 발전경로를 둘러싼 회원들 간의 논쟁은 더욱 격렬하고 치열해졌다.[231]

"노동교실은 한국의 현실정치에 대한 고민과정에서 탄생했고 또 그 내용과 재정 면에서 수준 높고 안정되어 있었습니다. 회원들은 맨 먼저 정치가 어떤 것인지를 경험했고 그 경험을 바탕으로 정치에 관해 더 깊이 더 자주 토론했습니다. 이로부터 민주화에서 통일에 이르기까지 여러 범주로 구분해서 한국 현실정치의 전망을 구체적으로 토론하기에 이릅니다. 그것은 한편으로는 정치적 입장의 발전을 가져왔지만, 입장차이로 인해 일부 회원들이 탈퇴하는 결과를 감수해야 했습니다."(인터뷰28)

1990년 말에는 조국통일범민주연합(이하 범민련)이 베를린에 만들어졌다(3부 2.1.5.3.5 참조).

노동교실은 1차(1989. 8 북한 평양)와 2차(1990. 8 일본 도쿄) '범민족회의'에 참여했는데, 회의에는 남한과 해외 사회운동진영의 사람들이 폭넓게 참석했고 북한에서도 참석했다. 범민련이 출범하기 전해에 개최되었던 두 차례의 범민족회의에서는 유럽민회가 적극적으로 활동하였다(인터뷰 27; 28; 54; 유럽민회 및 범민련 자료).

"이 회의의 아이디어를 접하면서 우리 그룹은 통일 없이 우리의 목적인 노동운동의 성공을 실현할 수 없다는 결론에 이르게 되었지요. 그래서 회의개최에 찬성했고 적극 참여했습니다. 그후 회원들 사이에서는 그룹이 직접적으로 통일운동에 뛰어들어야 할지, 아니면 이미 우리가 설정한 대로 노동운동을 주요 목표로 하고 통일운동을 부차적인 목표로 할 것인지를 놓고 논쟁이 벌어졌습니다. 통일을 이루는 데는 여러 가지 길이 있을 수 있습니다. 남과 북을 오가는 것도 하나의 방도는 될 수 있지만 절대적인 방도라고 할 수는 없습니다. 노동교실은 한국의 노동운동과 민주화를 활동의 중심으로 설정하기로 결정했습니다. 이 논의과정에서 네 명이 그룹을 탈퇴했습니다. 그리고 범민련이 공식적으로 출범하자, 다시 몇몇 회원들이 탈퇴했습니다."(인터뷰 27; 28)

① 회원

1994년 노동교실의 회원은 공식적으로 15명이었으며, 여기에는 부부회원이 포함되어 있다(초기 회원 참조). 원인에 관해서는 앞에서 설명했다.

15명 가운데 4명이 학생이고 나머지는 간호사, 간호보조원, 산업기사 등의 직업에 종사하고 있다(인터뷰 27; 28).

회원 중 두 명은 각각 녹색당 당원, 노동조합원이다. 그리고 거의 모든 회원이 최소한 하나 이상의 재독 한인조직이나 한국에 있는 조직(예를 들어 전국노동자연맹)에 가입해 있다(인터뷰 27).

"회원들은 모두 일상생활이나 직장생활에서 독일어를 구사하는 데 아무런 어려움이 없습니다. 다만 더 나아지고 싶어하는 것은 인간의 기본 욕구라고 할 수 있겠지요. 독일생활에서 가장 큰 문제는 독일인들이 우리를 자기들과 똑같은 사람으로 대하지 않고 '외국인'으로 대한다는 것입니다. 이것을 극복하는 데 가장 중요한 것이 대화입니다. 대화를 통해서 해소하지 못한다면, 이 문제는 갈등의 불씨로 계속 남아 있게 될 것입니다."(인터뷰28)

"회원들은 한국으로 돌아갈 것이라고 말합니다. 그렇게 다짐하고 있지요. 하지만 언제 갈 거냐고 묻는다면, 정해 놓은 것이 없습니다. 다만 고향에 대한 그리움을 안고 있을 뿐, 여기서 살아야 하는 게 현실이라는 걸 알고 있지요."(인터뷰27)

"2세대, 그러니까 우리 아이들은 문제가 없지만, 문제는 우리 1세대들입니다. 우리 아이들은 자신들이 무엇을 해야 하는지 알고 있으며 합리적으로 살아갑니다. 부모들은 늘 한국정치 걱정만 합니다. 심지어 자식이 아파도 한국 걱정뿐입니다. 그러다 보니 부모자식 간에 대화가 거의 없다시피 합니다. 우리 아이들은 아직 어리고 아직 배우는 중이니 삶의 경험이 없어서 그럴 거라고 봅니다. 나중에 크면 우리를 어느 정도 이해할 겁니다."(인터뷰27)

"회원들 자녀는 대부분 김나지움에 다닙니다. 반드시 절대적이라고는 할 수 없겠지만, 아무튼 자본주의 사회란 '인간은 뭔가를 소유해야 한다'는 것을 의미하지요."(인터뷰28)

② 규약

인터뷰에서 규약에 대한 물음에 특별히 눈에 띄는 답변은 없었다. 그만큼 노동교실에서 규약이 직접적인 역할을 거의 하지 않았기 때문일 수 있다. 인터뷰 27과 28이 말하고 있듯이, 노동교실의 활동은 매우 조화롭고 민주적으로 진행된다. "그룹이 어떤 결정을 내려야 할 때는 회의나 총회를 열어서 결정하고 또 회원들 개개인의 의견은 최고로 존중됩니다. 우리 그룹이 바라는 것은 지금은 다른 조직—예를 들어 범민련이나 기민련[기독교민주주의연합]—에서 활동하고 있는 회원들이 모쪼록 그곳에서도 열심히 하는 것입니다. 언젠가는 다시 같은 공간에서 함께 일할 거라고 생각합니다."(인터뷰28) "우리는 다툼 없이 늘 서로를 격려했어요."(인터뷰27)

노동교실은 법적으로 협회등록을 하지 않았지만, 협회에 관한 법에 따라 경찰에 연간보고를 한다. 그것은 노동교실이 특히 외국인문제나 환경문제와 관계있는 사안들에 참여하기 위해서이다. "녹색당과 함께했던 일부 활동들이 우리 그룹이름과 함께 신문에 보도되었어요. 말하자면 우리 그룹은 경찰의 감시를 받고 있다는 것이죠. 하지만 그 때문에 지장을 받는 것은 없습니다."(인터뷰27)

③ 활동과 업무의 종류

요즈음은 스터디 프로그램이 드물게 진행되는데, 1년에 한번 주말 워크숍을 하는 정도이다. 참석자는 15명 정도이지만, 이전에는 (독일통일 이전의) 서독과 덴마크에서 게스트로 오는 사람들까지 포함해서 30명가량 참석했다(인터뷰28).

전보다는 외부 활동이나 행동을 많이 하는 편이다. 한국문제를 가지고 독일의 조직들이나 정당들(예를 들어 녹색당 베를린지부)과 연대하기도 하고, 한국에서 온 저명한 반정부인사들과 함께 행동에 나서기도 한다. "베를린은 국제도시인데다, 남북한 사람들의 정치적·문화적 센터이기도 합니다. 한국사회 모든 영역의 유명인사들이 독일을 방문하면 베를린은 꼭 들릅니다. 그래서 그들을 위한 행사 프로그램이라든가 숙식은 우리가 준비합니다."(인터뷰27).

노동교실은 베를린 외국인연맹의 회원조직으로 활동하고 있다. "하지만 이 활동은 큰 진척이 없습니다."(인터뷰27)

베를린의 녹색당과는 한국문제를 비롯해서 환경문제, 독일 내 외국인에 대한 적대적 행위에 항의하는 행동을 함께한다. "1990년 11월 8일 외국인에 대한 적대적 행위에 반대하는 시위를 조직했을 때, 우리 그룹이 녹색당과 함께 준비했습니다."(인터뷰28) 노동교실은 독일노동조합연맹의 메이데이 시위에도 해마다 참여한다.

노동교실은 특히 재독한국여성모임의 베를린 지역모임과 긴밀하게 협조해서 일한다. "우리는 마치 오누이 같은 관계입니다."(인터뷰27) 베를린에는 한국영사관이 있다. 그래서 한국의 정치적 사건에 대해 항의할 때면, 주로 여성모임과 함께 영사관 앞에서 침묵시위를 하거나 집회를 연다(인터뷰 27; 28).

그리고 독일의 반정부 한인조직이 베를린에서 세미나나 회의를 열면, 노동교실은 적극적인 지원활동을 한다(인터뷰27).

"베를린의 영사관은 지금까지도 중상모략에 가까운 소문을 퍼뜨려서 우리를 베를린 한인사회로부터 고립시키려는 시도를 하고 있습니다. 조국의 정치지형 발전을 위해 애쓰고 있는 우리 그룹으로서는 심히 유감스러운 처사가 아닐 수 없습니다. 그룹회원들이 한국을 방문하려면 수천 번도 넘게 고민을 해야 합니다. 한국에서 유명한 여당정치인이 베를린을 방문했을 때, 우리 그룹이 시위를 조직했습니다. 하지만 평화적이었지요. 그런데 영사관은 독일경찰을 움직였습니다. 영사는 우리를 바로 앞에 두고 욕설을 퍼붓고 비방했어요."(인터뷰27)

"베를린 한인회는 우리 그룹에 대해 이중적인 태도를 취했습니다. 노동자연맹을 '빨갱이'라고 하면서도 자신들과 교류가 있는 우리 그룹의 일부 회원들에 대해서는 거부감이 덜했습니다. 이 모든 것이 한국의 오랜 '반공'교육에서 자유롭지 못한 한인들을 겨냥한 베를린 영사관의 비방선전의 결과였습니다. 그래서 우리 그룹은 한인회와 교류하기 위해 꾸준히 노력했습니다. 사람들이 각성할 수 있도록 한국의 정치적 상황에 대해 이야기도 해주고 또 한인회 행사가 있으면 기부도 했습니다."(인터뷰28)

정기적인 간행물은 없었지만, 현 상황에 관한 많은 자료들을 독일어로 발간했다(인터뷰 27; 28; 노동교실 자료).

"우리 모임은 무엇보다도 한국의 노동운동과 정치상황을 위해 노력하느라 지금까지 2세대를 위해 한 일이 매우 적습니다. 강도 높게 2세대에 몰두하기 위해 '세종학교'가 생겨났습니다. 우리 그룹은 세종학교의 개교를 공식적으로나 비공식적으로 지원했습니다."(인터뷰28)

④ 재정조달(인터뷰 27; 28)

회비는 월 15마르크이고 회원들은 정기적으로 회비를 낸다.

노동교실은 4주 동안 열리는 크리스마스 시장에 정기적으로 참여해서 한국음식을 판매하여 약 1만 2천~1만 3천 마르크의 수익을 올린다. 이를 위해 회원들은 준비에서 판매까지 모두 자원봉사를 한다. 수익금은 거의 대부분 한국으로 보내 노동자들과의 연대에 쓰인다.

노동교실은 다른 한인회들에도 기부를 하는데, 한국의 설날에 열리는 잔치라든가 세종학교 학생들의 파티에 지원해 준다. 또 이곳의 한인들이 불공정한 대우를 받으면, 노동교실은 한인의 이익을 대변하기 위해 베를린 한인회의 잡지 같은 데 광고를 싣는다.

노동교실은 지금까지 외부로부터 지원이나 후원금을 받은 적이 없다. "이것이 우리의 특징이고, 우리는 이를 자랑스럽게 생각합니다."(인터뷰28)

⑤ 특수성과 성과

"아무튼 한국에는 군사정권이 퇴진했고, 지금은 민간정부가 들어섰습니다. 최근 우리는 과거에 우리 그룹에 반대했던 사람들로부터 '너희가 그 일을 위해 적극적으로 활동했다'는 말을 종종 듣습니다. 그럴 때면 왠지 자랑스럽고 뿌듯합니다. 그건 우리가 한국의 민주화에 우리 나름의 힘을 보탰다는 의미이지요."(인터뷰 27; 28)

"베를린의 유럽민회 사무실은 우리 그룹 없이는 돌아가지 않습니다." (인터뷰27)

⑥ 문제점

"우리 그룹은 회원을 늘리기 위해, 베를린 한인들에게 매력적으로 보이려고 정말 애를 많이 썼습니다. 그럼에도 좀처럼 잘되지 않았습니다. 베를린 한국영사관과 정보기관이 우리를 매도하는 정치적 선동을 했기 때문이지요."(인터뷰 27)

⑦ 전망

"우리 그룹은 2세대를 위해 힘쓰려고 합니다. 지금까지는 우리 자신들에게 너무 소홀했습니다. 한국의 사회운동과 노동자운동은 이제 우리가 경제적 지원을 하지 않아도 됩니다. 아직 한국에는 수천 가지 문제가 있긴 하지만, 아무튼 자력으로 활동자금을 마련할 여건이 되었습니다. 우리 그룹은 미래를 위해 보다 정신적으로 연대할 것입니다."(인터뷰 27)

"사람들은 젊었을 때나 사회운동에 온몸을 바친다고 생각합니다. 이곳 한인1세대는 40~50대 아니면 50대가 넘었습니다. 이미 나이가 들었고 지금까지 운동에 참여하지 않았던 사람들이 이제 와서 우리 회원이 될 리 없습니다. 1.5세대 한인들의 숫자 또한 매우 한정되어 있습니다. 2세대는 아직 너무 어리고요. 그래서 우리 그룹은 신규 회원을 맞이할 수 있다는 기대를 하지 않습니다. 이런 상황 속에서 우리 그룹은 전망을 찾아야만 합니다. 예를 들어 1985년과 1994년의 '갑오동학농민제' 회의는 반정부활동을 활성화시킬 수 있는 계기가 될 수도 있을 것입니다. 뿔뿔이 흩어져 있던 이곳의 반정부세력들이 이 회의에 참여했습니다. 해마다 열리는 '오월민중제'도 바로 이런 종류이지요. 그래서 우리 그룹은 이런 행사들에 주력하고자 합니다. 이를 통해 이곳의 반정부 한인들 공동의 기반을 다지기 위해서지요.

독일은 우리가 살고 있는 땅입니다. 우리는 독일인들과 함께 살고 있습니다. 그렇기 때문에 우리 그룹은 사람들이 이곳에서 함께 평화롭게 살

수 있도록 애쓸 것입니다."(인터뷰27)

2.1.5.3.4. 재유럽민민족민주협의회

재유럽민민족민주협의회(Vereinigung für Demokratie in Korea e.V., 이하 유럽민회)는 1987년 6월 21일부터 1992년 6월 20일까지 독일을 비롯한 유럽 내 반정부 한인단체들의 상부조직으로서 기능했다. 1987년 9월 20일 베를린에서 공식적으로 출범했다(1992. 9. 9 유럽민회 최종보고; 1987. 9. 18~20 대표회의 회의록).

2.1.5.3.4.1. 설립역사

1985년 7월, 한국에서 투쟁하고 있는 노동자들에게 연대를 표하기 위해 (당시) 서베를린에서 집회가 열렸다. 집회는 베를린 노동교실을 포함한 반정부 한인조직과 사람들이 중심이 되어 조직했다. 집회 후 비공식적이지만 '민족민주협의회'가 결성되었다. 하지만 그전에도 '현존하는 재독반정부조직 대표모임'이 비공식적으로 열려서 서로 정보를 주고받고 함께 활동하고 있었다.[232]

이곳 반정부 한인조직들의 변천과정에서 확인할 수 있는 것처럼, 80년대 초와 중반의 반정부 정치활동은 여러 가지 이유로 분열을 거듭했다. '재독반정부조직 대표모임'은 이 시기를 정치활동의 정체기로 규정한다(인터뷰 54; 1992. 9. 9 유럽민회 최종보고 참조).

"[정치활동의] 정체기를 극복하기 위해 '1985년 갑오동학농민제'가 조직되었습니다. 그리고 성공을 거두었습니다('전태일기념사업회 유럽본부' 참조). 쇠퇴기 동안 한국학술연구회(Korea Forschungsgemeinschaft e.V. in Offenbach/Deutschland, KOFO)에서 조직한 스터디그룹[1983~84]이 이곳 반정부한인들 '대표모임'의 시작이었습니다. 한민련과는 전혀 관계가 없었고, 오히려 다른 조직들에서 온 사람들이 주를 이루었습니다. 그러다 보니 이 스터디그룹이 대표모임의 기능을 했다고는 볼 수 없습니다. 아무튼 이 스터디그룹을 기초로 '1985년 갑오동학농민제' 준비모임으로 확장되었습니다. 또 베를린 노동교실이 특히 조직들을 하나로 묶기 위해 노력했습니다. 동학농민제 이후 대표모임은 점차 형식을 갖추었고, 대표들은 정기적으로 모였습니다."(인터뷰 11)

80년대 중반 한국의 군사정권은 노동자들과 대학생들의 대대적인 항의데모로 큰 압박을 받고 있었다. 민주화운동은 점점 전국민 차원에서 형식을 갖추고 조직되었다. 1987년 한국에서는 민족민주운동협의회가 조직되었고 이러한 상황은 독일의 반정부 한인단체들에도 영향을 주었다. 그리하여 한인조직들은 이에 발맞추어 조직과 사람들의 개별적인 참여와 힘을 하나로 묶어내고자 했다.[233]

1987년 6월, 프랑크푸르트에서는 독일을 비롯한 해외의 계속되는 사회운동의 전망과 독일 등 유럽의 새로운 반정부신문에 관해 토론하기 위해 반정부한인들이 '대표모임'이라는 이름으로 만났다(1992. 9. 9 유럽민회 최종보고, 8쪽 참조). 여기서는 또『우리나라』신문이 더 이상 발간되지 않는다는 보고가 있었다.[234]

[보론] 독일 등 유럽 한인들의 '반정부신문'이라는 표현이 어디서 유래했는지는 인터뷰 1과 재독한국여성모임의 한 회원의 발언으로 추론해볼 수 있다. 이 회원은 모임의 가을 세미나에서 유럽민회의 설립 동기와 이유에 대해 짧게 소개하였다. 민주사회건설협의회는 창립기에 잡지『광장』그리고 바로 이어서 신문『민주한국』을 발간했다. 80년대 초『민주한국』은 재정적인 이유로 1년에 겨우 한번 혹은 두 번 발행되었다. 이에 유럽 내 한인들을 위한 정기적인 반정부신문의 필요성이 분명해지면서, 다

섯 사람—네 명은 민건회와 한민련 소속—이 KOFO의 사무실에서 모여 이 문제에 대해 논의를 하였다. 여기서 새로운 신문『우리나라』를 발간하기로 결정했고, 1982년부터『우리나라』가 한민련의 재정지원과 개인들의 기부로 발행되었다(인터뷰1; '민주사회건설협의회의 변천과정' 참조). 1987년『우리나라』가 폐간되자, 이 사안은 1987년 6월 프랑크푸르트 모임에서 논의되었다. 이렇게 해서 '유럽 반정부신문'이라는 표현이 한인들 사이에서 계속 회자되었다.

1987년 9월, 참석자 25명(미국과 한국에서 온 한인 두 명도 포함)이 참석한 두번째 대표모임이 개최되었다. 이 모임 동안 한민련 유럽지부 초대의장(이 시기에는 한민련 고문으로 재직했다)의 칠순생일을 축하하는 행사가 있었다. 이 자리에서 유럽민회를 설립하기로 결정했다. 하지만 모임의 이와 같은 결정은 나중에 이곳 정치활동에 후유증을 남겼다. 모임의 회의록에 따르면 결정 과정과 내용은 다음과 같다(1987. 9. 18~20 회의록).

첫째, 여러 한인조직의 회원들이 참석했다. 이 조직들 가운데 일부는 나중에 유럽민회의 회원조직으로 참여하지 않았다.

둘째, 이 모임의 첫번째 주요 임무는 이곳 한인들의 새로운 반정부신문을 발간하는 것이었다. 창간될 신문은 반정부조직들의 정치활동을 강화시키기 위한 사전작업의 역할을 하는 것이었고 이에 간행위원회가 결성되었다. 간행위원회는 여러 조직(10개 조직)의 대표자들로 구성되었으며, 각 조직은 월 200마르크를 신문 제작비용으로 내기로 했다. 간행위원회는 신문의 방침·목표집단·내용·운영방식을 결정하고 신문의 조직화 작업을 주요 업무로 하였다. 신문의 방침은 이미 확정되어 있었는데, '자주/반외세' '민주화/반파시즘' '한국의 자주평화통일'을 옹호하는 것이었다. 신문은 당시 한국의 '민족민주주의' 운동을 지지하고 있었다. 간행위원회로는 위원장을 비롯해서 편집위원 2인이 선출되었는데, 위원장은 한민련과 민건회에 소속되어 있고 편집위원 중 한 명은 한민련의 적극적인 회원이고, 또 한 명은 학생 신분이었다. 신문지원위원회의 위원장으로는 한인노동자연맹과 한민련에 소속된 사람이 선출되었다.

셋째, 유럽에서 지속적인 정치활동의 전망에 대해서도 토론이 이루어졌다. 그 결과 참석자들의 전원일치로 현재의 대표모임을 강화·확장하기 위해 유럽민회의 결성이 결정되었다. 그리고 유럽민회의 정관과 구조는 다음 회의에서 확정하기로 했다. 여기서는 독일 등 해외의 향후 정치활동을 위해서는 해외의 정치활동이 특히 한국의 정치활동을 좇아만 가서는 안 된다는 것이 강조되었다. 더불어 해외조직들의 활동이 더 이상 한국 내 반정부활동의 부속품이 아니라, 해외한인들의 독자적인 시각으로 전개되어야 한다는 내용이 논의되었다. 이를 통해 해외 정치활동의 위치와 무게가 확고해져야 할 것이고, 또 이것을 이루기 위해 한국과 이곳의 반정부조직들 사이에 일정한 형식의 공식적인 통로들이 생겨나야 할 것이었다.

"프랑크푸르트 모임이 있기 전까지만 해도 한민련은 이곳의 상부조직에 전혀 관심이 없었어요. 심지어 거기에 반대했죠. 반면 다른 사람들은 그에 대해 찬성발언을 했어요. 한민련 초대의장의 칠순생일 잔치자리에서 한민련의 입장이 바뀌었습니다. 신문 간행위원회 위원장의 임명과 유럽민회의 설립에서 알 수 있었지요."(인터뷰11) "1987년 9월 18일 베를린에서 열린 회의에서 신문창간 문제가 논의되었고, 참석자들은 새로 간행되는 신문은 상부조직의 책임 아래 두어야 한다는 결론에 도달했습니다."(인터뷰54; 1989. 4 재독한국여성모임 세미나에서 유럽민회의 설립동기 소개).

회의록에 따르면 1987년 9월 28일 회의에서는 신문의 방침에 부응한 유럽민회의 정치노선이 결정되었다. 그리고 회원조직들로 구성된 유럽민회의 조직이 확정되었다. 이사회가 최고결정기관이고, 회원조직들의 대표들로 구성되었다. 창간된 신문의 간행위원장이 유럽민회 의장으로 선출되었다. 신문명은 『민주조국』이다.

1987년 11월 14일, 베를린에서 유럽민회의 사무실 개소식을 가졌다. 원래 한민련 유럽지부의 사무실을 함께 사용하는 것이었다. 한민련이 유럽민회에 가입한 반정부조직들의 독일 등 유럽 내 정치활동에 호의를 보인 것이라 할 수 있었다.

이렇게 유럽민회가 구성되었지만, 유럽민회가 기꺼이 회원조직으로 받아들일 만한 한인조직들이 모두 가입했던 것은 아니다. 예를 들어 재독한국여성모임(나중에 가입)과 보훔의 민중문화협회는 유럽민회의 창립모임에 그 회원들이 참여를 했지만, 가입하지는 않았다. 또 한편으로 일부 단체들(구체적으로 이름이 언급되지는 않았다)의 경우에는 유럽민회 쪽에서 받아들이기를 꺼려했다. 이러한 시작은 후에 유럽민회의 발전에 상당한 걸림돌이 되었다. 하지만 설립자들은 그것을 의식적으로 수용했다('유럽민회의 변천과정'에서 자세히 소개).

특히 한인 노동자조직들 — 베를린 노동교실, 노동자연맹, 전태일기념사업회 유럽본부 — 이 유럽민회의 설립에 적극적으로 참여했다(인터뷰 27; 54). 여기서는 반정부조직들의 변천과정으로부터 다음과 같은 것들을 추론해 볼 수 있을 것이다. 베를린 노동교실 출신의 참여적 한인들, 부분적으로는 사업회 유럽본부 출신의 한인들은 말하자면 80년대의 새로운 얼굴들이었다. 이들은 70년대 한인 반정부조직들의 (무슨 이유에서건) 분열을 직접적으로 경험하지 않았다. 그렇지만 이들은 독일에서 전개되는 한국과 관련된 활동을 하나로 묶는 것이 매우 중요하다고 판단했다. 반면 노동자연맹과 한민련 구성원들은 낡은 인물이라는 이미지와 분열로 인해 활동회원의 부족을 겪어야 했다. 그래서 그들은 유럽민회에 참여함으로써 다시 정치활동을 활성화할 수 있는 기회가 오리라고 보았다.

이와 같이 유럽민회는 한민련과 연결된 사람들과 80년대의 반정부활동에 익숙한 새로운 얼굴들로 구성되었다. 그외에도 70년대 이곳 한인들의 초기 반정부활동을 직접적으로 경험하지 않은 대학생들이 있었다.

2.1.5.3.4.2. 변천과 해체

유럽민회는 우선 신문 『민주조국』에 열중했다. 1987년 11월 30일에 한글판 창간호가 나왔다. 신문은 한 달에 한번 2천 부가 발행되었고, 1988년 1월 3일부터는 독일어판도 1천 부씩 발간했다(1992. 9. 9 유럽민회 최종보고 참조). 신문발행과 유럽민회의 사무를 위해 한국유학생 세 명이 채용되었고 이들에게는 사례비가 지급되었다. 신문발행과 함께 유럽민회는 한국의 사회운동에 관한 소식을 전하는 일정한 형태의 공식적인 통로를 만들겠다는 계획을 이행했다. 구체적으로 한국의 반정부조직인 전대협·전국민족민주통일연합·전노협을 비롯해서 일본과 미국의 한인조직들과 교류 및 협력 활동을 펼쳐나갔다. 그로부터 얼마 되지 않아 유럽민회는 한국과 해외의 단체들로부터 유력한 조직으로 인정받게 되었다. 한국의 많은 반정부 정치인과 지식인들이 독일에 오면 유럽민회를 방문했다. 그리고 유럽민회와 함께 여러 활동과 행사를 조직했는데, 여기에는 로비활동에서부터 반정부 예술가들의 독일 내 전시회에 이르기까지 다양한 활동과 행사가 있었다(1992. 9. 9 유럽민회 최종보고, 8쪽 이하; 『민주조국』).

유럽민회의 대표들은 제18차 국제사회주의 총회에 옵서버로 참가했다. 과거에는 한민련이 참여했었다.[235] 비록 형식적으로는 한민련이 여전히 존재했지만, 유럽민회는 말하자면 과거 한민련이 했던 역할을 넘겨받았다. 한민련 회원들이 유럽민회에도 참여했다는 것이 이를 분명하게 보여준다.

홍보 및 로비 활동이 유럽민회의 중점 사업이었다. 유럽민회는 정당이나 정치인들―예를 들어 빌리 브란트나 당시 베를린 시장 몸퍼(Momper)―을 비롯해서 터키나 아프리카 같은 외국인조직들과의 교류에 신경을 썼다. 그것은 각 나라의 정치발전을 위해서는 국제적 차원에서 연대하는 것이 필요하다고 보았기 때문이다.[236]

특히 유럽민회는 베를린의 녹색당과 긴밀하게 교류하고 있었는데, 녹색당은 자발적으로 유럽민회의 정치활동을 지원했다. 가령 '임수경'사건과 관련해서 다음과 같은 주장을 했다. 임수경사건이란, 유럽민회와『민주조국』의 편집장이 전대협의 대학생 대표 임수경을 북한으로 보내라는 북한 조평통의 비밀명령을 지시했다고 해서 유럽민회는 '이적단체'로서 한국의 국가보안법을 위반했다는 것이었다. 이 사건에 대해 녹색당은 다양한 방법으로 이에 반대하는 활동에 적극적으로 참여했다.[237]

또한 유럽민회는 한국의 정치적 사건이나 한반도 통일을 위해서 각종 시위와 세미나를 조직했다. 그 밖에도 유럽민회를 방문하고 돌아갔다가 그것이 이유가 되어 실형을 선고받은 한국 반정부인사들의 구명운동에 적극 나섰다(인터뷰 54).

초기에『민주조국』독일어판은 한국에 관한 활동에 관심을 기울인 독일인들에게 환영을 받았다. 한동안 코리아위원회(Korea-Komitee)의『한국서신』편집부가 여기에 기사를 기고했다. 이것이 계기가 되어 유럽민회는 1990년에 만들어진 코리아협의회(Korea-Verband e.V.)와도 긴밀하게 교류했다. 코리아협의회는 KoKoKo(코리아협력회의)의 일을 추진했다(『민주조국』; 인터뷰54; 3부 2.2.3. 코리아협의회 참조).

유럽민회는 수많은 정치적 활동을 통해 뚜렷한 성과를 올렸지만, 또 한편으로 일부 반정부 한인조직들과 줄곧 분란이 끊이지 않았다. 특히 조국통일해외기독자회(유럽민회 회원조직이 아니었다), 재독한국여성모임(나중에 회원조직)과 갈등을 겪었다. 아마 그 주요한 이유는 유럽민회의 설립에 적극 참여했던 사람들—특히 80년대의 새로운 얼굴들—이 과거 독일 내 한인들의 반정부활동과 완전히 밀착되어 있지는 않았기 때문일 수 있다. 그들은 그 당시에 어떤 문제가 있었는지 잘 알지 못했고, 또 상부조직의 형식을 성공적으로 구축하고자 한다면 어떻게 행동해야 하는지 알지 못했던 것이다.

그전까지만 해도 자치조직이라는 형태 속에서 혹은 개인 자격으로 정치활동에 참여했던 반정부한인들은 그때와 다른 정치적 시각들을 극복하지 못했다. 그리고 유럽민회는 이러한 환경에서 설립되었다. 갈등의 양상을 정리해 보면 다음과 같다.

첫째, 1987년 11월 19일자 유럽민회 회의록에 따르면 다음 사항들이 결정되었다. "유럽민회는 다음과 같은 조직들, 사람들에게 민회에 가입하지 말라는 주의를 촉구한다. 조직 이기주의 때문에 소모임 형태를 고수하는 조직 또는 유럽민회의 활동—한국 사회운동과의 연대 그리고 해외 한인 반정부조직들과의 협력활동—에 해가 되는 조직은, 유럽민회가 공개적이고 법적으로 등록된 조직이라는 점에서 가입하지 말도록 부탁한다." 1988년 2월 20일, 조국통일해외기독자회는 이 같은 결정에 대해 입장을 발표했다. "이러한 사고방식과 표현은 다른 생각을 하는 해외한인들에 대한 모욕이다. 거기에다 외연이 확장된 해외 한인조직들의 협력활동은 이로 인해 앞으로 자멸할 수도 있다. 유럽민회는 [앞에] 언급된 결정문장들을 다시 구체적으로 설명해야 할 것이다. 그래야만 사람들이 정확히 이해할 수 있다."

둘째, 유럽민회는 회원조직으로 9개 단체를 명시했다. 그런데 '덴마크 민중문제연구소' '북유럽과 스위스 민주사회건설협의회' '프랑스 민중문제연합'은 조직이라고 부를 수 없을 정도로 극소수의 회원으로 이루어져 있었다. 또 이 시기 '독일 민주사회건설협의회'는 더 이상 활동을 하지 않는 조직이라 할 수 있었고(민주사회건설협의회 참조), 세 개 조직 — 재독한인노동자연맹, 베를린 노동교실, 전태일기념사업회 유럽본부 — 은 서로 합치는 문제를 놓고 고민하고 있었다(노동자연맹과 전태일기념사업회 유럽본부 참조). 이런 상황을 고려한다면 대외적으로 유럽민회가 9개 회원조직으로 구성된 조직으로서 등장했지만 실상은 이것이 거품에 지나지 않았다고 말할 수 있을 것이다.[238] 유럽민회의 규약에는 특히 앞에서 소개한 것처럼 유럽민회의 정치적 노선이 확정되어 있다. 하지만 이 정치적 노선은 해석에 따라 유동적이었다. 가령 어떤 조직이 만장일치에 의해 회원조직으로 가입된 것이 아니라면, 그 조직은 계속 내부적 갈등의 불씨가 된다. 재독한국여성모임이 그 예라 할 수 있는데, 결국 이 모임은 1991년 10월에 유럽민회를 탈퇴했다.[239]

셋째, 그외에도 비록 규약에서는 회원조직의 회원은 유럽민회의 회원이고 유럽민회의 이사회는 회원조직의 대표들로 구성된다고 명시되어 있지만, 정치적 긴급성 때문에 몇몇 행동이 일부 지도부에 의해서만 추진되었다. 가령 일정 기간 비밀유지가 되고 매우 신속하게 대응해야 하는 종류의 것들이었는데, 이사회는 이 같은 활동들이 이루어진 뒤에야 알게 되었고 추진결정은 단지 지도부의 손에 달려 있었다(재독한국여성모임의 유럽민회 관련부분 참조).

넷째, 회원조직의 대표들은 유럽민회를 위해 적극적으로 활동했다. 그런데 이들 대부분이 자기 조직에서도 지도부 역할을 했기 때문에, 자기 조직의 사업과 활동은 등한시하게 되었다. 뿐만 아니라 유럽민회의 일부 회원조직은 자기 조직의 발전에 문제를 안고 있었다.[240]

다섯째, 시간이 지나면서 회원조직들, 특히 재독한국여성모임과 베를린 노동교실은 유럽민회의 지속성과 창조성이 다음과 같은 것에 달려 있다고 보았다. 유럽민회와 신문은 독일에 거주하는 의식 있는 한인들의 입장에 서서 활동을 이끌어나가야 하고 이에 근거해서 핵심 사안을 설정해야 한다는 것이다. 결국 유럽민회는 한국의 정치 노선과 경향을 그대로 따르거나 모방해서는 안 되며, 이곳에 살고 있는 한인들의 관심을 대변해야 한다는 의미이다. 그외에 재독한인회와 비교하여 대안적이고 정치적 의식이 있는 조직이 될 수 있어야 한다는 것이다(재독한국여성모임 4월 회의록. 필자는 응답자들로부터 이 지점에 관한 말을 자주 들었다). 하지만 이처럼 유럽민회가 처음부터 공식적으로는 재독한인들의 이해관계를 대변하는 것을 핵심 사업으로 설정하기는 했지만, 실제로는 성공적으로 이루어냈다고 볼 수는 없다.[241] 유럽민회는 거의 전적으로 한국의 정치 쪽으로 방향을 설정하고 있었던 터라 이곳에 살고 있는 한인들의 현실적인 관심에는 귀를 기울이지 못했다. 그 결과 유럽민회는 조직기반을 확보하지 못했다(인터뷰54).

여섯째, 한민련 유럽지부가 사무실을 베를린에서 프랑크푸르트로 이전하자 유럽민회는 사무실 임대료를 스스로 마련해야 했다. 당시 한민련 잡지 『뉴스레터』의 편집장이자 『민주조국』 편집부에서 일하던 사람이 한국정부와 합의해서 대학교수 자리를 받아들여 결국 한국으로 돌아갔다. 그가 귀국하고 곧바로 한민련 사무실을 프랑크푸르트로 옮겼고 이 때문에 유럽민회는 재정적인 어려움에 부딪혔다(인터뷰54 참조).

80년대 말 한국의 사회운동은 한반도 통일을 목표로 세웠다. 서경원 국회의원, 임수경 대학생대표, 문익환 목사, 황석영 작가가 정부의 금지에도 불구하고 비밀리에 북한을 방문한 데는 다음과 같은 배경이 있었다. 1990년 평양에서 제1차 조국통일을 위한 범민족대회가 개최되었지만, 남쪽대표들은 거기에 참여하는 것이 법적으로 금지되어 있었기 때문이다(3부 2.1.5.3.5. 참조).

유럽민회는 정치적으로 우선 한국의 민주주의 실현에 전념했다. 그래서 통일은, 특히 강령의 정치적 노선에서 강조되지 않았다(인터뷰65). 한국의 반정부운동에 변화의 조짐이 나타나면서 유럽민회는 1991년 1월 한반도 통일 원칙을 강령에 포함시켰다(『민주조국』 37호, 1991. 2. 1).

범민족대회의 성과물로서 1990년 9월 '조국통일범민족연합 유럽지부'(이하 범민련)가 생겨났다. 이는 유럽민회가 강령에 한반도 통일 원칙을 포함시키기 전에 이미 통일운동을 중심으로 하는 조직이 탄생했음을 의미한다. 범민련의 탄생은 한동안 이곳 반정부활동이 복잡한 상황에 빠져드는 원인이 되었다. 특히 유럽민회가 그러했는데, 그것은 유럽민회의 해체를 가속화했던 것이다. 유럽민회는 사무실 임대료를 자체적으로 마련해야 했던 것과 상관없이 갈수록 재정적 어려움을 겪고 있었을 뿐 아니라, 시간이 지나도 해결되지 않는 근원적인 분쟁들도 있었다. 한편 재독한국여성모임은 유럽민회를 탈퇴한 이후 유럽민회와 마찬가지로 범민련에도 협력하지 않았다. 이런 사태들을 정리하면 다음과 같다.

첫째, 통일을 위한 범민족대회를 준비하기 위해 1989년 5월 '유럽후원지부'가 만들어졌다. 그리고 준비를 위해 1990년에 서베를린에서 대표모임이 열렸고 여기에는 해외 및 북한 지부 대표들이 참석하였다. 대표모임에서는 유럽민회가 중심적 역할을 했다. 평양에서 1차 대회 이후 참석자들 중 일부는 범민련을 설립한다는 구상을 가지고 돌아왔다. 대회참석자들 가운데는 유럽민회의 회원들도 있었고 북한방문을 이유로 독일에서 망명생활을 하는 작가도 있었다. 유럽민회는 이 계획을 지원했고, 창립식이 유럽민회 사무실에서 열렸다. 범민련 의장을 비롯한 여러 역할들을 유럽민회 회원들이 맡았지만, 유럽민회에서 일정한 역할을 하던 사람들 중 일부는 범민련에 함께하지 않았다. 당시 유럽민회의 의장과 『민주조국』 편집부 소속의 대학생이 범민련에 참여하지 않은 것이다. 그럼에도 어떤 것이 유럽민회고 또 어떤 것이 범민련인지 거의 구분할 수 없었다. 다만 결정적으로 구분이 되는 요소는 각 조직의 의장이 달랐다는 점이다. 그 외에도 회원조직들에서 활동하는 한인들 사이에서 — 범민련 창립에 적극적으로 참여했는지 여부와 관계없이 — 유럽민회와 범민련에 대해 서로 입장이 달랐다(『민주조국』 34호, 1990. 9. 20 참조).

둘째, 1990년 11월 11일 유럽민회와 범민련의 관계설정이 유럽민회의 임원회의에서 논의되었다. 이 논의의 결과는 다음과 같다. "…범민련이 아니라, 유럽민회가 유럽 내 한국 사회운동의 기초이다. 어떤 이는 범민련의 강화가 곧 유럽민회의 강화를 의미한다든지 유럽민회는 범민련의 강화된 기초 위에 존립할 수 있다고 말한다. 하지만 그것은 틀렸다. 강화된 유럽민회의 기초 위에서 유럽 내 한국 사회운동과 또한 범민련은 지속 가능하다…. 범민련은 한시적인 조직이다…."

셋째, 범민련 창립 이후 유럽민회의 재정상황이 급속도로 악화되었다. 반면 범민련은 독자적으로 사무실을 운영할 수 있다. 1990년 11월 『민주조국』 독일어판의 발행이 중단되었다(1990. 11. 11 유럽민회 회의록). 범민련 설립에 적극적으로 참여했던 한인노동자연맹은 1991년 3월 유럽민회에 더 이상 회비(월 200마르크)를 낼 수 없다고 통보했다(1991. 3. 23 유럽민회 회의록). 『민주조국』은 1991년 4월 39호로 발간을 중단했다(『민주조국』 39호, 1991. 4. 1). 공식적인 이유는 재정문제와 인력부족 때문이었다.

넷째, 일본의 한민통(지금의 한통련)이 범민련의 설립을 지원했다(3부 2.1.5.2.3; 2.1.5.3.5. 참조).

당시 상황과 유럽민회의 분열은 이렇게 묘사할 수 있을 것이다.

첫째, 유럽민회는 범민족대회를 계기로 새로운 조직이 생겨날 것을 염두에 두지 않았었다. 범민련의 탄생은 오히려 일본 한민통이 주요 정치적 방향을 통일로 설정한 것과 관련이 있다. 여기서 잊지 말아야 할 것은 한민련의 적극적인 회원들이 유럽민회에서 적극적으로 활동했던 사람들이라는 것이다.

둘째, 계속해서 유럽민회의 유지를 지지한 사람들의 인적 범위를 살펴보면 80년대의 일부 새로운 얼굴들이었고 특히 베를린 노동교실의 사람들이 여기에 속했다. 그리고 또 일부 새로운 얼굴들은 범민련으로 갔는데, 그중 일부는 베를린 노동교실과 사업회 유럽본부 소속이었다(인터뷰 26; 27; 28; 65 참조). 다음은 인터뷰65의 말이다. "민회가 해체된 이유는 부분적으로 참여자들의 개인적·정치적 관심이 너무 컸던 데 있습니다. 또 한편으로 다른 참여자들이 유럽민회에 공상적인 희망을 투영했던 탓도 있습니다."

2.1.5.3.5. 조국통일범민족연합 유럽지부
2.1.4.3.5.1. 설립역사

조국통일범민족연합 유럽지부(이하 범민련)는 1990년 9월 15일에 창립했다. 1988년 8월 각계각층의 발기인 1014명은 "한반도 평화와 통일을 위한 세계대회 및 범민족대회 추진본부 발기취지문"을 발표하였다. 동시에 그들은 남북한과 해외 한국인들의 범민족대회를 제안하였다. 이에 북한의 조국평화통일위원회는 즉각 범민족대회의 소집을 지지하였고 그것을 위해 책임대표들의 즉각적인 준비모임을 제안하였다(『민주조국』 독일어판 30/3호, 1990. 10; 인터뷰54).

"범민련의 기원은 범민족대회로 거슬러 올라갑니다. 맨 처음 대회에 대한 생각은 한국의 반정부인사들에게서 나왔습니다. 북한도 크게 환영했어요. 그리고 독일의 많은 반정부한인들이 처음부터 적극적으로 참여했습니다. 최초의 범민족대회 유럽후원지부가 생겨났습니다."(인터뷰58)

"한반도 통일은 모든 한국인들의 소원입니다. 한반도 분단은 한국의 수난이지요. 그리고 분단은 사회의 근본적인 문제의 원인이 되었습니다.

오늘날 북핵문제도 분단에서 기인한 것이지요. 그래서 통일은 한국의 근본 문제들을 해결할 수 있는 유일한 길입니다. 통일이 안 되면 한민족은 없어질 수도 있습니다. 저는 한인노동자연맹 의장이기도 합니다. 그런 이유로 범민련 회원들은 통일의 실현을 위해 적극적으로 움직였습니다. 그리고 이것은 우선 이 단체의 목적에 맞는 것입니다."(인터뷰58)

"통일추구가 민족주의로 이해될 수 있습니다. 하지만 전세계에서 한국처럼 분단된 나라는 없습니다. 저는 형제자매의 적대를 참을 수 없습니다. 한국의 국가보안법은 통일에 방해가 됩니다."(인터뷰26)

"김영애씨[242]가 1988년 독일에 와서 [유럽민회를 비롯한] 몇몇 한인 반정부조직들을 방문하고 한국으로 돌아가서 책과 정부자료 한 보따리를 유럽민회에 보냈다는 이유로 한국에서 국가보안법 위반으로 붙잡혀서 고문을 당했습니다. 그 때문에 유산까지 되었습니다. 그런 사건들이 많았습니다. 이는 결국 국가보안법은 오직 한반도 통일이 이루어질 때만 없어질 수 있다는 것을 의미합니다. 그래서 저는 통일을 위해 참여했고, 지금도 그렇습니다."(인터뷰54)

1989년 3월 유럽과 북미·일본에 해외후원지부가 생겨났다. 그리고 1990년 3월에는 한국의 전국민족민주운동연합(이하 전민련) 2차 회의에서 1990년 8월 15일 범민족대회의 소집이 결의되었다. 이 결의 후 준비모임이 열렸는데, 한국의 대표들은 서베를린에서 열린 첫 모임에 참석을 하지 못했다. 왜냐하면 한국정부가 막았기 때문이다. 그런가 하면 북한대표들은 서울에서 열린 2차 준비모임에 참석하지 못했다. 그날 북한대표들은 모임에 참석하기 위해 판문점에서 기다렸지만, 북한측이 참여할 경우 회의장소에 문제가 생길 수 있었다. 해외대표들은 두 차례 만남에 참석했다 (『민주조국』 독일어판 30/3호, 1990. 10; 인터뷰54).

결국 제1차 범민족대회는 평양과 판문점 북측에서 800명의 대표들

(독일 등 유럽에서 약 50명의 한인이 참석했다. 인터뷰26)이 참석해서 개최되었다. 하지만 남쪽대표는 정부에서 금지해서 참석하지 못했다(『민주조국』30/3호). 이 계획은 남쪽의 반정부진영에서 제안했음에도, 그들은 참석할 수 없었던 것이다. "원래는 1차 대회를 서울에서 개최한다는 것이 준비모임의 결의사항이었습니다. 그러나 노태우 정부는 이 결정을 받아들이지 않았어요. 이 기간 동안 한국의 많은 대표들이 구금되어 있었습니다. 이 시기 황석영 작가는 비밀리에 북한을 방문한 것 때문에 한국으로 돌아가지 못하고 서베를린에 체류하고 있었어요. 그는 1차 범민족대회에 남쪽대표로 참석했습니다. 하지만 한국 반정부진영에서 공식적인 대표로 보낸 것은 아니었어요."(인터뷰54)

1차 대회에서 남북한 및 해외의 한국인들은 '조국통일범민족연합'을 함께 만들 것을 제안하고 결의했다. 평양의 기자회견에서 이미 전체 조직구조가 발표되었다. 해외지부들을 총괄하는 사무총장은 유럽민회에서 적극 활동하던 인물이 임명되었는데, 그는 덴마크에서 왔기 때문에 중요한 역할을 맡고 있지는 않았다. 그리고 대변인은 황석영 작가가 맡았다. 해외에는 총 여섯 개―유럽, 북미, 구소련, 중국, 한민통(일본), 조총련(일본)―지부를 두고 범민련 해외지부의 중앙 사무실은 베를린에 설치하기로 결정하였다.[243]

1990년 11월 남북한 및 해외 조직의 대표들이 서베를린 시청에서 모여 범민련 조직구성을 완성하였다. 여기서 남쪽대표 두 사람은 조직형태를 '연합'으로 하게 되면 확정된 조직구조를 의미한다는 점에서 '협의회'로 할 것을 제안했다. 그러나 1차 범민족대회에서 조직구성을 '연합'으로 하는 것이 결정되었기 때문에, 이 제안은 받아들여지지 않았다. 남쪽대표 두 사람은 한국으로 돌아가서 국가보안법 위반으로 구속되었다(지금은 자유의 몸이다. 인터뷰54).

1차 범민족대회가 열린 지 한 달이 지나서 '조국통일범민족연합 유럽지부'의 창립회원 10명(인터뷰26)과 그외 7개 해외지부가 함께 — 오스트레일리아 추가 — 범민련 설립을 공식적으로 결의하였다. 남쪽의 지부는 범민련 출범의 공식적인 선언을 위해 노력했지만, 정부의 탄압으로 공식적으로 출범시키지는 못했다. 이 제안을 하기로 한 지도부 인사들은 출범 시도조차 하지 못하고 투옥되었다. 그래서 남쪽 지부는 지금까지도 공식적으로 만들어지지 못하고 여전히 '범민련 후원위원회/사무실'에 머물러 있다. 한국정부는 처음부터 범민련을 이적단체로 규정하였다(인터뷰54).

　　"덧붙여 말하자면 해외지부는 두 가지 흐름으로 나눌 수 있습니다. 중국과 구소련의 지부는 북한이 정한 내용에 따라 활동했습니다. 반면 다른 지부들은 모두 자치적으로 고유의 활동을 이끌었습니다."(인터뷰26)

2.1.5.3.5.2. 변천과정

① 회원

1994년에 회원이 약 50명이고, 그중 20명가량이 적극적으로 활동했다(인터뷰58). 조직의 존속기간 동안 회원은 40명에서 60명 사이를 오갔다(인터뷰 26; 54). "한인유학생들은 공개적으로 회원 가입하는 것을 두려워했어요. 그러다 보니 일부 학생들은 우리를 비공식적으로 지원해 주었지요. 이전 워크숍에는 전반적으로 학생들이 많이 참여했었습니다."(인터뷰54)

　　"독일 등 유럽에서 1990년 1차 범민족대회에 참석했던 50명이 모두 유럽지부의 회원이 된 것은 아니었습니다. 그들은 북한을 알게 되었고, 그중 일부는 그것을 계기로 북한에 대해 비판적으로 되었습니다. 그런가 하면 북한을 한번도 방문한 적이 없는 회원들도 있었어요. 요컨대 제가 말하고 싶은 것은 회원이 되는 것과 북한을 방문한 경험은 관련이 없다는 것입니다. 그 밖에도 많은 회원들이 개인적으로는 출생지나 가족관계 등에서 북한과 직접적인 관련이 없습니다.

　회원들은 한국을 방문하기를 원했을 때 정치적으로 어려움을 겪었어요. 범민련은 북한의 사주에 의한 것이라는 외부의 추측이 있지요. 그래서 사람들은 회원이 되기를 꺼려했습니다."(인터뷰26)

　규약(제4조)에 따르면 조직과 사람 모두 회원이 될 수 있다고 되어 있지만, 어떤 한인조직이 — 유럽민회의 경우처럼 — 회원조직이었는지는 알려져 있지 않다. 인터뷰에서는 회원규모가 개개인들의 합으로 언급되었다. 이를 통해 회원은 실제로는 (좀더) 개개인으로 구성되었다는 것이 분명해진다. 유럽민회의 창립에서는 배제되었던 '조국통일해외기독자회'의 지도인사들이 '범민련 유럽지부'에는 포함되었다(인터뷰37; 조직임원 명단).

　회원은 독일인 한 명을 제외하고는 모두 한국인이었는데, 한국인의 경우 한국국적과 독일국적이 섞여 있었다. 그리고 한인유학생 회원이 한 명 있었다. 회원들 대부분은 한인가정을 이루고 있었고, 노동자·간호사·자영업자·전문직 등 다양한 직업에 종사하고 있었다(인터뷰26).

　"제 판단으로는 한국으로 돌아간 사람은 절반이 좀 안 되었을 거라고 봐요. 우리 범민련 회원들은 여하간 한국정부가 마음에 들어하지 않고 환영하지 않는 존재였지요. 더구나 우리는 이곳에서 통일을 위해 해야 할 일이 매우 많았습니다."(인터뷰26)

　"회원들의 자녀들은 거의 대부분 여기서 태어나고 자랐습니다. 그들은 한국어보다 독일어를 잘합니다. 독일어가 그들의 모국어이고, 독일이 그들의 고향이지요."(인터뷰26)

② 규약

규약은 1990년에 완성되었고, 1994년에 범민련의 원칙과는 관련이 없는 작은 변화를 겪었다(1994. 11. 26 회의). 범민련의 목적은 제2조에 평화, 자주, 한민족의 원칙에 따라 한반도 통일을 실현하는 것이라고 명시되어 있

다. 조직구조는 다른 경우들처럼 총회, 임원, 위원회로 구성되어 있고 한민
련이나 한국의 다른 조직들과 마찬가지로 자문 역할(제13조)이 도입되었
다. 지금까지 한국의 통일이나 민족과 민주주의를 위해 지도적인 역할을
한 사람은 자문이 될 수 있었는데, 독일에 거주하는 유명한 한인 음악가
가 그 예가 될 수 있을 것이다. 그는 민주사회건설협의회와 한민련 의장을
지냈고, 유럽민회의 자문이었다. 범민련 자문을 맡은 그는 1994년 12월에
내부에서 격렬한 의견차이로 자리에서 물러나면서, 통일운동과는 더 이
상 정치적으로 휘말리고 싶지 않다는 입장을 표명했다.[244]

"범민련의 구조는 우리의 자체적인 발의로 생겨났습니다. 그래서 조
직구조에 대한 우리의 생각은 다른 해외지부로부터 이어받았습니다. 거기
에다 당시 중앙사무실이 여기에 설치되었습니다."(인터뷰26)

범민련의 사무실은 1990년부터 1991년까지 전체 지부의 중심 역할을
했으며, 1992년부터는 중앙사무실이 일본으로 옮겨갔고 유럽지부는 자체
사무실을 운영했다(인터뷰 26; 54).

1991년까지는 상근직원이 두 명 있었으나, 중앙사무실이 이전한 뒤로
는 상근직원도 두지 않았다. 1992년부터는 모든 회원들이 자원봉사로 일
하고 있다. 그리고 사무실이 베를린에 있기 때문에 베를린에 사는 회원 약
5명이 최근 들어 매우 활발하게 일하고 있다(인터뷰 26; 54).

임원회의는 한 해 약 10차례 열리며, 평균적으로 임원 10명 중 6명 정
도가 회의에 참석한다(인터뷰26).

"회원들 사이의 갈등 대부분은 토론이나 민주적인 방식으로 해결됩
니다. 우리는 권위적인 사회에 살고 있는 것이 아니기 때문이지요. 만약
범민련이 권위적으로 움직인다면, 사람들은 더 이상 참여를 하지 않을 겁
니다."(인터뷰58)

범민련은 법적으로 협회등록을 한 조직이다.

③ 활동과 업무의 종류

범민련의 강령과 행동은 다음과 같은 방향성을 가진다. 한반도 통일을 실현하기 위해 범민련은 특히 남한과 북한의 다리 역할을 하길 원한다. 그 밖에도 범민련은 해외에서의 활동과 한국에서의 사회운동을 동일 수준으로 설정하고자 한다. 범민련은 해외에서의 활동이 지원의 한 종류로 이해되는 것을 원치 않는다(인터뷰54).

범민련의 실천적 임무로는 핵심적으로 민주주의와 통일 실현을 위한 활동, 한국의 국가보안법에 반대하는 활동 그리고 한반도 분단으로 헤어진 이산가족들의 가족을 찾아주는 활동이 있다(인터뷰54).

"남한과 북한이 우리를 활발하게 지원해 주지 않기 때문에 이산가족 찾기운동에서 우리는 아직도 어려움을 겪고 있습니다. 가족을 찾고 있는 사람들 중 한반도[남과 북]에 살고 있는 사람들의 경우가 특히 어렵습니다. 해외한인들은 북한에 사는 자기 가족을 찾을 가능성이 있습니다. 그런 이유로 한국에 사는 사람들을 위해 우리 조직이 할 수 있는 일이 전혀 없습니다."(인터뷰54)

통일을 위한 범민족대회는 범민련의 정기행사이다. 원래는 2년마다 대회를 개최할 계획이었지만, 지금까지는 해마다 한번씩 — 약 100명의 참가자와 함께 — 대회가 열리고 있다(인터뷰26). 범민련은 매번 이 대회가 한번은 서울에서 열릴 수 있도록 시도했으나, 번번이 좌초되었다.

남한측 대표들이 1차 대회에 참석하지 못했을 때 남한에서는 같은 날 범민족대회를 지원하는 큰 행사가 '전국대학생협의회' 주도로 열렸다. 범민련이 남한에서 공식적으로 이적단체로 규정되었기 때문에 남한의 반정부인사들 사이에서는 범민련의 이름으로는 대중운동을 이끌 수 없다는 사실이 점점 분명해졌다. 3차 공식행사가 남한에서 조직되었을 때는 '범민족대회 후원위원회/사무실'이 아닌 다른 반정부단체들이 이 행사를 맡았다. 1993~94년의 김영삼 정부에서 '통일 인간사슬운동'이 단일 행동으로 공식적으로 허가되었다. 인간사슬운동은 얼마 전에 작고한 문익환 목사가 제안한 것이었다(인터뷰54).

"1994년 남한 통일운동의 진행이 변하였습니다. 범민련의 큰 문제 하나는 처음부터 남측이 범민족대회에 한번도 참가할 수 없었다는 것입니다. 그런 이유로 남한의 반정부진영과 제대로 소통이 되지 않았고, 그래서 범민련은 지금 남한에 기반이 없습니다. 평양에서 열린 두 번의 대회를 통해 범민련은 북한 편이라는 인상을 심어주었습니다. 그렇기 때문에 남측 범민족대회 후원위원회 역시 더 이상 기반이 구축되지 않습니다. 그래서 1993년 범민련 중앙위원회는 남과 북 그리고 해외의 대표들이 서로 만날 것을 제안했습니다. 왜냐하면 남측이 범민족대회에 참석할 수 없었고, 지금도 그렇기 때문입니다. 남한의 통일부가 대회참석을 허가해 주지 않았기 때문에, 좌절되었습니다. 그후 남한의 후원위원회는 해체되어야 한다는 의견이 나왔습니다. 문익환 목사가 위원회 의장이었는데, 더 이상 이 위원회에 정치적 의미를 두지 않았던 것입니다. 범민련에 대한 비판으로는 북한과 해외 지부가 활동에서 남측의 의견을 고려하지 않는다는 이야기가 있었습니다. 이에 대해 북한과 해외의 지부 쪽은 범민련의 해체에 대한 남한의 일방적 고민은 옳지 않다고 비판했습니다. 3자가 함께 고민해야 한다는 것이었어요. 아무튼 1994년 남한에서는 '국민회의'라는 통일을 지향하는 새로운 조직이 생겨났어요. 후원위원회는 아직 해체되지 않은 상태였지요. 하지만 위원회의 일부 위원들이 새 조직으로 갔습니다."(인터뷰54)[245]

범민련은 앞에서 언급한 프로그램과 함께 해마다 워크숍을 두 차례 진행했는데, 워크숍에는 회원들뿐 아니라 외부에서도 참여했다. 그리고 2주마다 세미나가 열렸다(인터뷰54).

독일 속의 한인 그리고 한인조직

조직은 이곳에서 전적으로 한국과 관련된 여론조성 활동을 했다. 세계적으로 북핵이 큰 이슈가 되었을 때, 조직은 북핵문제의 정치적 현실에 대한 주의를 환기시키기 위해 진상규명 활동을 했다(인터뷰54). 또 일년에 한번 『조국은 하나』라는 잡지를 한국어로 발간했으며, 이곳에서 홍보활동을 위한 자료는 독일어로 만들어졌다(인터뷰 26; 54).

그리고 1980년 광주항쟁을 기념하여 매해 열리는 오월민중제에 협력조직으로 참여했다. 하지만 조직 자체의 성격 때문에 이곳의 한인들이나 독일조직들과 정기적으로나 긴밀하게 협력활동은 거의 하지 않았고 오히려 일본이나 미국의 한인조직들과 교류를 했다(인터뷰26).

④ 재정조달

회비와 기부가 수입의 주요 원천이었다. 회비는 최근 월 20마르크이고 회원들은 정기적으로 회비를 납부한다. "우리는 특별기금이 하나 있는데, 약 20명 회원이 회비 외에 추가로 50마르크를 냅니다. 이 특별기금으로 사무실과 잡지를 운영할 수 있습니다."(인터뷰54) "예를 들어 한 달에 500마르크 내는 회원들도 있습니다. 아무튼 우리 조직은 자체적으로 운영을 합니다."(인터뷰26) "유럽민회가 한민련의 사무실을 함께 사용했을 때, 문제와 단점들이 있었습니다. 그래서 우리 사무실을 자체적으로 운영하기로 했습니다. …익명으로 기부를 하는 사람들도 있습니다."(인터뷰54)

"제가 베를린 범민련 중앙사무실에 있었을 때, 사무실은 유럽(10%), 미국(20%), 일본(두 단체가 함께 60%) 그리고 또 다른 지부(10%)가 분담해서 운영했습니다. 이 마지막 지부가 어디인지는 저도 모릅니다. 아무튼 중국과 구소련 지부는 재정적으로 전혀 기여하지 않았습니다. 당시 상근직원 두 명은 매달 2천 마르크씩 받았습니다."(인터뷰26)

"거의 대부분 돈이 잡지와 임대료, 사무실 운영비로 사용되었습니다. 회원들이 그렇게 많은 돈을 내기는 했지만 이 비용을 겨우 충당했습니다.

매달 3천 내지 4천 마르크 정도 들어왔습니다."(인터뷰54) "미국이나 일본 지부는 우리보다 재정적으로 잘 꾸려졌습니다. 기본적으로 그 이유는 각 나라의 사회적 조건에 달려 있습니다. 일본이나 미국의 사람들은 재정적으로 다양한 가능성을 가지고 있는 반면에, 독일의 사람들은 사회적으로 견고하게 조직된 구조 때문에 다른 가능성들이 별로 없어요."(인터뷰26)

⑤ 특수성과 성과

"우리는 통일을 위한 범민족대회가 실현된 데 대해 자부심을 가지고 있습니다. 그것을 통해 우리 조직은 국제적으로 중심 역할을 하게 되었습니다. 남과 북은 1992년 통일의 길을 위한 약속을 했습니다. 이 결과는 통일을 위한 사회운동에 매진한 데서 연유한 것입니다. 한국과 해외의 반정부인사들이 만들어낸 것입니다."(인터뷰54)

⑥ 문제점

"비록 우리가 독립적 재정운영에 대해 매우 자랑스럽게 생각했지만, 재정은 우리에게 가장 큰 문제였습니다. 사람들은 이런 상황을 생각할 수 있을 겁니다. 회원들이 수입이 높지 않았음에도 한 달에 200마르크 또는 500마르크를 내야만 하는 상황 말입니다. 이 점이 종종 조직이나 가족 내에서 문제를 일으켰어요. 거기에다 많은 외부인들이 우리를 정치적으로 삐딱하게 보았어요. 우리가 돈과 시간과 노력을 활동에 쏟았는데도 말이에요."(인터뷰54)

"조직에는 문제가 많았습니다. 이 문제들은 대부분 조직의 활동방법과 관련이 있었어요. 범민련은 한반도 통일을 희망하는 모든 한국인들에게 조직의 활동에 참여하는 것은 가능하게 했습니다. 그것은 우리 조직이 열려 있어야 하고, 그렇지 않으면 성공할 수 없다는 이야기입니다. 회원들은 개방적이려고 노력했어요. 하지만 아직 현실화되지는 않았습니다. 그래서 우리는 이에 대해 논의했었고, 지금도 논의하고 있습니다. 이 문제를 극복하기 위해, 활발히 활동하는 회원들은 관용이 몸에 배도록 끊임없이 노력해야 합니다. 회원들이 예를 들어 사람들과 싸운다면, 그것이 조직의 활동에 부정적인 영향을 줍니다. 이런 태도는 또한 책임의식의 부족에서 나오는 것이지요."(인터뷰58. 인터뷰26도 동일한 문제의식을 가지고 있었다)

"과거에는 스스로 이념에 몰두하지 않았고, 그렇기 때문에 매우 빠르게 정치적으로 의식화된 회원들이 있습니다. 이런 회원들은 극좌파적 모험을 하는 경향이 있습니다. 한국의 통일은 이념이나 교조적인 생각들을 뛰어넘어야 한다는 것을 의미합니다."(인터뷰 26; 54)

"우리 규약 4조는 독일혈통 독일인들의 회원가입을 막고 있지 않습니다. 그래서 독일인 회원이 한 명 있습니다. 범민족대회의 참가자들은 한국인이거나 한국혈통입니다. 그건 원했던 것입니다. 왜냐하면 한국의 통일은 우리 스스로 달성해야 하기 때문이지요. 당연히 우리에게는 외국인이나 독일인 친구들의 지원이 필요합니다. 하지만 그들이 이 일에서 핵심적인 힘은 아닙니다. 그런 점에서 우리는 독일인 회원과 문제가 있습니다. 하지만 그것이 다른 민족을 배제한다는 것을 의미하지는 않습니다. 예를 들어 미국과 같은 외세는 한반도 통일을 방해했었고, 지금도 방해하고 있습니다. 그래서 해외세력이 통일문제에 개입하는 걸 원치 않습니다. 외교적 교류는 외세라는 개념과 관련이 없습니다. 독일인 친구들은 당연히 우리 친구입니다. 우리, 이곳의 외국인들은 예를 들어 독일인들에게는 외국세력이 아닙니다."(인터뷰58)

⑦ 전망

"이 문제—관용에 대한 물음—에 대한 변화 없이는 조직의 전망이 없습니다. 저 자신도 이 문제를 가지고 있습니다. 하지만 저는 비판들을 수용하지요."(인터뷰58)

"제가 항상 조직에 만족하는 것은 아닙니다만, 제 생각에 조직은 지금까지와 마찬가지로 계속 나아가면 됩니다. 외세는 한국의 통일을 방해합니다. 한국통일은 우리 ─ 남과 북 ─ 힘으로 이루어져야 합니다. 우리는 그것을 위해 계속해서 힘써야 합니다."(인터뷰26)

　"범민련은 지금의 현실 ─ 내부와 외부의 상황 모두 ─ 에서 대중운동을 일으키는 데 어려움이 있습니다. 반공교육은 남한사람들 모두에게서 아직 완전히 극복되지 않았습니다. 1995년은 한국의 반정부인사들에게, 특히 반정부 기독교인들에게 통일의 해입니다. 1995년의 선택은 구약성경의 생각에 기초한 것입니다. 성경에 따르면 7년이 일곱 번[약 50년] 되는 각 해에 부정한 혹은 부정의를 이끌었던 모든 의무에서 분리되어야 합니다. 통일염원은 바로 이 생각에 기초하고 있습니다. 그래서 통일을 위한 운동이 이곳 해외에서 계속 진행되어야 합니다."(인터뷰54)

2.2.　한독조직

2.2.1.　개괄

코리아위원회(Korea-Komitee e.V.)는 '한인 자치조직'으로 분류되지는 않지만, 독일 내 반정부활동에서 특별한 역할 때문에 짧게 언급할 필요가 있을 것이다. 위원회의 활동을 근본적으로 한국과 관련된 활동에 참여했던 독일인들이 이끌어나갔기 때문이다. 그 밖에도 1990년 코리아협의회(Korea-Verband e.V.)가 창립했는데, 협의회는 코리아위원회의 발전과 한국을 대상으로 한 독일 내 반정부활동과 긴밀히 연결되어 있다. 동베를린 지역의 한독문화협회(Deutsch–Koreanische Kulturgesellschaft e.V.)도 언급되어야 할 것이다. 이 협회는 1990년 4월 25일에 창립했고 독일통일의 산물이다.

　한독문화협회의 핵심 관계자들은 동독에서 한국학과 관련이 있었거나 혹은 대사관 직원이나 기술자로서 북한과 관계를 맺고 있었던 사람들이다. 통일 이후, 한국 관련 일을 하고 있던 서독과 동독 사람들 사이의 교류가 실현된 것이었다. 특히 이 교류는 코리아협력회의(KoKoKo)를 통해 이루어졌는데, 그후 동독 출신들도 독일 내에서 한국관련 활동을 비롯해서 코리아협의회의 설립에도 참여하였다.

2.2.2. 코리아위원회

"코리아위원회의 설립은 외부에서 시작되었습니다. 1976년 '한국문제'와 '민족적·국제적 연대조직에 대한 구체적 문제'를 다루기 위한 국제회의가 도쿄에서 열렸습니다. 이 회의는 한민통이 조직했어요. 또한 여기에는 영국인, 캐나다인, 미국인 그리고 독일인이 참석했는데, 저는 독일에서 간 유일한 사람이었죠. 1차 세계회의의 성과가 독일의 코리아위원회 설립입니다.[246]

당시 일본에 살고 있는 동포사회에는 정치적으로 세 그룹이 있었습니다. 북한계의 조총련, 남한계의 민단 그리고 김대중을 배경으로 한 한민통이 있었습니다."(인터뷰60)[247]

일본 내 조직인 한민통의 최초 지부는 일본과 미국에 동시에 만들어졌다. 그리고 1975년 2월 8개국에서 10개 조직이 잇따라 합류하였고, 여기에는 예를 들어 독일의 '민주사회건설협의회'도 속해 있었다. 그들은 공동성명을 결의하였는데, 성명서는 민주적이고 진보적인 단체들 사이의 협력 강화와 우방국가들이 박정희 독재정권에 대한 지지를 철회하도록 정치적 압력을 가할 것을 제안하고 있다. 그와 함께 훗날의 '민주민족통일해외한국인연합'(한민련)의 기초가 만들어졌다.[248] 당시에는 민족운동의 움직임이 있었다. 이 회의에서는 국제적 수준에서 코리아위원회의 연결망을 만드는 것이 결정되었다.

이 시기 독일에는 이미 한인 정치조직들, 즉 민주사회건설협의회와 재독한인노동자연맹이 있었다(인터뷰60). "코리아위원회가 설립되기 전에 이미 비공식적인 독일인과 한국인 모임이 있었습니다."(인터뷰 38) 이런 단체들에 속해 있던 일부 독일인과 한국인들은 일본에서 1차 국제회의가 열린 뒤에, 코리아위원회의 설립과 1978년 본에서 개최하기로 계획된 2차 국제회의를 준비하기 위해 프랑크푸르트에 모였다.[249]

1977년 초 창립위원 15명이 모여 공식적으로 코리아위원회를 출범시켰다. 회원들의 일부는 이미 한국과 관련 있는 직업을 가지고 있던 독일인이었고, 또 일부는 제3세계 그룹과 좌파정치 영역에 속해 있던 독일 대학생들이었다. 이미 제국주의와 투쟁한 경력이 있던 이 대학생들은 '반(反)제국주의'를 핵심 이슈로 하고 있었다. 그리고 민건회와 노련 소속의 한국인들이 회원이었다(인터뷰60).

한국과 관련된 활동에 참여하던 독일인들은 대학교육을 받은, 교육수준이 높은 사람들이었다. 그리고 노련 출신의 회원들은 광부로 독일에 온 사람들이었지만, 이 시기에 재교육을 받았다. 거의 대부분 회원들이 대학교육을 받은 사람들이었다.

2차, 그러니까 세번째 국제회의가 개최되기 전에 유럽/독일 지부와 함께 일본에서 한민련이 출범했다. 지부의 회원들은 대부분 민건회와 노련 출신이었다.

2차, 그러니까 이 3차 회의는 1978년 6월 5일과 6일에 본에서 개최되었다. 코리아위원회와 한민련이 주관한 이 회의에는 유럽과 제3세계의 15개국에서 약 50명이 참석했다.[250]

"빌리 브란트를 이 회의의 연설자로 초대했는데 참석하겠다고 하고선 그날 오지 않았어요. 후에 저는 코리아위원회가 본의 사회민주당(SPD)에서 공산주의 조직으로 분류되어 있다는 것을 알게 되었습니다. 저는 사민당 사람들과 대화할 기회를 마련해 달라고 부탁했습니다. 그 결과 다음과 같은 사정들이 분명해졌습니다. 이 회의 전에 브뤼셀에 북한이 조직하고 비용을 댄 코리아회의가 있었습니다. 저는 이 회의에도 참석했는데, 거기서는 친밀한 관계를 주제로 다루었습니다. 다만 회의에 가기 전에 본의 SPD에 회의참석 사실을 알렸습니다. 제가 본의 SPD와 교류를 하고 있었기 때문입니다.

본의 한국대사관은 그 회의에 참석한 사람들 명단을 가지고 있었습니다. 그 명단을 대사관과 교류하고 있던 SPD의 사람에게 넘겼습니다. 그 때문에 SPD는 코리아위원회에 그와 같은 태도를 취했던 겁니다. SPD의 그 남자는 일정 기간 동안 한국대사관과 같은 입장을 고수했습니다. 하지만 다행인 것은 제가 SPD에 저의 참석을 미리 알렸기 때문에, SPD의 다른 사람들을 설득할 수 있었습니다. 코리아위원회는 공산주의 조직도 아니고 북한을 지지하는 것도 아니라고요. 그 SPD 남자와의 불편한 관계는 그의 갑작스러운 죽음으로 저절로 해결되었습니다. 그리고 그 일들이 정리가 되었습니다. SPD는 예를 들어 '1980년 광주학살'에 항의하는 행동을 지원했습니다. 그리고 코리아위원회는 더 이상 그런 유의 비난을 받지 않았지요."(인터뷰60)

코리아위원회는 처음부터 독일인을 위해서만 고안된 것이 아니었다. 한국인을 위한 것이기도 했다. 하지만 시간이 지나면서 주로 독일인이 이 모임에서 일을 하게 되었고 독일학생들 또한 수동적이 되었다. 1980년대에는 활동의 중심이 인권문제로 옮겨갔다. 70년대까지만 해도 북한은 많은 분야에서 성공을 거두었는데, 당시 제3세계 문제에 관심을 가진 독일인들에게 북한은 제3세계의 모델 중 하나였다(인터뷰60).

한국인들뿐 아니라 독일인들 역시 출신성분이 다양했기 때문에 회원들 사이에 긴장감이 있었다. 모임의 활동을 가장 어렵게 했던 것은 북한과의 관계였다. 일부 한국인들이 북한과의 관계를 절대 반대한 데 비해, 독일인 중 일부는 북한관계에 대해 일정한 이해를 가지고 있었다. 결국 이 갈등은 모임 내에서 남한에 대해서만 이야기하고 북한과 관련해서는 부정적이건 긍정적이건 전혀 언급하지 않는 것으로 봉합되었다(인터뷰60).

민건회와 코리아위원회의 한 창립회원은 이렇게 말했다(인터뷰9). "코리아위원회는 민주사회건설협의회를 지원하기 위해 생겨났습니다." 설립의 이유에 대한 그의 인식은 다음과 같이 해석할 수 있을 것이다. 위원회는 주로 독일인들의 활동반경이었다. 위원회의 한인회원들은 또한 민건회나 노련, 한민련의 회원이기도 해서 본래 자신들의 활동반경을 가지고 있었다. 위원회의 활동은 독일어로 이루어졌다. 이상과 같은 이유로 해서 독일인들이 이 일에서 중심적인 역할을 한 것은 명백하다.

코리아위원회는 창립 때부터 일본의 한인 정치단체와 교류를 하고 있었다. 영국·프랑스·스웨덴에도 코리아위원회가 생겨났다. 그래서 코리아위원회는 유럽 내의 연결망을 가지고 있었다. 영국회원들은 모두 학자들이었고 그중 한국인은 거의 없었다. 한인학자들은 개인적인 이유로 이사를 함으로 해서 영국에서 적극적인 활동은 끝이 났다. 프랑스의 활동은 불과 몇 년밖에 이어지지 않았는데, 그로 인해 코리아위원회는 결국 공식적으로 출범하지 못했다. 프랑스인들은 연대운동을 만들어내려고 시도했지만, 성공하지 못했던 것이다(인터뷰60).

그렇게 독일의 코리아위원회가 생겨났고, 회원들은 각종 활동과 간행활동을 이끌었다—또한 한인단체들과 연대했다. 한인단체들과의 협력활동, 특히 '민주사회건설협의회' '한인노동자연맹' '한국여성모임'과의 협력활동을 강조할 수 있을 것이다. 이 조직들은 이를테면 독일에서 한국과 관련된 일을 하는 한인단체들의 협력조직이었다. 중요한 점 하나는 코리아위원회가 1981년 코리아협의회 대표들의 모임인 코리아협력회의를 만들었다는 것이다(인터뷰33).

80년대 말 코리아위원회는 모임의 새로운 전망과 독일 내 한국관련 활동에 대한 전망을 고민하게 되었다. 한국의 정치·사회적 상황이 변한 것이 이유였다. 코리아협력회의에 대한 오랜 고민 끝에 코리아협의회와 아시아재단(Asienstiftung)이 생겨났다.

2.2.3. 코리아협의회

2.2.3.1. 설립역사

코리아위원회는 1981년 봄 코리아협력회의(KoKoKo)를 만들었다. 한국문제를 다루는 비공식적인 연합이라 할 수 있는 코리아협력회의는 한인 자치단체들이나 개발도상국과 관련이 있거나, 인도주의적이거나, 교회와 관련된 독일 단체나 기관들을 중심으로 형성되었다. 그리고 초기에는 1년에 1회 개최되었다(인터뷰33).

"언론에서 제대로 다뤄지지 않아 한국과의 연대는 어려웠지만, 많은 사람들과 단체들이 한국과 관련된 일에 전념하고 있었습니다. 그렇지만 대부분 독립적이었고 서로에 대해 몰랐습니다. 그래서 2차 협력회의가 한국에 관한 활동을 하는 모든 단체 및 개인들과 함께 1982년 11월 쾰른 옆의 휘르트(Hürth)에서 개최되었습니다. 함부르크 개신교 선교회(Evange-lische Missionswerk in Hamburg)가 준비모임을 대신해서 [단체와 사람들을] 초대했는데, 약 30명의 대표가 참석했습니다. 한국인과 독일인 연대단체들, 국제엠네스티한국협력모임, 인간의 대지(Terre des Hommes), 개신교와 천주교 기관들에서 온 대표들이었습니다. …공동의 조직구조가 명확히 추구되지는 않았지만, 더 중요한 사실은 이러한 내부적 협력을 가까운 시일 내에 지속 가능하게 하는 것이었습니다…"[251]

KoKoKo의 조직업무 — 예를 들어 초대나 회의장소 — 는 매번 참여 조직 가운데 한 조직이 맡았다. 예를 들어 1983년에는 민건회가, 1984년

에는 한국여성모임이 조직업무를 추진했다.[252]

한 한인여성은 KoKoKo의 형성동기를 이렇게 말했다(인터뷰11). "부산미문화원을 방화한 김현창과 문부식의 구명운동을 위해 협력활동이 긴급해졌습니다. 특히 독일 내에서 여론을 조성하는 활동을 위해서요. 이 협력활동은 참여적인 독일인과 한국인들 사이에서 그리고 다양한 조직들 사이에서 일어났어요."

KoKoKo는 계속 존재했고, 마침내 코리아협의회 설립의 기초가 되었다. "처음에 우리는 '올림픽 캠페인'을 위해 상근직원을 두기로 결정했습니다. 이 캠페인은 한국과 관련된 활동을 하던 반정부단체들, 특히 코리아위원회와 KoKoKo가 1988년 한국의 올림픽 개최를 반대하는 행동이었습니다. 상근직의 업무와 자발적인 활동의 관계에 대한 오랜 토론 끝에 우리는 이 문제에 대해 의견일치를 보지 못했습니다. 올림픽 캠페인 후, 에너지 고갈과 동기상실의 휴식기가 지나자 KoKoKo는 다시 빠르게 결론에 도달했습니다. 올림픽 캠페인을 하는 동안 상근직 활동의 긍정적인 경험을 활용해서 오랜 시간 열려 있는 사무실을 꾸리기로요. 이를 책임질 수 있는 조직의 형식을 만들기 위해서 처음에는 코리아협의회가 단순히 형식상 만들어졌습니다."(인터뷰66; 코리아협의회 의장).

"코리아위원회를 무조건 코리아협의회의 설립과 연결시킬 수는 없습니다. 경우에 따라서는 코리아협의회를, 말하자면 코리아위원회의 후계조직이라고 추론할 수도 있습니다. 본질적으로 코리아위원회는 한국의 인권을 위해 활동하는 이른바 진보적이라 할 수 있는 독일 활동가들의 결합이었습니다. 코리아위원회는 비공식적으로 코리아협력회의에 참여한 많은 조직들 중 하나였습니다."(인터뷰66)

코리아협의회의 설립배경을 소개하면 다음과 같다(인터뷰66).

첫째, 코리아위원회는 코리아협의회 창립 이후 더 이상 활동을 하지 않았는데 이 사실은 새로운 임무 설정에서 대부분의 이유를 찾을 수 있다. 여기서 새로운 임무는 한국의 역사적·정치적 상황이 변화한 데서 기인한다.

둘째, 이 시기에 많은 한인 반정부단체들의 활동이 소강상태에 들어갔다. 스스로 무엇을 해야 할 것인지 설정하지 못했다. 좁은 의미에서 군사독재 시대가 막을 내리면서, 이른바 대적할 상대가 사라진 것이다. 넓은 의미에서 노동운동을 비롯해서 인권상황 또한 이전처럼 선명하게 나누어지지 않았다. 예를 들어 노동운동의 경우 상당히 많은 문제를 안고 있고 탄압을 받고 있음에도 불구하고 노동조합이 생겨났다. 적어도 노동조합의 조직이 가능해졌을 뿐 아니라, 노조를 통해서 임금과 노동조건에 관한 요구를 제기해서 전반적으로 큰 성과를 얻었던 것이다. 이러한 상황은 코리아위원회와 다른 한인조직들이 설정했던 전통적인 임무의 구성요소들을 무의미한 것으로 만들었다.

셋째, 한인조직들과는 다르게 코리아위원회는 변화된 조건에 대응해서 새롭게 주도적이고 활동적인 조직이 되려는 노력을 하지 않았다. 그리고 많은 회원들이 새로운 임무는 그사이에 출범한 코리아협의회에서 추진하는 것이 더 낫다는 의견이었다.

넷째, 1987년 전까지 그러니까 올림픽 캠페인까지 한국과 관련된 활동은 행동주의적이었다. 어떤 확실한 계기에는 각종 행동이 있었는데, 예를 들어 노태우 대통령의 독일방문을 계기로 한 시위일 수도 있고 음식판매부스일 수도 있었다. 한국의 변화된 정치적 상황 아래서 장기적으로 활동할 수 있는 조직과 내용의 형태를 찾는 것이 반드시 필요했다. 이와 같은 활동은 전문적으로 추진되어야 했고, 1989년부터 이에 대한 토론이 시작되었다.[253]

사무실은 1990년 라이히바인 협회(Reichwein-Gesellschaft)의 지원에 힘입어 전반적으로 신속하고도 견고하게 자리 잡는 데 성공했다. 그리고 사무실의 운영주체로서 형식을 갖춘 조직이 추진되었다. KoKoKo의 활동 과정에서 많은 토론을 거쳤기 때문에, 코리아협의회가 출범하기 전에 이미 조직구조는 세워져 있었다.

동시에, 아니 오히려 일찍 아시아재단이 만들어졌다. "그것은 다시 내용과 형식에 대한 입장이 서 있었어요. 우리는 한국의 정치·문화·경제가 점점 더 국제적 차원에서 관찰되어야 한다는 것을 배웠습니다. 그래서 다른 나라와 관련이 있는 유사한 사무실과 협력활동을 만들어가게 되었습니다. 어쩌면 이 사무실에서 다른 조직과의 협력활동 과정에서—그사이 이미 현실이 되었지만—사무실이 유지되고 그 지속성을 보증할 수 있는 그런 구조가 생겨날 수 있다고 생각했습니다. 그것이 형식에 대한 입장이었습니다."(인터뷰66)

아시아재단의 설립을 위해 다시 한국 쪽의 유형의 조직을—공익성을 위해서도—만드는 것이 필수적인 것이 되었다. 왜냐하면 아시아재단의 설립은 형식을 갖춘 회원조직이 필요했기 때문이다. 그리고 여기서는 한국 쪽이 대표가 되어야 했으나, KoKoKo는 비공식적 형태였고 지금도 그렇다. 그 결과 KoKoKo에서 코리아협의회의 설립이 결정되었다(1990. 4. 5 KoKoKo 회람 1호; 인터뷰66).

2.2.3.2. 변천과정

① 회원

1989년부터 1991년의 창립시기에 약 20명의 독일인과 한국인이 KoKoKo에 참여했는데, 그중 2/3가 항상 참여하는 적극적인 사람들이었다. 당시에는 독일사람이 대부분이었다. '동독사람들' 또한 KoKoKo에 왔고 코리아협의회의 설립에 참여했다. 동독사람들의 KoKoKo 참여를 계기로 Ko-

KoKo가 막데부르크(Magdeburg)에서 한번 열렸다(인터뷰66).

마지막 시기 KoKoKo에 참여하는 사람들이 얼마간 늘어나서 25~30명이 되었고, 독일인보다 한국인이 많았다. 하지만 그것이 독일인들의 관심이 줄었다는 것을 의미하지는 않는다. 코리아협의회와 아시아재단 그리고 아시아 하우스의 설립으로, 사람들은 마지막 시기에 KoKoKo에서 주로 기술적이고 조직상의 문제를 논의했다. 이 점이 한국인이 더 많아진 이유일 수 있다. 그러나 한국사무실의 업무 등에 관한 토론이 비효율적으로 진행됨으로 해서 일부 사람들은 흥미를 잃게 되었고, 많은 독일인들은 특수한 주제에 관한 토론의 내용이 빈약하다는 것을 유감스럽게 생각했다(인터뷰66).

얼마 전까지도 코리아협의회에는 회원자격에 대한 규정이 없었으나, 지금은 회원체계가 갖추어졌다. 그 사이 회원은 약 25명이 되었다. "KoKoKo에 참여한 사람들의 주소목록을 만들어나갔습니다. 그래서 정보를 받고 초대되는 범위가 빠르게 확대되었지요. 비록 그들이 KoKoKo에 꼭 나오는 것은 아니었지만요. 최근에는 약 250개의 주소목록이 있습니다." (인터뷰66).

회원들은 대부분 대학 수준의 교육을 받았다. "이것은 독일인에게도 해당되었고, 한인회원 상당수도 해당되었습니다. 한인회원들 대부분은 고등교육과 경력을 독일에서 이루어냈습니다. 이 점은 분명합니다. 협의회의 사회적 경력은 아카데믹한 것으로, 그리고 아카데믹한 관심에 의해 규정된 것으로 정의할 수 있습니다."(인터뷰66).

가족구성은 한독가정이 주를 이루었다.

② 규약

코리아협의회는 처음부터 조직의 공익적 성격을 확보하는 데 노력했다. 그래서 규약은 전문적으로 작성되어서 변경이 필요치는 않았다. 코리아협의회는 보훔에 있었던 반면, 아시아재단과 아시아 하우스는 에센에 있었다. "협의회가 수도 베를린에 있어야 할지 아니면 NRW이어야 할지 장소 결정에서 한동안 의견이 일치되지 않았어요. 많은 한인들이 노동이민 초창기부터 지금까지 NRW에 살고 있기 때문에 장소는 보훔으로 결정되었습니다."(인터뷰66)

"코리아협의회의 관심사는 한반도의 상황과 변화에 관심을 가진 여론에 정보를 제공하는 것, 국제적 신념의 촉구와 인권의 관철에 기여하는 것, 한민족의 통일을 위한 노력에 지원하는 것, 다문화적 이해와 독일인과 한국인의 동반자적 관계의 발전을 위해 봉사하는 것이다."(코리아협의회 홍보팸플릿)

그 누구도 배제된다는 느낌을 받아서는 안 되기 때문에 회원자격은 설정하지 않았다. 또한 코리아협의회의 활동은 KoKoKo에서 이루어져야 했다. "그것은 부분적으로 긍정적인 효과를 가져왔습니다. 왜냐하면 사람들이 회원에 완전히 묶여 있지 않으면서도 협의회의 활동에 영향을 줄 수 있었기 때문입니다. 협의회 활동이 확장됨에 따라 회원확보는 필수적인 것이 되었습니다. 그 밖에도 협의회의 힘은 회원 수로 평가되었습니다."(인터뷰 66)

협의회에는 상근직원과 자원봉사자가 있었다. 임원회는 봉사 차원에서 일하는 사람들로 구성되었고, 상근자들은 명확한 — 독일어·한국어판 잡지 등과 같은 — 업무에 투입되었다. "상근자 투입에 부정적인 면이 없지 않았지만 전적으로 긍정적인 면도 있었습니다. 예를 들어 10년간의 경험에 의하면 잡지 『코리아포럼』(Korea-Forum)의 편집부를 꾸려나갈 사람을 구하기가 매우 힘들었어요. 상근자가 투입되면서 잡지는 볼 만하게 되었어요. 아시아 하우스의 사무실에서 나오는 잡지들은 여전히 이미 나와 있는 것을 많이 제공하지요. 반면 『코리아포럼』은 새로운 글을 실었습니다. 상근자 활동을 통해 다른 영역에서도 협의회 일이 확장되었습니다. 이곳과 한국의 다른 조직들과 교류는 더 공식적이 되었고, 더 지속적인 것이 되었습니다. 과거에는 전혀 없었던 일입니다."(인터뷰66)

"상근직과 봉사직의 관계가 분명해져야 합니다. 상근직의 투입으로 봉사직의 활동이 실제로 줄어들지는 않았습니다. 하지만 사람들은 상근자들이 협의회의 모든 활동을 다 한다고 생각하기 십상이었습니다. 상근자들은 다시금 정확한 업무를 정의해야 합니다. 그리고 투명하게 제시해야 합니다. 그래야만 봉사로 일하는 사람들이 동기를 잃지 않을 수 있습니다. 봉사로 일하는 사람들은 고유의 영역에 필요한 확실한 결정능력을 갖추어야 합니다. 그러면 신속하게 활동을 이끌어나갈 수 있습니다."(인터뷰66)

의사결정과정과 활동방식은 중앙에 집중되어 있었다. "상황은 비판적이었어요."(인터뷰66) 첫 2년 동안은 일을 할 수 있는 임원회가 없었지만, 점차 임원회는 일할 수 있는 능력을 갖추어나가게 되었다. 처음 협의회의 활동은 열려 있었고, 상황이 변하면서 그와 함께 구속력 있는 구조가 갖추어졌다. 협의회는 모든 사항 — 예를 들어 고용주로서 면접 같은 것 — 을 공개적으로 결정할 수 없었다. 재정규모도 엄청나게 증가하였다.

코리아협의회에는 보이지 않는 합의가 있었다. 협의회의 목적에 맞고 빠르게 결정되어야 하는 분명한 사안은 의장 혼자 결정할 수 있었다. 예를 들어 한국인권 상황을 알리는 광고에 200마르크까지 기부하는 것을 결정할 수 있었다. 이 모든 것이 중앙집중화로 이어졌다. 미래에는 더 많은 토대가 만들어지고 결정은 임원회에서 내리도록 해야 할 것이다.

③ 활동과 업무의 종류

"실질적인 활동은 조직상 — 코리아협의회, 아시아재단, 아시아 하우스의 위원회 — 의 요구들 때문에 지금까지는 뒤처져 있었습니다. 지금 코리아

협의회는 실질적인 활동을 추진할 수 있는 능력이 갖추어졌습니다."(인터 뷰66)

주요한 실질적 활동은 다음과 같다.

첫째, 지금까지의 전통적인 한국관련 활동에 의문을 제기하고 그에 대해 논의한다.

둘째, '한반도 통일'을 주제로 한 회의와 세미나를 통해 코리아협의회 는 남북분단 상황에서 이념적 개방에 기여하려고 노력한다. 이를 위해 행 사에 예를 들어 남북한 사람들을 초대한다.

셋째, 남한과 북한의 인권상황을 다 다룬다. 이전의 한국관련 활동에 서는 남한의 인권상황만 다루었다. 북한에 대해서는 입장표명을 할 수 없 었다. 이제는 북한과의 교류가 용이해진 정치적 상황이 조성되었다.

넷째, 독일의 한인공동체는 코리아협의회와 아시아재단의 구성요 소이다. 개인적 관계를 통한 지적 대화 또한 이루어져야 할 것이다. 이와 관련해서 아시아재단과 아시아 하우스에 속한 사무실과 창립 회원단체 들—코리아협의회, 필리핀 사무실, 남아시아 사무실, 남동아시아 정보사 무실—은 지금까지 제각각 활동을 했고 활동의 구성이 아시아 하우스를 중심으로 이루어졌다(인터뷰66).

최근 코리아협의회는 1년에 4, 5회 『코리아포럼』을 독일어로 발간한 다. 앞으로는 한국어로 된 잡지도 출간할 계획이다. KoKoKo의 회람이 독 일어로 발행되다가 1993년부터는 독일어와 한국어판이 발행되고 있다. "두 개의 언어로 이루어지는 만남과 활동들은—말이든(KoKoKo에서 통 역과 함께) 글이든—ABP(Ausschuß für entwicklungsbezogene Bildung und Publikation, 개발도상국의 교육과 출판을 지원하는 독일개신교기금)로부 터 주목할 만하다고 평가받았습니다. 그래서 ABP는 이 프로젝트를 계속 재정적으로 지원했습니다."(인터뷰66)

코리아협의회는 이곳에 존재하는 지금까지 한국과 관련된 활동을 하던 한인단체들, 예를 들어 한국여성모임 같은 데와 함께 일한다. 코리아협의회는 점점 더 한인단체들 사이에서 상부조직이 아니라 통합을 위한 단체로 이해되고 있다.

과거에는 선교회나 천주교모임 같은 교회 단체와 기관들의 대표들도 KoKoKo에 참가했으니, 지금은 이 관계가 거의 끊어졌다. 이 관계를 다시 만드는 것은 바람직한 일이다.

아시아재단과 아시아 하우스가 탄생하면서 코리아협의회는 에센에 있는 아시아 하우스의 사무실과 긴밀하게 협력해서 일한다.

이런 한편으로 협의회는 한국의 조직들과 활발하게 교류했다. 수십 년간 — 코리아위원회를 통해 — 독일 내 한국관련 활동들은 교류와 지원 체계를 구축했다. 지금까지는 한국과 독일 사이에 내용에 관한 논의는 거의 이루어지지 않았지만, 이제는 다양한 행사들을 통해 내용의 교류는 물론이고 재정적으로 상호지원이 되어야 할 것이다.

뿐만 아니라 과거에는 여러 정치기관을 비롯해서 저명한 정치인들과 교류가 있었던 만큼 이 또한 다시 구축되어야 할 것이다(인터뷰66).

④ 재정조달

회비는 월 10마르크이다. 앞에서 언급한 것처럼 회원체계는 얼마 전에 도입되었기 때문에, 협의회는 체계를 통해서 운영되지 않는다. 그렇지만 회원들은 정기적으로 회비를 납부하며, 지금까지 월 약 500마르크의 기부가 들어왔다고 할 수 있다.

협의회는 다양한 독일기관들로부터 지원금을 받는데, 구체적으로 ABP, 에센의 쾨테 엘리자이트 재단(Käthe Eliseit-Stiftung), NRW의 AKE(Arbeitskreis der Entwicklungspolitik in NRW, 개발도상국 교육 프로그램 지원단체) 등이 있다.

상근자의 급여 등은 거의 전적으로 기관(예를 들어 ABP), 재단(에센의 라이흐바인 협회 Reichwein-Gesellschaft와 쾨테 엘리자이트 재단) 또는 ABM-Maßnahme(Arbeitsbeschaffungs-Maßnahme, 독일의 일자리 지원정책 중 하나)에서 지원되었다.

"처음부터 상근자에 필요한 재정확보가 어려웠습니다. 물론 그 사이에 필요한 재원의 일부가 장기적으로 보장되었지만, 앞으로 재정형편은 어려워질 수 있습니다. 장기적으로 협의회는 지속적이고 정기적인 기부를 충분히 받을 수 있어야 할 것입니다. 그것은 기부하는 사람들이 코리아협의회 활동에 관심을 가져야 한다는 뜻입니다."(인터뷰66)

⑤ 특수성과 성과

그동안 코리아협의회는 여러 영역에서 능력 있는 토론자 그리고 조직의 협력자로서 부분적으로는 성공적인 이력을 쌓았으며, 이 추세는 점점 강해지고 있다. 코리아협의회에 대한 한인단체들 — 한인교회들도 — 의 이해도 점점 높아지고 있다. 한국의 반정부진영에서도 인정을 받고 있다.

⑥ 문제점

"코리아협의회에 참가한 독일인들이 상상했던 것 중 하나는, 협의회가 과거에 한국과 관련된 활동에 참여했던 독일인과 한국인들이 모이는 공동의 운동단체가 되는 것이었습니다. 말하자면 코리아협의회는 베를린에 있었던 과거 유럽민회의 후신일 수도 있었지요. 하지만 분명히 한국인들에게는 그렇게 인식되지 않았습니다. 왜냐하면 독일인들이 토론을 지배했기 때문입니다. 바로 이것이 문제였습니다. 그래도 그 사이 이 문제가 절반 정도는 해결되었습니다."(인터뷰66)

협력활동에서 독일인과 한국인 사이에는 다음과 같은 어려움이 있었다. "과거에는 지금보다 어려움이 더 많았습니다. 과거에 한인 정치단체들은 망명자단체 같았습니다. 좀 과장해서 표현하면, 그들은 망명정부 세우는 것을 지상과제로 하는 것 같았습니다. 물론 당시에는 이것이 한국의 정치적 상황 때문에 정당성을 가졌지만 이러한 동기는 독일 내에서의 정치활동을 어렵게 만들었습니다. 한인들은 독일인들과 한국에 관해 토론하지 않았고, 그저 자신들 의견만 전달했습니다. 한인들이 여기서 산 세월이 오래되다 보니 어느덧 이곳이 고향처럼 되었지요. 그리고 독일에서 실현시키고 싶은 욕구도 생겼습니다. 예를 들어 1.5세대나 2세대와 관련해서지요. 하지만 좋은 협력활동도 있었습니다. 한인간호사들의 추방 위협에 반대하는 활동이 그렇습니다."(인터뷰66)

"대부분의 한인들이 독일어를 잘할 수 있음에도 불구하고, 한들이 권리 면에서 차별을 받고 있고 토론을 독일인들이 주도한다고 느꼈습니다. 아무래도 언어적 장벽이 있었던 것입니다. 모국어는 두번째 언어와는 달리 고유한 문화를 포함하고 있기 때문입니다. 그래서 두 개의 언어로 이루어지는 토론이 매우 중요합니다. 그것은 또한 상징적 성격을 가집니다."(인터뷰66; 1990. 3. 3 KoKoKo 토론)

"한국의 상황이 크게 변했습니다. 따라서 이곳의 한국관련 활동은 다시 정의되어야 합니다. 오히려 별로 변하지 않은 것은 이곳 한인들의 인식이라는 것이 제가 받은 인상입니다. 아직도 한국 상황을 군부시절의 경험을 통해서 보고 있다는 것입니다."(인터뷰66)

"코리아협의회에 대한 요구는 매우 다양합니다. 그렇기 때문에 실천하기가 어렵습니다. 관심을 갖고 있는 사람들과 조직들의 동기는 매우 다릅니다. 예를 들어 한인노동자연맹과 개신교 선교회는 별로 노력을 기울이지 않고 있습니다."(인터뷰66)

"인간의 대지(Terre des Hommes), 가톨릭과 개신교 단체들, 국제엠네스티, 정당들 등과 같은 다양한 독일조직들과의 관계가 끊어졌습니다. 한국의 상황이 변했기 때문에 독일단체들이 활동영역을 다른 데서 찾게 된 것이 유일한 이유일 겁니다. 이런 독일단체들과 달리 개인적으로 한국과 관련된 활동에 참여했던 독일인들은 그사이 자기 직업생활에 얽매이게 되었습니다."(인터뷰66)

⑦ 전망

내실 있는 토론이 활발하게 전개될 수 있는 분위기의 사무실이 존재한다. 지금까지의 한국에 대한 이해를 계속 실천으로 옮기는 방안을 비롯해서 새로운 조건에 관한 것을 주제로 해서 토론이 이루어지고 있다. 모든 방향—한인, 독일인, 교회, 비교회 등—에서의 기여를 받아들여야 할 것이다. 그럴 때 비로소 상호이해뿐 아니라 비판도 가능해진다. 나아가 협의회의 포괄적이고 더 넓은 업무들을 이끌어낼 것이다(인터뷰66).

3. 조직의 분석

3.1. 질문항목에 대한 부가설명

3.1.1. 조직설립의 동기와 계기

여기서 살펴보는 한인조직들의 설립에서 공통점은 독일사회에서의 고립을 극복하고 한국사회에의 소속을 분명히 한다는 점이다. 그리고 한인 이주의 초창기에는 현실적으로 많은 문제가 있었다. 이런 문제들에 자신들의 힘으로 접근하고자 한 욕구가 조직을 만드는 토대가 되었다. 이때 일부 단체는 직업―예를 들어 간호사 또는 광부 연합―을 중심으로 만들어지거나 특수한 주제―예를 들어 정치조직―를 중심으로 해서 만들어졌다.

친목은 관변단체의 설립에서 매우 중요한 요소였다. 관변단체의 설립에 한국으로부터의 직접적인 영향은 없었다. 다만 재독한인간호사협회는 예외인데, 이 경우에는 영사관이 공식적인 교류를 위한 조직을 만드는 데 관심을 기울였다.

교회의 경우 일반적으로 설립의 동기에 종교적 관심이 크게 작용했다. 그 밖에도 교회는 교인들이 정기적으로, 최소한 일요일 예배에 나올 수 있는 공간이었다. 이곳에 이미 조직되어 있는 교회가 한인교회의 설립에 도움을 주었다.

문화단체들은 1980년대와 90년대에 만들어졌다. 이 시기에 한인들의 체류는 법적으로 그리고 실질적으로 공고해졌다. 이와 같은 상황에서 한인들 사이에서 고유한 문화적 정체성을 강화시키고자 하는 욕구가 생겨났고 이런 요구에 상응하는 단체들이 생겨났다. 또 하나의 동기는 반정부 활동을 하는 한인들이 비정치적인 동포들과 함께 일하겠다는 욕구가 더욱 강해졌다는 점이다. 문화단체들은 독일과 소통하는 다리를 만드는 데 도움이 되어야 했으며, 이리하여 이 단체들은 이따금 혼합된 형태로 나타났다. 더욱이 세종학교의 경우 한국 지향적인 성향이 매우 강한 조직들과 학교로부터 탈피해 이곳 상황에 잘 맞는 한인교육 활동을 가능하게 만들려고 했다. 또한 한글학교와 문화조직의 설립목적은 처음부터 2세대 자녀들에게 한국문화를 알리는 데 있었다.

여성단체들의 설립동기는 각각 달랐다. 한인 간호사·간호조무사들의 친교를 목적으로 한 단체가 있었는가 하면, 이와 반대로 한국여성모임처럼 정치적인 주제를 동기로 해서 만들어져 모든 여성에게 열려 있는 단체도 있었다.

함부르크의 경우 여성들의 직업형태가 변하고 또 간호사가 아닌 여성들이 이주해 오면서 이 지역 간호사모임의 성격이 바뀌었다. 이 모임 역시 여성단체가 되었다.

반정부 정치조직들에는 특수성이 있었다. 이 경우 조직설립의 동기를 살펴보면 한국에서 일어난 결정적인 사건들로부터 큰 영향을 받았음을 확인할 수 있다. 그렇게 '유신'헌법이나 '광주학살'은 조직들의 설립계기가 되었다. 그 밖에도 이곳에서는 일부 한인 반정부단체들의 강한 영향이 두드러지는데, 이곳의 단체들은 일본의 선례를 따라서 혹은 그것을 둘러싼 논쟁을 통해 생겨났다. 한번은 일본의 영향을 허용하지 않으려는 의식적인(그러나 무익한) 노력으로 생겨난 조직도 있었다.

한독단체들의 사정도 이와 유사하다. 이 단체들도 한국의 정치적 발전에 도움이 되기 위해 만들어졌다. 그렇지만 이 경우 독일인 회원들은 '제3세계'에 더 관심이 많았고, 한인들은 독일인들을 자신들의 정치활동에 참여시키는 데 노력을 기울였다.

베를린의 한독문화협회(Deutsch-Koreanische-Kulturgesellschaft)는

독일통일의 산물이라고 할 수 있었는데, 구동독에서 북한과 관련된 활동을 하던 사람들을 모으기 위해 만들어졌다.

3.1.2. 오늘날까지 변천과정
3.1.2.1. 회원구조

조직에 가입한 한인들의 구성은 그 조직의 성격에 따라 다르다. 한인회나 직업을 가입요건으로 한 단체들은 한인들의 집단 중에서도 사회적으로 명확하게 규정되는 집단을 대상으로 한다. 이러한 조직들은 실용적으로 이 집단에 속하는 사람 모두 회원으로 간주하며, 그에 따라서 대표선출을 확정한다. 잠재적 회원들이 실제로 조직에서 활동하는지는 별개이다. 이와 달리 정치조직처럼 주제를 가지고 만들어진 조직은 회원의 범위가 명확하게 기술되어 있다. 가령 여성모임은 회비를 납부하는 회원에 한해서 투표권이 주어진다.

정치적 단체들은 설립 이후 회원이 줄어드는 특징을 갖고 있다. 그것은 부분적으로는 내부분열과 관련이 있고 또 한편으로 한국정치의 상황변화나 무관심과도 관계가 있다. 유사한 사례로는 과거 코리아위원회와 한독문화협회를 들 수 있다. 코리아협의회의 변천과정은 아직까지 예측할 수 없다.

교회의 교인규모는 각 도시에 거주하는 한인의 숫자에 따라 차이가 난다. 또 교인은 가족 단위로 이루어지는 경향이 있는데, 대체로 가족 중 한둘이 교인이기보다는 온 가족이 교인이거나 아닌 편이다. 나중에는 교인의 증가추세가 대부분 공동체 내부의 전개과정—예를 들어 분쟁—이나 늘어나는 교회의 숫자에 좌우된다. 문화단체의 회원규모의 변천과정은 본질적으로 다음 두 가지에 달려 있다. 우선 회원들 사이에 분쟁이 없고 내용적으로 좋은 활동이 긍정적인 발전을 가져온다. 또 하나는 각 문화단체의 한국사회에 대한 태도에서 나타난다. 어떤 단체가 정치적으로 반정부단체라는 인상을 풍기게 되면, 그것이 회원확대의 걸림돌이 된다.

두 여성모임의 회원수는 안정적이다. 베를린 간호사조직의 경우에는 회원규모를 정확하게 파악할 수 없는데, 그 이유는 활동에 초점이 맞춰져 있기보다는 잠재적인 회원까지 회원으로 간주하기 때문이다. 이것은 사회적으로 분명히 한인으로 규정되어 있는 집단을 대상으로 하는 단체들 모두에 해당된다. 일반적으로 이러한 단체들의 일상적인 활동은 소그룹 단위로 그때그때 회장을 중심으로 이루어진다고 할 수 있다. 실제로 활동하는 사람은 대부분 주제를 중심으로 형성된 조직들에 비해 적다.

3.1.2.2. 사회적 이력

일반적으로 관변단체는 남성이 지배적이고 주로 한인가정을 대변하는데, 이 한인가정들에서는 한국의 전통적인 가족구조가 훨씬 강고하게 자리잡고 있다. 하지만 간호사조직은 분명 예외이다. 자연스럽게 여성으로만 조직이 구성되어 있고, 비록 독일남자와 결혼한 여성이 유의미한 비중을 차지하고 있다 해도 다른 여성모임에 비해서는 확실히 그 비중이 낮다. 필자가 인터뷰한 관변조직의 지도부는 남자의 경우 거의 대부분 자영업자이고 여자의 경우 간호사였다.

교회의 경우 회원들의 사회적 이력은 지역상황에 따라 다르다. 슈투트가르트의 회원들 다수는 한독가정을 이루고 있고, 루르 지역에서는 한인가정이 주를 이룬다. 또 슈투트가르트의 여성들은 대부분 간호사이고 사회적 지위가 높은 남성과 결혼한 편이었다. 이에 비해 루르 지역은 (한인)남성들 대부분이 산업노동자 아니면 자영업자(가게주인 등)이다. 함부르크의 교회는 분열되었는데, 새 교회는 거의 한독가정의 여성들로 구성되어 있고 구 교회는 한인가정의 남성과 여성들로 이루어져 있다.

문화단체의 구성 또한 지역마다 다르다. 보훔은 한인가정을 이룬 남성 산업노동자가 지배적이다. 베를린은 전체 회원의 70퍼센트가 한독가정이며, 부부가 회원인 경우가 흔하고 대부분의 회원이 직업을 가졌고 적당한 소득 혹은 고소득이다.

정치적 단체들의 회원은 대부분 한인가정을 이루고 있는 남성들로서 주로 산업노동자, 가게주인 같은 자영업자 그리고 고학력 전문직 종사자 등이다.

여성모임의 회원은 대체로 한독가정을 이루고 있고 그들 남편 또한 대부분이 사회적으로 안정적인 위치에 있다.

모든 조직의 공통점이라면 회원의 자녀들이 실질적으로 수준 높은 교육(김나지움과 대학)을 받았다는 것이다. 이 점은 부모의 사회적 상황과는 무관한 것으로서 대부분 한인들의 가족소득이 평균 혹은 그 이상인 것으로 나타난다.

조직에 참여한 한인들은 대체로 일상생활에서는 독일인들과의 관계에서 별 문제가 없지만 광범위한 요구를 표현할 때는 여전히 언어적 장벽에 부딪히는 일이 잦았다. 이런 언어장벽은 한인가정의 남성들이 가장 크게 느낀다고 할 수 있으며, 또 한독가정의 여성들도 학문적 주제를 다루는 데는 언어적으로 어려움이 있다.

3.1.2.3. 정관과 결정구조

거의 대부분 조직이 창립과 함께 정관을 만들었다. 법적으로 협회등록을 추진할 것인지 여부는 조직 스스로 결정했다. 이른바 '관변'단체들은 반정부 정치모임들에 비해 협회등록을 하는 경향을 더 높았고, 교회는 대체로 우선등록이 되어 있는 편이다. 하지만 한인교회협의회의 창립에 이어 수립된 표준정관을 살펴보면 협회등록에 관한 포괄적 내용이 빠져 있다.

한마디로 협의회 내에서는 등록을 예외로 규정하고 있다.

정관에 의해 협회의 구성이 확정된다. 이것은 한국의 전통에 부합하는 것으로서, 유교적 전통과 관련이 있다고 볼 수 있다. 유교적 전통은 가치를 사회적 관계의 관점에서 설정한다. 이것을 조직에 적용해서 설명해본다면, 조직의 구성이 정확하게 규정되어야 하고 이러한 조직구성에 의해 협회 내에서의 사회적 관계가 정해진다.

협회의 회원자격을 둘러싸고 종종 갈등이 일어난다. 여기서 문제가 되는 것은 한국인을 어떻게 규정할 것인가 하는 점이다. 왜냐하면 한국 출신의 비교적 많은 사람들이 독일국적을 취득했기 때문이다. 대부분의 경우 정관에 한국 출신은 누구나 가입할 수 있다고 명시하고 있다.

교회의 경우 목사와 교인의 위치를 경계 짓기 위한 수단으로 정관이 도입되었다. 내부갈등을 거치면서 명확하게 규정할 필요성이 생겨났으며, 이러한 필요는 형식적인 규정도구인 정관으로 이어졌다.

모든 정관은 민주적인 의지에 따라 구성해야 한다는 요구에 상응한다. 이것은 등록협회의 경우 독일의 협회구조 관습을 따른 것이기도 하다. 등록협회를 제외하고는 모든 협회의 정관이 한국어로 되어 있다. 등록협회의 경우에는 최소한 독일어로 작성된 정관이 갖추어져 있다.

이와 같이 확정된 협회구조에 상응해서 활동이 이루어지고 있는지는 협회에 따라 다르다. 협회 내에서 회원들 사이에 분쟁이 있으면 정관이 특히 더 중요해진다. 관변단체들의 경우에는 상황에 따라서 심지어 독일법정까지 가기도 하는데, 협회가 등록을 하게 되면 이것이 용이해진다. 오늘날 모든 조직은 예전보다 정관에 더 주의를 기울이고 있다. 등록협회의 경우에는 그만큼 독일의 법과 규정을 의식적으로 존중한 것이라 볼 수 있고 혹은 통합에 대한 의지를 나타낸 것일 수도 있다.

관변단체의 경우 공식적으로 잘 다듬어진 정관을 갖추고 있지만 현실에서는 책임과 결정권한의 핵심에 회장이 있다. 교회의 경우에는 위계적인 구조로 되어 있는데, 이것은 한국의 관례를 그대로 답습한 것이다. 일반적으로 지도는 목사에게 달려 있지만, 노르트라인베스트팔렌 한인교회연합회의 다른 지위들은 하나의 예외이다. 정치적 단체들에서는 흔히 개인이 큰 역할을 하는데, 그에 따라 대체로 정관에 부합하는 결정과정을 도출하기도 하지만 정관과 배치되는 결정과정으로 이어지기도 한다. 그 밖에도 임원의 입장은 종종 신속한 결정권한을 통해 강화되며, 이 역시 정관에 상응한다.

한국여성모임의 정관은 주목할 만하다. 여기서는 의장에게 결정권한이 특별히 많이 주어져 있지 않은 데서 알 수 있듯이 조직의 탈집중화가 두드러진다.

각종 갈등은 조직 내에서 공개적으로 조정된다. 그렇지만 결정과정에서는 임원의 비중이 결정적인 역할을 하는 경향이 있다. 종종 갈등은 오랜 논쟁을 불러오기도 하는데, 논쟁을 통해서 갈등의 해결책이 제시되기보다는 조직분열의 단초가 생겨날 뿐이다. 하지만 한국여성모임의 경우 이러한 종류의 토론이 대부분은 유의미한 결과를 이끌어낸다. 한편 갈등을 공개적으로 해결하고자 할 때 갈등의 당사자들이 음모나 소문 같은 간접적 수단들을 사용하기도 한다. 주로 관변단체가 여기에 해당되지만 일부 반정부단체에서도 이런 일이 일어난다.

거의 모든 조직이 회의록을 상세하게 기록하고 있는 점은 특이할 만하다. 다만 관변단체의 경우 다른 단체들에 비해서 회의록 작성이 미비한 편이었다. 이것은 공식적인 역사서술이라는 한국의 전통이나 이상적인 교육이라는 관점에서 비롯된 것일 수 있다. 이처럼 기록은 특별한 의미를 가지는데, 그 형태는 회의록일 수도 있고 간행물일 수도 있다.

3.1.2.4. 활동과 업무의 종류 그리고 홍보활동

관변단체들은 강하게 한국에 초점을 맞춘 활동, 주로 친목활동을 이끌었다. 그러다 보니 한국 정치인들의 독일방문 프로그램에도 자연스럽게 이런 활동이 포함되었다.

또 관변단체들은 한국의 명절이라든가 재독 한인광부 25주년 기념일 같은 행사를 추진했다. 하지만 재독한인의 상황이나 한국에서 발생한 사건을 주제로 한 논의는 실질적으로 이루어지지 않았다. 물론 베를린 한인회 같은 일부 단체들이 출판물을 통해 한인들의 이해관계를 대변하려는 시도를 하기도 했다.

교회는 그 자체가 하나의 완전한 사회처럼 활동을 펼쳐나간다는 점이 특징이다. 예배활동에서 더 나아가 예를 들어 여성 및 청소년 활동을 꾸린다. 한마디로 교회의 활동은 넓은 범위를 포괄하고 있었다.

다른 조직들의 활동은 그 조직의 목표방향에 상응했다. 활동내용을 토론할 수 있는 세미나가 열렸고, 내부를 대상으로 하는 활동 그리고 홍보활동 — 문화단체는 문화행사, 정치단체는 주제 중심의 활동 — 같은 외부를 대상으로 하는 활동이 있었다.

한인조직들 사이에는 정기적으로 교류가 이루어졌지만, 누구와 교류하는지는 개인적 관계나 정치적 입장에 크게 좌우되었다. 독일 단체들이나 정부부처, 한국의 공식적 기관과의 관계는 조직마다 달랐다. 관변단체들은 거의 유일하게 한국 공식기관하고만 교류했다. 하지만 반정부조직들은 이런 교류가 전혀 없었다. 한인교회들은 이곳의 개신교 주(州)교회와 긴밀한 관계를 맺고 있었고 간접적으로는 한국의 NCCK와도 교류하고 있었다. 문화단체들은 독일단체들과 더 활발하게 교류하는 편이었다. 한국여성모임도 독일 단체와 기관들과 교류를 많이 하는데 개중에는 공식적으로 지원을 해주는 재단들도 있었으나 한국의 정부기관과는 교류가 없었다. 다른 여성단체들은 한국 공공기관을 비롯해서 독일의 기관들하고도 교류를 하고 있었다.

한국의 조직들과의 교류 역시 단체들 사이에 차이가 났다. 관변단체들은 자연히 한국의 관변단체들과 교류를 하는데, 재독한인연합회는 한국의 각종 체육회와, 재독한인간호협회는 대한간호협회와 교류하고 있었다. 그런가 하면 재독한국여성모임은 반정부적 여성노동자들이나 그 밖의 여성운동 단체들과 관계를 맺고 있다. 정치적 성격을 띤 단체나 문화단체들은 단체의 목표설정에 따라 그에 상응하는 한국의 단체들과 교류를 하고 있었다. 그리고 한 가지 특별한 점은 정치단체들의 경우 일본의 한인 반정부단체들과 교류한다는 것이다.

정치단체들과 여성모임들에서는 출판활동이 큰 역할을 해서 대부분의 간행물이 정기적으로 발행되었다. 코리아협의회도 여기에 해당되지만, 문화단체들의 경우에는 이런저런 발간 노력을 했지만 비교적 성공적이지 못했다. 베를린 한인회는 예외이지만 일반적으로 관변단체는 간행작업에 그리 큰 의미를 두지 않았다. 하지만 이러한 사정에 변화가 나타나기 시작했는데, 재독한인연합회는 출범과 동시에 잡지를 발행했다. 그리고 코리아위원회를 포함한 거의 모든 정치단체와 한국여성모임은 독일어판 간행물을 발간했다.

간호사단체와 광부단체가 서로 다른 변천과정을 보이는 것은 인상적이다. 간호사단체는 일터에서 단체가 사용할 공간을 확보할 수 있었던 데 비해, 광산업자들은 광부들에게 이러한 지원을 해주지 않았다.

관변단체를 제외하고는 모든 단체가 적극적으로 홍보활동을 했다. 홍보활동은 각 단체가 설정한 목표에 따라 이루어졌으며, 또 홍보활동은 정치적 단체들과 여성모임의 가장 두드러진 특징이 되었다.

3.1.2.5. 재정조달

회원의 회비로 재정충당이 가능한가는 조직의 구조에 좌우되었다. 잠재적 회원까지 회원으로 간주하는 조직들의 경우에는 회비를 정기적으로 납부하는 회원이 거의 없고 의장이 개인적으로 내는 돈이나 특별한 경우—예를 들어 체육대회나 축하행사—에 회원들의 기부로 재정을 충당했다. 이와 반대되는 성격을 가진 조직들의 경우에는 회원들이 정기적으로 회비를 납부했다.

조직들은 독일과 한국의 공공기관들로부터 지원금을 받았다. 각각의 조직은 자신들과 교류하고 있는 정부기관이나 조직들로부터 이런 종류의 지원금을 받았다. 그와 함께 대부분의 단체들이 예를 들어 축제에서 한국음식을 판매하는 등과 같은 방식으로 재정을 확보했다. 하지만 많은 회원들이 나이가 들어서 이런 식으로 활동자금을 마련하기가 어려워졌고 그에 따라 단체들의 재정상황이 악화되었다. 교회의 경우는 헌금이 중요한 역할을 한다.

수입은 각각의 조직이 설정한 목적에 맞게 사용되었다. 특히 정치조직들은 과거 그들의 돈을 자신들과 교류하고 있는 한국의 단체들을 지원하는 데 사용했다. 하지만 한국의 경제적 상황이 좋아진 후부터는 이런 지원은 거의 이루어지지 않고 있다.

모임에서 역할을 맡은 사람들은 거의 모두 자원봉사로 활동하고 있다. 심지어 관변단체에서는 의장이 조직을 위해 많은 돈을 쓰기도 하는데, 이것은 어떤 사회적 시선이 이와 같은 지위와 연계되어 있는지를 잘 보여준다. 사안에 따라서는 사례비가 지급되었는데, 출간물이나 한글학교 교사들이 그 예이다.

대부분의 단체들은 재정적으로 어려움을 겪고 있다.

3.1.2.6. 특수성과 성과

각 조직이 아직도 활동하고 있다는 점은 모든 조직의 공통된 성공이라 볼 수 있을 것이다. 흔히 활동은 어려운 환경 속에서 이루어진다. 낯선 나라에서의 삶, 여기에다 개인적인 상황을 안정시켜야 한다는 긴급함, 자금부족 등의 어려움이 있다.

문화와 관련된 활동을 하는 단체—문화단체를 비롯해서, 특히 여성모임—들은 한국문화를 이곳에 전파하는 데 큰 기여를 했다.

정치단체들은 독일 내 여론을 향해서 자신들의 입장을 소개하는 데서 성과를 이루었다. 뿐만 아니라 한국의 정치발전에 중요한 영향을 끼쳤다. 내부적으로는 각종 활동을 통해 회원들의 정치적 의식이 높아졌다.

여성모임들, 그중에서도 특히 재독한국여성모임의 활동은 여성들 스스로 강한 자기의식을 가지는 데 기여했다.

재독한국여성모임은 무엇보다도 탈집중화가 되어 있고 상당히 민주적으로 운영되고 있다는 특성을 갖고 있다.

교회는 분명 교인들에게 일종의 고향 역할을 했다.

많은 단체들이 2세대를 대상으로 하는 활동의 단초를 마련했다. 일반적으로 회원들은 한국의 전통과 문화가 2세대에게 이어지고 지속 가능해지도록 한다는 희망을 품고 있다. 이와 함께 이민자의 전형적인 상황이 드러난다.

어떻게 다문화 환경에서 고유의 문화를 유지시켜 나갈 것인가 하는 것은 이민자 개개인의 사회적 상황이나 정치적 지향과 관계없이 모든 이민자가 공통적으로 느끼는 문제의식임에 틀림없다. 이것은 결국 고유의 전통과 문화를 그와 다른 다문화의 틀 속에서 어떻게 발전시킬 것인가라는 물음에 관한 것이다.

3.1.2.7. 문제점과 갈등

관변단체의 경우 인간관계가 중요한 역할을 한다. 필자가 인터뷰한 어떤 사람은 이것은 한국인의 성향에서 기인한다고 보았지만, 이 분석은 상당히 애매하고 막연하다. 여기서 중요한 것은 관변단체에서는 사회적 지위와 의장직위가 상호 연계되어 있다는 점이다. 조직에서 오랫동안 활동하면서 자리를 잡은 사람은 사회적 지위를 획득할 기회를 가질 수 있다. 그러다 보니 관변단체에는 주로 이런 기회에 관심이 많은 사람들이 적극적으로 활동한다. 여기서는 한국처럼 나이를 기준으로 한 위계질서가 존재하지 않는데, 그 이유는 모든 회원이 대략 같은 시기에 이곳에 왔기 때문이다. 각종 갈등을 사적 차원으로만 해결하려는 것은 그러한 상황의 결과라고 볼 수 있다. 게다가 특수한 경우에 고학력 전문직 종사자가 자신의 사회적 우위를 이용하려 든다거나 조직 내에서 다른 한인들로부터 명성을 얻는 기회로 이용한다면, 상황은 더 악화된다. 고학력자와 다른 한인들 사이의 갈등은 관변단체에만 국한된 일은 아니다. 이런 종류의 갈등은 거의 모든 분쟁에서 — 적어도 잠정적으로 — 한몫하고 있다.

다른 — 특히 정치적인 — 조직들에서 사적 영역은 많은 갈등요소들 중 하나에 지나지 않을 뿐, 오히려 공동의 목표를 둘러싼 내부갈등이 더 많다고 볼 수 있다. 그리고 이런 조직들에서는 가장 첨예한 갈등의 경우 갈등 당사자들의 새로운 조직 설립으로 귀결될 가능성이 항상 존재한다. 하지만 이런 방식이 관변단체에서는 현실 가능성이 별로 없다. 왜냐하면 관변단체에서는 모든 권한이 최고위직에게 집중되어 있기 때문이다. 한국 대사관은 정치적 단체들의 성공적 활동에 방해가 되었다.

모든 조직이 후계자의 문제를 안고 있다. 2세대가 자기 아버지와 어머니가 만든 단체에 무조건 가입하지는 않는다. 이 문제와 밀접한 연관이 있는 것이 한인1세대가 노년을 독일 내 어떤 사회에서 보내야 할 것인가

하는 걱정이다. 모든 조직이 ─ 서로 다른 방법으로 ─ 차세대들의 참여를 통해 이 문제를 해결하려고 노력한다.

정치적 조직과 문화단체들은 회원들이 너무 많은 조직에 가입해 있는 것에 불만을 가지고 있다. 단체가 빈번하게 설립되고, 이렇게 신설된 단체들은 회원을 기존 단체들에서 확보한다. 그것은 조직의 활동 지속성을 방해하는 요인이 된다.

이념 지향적인 조직들은 서로 입장이 다름으로 해서 내부적으로 이런저런 갈등을 겪는다. 모든 조직에서는 회원의 개인적 상황 변화가 곧 그 회원의 조직이탈로 이어진다는 문제가 발생하고 있다. 예를 들어 가족이 있는 고국으로 돌아가는 회원이라든가 혹은 자신의 관심이나 활동의 중심이 바뀌는 회원 같은 경우이다.

교회의 경우에는 목사와 교인들의 관계가 항상 문제이다. 독일에서는 목사와 교인들의 갈등이 특히 심각하다. 그 이유의 하나는 이곳 교회들의 대부분이 목사에 의해 만들어지지 않았기 때문이다. 또 하나는 많은 교인들이 이곳의 방식, 즉 목사와 교인의 관계설정이나 그로부터 습득하게 된 모습들을 지향하기 때문이라는 것이다. 교인들은 교회의 일에 대해 목사와 똑같이 중요한 발언을 할 수 있다고 생각한다. 그러나 목사들은 대부분 한국에서 왔기 때문에 갈등이 일어날 여지가 있는 것은 분명하다.

마지막으로, 독일인과 한국인이 함께하는 조직들에서의 갈등에 대해 살펴보겠다. 사람들은 여전히 제각기 다른 소리를 낸다. 혹은 침묵한다. 여기서는 아마 양자가 조직의 활동에 대해 ─ 토론을 하거나 그 배경을 밝혀서 ─ 분명한 생각을 가지고 시작하지 않았다는 점이 갈등의 원인일 것이다. 양자의 공통분모를 찾아내는 경우가 드물었는데, 그것은 애초에 갈등의 요소가 어디서 비롯되었는지가 불분명했기 때문이다. 그리고 언어의 문제는 이런 상황을 더 악화시켰다.

3.1.2.8. 전망

많은 조직이 재독한인들의 삶에서 중심이 될 수 있는 공간을 마련하고 싶어한다. 그 공간이 때로는 노인요양원일 수도 있고 또 때로는 조직 내에서 청소년모임들을 위한 센터일 수도 있다. 사람들은 자기가 소속된 조직 속에서 적절하게 형성된 노년의 환경을 희망한다. 또 2세대가 한국의 문화와 언어를 접할 수 있는 기회를 가지면서도 동시에 이곳에서 정치적으로 적극적으로 활동했으면 하는 바람이 있다. 모든 단체가 더 많은 공적 지원을 기대한다.

정치적 단체들과 한국여성모임은 외국인 적대와 관련해서 정치적 환경이 변화하고 있는 데 큰 주의를 기울이고 있다. 한국여성모임은 외국인들의 사회적 참여가 더 많아지고 활발해질 수 있어야 한다고 주장한다.

공공기관의 재정지원을 기대하면서 전문분야의 지위를 획득하고자 하는데, 특히 문화단체들이 이런 생각을 가지고 있었다. 하지만 한국여성모임 내부에도 이런 생각이 있었다.

한국인과 독일인의 협력활동은 특별한 요소이다. 이런 활동이 과거에도 있었고 지금도 이루어지고 있다. 그외에도 코리아협의회나 코리아협력회의에서의 활동이 있는데, 여기서 활동은 상호 협의된 행동들로 제약되었다. 분명한 생각의 교환과 진정한 상호적 영향은 일어나지 않았다. 그것은 지금까지도 문제이고, 또한 잘못된 이해를 만들어낸다.

이 양쪽 집단에 자기 모국어로 이야기할 수 있는 기회를 주기 위해 코리아협력회의에서 통역을 투입한 것은 문제해결을 위한 하나의 시도이다. 문서들은 두 개의 언어로 번역해서 발송되고 발간되었다. 이를 통해 한국에 관한 활동을 놓고 한국인과 독일인 사이에 진정한 생각의 교환이 이루어지는 등으로 개선되어 나갈 수 있다. 이것은 미래를 위해서 매우 중요하다.

3.2. 개인적 삶의 조건과 한국사회가 조직에 끼친 영향

3.2.1. 한국과 독일의 관계

한인조직들은 독일 속의 한국인으로서 이민자의 상황을 고스란히 반영하고 있다. 조직과 그 조직의 발달과정은 회원들이 독일에서 처해 있는 사회적 상황과 부분적으로 밀접한 관계를 가진다. 간호사나 광부들이 이곳에서 단체를 만들었을 때 그 설립과정은 이곳 한인들의 직업환경으로부터 영향을 받지만 단체의 발전과정은 이민이라는 현실과 연관되어서 전개되었다. 이곳의 상황 속에서 관변단체들의 경우에는 의사결정과정에 한국적 형식의 영향이 강하게 나타났는데, 이른바 인물 중심으로 결정이 이루어진다는 것이다. 뿐만 아니라 여기에는 한국 정부기관의 영향력이 분명히 행사되었다. 반정부 정치단체인 노동자단체들은 이곳의 사회적 문제와 관련된 활동을 적극적으로 이끌었다. 그럼에도 불구하고 모든 정치적 단체가 한국의 정치적 상황을 가장 중요한 관심사로 삼고 있다. 한국에서 발생하는 사건이나—한국의 정치적 상황으로 인해—일본 한인단체에서 일어나는 사건들이 단체의 변천과정에 영향을 준다는 것은 분명하다. 또한 정치적 단체들에는 한국 정부기관의 얼마간 부정적인 영향이 두드러지는데, 예를 들어 단체들이 공산주의자로 낙인찍히는 경우가 그렇다. 하지만 최소한 재일한인들의 영향력을 떨쳐내고, 코리아위원회나 코리아협의회를 통해서 독일인들과의 협력활동을 뛰어넘어서 독일과의 연결고리가 생겨나게 되자, 단체들은 이곳 삶의 상황으로부터 영향을 받으면서 발전해 나갔다. 그러나 교회들의 경우에는 크게 두 부류로 나눌 수 있다. 하나는, 한국식 조직의 전통으로부터 강하게 영향을 받기는 했지만 그런 가운데서도 교인들 사이에서 교회의 전망에 관한 논쟁들이 이루어지고 있었다. 또 하나는, 한국의 전통과 다른 방식으로 설립된 교회는 법적으로 협회등록으로 이어졌고 이를 통해 이곳의 법과 연결되었다. 그리고 이 경우에는 EKD와의 교류라는 특성을 지녔다. 여성모임들 역시 다양한 사회적 상황으로부터 영향을 받았다. 함부르크의 여성모임은 처음에는 간호사단체로 만들어졌으나 회원들의 사회적 조건이 변화하면서 여성모임의 성격을 띠어나갔다. 그런가 하면 한국여성모임은 처음부터 정치적인 이유들이 모임의 설립근거가 되었다. 또 베를린의 조직은— 한국의 상황과 달리— 간호조무사들을 의식하고 조직되었다.

이상 살펴본 조직들이 한국과 이루어지는 교류는 앞서 언급한 한국의 영향을 비롯해서 한국과의 연결 정도에 상응한다. 이러한 영향이나 연관은 또한 재정조달에서도 드러나는데, 이곳 독일에 더욱 초점을 맞추는 조직일수록— 이미 살펴보았듯이— 독일 기관이나 조직들로부터 재정적 후원을 더 많이 받게 된다. 그와 더불어 이곳의 생활환경과의 통합도 이루어진다. 예를 들어 독일통일 이후 루르 지역으로 이주의 물결이 흘러들면서 공적 자금이 부족해지자, 이것은 한인단체들에도 영향을 끼쳤다.

이슬람의 조직들이 지닌 특성과 비교해 보면, 독일 내 한인조직들 가운데 근본주의적 조직은 존재하지 않는다. 근본주의적 조직은 한국의 전통과도 맞지 않는데, 사회이론으로서의 유교는 사회적 관계나 갈등의 규칙을 만들어내기 때문이다. 유교는 실질적으로 절대적 지위를 관철시키지 않는다. 유교는 종교가 아니다. 한국사회에서는 불교와 샤머니즘이 나름대로의 역할을 담당하고 있다. 그리고 두 종교의 틀 안에서 이루어지는 종교적 생각들은 믿음을 가진 사람에게 절대적인 요구로 귀결되지 않는다. 또한 독일사회의 종교적 생각도 근본주의적인 신념을 만들어내는 권위적 영향력을 행사하지 않았다.

독일 내의 정치조직들은 한국의 정당들과 관계를 맺고 있지 않았다. 그 이유는 이 조직들은 제도권 내의 정당으로 조직되어 있지 않은 이른바 재야의 반정부단체들과 오히려 연대감을 가져왔고 지금도 그러하다. 또

독일 속의 한인 그리고 한인조직

한 한국 정당정치의 스펙트럼은 인물 중심으로 빈번하게 재편된다는 특징 때문이기도 하다. 그렇다고 해서 독일의 정당시스템이 유의미한 영향을 주었던 것은 아니다. 이러한 것은 독일 내 정치적 활동이 한국과 결합된 정도를 보여준다.

재독한인의 상황에 관한 의식적인 논의는 조직마다 조금씩 다르다. 그리고 이러한 논의는 조직의 목적을 지향하는 선상에서 이루어진다. 정치조직들 쪽에서는 한반도 분단이라는 현재적 상황 때문에 독일통일과 더불어 독일의 사회제도, 예를 들어 법치국가나 민주주의 등에 관한 논의가 중요한 의미를 가지게 되었다. 여성모임을 비롯해서 문화단체와 교회는 재독한인들의 상황을 적극적으로 다루었다. 이 단체들은 재독한인의 상황을 주제로 한 세미나를 개최한다거나 대외적으로 한국문화를 홍보했다. 이에 반해 관변단체들의 사회적 활동은 한인사회의 내부나 한국과의 교류에 국한되어 있었다. 직업을 기준으로 만들어진 관변단체들의 경우에도 이것은 마찬가지였는데, 재독한인의 상황에 대해 실질적인 논의가 이루어지지 않았다.

한인조직들에 소속된 모든 회원의 활동영역과 희망은 결국 한국 출신으로 독일에 살고 있는 사람으로서 한인의 상황에 대한 실질적인 논의가 이루어질 수 없다는 것을 보여준다. 2세대의 삶의 조건 같은 것이 그런 문제이다. 이곳에서는 청소년들이 한국문화와 자신들이 연결되어 있다고 느낄 것이라는 기대가 지배적이다. 이와 함께 이민자라는 상황으로 인해 발생하는, 그렇기 때문에 청소년들이 이곳 사회의 삶에 빠져들 수밖에 없다는 문제가 이야기된다.

하지만 접근방식은 다양하다. 일부에서는 부모 자신들이 그랬던 것처럼 자녀들을 한국적인 상에 따라 양육하려는 직접적인 시도가 있다. 또 어떤 부모들은 자녀교육의 확장이라는 측면에서 자녀들에게 한국 문화와 언어를 전해 주고자 노력한다. 이것은 부모가 한인부부인지 한독부부인지에 따라 다르게 나타난다. 한인부모의 경우가 전자의 성향을 나타내고 한독부모가 후자의 성향을 보인다. 그럼에도 부모집단 모두가 자녀의 대학교육에 가치를 두고 있다. 물론 앞의 이런 성향차이는 경향성일 뿐이지 전부가 그렇다는 것은 아니다. 그 한 가지 사례가 베를린 세종학교이다. 세종학교의 설립은 한인들의 입장이 한국에 대한 이해와 이곳의 생활사정 모두로부터 영향을 받았다는 것을 보여주는 실례이다. 교육에 대한 열망은 한국적(유교적) 전통의 일부이다. 그리고 사회적으로 다양한 위치에 있는 모든 한인들이 한국과 비교해서 일반학교나 대학의 진입문턱이 낮은 점을 자녀교육에 잘 활용하였다. 하지만 부모가 가지고 있는 한국적 상이 자녀에게 얼마나 전달되는가 하는 것은 그 부모가 독일의 생활상황과 사적으로 얼마나 밀접하게 연결되어 있는지에 달려 있다.

마지막으로 언급할 것은 아마 한인들의 조직적 활동이 독일의 상황으로 관심을 돌리는 데 결정적인 지점이 될 것이라는 점이다. 그렇기 때문에 특히 한국여성모임이 이곳에 살고 있는 회원들의 생활상황과 관련된 주제를 다룬다는 점이 두드러진다. 여성모임 회원들의 개인적인 생활상황을 들여다보면 독일사회 속에 깊숙이 편제되어 있다. 간호사 직업을 가졌기 때문에 독일어 구사능력이 뛰어나고, 상당수가 독일에서 대학교육을 받았는가 하면 대부분이 독일남자와 결혼했다.

이것이 의미하는 바는 다음과 같다. 개인의 삶과 조직의 삶은 독일과 한국 그리고 이민과정의 결과 사이에서 진행된다. 조직에 대한 관심이나 욕구는 한국 출신이 이곳의 생활상황 그리고 그를 통해 형성된 새로운 상황에 부딪히면서 생겨난다.

재독한인들은 이곳의 정치와 법 시스템을 광범위하게 받아들였다. 심지어 정치활동을 하는 한인들과의 인터뷰에서도 이 시스템에 대한 찬사

를 흔히 들을 수 있었다. 한국과 가장 강력하게 연결되어 있는 관변단체
들 역시 별반 다르지 않게 이곳에 규정되어 있는 법적 형식인 '등록협회'
(eingetragener Verein, e.V)를 받아들이고 활용했다. 그렇지만 여성모임 계
열에서는 이곳의 공적 생활이 관료주의적으로 변하는 것에 대해 분명하
게 비판하고 있었다.

3.2.2. 동질화, 동화 그리고 통합

이러한 긴장지대에서 한인들 개개인의 삶의 상황이 펼쳐졌다. 이와 함께
이곳 생활환경과의 연관성이 서로 다른 강도로 나타난다는 것을 확인할
수 있었는데, 독일어를 잘하는 전직 간호사와 아직 광부로 일하고 있는
한 남성이 이 사례에 해당할 것이다. 전직 간호사는 이곳에서 대학을 졸
업하고 독일남자와 결혼했고, 한인광부는 완전히 한인가정을 이루고 있
다. 두 사람 다 이곳의 한인사회와 관계를 맺고 있지만, 동질화 과정 그러
니까 한국적 환경과의 일방적 관계는 삶의 조건이 서로 다름으로 해서 일
어나지 않는다. 여기서는 전체 재독한인의 숫자와 비교해 볼 때 한독가정
의 비율이 상대적으로 높다는 것도 한몫을 한다. 그렇지만 공부하러 독일
유학을 온 한인들은 학업이 끝나면 돌아가야 하기 때문에, 이에 의한 사
회적 동질성이 분명 존재했다. 이곳에 계속 거주하고 있는 고학력자들은
특정한 범주로 국한되어 있는데, 외국인노동자로 독일에 와서 대학교육을
받은 사람들 아니면 정치적 망명을 인정받은 사람들이었다. 하지만 정치
적 망명자집단은 대부분이 전문가로 취업할 기회를 얻지 못해 큰 어려움
을 겪는다.

한인들의 단체가입은 그들이 자신들이 태어난 한국과 계속 현결되고
싶어한다는 것을 보여준다. 따라서 개인적·정치적·문화적으로 독일사회
로의 총체적인 편입이라는 측면에서는 완전한 동화라고 이야기할 만한

수준은 아니다. 그럼에도 다양한 수준에서 동화가 이루어지고 있는데, 이 동화는 이곳의 생활상황과의 연결 정도 그리고 이곳의 상황이 한인들에게 끼치는 영향이라는 의미 속에서 존재한다. 하지만 여기서 매우 뚜렷한 차이가 나타나는데, 이 차이는 한국여성모임에서부터 반정부단체들에 이르기까지 광범위하게 드러난다. 한국여성모임의 회원들은 독일사회에 강하게 편입되어 있고 조직 내에서도 주로 재독한인으로서 자신들의 삶에 대해 논의한다. 정치적 단체들은 거의 전적으로 한국의 상황과 밀접하게 연결되어 있다. 그럼에도 회원들은 자신들이 이곳에 살고 있기 때문에 오히려 한국의 상황에 대한 자신들의 관심과 한국에 관한 정보를 얻을 기회가 많아졌다고 증언했다(인터뷰 1; 22; 26). 한인교회가 비교적 일찍 만들어진 이유는 독일이 종교적으로 기독교의 영향권에 있는 것과 관련 있을 것이다. 그렇기 때문에 EKD를 통한 조직 차원의 지원이 가능했다.

3.2.3. 한국의 영향과 독일의 영향

정관을 갖춘 단체들에 대해 한국정부는 공식적으로 재정지원을 하고 있었고, 이를 통해 정부와 단체의 정치적 관계가 강화되었다. 하지만 회원들은 더 많은 지원을 원하는데, 기대한 만큼 풍부한 지원이 없는 것은 자신들의 사회적 신분이 노동자인 데 그 원인이 있다고 생각한다. 1995년 김영삼 대통령의 독일방문 때 본의 한국대사관은 항의서한을 받았다. 왜냐하면 대사관이 한인 관변단체의 대표들에게 적절한 대우를 하지 않고 마치 무시하듯이 대우했기 때문이다.[254]

재독한인들이 독일사회에 끼친 영향을 정확하게 평가하기는 어렵다. 수적으로 한인이 많은 편이 아니기 때문에 이 영향이 제한적일 수 있다. 그렇지만 사형선고를 받은 김대중의 구명운동을 중심으로 한국인과 독일인 정치단체들 사이에 연대가 이루어졌고, 이와 더불어 독일의 한국관련

정책에 일정한 영향을 끼쳤다. 그리고 동일한 종류의 연대와 영향이 다른 사건에서도 있었는데, 한국에서 일어난 간첩사건이라든가 북한이 계획한 해외교민들의 북한방문에 참여했던 재독한인들에 대한 법률위반 조치가 그 사례이다.

독일 공공기관의 한인조직들에 대한 공식적인 지원은 상당히 제한적인 범위에서만 이루어졌다. 그래도 — 규모가 작은 — 공공기관들에서는 지원요청을 받아들이기도 했지만 이런 지원들도 부분적으로는 독일통일 이후 늘어난 공공사업 등으로 인해 줄어들었다. 독일통일 후 외국인에 대한 적대적 흐름도 한인들의 의식에 부분적으로 영향을 주었을 뿐 아니라 일부 사람들에게는 한국으로 돌아가기로 결심을 굳히는 계기가 되었다. 또 한편으로 통일은 코리아협의회라는 틀 속에서 북한과 교류하고 있던 동독 출신들과 관계를 트는 기회가 되었다.

3.3.   시기구분

조직의 변천과정은 시기별로 크게 세 단계로 나눌 수 있다. 첫번째 시기에는 근본적으로 한인들 간의 교류가 하나의 틀 속에서 조직되고 일종의 한국식 삶이 형성되었다. 노동자연맹의 한국 양념과 식재료 재배라든가 간호사들이 퇴근하고 모여서 한식요리를 한 것이 여기에 해당된다. 그다음 두번째 시기를 살펴보면, 구조가 단단해지고 활동은 단순한 만남 이상으로 확장되었다. 그렇지만 구체적인 활동은 조직에 따라 그리고 그 조직이 한국과의 관계설정에 따라 달랐다. 그 밖에도 관변단체들이 한인사회의 중심 역할을 하고 있었다. 시간 측면에서는 이 시기를 일률적으로 구획할 수 없는데, 그것은 이민의 역사가 너무 다르기 때문이다.

그렇지만 1970년대 말 체류연장을 둘러싼 투쟁은 뚜렷하게 하나의 분기점이 되었다. 이 투쟁의 승리 이후 조직적 활동의 세번째 시기가 시작된다. 이를 계기로 해서 비로소 조직들은 활동의 중심을 자신들의 삶의 터전인 이곳에 두게 되었다. 그럼에도 조직에 따라 서로 강도는 달랐지만 한국과의 연관성에는 변함이 없었다. 아무튼 한인들과 그들의 조직들이 투쟁을 통해서 독일사회에서 일정한 공간을 확보한 것은 분명하다. 이것은 특히 한국여성모임에서 또렷하게 나타났는데, 이러한 논의를 통해서 단체가 생겨났고 주로 이곳의 생활상황을 다루었다.

3.4. 조직의 네트워크

한인조직의 특징이라면 다양성이 매우 강하다는 점이다. 조직체계상 상부구조가 있는 곳도 있었지만, 그것은 관변단체들에만 해당되었다. 이러한 다양성은 부분적으로 정치적 노선 차이에서 비롯된 것이다. 정치적인 입장차이 때문에 모든 조직을 하나의 상부조직을 중심으로 재편할 수 없었다. 또 한편으로 한국의 전통이 그 원인일 수도 있다. 전통적으로 한국인들은 사적인 관계로 매우 강하게 얽혀 있는데, 이런 사적 관계가 상부조직과 배치된다. 그렇지만 이러한 전통은 비공식적인 협력활동을 이끌어낸다. 그 예로는 코리아협력회의와 매년 광주민중항쟁을 기념하는 오월민중제를 들 수 있을 것이다. 이와 관련해서 수시로 새로운 조직이 만들어지는 현상에도 주목할 필요가 있는데, 사적인 갈등이 종종 분열과 새로운 조직설립으로 이어졌다. 그렇기 때문에 상부조직이 바람직한가라는 물음은 성립하지 않는다. 상부조직 자체가 불가능하다.

조직상의 문제에 대한 이해보다 개인에 대한 이해가 더 컸다는 점은 관변조직의 '잠재적' 회원이라는 개념을 잘 설명해 주기도 한다. 형식적인 가입설명보다는—대체로 훨씬 더—도시 내에서 혹은 직업인모임 내에서 사적 공통성에 의존하고 있었던 것이다.

재독한인의 상황과 한국의 현실은 다음 세 가지 특수한 요소를 만들어냈다.

　우선, 이 같은 상황은 한국 밖에 사는 한인들 사이의 교류를 만들어냈다. 여기서는 재일동포 사회의 영향이 특히 컸는데, 일본 한인사회는 그 역사가 길고 경제적으로 안정되어 있었기 때문이다. 이들은 정치적인 발달 속에서 한국의 엄혹한 법적 제재로부터 벗어나 있으면서도 한국과의 공간적 인접성 때문에 한국의 문제와 피부가 맞닿을 정도로 연결되어 있었다. 하지만 이들 스스로 한국정부에 비판적이었기 때문에 반정부적 해외교민들을 자신들의 지휘 아래 정치적으로 하나로 묶는 데 관심을 기울이고 있었다.

　또 하나는, 한국 내 조직들과의 교류 문제를 들 수 있다. 반정부진영 내부에서 이런 교류는 상당히 어렵다고 할 수 있었는데, 한국에서도 조직이 순식간에 만들어졌다가 분열해서 또 새로운 조직이 만들어지는 경향이 있었기 때문이다. 한국정부의 억압적인 정책이 이런 경향을 강화시키는 면도 있었다. 하지만 지금은 상황이 좋아져서, 여성단체와 노동조합 혹은 환경단체와의 교류는 그런 대로 안정이 되었다. 일회성 교류는 늘 이루어지고 있고 관변단체들은 공식적인 교류를 해나가고 있다.

　마지막으로, 북한과의 교류를 들 수 있다. 북한문제는 언제나 강력한 금기이다. 한편으로는 정치적 불명예(예를 들어 '빨갱이')를 만들어낼 수도 있고, 또 한편으로는 한국의 법에 따라 법적 제재가 뒤따를 수도 있다.

3.5.　계속되는 고민

동화(Assimilation)는 이민자들이 이주한 사회에 일방적으로 순응하는 것을 의미하고 통합(Integration)이 이민자들과 이주사회의 활발한 상호작용을 뜻한다면, 한인 이민자들에게 동화는 일어나지 않았다. 서로 정도의 차이는 있지만 독일사회가 이민자의 이해관계와 삶의 상황에 항상 의미 있는 영향을 끼친 것은 분명하다. 이런 한편으로 한국과의 지속적인 연결이 확인되고 있다. 이것이 2세대에게 어떤 변화를 가져다주리라고 기대할수는 없지만, 물론 좀 다른 측면이긴 하나 한국문화를 2세대에게 전달하고자 하는 1세대의 노력이 적어도 부분적으로는 성과를 얻었다. 그에 비해 인터뷰53에서 확인할 수 있듯이, 2세대는 자신을 훨씬 더 이 사회의 일부로 인식하고 있다. 그렇다고 해서 이런 인식이 곧 자신이 생각하는 전통에서 한국적인 부분을 포기했음을 의미하지는 않는다. 충분히 가치 있는 이곳 사회의 구성원이라는 자격 그리고 한국적 기원과 전통은 서로 보완작용을 한다. 이 과정에서 이곳 사회도 영향을 받는다. 이것이 다름 아닌통합인 것이다.

이 점은 여러 조직들을 살펴보면 분명해진다. 한국과의 연관성이 조직에 따라 서로 다른 만큼, 독일사회와의 관련성 정도도 서로 다르다. 하지만 한국과의 연관성만 있는 단체도, 독일과의 연결 일변도인 단체도 존재하지 않는다. 관변단체는 법적 협회등록을 자신들 활동의 일부로 받아들였고 반정부단체들 역시 독일의 대(對)한국 정책에 영향력을 행사하려고 노력하였다. 그리고 한국여성모임도 한국의 상황과 관계있는 활동을 해오고 있다. 한국여성모임이 다른 단체들보다 훨씬 더 의식적으로 이민자로서 이민자의 상황에 깊은 관심을 기울였지만 그러면서도 한국의 상황에 대해서도 끊임없이 신경을 쓰고 있다.

한마디로 이민자들의 이곳 사회와의 통합을 향해 진일보해 나가면서도 통합과정이 한국과의 연관성을 완전히 잃어버리는 방향으로 나아가지는 않았다. 그렇다면 여기서 이런 물음을 던질 수 있다. 이민자들이 자신들의 출신과 연결된 단체 속에서 조직됨으로 해서 사회로부터 분리와 분파가 생겨나지 않는가 하는 것이다. 그런데 이 물음은 잘못된 것일 수 있다. 여기서 소개한 조직들 대부분은 이곳 독일에서 일상적인 면을 성취하고자 하는 이민자 개개인을 뒷받침해 주었다. 이 과정에서 조직들은 독일 사회로의 동화를 촉진시켰고, 부분적으로는 동화를 가능케 하는 단초가 되었다. 회원들은 조직 내부적으로 상호부조를 통해 처음 이곳에서 삶의 터전을 만들어나갈 수 있는 힘을 얻었다. 게다가 타국 출신이라는 동질성을 바탕으로 해서 생겨난 단체들만이 바로 그 나라에서 온 이민자들이 어려움을 극복하는 실질적인 도움을 줄 수 있다. 여기서 어려움이라면 언어적인 것일 수도 있고 전체적인 '문화'에서 비롯된 것일 수도 있다.

통합의 수준은 조직에의 소속보다는 전체적인 삶의 상황에 의해 규정된다. 조직에 소속된다는 것은 우선 이러한 삶의 상황과 연결되어 있다고 볼 수 있다. 한인여성들의 예가 이것을 특히 잘 보여준다. 한인여성들은 자신들에게 간호사라는 직업을 넘어 진정으로 바람직한 통합의 가능성들이 주어졌기에 한국여성모임과 같은 조직을 만들 수 있었다. 이들의 입장에서 볼 때, 한국여성모임은 이곳의 사회조직과 매우 밀접하게 연계되어 있다. 이에 여성모임은 두번째 단계로 회원들이 이곳 사회와의 통합을 계속 촉진할 수 있다.

한편 독일사회가 이민자들이 자신들 고유의 기원과 전통 그리고 그와 연결되어 있는 단체들에 대해 자각하는 것을 적대시한다면, 이것은 반작용을 불러올 수도 있을 것이다. 그리고 그 결과는 예상하기 어려운 미래 그리고 갈등과 함께 나타나는 진짜 분열일 수도 있을 것이다.

1) 『유로신문』 7호, 1994. 1. 31 참조.

2) 『유로신문』 2호, 1993. 11. 1.

3) 인터뷰52의 평가; Weiße 1993, S. 34 참조.

4) 『베를린 한인회 회보』 1993. 5, 9쪽.

5) 『유로신문』 18호, 1994. 10. 29 참조.

6) Die Deutsch-Koreansiche Gesellschaft Hrsg. 1988, S. 7.

7) 인터뷰61; 『유로신문』의 협회활동에 관한 기사 참조.

8) 글뤼크아우프는 광부들이 갱도로 내려가기 전에 하는 인사로, 무사히 위에서 다시 만나자는 행운을 기원하는 독일어 인사임-옮긴이

9) 1994년 4월 30일 협회 20주년 연대기

10) 협회 연대기.

11) 협회 연대기.

12) Nestler-Tremel 1985, S. 98 참조. 상세한 내용은 이 책 3부 2.1.1.5. 참조.

13) 협회 연대기.

14) 『재독한인교회협의회 회보』 9호, 1984. 6. 1.

15) 인터뷰62는 남부독일 지역의 담당목사였으며, 지금은 교회협의회의 회장이다.

16) 『유로신문』 1994. 2. 22.

17) 『협의회 회보』 1권, 1984. 6. 1, 50쪽.

18) 『교인수첩』 1992, 2쪽; 『뒤스부르크 한인교회 회보』 1983.

19) 『흐름』 30호, 1991, 9쪽.

20) 같은 곳.

21) 인터뷰37. 당시 문의를 받은 목사인데, 그는 디아코니의 대표가 한인들에게서 얼마나 큰 인상을 받았는지를 기억하고 있었다.

22) 『흐름』 30호, 1991, 9쪽.

23) 같은 곳; 인터뷰37.

24) 『흐름』 30호, 1991, 9쪽.

25) 같은 곳.

26) 같은 책, 10쪽.

27) 『역사적 개요』(Der geschischtliche Abriß) 1991, 6쪽.

28) 같은 책, 5쪽.

29) Nestler-Tremel/Tremel 1985, S. 115f.

30) 인터뷰20; 『흐름』 1991, 12쪽에 대한 분석.

31) 인터뷰12; 『재독한인교회협의회 회보』 1984, 55쪽.

32) 인터뷰37; 『흐름』 1991, 11쪽 이하; 『한국여성모임 회보』 12호, 1990, 21쪽 이하; *Frankfurt Rundschau* 1968. 12. 2 참조. 그렇지만 지금까지 한국에는 이 돈으로 설립된 병원이 없다. 사람들은 이 계획 그리고 전체 자금과 함께 어떤 일이 벌어졌는지 정확히 알지 못한다. 이에 대해서는 더 조사가 되어야 할 것이다. 예를 들어 슈투트가르트의 디아코니에 문의할 수 있다.

33) 『한국여성모임 회보』 1990, 21쪽 이하.

34) 『한국여성모임 회보』 12호, 1990, 21쪽 이하, 27쪽 이하. 이 이야기는 이 사건의 증거라고 할 수 있다. 그 의사는 다양한 종류와 방법으로 자신이 개인적으로 중개해 준 독일 여러 지역의 한인간호사들로부터 돈을 착복했던 것으로 비춰지고 있다. 자세한 내용은 3부 2.1.4.2.1.의 인터뷰61 참조.

35) 『흐름』 1991, 12쪽.

36) 인터뷰37. 인터뷰15도 이 추측을 지지한다. "확실히 NCCK는 당시 이 일을 매우 느리게 처리했습니다. 왜냐하면 NCCK의 모든 교파가 그 목사자리를 차지하기 위해 애썼기 때문입니다."

37) 『흐름』 1991, 10쪽.

38) 같은 곳.

39) 같은 곳.

40) 『역사적 개요』 1991, 5쪽.

41) 『흐름』 1991, 10쪽.

42) 『역사적 개요』 1991, 5쪽.

43) 『흐름』 1991, 11쪽.

44) 『뒤스부르크 한인교회 회보』 1983, 27쪽(『흐름』 1991, 11쪽에서 재인용); 필자의 분석.

45) 『흐름』 1991, 11쪽; 인터뷰15; 『뒤스부르크 한인교회 회보』 1983, 26, 30쪽. 회원교회의 숫자에 관해서는 보고가 어긋나는데, 10개의 연합체가 있다는 보고도 있다(『역사적 개요』 1991, 8쪽 참조). 필자는 인터뷰15의 정보에 따라 실제로 약 20여 지역에 모임들이 있었다는 것을 확인할 수 있었다. 부임한 목사는 토요일에 다섯 번, 일요일에 여섯 번 예배를 주관했다. 이렇게 해서 두 개의 모임이 하나로 합쳐졌다. 당시 목사의 보고에 따르면, 모임의 숫자는 18개에서 9개로, 다시 9개에서 6개로 줄어들었다(『뒤스부르크 한인교회 회보』 1983, 26, 30쪽).

46) 『흐름』 1991, 11쪽.

47) 같은 곳.

48) 같은 책, 12쪽; 인터뷰15.

49) 같은 책, 13쪽; 인터뷰15.

50) 『뒤스부르크 한인교회 회보』 1983, 4쪽; 인터뷰 20; 57.

51) 같은 책, 6쪽.

52) 인터뷰 15; 19; 57. 그리고 NRW 한인교회의 활동에 관해서는 『뒤스부르크 한인교회
     회보』에 실린 여러 글 참조.

53) 같은 책, 4쪽; 인터뷰 15; 57.

54) 같은 책, 29쪽.

55) 같은 책, 32쪽.

56) 같은 곳.

57) 같은 책, 33쪽.

58) Nestler-Tremel/Tremel 1985. 여기서는 NRW 한인광부들의 상황이 상세하게
     서술되고 있다.

59) 『역사적 개요』 1991, 6쪽; 『뒤스부르크 한인교회 회보』 1983, 30쪽; 필자의 분석.

60) 당시 목사는 그 상황을 기억하고 있었다(『뒤스부르크 한인교회 회보』 1983, 30쪽).

61) 같은 책, 34쪽; 『역사적 개요』 1991, 6쪽; 인터뷰 15; 57.

62) 『뒤스부르크 한인교회 회보』 1983, 34쪽; 인터뷰58.

63) 같은 곳; 인터뷰57.

64) 같은 책, 35쪽.

65) 같은 책, 6, 36쪽; 필자의 분석. 필자의 분석은 인터뷰58이 간접적으로 증명해
     주고 있다. 인터뷰58은 당시 항의편지의 주도자였다. "그 당시 담임목사는 다른
     한국목사들과 마찬가지로 매우 권위적이었습니다. 보통 사람들은 처음 만나는
     자리에서 자기소개를 할 때 이름을 먼저 말합니다. 하지만 한국에서 온 목사들은
     대체로 '나는 목사입니다'라고 자기소개를 하지요. 이것은 단지 한 가지 예일
     뿐입니다. 저는 이러한 권위적인 태도를 받아들일 수 없었습니다."

66) 같은 책, 14쪽 이하.

67) 『역사적 개요』 1991, 9쪽.

68) 같은 책, 2, 7쪽.

69) 같은 책, 13쪽 이하(단식투쟁의 사진들). 인터뷰20은 당시 일간지에 이 상황이
     보도되었다고 말했다.

70) 이 책 2부 3.4.1.4 참조.

71) 재독한인교회협의회 1992년 정관; 함부르크 새한인교회 1990년 정관; 보훔
     한인교회 1986년 정관.

72) 이 책 '함부르크 새한인교회' 참조.

73) 『흐름』 30호, 1991, 13쪽.

74) 인터뷰57; 『뒤스부르크 한인교회 회보』 1988, 13쪽 이하.

75) 같은 책, 5쪽.

76) 같은 책, 15쪽 참조.

77) 총교회위원회, 『십자가』 1992, 53쪽. 그리고 재독한인교회협의회에 관한 내용 참조.

78) 인터뷰57; 『뒤스부르크 한인교회 회보』 1993, 15쪽 이하.

79) 같은 곳.

80) 인터뷰12; Seelmann 1993, S. 18.

81) 『함부르크 한인교회 15주년기념 특별회보』 1988, 5쪽.

82) 함부르크 한인교회, 『함부르크』 1984, 5쪽 이하.

83) 같은 책, 78쪽.

84) 같은 곳.

85) 같은 곳.

86) 같은 곳.

87) 같은 곳.

88) 같은 곳.

89) 같은 곳; 인터뷰13.

90) 같은 책, 79쪽.

91) 같은 책, 77쪽.

92) 같은 곳; 인터뷰12.

93) 같은 책, 77쪽.

94) 같은 곳.

95) 같은 책, 79쪽.

96) 같은 책, 79쪽 이하.

97) 같은 곳.

98) 같은 책, 77쪽 이하.

99) 같은 책, 80쪽(자세한 내용은 이 책 3부 2.1.2.3.1. 이하 참조).

100) 같은 곳.

101) 같은 책, 77쪽 참조.

102) 같은 곳(그리고 이 책 2부 2.3.4. 참조).

103) 같은 곳.

104) 같은 곳.

105) 같은 책, 81쪽.

106) 같은 책, 80쪽 이하.

107) 같은 책, 82쪽 이하.

108) 이 책의 '함부르크 한인여성협회' 참조.

109) 인터뷰35; 『함부르크』, 82쪽.

110) 같은 곳.

111) 같은 책, 77쪽.

112) 이 교회에 관한 일반적인 정보는 Seelmann(1993, S 48f) 참조.

113) 재독한인교회협의회는 1990년 새로운 교회법을 가결하였다.

114) 『함부르크 한인교회 회보』 1994, 41쪽 이하; 인터뷰14.

115) 같은 책, 42쪽; 인터뷰14.

116) 교회의 조직·프로그램·정관에 관한 팸플릿, 1994.

117) Kim, Young-Hee 1986, S. 210ff.

118) 이 책 3부 2.1.2.3 참조.

119) 『한국노동자협회』 1호, 1978, 14쪽.

120) WAZ(1988. 12. 30)의 인터뷰 및 이 모임의 팸플릿.

121) WAZ(1988. 12. 30)의 인터뷰.

122) 협회는 필자에게 이 모임의 정확한 이름을 알려주지 못했다.

123) 자세한 내용은 이 책 3부 2.1.5.3.4. 참조.

124) 1993년 회의록. 그리고 총회에서 활동계획을 세워야 하기 때문에 회원들에게 발부된 임시총회 초대장.

125) 이 책 2부 2.5. 참조

126) 이 책 2부 2.4.3. 참조.

127) 이 책 '베를린 한인회' '베를린 한인간호요원회' '베를린 세종학교' '베를린 노동교실' '재독한국여성모임' 항목; Weiße 1993 참조.

128) 인터뷰50의 발언인데, 그는 독일인으로 부의장을 지냈으며 청소년활동에 적극 참여했다.

129) 김재문 1993. 8. 3.

130)   Weiße 1993, S. 47.

131)   이 책 3부 2.1.3.3. 참조.

132)   이 책 3부 2.1.2.3.; 인터뷰61 참조.

133)   인터뷰47은 인터뷰 내내 자신을 비롯해서 함께 온 1차 집단이 3년 동안 50마르크씩 비행기값을 시에 납부했지 의사에게 준 것은 아니라고 확신했다. 하지만 진실은 아직 아무도 모른다.

134)   인터뷰 46; 47; 48; 49;『협회 회보』 3호, 1991, 9쪽.

135)   인터뷰46(전직임원); 인터뷰47(1966~70년 그리고 현재 회장); 인터뷰48(부의장); 인터뷰49(일반회원).

136)   이 책 3부 2.1.1.2 참조.

137)   『협회 회보』 1982; 1986; 1991; 인터뷰48.

138)   Seelmann 1993, S. 33.

139)   『재독한국여성모임 회보』 24호, 1991. 12, 4쪽.

140)   같은 책, 34쪽.

141)   같은 곳.

142)   같은 곳.

143)   같은 곳; 인터뷰24.

144)   같은 책, 35쪽. 그리고『협회 회보』에 관한 분석.

145)   인터뷰 33; 34; 35;『재독한국여성모임 회보』 1호, 1979, 3쪽; 4호, 1982, 7쪽.

146)   인터뷰 35; 36; 이 책 '민주사회건설협의회'와의 비교참조.

147)   『재독한국여성모임 회보』 4호, 1982, 7쪽; '재독 한인간호사 25주년' 공개행사를 위한 소책자『베를린』 1990. 9. 29, XII쪽.

148)   인터뷰 35; 36;『재독한국여성모임 회보』 1982, 7쪽.

149)   같은 곳.

150)   인터뷰 34; 35; 36;『재독한국여성모임 회보』 1호, 1979, 3쪽.

151)   Stolle 1990, S. 51ff; 한국여성모임의 1979년 문서.

152)   한국여성모임의 1979년 문서, 23쪽.

153)   같은 글, 24쪽.

154)   같은 글, 24쪽 이하.

155)   같은 글, 54쪽 이하.

156)   같은 글, 27쪽 이하.

157)   『재독한국여성모임 회보』 1982, 71쪽.

158) 『재독한국여성모임 회보』 1호, 1979, 3쪽.

159) 같은 책, 3쪽 이하.

160) 여기서 모임은 의식적으로 '회원'(Mitglied) 대신 '회원여성'(Mitfrau)이라는 단어를 사용하였으나, 번역에서는 '회원'으로 표기했다.

161) 1991년과 1993년 주소록. 여성모임은 필자에게 이 논문에 회원수를 밝히는 것을 허락해 주었다.

162) 이 열거는 필자와 전체적인 상황을 잘 알고 있는 한 회원과 함께했다. 그래서 우리는 정확한 숫자를 확인할 수 없어서, 다만 회원들이 처한 상황의 추세를 살펴보려고 노력했다.

163) Kim-Morris/Allinger 1993(in Berliner Geschichtswerkstatt e.V. Hrsg.), S. 78.

164) 인터뷰 33; 34; 35; 『재독한국여성모임 회보』 8호, 1986, 92쪽.

165) 자세한 내용은 이 책 3부 2.1.5.3.4.; 3부 2.1.3.2. 참조. 그리고 『재독한국여성모임 회보』 11호, 1989, 25쪽 이하; 자체 관찰.

166) 인터뷰34; 이 책 3부 2.1.5.3.2. 참조.

167) 1989년 1월 회의록; 『재독한국여성모임 회보』 11호, 1989, 23쪽 이하; 총회의 관찰 일부.

168) 1989~91년 회의록; 이 책 3부 2.1.5.3.4.; 인터뷰34 참조.

169) 『재독한국여성모임 회보』 8호, 1986, 92쪽.

170) 같은 곳.

171) 『재독한국여성모임 회보』 4호, 1982, 10, 12쪽 이하. 회원의 남편 두 명이 여성모임에서 받은 인상에 대해 썼다.

172) 『재독한국여성모임 회보』 11호, 1989, 41쪽.

173) 같은 책, 44쪽; 인터뷰 34; 35.

174) 『재독한국여성모임 회보』 1호, 1979, 14쪽.

175) 같은 책, 15쪽.

176) 같은 책, 18쪽.

177) 같은 책, 14쪽 이하.

178) 이 행동에 관한 모임의 회의록; 『한국서신』(Korea-Korrespondenz) 1980년 10/11월호, 1쪽.

179) 『재독한국여성모임 회보』 8호, 1986, 92쪽.

180) 같은 곳.

181) 같은 책, 93쪽.

182) 한국여성모임,『한국 이리의 '후레아패션' 여성노동자 투쟁과 연대활동에 대한 보고서』, 1990; 인터뷰 33; 34; 35.

183) Stolle 1988(in Evangelisches Missionswerk Hamburg Hrsg.), S. 10.

184) 한국여성모임, 앞의 책, 137쪽 이하.

185) 재독 한인간호사 25주년 소책자 행사의 머리말, 1990, 1쪽.

186) Japanische Fraueninitiative Berlin und Koreanische Frauengruppe Berlin e.V. Hrsg. 1993, S. 23.

187) 인터뷰 33; 34; 35;『재독한국여성모임 회보』1993, 36쪽 이하.

188) 필자는 인터뷰를 통해 이런 경우를 알게 되었다.

189) 인터뷰9. 이것은 이곳에서 대학에 진학할 수 있었던 한인 광부들이나 간호사들에게도 해당된다.

190) 그는 광부로 와서 나중에 대학에 들어갔다. 하지만 그는 자신을 노동자라고 생각했다. 이것을 통해 사람들이 이곳에 와서 어떤 직업에 종사했는지가 자기정체성 형성에 중요한 역할을 했다는 것을 확인할 수 있다.

191) 인터뷰32도 같은 말을 했다. 그 역시 파독광부로 왔고, 창립회원이지만 아무 역할도 하지 않았다. 그후 대학에 들어갔고 1974년에 엔지니어가 되었지만 상황은 그러했다.

192) 인터뷰9. 당시 대학생이었고 기독교 신앙을 갖고 있지 않았다.

193) 인터뷰9. 인터뷰1에 의하면 회원들은 정치적 이유 그리고 한국 정보기관의 감시 때문에 의식적으로 정관을 만들지 않았다. 이 발언은 인터뷰9의 발언과 상반된다.

194) 예로는 인터뷰38 참조.

195) 한인광부들의 상세한 상황은 Nestler-Tremel/Tremel(1985) 참조.

196) 민주사회건설협의회, "공동(16명)의 결단"(1977. 12. 30)에 대한 "공개성명" 1978. 2. 11, 1쪽.

197) 『민족시보』1994. 9. 11 참조. 이 신문은 한 달에 3회 발행된다.

198) 민주사회건설협의회가 기독교인 회원들에게 보낸 편지(1978. 2. 11), 2쪽 참조. 그리고 『한민련 회보』1985. 10. 25, 22쪽 참조.

199) 러셀모임은 잡지『횃불』을 발간하는 등, 70년대에 매우 활발하게 활동했다. 이 모임은 독재와 공산주의에 반대하고 있었다.

200) 『태수』11호, 1978. 6, 63쪽 참조.

201) 『한민련 회보』1호, 1985. 10, 23쪽 참조.

202) "당시 저는 정치적으로 매우 적극적이던 한국인들에게 이런 인상을 받았습니다. 마치 그들은 여기에 망명정부를 세우고, 한국의 정치상황이 변하면 언제든 한국으로

가서 일을 넘겨받을 것 같은 인상요." 1994년 11월 11일 KoKoKo 모임에서 한 이 발언은 그 시기 해외에서 정치활동을 하던 지식인들에 관해 많은 것을 말해 준다.

203) 『태수』 9호, 1977. 6, 39쪽.

204) 같은 책, 46쪽.

205) 1987년 5월 1일자 『민족신보』의 보도.

206) 인터뷰1; 한국여성모임 보고(1989. 3. 31~4. 1).

207) 80년대 시위에 유포된 각종 홍보물과 자체 관찰.

208) 필자의 시각으로는 한민련 유럽지부는 1977년 말 민건회의 기능을 넘겨받았다. 특히 정치적 행동과 관련해서 그렇다. 한민련 유럽지부가 약해졌을 때, 유럽민회가 창설되어서 한민련의 일을 넘겨받았다.

209) 그중 한 명은 1981년 '조국통일해외기독자회'가 주관한 '북한과의 대화' 1차 회의에 참석했다. 또 한 사람(노련 10대 의장, 인터뷰10)은 노련 대표로 3차 회의에 참석했다. 『노련통신』 103호, 1983. 12. 23.

210) 인터뷰10; 『노련통신』 61호, 1980. 5. 1.

211) Nestler-Tremel/Tremel 1985, S. 134ff.

212) 인터뷰37. 그는 오늘날까지 이 모임의 지도적 인물이다. 그는 이러한 생각과 모임설립에 대한 사고를 발전시키는 등 모임의 상징적 인물이다. 이것은 이 모임과 관련해서는 곧 그에 관한 이야기만을 듣게 된다는 의미이다. 가령 인터뷰16은 이렇게 말한다. "그와 그의 부인을 알게 되면서 저는 북한과도 공감을 할 수 있다는 생각으로까지 뻗어나갔습니다." 또 그는 루르 지역의 한인교회를 위해 일한 최초의 목사이기도 하다.

213) 인터뷰37; Park, Myung-Chul 1993 참조.

214) 인터뷰37; 『통일과 복음』 5호, 1982, 2쪽; 『우리나라』 46호, 1986. 11. 1.

215) 『통일과 복음』 4호 1982, 15쪽; 8호, 1984, 126쪽. 인터뷰37과 그 부인이 이 방문의 대표 중 2명이라는 것을 필자는 알게 되었다. 그의 부인도 처음부터 이 모임에 참여하여 활동하였다.

216) 인터뷰37; 『통일과 복음』 4호 1982, 38쪽.

217) 『통일과 복음』 6호 1983, 7쪽.

218) 같은 책, 6쪽.

219) 인터뷰 37; 38. 필자는 여러 인터뷰와 이곳의 많은 한인들로부터 이에 관해서 들을 수 있었다. 모임의 활동이 좋은지 그렇지 않은지 여부와 관계없이 이 일은 실제로 인터뷰 37과 38의 설명처럼 전개되었다.

220) 『통일과 복음』 6호, 1983, 5쪽.

221) 같은 책, 6쪽.

222) 『우리나라』 46호, 1986. 11. 1, 7면 참조.

223) 같은 곳.

224) 『노련통신』 103호, 1983. 12, 7쪽 참조.

225) 인터뷰37. 하지만 그는 한국 단체의 초대에도 불구하고 자유롭게 한국을 여행할 수 없다.

226) 이 책의 "모임의 종류"를 핵심적으로 참조.

227) 한국위원회, 『한국』 1986, 26쪽 참조.

228) '전태일기념사업회 유럽본부'와 '노동자연맹'의 회원이름은 이러한 경향을 보여준다. 인터뷰 26, 27, 28이 여기에 속하며, 이 모임의 적극적인 회원이다.

229) 『재독한국여성모임 회보』 8호, 1986, 93쪽; 회의준비위원회, 『농민봉기 100주년 기념집』, 1994, 4쪽.

230) 『우리나라』 41호 1986. 6. 1; 『재독한국여성모임 회보』 8호, 1986, 93쪽.

231) 인터뷰28. 필자의 관찰에 따르면, 유럽민회가 초기에는 한국의 학생운동과 노동운동의 발전에 매진했으나 1989년부터는 활동의 중심이 한반도 통일로 옮겨갔다. 이런 경향은 시간적으로 한국 사회운동의 발달과 거의 궤를 같이한다.

232) 『민주조국』 1호, 1987. 11. 30; 『재독한국여성모임 회보』 11호, 1989, 38쪽 참조.

233) 인터뷰54; 『민주조국』 1987. 11. 30.

234) 『재독한국여성모임 회보』 11호, 1989, 38쪽.

235) 같은 책, 10쪽.

236) 같은 책, 3쪽 이하; 인터뷰54.

237) 같은 책, 8쪽 이하; 『민주조국』 1989. 10. 10.

238) 『재독한국여성모임 회보』 11호, 1989, 29쪽; 인터뷰 33; 34.

239) 자세한 내용은 같은 책(37쪽) 참조. 여성모임이 유럽민회 회원단체였던 시절의 회의록을 들여다보면, 여성모임이 얼마나 자주 그리고 심각하게 이 문제를 논의했는지 확인할 수 있다.

240) 재독한인노동자연맹, 베를린 노동자교실, 민주사회건설협의회 그리고 특히 전태일기념사업회 유럽본부가 이 경우에 해당된다.

241) 민회의 마지막 보고 1992. 9. 9, 3쪽 참조.

242) 1982년 부산 미국문화원 방화사건의 김현창씨 부인인데, 그녀도 정치적으로 활발하게 활동하고 있다.

243) 『민주조국』 34호, 1990. 9. 20, 한국어판 참조.

244) 『한겨레신문』 1994. 12. 18 참조.

245) 인터뷰60도 1994년 남한을 방문했을 때 남한 '범민련'이 정치적 의미를 잃어버렸다는 인상을 받았다(1994년 11일 '코리아협력회의'에서).

246) 독일인인 인터뷰60은 '동백림사건'으로 납치를 당해 한국으로 끌려간 사람들을 구명하는 데 참여하였다. 또 그는 코리아위원회와 코리아협의회의 창립회원이다. 그의 삶은 한국과 관련된 활동으로 이루어져 있었다(『주체』 11호, 1978. 6, 63쪽 참조).

247) Lee 1986, S. 159 참조.

248) 『민주조국』 4/1호 1988. 4, 3쪽(독일어판).

249) 인터뷰60. 『주체』(1978, 63쪽)에는 정확한 연도가 제시되어 있다. 본회의는 3차 회의이고, 2차 회의는 1977년 뉴욕에서 열렸다.

250) 『주체』, 1978, 63쪽.

251) *Korea-Korrespondenz* Nr. 6, 1982, S. 10.

252) 같은 곳; 인터뷰33.

253) 인터뷰60의 1988년 올림픽 이후 한국의 활동에 대한 발제문(1989. 3. 1). 앞서 밝혔듯이 그는 아시아재단과 코리아협의회 창립회원이기도 한데, 인터뷰66의 발언이 이를 뒷받침해 준다.

254) 『유로신문』 24호, 1995. 4. 29.

독일 정치시스템과 한인조직

1. 개괄

한인조직들을 소개한 다음, 이 조직들이 독일 정치시스템 속에서 어떤 역할을 하고 있는지 분석할 것이다. 이를 위해서는 우선 이 이익단체들이 이곳의 시스템 속에서 하는 역할을 분류할 필요가 있다. 그래서 여기서는 한인조직들의 역사적 변천과정을 살펴보고 그 역할과 기능을 이론적으로 고찰한 다음, 실천적 작동방식을 소개하고자 한다. 이어서 이민자들의 조직을 위해 그리고 한국 출신의 이민자들을 위해 어떤 특수한 것들이 나타났는지, 좀더 깊이 들여다볼 것이다.

2. 역사적 변천과정

프랑스혁명 후 부르주아의 사회적 이해관계가 개인과 국가 사이의 조직들을 거부한 뒤로 나폴레옹 시기와 그 이후 독일에서도 법적 지위를 가진 공식적인 이익집단인 상공회의소가 발달하였다. 이어 1820년부터 각종 이익집단의 협회가 잇따라 자유롭게 조직되었다.[1] 1873~96년에 이와 같이 자유롭게 형성된 협회들의 중앙집중식 조직화가 뚜렷하게 나타났다. 이것은 경제적 여건이 악화되는 상황에서 국가 주도로 중대한 경제정책을 실시하기 위함이었고 또 이익단체들이 건의한 것이기도 하다. 1876년에는 '독일기업가중앙협회'(Centralverband Deutscher Industrieller) 그리고 1893년에는 대농장주들이 주도한 '농업인연합회'(Bund der Landwirte)가 설립되었다.[2] 그러나 국가 관료조직은 이런 협회들의 자율적인 활동을 억압하였고,[3] 이와 동시에 회의소(Kammer) 형태의 조직이 생겨났다. 1894년 프로이센에는 농업회의소가 있었고, 1897년에는 수공업자회의소가 만들어졌다.[4]

이와 달리 조합의 결성과 활동은 탄압을 받았는데, 사회주의자진압법 시기(1878~90)에 탄압이 가장 심했다. 최초로 결성된 조합은 1890년 사회민주주의자들과 연계된 '독일자유노동조합총연맹'(Generalkommison der Freien Gewerkschaften Deutschland)이다. 이와 더불어 히르슈 둔커노동자협회(Hirsch-Dunckersche Gewerkvereine)와 기독교노동조합이 생겨났다. 이런 일련의 흐름은 다시 고용주의 이익을 대변하는 조직의 설립을 촉진시켰다.[5]

바이마르공화국 시기에 노동조합은 고용주와 국가로부터 정식으로 인정을 받는 데 성공하였다. 이것은 임금협약에 관한 법의 제정과 노사협의회로 나타났다. 이로써 임금생활을 하는 당사자들에게는 마땅히 사회적인 제도로 법제화할 수 있는 권력과 자율권이 부여되어야 했다.[6]

그 밖에도 바이마르 시기에는 연합회가 발달하면서 정당과 관료조직에 대한 영향력이 커졌다. 대규모 사회복지조직들 — 노동자복지회(Arbeiterwohlfahrt), 독일 카리타스(Deutscher Caritasverband), 디아코니 선교회(Diakonisches Werk), 독일평등복지협회(Deutscher Paritätischer Wohlfahrtsverband), 독일적십자, 독일유대인중앙복지사무소(Zentralwohl-fahrtsstelle der Juden in Deutschland) — 은 복지단체라는 위상으로 국가의 복지정책 실행과정에서 실천적으로 확고한 위치를 차지하고 강화시켜 나갔다.[7]

국가사회주의 체제하에서 자유로운 이익단체들이 대대적으로 탄압을 받아 파괴된 후,[8] 독일연방공화국에 들어와서 바이마르공화국 시기의 발달을 이어나갔다. 지금은 그 의미가 사라졌지만 추방자협회(Vertriebe-nenverbände)는 일시적으로 중요한 역할을 했다. 전쟁희생자협회는 다른 장애인들을 사회정책의 한 영역으로 통합시킴으로써 여전히 큰 의미를 가지고 있다.[9]

1960~70년대부터 학생운동, 여성운동, 환경운동(특히 핵발전소 반대운동), 평화운동과 같은 새로운 사회운동이 대두하기 시작했다. 이 운동들은 더 이상 경제적 자기이익을 우선시하지 않고, 그 대신 환경적·사회문화적 재생산조건에 초점을 맞추었다. 조직의 형태는 견고해지는데도 불구하고 불명료함으로 특징지어질 수 있다. 정치적으로 이익대변과 함께 자조와 자치 조직이 중요한 역할을 했다. 시민단체(Initiative)는 전형적인 조직의 형태였으며, 녹색당의 창당은 새로운 사회운동이 정당정치의 형태로 나타난 것이라 할 수 있다.[10]

3. 정치과정 속의 이익단체들

3.1. 이론적 이해와 기능

3.1.1. 이론적 이해

역사적으로 이해관계는 많은 이론가들에게 중요한 역할을 했다.[11] 오늘날에 와서는 에른스트 프랭켈(Ernst Fraenkel, 1898~1975)의 신(新)다원주의가 광범위하게 확고한 위치를 차지하고 있다. 프랭켈은 이익단체 그리고 사회와 국가 체제에서 이익단체의 의미, 나아가 현존하는 정치적·헌법적 질서 속에서 그 기능을 분석했다.

프랭켈 사고의 핵심은, 인간은 자기이익의 실현을 추구한다는 것이다. 이것이 인간의 본성을 구성하는 본질적 요소라고 보았다. 인간은 어떻게 존재해야 할 것인가가 아니라, 인간의 실질적 본성이 정치를 분석하는 기반이 되어야 한다는 것이다.[12] 다양한 이해관계는 자유롭게 조직될 수 있는 이익단체로 통합된다. 정치적 의지를 결집하는 과정에서 이익단체들은 국가의 정책결정과정에 영향력을 행사하기 위해 경쟁한다. 여기에는 서로 다른 만큼 제각각 존중되어야 하는 이해관계와 이해수준이 있기 때문에, 현실사회에서는 프랭켈이 말한 이 부분을 논쟁의 영역으로 이해할 수 있다.[13]

그리고 이와 같은 논쟁의 영역과 함께 논쟁으로 접근하지 않는 영역이 존재하는데, 논쟁적이지 않다는 것은 일치와 합의를 통해서 동의로 수렴되는 영역이라는 뜻이다. 여기서 문제가 되는 것은 사회적 논쟁 밖의 영역이다.[14] 정치적 의지의 결집을 규정하는 헌법조항과 함께 인권이나 법치국가, 사회적 정의의 최소필요에 대한 기초적 가치평가도 여기에 속한다.[15]

공공의 행복은 정치적 의지의 형성과정에서 생겨난다. 이것이 프랭켈의 생각이다. 이것은 먼저(선험적으로) 규정되어서 그저 인식할 수 있는 그런 것이 아니다. 언제나 이것은 정치적 의지가 결집됨으로 해서 생겨나는 결과물이고, 그 과정을 통해 나중에(경험적으로) 확정할 수 있다. 공공의 행복은 "객관 영역에서는 정의로운 사회적 규칙의 최소 요구에 상응하고 주체의 영역에서는 표준적인 단체에 억압으로 받아들여지지 않는 그런 화해가 추구되고 이루어진다면"[16] 나타난다. 그것은 필수적으로 타협의 정신을 전제로 한다.[17]

미국의 정치학자 필립 슈미터(Philippe C. Schmitter)가 만든 신조합주의(Neo-korporatismus) 이론은 이익조직들을 다양하고 중첩적·비통일적·비위계적·자율적이라고 분석하는 것을 반대한다. 이와 반대로 신조합주의 이론에 따르면 이익단체는 단수적·집중적·기능적·분화적·위계적이고, 법적·사실적 강제력 위에서 만들어진다는 것이다. 이와 함께 신조합주의는 이익단체들이 정치적 과정 속에 통합된다는 것을 강조하고 있다. 그리고 그에 상응해서 이익단체들도 정치적 결정의 실행에 대해 완전히 또는 부분적으로 책임을 져야 한다고 역설한다. 이를 위해 신조합주의와 협력(Konzertierung)이라는 개념이 형성되었다.[18]

그렇지만 프랭켈이 이러한 요소들을 간과했다고 볼 수는 없다.[19] 오히려 이런 간과는 신조합주의에서 나타난다. 현실에서 이해관계의 대변은 차별적이고 선별적으로 이루어진다. 조직화가 탄탄하게 되어 있는 협회는 이해관계를 중재하는 과정에서 우대를 받는다. 게다가 이해관계를 대변하는 행위는 진공의 공간에서 일어나는 것이 아니다. 일반적 이해관계들과 사회적 약자들의 이해관계는 관철시키기가 더 어렵다. 또한 새로운 사회적 운동의 등장은 이러한 종류의 이해관계도 정치 시스템 속에서 자신을 표현할 수 있다는 것을 보여준다.[20]

3.1.2. 정치시스템에서 이익단체의 기능

더 최신의 정치학 토론[21]에서 시스템 이론가들은 이익단체들의 기능을 다음과 같이 정리하였다. 이해관계들의 집합, 다시 말해 다양한 바람의 묶음과 통합 그리고 닫힌 목적체계에 대한 욕구들, 조직 내의 다양한 바람을 기초에서부터 운영에 이르기까지 표현하고 조직을 통해 이러한 바람들을 외부를 향해 주장하는 기능, 인원보충 기능. 나아가 이익단체는 의식을 형성하고 정치시스템을 위한 후계자를 양성하는 기능을 한다.[22] 하지만 단체들이 이와 같은 기능을 충족시키는지는 확실히 의심스러움에도 이익단체의 활동은 종종 개별 활동가들의 경력을 위해 중요하다.[23]

알레만(Alemann)[24]은 이상을 요약해서 이해관계의 기능모델을 다음과 같이 설정한다.

참여(Partizipation): 선거를 넘어서 정치적 의지의 결집과정에 — 새로운 단체의 자유로운 설립을 통해 — 자율적 참여의 가능성이 있다.

자기규제(Selbstregulierung): 사회적 문제를 자율적인 지휘 아래 해결하는 가능성이 열린다. 자조단체에서부터 조정권한을 가진 임금협상 파트너에 이르기까지 폭넓다.

출판(Veröffentlichung): 언론매체에서는 제대로 다루어지지 않는 이해관계를 시스템을 통해서 표현하고 발표할 수 있다.

전환(Transformation): 앞의 세 가지 기능이 현실화될 때 사회적 변화가 이루어질 가능성이 열린다.

이익단체는 또 정치시스템을 유지시켜 주는 의미를 가진다. 다양한 하위문화로의 분화와 그에 따른 이해관계 대변조직의 분열에도 불구하고 붕괴되지 않는 정치시스템이 존재하는데, 네덜란드와 스위스가 그 예이다. 하지만 북아일랜드나 벨기에와 같은 반대의 예도 있다. 그렇기 때문에 지향성이 서로 다른 다양한 이익단체에 소속되어 있는 회원의 자격과 그

것을 통해 형성되는 사회적 네트워크는 바람직하다고 볼 수 있다.[25] 그와
함께 개인들의 정치적 통합은 이익대표 시스템을 넘어서 관여, 정보, 대화
를 통해 정치적 참여의 기회를 만들어낸다.[26]

3.2. 이해관계 대변조직의 작용방식

3.2.1. 개괄

헌법 9조 1항은 협회와 단체를 만들 권리를 명시한다. 헌법 9조 3항은 결
사(結社)의 자유, 그러니까 노동조건과 경제적 조건을 촉진시키기 위해
조직을 결성할 권리를 보장하고 있다. 결사의 자유는 헌법 5조에 명시되
어 있는 표현의 자유 그리고 헌법 8조의 집회의 자유와 함께, 소통을 위
해 가장 중요한 기본권이다. 그렇지만 결사의 자유는 사회적 기본권 이상
을 의미한다. 이것은 소통과정에의 참여 그 이상이다. 따라서 결사의 자유
권은 분명하게 제3자와의 관계에서도 허용되는 것이다. 단지 국가와의 관
계에서만 허용되는 것이 아니다. 국가에 직접적으로 영향을 끼칠 가능성
은 청원권(헌법 17조)과 — 훨씬 더 중요한 — 투표권으로 보장된다.[27] 그와
함께 이익단체는 정치와 사회 시스템에서 포괄적인 인정을 확보할 수 있
다. 그렇지만 그 위치가 정당처럼 확고하게 보장되는 것은 아니다. 헌법 21
조에는 정당은 국민이 정치적 의지의 형성에 참여할 수 있는 창구 역할을
한다고 명시되어 있다.[28]

알레만[29]은 원칙에 관한 논의[30]에서 이해관계 대변조직의 분석기준
으로 다음 세 가지를 제시한다. ① 이해관계의 종류: 이해관계 대변조직
이 경제적인 것인지, 정신적인 것인지, 포괄적인 정치사회에 관한 것인지
혹은 (대부분의 경우처럼) 혼재된 이해관계를 대표하는 것인지 등의 종류
로 구분할 수 있다. ② 이해관계의 조직화: 이를테면 법적 형태인지 또는
다른(공식적·비공식적) 형태로 구분할 수 있다. ③ 이해관계의 사회적 행위

영역: 알레만이 분류한 행위 가능 영역은 경제 및 노동 영역, 사회적 영역, 여가 및 레크리에이션 영역, 종교 및 문화·학문 영역, 사회의 횡적 분야 등이다. 알레만은 국제엠네스티나 휴머니즘적 단체와 같은 이념적 결사체와 환경·평화·여성 단체 같은 사회적 연합체(gesellschaftlicher Vereinigung)를 사회의 횡적 분야라고 말한다.

3.2.2. 조직화 수준과 활동방식

이익단체의 형태에는 연합체의 조직화 수준이 중요하다. 삶의 다양한 분야에 각양각색의 조직화 가능성이 있으며, 조직의 잠재적 회원규모는 조직마다 다르다.[31] 삶의 구조가 노동영역을 넘어서 보다 집중적으로 발달할수록, 노동조합의 조직화 수준은 높아진다. 이처럼 직업단체는 더 강력하게 조직될 가능성이 높아지는데, 이러한 단체는 높은 숙련기술(인쇄기술자), 평균 이상의 노동시간(철도노동자, 철강노동자), 특수한 노동환경(광부, 항만노동자)을 특징으로 한다.[32] 전체적으로 고용주들은 노동조합에 비해 조직이 더 잘되어 있다.[33] 여가단체와 사회단체들은 대부분 회원은 많은 편이지만, 조직화 수준이 낮다. 보편·자선·문화·학문적 이해관계를 대변하는 단체들은 대체로 회원규모가 작고 조직화의 수준도 낮은 편이다. 대변하는 이해관계의 동질성이 높게 유지될수록 조직화의 수준도 그만큼 높아진다. 또 이로부터 고용주들의 조직화 수준이 더 높은 이유를 설명할 수 있는데, 고용주의 이해관계는 피고용자들의 이해관계보다 선명하기 때문이다.[34]

아무튼 규모가 큰 조직들, 특히 노동조합은 전문화를 통해, 그러니까 직업적으로 역할을 수행하는 사람들로 특징지어질 수 있다.[35] 여기서는 증가하는 서비스 공급의 확장과 유지가 하나의 역할을 하는데, 예로 들 수 있는 것으로는 법률조언과 법률대리·보험 등이 있다. 이와 같은 서비스 공급은 여러 가지 장점으로부터 실질적으로 영향을 받는 회원들의 동기부여와 연합체의 정책에 부분적으로 분열을 조장한다.[36] 하지만 이익단체는 이와 함께 공동체로서 보호해 주는 느낌을 제공할 뿐 아니라 결속을 다지는 내부기능도 갖추고 있다.[37]

3.2.3. 정치적 영향의 양상

이익단체가 정치적으로 영향력을 행사하고자 할 때, 이를 실현하는 데는 여러 가지 통로가 있다. 이익협회에는 이해관계를 대변할 수 있는 통로가 규정으로 보장되어 있다.[38] 연방정부의 공통 운영규정(Gemeinsamen Geschäftsordnung der Bundesministerien, GGO)에 따르면 법률준비(§23 GGO II)에 의해 협회의 참여와 자문단과 위원회의 참여가 규정되어 있다(§62 GGO I). 독일연방의회 운영규정 제70조는 협회의 공청회를 규정하고 있다. 자문은 오래된 전통이다. 1914년에 이미 독일에는 최소한 31개의 자문단이 있었고, 1969년에는 연방내각의 모든 운영분야에 총 203개의 자문단과 4천 명이 넘는 자문이 구성되어 있었다. 그리고 1977년에는 358개의 자문단이 있었다. 공청회는 1965년까지 산발적으로만 열리다가, 1965년부터 1972년까지는 80차례의 공청회가 개최되었다. 연방의회에서 작성한 협회명단에는 1985년 현재 1226개의 결사체가 등록되어 있다.[39] 법률분야에서도 영향력이 행사되었는데, 고용주와 피고용자의 단체들에 노동재판권과 사회재판권에서 영향력을 행사할 수 있는 기회를 보장하고 있다.[40]

　　내각의 각 부처와 부처의 행정관청에 대한 공식적인 영향력과 함께 비공식적 영향력을 행사할 수 있는 기회가 열렸다. 그리고 비공식적인 기회는 내각의 부처와 협회 간의 정기적인 교류를 통해 보장된다. 이때 관청은 협회의 전문성을 활용할 수 있는 장점이 있는 동시에 일정 정도 협회를 통제할 수도 있다. 이와 함께 협회는 내각 부처의 인력정책에 영향을 끼칠 수 있는데, 그 중요한 예로 농무부를 들 수 있을 것이다. 하지만 더 이전 시기에는 추방자협회의 영향력도 매우 강했다. 더욱이 전통적으로 설치되어 있지 않았던 내각 부처의 상당수는 여러 협회의 영향에 힘입어 설립되었다고 볼 수도 있다. 이렇게 탄생한 부처의 경우, 사실적인 의미에서 협회 차원에서는 내각의 관료정치가 의회보다는 더 중요한 영향을 끼치는 것으로 여겨질 수 있다.[41]

하지만 의회와의 정치적 과정에서도 협회들은 영향력을 행사한다. 이때 협회에는 다양한 길이 열려 있다. 협회는 정당과 원내교섭단체에 자신들의 이해관계를 관철시킬 수 있다. 특히 양쪽 조직이 동일한 사회화 과정에서 출발했다면, 이것이 가능할 수 있다. 그리고 재정적으로 얽혀 있는 경우도 있다. 물론 모든 기부를 잠정적 뇌물로 볼 수는 없지만, 여하간 이익단체와 정당이 금전적으로 연루된 사건이 발생할 수 있다. 이런 식의 연루는 정당을 재정적 수단이 박탈당할 가능성에 노출시킨다. 또 협회가 충분히 강하고 그에 따라 유권자들이 결정되어 있다면, 정당은 유권자를 빼앗긴다는 위협을 받을 수 있다. 마지막으로, 의회로비라는 고전적인 설득활동의 방법이 있다.[42]

이와 관련해서 협회들의 여론형성 활동 또한 이러한 영향력 행사의 방법에 속한다. 여론형성 활동은 모든 종류의 미디어를 이용해서 영향력을 드러낸다. 이런 미디어에는 TV나 라디오에서부터 지역신문이나 예를 들어 연극단체에서의 활동과 같은 문화적 활동에 이르기까지 다양하다. 활동의 목적으로는 공감을 불러일으키는 홍보, 이미지 관리, 계몽 캠페인, 회원들을 향한 협회의 정책에 대한 지지 호소, 다른 단체들의 영향력을 차단하는 것 등을 들 수 있다.[43] 이를 통해서 정당과 정치인들에게도 영향을 끼치는데, 협회회원의 대부분은 유권자이기도 하기 때문이다. 협회가 자신들이 원하는 여론을 조성할 만한 영향력을 가졌다면, 정당에 지지 유권자를 잃을 수 있다는 위협을 가할 수 있다.

협회가 영향력을 행사할 기회는 수직적·수평적으로 나뉘어 있다. 수평적으로는 정치영역이 다양하게 구분되어야 한다. 많은 협회들이 한 정치영역에서는 두드러지게 영향력을 보이지만, 또 다른 영역에서는 실질적으로 영향력을 행사하지 못한다. 수직적으로는 연방·주·지역 수준으로 구분할 수 있다. 관할은 헌법에 의해 연방·주·지역으로 나뉘어 있고, 각 주는 연방의회를 넘어서 연방법의 제정에도 영향을 끼친다. 그렇기 때문에 협회는 주 단위에서도 연방 단위와 마찬가지로 자신의 이해관계를 대변한다. 지역은 자치권을 가졌기 때문에 지역도 영향력에 대해 열려 있다. 그렇지만 지역에서 행사되는 영향력은 더 이상 협회를 매개로 해서 행사되는 경우는 많지 않다. 왜냐하면 개별적 이해관계를 직접적으로 관철시킬 수 있기 때문이다. 이것은 특히 경제적 영향력이 큰 이해관계에 해당되는데, 예를 들어 일자리 이전의 위협과 같은 것이 여기에 속할 수 있다. 한편 지역에도 연방과 주를 대상으로 해서 지역 자체의 상부조직들을 뛰어넘어서 관철시키고자 하는 그런 이해관계들이 있다.[44]

3.2.4. 이해관계 관철 기회의 제한

이해관계의 대변이라는 사실 자체는 모든 이해관계가 동일한 정도의 관철기회를 가지는 것은 아님을 보여주는 것이다. 앞에서 제시한 제도화된 영향력 행사의 과정에서 대변행위가 허용된 협회는 그렇지 못한 협회에 비해 이익을 얻은 것이라고 볼 수 있다. 또 이것은 공식적인 영향력의 행사과정에서 관료기관의 고려대상이 되는 협회에도 해당된다.[45] 이와 함께 영향력 추구의 효과 면에서 차이가 나는데, 그것은 협회들의 투쟁능력이 서로 다르기 때문이다. 이 능력은 협회가 정책결정자들에게서 어떤 기회를 박탈할 수 있다는 데서 나온다. 그것은 돈일 수도 있고, 전문지식 또는 유권자의 표일 수도 있으며, 투자 또한 가능한 항목이다. 예를 들어 장애인은 고용주보다 박탈할 수 있는 게 적은 것은 분명하다. 사회적 약자들의 이해관계는 종종 자신들이 조직한 이익단체를 통해서 대변된다기보다 이들을 돌봐주는 복지협회들을 통해 대변된다.[46] 이런 협회들은 사회적 약자의 편에서 그들의 고유한 이해관계를 발전시킨다. 사회적 약자들의 단체와 함께 일반적 이해관계 역시 조직화되어서 그 조직을 통해 영향력을 행사하는 데 어려움이 있다. 말하자면 집단이 크면 클수록, 그만큼 조직화되기는 어렵다.[47] 그리고 일반적 이해관계는 특수한 이해관계보다 당연히 더 많은 사람들에게 도움이 된다. 하지만 여기서 최근 일반적 이해관계를 위한 조직의 형태가 앞서 언급한 새로운 사회운동과 함께 출현했다는 점이 고려되어야 할 것이다.[48] 끝으로, 이해관계를 대변하는 시스템 자체로부터 가능한 이해관계의 대변에 대한 제약이 생겨난다. 이해관계는 그것을 대변할 협회를 중심으로 조직되고 묶이기 때문에, 협회 내부의 의지형성에서 관철되지 못한 종류의 이해관계들은 그 대변에서 탈락한다.[49] 한마디로 요약하면 여러 이해관계가 부분적으로는 이익단체의 시스템에서 탈락한다고, 또는 적어도 관철의 기회가 줄어든다고 볼 수 있다. 따라서 시스템은 '선별적'이라고 말할 수 있다.[50]

4. 외국인 이해관계 대변의 특수성

4.1. 개괄

강조된 이해관계 대변의 총체적 틀은 외국인들이 자신들의 조직적 활동과 이해관계의 대변을 조직화하는 주변의 환경이기도 하다. 그럼에도 불구하고 여기서 살펴보아야 할 일부 특수한 성격이 있다.

4.2. 외국인과 인민

근대유럽에는 신성로마독일제국이나 러시아제국 또는 오스만제국과 같은 여러 민족을 하나로 통합한 제국이라는 전근대적 형태가 이어지지 않았다. 중세유럽의 도시동맹이 계속된 형식인 다국적 연방의 구조는 스위스에서만 유지되었다. 유럽에서 뼈대를 이루는 국가의 형태는 연방이 아니라 중앙집권의 영토국가이다. 유럽에서는 제1차 세계대전까지 대부분 민족(Nation)이 아니라 왕조(Dynastie)에 합법성을 부여하고 있었다.[51] 영토국가—예를 들어 영국, 스웨덴, 프랑스, 스페인, 포르투갈—는 군주국가에서 출발했지만, 프랑스혁명과 민주화 과정을 거치면서 민족국가로 발전했다. 그리고 민족국가는 법치국가의 틀 속에서 규율을 갖춘 행정기구와 세계적 자본의 발달을 위한 전제조건을 만들어냈다. 이와 함께 사람들은 자신의 계층적 사회결합으로부터 떨어져 나오게 되었다. 그리고 부유해지고 개별화되었다. 그렇게 해서 생겨난 역동성으로부터 민족적 의식이 싹텄다.[52] 전형적인 발달과정은 프랑스에서 나타났는데, 프랑스혁명에서 민족주의 개념은 반(反)왕당파·반(反)귀족정·반봉건 구호가 되었고 혁명 과정에서 동화를 주도하는 핵심적인 개념이 되었다. 민족 개념은 우선 정치권력을 가진 계층, 예를 들어 귀족을 위한 것이었고, 그 밖의 주민들은

'인민'(Volk)으로 설명되었다. 루소는 자기결정이라는 생각을 발전시켰다. 즉 최상의 주권자는 동등한 국민들로 구성된 민족이어야 했고 그와 함께 '민족'과 '인민'은 하나가 되었다.[53] 소수민족들에게는 민족적 자치권과 민주적 민족으로의 길이 훨씬 어려웠다. 왜냐하면 민족적 대화와 조직이라는 새로운 형태가 이미 존재하는 지배종속관계에 대항해서 발달과정을 거처야 했기 때문이다.[54] 이것은 특히 전쟁의 시기 또는 지금도 구소련이나 구유고슬라비아에서 소수민족들의 분쟁이나 서로 다른 민족 출신 주민들 사이의 갈등과 분쟁을 야기했다.[55]

민족은 혈통공동체로 이해되었다. 칸트는 민족을 이렇게 정의한다. "공통의 혈통에 의해 국민 전체를 위한 단일체로 인정받은 무리를 민족이라고 한다." 그와 함께 문화민족의 개념도 역할을 했다. 정체성을 확인시켜 주는 역할을 하던 군주제가 폐지되고, 정치적·사회적 혼돈의 시기에 문화적 정체성은 사회통일의 토대 역할을 했다.[56] 독일에서는 아직 소국으로 갈라져 있던 시절에 이미 민족의 문화적 통일성이 형성되어 있었다.[57] 하지만 역사적으로 민족은 주권의 담지자로 이해된다. 프랑스혁명을 거치면서 민족은 단순히 혈통과 문화의 공동체가 아니라, 정치적 의지의 공동체가 되었다.[58]

민족의 형성과 함께 18세기 후반부터는 민족적 정체성이 형성되었다. 민족적 정체성은 공통의 정체성을 만들기 위한 시도라고 일반적으로 받아들여졌다. 그리고 공통의 정체성은 역사·영토·언어·인종적 요소와 상징들 그리고 정치 전반의 결합이라는 기초 위에서 형성되는 것이어야 했다.[59] 이때 정체성 형성과정은 민족형성의 경과에 달려 있었다. 정치·국가적 통일성을 이룩하는 과정에서 후발주자였던 민족들은 문화적 특징을 양식화하는 경향이 있었는데, 심지어 우월성을 양식화하기도 했다. 왜냐하면 정체성이 경계설정의 압박에 의해 발달한 것이기 때문이다.[60] 모든 인간사회에서 공통의 정체성을 상징체계의 도움을 빌려서 구성하는 경향이 발견되며, 이때 사회에 따라 그리고 역사적 상황에 따라 수많은 변형이 존재한다. 민족주의가 가지고 있는 통합적 상징들의 구성은 오직 근대의 현상이다. 이 구조는 문화적·정치적 요소들을 통해 지지되고 있고, 구성원들이 실제로 동일화될 수 있는 새로운 사회를 창출한다.[61]

민족의 형성과 그것을 지시하는 상징체계의 구축은 민족 이데올로기의 형성과 연결되어 있다. 중세 이후 그리고 영토에 기초한 행정국가와의 연결 속에서 인민 개개인이 역사의 주체가 되었다. 따라서 역사는 민족사의 관점에서 관찰되었고, 개별적 형상이 부각되어서 상징화되었다. 이때 전형적 유형과 선입견도 한몫을 했다. 국가의 담지자들은 자신들의 정치적 행동에 대한 정당성을 확보하기 위해 민족적 상상과 논증들을 이용했다.[62] 하지만 개별적인 연결고리는 시대마다 다른데, 국가의 사회적 담지자가 바뀌었던 것이다. 민족은 정치적 과정의 결과이지, 전제가 아니다. 시대에 따라 민족은 다양한 사회집단들에 의해 덧입혀졌다. 즉 중세에는 귀족(Gentile-Adel)이 군주와의 관계를 통해서 민족을 형성했고, 나중에 종교의 시대에는 민족 개념이 종교적으로 특징지어지고 시민계급(Bürgertum)이 여기에 포함되었다. 계몽을 통해서 공중(Publikum)으로서 서로 의사를 소통할 수 있는 이성적 주체가 민족으로서 가치를 갖게 되었다. 그와 함께 소수집단에도 그에 상응하는 교육에 따라 언어·교육·도덕을 통해서 구성된 민족으로 나아가는 길이 열리게 되었다. 이렇게 본다면 민족적 정체성은 항상 문화적 정체성과 밀접하게 연결되어 있다.[63] 그런데 문화적 정체성은 특수한 담지자 집단에 의해 심어지고 주조되었다. 근대의 경우 문화적 '인텔리겐치아'(Intelligenzija)와 정치적 '기업가'(entrepreneurs)가 이러한 집단이었다. 이 집단들은 민족적 정체성의 분화에 결정적인 역할을 하였다.[64]

독일의 민족적 정체성은 작은 영토들로 쪼개진 나라 안에서 문화적 정체성으로 발달하였다. 문화민족이 국가적 통일 이전에 생겨났는데, 여기서 문화민족은 언어·전통·혈통의 공통성에서 그 근거를 찾았다. 그 밖에도 문화민족은 우선 해외의 군주인 나폴레옹에 대항하면서 발전했다. 그것은 자신들의 지배자에 대항한 것이 아니었다.[65] 즉 문화민족은 프랑스 민족에 대한 경계설정으로서 생겨났다. 이에 상응하는 시민권(Staatsbürgerschaft)에 대한 생각도 그 결과이다. 가령 외국인 노동자의 경우 자녀를 출생한다고 해서 그 자녀에게 시민권이 주어지지는 않는다. 반면 동유럽이나 구소련의 '국외거주독일인'(Volksdeutsche)은 내국인과 다름없이 독일인으로 인정되었다.[66] 결국 시민권은 인종에 의해 규정되는 것이었다.[67] 민족공동체와 시민권은 법적 표현으로써 '빠져나갈 수 없는 운명공동체'로 이해되었다. 그 밖에도 군주에 대한 충성관계의 요소들도 끝까지 따라다녔는데, "두 주인은 섬길 수 없다"는 명제에 따라 이중국적은 부정되었던 것이다.[68]

이에 반해 앞에서 설명한 이해관계의 대변체계는 개개인이 법적으로 평등하게 고려된다는 전제하에서 도출된다. 개개인의 이해관계는 동등하게 조율되고 대변된다. 그렇지만 이곳에 사는 외국국적의 사람들에게는 결정적인 약점이 있다. 즉 이들에게는 투표권이 없다는 것이다. 그렇기 때문에 정치적 의지형성의 중요한 행동에서 제외된다. 오직 시민권만 법적으로 이곳 정치과정으로의 완전한 동화를 허용한다.[69]

외국국적을 가진 사람들은 법적으로 불충분한 구성원으로 다루어진다. 이로써 외국국적을 가진 사람들은 이 사회에서 맺는 관계들과 정치과정에서 자신의 이해관계를 관철시킬 수 있는 기회를 훼손당한다. 이런 일은 이들에게 투표권 같은 압박수단이 없기 때문에 일어나는 것이다.

4.3. 외국인에 대한 제도적 고려

또 한편으로 이해관계를 대변하는 시스템으로, 외국인들을 동화시키는 공식적인 방식이 존재했다. 여기서는 이와 같은 공식적인 동화를 살펴보도록 하겠다.

4.3.1. 복지단체

복지단체 시스템과 이러한 복지단체들의 비공식적이지만 중앙 집중화된 업무의 분배에 대해서는 이미 소개를 했다. 1950년대와 60년대에 외국인 노동자들이 계속 증가하면서, 이들을 위한 복지 서비스가 요구되었고 복지 서비스가 필요한 외국인노동자들은 협회들에 할당되었다.[70] 이때 할당은 종교적 관점에 따라 이루어졌는데, 이탈리아인과 스페인인·포르투갈인은 카리타스회에, 그리스인은 (세계교회Ökumene 이념으로 개신교와 연결된) 디아코니 선교회에, 모로코인과 튀니지인(복지활동에서 이들이 차지하는 비중은 그리 크지 않다) 그리고 터키인은 노동자복지회에 할당되었다.[71] 그 중에서 유고슬라비아 출신의 경우는 특별했다. 그들[72]은 두 협회에서 담당했는데, 크로아티아인은 카리타스회가 맡고 그 밖의 유고슬라비아 출신은 노동자복지회가 담당하는 식이었다. 1982년에는 외국인 3천 명당 사회복지사 한 명꼴이었으며, 터키인의 경우에는 사회복지사 한 명이 7300명을 담당했다. 다만 그후 연방정부는 터키인을 담당하는 사회복지사를 늘리기 위해 노력하였다.[73]

이와 같은 복지단체 외에도, 이 단체들과의 밀접한 관련 아래 외국인 협회들이 생겨났다. 외국인협회는 흔히 작은 자기책임으로 특징지어질 수 있는데, 부분적으로는 제한된 책임이 주어진 자리에만 선출이 가능했다. 복지단체에서는 공공의 지원을 받는 외국인센터를 만들었고, 센터가 담당하는 외국인 수가 아주 적을 때도 간혹 유지되기도 했다. 센터의 복지 서비스를 추진하는 활동가는 각 인종집단에서 자원한 봉사자들이었는데, 그것은 청소년센터 등과 달리 상근직원을 둘 수 없었기 때문이다. 이처럼 공적 자금의 상당 부분이 이러한 복지단체와 그 단체의 그늘 아래 있는 외국인협회로 흘러 들어갔기 때문에, 결과적으로 이 조직들은 자치조직들이 이런 공적 자금에 접근하는 데 걸림돌이 되었다.[74]

소수집단에 속하는 한인들을 대상으로 한 사회복지도 있었고, 이 일은 디아코니 선교회와 카리타스회가 담당했다. 카리타스회는 사회복지 담당자 9명으로 출발했고, 디아코니 선교회는 3개의 담당직으로 시작했다. 두 협회가 공동으로 책임지는 담당직도 하나 있었다. 한인 기독교인의 경우 개신교도가 훨씬 많았음에도 카리타스회가 사회복지 담당자는 더 많이 두고 있었다. 아마 파독간호사 모집이 가톨릭단체들에서부터 시작되었던 것이 그 배경이 된 것으로 보인다. 1974년 독일병원협회와 한국의 해외개발공사(KODCO)는 협약을 체결하고, 그 협약에 따라 파독간호사 모집 프로그램이 진행되었다. 그리고 이 프로그램에는 파독간호사를 위한 사회복지가 계획되어 있었고 그 서비스를 앞의 개신교 및 가톨릭 사회단체가 담당하는 것으로 예정되어 있었다.[75] 지금은 디아코니 선교회에 2개의 담당자리가, 카리타스회에는 6개의 자리가 남아 있다. 하지만 이 자리들은 전일제로 운영되는 것이 아니었고, 심지어 시간제로 운영되는 자리도 있다(인터뷰 13; 17; 63).

보훔에는 앞에서 언급한 담당자 외에 추가로 한 자리가 더, 1977년 디아코니 선교회에 의해 생겼다. 간호사보다는 광부들의 사회복지를 담당하는 자리였다(인터뷰17). 이것은 광부들이 간호사들보다 훨씬 늦게 이 사회의 일부로 받아들여졌다는 것을 보여준다. 그 결과 이들에게는 처음으로 순환근무 시스템이 적용되었다. 그리고 설치된 자리는 그 담당자가 정년퇴직을 하면 폐쇄하는 것이 애초의 계획이었다(인터뷰 13; 17; 63). 하지만 이런 계획이 과연 타당한지는 의문이 아닐 수 없었다. 가령 함부르크에서는 담당자의 퇴직으로 한 자리가 이미 폐쇄되었으나 그로부터 얼마 안 되어 파트타임 자리로 복구되었다. 그만큼 그에 대한 요구가 컸기 때문이다(인터뷰 13; 17).

사회복지 담당자들은 협회의 활동에 별로 영향을 끼치지 못했는데, 그들은 큰 구역을 담당했기 때문에 이미 영향력을 행사할 수 없었다. 예를 들어 NRW 주(인터뷰17), 바이에른 주(인터뷰63)와 같이 큰 구역을 담당했다. 그리고 사회복지 담당자들은 한인협회들이 함께 일해 주는 것을 선호하는 편이었다(인터뷰17).

한인들이 독일 내에서 이동을 하기 시작했을 때 가장 결정적인 요소는 이곳 사회와의 문제들이었다. 뮌헨의 작업장에서 발생한 싸움이라든가 보훔에서의 외국인법 등과 관련한 법적 문제 등이 그것이다(인터뷰 17; 63). 여기서 광부들의 법적 신분이 간호사의 경우처럼 잘 보장되어 있지 않았다는 것이 드러난다.

그 뒤로 오늘날까지는, 개인적 두려움이나 부부갈등 혹은 세대갈등 등이 주요한 요인이 되고 있다. 두려움은 다음과 같이 생활조건에 따라 다르게 나타났다. 예를 들어 NRW 주에서 산업노동자로 일하는 한인들은 실업에 대한 두려움을 가지고 있다. 하지만 이런 실업에 대한 두려움이 의료관련 직장에 다니는 그들의 아내들에게는 해당이 되지 않았다. 또 한독 가정에서는 문화적인 이유로 부부갈등이 일어나기도 했다. 2세대들은 한국의 전통에 더 가까이 서 있는 부모들과는 사고방식이 많이 달랐다. 한인들은 극우주의에 대해 두려움을 가지고 있다. 부분적으로는 나이 때문에 연금문제나 노년의 외로움에 대한 우려가 나온다(인터뷰 17; 63).

정치적 활동을 활성화시키려는 노력은 사회복지 담당자들에게서는 확인되지 않는다. 그래서 새로운 외국인법은 정치적 논쟁의 대상이 아닌,

단순히 한인들에게 전달해야 하는 사실적 정보가 되었다. 그렇지만 사회복지 담당자들은 그 수용의 정도가 서로 달랐지만, 세미나를 조직하는 일에 참여했다. 이와 관련해서는 뮌헨보다는 NRW 주의 사회복지 담당자들이 훨씬 더 관심을 보였다(인터뷰 17; 63). 이에 비해 문화활동에 대해서는 확인이 가능하다. 그리고 모든 사회복지 담당자들이 한인 청소년들과, 부분적으로는 어린이들을 대상으로 일을 했으며(인터뷰 13; 17; 63), 활달한 청소년모임과 청소년 워크숍을 조직하는 부가적 성과도 이뤄냈다(인터뷰 13; 17).

인터뷰 13, 17, 63은 사회복지 담당자로서 공식적인 학위를 갖고 있지 않다. 그들은 개인적 능력으로 투입되었는데, 인터뷰17의 경우에는 디아코니 선교회에서 활동가 교육을 받았다. 이런 사정은 불가피했으며 다른 분야에서도 일반적인 상황이었다. 채용은 외국국적을 가진 사람들의 언어능력과 문화에 대한 지식을 가진 인력을 뽑기 위한 것이었다. 일부 협회의 경우, 처음에는 카리타스회와 함께 활동을 하면서 카리타스회의 공식 교육과정을 이수할 수 있게 해주었다. 하지만 대부분의 사회복지 담당자들에게는 이러한 기회가 주어지지 않았다. 그래도 추가교육이나 훈련 자체는 필수였는데, 그렇지 않으면 자신의 이민경험을 절대화해서 피상담자들이 처해 있는 입장과 거리를 두어야 하는 것을 망각하는 경향이 있기 때문이었다.[76]

4.3.2. 외국인자문단과 외국인위원회

대부분의 지역공동체에는 외국인자문단(Ausländerbeirät)과 외국인위원회(Ausländerausschüss)가 설치되어 있다. 1994년 현재 NRW 주에는 132개의 외국인 자문단과 위원회가 있으며,[77] NRW 주의 지역공동체 규정에 따르면 분명한 조건들 아래서 외국인자문을 선출하도록 강제로 규정하고 있다.[78] 이런 종류의 협의회(나중에 자문단)[79]는 특히 자치단체의 결정권한을 가진 사람들에게 외국인의 이해관계에 관한 조언을 해주고 이해수준을 향상시키는 것을 그 임무로 하고 있다. 그리고 NRW 주에서는 법적으로 이런 협의회에 지역공동체에서 발생하는 모든 문제에 대해 의견을 피력할 수 있는 권한을 보장해 주고 있다.[80]

이 협의회들의 구성과 형성과정은 실로 다양했다. 우선 자문단은 대부분이 독일인과 외국인으로 구성되었지만, 독일인들에게는 투표권이 없는 경우가 많았고 일부 외국인의 경우에는 선출이 아니라 임명되기도 했다. 여기서 임명권을 사회복지기관이 가지고 있는 한, 사회복지기관이 외국인들의 이해관계를 대변하는 일에 끼치는 영향은 그만큼 높아지게 마련이었다.[81] NRW 주의 경우 외국인자문단은 선출로 구성되며 투표권은 외국국적을 가진 사람들에게 있다. 단 망명신청자라든가 외교관, 주둔해 있는 군인에게는 제한이 가해진다. 그리고 독일시민권을 취득한 외국인도 선출이 가능한데, 이것은 특히 시민권을 취득한 사람을 염두에 둔 것으로 보인다. 선거는 보통선거와 평등선거의 원칙에 따라 진행되었다.[82]

하지만 민족 개개의 소수집단 보호에 크게 신경을 썼던 것 같지는 않다. 그래서인지 외국인들 사이에 외국인자문단에 대한 이해의 정도가 별로 높지 않았다. 1991년 프랑크푸르트 지자체 외국인대표 선거에는 불과 유권자의 19.6%만 참여했다.[83] 괴팅겐에서는 처음 두 차례 선거의 투표율이 유권자의 20%를 넘지 않았을 뿐 아니라, 심지어 1985년의 3차 외국인 자문 선거에는 9.4%밖에 참여하지 않았다. 카셀의 경우에는 1981년 1차 선거의 투표율이 35%, 1985년 2차 선거는 27%였다.[84]

자문단은 그 구성에 따라 정치적 결정 시스템과 이해관계 대변 시스템에 맞춰졌다. 전통적인 자문단이 설치되어 있는 경우에는 임명된 사람들로 구성되었는데, 그것은 내각의 각 부처에 자문단이 꾸려질 수 있는 것과 같은 것이었다. 결정책임자를 외국인들이 선출한다면, 이해관계 대변의 형태는 의회에서의 이해관계 대변의 형태와 유사했다. 왜냐하면 조정 및 결합된 이해관계가 공개적으로 제시되는 것이기 때문이다. 그렇지만 이 경우에도 자문단의 자율성은 특별히 구성된 공공단체의 수준에까지 이르지는 못했다. 특히 예산에 관한 독립적 권한을 비롯해서 조직상의 독립성이 없었다. 자문단은 행정기구에 얽매여 있었다.

혼합된 형태도 있다. 비록 외국인들이 선출되기는 하지만, 그에 상응하는 혹은 아주 많은 숫자의 선출된 독일인들이 투표권을 가지고 있는 경우도 있다. 이것은 전통적인 의미에서 일종의 부분선출 자문이라고 할 수 있는데, 오직 이주민들의 특수한 삶의 상황으로만 설명할 수 있는 특수성이었다. 한편으로 이 이주자들은 대표들을 가져야 했지만, 또 한편으로는 독일 쪽에서 제시하는 문제점도 수용해야 했다.

외국인자문단의 형성에는 이곳 독일에 살고 있는 비독일인 집단으로서 외국인들의 고유한 이해관계라는 정체성이 공인되어야 한다는 전제가 있다. 그래서 외국인자문단은 그들의 비독일인 인종으로 특징지어질 수 있는 '인종집단 대표단'으로 불리기도 한다.[85] 이런 조건 아래서 각 집단의 이해관계는 고전적인 표본에 따라 정치적 결정을 위해 공식적인 의사결정과정에 편입될 수 있었다. 이때 일반적으로는 다른 부서나 조직들과의 교류를 기대할 수 있다. 예를 들어 관청이나 정당, 협회들과의 교류가 그런 것이다.[86] 자문단은 감독을 받게 되어 있다. 그리고 자문단의 구성원들이 독일사회에서 사회적으로 인정받음으로 해서 변질되어 버리는 문제점들이 발생하기도 한다.[87] 하지만 특히 마지막 문제점과 관련해서는 일반적인 형태의 증거는 찾지 못했다.

실천적인 활동[88]에서는 특히 중요하게 두 가지 넓은 의미의 문제영역이 존재한다. 하나는 법적으로 외국인 신분에 묶여 있는 것이었다. 예를 들어 독일국적을 가진 사람과 외국국적을 가진 사람의 결혼과 관련된 문제라든가 체류심문과 관련된 문제, 외국인의 지방자치체 선거권 요구의 문제 같은 것들이 있다. 또 하나는 외국국적을 가지고 이곳에 살고 있는 사람들의 문화적 상황과 관련된 문제이다. 예를 들어 문화센터나 학교에서 모국어 수업에 대한 문제, 이슬람 공동묘지의 설치 또는 사적인 문제들에 대한 상담이 이에 해당한다.

실제로 외국인자문단이 점점 더 그 지반을 넓혀나가고 있지만, 과연 자문단이 도입되어야 할 것인지 혹은 자문단의 형태는 어떠해야 하는지에 관한 논의는 아직까지 합의점에 이르지 못하고 있다. 그래서 브레멘 같은 곳에는 외국인자문을 위한 조건이 상세히 작성되어 있는 입장문서가 있지만, 그 조건들 가운데는 부분적으로 관철이 대단히 회의적인 조건들도 있다. 가령 의회의 위원회에서 투표권을 갖는 문제 같은 것들이 그런 것이다.[89]

4.3.3. 외국인촉탁위원

외국인촉탁위원(Ausländerbeauftragte)은 외국인들의 이해관계를 대변하는 자리로, 관직의 한 종류라는 특수한 성격을 가지고 있다. 그렇기 때문에 외국인위원은 자치조직과는 전혀 다른 것이라 할 수 있다. 유사한 장치로는 독일연방의회의 국방위원(Wehrbeauftragte)이 있다. 그렇지만 국방위원은 군인들의 이해관계를 위한 대표로서, 의회의 감독조직 이상의 의미를 지닌다. 또 다른 조직으로는 정보보호위원(Datenschutzbeauftragte)이 있는데, 이것은 구체적인 인물들을 대상으로 하는 조직이라기보다는 오히려 기본 지침을 세우는 조직이라고 볼 수 있다. 역할 면에서 이와 좋은 비교대상이 되는 조직으로 여성위원(Frauenbeauftragte)이 있다. 여성위원은 기본 지침을 세울 뿐 아니라 행정과정에서 공론의 장을 향해 불이익을 받는 집단, 이를테면 여성들의 입장을 대변해야 한다.

외국인촉탁위원은 연방정부 그리고 바이에른·헤센·NRW·슐레스비히홀슈타인 주를 제외한 모든 연방주, 그 밖에 많은 지역공동체에 설치되어 있다. 총 150~160명이 촉탁위원으로 일하고 있으며, 이들 모두는 실질적으로 독일인이다(인터뷰39).

연방정부 차원에서는 1978년에 외국인촉탁위원이 설립되었다. 촉탁위원에 처음에는 '외국인노동자와 그 가족의 통합을 위한 촉탁위원'이라는 이름이 붙여졌고, 1991년에는 '외국인의 이해관계를 위한 연방정부 촉탁위원'이라는 명칭이 사용되었다.[90] 촉탁위원의 임무로는 연방정부에 정치적 조언을 하는 것이 있으며 그 밖에 외국인집단의 상황에 따라 적절하게 부여된다. 예를 들어 외국인들의 모국인 정부에 자국민들의 자발적인 귀국을 촉진하도록 도움을 청하는 임무도 있었다.[91] 당시 이를 담당했던 슈말츠 야콥센(Schmalz-Jacobsen) 여사는 무엇보다도 정치적 주도성을 확보하는 것이 자신의 임무라고 보았다. 여기서 성공의 관건은 구체적인 결정권이라기보다는 오히려 사안이 지닌 정치적인 무게라 할 수 있었다.[92]

뮌헨의 (한인) 외국인촉탁위원(인터뷰39)은 자신의 임무를 특히 다음 세 가지 요소로 설명하고 있다.

인터뷰39는 행정관청을 대상으로 외국인들이 이곳에 살면서 부딪히는 문제나 시선들에 대한 이해력을 높이는 데 힘을 기울인다. 그래서 이를 위해 독일인 청소년들과 외국인 청소년들이 함께 만날 수 있는 센터를 사회시설 지역에 설치할 것을 해당 계획부서에 건의하였다.

다음으로, 독일인과 외국인 모두를 대상으로 여론을 조성하는 데 힘을 기울인다. 여기서 중요한 것은 이민자국가로서 독일의 상황을 논의의 전면에 내세워야 한다는 것이다. 이로써 모든 집단이 이민자국가라는 상황을 정확히 인식하고 그런 상황으로 인해서 발생하는 결과들을 논의해야 한다는 것이다.

그리고 선출직 외국인자문의 활동에 대한 지원에 힘을 기울인다. 여기서는 특히 망명법과 같은 정치적 문제가 해당된다.

이런 한편으로 인터뷰39는 개별적인 문제들의 입장에 대해서는 대변하지 않는다.

베를린에서는 외국인촉탁위원이 이미 1981년에 만들어졌다.[93] 이로써 베를린은 외국인촉탁위원을 신설한 최초의 도시가 되었으며, 담당자는 바르바라 욘(Barbara John)이다. 공적 활동으로는 주로 외국인 정치의 기본 입장을 완성하는 것, 단체들을 재정적으로 지원하는 것 — 여기에는 동쪽 구역에서 활동하는 '외국인문제를 위한 지역활동사무소'(Regionalen Arbeitsstelle für Ausländerfragen e.V.)가 포함되어 있다. 그리고 홍보활동이 있다. 홍보활동은 외국인과 독일인 그리고 여론 전반 모두를 대상으로 했다. 외국인들에게는 예를 들어 외국인법에 관한 정보자료들이 제공되었고, 독일인들을 위해서는 소수집단 외국인들에 관한 홍보지(한국인 소수집단에 관한 것도 있다)가 만들어졌다. 여론 전반에는 정치적 입장이 발표되었다. 그 밖에 외국인촉탁위원의 활동에서 중요한 또 한 가지 요소는 개별적인 건에 대해 조언을 해주는 것이다.

프랑크푸르트에는 다문화와 관련된 일을 위한 공직이 만들어졌다. 첫 책임자는 다니엘 콘 벤디트(Daniel Cohn-Bendit)였다.[94] 이 공직은 인원구성상 단 한 사람만 배치된 것이 아니고 명실상부한 공무부서로서 설치되었다. 부서의 임무는 더 확장되었지만, 부분적으로는 훨씬 전통적이었다. 차이점으로는 다음과 같이 다섯 가지 임무로 나눌 수 있다.

첫째, 다른 수단들이 다 사라질 경우 개별적인 경우들을 지원하는 것

둘째, 인종집단과의 관계에서 발생한 사회적 갈등에서 당사자들과 그것에 대해서 책임 있는 부서들이 함께 참석한 자리에서 진행자의 역할을

하는 것

　셋째, 이주자단체들에 기술적 지원을 하는 것

　넷째, 홍보활동을 비롯해서 문화적 다양성을 알릴 수 있는 선동적인 행사

　다섯째, 다문화적 미래를 위한 구상 같은 선도적인 생각들을 하는 것

　이와 함께 부서의 과제는, 아마 더 큰 수용능력 때문이어선지 더 넓은 것을 포괄하였다. 사회에 대한 분명한 구상이 공적으로 대변되고 계속해서 발전된다. 제약은 독일 시민권이 없는 이주자들에게서만 생기는 것이 아니라, 독일 뿌리를 가진 이주자들에게도 발생한다. 사회에 대한 구상은 분명 전체 사회에 대한 자기이해와 연결되는 것이기 때문에, 더더욱 이것은 모두와 관련된 일이다.

　여기서 소개한 공직의 이해는 외국인 업무가 어떤 긴장지대를 제시하고 있는지를 보여준다. 한편으로 이 지대는 정치적 영향력에 관한 것이다. 하지만 또 한편으로는 개별적인 경우들이 아직은 특수한 문제를 보여주고 있는 상황이 있다. 따라서 외국인 업무는 정치적—또한 행정관청과 사회 내부에서—이해관계를 표현해 내는 것과 개별사건에 대한 활동 사이에 놓여 있다. 그렇지만 인터뷰39가 그랬던 것처럼 후자가 전자를 방해한다는 의견이 제기될 수 있다.

5. 정치시스템 속에서 한인조직들의 기능

5.1. 개괄

설명한 것처럼 정치시스템 속에서 조직들의 기능은 참여, 자기규제, 출판, 전환으로 나눌 수 있다. 여기서는 이 기능들이 한인조직들에서 어떻게 실행되고 있는지 살펴보고자 한다.

5.2. 참여

조사대상이 된 단체들 가운데는 실질적인 정치단체들, (교인의 감소추세로) 일부 교회들, 한국여성모임만 정치적 의지 형성과정에 참여했다. 한국과 관련된 활동과 독일과 관련된 활동으로 구분할 수 있다.

대부분 단체들이 활동의 중심을 한국과 관련된 것에 두고 있었다. 독일과 관련된 목표들을 추구하는 것이 중심은 아니었지만, 그렇다고 해서 이곳의 정치적 의지 형성과정에 영향을 끼치는 것을 배제한다는 의미는 아니다. 이렇게 해서 연방의회에 김대중의 석방구명을 청원하는 등 이곳의 외교정책에 영향력을 행사했다. 그 밖에도 한국과 관련된 활동들을 독일의 언론과 일반사람들에게 널리 알렸다. 이것은 코리아협의회에서 독일인들과 한국인들이 함께 활동한 결과를 보여주는 것이었다.

그렇지만 이곳의 정치적·행정적 결정에 대해 여론을 환기시키는 활동도 있었다. 그 모범적인 예로는 한인 광부와 간호사들의 추방을 둘러싼 논쟁을 들 수 있을 것이다. 이처럼 여론형성 활동은 한국여성모임과 노동자연맹을 중심으로 이루어졌다. 이곳에 정착해 살고 있는 한인들의 조직들은 정치적 활동을 하는 한에서 — 여기에는 한국여성모임도 포함된다 — 이런 방식의 여론조성 활동에도 점차 참여하는 경향이 있다. 한인조직들이 직접적이든 간접적이든 공적 자금을 사용하고, 그와 관련해 공적 자금이 주어지는 과정에 영향력을 행사하고 있다면 그 조직들은 모두 공적 과정에 참여하고 있는 것이다.

5.3. 자기규제

사회의 제반 문제를 독자적인 방식으로 해결하는 것이 전체적으로 조직들의 중심을 이루고 있다. 가령 한국여성모임에서는 이것이 독일어 수업을 조직하는 것일 수 있고, 교회는 청소년을 위한 세미나를 조직하거나 연금보험에 관한 정보를 주는 것일 수 있다. 또는 한글학교에서 수업을 진행하거나, 관변단체에서 단순하게 사회적 삶을 만들어내는 것도 독자적인 방식으로 사회적 문제를 해결하는 행동일 수 있다. 자신들이 설정한 목적 때문에 이와 같은 독자적인 문제해결 활동을 중심으로 설정하지 않은 정치조직들까지 이 기능에 참여하고 있다. 이처럼 정치조직들이 세미나를 진행할 때는 독일을 주제로 한 내용도 한 부분을 구성한다. 다시 말해 이런 세미나의 주제들이 한국정치의 상상력을 발전시키기 위한 것이라 하더라도, 그것은 이곳 사회에 대한 이해에도 기여한다는 것이다. 그렇기 때문에 이런 주제들로 구성된 세미나는 교육적 기능도 한다. 뿐만 아니라 노동자연맹은 노동자들에게 문제가 발생했을 때 상담자로서의 역할을 충실히 했다.

5.4. 출판

관변단체의 경우에는 베를린 한인회를 제외하고는 대부분이 간행물을 발간하지 않는다. 그렇기 때문에 그들은 아직까지 다루어지지 못한 이해관계들을 표현하지 못하고 있다. 그러나 관변단체가 아닌 단체들은 모두 자체 간행물을 발행하고 있다. 간행물은 대부분 한국어로 발간되고, 따라서 한인사회를 대상으로 한다. 유럽 전체를 대상으로 정기적으로 발행되는 한국어판 신문이 있기는 했지만, 이해관계들을 수용할 수 있는 미디어 시스템은 존재하지 않았다. 따라서 간행물은 상당히 중요한 의미를 가진다고 할 수 있다. 이런 간행물 발간은 한국의 현실정치하고도 밀접한 관계가 있었으므로, 한국의 미디어에서 다루는 사안들을 주로 다루었다.

물론 독일어판 간행물도 있었다. 한민련의 경우에는 한동안 독일어로 잡지를 발간했으며, 한인간호사 25주년 기념 팸플릿 같은 독일어 간행물들은 독일사회에서 한국의 상황에 대한 이해를 높이는 데 기여했다. 또 이런 간행물들을 통해서 간접적으로 한인들의 이해관계에 대한 입장을 파악할 수 있었다. 어쩌면 이러한 것이 없었다면 한인들의 이해관계는 제대로 알려지지 못했을 것이다. 코리아협의회가 발간한 잡지『코리아 포럼』(Korea-Forum)은 한국의 정치를 주로 다루면서 그와 비슷한 성과를 거두었으며, 이로써 외교문제를 주제로 한 토론에도 영향을 끼쳤다.

5.5.   전환

이상으로 언급한 요소들을 통해 이곳 사회에서의 근본적인 변화가 이루어지지는 않았다. 하지만 이 조직들의 활동이 사회적 현실에 영향을 끼친 것은 분명하다. 이곳에서 다른 외국인들과 함께 한인들이 사회의 일부로 존재한다는 사실을 통해 이미 사회적 현실은 틀림없이 변화하였다. 그리고 한인들은 자치조직을 통해 자신들이 놓여 있는 상황을 표출할 수 있게 되었고, 이런 시도는 변화를 더욱 촉진시켰다. 추방에 저항한 성공적인 사례가 보여주고 있듯이, 한인들에게 이러한 활동들은 부분적으로 매우 중요했다. 또한 직접적으로 이곳에서의 삶이 처한 상황과 결합되어 있던 조직들은 이곳 한인사회의 삶의 질 향상에 기여했다. 이 조직들은 한인들에게 자신들의 문화를 실천하거나, 이곳 사회에 대해 논의할 수 있는 기회를 제공했다.

　한국과 관련된 활동들도 전혀 무익한 것은 아니었다. 이곳의 정치조직들은 한국 반정부진영의 일부이거나, 또 다른 형태이다. 이러한 반정부진영 없이는 군부독재로부터 벗어나는 분명한 전진은 생각할 수 없었을 것이다. 따라서 한국의 강력한 변화는 이러한 활동의 결과이기도 하다.

6. 성과의 양상

한인조직들은 대부분 문화적·사회적 분야의 전반에서부터 포괄적인 사회·정치적 이해관계에 이르기까지 모든 것을 대변했다. 이로써 한인들은 (다른 '외국인들'처럼) 동일한 경제적 이해관계에 의해 규정된 집단은 아니라는 것을 확인할 수 있다. 공통의 객관적 이해관계는 단지 집단과 연관된 사회적 불이익이라는 방해물이라든가 혹은 자신들 고유의 문화를 실천하려는 관심에서만 존재했다.

관변단체들은 형식이 갖추어지지 않은 경우가 더 많은 데 비해, 비관변단체들은 조직의 형식이 제대로 정비되어 있는 경우가 더 많았다. 법적으로 등록협회(e.V.)의 지위를 가지는 것이 드문 경우는 아니었지만, 그렇다고 상례도 아니었다.

조직의 수준은 다른 사회단체들에 상응했다. 하지만 회원규모는 작은 편이었고, 그 규모도 천차만별이다.

전문화와 서비스의 제공은 사실상 유명무실하다고 볼 수 있다. 전통적인 서비스의 제공은 사회복지 담당자에 의해 이루어졌으며, 사회복지 담당자는 한인 자치조직이 아니라 복지단체에 소속되어 있었다.

그에 비해 단체에 소속됨으로 해서 사람들이 얻는 보호받는 느낌은 큰 역할을 했다. 특히 교회와 여성모임이 이런 면에서 큰 역할을 했다.

독일사회의 의사결정과정에 정치적 영향을 끼치는 데는 매우 제한적이었다. 일부 조직들에서는 이런 활동을 조직의 목표로 설정하지도 않았다. 한인조직들은 공식적으로 영향력의 행사가 가능한 곳에 일정한 지분을 가지고 있지 않았다. 다른 외국인들에 비해 한인의 숫자가 적었기 때문에, 일부에서는 투표권조차 없음으로 해서 외국인자문단에서 한인의 이해관계를 대변할 때 불이익을 당했다.

　내각의 부처나 의회에 비공식적으로 어떤 영향을 끼쳤는지는 확실치 않다. 마찬가지로 정당과의 협력 같은 전통적인 방식 역시 불분명하다. 여기에는 한국국적이라는 법적 장애물과 함께 언어의 문제도 있었다. 그리고 정치적 조직들이 한국의 정치상황을 활동의 방향으로 설정하고 있었다는 점도 한몫했다. 그럼에도 청원의 기회와 여론에 영향을 끼칠 수 있는 기회들은 십분 활용했다. 광부단체들과 여성모임은 서명운동을 통해 추방에 대해 항의했고, 독일연방의회에 김대중의 석방을 지원해 달라는 청원도 했다. 이 과정에서도 한인들은 항상 유권자로서 평범한 정치시스템에 통합되어 있는 다른 사람들을 설득하기 위해 노력해야 했으며, 그것을 통해 의회에 깊은 인상을 심어주어야 했다. 문화활동에 대한 지원과 관련해서는 지방자치단체 차원에서 영향력이 가장 강하게 행사되었다. 이때는 가능하다면 외국인촉탁위원들의 지원을 받았다.

　이상의 요소들로부터 한인들(그리고 다른 외국인들)이 자신들의 이해관계를 대변하는 기회 면에서도 독일국적의 사람들로 구성된 이익단체에 비해 손해를 보고 있다는 것을 분명히 확인할 수 있다. 그러니까 이해관계의 대변 시스템이 지닌 선택적 성격을 감지할 수 있다. 또 이것은 외국인들의 참여기회가 단지 제한된 범위 내에서만 조정될 수 있다는 것을 보여준다. 그렇지만 사회복지 담당자와 복지단체들의 활동이 (다른 외국인단체들의 경우와 달리) 부정적 영향을 주지는 않았다.

1)   Alemann 1989, S. 145ff; Weber 1976, S. 57ff; Beyme 1980, S. 54ff 참조.

2)   Alemann 1989, S. 148; Heinze 1981, S. 93f; Winkler 1972, S. 13 참조.

3)   Beyme 1980, S. 60.

4)   Winkler 1972, S. 11f.

5)   Weber 1976, S. 65; Alemann 1989, S. 147ff; Heinze 1981, S. 95 참조.

6)   Fraenkel 1991, S. 127ff; Blanke u.a. 1975, S. 148ff.

7)   Alemann 1989, S. 149f; Heinze 1981, S. 98f.

8)   Alemann 1989, S. 150f; Heinze 1981, S. 99; Blanke u.a. 1975, S. 67ff.

9)   Heinze 1981, S. 100ff; Alemann/Heinze 1979(in dieselben Hrsg.), S. 24ff.

10) Brand 1985(in ders. Hrsg.), S. 306ff 참조.

11) Weber 1976; Massing 1979; Heinze 1981; Hirsch-Weber 1969; Kremendahl 1977
     참조.

12) Fraenkel 1991, S. 314f; Massing 1979, S. 33 참조.

13) Fraenkel 1991, S. 248f.

14) 같은 책, SS. 246f, 249.

15) 같은 책, S. 65ff.

16) 같은 책, S. 34 참조.

17) 같은 책, S. 294.

18) Schmitter 1981(in Alemann Hrsg.), SS. 63, 66ff.

19) 여기에 관해서는 이미 바이마르 시대에 작성된 결정적인 논문이 있다("Die
     Gewerkschaften und das Arbeitsgerichtsgesetz," in Fraenkel 1973, S. 56ff).

20) Lehner 1983(in Alemann/Forndran Hrsg.), S. 107ff; Alemann/Heinze 1979(in
     dieselben Hrsg.), S. 19ff 참조.

21) Alemann 1989, S. 187ff 참조.

22) Beyme 1980, S. 121 참조.

23) Weber 1976, S. 76 참조.

24) Alemann 1989, S. 190.

25) 같은 책, S. 189.

26) 같은 책, S. 189f.

27) Weber 1976, S. 170ff; Beyme 1976, S. 163 참조.

28) Heinze 1981, S. 102.

29) Alemann 1989, S. 69ff.

30) Weber 1976, S. 75; Heinze/Voelzkow 1995(in Andersen/Woyke Hrsg.), S. 235ff 참조.

31) Beyme 1980, S. 110f.

32) Heinze 1981, S. 47.

33) 같은 책, S. 49; Weber 1976, S. 213ff.

34) 같은 책, S. 221ff.

35) 같은 책, S. 218f.

36) 같은 책, S. 45; Alemann 1989, S. 191.

37) Weber 1976, S. 344; Alemann 1989, S. 191.

38) Beyme 1980, S. 242ff; Heize 1981, S. 103; Weber 1976, S. 175ff.

39) Alemann 1989, S. 61.

40) Heinze 1981, S. 103.

41) Weber 1976, S. 274ff; Heinze 1981, S. 113; Eschenburg 1963, S. 17ff 참조.

42) Beyme 1980, S. 229ff; Alemann 1989, S. 172ff; Weber 1976, S. 326ff 참조.

43) Alemann 1989, S. 178f.

44) Heinze 1981, S. 106ff 참조.

45) Weber 1976, S. 278.

46) Heinze 1981, S. 44.

47) 같은 곳.

48) 같은 책, S. 43.

49) 같은 책, S. 41.

50) Alemann 1989, S. 191; Weber 1976, S. 216f.

51) Diner 1993(in Balke u.a. Hrsg.), S. 22.

52) Habermas 1992, S. 634f 참조.

53) Dann 1991(in Giesen Hrsg.), SS. 58, 63; Habermas 1992, S. 637.

54) Dann 1991, S. 64f 참조.

55) Diner 1993, S. 22f; Habermas 1993(in Taylor), S. 170 참조.

56) Dann 1991, S. 72; Giesen Hrsg. 1991, S. 14 참조.

57) Habermas 1993, S. 191.

58) Habermas 1992, S. 637.

59) Eisenstadt 1991(in Giesen Hrsg.), S. 21.

60)   Giesen Hrsg. 1991, S. 13.

61)   Eisenstadt 1991, S. 37.

62)   Dann 1991, S. 60.

63)   Giesen Hrsg. 1991, S. 11ff.

64)   Eisenstadt 1991, S. 22.

65)   Habermas 1993, S. 191.

66)   같은 글, S. 189.

67)   제국 시민권에 관한 규정에 관해서는 Rittstieg(1991, in NJW, S. 1384f) 참조.

68)   같은 책, S. 1386 참조.

69)   같은 책, SS. 1383ff, 1385f 참조.

70)   Thränhardt 1983(in Hamburger u.a. Hrsg.), S. 62ff; dort auch zum folgenden.

71)   Bodenbender 1982(in Ronneberger/Vogel Hrsg.), S. 52.

72)   지금 옛 유고슬라비아에서 벌어지고 있는 내전상황을 혹자는 분쟁에 대한 선 신호
      또는 싸움에 대한 옹졸한 요구로 해석할 수 있을 것이다.

73)   Bodenbender 1982, S. 52.

74)   Thränhardt 1983, S. 65ff 참조.

75)   발행연도가 기재되어 있지 않은 독일병원협회의 통지.

76)   Özkara 1990(in dieselbe Hrsg.), S. 26ff 참조.

77)   Arbeitsgemeinschaft Ausländerbeiräte NRW u.a. 1994, S. 30ff.

78)   같은 책, S. 21ff.

79)   연방정부의 위임자를 통해 외국인문제를 위한 정관들의 모음집이 만들어졌다(2
      Aufl. 1985).

80)   지역공동체 규정 29조 8항에 관한 문서(Arbeitsgemeinschaft Ausländerbeiräte
      NRW u.a. 1994, S. 21f).

81)   Thränhardt 1983, S. 67.

82)   Arbeitsgemeinschaft Ausländerbeiräte NRW u.a. 1994, S. 12ff.

83)   Sarkowitcz 1993(in Benz Hrsg.), S. 43.

84)   통계에 관해서는 Wichmann(1989, SS. 53, 84) 참조.

85)   Hoffmann 미간행 원고(o.J. a), S. 10f. 그외 미출간 원고인(o.O.), (o.J.), S. 31 참조.

86)   Wichmann 1989, SS. 56ff, 88ff.

87)   Hoffmann 1986, S. 107ff; ders. (o.J. a), S. 19ff.

88)   Wichmann의 보고(1989, SS. 43ff, 74ff) 참조.

89)   Dachverband der Ausländer-Kulturvereine/Arbeiterwohlfahrt 1994.

90)   Beauftragte der Bundesregierung für die Belange der Ausländer (o.J.).

91)   Schardt 1993(in Benz Hrsg.), S. 23.

92)   같은 책, S. 23f.

93)   여기에 대한 것과 그 다음에 관한 것은 같은 책(S. 24 ff) 참조.

94)   Leggewie 1993(in ders. Hrsg.), S. 54ff; Sarkowicz 1993, S. 36ff 참조.

제5부

전망

이곳 사회의 한인들과 그들의 조직이 어떤 전망을 가지고 있는지는 이 사회와 이주자에 대한 이 사회의 태도가 어떻게 결정되는지에 달려 있다. 오늘날 사회와 국가를 단순히 인종에 기초한 규정으로 이해하지 않고 이와 달리 다문화적으로 이해하는 것이 과연 적절한가를 둘러싸고 논의가 일어나고 있다.

캐나다의 철학자 찰스 테일러[1]는 인간에게는 정체성과 진정성을 사회로부터 인정받고 싶은 욕구가 있다고 강조하면서, 이 욕구를 문화적으로 규정한 집단에 적용한다.[2] 그는 자유주의를 두 가지로 나눈다.[3] 하나는 절차를 중시하는 자유주의로서, 국가는 좋은 삶이라고 정의된 특정 형태를 강화하는 것을 금지한다. 다시 말해 국가는 이러한 정치원칙에 따라 사회적 발달의 결과를 돌보지 않고 다만 그에 따라 사회적 과정이 진행될 수 있는 규칙만 보장한다. 그러므로 개별 집단들의 문화적 입장을 목표로 장려하지 않는다. 또 하나는 공동의 목표를 인정하는 자유주의로서, 문화적으로 정의된 집단들의 지속적인 존립을 지원한다. 물론 이 지속성은 법적 방식을 통해서, 경우에 따라서는 강제적 방식을 통해서 보장된다. 그렇지만 이러한 자유주의는 원칙적으로 고전적인 기본권을 존중하기 때문에, 국가는 문화적으로 이해될 수 있는 삶의 방식들을 분명한 목표로 설정해서 보장한다. 그리고 이러한 보장은 다른 것들에 대한 배제 아래 이루어진다. 테일러는 후자 형태의 사례로 퀘벡의 입법을 들고 있다. 퀘벡은 프랑스어의 공용화에 법적 구속성을 부여하는 방식으로 이를 지원하고 있다. 테일러 또한 이런 입장을 대변한다.

그에 반해 하버마스[4]는 국가가 좋은 삶의 형태를 결정할 권리를 박탈

한다는 것은 환상에 불과하다고 본다. 어떤 것이 좋은 삶인가 하는 입장은 오히려 민주적인 결정과정에서 수렴될 수 있다. 이때 좋은 삶에 대한 구상이 구체적으로 결정되고 기반이 확보되는 것은 시민 전체 집단의 문화적 구성에 달려 있다. 이러한 것들은 또한 예를 들어 문화적 후원에 대한 분명한 요구를 이끌어낼 수 있다.[5] 이와 함께 테일러가 구획한 두 종류의 자유주의는 정치적 언명으로서 힘을 상실한다. 하버마스 유의 생각에 따르면, 모든 국가는 항상 특정 문화집단에 영향력을 행사할 수 있는 문화적 목표를 전개한다. 즉 경계를 다른 장소로 이동시킨다. 종의 보호수단으로서 국가가 문화적으로 규정된 집단들을 보호하는 것은 인정되지 않는다. 이러한 집단들은 민주주의적 과정에서 자기 구성원들의 의식적 결정을 통해서만 자신의 권리를 주장할 수 있다. 개인들에게는 자신의 출신 집단으로 향하는 것이 허용되는 것과 마찬가지로 그로부터 등을 돌리는 것도 허용된다.[6] 하버마스는 정체성과 또한 문화적 집단의 존속을 민주주의적 과정에 맡긴다. 경우에 따라서 이것이 국가정책의 영향을 받을 수 있기는 하지만, 국가의 강제적 조치에 의해서 영향을 받아서는 안 된다.

라트케(Frank Olaf Radtke)[7]는 정치적 교섭의 기준으로 문화적 또는 인종적 소속을 완전히 거부한다. 우선 집단을 구분할 때 결코 바람직하지 않은 기준에서 출발하기 때문에 새로운 인종차별주의가 될 수 있다고 우려하는 것이다. 인종차별주의가 출현한 다음에야 비로소 이 구분과 연관된 차별적 조처들을 막는 시도를 한다는 것이다. 게다가 인종적 이해관계—이것은 프랭켈이 토대로 삼은, 기능적으로 규정된 이해관계에 대항한 싸움과는 다르다—는 화해의 가능성이 없을 뿐 아니라, 인종적으로 하나의 집단에 속해 있다는 것은 변경이 불가능하다. 그리고 이것은 인종적 기준에 따른 사회의 분열을 만들어낸다.

이러한 입장은 그 과정에서 사회적 현실을 간과해 버린다. 인종적 집단은 객관적 요소들이 밝혀질 수 있는가 하는 것과는 전혀 관계없이 정의한 것이다. 인종적 집단을 정의하는 전제조건은 단지 개인이 한 집단에 소속감을 가지고, 그 집단이나 주변이 이러한 평가를 공유하고 있다는 것이다.[8] 게다가 이런 방식으로 형성된 집단에 소속된다는 것은 종종 배제의 동인이 된다. 이미 정착한 집단과 그 외부 사이에는 권력의 격차가 생겨나는데, 이 격차는 낙인에 그 원인이 있지만 변화에 굴복할 수도 있다. 낙인을 찍는 수단으로서 선입견은 결국 외부집단이 부정하다는 입장을 수용하는 구실을 만든다.[9]

물론 실제로 순수하게 인종적으로 규정된 사회적 집단이 있다. 한국계 입양아의 예는, 만약 그들을 둘러싸고 있는 사회가 인적 다수에게 집단으로서의 정체성을 부여할 때 개별적인 특징들 — 여기서는 외형 — 에만 근거한다면 이렇게 형성된 집단의 구성원들은 문화적으로 아무리 동화된다 해도 보호를 받기 힘들다는 것을 보여준다. 사회에서 집단의 위치는 권력의 문제이다. 따라서 다수의 집단은 그로부터 도출된 이익을 취한다. 이것은 속수무책으로 배제의 과정에 아무런 도움 없이 던져지지 않기 위해 조직적으로 사회적 결정과정에 참여하는 것에 대한 관심이다. 배제는 결국 배제된 집단의 구성원들에게 불이익을 준다. 그리고 이런 불이익과 싸우거나 그것을 조정하는 것 또한 집단의 이익이다. 뿐더러 만약 한 집단이 문화적으로 규정되었다면, 그 집단의 구성원들에게는 문화적 요소들이 개인적인 의미를 가지며 그와 함께 공동의 이익을 위한 참조지점이 발생한다.

이와 관련해서 조국애도 한몫을 했다. 자기 조국에 대한 독일연방정부의 외교적 대응에 영향을 주고 싶어하는 것은 정치적으로 정당하다. 이미 소개한 여러 한인단체들이 한국의 독재정치에 대항해서 이렇게 행동을 했다. 하지만 이 지점에서 문화적 집단으로의 소속감은 엷어지는데, 그것은 한국정치에 관심을 기울인 재독한인들이 자신들의 생각에 동조하는 독일인들과 함께 일했기 때문이다. 그러므로 독일연방정부의 외교적 입장을 둘러싼 논의들은 순수하게 한인들의 이해관계를 대변한다고 볼 수 없다. 거기에다 한인들의 정치적 이해관계도 실로 다양했다. 그러다 보니 기껏해야 외교정책 토론에 포함될 안건이 좀더 늘어나는 정도였다.

사회적 인정에 대한 집단의 이해관계와 불이익의 조정을 요구하고 또 자치조직을 통해 정책결정과정에서의 자신들의 입지를 강화시키는 것은 최소한 다음과 같은 점에서 정당하다. 그것은 사회와 그 사회의 정치시스템 내에서 문화적으로 규정된 집단의 특수한 어려움을 인정하는 것과 관련되어 있기 때문이다.[10] 여기서 인정은 전통적으로 기능하는 다른 이해관계들과 동일한 것으로 분류된다. 그와 함께 다원론적 정치과정 또한 인종적으로 규정된 소수집단의 통합을 필요로 한다.

이를 위해서는 외국인자문단이라는 시스템도 유의미한 방식으로 활용될 수 있다. 가령 외국국적을 가진 사람들은 자신들의 특수한 문제들을 사회 속에서 표현할 때 자문단의 도움을 받을 수 있다. 따라서 이 시스템은 외국인 투표권의 요구와 모순되는 것도 아니고, 그렇다고 해서 투표권 이야기가 불필요한 것도 아니다.[11] 뿐만 아니라 이중국적과 그와 연계되어 있는 시민권 확장 문제도 이와는 아무런 관련이 없다. 그렇지만 주의해야 할 점은 투표권은 시민권이 아니라 단순히 인종적 기준과 결합된다는 것이다. 그렇게 되면 국민이 인종에 따라 구분될 수 있는데, 이것은 헌법의 기본 정신과 모순된다. 그리고 어두운 기억을 불러일으킨다. NRW주는 외국인자문단에 대한 (투표권은 없지만 피선거권은 있는) 소극적 선거권을 모든 독일인에게 부여하는 바람직한 길을 찾았다.

외국인자문단의 적법한 기능을 호프만(Lutz Hoffmann)[12]은 과장된 표현으로 묘사했다. 호프만에 따르면, 외국인자문단은 독일인이 아니라고 정의할 수 있는 사람들, 즉 그 집단의 대표라는 것이다. 이러한 인식에 근거해서 호프만은 독일에 거주하는 이 집단들의 정체성에 낙인을 찍었는데, 이러한 정체성은 사람들이 결코 갖고 싶어하지 않을 뿐 아니라 통합보다는 배제를 조장하는 것이었다. 호프만의 인식에서는 특정 집단이 이 사회에서 겪는 특수한 어려움을 인정한다거나 그 집단이 스스로 이러한 어려움을 해결하는 데 일조한다는 것이 핵심이 될 수 없다. 오히려 특정 집단을 '평범한' 사회에 속하지 않은 특수한 소수집단으로 이해하는 방식을 고착화시킬 뿐이다.

외국인자문단과 함께 외국인촉탁위원은 외국국적을 가진 사람들이 안고 있는 특수한 문제들에 대한 이해를 강화시키는 공적 제도로서의 의미를 지닌다. 외국인촉탁위원은 적어도 이러한 사람들의 불이익이 이 사회에서 존재하는 한 중요한 의미를 가진다.

하지만 이 사람들의 이해관계를 대변하는 일은 그들의 조직이 중심이 되어 이루어져야 한다. 그럴 때만이 외국인의 이해관계 대변이 장기적으로 큰 의미를 가질 수 있다.

집단의 문화적 활동에 대한 국가의 지원을 요구하는 것은 정치적으로 정당할 뿐만 아니라 지원가치도 있다. 이를 통해 소수집단의 정체성이 사회적으로 표현됨으로써 그들의 정체성이 문화적 다수의 그것과 마찬가지로 주목받을 수 있게 된다. 나아가 낙인찍기도 저지할 수 있다. 공적 방법을 통해 불이익을 조정하는 것도 같은 의미를 가진다.[13]

독일에서 집단에 대한 법적인 보호는 오직 집단에 속한 사람들을 금지된 불이익으로부터 보호하는 형태로만 존재한다. 예를 들어 헌법은 인종에 의한 불이익을 금지하고 있다. 상처받은 사람의 소속집단과 연계된 집단적 선동도 인종혐오를 자극하는 것만큼이나 처벌이 가능하다. 소수집단 문화가 국가권력 수단에 의해 그 존립을 보호받아야 하는가 하는 물음은 사실상 성립하지 않는다.[14] 이러한 물음에 해당하는 전형적인 사례는 캐나다의 상황이다. 국가 전체로 볼 때는 소수집단인 프랑스인들이 퀘벡지방에서는 다수를 차지하기 때문에 이들은 공권력을 행사할 수 있다.[15] 하지만 독일에는 이와 동일한 상황의 소수집단이 없지만, 그럼에도 고려해 볼 수 있는 것은 특권을 부여하는 방식 — 적극적 우대조치(affirmative action) — 으로 소수집단의 불이익을 최소한 일시적으로라도 조정하는 것이다.[16] 하지만 이 방식은 불이익의 원인을 — 예를 들어 재교육 프로그램을 통해 — 조정한다기보다는 오히려 무시하기 때문에 상당히 우려되는 조치이다.

이를 바꾸어서, 과연 많은 조치들이 문화적 소수집단을 법적으로 보호하기 위한 것이라고 볼 수 있는가 하는 질문을 던질 수 있다. 여기서는 그 조치의 정당성이 검증되어야 한다.

독일은 외국인노동자를 받아들였고 이들이 소수집단을 형성하여 결국 이곳에 정착했다는 점에서 이민자국가이다. 그리고 여기서부터 시작할 수 있다. 이러한 사실은 한인 소수집단을 구성하는 간호사와 광부들의 사례로 분명해진다.[17] 사실상 이곳으로 이주한 사람들은 이 사회의 일원이다. 그럼에도 그들은 독일국적을 가지고 있지 않고, 따라서 투표권이 없음으로 해서 정치적 과정에 표를 행사할 수 없다. 이러한 사람들을 정치적 이해관계 대변 시스템에 완전히 편입시키는 것은 이와 같은 결핍의 제거를 전제로 한다. 이것은 결국 서구 산업국가들의 민주적 자기이해의 결과물이다.[18] 동시에 이것은 실천적으로 시민권을 부여함으로써만 실현 가능하다. 한편 이곳에 살고 있는 외국인들의 정체성은 자신의 출신과 출생국가와의 내면적인 연결을 통해 형성되었다. 이것을 존중하는 것은 곧 소수집단의 정체성을 동일한 가치로 인정하는 것과 다름없다. 그렇기 때문에 이중국적은 필수적이다.[19] 기본법 제116조의 시민권을 새롭게 정의하여 출신민족이나 국적과 상관없이 독일체류와 연계시키자는 제안은 실질적으로 관철될 가능성이 그리 높지 않다.[20]

법적 평등은 공적 일들에 대한 참여와 이곳 사회로의 통합에 긍정적인 역할을 한다.[21] 그러나 한 사회가 이주자들에게 — 예를 들어 귀화를 계기로 해서, 경우에 따라서는 법적인 기준들을 만들어서 — 어느 수준의 융합을 요구할 수 있는가 하는 물음은 여전히 남아 있다. 하버마스에 따르면 헌법의 원칙들에 대한 동의와 문화융합(Akkulturation)에 대한 준비를 구분할 수 있다.[22]

헌법의 원칙들에 동의할 준비는 자명한 것이다. 이곳 사회와 정치적 의지 형성과정에서 받아들여지는 것은 기본법으로 구현된 민주주의와 인간존엄의 원칙에 대한 존중을 전제로 한다. 그렇기 때문에 예를 들어 이미 규정된 근본주의적 입장은 결합될 수 없다.[23] 그렇지만 여기서는 이러한 기본원칙들이 다수자문화에 속해 있는 사람들에게도 당연히 적용되어야 한다는 것이 강조되어야 할 것이다(외국인들에 대한 살해공격도 이 원칙에 맞지 않는다!).

더 넓은 문화융합 혹은 어떤 문화융합이 요구되어야 할 것인가, 최소한 촉구되어야 할 것인가라는 질문에 대답하는 것은 더욱 어렵다. 하버마스[24]는 포괄적인 요구를 거부한다. 이주자들에게 그들의 전통을 포기할 것을 강요해서는 안 된다. 이주자들의 문화적 정체성은 반드시 존중되어야 한다. 이러한 관점이 얼마나 중요한지는 이미 소개된 한인조직들과 그들의 입장을 잘 보여준다. 이것은 또한 국가의 교육에서 소수집단의 문화에 대한 돌봄이 추구되어야 한다는 것을 포함한다.

언어수업에 대한 요구와 이주자들의 언어를 예를 들어 제2외국어로 일반학교의 언어수업에 포함시키는 방안을 생각해 볼 수 있다(덴마크인, 프리즈란트인, 소르비아인, 경우에 따라서는 북쪽의 저지독일어 Niederdeutsch

를 사용하는 사람도 포함).²⁵ 그렇지만 이러한 수업권 보장을 소수집단에 속한 사람들에게만 국한시키는 것은 매우 우려스럽다. 다른 아이들 역시 이런 수업에 참여할 수 있는 기회를 보장해 주어야 한다. 그럴 때 비로소 소수집단의 문화는 진정으로 한 나라 전체 문화의 일부가 된다. 그리고 더 이상 인종적으로 규정된 소수집단의 문화가 아니게 된다.

그와 함께 한 나라의 언어와 필연적으로 그 나라의 전통적 문화 안에 사회의 결합적 요소가 포함되어 있다. 이러한 전통과 관련을 맺는 것, 즉 그 나라의 언어를 가능한 잘 배우는 것 그리고 그와 결합된 전통을 이해하는 것이 이주자들에게 요구되어야 한다.[26] 한인간호사들의 예는 이것이 한국과 관련된 더 넓은 활동 그리고 한국인으로서의 장기적인 이해와 합치될 수 있다는 것을 보여준다. 이러한 자세에서 비롯된 활동은 당연히 다수집단의 문화에도 반응을 불러일으킬 수 있다. 가령 소수집단에 속한 사람이 소수집단의 상황이나 전통을 묘사한 소설을 독일어로 발표하는 것도 이러한 반응을 불러일으킬 수 있다. 그에 반해 문화들의 순수한 공존이 이루어지는 것은 불확실하다.[27]

결국 이러한 접근방식의 결과는 문화적 교류 그리고 어쩌면 가능한 좋고 나쁨의 평가기준의 상호영향일 것이다. 거기에서 다수집단의 문화 그리고 소수집단의 문화의 자기이해 모두 긍정적인 결과를 얻을 수 있을 것이다.[28]

1)   Taylor 1993, S. 13ff.

2)   같은 책, S. 30ff

3)   같은 책, S. 49ff.

4)   Habermas 1993(in Taylor), S. 147ff.

5)   같은 글, S. 164ff.

6)   같은 글, S. 171ff.

7)   *Frakfurter Rundschau* 1992. 9. 9.

8)   Hansen 1995(in Schmalz-Jacobsen/Hansen Hrsg.), 'Ethnie, Ethnozentrismus, Ethnizität.'

9)   Elias 1993(in Elias/Scotson), S. 32ff. 경험적 조사와의 연결에 관해서는 Treibel(1990, S. 157ff, Hansen, a.a.O. 'Integration uns Segregation') 참조.

10)   "wohl Schiffauer," *TAZ* 1995. 11. 14 참조.

11)   Wichmann 1989, S. 118ff 참조.

12)   Hoffmann (o.J. a), S. 10ff.

13)   Heinelt/Lohmann 1992, S. 260ff.

14)   Rittstieg 1991(in *NJW*), S. 1388f. 이 글에서는 오직 집단에 소속된 개인들이 자신들의 문화를 실천한 권리만 UN 인권협정과의 관련 속에서 말하고 있다.

15)   하버마스 또한 이것을 참조한다(Habermas 1993, in Taylor, S. 161).

16)   Leggewie 1993(in ders. Hrsg.), S. 151ff.

17)   Wenning 1995(in Schumalz-Jacobsen/Hansen Hrsg.), 'Migration'; Treibel 1990, S. 85ff 참조.

18)   Rittstieg 1991, S. 1387.

19)   같은 글, S. 1388.

20)   이것은 베를린의 두 시민단체의 헌법기획이다(Treidler/Zwanziger 1993, in *Ötv in der Rechtspflege* Nr. 54/Sep., SS 4, 7f).

21)   Heinelt/Lohmann 1992, S. 257ff와 비교.

22)   같은 책, S. 183. 유사한 항목은 Gebauer u.a.(1993, S. 144f)로, 문화가 통합된 사회에 대해 언급한다.

23)   Habermas 1993, S. 183f. 유사한 것으로는 Heinelt/Lohmann(1992, S. 259f); Winkler 1992(in ders. Hrsg., S. 71f; Schmalz-Jacobsen u.a. Hrsg.(1995, "Einwanderung," S. 301)가 있다. 그리고 이슬람 근본주의와 이슬람주의의 원칙에 관해서는 Martini(1995, in Schmalz-Jacobsen/Hansen Hrsg., 'Fundamentalismus

und Islamismus') 참조.

24) Schmalz-Jacobsen/Hansen Hrsg. 1995. 비스마르크의 '게르만화 정책'(Germanisierungspolitik)의 역사적 사례 참조.

25) 스웨덴 모델이 이와 유사하다(Gogolin 1995, in Schmalz-Jacobsen/Hansen Hrsg., 'Sprache und Migration' 참조).

26) 언어능력을 시민권 부여의 법적 전제로 하고자 한 Rittstieg의 사고는 우려스럽다(Rittstieg 1991, S. 1388).

27) 그러나 이러한 공존에 관해서는 Schumacher(1992, S. 147f) 참조.

28) 이러한 이상적 상에 관해서는 Tayler(1993, S. 70f) 참조. 또한 암시적으로 나타내는 Winkler in dieselbe Hrsg.(1992, S. 69ff) 참조.

참고문헌

Adick, Christel (1992), *Die Universalisierung der modernen Schule*, Paderbon.

Alemann, Ulrich von (1989), *Organisierte Interessen in der Bundesrepublik*, Opladen(2. Aufl.).

_____ Hrsg. (1978), *Partizipation-Demokratisierung-Mitbestimmung*, Opladen(2. Aufl.).

_____ Hrsg. (1981), *Neokoporatismus*, Frankfurt/Main.

Alemann, Ulich von/Forndran, Erhard Hrsg. (1983), *Interessenvermittulung und Politik*, Opladen.

Alemann, Ulich von/Heinze, Rolf G. Hrsg. (1979), *Verbände und Staat. Vom Pluralismus zum Korporatismus*, Opladen.

Andersen, Uwe/Woyke, Wichard Hrsg. (1995), *Handwörterbuch des politischen Systems der Bundesrepublik Deutschland*, Opladen(2. überarbeitete Aufl.).

Arbeitsgemeinschaft Ausländerbeiräte NRW u.a. Hrsg. (1994), *Ausländerbeiräte in Nordrhein-Westfalen. Eine Arbeitshilfe für die Praxis*, Köln.

Asche, Helmut (1984), *Industrialisierte Dritte Welt? Ein Vergleich von Gesellschaftsstrukturen in Taiwan, Hongkong und Südkorea*, Hamburg.

Auernheimer, Georg (1995), *Einführung in die interkulturelle Erziehung*, Darmstadt(2. überarbeitete und ergänzte Aufl.).

Benz, Wolfgang Hrsg. (1993), *Integration ist machbar. Ausländer in Deutschland*, München.

Berg-Schlosser, Dirk/Schissler, Jakob Hrsg. (1987), *Politische Kultur in Deutschland. Bilanz und Perspektiven der Forschung*, Opladen(Politische Vierteljahresschrift; Sonderheft 18).

Berliner Geschichtswerkstatt e.V. Hrsg. (1993), "···Da sind wir keine Ausländer mehr," *Eingewanderte ArbeiterInnen in Berlin 1961~1993*, Berlin.

Beyme, Klaus von (1980), *Interessengruppen in der Demokratie*, München(5. Aufl.).

_____ (1991), *Das politische System der Bundesrepublik Deutschland nach der Vereinigung*, München(6. Aufl.).

Blasius, Helga (1982), "Deutsch-koreanische Familie. Interview Familie Himstedt," Kuh, K. S. Hrsg., *Han Korea Kulturmagazin* Heft 1, Institut für Koreanische

Kultur Bonn, SS. 94~101.

Brand, K.-W./Büsser, D./Rucht, D. (1982), *Aufbruch in eine andere Gesellschaft. Neue soziale Bewegungen in der Bundesrepublik*, Frankfurt/New York.

Brand, Karl-Werner von Hrsg. (1985), *Neue soziale Bewegungen in Westeuropa und den USA. Ein internationaler Vergleich*, Darmstadt.

Breitling, Rupert (1955), *Die Verbände in der Bundesrepublik. Ihre Arten und Ihre politische Wirkungsweise*, Meisenheim am Glan.

Bremer Topf Hrsg. (1991), *Selbsthilfewegweiser für Gesundheit und Soziales in Bremen*, Bremen.

Bundesarbeitsgemeinschaft der Immigrantenverbände in der Bundesrepublik Deutschland und Berlin/West BAGIV Hrsg.: BAGIV (1985~88), *Drei Jahre Selbstvertretung von Immigrateninteressen in der Bundesrepublik Deutschland*, Köln.

Butterwegge, Chr./Jansen, Hans. G. Hrsg. (1992), *Neue Soziale Bewegungen in einer alten Stadt*, Bremen.

CAJ(Christliche Arbeiter-Jugend) Deutschlands Hrsg. (1981), *Korea-Land der Morgenstille, Land der Totenstille. Internationale Aktion der CAJ*, Essen.

Castles, Stephen (1992), "Verunsicherte Bevölkerung, Migranten und wachsender Rassismus," *Frankfurter Rundschau* 12. 10.

Choe, Jae-Hyeon (1982), *Die Dynamik der Klassenbildung im modernen Korea*, Saarbrücken(Diss.).

Choe, Jae-Hyeon/Daheim, Hansjürgen (1987), *Rückkehr-und Bleibeperspektiven koreanischer Arbeitsmigranten in der Bundesrepublik Deutschland*, Frankfurt am Main; Bern; New York(Beiträge zur Geselllschaftsforschung; hg. Günter Büschges und Hansjürgen Daheim).

Christen im Ausland für Wiedervereinigung Koreas Hrsg. (1983), *Wiedervereinigung und Christentum* Nr. 6/Koreanisch, Frankfurt.

Dachverband der Ausländer-Kulturvereine in Bremen e.V.(DAB)/Arbeitsgemeinschaft der freien Wohlfahrtsverbände in Bremen Hrsg. (1994), *Gemeinsames Positionspapier zum 'Ausländerbeirat' in Bremen*, Bremen.

Dahl, Robert Alan (1982), *Dilemmas of Pluralist Democracy*. Übersetzt von Shin, Yoon-Hwan in Koreanisch 1992, Seoul.

Das Amt der Beauftragten der Bundesregierung für die Belange der Ausländer Hrsg.

(?), *Informationen*, Bonn.

Das Vorbereitungskomitee der Tagung der Jahrhundertfeier des koreanischen Bau-ernaufstandes Hrsg. (1994), *Tagungsheft anläßlich der Jahrhundertfeier des Bauernaufstandes(Tong-Hak)*, Bielefeld(Tagungsort).

Denis, Michael/Dischereit, Esther/Song, Du-Yul/Werning, Rainer (1988), *Kein Land für friedliche Spiele, Südkorea*, Hamburg.

Der Senator für Bildung, Wissenschaft und Kunst der Freie Hansestadt Bremen Hrsg. (1991), *Asyl- und Flüchtlingspolitik*, Bremen(Arbeitsmappe; Heft 1).

Deutsch-Koreanische Gesellschaft e.V. Hrsg. (1988), *Koreana. Schriftenreihe für Kultur, Wirtschaft und Politik Koreas*, Bonn.

Die Beauftragte der Bundesregierung für Ausländerfragen Hrsg. (1985a), *Ausländer in europäischen Staaten*, Bonn-ändern-.

_____ (1985b), *Satzungen für Ausländerbeirate und Ausländerausschüsse*, Bonn(Zweite-erweiterte-Aufl.).

Die Deutsche Krankengesellschaft Hrsg. (o.J.), *Beschäftigung koreanischer Pflegekräfte in deutschen Krankenhäusern*, (Mitteilung der Deutschen Krankenhausgesellschaft). o.O.

Die Internationalen Frauenliga für Frieden und Freiheit(IFFF) Hrsg. (1990), *Dies ist auch unser Land. Ausländische Frauen in München*, München.

Dohse, Knuth (1981), *Ausländische Arbeiter und bürgerlicher Staat. Genese und Funktion von staatlicher Ausländerpolitik und Ausländerrecht. Vom Kaiserreich bis zur Bundesrepublik Deutschland*, Hain.

Dolde, Klaus-Peter (1972), *Die politische Rechte der Ausländer in der Bundesrepublik*, Berlin(Schriften zum Öffentlichen Recht; Bd. 189).

Duisburger Gemeinde des Gesamtgemeinderates der koreanischen evangelischen Gemeinde in Rheinland (1988), *Gruppenzeitschrift, Koreanisch*, Duisburg.

Duisburber Gemeinde des Landesverbandes der koreanischen evangelischen Kirchengemeinde in NRW (1983), *Gruppenzeitschrift,* Koreanisch Duisburg.

Durand, Béatrice (1993), "Ist Religion Sache des Staates oder der Privatperson?" *TAZ* 1993. 1. 23.

Eischenbroich, Donata (1986), *Eine Nation von Einwanderern. Ethnisches Bewußtsein und Integrationspolitik in den USA*, Frankfurt/M.

Elias, Norbert (1987), *Engagement und Distanzierung. Arbeiten zur Wissenssoziologie 1*, Frankfurt am Main.

_____ (1989), *Über den Prozeß der Zivilisation. Soziogenetische und psychogenetische Untersuchungen* 2 Bde, Frankfurt am Main(14. Aufl.).

_____ (1991), *Was ist Soziologie?*, Weinheim: München(6. Aufl.).

_____ (1992a), *Die höfische Gesellschaft*, Frankfurt am Main(6. Aufl.).

_____ (1992b), *Studien über die Deutschen*, Frankfurt am Main.

Elias, Norbert/Scotson, John L. (1993), *Etablierte und Außenseiter*, Frankfurt am Main.

Engelmann, Bent (1992), *Du deutsch? Geschichte der Ausländer in Deutschland*, Göttingen(6. Aufl.).

Eschenburg, Theodor (1963), *Herrschaft der Verbände?* Stuttgart.

Esser, Hartmut (1980), *Aspekte der Wanderungssoziologie: Assimilation und Integration von Wandern, ethnischen Gruppen und Minderheiten. Eine handlungstheoretische Analyse*, Darmstadt und Neuwied.

Etzioni, Amitai (1978), *Soziologie der Organisationen*, München(5. Aufl.).

Evangelisches Missionswerk in Deutschland Hrsg. (1981), *Korea. Studienheft* 6, Hamburg(2. Aufl.).

_____ (1988?), *Südkorea* Heft, Hamburg.

Evangelisches Missionswerk in Deutschland Hrsg. (1993), *Evangelium und Kultur. Ein Lese- und Arbeitsbuch für Gemeinde und Unterricht*, Hamburg.

Forschungsinstitut der Friedrich-Ebert-Stiftung Hrsg. (1994), *Einwanderungspolitik Kanadas und der USA Beispiele für die Bundesrepublik Deutschland?* (Gesprächskreis Arbeit und Soziales Nr. 31), Bonn.

Fraenkel, Ernst (1951), *Korea- Ein Wendepunkt im Völkerrecht?*(Schriftenreihe der deutschen Hochschule für Politik Berlin), Berlin.

_____ (1973), *Reformismus und Pluralismus*, Hamburg(Materialien zu einer ungeschriebenen politischen Autobiographie, hg. von Falk Esche und Frank Grube).

_____ (1974), *Der Doppelstaat*, Frakfurt/Main; Köln.

_____ (1991), *Deutschland und die westlichen Demokratien*, Frankfurt am Main(erweiterte Ausgabe)(Mit einem Nachwort über Leben und Werk Ernst

Fraenkels, hg. von Alexander v. Brünneck).

Fraenkel, Ernst/Sontheimer, Kurt/Crick, Bernard (1970), *Beiträge zur Theorie und Kritik der pluralistischen Demokratie*, Bonn(3. Aufl.).

Funcke, Lieselotte (1991), *Bericht der Beauftragten der Bundesregierung für die Integration der ausländischen Arbeitnehmer und ihrer Familienangehörigen*, Bonn.

Gaiser, Heinrich/Hruska, Rainer (1991), *Deutschsprachige Literatur zu Korea*, Münster.

Galanis, Georgios N. (1984), *Griechische Migrantenmädchen im Alter von 15~18 Jahren in Deutschland*, Berlin.

Gebauer, G./Taureck, B./Ziegler, T. (1993), *Ausländerfeindschaft ist Zukunftsfeidschaft*, Frankfurt am Main.

Gerhardt, Rudolf/Kriele, Martin Hrsg. (1995), *Zeitschrift für Rechtspolitik* 28. Jahrgang/Okt., München.

Gesamtgemeinderat der koreanischen evangelischen Kirchengemeinde in Rheinland Hrsg. (1994), *Zeitschrift 'Sib-Ja-Ka'(Kreuz)* Nr. 20/Feb., Koreanisch, Duisburg.

Giesen, Bernhard Hrsg. (1991), *Nationale und kulturelle Identität*, Frankfurt am Main.

Glazer, Nathan (1991), "Vielfalt, Nonkonformisums und Kreativität: das Beispiel der Stadt New York," Schabert, Tilo Hrsg., *Die Welt der Stadt*, München, SS. 217~50.

Gohl, Gerhard (1976), *Die koreanische Minderheit in Japan als Fall einer 'politisch-ethnischen' Minderheitengruppe*, Wiesbaden.

Göthel, Ingeborg (1978), *Geschichte Koreas vom 17. Jahrhundert bis zur Gegenwart*, Berlin.

Grabowsky, Volker (1987), *Zwei-Nationen-Lehre oder Wiedervereinigung? Die Einstellung der Partei der Arbeit Koreas und der Sozialistischen Einheitspartei Deutschlands zur nationalen Frage ihrer Länder seit dem Zweiten Weltkrieg. Ein Vergleich*, Bochum(Sozialwissenschaftlich Studien; Bd. 36).

Guggenberger, Bernd (1980), *Bürgerinitiativen in der Parteiendemokratie. Von der Ökologiebewegung zur Umweltpartei*, Stuttgart; Berlin; Köln; Mainz.

Haarmann, Harald (1981), *Aspekte der koreanisch-russsischen Zweisprachigkeit. Studien zur Gruppenmehrsprachigkeit der Koreaner in der Sowjetunion*, Hamburg.

Habermans, Jürgen (1981), *Theorie des kommunikativen Handelns* 2 Bde., Frankfurt am Main.

_____ (1992), *Faktizität und Geltung. Beiträge zur Diskurstheorie des Rechts und des demokratischen Rechtsstaats*, Frankfurt am Main(2. Aufl.).

Hamburger, Franz/Karsten, Maria-Eleonora/Otto, Hans-Uwe/Richter, Helmut (1983), *Sozialarbeit und Ausländerpolitik*, Neuwied und Darmstadt.

Heidelbach, Günter (1986), "Die Lage im Bergbau," Papalekas, J. Chr. Hrsg., *Strukturwandel des Ausländerproblems*, Bochum, SS. 172~83.

Heinelt, Hubert/Lohmann, Anne (1992), *Immigranten im Wohlfahrtsstaat. am Beispiel der Rechtspositionen und Lebensverhältnisse von Aussiedlern*, Opladen.

Heinrich, Karin u.a. (1990), *Zwischen Alltagsfrust und Größenwahn. Probleme der Sozialarbeit in Projekten für ausländische Frauen*, Weinheim.

Heinze, Rolf G. (1981), *Verbändepolitik und Neokorporatismus. Zur politischen Soziologie organisierter Interessen*, Opladen.

Hirsch-Weber, Wolfgang (1969), *Politik als Interessenkonflikt*, Stuttgart.

Höfer Hans Hrsg. (1988), *Korea*, München.

Hoffman, Lutz (o.J. a), *Partizipation auf kommunaler Ebene: Ausländerbeiträte auf dem Weg zu Volksgruppenvertretungen?*(unveröffentliches Manuskript), o.O.

_____ (1986), *Beiräte: Wahlrecht Bürgerrecht*, Frankfurt am Main.

_____ (o.J.), *Beiräte als Instrument*(unveröffentliches Manuskript), o.O.

Hohloch, Friederike (1990), *Situation älter gewordener, nicht mehr im Arbeitsprozeß stehender ausländischer Mitbürger,* Gutachten im Auftrag der Landeshauptstadt Stuttgart, Reutlingen.

Holz, Maria/Nohr, Andreas (1990), *Jugendlichenreise nach Korea*(unveröffentliches Manuskript), Hamburg.

Hwang, Hae-In (1973), "Sozio-kulturelle Anpassungsprobleme koreanischer Arbeitskräfte in Deutschland," *Rhein-westf-Zeitschrift für Volkskunde* 20. Jg., SS. 151~67.

Initiative für eine nicht-rassistische Verfassung Hrsg. (o.J.), *Vorschlag für eine Neufassung der Artikel 116, 16 und 3 für eine nicht-rassistische Verfassung*(ein Thesenpapier), Berlin.

¶

Institut für Sozialarbeit und Sozialpädagogik Hrsg. (1993), *Informationsdienst zur Ausländerarbeit. Ältere Migrantinnen und Migranten* Nr. 3.

Japanische Fraueninitiative Berlin/Koreansiche Frauengruppe Berlin e.V./Umverteilen! Stiftung für eine, solidarische Welt Hrsg. (1993), *Zwangsprostitution in Asien-Pazifik-Krieg Japans*, Berlin.

Jong, Bum-Goo (1990), *Die Möglichkeiten und Grenzen der koreanischen sozialdemokratischen Bewegung: mit besonderer Berücksichtigung der 'Erneuerungsparteien' in Korea*, Marburg(Diss.).

Just, Wolf-Dieter/Groth, Annette Hrsg. (1985), *Wanderarbeiter in der EG: ein Vergleich ihrer rechtlichen und sozialen Situation in den wichtigsten Aufnahmeländern* 1/2 Bde., Mainz; München.

Kang, Chong-Sook/Lenz, Ilse (1992), *Wenn die Hennen krähen···. Frauenbewegungen in Korea*, Münster.

Kim, Jong-Min (1983), *Politik in Südkorea zwischen Tradition und Fortschritt*, Bern; Frankfurt/M.(Diss.).

Kim, Kil-Sun Hrsg. (1987), *Verzeichnis der Dissertation von Koreanern in Deutschland*, Frankfurt am Main.

Kim, Sooyong (1982), "International Migration for Employment. Contract Migration in the Republic of Korea"(Working Paper), Genf.

Kim, Young-Hee (1986), *Sozialisationsprobleme koreanischer Kinder in der Bundesrepublik*, Opladen(Diss.).

Kindermann, Gottfried-Kral (1994), *Der Aufstieg Koreas in der Weltpolitik*, München.

Kiss, Gabor (1977), *Einführung in die soziologischen Theorien* II, Opladen(3. Aufl.).

Koch-Arzberger, Claudia (1985), *Die schwierige Integration*, Opladen.

Komitee 100 Jahre Deutsch-Koreanische Beziehungen Hrsg. (1984), *Bilanz einer Freundschaft. Hundert Jahre deutsch-koreanische Beziehungen*, Bonn.

Konrad-Adenauer-Stiftung Hrsg. (1977), *Integration ausländischer Arbeitnehmer. Siedlungs-Wohnungs-Freizeitwesen*(Schriftenreihe des Instituts für Kommunalwissenschaften Band 16), Bonn.

Korea-Komitee e.V. in der Bundesrepublik Deutschland und Berlin(West) Hrsg. (1979~87), *Informationsbulletin 'Korea-Korrespondenz'*, Osnabrück.

_____ (1986), *Korea*, Frankfurt am Main.

Korea-Verband e.V. Hrsg., *Informationsbulletin 'Rundbrief der Korea-Koordinationskonferenz'*(Deutsch und Koreanisch), Bochum.

_____ *Korea-Forum,* Fünfmal jährlich seit 1991, Osnabrück.

Koreanische evangelische Gemeinde e.V. Hamburg Hrsg. (1984), *Gruppenzeitschrift,* Hamburg.

Koreanische evangelische Gemeinde im süddeutschen Raum e.V. Hrsg. (1994), *Organisation, Programm und Satzung der Gemeinde,* Stuttgart.

Koreanische Frauengruppe in Deutschland/Korea-Verband e.V. Hrsg. (1995), *Korea-Tage. 50 Jahre nach Befreiung und Teilung*(Tagungsheft), Berlin.

Koreanische Frauengruppe in Deutschland Hrsg. (1979), *Unterschriftenaktion gegen die Ausweisung koreanischer Krankenschwestern,* Deutsch.

_____ (1990a), *Dokumentation über den Fall Flair-Fashion in Iri/Südkorea: Arbeiterinnenkampf und die Solidaritätsarbeit,* Frankfurt.

_____ (1990b), *Tagungsheft über 25 Jahre Koreanische Krankenschwestern in Deutschland.*

_____ (1993), *Eltern und Kinder im interkulturellen Alltag*(unveröffentlichte Tagungsreferate).

_____ (1995), *Dokumentation über 25 Jahre Koreanische Krankenschwestern in der Bundesrepublik Deutschland,* Berlin

Koreanischer Arbeiterverband Hrsg. (1979), "Koreanische Bergarbeiter in der Bundesrepublik Deutschland," *Zeitschrift 'Der Funke der Arbeiter'* Nr. 2, Duisburg, SS. 26~35.

Korte, Hermann/Schmidt, Alfred (1983), *Migration und ihre sozialen Folgen. Förderung der Gastarbeiterforschung durch die Stiftung Volkswagenwerk 1974~1981,* Göttingen(Schriftenreihe der Stiftung Volkswagenwerk; Bd.23).

Krohn, Wolfgang/Küppers, Günter Hrsg. (1992), *Emergenz: Die Entstehung von Ordnung, Organisation und Bedeutung,* Frankfurt am Main.

Kühne, Peter/Öztürk, Nihat/Schäfer, Hermann/Schmieder, Renate (1989), *Wie wir das Schweigen brechen können. Bildungsarbeit mit ausländischen und deutschen ArbeitnehmerInnen,* Köln(Das Konzept BALD des DGB-Bildungswerkes).

Lajios, Konstantin/Kiotsoukis, Simeon (1984), *Ausländische Jugendliche. Probleme der Pubertät und der bikulturellen Erziehung,* Opladen.

¶

Lamers, Karl A. (1977), *Repräsentation und Integration der Ausländer in der Bundesrepublik Deutschland unter besonderer Berücksichtigung des Wahlrechts. Zugleich eine rechtsvergleichende Studie über das Kommunalwahlrecht in den Staaten der Europäischen Gemeinschaften*, Berlin(Schriften zum Öffentlichen Recht; Bd. 328).

Lawyers for a Democratic Society/National Council of Churches in Korea Hrsg. (1992), *Human Rights in South Korea*, Seoul.

Lee, Chong-Oh (1986), *Südkorea 1961~1979. Die Entwicklung der politischen und gesellschaftlichen Verhältnisse unter besonderer Berücksichtigung der sozialen Bewegungen*, Marburg(Diss.).

Lee, Heung-Yong (1990), *Probleme der Demokratie in Korea. Die Übertragbarkeit fremder Regierungssysteme*, Bielefeld(Diss.).

Lee, Hwe-Song (1983), *Die Probleme der koreanischen Minderheit in Japan*, Offenbach/Main(KOFO-Schriftenreihe Nr. 003; hg. Korea Forschungsgemeinschaft e.V.).

Leggewie, Claus Hrsg. (1993), *Multi Kulti*, Nördlingen.

Lichtenberger, Elisabeth (1984), *Leben in zwei Gesellschaften*, Wien; Köln; Graz.

Liegel, Martin (1981), *Auf der Suche nach Freiheit: zur koreanischen Einwanderung in den Vereinigten Staaten in Kontext mit den Immigrationen von Chinesen, Japanern und Filipinos*, Bochum.

Massing, Peter (1979), *Interesse und Konsensus. Zur Rekonstruktion und Begründung normativ-kritischer Elemente neopluralistischer Demokratietheorie*, Opladen.

Matthöfer, Hans Hrsg. (1977), *Bürgerbeteiligung und Bürgerinitiativen*, Villingen-Schwenningen(Wissenschaftliche Redaktion: O. Rammstedt).

Maull, Hanns W./Maull, Ivo M. (1987), *Korea*, München.

Mayer-Tasch, P. C. (1976), *Die Bürgerinitiativbewegung. Der aktive Bürger als rechtspolitikwissenschaftliches Problem*, Reinbeck bei Hamburg.

Mittelstraß, Jürgen (1975), "Über Interessen," ders. Hrsg., *Methodologische Probleme einer normativ-kritischen Gesellschaftstheorie*, Frankfurt am Main, SS. 126~58.

Müller, Monika (1983), *Selbstorganisation in Ghetto*, Frankfurt am Main.

Nam, Johng-Ho Hrsg., *Europe Shinmun*, Frankfurt.

Nestler-Tremel, Cornelius und Tremel, Ulrike (1985), *Im Schatten des Lebens. Südkoreaner im Steinkohlenbergbau von Nordrhein-Westfalen-eine Untersuchung zur Rotationspolitik mit ausländischen Arbeitnehmern*, Heidelberg(Materialien der Forschungsstätte der Evangelischen Studiengemeinschaft, Reihe A Nr. 19; hg. von Wolfgang Lienemann).

Nestvogel, Renate (1988), "Kann die Aufrechterhaltung einer unreflektierten Mehrheitskultur eine Aufgabe öffentlicher Erziehung sein?" Beck, Klaus u.a. Hrsg., *Erziehung und Bildung als öffentliche Aufgabe: Zeitschrift für Pädagogik 23 Beiheft*, Weinheim und Basel, SS. 39~49.

Nohlen, Dieter Hrsg. (1989), *Pipers Wörterbuch zur Politik* 2 Bde., München; Zürich(3. Aufl.).

Oberreuter, Heinrich Hrsg. (1980), *Pluralismus*, Opladen.

Özcan, Ertekin (1992), *Türkische Immigrantenorganisationen in der Bundesrepublik Deutschland*, Berlin(2. Aufl.).

Özkara, Sami Hrsg. (1988a), *Türkische Migranten in der Bundesrepublik Deutschland*, Frankfurt am Main.

_____ (1988b), *Türkische Migranten in der Bundesrepublik Deutschland*, Frankfurt am Main(Bd. 1).

_____ (1990), *Türkische Migranten in der Bundesrepublik Deutschland*, Köln.

Pagenstecher, Cord (1994), *Ausländerpolitik und Immigrantenidentität*, Berlin.

Pak, Jae-Sin (1985), *Familienformen und die Lage der Frau in Japan und Korea im 19. Jahrhundert*, Saarbrücken.

Papalekas, Johannes Chr. (1986), *Strukturwandel des Ausländerproblems: Trends-Modelle-Perspektiven*, Bochum.

Park, Byeong-Seob (1994), *Verfassungsrechtliche Probleme des 'Parteiverbots' in Art. 21 Abs. 2 GG*, Bremen(Diss.).

Park, Kyung-Seo (1975), *Die politische und soziale Bedeutung der Arbeitskämpfe in Südkorea 1966~72*, Göttingen(Diss.).

Park, Myung-Chul (1993), *Das Gespräch der Minjung Theologen mit der koreanischen National-Bewegung und dem Deutsche-Sozialismus*, Hamburg(Diss.).

Poliakov, Lèon u.a. (1992), *Rassismus. Über Fremdenfeindlichkeit und Rassenwahn*, Hamburg.

Radtke, Frank Olaf (1992), "Multikulturalismus ist ein modernes und gleichzeitig anti-
quiertes Konzept," *Frankfurter Rundschau* 9. 9.

Riesner, Silke (1995), *Junge türkische Frauen der zweiten Generation in der Bundes-
republik Deutschland*, Frankfurt am Main(3. Auflage).

Rittstieg, H. (1991), "Staatsangehörigkeit und Minderheiten in der transnationalen
Industriegesellschaft," *Neue Juristische Wochenschrift* 22, 44, Jahrgang, SS.
1383~90.

Ronneberger, Franz/Vogel, Rudolf Hrsg. (1982), *Gastarbeiterpolitik oder Immigra-
tionspolitik*, München.

Rosenberg, Arthur (1974), *Entstehung der Weimarer Republik*, Frankfurt am Main(16.
unveränderte Aufl.).

Roth, Roland/Rucht, Dieter Hrsg. (1987), *Neue soziale Bewegungen in der Bundesre-
publik Deutschland*, Frankfurt; New York.

Ruwwe, Kook-Nam (1989), "Entwicklungsarbeiterinnen in Deutschland," *der Über-
blick: Zeitschrift für ökumenische Begegnung und internationale Zusam-
menarbeit* 25. Jg.(4/89), SS. 87~88.

Schaller, Peter (1994), *Nordkorea. Ein Land im Banne der Kims*, Böblingen.

Schibel(Kontaktadresse) (1974), *Dokumentation über die Bedrohung und versuch-
te Entführung von KIM, Sung-Soo durch den südkoreanischen Geheimdienst*
(unveröffentlichtes Dokument), Frankfurt.

Schiffauer, Werner (1995), "Dynamo-Kultur. Ein Plädoyer gegen Gettos, für eine offe-
ne Politik," *TAZ* 11. 14.

Schlaffke, Winfried/Zedler, Reinhard Hrsg. (1980), *Die zweite Ausländergeneration.
Vorschläge und Modelle zur Eingliederung von Ausländerkindern*, Köln.

Schmalz-Jacobsen, Cornelia/Hansen, Georg Hrsg. (1995), *Ethnische Minderheiten in
der Bundesrepublik Deutschland. Ein Lexikon*, München.

Schmalz-Jacobsen, Cornelia/Hinte, Holger/Tsapanos, Georgios (1993), *Einwande-
rung-und dann?*, München.

Schneider, Herbert (1975), *Die Interessenverbände*, München; Wien(4. Aufl.).

Schröder, Michael (1983), *Verbände und Mitbestimmung. Die Einflussnahme der be-
teiligten Verbände auf die Entstehung des Mitbestimmungsgesetzes von 1976,
eine Fallstudie*, München(Diss.).

Schulz, Sun-Ok (1991), "Das soziale Stereotyp 'Familie' und dessen Träger in Korea," *Bremer Beiträge zur Psychologie* Nr. 98 5/91, Bremen(Diplom).

Schumacher, Harald (1992), *Einwanderungsland BRD*, Düsseldorf.

Schütz, Alfred (1972), "Der Fremde. Ein sozialpsychologischer Versuch," *ders. Gesammelte Aufsätze* Bd. 2: Studien zur soziologischen Theorie, Den Haag, SS. 53~69(Original von 1944).

Schwarzacher, Lukas (1988), *Südkorea. Das bittere Wunder*, Göttingen.

Seelmann, Hoo Nam (1993), *Koreaner in Hamburg. Hg.: Die Ausländerbeauftragte des Senats der Freien und Hansestadt Hamburg*, Hamburg

Sen, Faruk/Goldberg, Andreas (1994), *Türken in Deutschland. Leben zwischen zwei Kulturen*, München.

Sen, Faruk/Jahn, Gerhard Hrsg. (1985), *Wahlrecht für Ausländer. Stand und Entwicklung in Europa*, Frankfurt.

Shim, Yun-Chong (1974), *Aspekte der soziokulturellen Einordnung koreanischer Krankenpflegekräfte in Deutschland*, Frankfurt am Main(Diss.).

Simon, P. Michael (1985), "Das Phänomen deutsch-koreanischer Familien im Spektrum der nationalen Mischehen in der Bundesrepublik Deutschland," Kuh, K. S. Hrsg., *Han Korean Kulturmagazin* Heft 8, Institut für Koreanische Kultur, SS. 37~70.

Statisches Bundesamt Wiesbaden (1993), *Die Zahl der eingebürgerten Koreanerinnen und Koreaner von 1974 bis 1990*(unveröffentlichtes Material).

Statistisches Bundesamt Wiesbaden Hrsg. (1993/1994), "Wanderungen über die Grenzen Deutschlands 1992/1993 nach der Staatsangehörigkeit," *Bevölkerung und Erwerbstätigkeit*, Stuttgart.

_____ (1995), "Ausländer am 31. 12. 1994 nach ausgewählten Staatsangehörigen in den Bundesländern," *Statistisches Bundesamt* 95-5-0281, Stuttgart.

_____ (von 1976 bis 1994), "Ausländische Studenten und Studienanfänger nach Hochschularten und Herkunftsland," *Bildung und Kultur*, Stuttgart.

Statistisches Bundesamt Hrsg. (1993), *Sozialversicherungspflichtig beschäftigte ausländische Arbeitnehmer am 30. 06. 1992 nach Wirtschaftsabteilungen, Altersgruppen und Ausgewählten Staatsangehörigkeiten*, Stuttgart.

Stefanov, Nenad/Werz, Michael (1994), *Bosnien und Europa. Die Ethnisierung der Gesellschaft*, Frankfurt am Main.

¶

Steingart Gabor (1993), "In Bonn regieren die Interessenvertreter," *der Spiegel* 10. 25, SS. 50~68.

Stolle, Christa (1990), *Hier ist ewig Ausland,* Berlin(Lebensbedingungen und Perspektiven koreanischer Frauen in der Bundesrepublik Deutschland; hg. von Terre des Femmes und Koreanische Frauengruppe).

Sun, Han-Seung (1990), *Verbände und Staat in Südkorea. Überlegung zur Korporatismus, Verbände- und Steuerungstheorie,* Bielefeld(Diss.).

Taylor, Charles (1993), *Multikulturalismus und die Politik der Anerkennung. Mit einem Beitrag von Jürgen Habermas,* Frankfurt am Main.

Terre des Hommes Hrsg. (1982), *Korea,* Osnabrück.

Treibel, Annette (1988), *Engagement und Distanzierung in der westdeutschen Ausländerforschung. Eine Untersuchung ihrer soziologischen Beiträge,* Stuttgart.

_____ (1990), *Migration in modernen Gesellschaften: soziale Folgen von Einwanderung und Gastarbeit,* Weinheim und München.

Treidler, Sabine/Zwanziger, Bertram (1993), "Ausländer- und Asylpolitik. Zur doppelten Staatsangehörigkeit," *Ötv in der Rechtspflege* Nr. 54/Sep., SS. 4~10.

Verein 'Die Brücke e.V.' Hrsg. (1989), *Die Brücke* Nr. 51/Nov.~Dez. 6, Saarbrücken.

Völker, Karin (1972), *Interessengruppen und politischer Einfluss. Der interne institutionelle Verbandstypus dargestellt an Struktur und Politik des Deutschen Bundeswehrverbandes,* Gunzenhausen(Diss.).

Voss van, A. J. Heerma/Stolk van, A.(Interview mit Norbert Elias) (1990), *Norbert Elias über sich selbst,* Frankfurt am Main.

Weber, Jürgen (1976), *Interessengruppen im politischen System der Bundesrepublik Deutschland,* München.

Weiße, Frieder (1993), *Koreaner in Berlin. Hg.: Die Ausländerbeauftragte des Senats Berlin,* Berlin.

Werning, Rainer Hrsg. (1988), *Südkorea. Politik und Geschichte im Land der Morgenstille,* Köln.

Wichmann, Birgit (1989), *Demokratisch gewählte Ausländerbeiräte. Untersuchungen am Beispiel Göttingen und Kassel,* Felsberg.

Winker, Heinrich August (1972), *Pluralismus oder Protektionismus? Verfassungspolitische Probleme des Verbandswesens im deutschen Kaiserreich,* Wiesbaden (Institut für europäische Geschichte Mainz; Vorträge Nr. 55).

Winkler, Beate Hrsg. (1992), *Zukunftsangst Einwanderung*, München.

Yie, Nam-Bock (1986), *Wertewandel und Arbeitswelt in der Republik Korea (1945~1984). Ein Versuch zur Analyse koreanischer Sozialstruktur*, Bochum(Diss.).

Yoo, Do-Jin (1975), *Die Situation koreanischer Krankenpflegekräfte in der Bundesrepublik Deutschland und ihre sozialpädagogischen Probleme*, Kiel(Diss.).

Yoo, Tai-Soon (1981), *Koreanerinnen in Deutschland. Eine Analyse zum Akkulturationsverhalten am Beispiel der Kleidung*, Münster(Diss.).

Yu, Jih-hoon (1984), *Politische Kultur in Südkorea. Eine Untersuchung der gesellschaftlichen Grundlage des politischen Systems in Südkorea*, Freiburg(Diss.).

Zippelius, Reinhold (1971), *Geschichte der Staatsideen*, München.

곽태환 외 (1991), 『재미한인사회』, 양영각.

김광웅 · 김학수 · 박찬욱 (1991), 『한국의 의회정치』, 박영사.

김영래 (1990), 『한국 이익집단과 민주정치 발전』, 대왕사.

김종헌 (1986), 「1.5세대의 정체성 문제」, 『베를린 한인회 회보』 제74호, 6쪽.

노르트라인베스트팔렌 한인교회연합회 (1991a), 『1966~1990 역사적 개요』 한국어 · 독일어, 보훔.

_____ (1991b), 『흐름』, 보훔.

_____ (1992), 『교인수첩』, 보훔.

노르트라인베스트팔렌 한인교회연합회 뒤스부르크 교회 (1983), 『회보』, 뒤스부르크.

라인주 총교회위원회 (1994), 『십자가』 제20호/2월, 뒤스부르크.

라인주 총교회위원회 뒤스부르크 교회 (1988), 『회보』, 뒤스부르크.

로버트 다알 (1982), 『다원민주주의의 딜레마』, 신윤환 옮김(1992), 푸른산.

민족시보, 『민족시보』 월3회, 한국어 · 일본어, 도쿄.

박진숙 (1987), 「독일과 한국의 한인 기독교청소년 교류프로그램의 중요성」, 『함부르크 한인 기독청소년』, 17~21쪽.

베를린한인회, 『한인회보』 월간, 베를린.

오석근 (1977), 『주체』 제9호/6월, 베를린.

_____ (1978), 『주체』 제11호/6월, 베를린.

_____ (1986), 『우리나라』 제41호/1월, 오펜바흐.

유럽민회, 『민주조국』 1987. 11~1992. 9(한국어)/1988. 1~1990. 12(독일어), 베를린.

이기택 (1987), 『한국야당사』, 백산서당.

재독한국여성모임 (1977), 「독일의 한인간호사 추방에 반대하는 서명운동」, 『재독한국여성모임 회보』 5월, 굼머스바흐(Gummersbach), 21~26쪽.

_____ (1989), 「재독 한인여성의 위치와 2세대 교육」. 『재독한국여성모임 회보』 제11호, 4~18쪽

_____ (1990), 「재독 한인간호사 25년의 토론발제」, 『재독한국여성모임 회보』, 9~23쪽.

_____ (1979~94), 『재독 한국여성모임 회보』 제1~15호.

재독한인교회협의회 (1984), 『회보』 제4호.

재독한인노동자연맹 (1982), 『해방』 제10호, 오베르라어(Oberlahr)/베스트발트(Westwald).

_____ (1983), 『노련통신』 제103호, 뒤스부르크.

한국사회학·정치학회 편 (1992), 『국가와 시민사회』, 한울.

한민련, (1985), 『회보』 제1호, 도쿄.

한배호·어수영 (1989), 『한국정치문화』 제2판, 법문사.

함부르크 새한인교회 (1994), 『돌베개』 제1호/5월, 함부르크.

함부르크 한인교회 (1980), 『교회 15주년기념 특별회보』, 함부르크.

부록

인터뷰 및
사회복지 서비스

[인터뷰 항목]

① **출생 연도 및 지역**

② **독일에 온 연도**

③ **독일의 생활환경**

④ **사회적 상황**

⑤ **동기** 독일에 온 이유 혹은 계기

⑥ **한인조직과의 관계** 가입상황, 가입일(대략), 가입이유(경향성)

⑦ **자기발전 과정** 이주, 그 목적 혹은 동기의 전개과정

⑧ **이해관계에 대해서** 사람들은 이해관계의 대변을 무엇이라고

이해하는가? 조직의 활동을 통해 자신의 이해관계가 대변될 수 있다고

생각하는가? 당신이 속한 조직은 당신의 이해관계를 대변하는가?

⑨ **삶의 중심** 독일 및 한국과 관련해서 내적·외적 삶의 중심

⑩ **이주자의 위치와 임무** 독일시민권에 대해 어떻게 생각하는가?

이중국적에 대해 어떤 입장인가? 그리고 외국인 혐오나 사회적

갈등과 관련해서는 어떻게 생각하는가?

⑪ **독일단체의 활동** 독일 조직이나 정당의 가입상황

(대략의 가입일과 경향상의 가입이유 포함)

⑫ **귀향의사**

[인터뷰1]

① 1941년 충청도에서 태어나서 오랜 기간 서울에서 거주

② 1966년에 독일에 와서, 한국에서보다 더 오래 거주

③ **생활환경** 저는 광부로 독일에 왔습니다. 그리고 처음 3년은 광산기숙사에서 살았습니다. 4개의 큰 집단이 있었는데, 한국인이 220명으로 가장 큰 집단이었어요. 그다음으로는 그리스인, 터키인 그리고 독일인 순이었지요. 그후 1년 동안은 대학공부를 하기 위해 하노버에 있는 학생기숙사에서 살았습니다. 저는 클라우스탈 대학(Universität Claustal)에 들어가서 1년 동안 학생기숙사에 살았지요. 당연히 대부분 학생은 독일인이었지만, 저는 그들에게서 외국인에 대한 적대감은 느끼지 못했습니다. 그 뒤로는 결혼을 해서 개인 집에서 살았습니다. 학업이 끝난 뒤에는 프랑크푸르트에서 일자리를 얻게 되어 직원들만 사는 지역에서 살았지요. 1989년부터는 크레펠트(Krefeld)에서 살고 있습니다. 제가 사는 지역에는 외국인이 거의 살지 않습니다. 지금 제 가족과 저는 이웃들과 오가며 잘 지내고 있습니다만, 아무래도 좀 형식적이지요. 처음에는 이웃들과 어려움이 있었어요. 거리에서 인사를 해도 저희들을 무시했어요. 지금 집은 정원도 있고 만족합니다. 저는 정원을 돌보며 여가시간을 보내고 있습니다.

④ **사회적 상황** 한국여자와 결혼해서 아들 하나를 두었고 아들은 열일곱 살입니다. 1984년에 저희 가족은 독일시민권을 획득했습니다. 가족수입은 세전 약 9천 마르크 정도 됩니다. 제 아들 생각으로는 사용하는 언어가 독일어입니다. 아들은 한국어로 말하고 쓰고 읽을 수 있습니다만 독일어만큼 잘하지는 못합니다. 최근 저는 기술감독협회(TÜV)의 압력용기 전문가로 일하고 있습니다.

⑤ **동기** 1965년 한국에서는 대량실업이 발생했습니다. 저는 대학 입학시험에 합격했지만 저희 집은 제 학비를 대어줄 형편이 못 되었습니다. 저는 시

간을 벌기 위해 군입대를 했습니다만, 그 뒤로도 사정이 나아지지는 않았습니다. 그래서 서울로 가서 가정교사를 해서 생활비를 벌었지요. 그러던 중 파독광부를 모집한다는 신문광고를 접하게 되었습니다. 그러나 제가 광부로 독일 간다는 걸 가족들이 워낙 반대했기 때문에, 그러면 지원해서 혹시 된다 해도 언제든지 취소할 수 있으니 일단 지원만 해보겠다고 형을 설득했어요. 우선 광부로 독일에 가서 돈을 벌어 공부를 계속하자는 게 제 계획이었습니다. 당시에는 대학을 나오지 않으면 더 나은 미래를 기대할 수 없다고 생각했습니다. 또 한편으로 한국인들에게 해외유학은 꿈만 같은 것이었습니다. 돈이 매우 많이 들었기 때문에 부잣집 자식들 아니면 불가능하다는 의미였지요.

⑥ **한인조직과의 관계** 물론 저는 여러 한인조직들과 긴밀하게 교류하고 활동도 함께하기는 했지만, 1993년에 '코리아협의회'를 제외하고는 단 한번도 등록회원으로 한인조직에 가입한 적이 없습니다. 독일에 있는 한인조직은 세 가지 성향으로 분류할 수 있습니다.

하나는 친(親)한국정부 성향이고, 또 하나는 반정부 성향 그리고 마지막으로 정치적 색채가 전혀 없는 부류입니다.

저는 두번째 성향, 즉 반정부활동을 매우 열심히 함께했습니다만 회원으로 가입하지는 않았습니다. 왜냐하면 정치적으로 한국정부에 비판적인 조직들이 제가 보기에는 전혀 이상적인 조직이 아니었기 때문입니다. 정치적으로 비판적인 입장을 가진 사람이라면 자신의 일상적인 삶에 대해서도 늘 비판적이어야 한다고 생각합니다. 그렇지만 조직에서 활동하는 사람들을 보면 서로를 망칩니다. 그들은 조직을 발전시켜 나가는 데서도 서로 방해하기만 했습니다.

⑦ **자기발전 과정** 독일에 살면서 신문도 웬만하게 읽었고, 텔레비전을 통해서 정치를 이해할 수 있었습니다. 그리고 한국의 반공사상이 얼마나 잘못

된 것인지 확신하게 되었습니다. 이런 과정에서 저는 한국사회의 문제들을 구체적으로 인식할 수 있었습니다. 특히 어머니가 돌아가시고 나서는 한국에 있는 가족들이나 친구들과의 관계가 제게 그리 큰 의미로 다가오지 않게 되었습니다.

⑧ **이해관계에 대해서** 저는 이해관계의 대변을 개인적인 성공이나 물질적 이익에 국한해서 바라보아서는 안 된다고 생각합니다. 개인적인 이해관계는 사회적 정의와 연결시켜서 살펴보아야 합니다. 그 한 가지 예가 있습니다. 1970년대 말에 '독일한인공학자연합회'라는 조직이 만들어졌는데, 회원이 금방 200명이나 되었습니다. 이 조직은 회원들에게 여러 가지 유혹거리를 제공했습니다. 예를 들어 학업을 마친 회원은 곧바로 한국의 교수자리를 제의받았습니다. 당시만 해도 한국행 비행기 삯이 무척 비쌌습니다만, 회원들은 2년에 한 차례 한국을 방문했고 그 비행기 요금을 한국정부가 이 조직을 통해서 지불해 주었습니다. 그리고 회원들이 한국을 방문하면 그 소식이 신문에 보도되기도 했습니다.

자신의 생각을 현실에서 실현하기를 원한다면, 조직을 통하는 것이 최고의 방법일 것입니다. 한국의 정치적 상황에 대해 비판적인 한인조직들의 목표설정에 저는 동질성을 느낍니다.

⑨ **삶의 중심** 처음에는 학업이 끝나면 한국으로 돌아갈 계획이었습니다. 그런데 졸업을 한 후 이곳에서 일자리를 제안받은데다 아들은 학교에 다니고 있었어요. 게다가 한국에서는 만족할 만한 일자리를 구할 수 없었습니다. 그래서 독일시민권을 얻기로 결정했습니다. 이 말은 제가 여기에 눌러앉을 목표를 가졌다는 뜻입니다. 이곳에 살기 위해 우선 스페인에다 조그마한 집을 하나 샀는데, 원할 때면 언제든 여행을 떠날 수 있으려고요. 독일에 살고자 하는 사람이라면 이런 게 특히 중요하답니다. 이 집의 구입은 제가 이곳에 뿌리 내리기 원한다는 것을 객관적인 그림으로 제공하는 것이라

고나 할까요. 저 자신이 상당히 독일식 사고방식을 가졌다고 느낍니다. 물론 이런 제가 긍정적인지 부정적인지 판단하려는 것은 아닙니다. 다만 이 과정이 인간적인 과정의 하나라고 생각합니다.

이 모든 것에도 불구하고 저의 내면의 중심에는 여전히 한국이 자리잡고 있는 것 같습니다. 시간이 지나면서 제가 한국의 생활조건들에 적응하기가 더욱더 어려워졌다는 걸 알고 있습니다. 한국에 두 번 갔었는데 갈 때마다 낯설게 느껴지더군요.

제가 독일사회에 100퍼센트 동화되기는 불가능합니다. 제가 한국에서 태어나 그곳에서 사회화과정을 거치면서 성장하였기 때문에 완전히 동화될 수는 없을 겁니다. 말하자면 스스로 만들어낸 삶의 조건 때문에 저는 이곳에 눌러앉게 되었을 따름입니다.

⑩ **이주자의 위치와 임무**　처음에는 시간이 흐르면 저절로 독일에 통합될 것이라고 생각했습니다. 하지만 그것은 불가능했습니다. 25년을 한국에서 살았기 때문이지요. 아마 2세대는 우리보다 훨씬 더 통합될 것입니다. 그리고 3세대는 완전히 통합되겠지요. 가령 제 아들은 "우선 한국에 동질감을 느껴요. 그 다음은 당연히 독일이에요"라고 말합니다. 한국에 대해 아는 것도 별로 없는데도 그렇습니다. 이렇게 생각하는 것은 이곳에 인종차별주의가 있고 없고 하고도 상관이 없습니다.

아들은 김나지움에 다니는데 독일친구들과 잘 지내며 학급대표를 맡고 있습니다. 이는 외국인에 대한 태도가 그의 의식형성에 긍정적인 영향을 주었다는 뜻입니다. 아들은 친구들로부터, 표현이 좀 그렇지만 존경을 받는다고나 할까요. 학부모들도 호감을 가지고 있고요. 아마 아들 성적이 상당히 우수한 덕분인 것 같아요. 물론 나중에 사회에 나가 직장생활을 하다 보면 불이익을 당하는 일이 일어날 수는 있습니다.

저 자신도 직장 바깥에서는 '외국인'으로서 불이익을 받습니다. 가령 제가 살고 있는 지역의 유권자 13퍼센트가 공화주의자인데, 처음 이곳에 이사 왔을 때 길에서 이웃집 남자를 만나 인사를 건넸으나 우리를 무시하더군요. 그러다가 시간이 지나면서 서로 잘 알게 되니 그는 매우 예의바르고 친절해졌습니다. 이 말은 우리가 새로운 지역에 가서는 외국인이라는 신분으로 출발하게 되고 이런 상황을 극복하기 위해서 평범한 관계들을 다져나가는 길을 개척해야 한다는 뜻입니다. 이런 의미에서 볼 때 우리는 단련이되었다고나 할까요.

비록 제가 외국인 적대와 극우주의자들의 폭력행사에 대해 두려움을 갖고 있지는 않지만, 그럼에도 우리는 항상 어두운 면과 함께 살아가야 합니다. 이런 점에서 제 아들의 미래가 늘 걱정됩니다.

프랑스인이나 미국인은 이곳에서 외국인이 아닙니다. 미국의 흑인들 제외하고는 이들은 외국인이라기보다 프랑스인 혹은 미국인으로 받아들여집니다. 제3세계나 가난한 나라에서 온 사람들은 외국인입니다. 그렇기 때문에 제3세계 국가들은 함께 이러한 상황에 대항하면서 독일과 같은 이런 나라들에 주의를 촉구할 필요가 있습니다. 적어도 독일이라는 나라는 공식적으로 다른 나라로부터 경고를 받게 되면 그에 대해 답변을 합니다. 여전히 제3세계에는 이러한 활동을 할 조직이 없거니와 이런 조직을 만들기도 매우 어렵다는 건 알고 있습니다. 그럼에도 이것은 반드시 이루어져야 합니다. 독일은 독일인이 순수한 단일 인종이라는 생각에서 벗어나야 합니다. 앞으로 이 세계가 더불어 평화롭게 살기를 원한다면 '순수한 인종' 같은 사고는 버려야 합니다. 다문화 인종은 평화를 위한 목표입니다. 여기에는 음식, 다문화사회, 정치가 포함되어 있습니다.

⑪ **독일단체의 활동** 1992년부터 화학노조(IG Chemie) 노조원으로 활동하고 있습니다. 사실 오래전부터 조합원이 되고 싶었으나 제 형편에서는 조합비가 너무 벅찼습니다. 그 돈이면 신문 두 종류는 구독할 수 있었거든요.

투표를 할 때는 SPD에 한 표를 행사합니다.

⑫ **귀향의사** 심정적으로는 언젠가는 돌아가겠다는 생각을 한번도 포기한 적 없습니다만 저를 둘러싼 환경은 그와 반대라는 걸 알고 있습니다. 무엇보다도 아들이 여기 있다는 것이 그 이유가 될 겁니다.

[인터뷰2]

① 1942년 전라도에서 태어남

② 1966년에 간호조무사로 독일에 왔음

③ **생활환경** 1971년부터 이듬해까지는 간호사 기숙사에서 살았습니다. 1972년에 공인간호사를 위한 재교육을 이수한 뒤에 하노버의 한 종합병원에서 근무하게 되었는데, 그곳에서 남편[인터뷰1]을 만났습니다. 그러다가 1974년에는 남편이 공부하고 있던 하르츠의 클라우스탈로 갔습니다. 1972년부터 제 환경은 남편과 동일합니다.

④ **사회적 상황** 인터뷰1과 같습니다. 최초 3년의 계약이 끝난 후 저는 재교육을 받았습니다. 처음 4년 동안은 전일제로 일을 하다가 아들이 태어난 다음 4년 동안 일을 그만두고 주부로 지냈습니다. 그다음부터는 반일제로 야간근무를 하고 있습니다.

⑤ **동기** 저희 집은 7남매입니다. 한국에서는 대학에 들어가서 약학을 전공했는데, 우리 집 경제형편 때문에 학업을 포기해야 했어요. 제 나름대로 삶의 계획을 세워놓고 있었기 때문에 저로서는 매우 고통스러웠지요. 저는 약사가 되어서 돈을 벌어 가난한 아이들을 가능하면 많이 입양해서 그 아이들에게 미래를 만들어주고 싶었습니다. 이런 등등의 심정이었어요. 그후 약국에서 보조로 일을 했지만 제가 원했던 삶에 대한 희망이 더는 없었습니다. 그러던 어느 날 우연히 신문에서 독일파견 간호사보조사 모집광고를 보았고, 그게 계기가 되어 여기에 왔습니다.

⑥ **한인조직과의 관계** 저는 재독한국여성모임 회원인데, 1978년 만들어질 때부터 함께했습니다. 원래 여성문제에 관심이 매우 많았기 때문입니다. 하지만 그동안 개인적인 이유로 적극적으로 참여할 시간이 없었습니다. 여성모임은 기본적으로 여성들이 모여서 흉이나 보는 단체가 아닙니다. 오히려 여성문제라든가 사회와 정치 문제를 진지하게 다루고 있습니다. 저는 지역모임의 대표 역할을 했었습니다.

⑦ **자기발전 과정** 만약 한국에서 약대를 졸업했다면, 언젠가는 약사가 될 수도 있었겠지요. 그랬다면 아마 세계에서 일어난 사건들에 그저 별 관심도 생각도 없이 살았을지 모릅니다. 충분히 상상할 수 있는 모습입니다. 저는 외국, 그러니까 독일에서 살면서 전세계의 정치적 문제에 관한 앎을 얻을 수 있었습니다. 그리고 여행을 다니면서 많은 나라를 알게 될 기회를 가졌습니다.

세계에 대한 저의 시각이 확장되었지요. 예를 들어 이곳에서 북한을 객관적으로 생각하고 배울 수 있었습니다. 또 이렇게 되는 데는 이곳의 정치 문화로부터 많은 영향을 받은 것과 무관하지 않습니다. 사람들은 일어난 일에 대해 비판적 입장을 가질 수 있습니다. 정치가 삶의 일부이고 여성도 그것을 위해 남성과 똑같이 기여한다는 것 역시 제 남편을 통해 배웠어요. 저는 독일로 오기로 한 결정을 잘했다고 생각합니다. 그리고 이곳에서 삶을 긍정적으로 평가합니다.

⑧ **이해관계에 대해서** 조직을 통해 고유한 이해관계를 대변하는 것은 최고의 방법입니다. 사람들은 거기서 정보를 교환할 수 있고 스스로가 강해지는 기분이 듭니다.

여성모임은 제 이해관계를 대변해 줍니다. 우리는 예를 들어 여성의 사회적 문제, 가족 내 여성의 지위, 사업장 내 외국인에 대한 차별 또는 다양한 분야의 불의에 관해 토론을 합니다. 만약 분명한 상황 속에서 불의를 발견하면, 우리는 이론적으로 그에 관해 토론합니다. 그런 다음 그 결과를 실천으로 옮깁니다.

⑨ **삶의 중심**　한국은 제 내면적 삶의 중심이 아닙니다. 독일이 제 내면적 삶 그리고 외부적 삶의 중심입니다. 저는 이미 이렇게 말할 수 있게 되었는데, 무엇보다도 아들 가까이 살고 싶기 때문입니다.

⑩ **이주자의 위치와 임무**　처음 만나는 독일인이나 이른바 외국인을 무시하는 독일인에게는 우선 외국인으로서 우리의 삶이 얼마나 힘든지, 독일인들 스스로 이런 사안에 얼마나 어리석게 대처하는지 나름대로 설명해 줍니다. 독일인들은 외국인들이 독일어를 잘 못하더라도 이해해야 합니다. 두번째 언어 또는 외국어로 한 언어를 완벽하게 습득한다는 것은 정말 어려운 일입니다. 제가 계몽하려는 사람들에게, 특히 외국인들이 여기서 오래 살았는데도 독일어 실력이 왜 그렇게 형편없느냐 등등의 불평을 하는 사람들에게 묻습니다. 당신들은 어떤 외국어를 습득했느냐고요. 그러면서 이미 성인이 되어 다른 나라에 온 사람이 새로운 언어를 배우는 것이, 특히 독일어를 완벽하게 배우고 말하는 것이 간단하지 않다고 얘기해 줍니다. 저는 조직에 참여해서 활동하고 또 다른 한인여성들과 함께 여론을 모으는 활동을 하고 있답니다.

요즘 외국인 적대가 매우 심각합니다. 저 또한 그 대상입니다만, 그렇다고 두려움을 느끼진 않습니다.

독일인들은 외국인을 무시하는 태도를 버려야 합니다. 만약 모든 독일인이 다른 나라 언어를 배우게 된다면, 외국인에 대한 생각이 자연스럽게 바뀔 수도 있겠지요.

⑪ **독일단체의 활동**　답변이 없었음

⑫ **귀향의사**　저는 한국으로 돌아갈 생각이 없습니다.

[인터뷰3]

① 1946년 함경북도에서 태어나 서울에서 성장

② 1967년에 뮌헨에 왔음

③ **생활환경** 저는 에센에 살고 있습니다. 제가 살고 있는 곳은 매우 조용한 지역이며 주민들 대부분이 독일인입니다.

④ **사회적 상황** 저는 독일남자와 결혼해서 열아홉, 열여섯 살 딸 둘을 두었어요[인터뷰 당시는 1994년임]. 독일시민권을 가지고 있고, 우리 소득은 세금을 제하기 전 약 1만 2천 마르크입니다. 아이들의 모국어는 독일어예요. 그러니 아이들에게 한국어는 특별한 언어지요. 유치원 교사로 일하고 있는데, 이를 위한 학업을 이곳 독일에서 마쳤어요.

⑤ **동기** 저는 사촌과 함께 이곳에 왔어요. 사촌은 이곳에서 공부를 할 계획을 가지고 있었지요. 저는 무엇인가 제 내면의 성장에 도움이 되는 것을 배울 것이라는 막연한 상상만 가지고 있었어요.

⑥ **한인조직과의 관계** 저는 재독한국여성모임의 회원입니다. 이 모임은 저를 보호해 주는 느낌을 줍니다. 그리고 모임의 많은 여성들이 지적 능력이 있어요. 그리고 그것이 제 삶의 발전에 도움을 줍니다.

⑦ **자기발전 과정** 여기서 어떻게 '돈'을 절약하는지, 어떻게 깨끗하게 청소를 하는지를 배웠어요. 저는 고집이 세졌어요.

⑧ **이해관계에 대해서** 이해의 대변은 친밀한 삶과 사회적 삶을 위한 기초입니다. 그것을 통해 사람들은 삶에 대한 자신의 입장을 표현할 수 있습니다.

⑨ **삶의 중심** 독일은 제 삶의 중심이에요. 그렇기 때문에 요즈음은 가치 있고 안정된 삶을 살기 위해 노력합니다.

⑩ **이주자의 위치와 임무** 독일에서 이민자문제는 여전히 사회적 문제로 여겨집니다. 어떻게 이런 상황을 바꿀 수 있을지 고민하는 것이 사회와 개인들의 과제이지요.

⑪ **독일단체의 활동** 저는 한동안 체육회 회원이었어요.

⑫ **귀향의사** 없습니다.

[인터뷰4]

① 1953년 경상남도에서 태어남

② 1972년 간호사로 독일에 왔음

③ **생활환경** 처음에는 간호사 기숙사에서 생활했어요. 지금은 전형적인 중산층의 단독주택에 살고 있습니다. 우리 가족은 중산층에 속해요.

④ **사회적 상황** 저는 한국남자와 결혼해서, 두 자녀를 두었습니다. 저희는 독일시민권을 가졌고, 아이들은 독일어를 사용하지만 우리끼리는 간단한 것은 한국어로 대화합니다. 저는 심리학을 전공했고, 남편은 의사입니다.

⑤ **동기** 저는 돈을 벌어서 공부하기 위해 여기에 왔어요. 한국에서는 대학 갈 기회가 없었지요. 5년 동안 병원에서 일하고 대학에 입학하기 위해 고등전문학교에서 아비투어[독일 대학입학자격시험]를 쳤습니다. 그리고 대학을 졸업했지요.

⑥ **한인조직과의 관계** 저는 '재독한국여성모임' 창립회원입니다. 우리 한국여성들이 우리의 권리와 이익을 스스로 대변하는 것을 지지했어요.

⑦ **자기발전 과정** 독일사회의 조건이 저 개인의 발달, 학업과 직업의 성취에 도움을 주었어요. 남편도 아주 많이 지원해 줬어요. 이민자는 자신의 특수한 상황 때문에 이곳에서 사회적 규범의 검열 없이 살 수 있어요. 이 또한 저의 내면적 성장을 이끌었지요. 그렇지만 저는 같은 이유로 해서 인간관계에 문제가 있다고 할 수 있어요. 여전히 인간관계에 대한 이해가 매우 낮다고 할까요.

⑧ **이해관계에 대해서** 여성모임은 다방면의 제 이해관계를 대변해 줍니다. 이 모임은 정치적·사회적 이해관계, 한국과 독일과 관련된 이해관계 그리

고 개인적인 이해관계들을 대변합니다.

⑨ **삶의 중심** 제 삶의 중심은 독일입니다. 세월이 흐르면서 독일에서의 삶을 더 좋은 방향으로 가꾸어나갈 수 있었어요. 가끔 한국을 방문해서 신문을 읽다 보면, 제가 독일에 살면서 형성된 가치관을 스스로 숙고할 수 있습니다. 삶의 중심을 결정한 다음부터는 삶의 균형이 잡혔습니다.

⑩ **이민자의 위치와 임무** 이민자들에게 어려움이 많다는 것은 명백합니다. 그렇지만 이민자라서 가지는 장점도 있습니다. 이민자는 두 문화 속에서 살기 때문에 어떤 명확한 사회적 가치관에 묶여 있지 않습니다. 이런 의미에서 이민자는 유연할 수 있다는 거죠. 외국인 혐오와 관련해서는, 이민자들은 개인적인 활동과 조직적인 활동을 통해 자신들의 고유성을 토착민들에게 긍정적으로 전달하기 위해 노력할 수 있습니다. 이민자들 스스로도 이민의 장점을 인식해야 합니다. 서로 다른 문화들 사이에 긴장은 있게 마련이지만, 인간은 이런 긴장을 통해 발전할 수도 있습니다.

⑪ **독일단체의 활동** 없습니다.

⑫ **귀향의사** 돌아갈 생각은 없습니다. 이곳에 살기로 결정했어요.

[인터뷰5]

① 1952년 서울에서 태어나 성장

② 1972년 간호사로 독일에 왔음

③ **생활환경** 병원에서 근무할 때는 다른 한인간호사들과 함께 간호사 기숙사에 살았습니다. 그후 대학에 들어간 뒤로는 독일인과 학생들이 대부분인 환경에서 생활했어요. 지금은 독일 소시민층이 주를 이루는 환경에서 살고 있어요. 이웃과 갈등은 없습니다만, 아이가 둘 있다 보니 이따금 노인들과 어려움이 있지요. 이게 좀 성가시다고 할 수 있죠.

④ **사회적 상황** 저는 독일남자와 결혼해서 두 자녀를 두었어요. 1985년에

독일시민권을 얻었고요, 아이들은 한국어를 거의 못해요. 가족소득은 세금공제 전 약 9천 마르크입니다. 저는 사회학을 전공했는데, 지금은 재교육을 받고 노인치료사가 되었지요.

⑤ **동기** 외부적 이유는 경제적인 것이었어요. 지금에 와서 돌이켜 생각해보면, 제 주변 상황에 대한 불만이 더 큰 이유였어요. 저는 셋째딸인데, 저를 대학에 보낼 만큼 집이 잘살지는 않았어요. 제 친구들은 모두 다 대학을 가는데 저만 못 갔을 때, 얼마나 상처를 받을지 짐작할 수 있었죠. 저는 이런 상황을 피하고 싶었어요.

⑥ **한인조직과의 관계** 저는 '재독한국여성모임' 창립회원이며 의장을 지내기도 했어요. 한인간호사들을 독일에서 추방하는 데 반대하면서 모임이 만들어졌을 때, 가입했어요.

⑦ **자기발전 과정** 저 자신이 많이 변했다고 생각해요. 하지만 제가 독일에 살아서 그런 것은 아니에요. 두 문화 속에 놓여 있는 삶이 물론 저에게 새로운 것을 가져다주기는 했지만, 한국에 살았다고 해도 저의 정치의식은 성장했을 겁니다.

처음에는 남자들과 정치토론을 한 것이 저의 성장에 많은 도움이 되었어요. 그다음에는 여성모임이 그런 역할을 했지요.

⑧ **이해관계에 대해서** 저는 독일에 살고 있기 때문에, 제 이해관계를 이곳 한인조직을 통해 표출합니다. 사회적 관계에서 조직은 매우 중요합니다.

⑨ **삶의 중심** 삶의 중심은 독일입니다. 저는 제 뿌리를 한국에서 이곳으로 옮기는 일을 했습니다. 1984년에 장기간 한국에 머물렀던 적이 있어요. 그 후에도 ASA[제3세계 학생과 노동자 지원기금] 장학금을 받아 한국에 또 갔어요. 그때 저는 더 이상 한국에서 살 수 없다는 것을 느꼈습니다.

⑩ **이민자의 위치와 임무** 일반적으로 이민자들은 불안함 속에서 살아갑니다. 만약 이민자가 어떤 실수를 하면, 그건 그가 이민자라서 그렇다며 그 탓

으로 돌리지요. 그런가 하면 이민자가 누리는 장점도 있는데, 이민자는 독일의 풍습과 도덕이 마음에 들지 않는다면 무시할 수 있어요. 제가 한국에 있었다면 여성에게 요구되는 풍습과 도덕을 무시하는 게 허용되지 않았을 겁니다. 그렇지만 외국인 적대에 대항해서 정치적으로도, 개인적으로도 뭔가가 이루어져야 합니다. 더 중요한 것은 독일인과 비독일인 사이의 사적인 교류라고 할 수 있어요.

독일사회의 정치적 지형이 보수화되는 경향을 보이고 있는데, 특히 경기 침체 때문이에요. 그만큼 외국인에 대한 적대감도 증가하고 있어요.

⑪ **독일단체의 활동** 저는 보훔에 있는 '다문화 만남'(Multikulturellen Begegnung)의 회원입니다. 지역활동에도 참여하고 있는데, 가령 부모로서 유치원과 학교에서 적극 활동합니다. 저는 부모 열 명 중 유일한 외국인입니다만, 이런 활동을 통해서 독일인과 외국인 사이의 벽이 허물어질 수 있습니다. 그리고 1975년부터 77년까지 공공노조(ÖTV) 노조원이었어요.

⑫ **귀향의사** 없습니다.

[인터뷰6]

① 1952년 강원도 영월에서 태어남

② 1972년 6월 파독간호사로 뒤셀도르프에 도착

③ **생활환경** 저는 3년 동안 오로지 한국인 간호사들과 간호사 기숙사에서 함께 살았습니다. 그후 보훔으로 가서 우리 가족은 임대주택에서 살다가 1980년에 우리 집을 장만했어요. 이웃은 대부분 독일인인데, 지금껏 이웃과 다툼은 없었어요.

④ **사회적 상황** 저는 한국남자와 결혼했고, 아이가 둘 있습니다. 물론 아이들은 여기서 태어났고, 한국어를 할 줄 알지만 저희들과 토론을 할 정도는 아니에요. 남편은 자영업을 하고 저는 간호사이고 소득은 세전 1만 마르크

입니다. 저는 한국국적을 가지고 있어요.

⑤ 동기   저는 한국에서 간호사로 일했는데, 친한 동료들이 독일에 가겠다고 해서 그냥 함께 가고 싶었어요. 외국에 대해 특별히 호기심을 가졌던 것도 아니었지만, 제겐 부모님이 안 계셨거든요. 친구들과 저는 뒤셀도르프의 한 병원에서 함께 일했어요.

⑥ ⑦ 한인조직과의 관계 및 자기발전 과정   저는 재독한국여성모임 회원이고요, 여성모임의 활동을 하면서 여성문제에 대해 자각하게 되었죠.

또 저는 '민중문화협회' 창립회원이며 보훔의 한인교회 교인이랍니다. 교회활동을 하면서 남자와 여자의 동등한 권리를 인식하게 되었어요.

⑧ 이해관계에 대해서   누구나 다른 사람들과 동등한 권리를 가졌다면, 그 사람은 자신의 이익을 대변할 수 있습니다. 직장에서 저는 제 교육수준에 맞게 독일 간호사들과 동등한 권리를 가지고 있습니다. 조직을 통해서 이해관계를 대변하는 것은 매우 중요합니다. 해외의 한국인들에게 한인조직은 무척 중요하다고 생각해요.

⑨ 삶의 중심   제 뿌리는 항상 한국에 있습니다. 독일은 제 외부적 삶의 중심입니다.

⑩ 이민자의 위치와 임무   저는 이민자임에도 독일의 사회적 관계들이 저를 이방인으로 만든다고 봐요. 저는 한국인입니다.

외국인 적대 문제에 대해서는 그에 대항해서 싸워야 한다고 생각합니다. 그리고 나름대로 책임감을 느낍니다만 저의 조건 때문에 제대로 못하고 있죠. 만약 모임 같은 데서 저에게 외국인 적대에 대항해서 해야 할 일을 구체적으로 알려준다면 기꺼이 할 수 있겠지만 저 자신이 주도하지는 못해요. 한인조직들은 정치적으로 더욱 활발하게 활동해야 합니다.

독일사회는 다문화사회의 방향으로 나아가야 합니다. 각각의 문화는 그 문화에 속한 사람들을 위해 중요합니다. 또한 저는 복지시스템이 나빠지고 있는 것이 걱정스럽습니다.

⑪ **독일단체의 활동**   없습니다.

⑫ **귀향의사**   없습니다.

[인터뷰7]

① 1953년 전라남도 장성에서 태어남

② 1974년 간호조무사로 보훔에 도착

③ **생활환경**   저는 한인간호사 12명과 함께 3년 동안 간호사 기숙사에서 살았어요. 3년 기한이 만료되어 한국으로 돌아갔다가 1978년에 다시 왔어요. 이곳에 체류해 있을 때 지금의 남편을 만났거든요. 우리 집은 독일 소시민 가정이 주를 이루고 터키와 이탈리아 같은 외국인 가정이 일부 살고 있는 지역에 있습니다. 이곳 주민들은 헨리흐 휘테(Hennrich Hütte) 철강공장을 다닙니다.

④ **사회적 상황**   저는 독일남자와 결혼해서 자식을 둘 낳았어요. 아이들은 한국말을 거의 못합니다. 지금도 저는 한국국적을 유지하고 있고 체류권만 가지고 있지요. 독일시민권을 취득할 생각은 없어요. 선거권이 중요하다는 생각을 않거든요. 아무튼 저는 소시민 생활을 하고 있기 때문이에요. 제가 국적을 바꾸면, 한국 방문할 때 매우 번거로워요. 세전 소득은 약 5천 마르크이고, 남편은 지금 간호사 재교육을 받고 있어요. 저는 최근 간호조무사로 일하고 있고요.

⑤ **동기**   제가 독일에 온 동기는 단순해요. 고등학교를 졸업하고 집에서 지내면서 결혼하면 해야 할 집안일을 배우고 있었어요. 당시 시청을 다니고 있던 언니에게서 독일에서 필요한 간호조무사를 모집한다는 얘기를 들었어요. 그래서 1년 동안 간호조무사 양성학교를 다녔어요.

⑥ **한인조직과의 관계**   없습니다[인터뷰 후에 민중문화협회에 가입했다].

⑦ **자기발전 과정** 한국으로 돌아갔을 때, 저 자신이 참 많이 변했더라고요. 제 의견을 주장하게 되었고 편견도 없어졌어요. 그리고 여자도 남자와 똑같은 권리를 가진다고 생각했지요. 사실 독일에서 지금의 남편을 알게 되었는데, 한국에 가서 보니 한국남자들은 무척 보수적이어서 잘 이해가 되지 않았어요. 게다가 제 옷차림도 문제가 되었어요. 이렇게 제가 많이 변한 것을 알고는 부모님이 저더러 다시 독일로 가라고 권했어요. 남편은 원래 물리학을 전공했는데, 일자리를 얻지 못하자 재교육으로 전산학을 전공했어요. 전공을 바꿨는데도 처음에는 취직을 못했어요. 그때 저는 무척 상심해서 한동안 몹시 아팠어요.

⑧ **이해관계에 대해서** 답변이 없음

⑨ **삶의 중심** 제 삶의 중심은 독일이에요. 아이들 때문에 이곳에 살려고 해요. 온 가족이 한국을 방문했을 때 혼혈인 제 아이들을 바라보는 시선들이 부정적이었어요. 외국인에 대한 적대감은 독일보다 한국이 더 클 거예요. 한국인들은 늘 자기들끼리만 살았거든요. 우리 아이들도 무척 불편해했어요. 이곳의 일상생활은 한국보다 더 규제가 많아요.

⑩ **이민자의 위치와 임무** 저는 이따금 자식을 낳지 말 걸 하는 생각을 해요. 우리 아이들은 고향이 없어요. 아이들은 여기서도 한국에서도 외국인으로 무례한 대우를 당하곤 해요.

⑪ **독일단체의 활동** 저는 부모단체에서 활동하고, 남편은 SPD 당원이에요.

⑫ **귀향의사** 없습니다.

[인터뷰8]

① 1949년에 태어남

② 1976년 7월, 광부로 독일에 왔음

③ **생활환경** 처음 2년 동안 광부기숙사에서 생활했는데, 기숙사에서는 한

인광부 72명이 함께 살았어요. 결혼해서는 아내와 함께 하팅겐(Hattingen)에 있는 광산사택에서 살았어요. 그러다가 1981년에 하팅겐에 우리 집을 마련해서 지금까지 살고 있습니다. 이 주변에서 저희는 유일한 외국인 가정이에요. 눈에 보이지 않는 차별을 느끼곤 하죠. 이따금 이웃들은 우리가 자가주택을 가지고 있기 때문에 시기를 합니다. 또 제가 자가용을 주차할 때면 어디에 어떻게 주차하는지 유심히 관찰하는 사람도 있어요. 한번은 학부모의 밤에서 더 이상 외국인가정이 이웃에 있는 걸 원하지 않는다는 말이 나오기도 했습니다.

④ **사회적 상황**　저는 결혼해서 열네 살, 열두 살 난 아이들을 두고 있습니다. 저희 세전 소득은 약 9천 마르크입니다. 저는 오펠(Opel)의 숙련노동자이고 아내는 간호조무사이고요. 아이들은 독일어로 이야기하고, 한국어도 좀 하지만 토론을 할 수준은 아니에요.

⑤ **동기**　저는 무엇보다도 경제적인 이유로 여기에 왔습니다. 저희는 5남매인데, 저는 또 호기심도 있었습니다. 한국에서는 미국사람밖에 못 보았지만, 유럽인들이 어떻게 사는지 경험해 보고 싶었습니다. 당시만 해도 평범한 한국인이 외국에 나갈 기회는 거의 없었지요.

⑥ **한인조직과의 관계**　저는 '보훔 민중문화협회'의 창립회원입니다. 4년 동안 회장직을 맡아서 했어요. 독일에서 어떻게 살아야 하는지 생각하면서, 저는 다음과 같은 결론에 도달했습니다. 저와 이곳의 한국인들은 우리의 문화를 지키고 그와 함께 살아야 한다고요. 그럴 때만이 우리는 독일인과 똑같은 권리를 누리고 살 수 있습니다.

저는 보훔 한인교회와 보훔 한인회에 소속되어 있는데 여기서도 제가 맡은 역할이 있습니다. 교회에서 우리는 함께 있을 수 있으니 고립감에서 빠져나올 수 있습니다. 또 서로 도울 수 있고요. 신앙을 갖지 않은 한국인도 많습니다. 이런 사람들은 한인회에 나옵니다. 그래서 저는 한인회 회원이기도 합니다.

⑦ 자기발전 과정 분명히 변화가 있었습니다. 예를 들어 한국에서는 자기 생각에 들어맞는 일자리를 찾기가 어려울 뿐만 아니라 돈을 벌 수 있는 기회도 겨우 생활비 정도 버는 것에 제한되어 있습니다. 하지만 여기서는 사람들이 돈 걱정을 않고도 인간다운 삶을 해나갈 수 있습니다. 사람들이 비록 부자는 아니지만 복지가 잘 조직되어 있기 때문에 누구든 큰 비용을 들이지 않고도 자신만의 취미생활을 할 수 있습니다. 그리고 또 자유로운 시간을 일정하게 가질 수 있고 착취를 당하지도 않지요.

제가 보훔교회를 다니고부터 인간의 가치가 제 의식에 자리잡았습니다. 그래서 억압에 대항하는 일을 할 수 있게 되었습니다. 저는 여기서 한국과 독일 양쪽 사회를 객관적으로 보고, 어떤 구조가 더 수용할 만한 것인지를 비교할 수 있었습니다. 하지만 이곳에서 저의 사회적·인간적 관계는 제한적일 수밖에 없습니다. 예를 들어 한국에는 나아갈 방향을 잡을 수 있는 조언을 주는 노인들이 있지요.

⑧ 이해관계에 대해서   저는 문화와 정치 운동에 관심이 있습니다. 이 방면 책을 읽은 다음부터 그렇게 되었지요. 조직을 통해서 이해관계를 대변하는 것이 중요하다고 생각합니다만 그만큼 개개인이 이를 위한 준비가 되어 있어야 합니다. 우선 사람들이 솔직하고 양심적이어야 합니다.

제가 속해 있는 한인조직들이 제 이익을 완전히 대변해 주지는 않습니다. 물론 민중문화협회가 우리의 문화를 지키는 활동을 하고 있기는 하지만, 이따금 저는 그저 대중문화 활동가처럼 살고 있다는 느낌을 받습니다. 민중문화협회가 문화와 관련된 일만 하기 때문입니다. 그리고 우리는 전통 농악을 자주 사람들에게 선보입니다. 제 바람은 더 많은 한국인들이 조직 활동에 참여하는 것입니다. 이런 활동을 하는 과정에서 스스로 발전하고 사회적 교제를 넓혀나갈 수 있습니다. 이를 통해 사람들은 이기주의에서 벗어나 서로를 더 잘 이해할 수 있습니다.

⑨ 삶의 중심 한국은 제 내면과 외부 모두에서 삶의 뿌리입니다. 저는 무조건 돌아갈 것입니다. 유일한 문제라면 제 아이들이 여기에 산다는 것입니다. 그래서 간혹 정말 갈 수 있는지, 회의적인 생각이 들기도 합니다.

처음에는 독일사람들을 존경했습니다. 사람들이 매우 친절하다고 생각했었는데, 시간이 흐르면서 외국인을 차별하는 사람들도 있다는 것을 알게 되었습니다. 그러다 보니 제가 가지고 있던 독일사람들에 대한 인간적인 사랑이 줄어들었습니다. 직장에서 외국인들은 독일인들보다 더 힘든 업무를 받습니다. 저는 아주 직접적으로 그걸 알아차렸습니다. 갈수록 독일이 제 고향이 될 수 없다는 생각이 듭니다. 외국인은 외국인이기 때문에 본래 시민처럼 대접받지 못합니다. 언어적인 어려움, 외국인 적대, 전혀 다른 음식문화 등등이 이곳에서 제 삶을 힘들게 하는 것들입니다. 마치 독일에 식모살이하러 온 것 같은 느낌을 들곤 하죠. 그저 돈 벌기 위해서 왔다고나 할까요.

독일은 단지 제 외부적 삶의 중심입니다. 지금은 그저 여건이 허락지 않아 한국으로 돌아갈 수 없을 뿐입니다. 말하자면 어쩔 수 없이 여기서 살고 있는 셈입니다. 제 나름대로는 이곳에 통합되어서 살아가려고 노력합니다만, 이런 노력이 독일인들에게 잘 받아들여지지 않지요. 무엇보다도 제 자존감이 이 상황을 더 이상 견딜 수 없습니다.

⑩ 이민자의 위치와 임무 저는 사회생활에서 다른 사람의 이목을 끌고 싶지 않습니다. 세금 꼬박꼬박 잘 내고 시민으로서의 의무를 다합니다. 절약하며 살고 있습니다만, 사람들이 내다버린 물건을 가지고 오지는 않습니다.

어느덧 18년을 이곳에서 살았습니다만 아직도 투표권이 없습니다. 이중국적을 법적으로 인정해서 외국인에게도 투표권을 주어야 합니다. 이 문제를 개인적으로는 해결할 수 없어요.

독일사회는 너무 차갑습니다. 개인주의 때문에 이웃사랑이 생기질 않습니다. 이곳 사람들은 '난 내 임무와 의무를 다했어'라고 생각하죠. 그러면 모든 것이 문제가 없습니다. 하지만 이것은 옳지 않습니다.

⑪ **독일단체의 활동**　저는 처음부터 노동조합원이었어요. 노동조합은 노동자들의 이익을 대변하기 때문이지요.

⑫ **귀향의사**　한국으로 돌아갈 생각은 없습니다. 지금은 이곳이 제 삶의 중심이라는 생각이 듭니다. 한국에는 제가 있을 자리가 없으니까요[인터뷰를 한 후 한국을 방문했다. 갔다 온 후에는 생각이 달라졌다고 했다].

[인터뷰9]

① 1944년 일본에서 태어나, 제주도와 서울에서 생활

② 1967년 독일로 유학 옴

③ **생활환경**　저는 유학생으로 프랑크푸르트에 와서 학생기숙사에서 살았지요. 그 당시에는 외국인학생이 거의 없었어요. 1972년부터는 뮌스터에서 가정집에 살았습니다. 중산층에 속하는 독일인들이 사는 곳이었어요. 외국인에 대한 적대감을 직접적으로 느낀 적은 없습니다. 1977년에 베를린으로 가서 자유대학에서 계속 교수자격 과정을 밟았지요. 그때부터 저는 베를린의 중산층 독일인이 사는 거주지에서 살고 있기는 하지만, 1983년부터 뮌스터대학에 강사로 나갑니다.

④ **사회적 상황**　저는 결혼해서 한인가정을 이루었고 열일곱, 열여덟 살 아이 둘이 있습니다. 1993년에 독일시민권을 취득했습니다. 제 아이들은 독일어가 모국어이고 한국어를 알아듣기는 하지만 말하는 것은 어려워합니다. 아내는 도서관 사서로 일하고 있습니다. 소득은 세전 약 8천 마르크입니다. 저는 교수자격 과정을 마쳤고, 지금은 대학에서 강의를 하고 있습니다.

⑤ **동기**　저는 공부하러 이곳에 왔습니다. 1972년에 박사과정을 마쳤을 때,

대학으로부터 이곳 체류를 허가받았습니다. 1977년에 영주권을 받았고, 교수자격 과정을 계속 밟아서 학문적인 발전을 이루고자 했지요.

⑥ **한인조직과의 관계** 저는 '민주사회건설협의회' 창립회원입니다. 1, 2, 5, 6대 의장을 역임했는데, 제가 의장으로 있었을 때는 조직이 어려운 상황이었지요. 이 조직은 정치단체였습니다. 그 당시 우리는 박정희 유신정권과 싸웠어요. 다른 한인조직에는 가입하지 않았습니다만 한 군데서 자문 역할을 하고 있지요.

⑦ **자기발전 과정** 사람들은 시간의 흐름에 따라 성장하게 마련입니다. 거꾸로 되돌아갈 수는 없습니다. 해외로 유학 가는 사람이라면 그 나라에 가서 무엇인가를 배우겠다는 생각을 함께 가지고 갑니다. 제가 프랑크푸르트에서 공부할 때, 68운동이 한창이었어요. 68운동은 저에게 많은 영향을 주었고, 저를 형성해 주었습니다.

⑧ **이해관계에 대해서** 삶의 과정에서 제가 가진 정치적 이해관계들을 주장하는 것이 제 관심사항입니다. 저는 해외교포로서 남한의 반정부 정치진영을 지지합니다. 그들은 반정부활동으로 많은 고통을 받았습니다. 저는 이곳 여론에 남한의 정치적 억압에 대한 주의를 환기시키고 남한에서 억압받는 사람들의 이해관계를 대변했습니다. 이런 식으로 저의 정치적 이해관계를 표현했지요.

⑨ **삶의 중심** 앞에서 말했던 것처럼 1972년에 박사과정을 끝내고 저는 남한으로, 그러니까 '서울대학'으로 돌아가지 않았습니다. 왜냐하면 당시 저는 한국학생, 그러니까 학자로는 유일하게 대학에 계속 있어도 된다는 허가를 받았고, 독일대학의 내용들을 더 많이 알고 싶었기 때문입니다. 그러던 중 1974년에 남한에서 유신헌법이 공포되었습니다. 저는 독일학생들을 가르치고 있었는데, 이곳의 많은 한국유학생들에게도 조언을 해주곤 했지요. 저는 서서히 학자로서 전문가가 되었습니다. 1982년에 교수자격 과정을

이수하고 학문의 길을 가게 되었어요. 동시에 정치적 삶의 길도 가게 되었지요.

제 삶의 뿌리와 내적 중심이 한국에 있다고 생각하지 않습니다. 객관적으로 보아 한국에는 해야 할 일이 많습니다. 저는 북한을 방문했을 때 학자로서 머물 수 있겠다는 생각을 했습니다.

스물세 살에 이곳에 와서 27년을 살았습니다. 말인즉슨 삶의 절반 이상을 여기서 보냈다는 이야기입니다. 독일은 제 외적 삶의 중심입니다. 제가 여기서 하는 것보다 훨씬 더 의미 있는 것이 있다면, 한국으로 돌아갈 수도 있겠지요. 이곳에 뿌리를 내리기에는 개인적으로 한국과의 연결이 너무 깊습니다. 예를 들어 제가 쓴 책 네 권이 한국에서 출판되었고, 남한의 신문이나 잡지와도 자주 인터뷰를 했고 지금도 하고 있습니다. 그 밖에도 여러 가지가 있습니다.

⑩ **이민자의 위치와 임무** 저 자신은 이민자라고 생각합니다. 대부분을 대학과 학문 영역에서 있었습니다. 대학에서 외국인 학자는 입지가 매우 협소합니다. 외국인 교수가 교수자리를 얻을 기회는 거의 없습니다. 더구나 제 정치적 입장이 진보적이기 때문에 보수적 학자들은 저를 적대시합니다.

오늘날 독일사회에 대해 말하라 하면, 논리적으로 보아서는 독일사회가 통일 이후 다문화사회로 발달해야 한다고 봅니다. 하지만 이른바 외국인들은 내부적 모순 때문에 실제로는 배제되고 있습니다. 이른바 외국인들의 삶은 과거보다 더 어려워지고 있습니다. 한국인 2세대는 살아가면서 우리보다 더 힘든 일을 겪을 수 있습니다. 기실 이들은 한국에 대해 거의 알지 못하고 생김새만 다른 독일인지만요.

⑪ **독일단체의 활동** 저는 한 학술지의 편집위원이고 제3세계 문제를 다루는 잡지의 편집위원입니다. 또 좌파지식인 모임 회원이기도 합니다. SPD 사람들로부터 SPD 당원가입을 권유받았지만 저는 관심이 없습니다. 만약 투

표를 하러 간다면, 저는 녹색당을 뽑을 것입니다.

⑫ **귀향의사**   한국으로 돌아갈 의사를 확실하게 정할 수 없습니다. 왜냐면 제 결정은 전적으로 객관적 상황에 달려 있기 때문입니다. 설령 돌아간다고 해도 꼭 남한으로 제한되지는 않습니다. 이미 남한의 한 대학에서 자리를 제안했습니다만, 저는 남한뿐 아니라 북한에서도 가르칠 수 있기를 바랍니다. 그렇다면 이런 의미에서 돌아갈 수도 있을 것입니다. 당연히 독일과 대학에서의 경험을 전해 줄 수 있을 테니까요.

[인터뷰10]

①   1943년 12월 24일 서울에서 태어남

②   1965년 파독광부로 왔음

③ **생활환경**   1965년에 뒤스부르크의 광부기숙사에서 한국인, 터키인과 함께 살았지요. 1967년부터 69까지 저는 독일인들이 승선한 배에서 주방보조로 일했습니다. 라틴아메리카와 오스트레일리아로 운항하는 이 배에서 외국인은 겨우 두 명이었습니다. 1969년에 보훔대학 사회학과에 등록했습니다. 그 당시 1만 마르크를 가지고 있으면 학생신분으로 체류허가를 받을 수 있었어요. 학생기숙사에서 살았는데, 외국인 학생은 손으로 꼽을 정도였죠.

1979년에 한인간호사와 결혼해서 간호사 기숙사에 살림집을 차렸죠. 1987년에는 프랑크푸르트의 개인주택으로 이사했는데, 이웃은 대부분이 독일인이고 중산층이었어요. 그 뒤로도 또 한번 과거에 미군들이 살던 곳으로 옮겼죠. 중심가인 그곳은 환경이 좋았어요. 여기서도 그렇고 그전에 살던 곳에서도 외국인을 적대시하는 그런 것은 느끼지 못했습니다. 1990년부터는 베를린에서 혼자 살고 있는데, 원래는 가족 모두가 함께 베를린에 오려고 했죠. 1989년 북한에서 열린 '한반도 통일을 위한 범민족대회'에 참가하고 돌아온 후에 우리 부부는 헤어졌거든요. 제가 살고 있는 지역에는 터키인이 많이 살고 있어서인지 외국인 혐오나 적대가 직접적으로 느껴지지는 않습니다. 독일통일 이후 외국인을 적대하는 분위기가 있었지만, 요즘은 다시 정상화되었습니다.

④ 사회적 상황　1991년에 이혼을 했고, 저는 베를린에서 여행사를 하고 있어요. 학업은 중단했죠. 두 아이는 엄마와 같이 살아요. 저는 처음에는 난민비자를 가지고 있었고 1985년부터 독일시민권을 가졌죠. 아이들의 모국어는 독일어이지만, 한글학교를 다녀서인지 한국어를 말하고 쓰고 읽을 수는 있습니다. 요즘 돈벌이가 시원치 않아 겨우 운영자금 버는 정도입니다. 이 말은 아직 제 수입가지고는 생활할 수 없다는 것입니다.

⑤ 동기　특히 경제적인 이유로 이곳에 왔습니다. 제 생각에 대부분의 사람들은 한번은 외국에 나가겠다는 동경을 가지고 있습니다. 저도 그런 사람들 중 하나입니다.

⑥ 한인조직과의 관계　저는 '재독한인노동자연맹' 창립회원으로 교육위원회의 책임자였지요. 또 '민주사회건설협의회'도 창립회원이지만 모임의 정치적 입장 때문에 탈퇴했죠. 특별한 역할도 맡지 않았습니다.

　1991년 해체된 한민련 창립회원이었고, 범민련도 창립회원입니다. 저는 예나 지금이나 한국의 사회적 변혁이 필요하다고 생각합니다. 통일 없이는 한국의 보통사람이 제대로 된 삶을 영위할 가능성이 없습니다. 그래서 저는 정치적으로나 사회적으로 적극적으로 활동하고자 했습니다.

⑦ 자기발전 과정　저는 원래 낙천적인 사람입니다. 사람들은 어디에 있든지, 무엇을 하든지 배울 수가 있지요. 그래서 이민은 저에게 하나의 발전이었습니다. 독일에서의 삶은 저 스스로 사람과 민주주의 그리고 인권에 대해 고민할 수 있게 해줬다는 것은 분명합니다. 왜냐하면 사회적·정치적 지형이 한국과 완전히 다르기 때문입니다. 한국은 학교에서는 민주주의를 가르치

지만, 사회 자체는 유교적이고 권위적입니다. 독일에 있다 보니 이런 것이 더 분명하게 보이더군요. 이런 이유로 저는 사회학을 공부했고, 독일의 정치활동에도 적극적으로 참여했어요.

비록 제가 한국의 정치에 대해 불만스럽게 생각했지만, 한국에 있었을 때 정치문제나 사회문제에 대해 고민할 시간이 없었습니다. 그날그날 밥벌이하느라 일만 해야 했으니까요. 하지만 저는 진보적인 정치에 대한 생각들을 많이 들었습니다.

제 생각에 가치관은 무엇인가 특별한 계기를 통해 드물게 변합니다. 가치관은 내면적 싸움을 통해 생겨나고 확립되는 것이기 때문입니다.

저를 좌절하게 한 것은 현실사회주의의 붕괴였습니다. 현실사회주의 국가들은 스스로 모순을 극복하지 못했습니다. 그들이 자본주의 국가들과 경쟁할 수 없었다는 것, 그래서 그들이 지금은 서둘러 자본주의적 세계질서에 순응하는 것은 별개의 문제입니다. 저는 사회주의 국가들이 제3세계 국가들의 모델이 되기를 바랐습니다. 이런 상황이 제 세계관을 다시 한번 점검하게 만들었고, 지금도 그렇습니다. 하지만 그렇다고 해서 제 정치적 입장이 변했다는 뜻은 아닙니다. 오히려 저는 어떻게 사람들이 사회주의를 긍정적이고 구체적으로 현실화할 수 있을지를 고민합니다. 다만 제 정치적 신념에 대해 더 이상 확신이 없기 때문에 아주 조용히 지내고 있습니다. 이것이 제 문제입니다.

⑧ 이해관계에 대해서 인간은 물질적 이해관계와 정신적 이해관계를 분리해서 바라볼 수 없습니다. 인간 자체가 물질적 이해관계와 정식적 이해관계로 구성되어 있기 때문입니다. 누군가 자신의 이익을 주장한다면, 우선 그 사람은 물질적 이해관계를 주장합니다. 저는 그렇게 생각합니다. 예를 들어 노동조합은 더 나은 생활비를 위해서 조합원들의 이해관계를 대변합니다. 이 말은 조합원은 그 노동에 상응하는 공정한 임금을 받아야 한다는

의미입니다. 또 한 예로 한국 정치인들 대부분이 당적을 결정할 때면 돈이 많고 풍족한 곳으로 몰립니다. "금강산도 식후경"이라는 속담이 있습니다. 그 말은 물질적 이해가 우선 충족되어야만 사람은 도덕 같은 것들을 생각한다는 소리입니다.

⑨ **삶의 중심**   이곳에 살면서 다른 곳, 가령 한국에 삶의 중심이 있다고 말하는 것은 논리적으로 맞지 않습니다. 하지만 인간은 '경제적 동물'로서의 욕구뿐 아니라 사람답게 살고자 하는 욕구도 있다고 생각합니다. 그래서 자신이 인간적으로 살 수 있는 사회에 관심이 있고, 그에 참여합니다. 저에게는 그 대상이 한국입니다. 제가 한국을, 다시 말해 그 역사와 정서와 언어를 잘 알기 때문입니다. 제가 태어나 성장한 곳이고, 그렇기 때문에 제 노력이 비교적 더 효과를 가질 수 있기 때문입니다. 민족주의에 대한 제 인식은 일반적으로 독일에서의 인식과는 다릅니다. "우리가 다른 사람들보다 뛰어나다"는 생각 같은 건 하지도 않습니다. 오히려 민족주의를 통해 국가와 국가 간의 호혜적인 인간적 관계를 만들어낼 수 있습니다.

내면적으로는 독일과도 제가 한국에 대해서 느끼는 관계와 비슷하다고 할 수 있습니다. 그만큼 이곳에 오래 살았기 때문입니다. 그래서 독일의 새로운 사회운동에 함께하며, 제3세계에 관한 토론 같은 데도 참여했습니다.

⑩ **이민자의 위치와 임무**   이 문제는 독일사회의 분위기를 고려하지 않고는 제대로 파악할 수 없습니다. 자신이 사는 곳에 뿌리를 내려야 하는 것은 당연하고 또 중요합니다. 독일은 두 번이나 세계대전을 일으켰습니다. 그 과정에서 국가로서의 자긍심을 획득했습니다. 이 점은 네오나치들이 다른 민족들을 대하는 자세에서 분명히 볼 수 있습니다. 하지만 이런 자긍심은 근본적으로 모든 독일인이 다 가지고 있습니다. 한국의 속담에 "곳간에서 인심 난다"는 말이 있는데, 한 나라의 경제적 상황에서도 이와 다를 바 없을 겁니다. 독일경제가 하락하다 보니 외국인들의 삶은 여느 때보다 어려워졌고,

점점 더 어려워지고 있습니다. 저에게는 좋은 독일인 친구들이 많습니다. 하지만 저는 또한 매일 사회와 싸우고 있습니다. 이러한 사회적 분위기 속에서 계속 이곳에 살고 싶다는 욕구가 제게는 없습니다. 제가 보기에 경제적 상황이 나빠지면 국가 자체도 불안정해집니다.

이민자의 관점에서 진보적이고 사회주의적인 사고가 독일에서 더 현실화되어야 합니다. 장기적으로 볼 때 세계는 이러한 방향으로 발전합니다. 저는 그렇게 생각합니다.

현실사회주의 국가들은 많은 실수를 저질렀고, 그로 인해 체제가 스스로 해체되었습니다. 그럼에도 어쨌든 거기서 살았던 많은 사람들이 사회주의에 대한 경험을 가지고 있습니다. 그리고 다른 나라에 살았던 사람들은 자본주의를 경험했습니다. 이 두 가지 경험은, 이를테면 더 좋은 세계를 이루기 위한 일종의 거름입니다. 최근 들어와서 민주사회당(PDS)은 구동독연방의 주들에서 다시 입지를 다지고 있습니다. 그것은 많은 동독인들이 사회주의의 좋은 면을 다시 인식했다는 의미입니다. 세계정치사는 다시 씌어져야 합니다. 그리고 새로운 세계가 경제와 문명 그리고 사회적 진보와 함께 구축되어야 합니다. 다른 민족들에 대한 선입견이 해소된다면, 사람들은 다문화사회에 대해 이야기할 수 있을 것입니다. 한 문화 내에서도 사람들 사이에 갈등과 대결이 있게 마련입니다. 다문화사회를 위해서는 진정한 관용(진정한 인간애)이 발달해야 합니다.

⑪ **독일단체의 활동** 독일의 조직에는 가입하지 않았습니다만 사회민주당에 투표합니다.

⑫ **귀향의사** 돈을 충분히 벌게 되면 남한으로 돌아갈 것입니다. 그렇다고 남한이 제 고향이라는 의미는 아닙니다. 북한이 저를 필요로 한다면, 저는 그곳으로 갈 수도 있습니다.

[인터뷰11]

① 1954년 경상북도 대구에서 태어남

② 1973년 가족결합으로 독일에 왔음

③ **생활환경**   저는 처음에는 방 두 개짜리 집에 살았습니다. 뜨거운 물도 나오지 않고 전기도 없었어요. 그후로는 공공임대주택(Sozialwohnung)으로 이사했는데, 이웃에 사는 여자는 알코올중독자였고 그녀 남편은 훔친 것 같은 물건들을 벼룩시장에 내다팔았어요. 임대주택에서 우리는 유일한 외국인 가족이었죠. 주민들은 가난했습니다. 그러나 외국인을 싫어하는 그런 분위기는 느끼지 못했어요. 1986년에 슈반하임(Schwanheim)에 있는 주택으로 이사를 갔어요. 바로 이웃집 독일남자는 주민들 모두와 문제를 일으켰는데, 점심시간 외에는 피아노를 쳐서도 안 되고 냄새며 세탁시간 문제 등 이 남자 때문에 화날 일이 많았어요. 하지만 그가 문제를 일으키면 저는 가만히 있지 않았습니다. 얼마 전에 이 사람이 이사를 가서 주민들이 이제는 평화를 누리게 되었죠. 주변에는 외국인이 많이 살고 있어요. 대략 주민의 1/3 정도고, 한인들 몇 명도 여기 살지만 흩어져 있습니다.

④ **사회적 상황**   저는 이혼했어요. 1993년에 독일시민권을 취득했는데, 아이 때문에 시민권을 신청했습니다. 또 제가 한국을 갈 때도 독일시민권은 정치적인 의미에서 필요했어요. 아이의 모국어는 독일어이지만 한국어도 잘합니다. 저는 전공도서관 사서로 일하고 있고 수입은 세금공제 후 약 3천 마르크입니다.

⑤ **동기**   제 아버지는 여기서 일을 했어요. 제 꿈은 아버지와 함께 사는 것이었죠. 저는 이곳에 와서 대학을 다녔습니다.

⑥ **한인조직과의 관계**   저는 재독한국여성모임 회원이고 의장을 지냈어요. 이 모임은 한국의 사회운동을 위해 활동해 왔고 지금도 마찬가지입니다.

  저는 한국에서 반정부활동이나 노동조합 활동 때문에 잡혀간 사람들과 연대하고 싶었어요. 그래서 '재독한국양심수 지원모임' 회원으로 활동하고 있습니다. 또 한인교회에 다니면서 작은 역할을 맡고 있죠. 교회를 나가면서 개인적 삶에 대해서만 만족할 것이 아니라 사회와도 관계를 맺으려고 줄곧 노력하고 있습니다.

⑦ **자기발전 과정** 사람들은 이곳에서 자립적인 사람으로서 자신만의 길을 발견할 수 있습니다. 그리고 스스로 실현할 수 있습니다. 한국에서는 사회적 경력에 매우 주의를 기울여야 합니다. 게다가 자기실현은 여성에게 매우 어려운 일입니다. 저는 혼자 아이를 키우며 살고 있지만 이곳에서는 아무런 거리낌이 없고 경제적으로도 독립되어 있습니다. 독일의 정치적·사회적 조건들은 제가 가지고 있는 삶에 대한 생각과 맞습니다.

⑧ **이해관계에 대해서**   저는 성격이 수동적인 편이라, 저 스스로 관심사를 찾아다니기보다는 주어진 조건 속에서 더 나은 삶을 살기 위해 노력합니다. 사람들은 조직 속에서 주변사람들과 함께 사는 법을 배울 수 있고, 함께 공동의 목표를 추구할 수 있습니다. 조직을 통한 이해관계의 대변은 저에게 이런 의미입니다.

제가 속해 있는 조직들이 매우 만족스러운 건 아니지만 회원들이 서로 오랫동안 알고 지낸다는 것이 저에게는 중요합니다. 제가 처음 독일에 왔을 때 아버지 주변에 계신 한국인들이 매우 정치적이라는 것을 금방 눈치 챘습니다. 저는 아버지의 정치활동을 도우면서 한국의 정치적 상황에 대해서 눈뜨게 되었습니다. 한국에서는 비정치적인 평범한 여성이었지요. 저는 모든 폭력들에 맞서서 싸울 것입니다. 이런 활동을 이끌기 위해서는 조직적 활동이 최고입니다.

⑨ **삶의 중심**   저의 경제적 독립성 측면에서 본다면, 독일이 제 삶의 중심입니다. 하지만 이곳에 뿌리를 내렸는지에 대해서는 답하기 어렵습니다.

⑩ **이민자의 위치와 임무**   이민자들이 여기서 이미 20년 또는 30년 넘게 살

았는데도 독일인들은 이민자에 대해 아는 것이 별로 없습니다. 이런 면에서는 독일인들의 시야가 좁다고 할 수 있어요. 이것을 바꾸기 위해서는 국가와 시민 단위에서 의식의 계몽 활동이 이루어져야 합니다. 터키인들에 대한 선입견을 바꾸어놓기 위한 계몽활동은 특히 학교와 대중매체에서 이루어져야 합니다.

외국인 적대에 대항하기 위해서는 무엇보다도 네오나치들을 지금까지 법정에서 극좌파들을 다루었던 것처럼 법적 처벌을 해야 합니다. 그러나 현실에서는 개인적으로 이런 주장을 하는 활동을 해야 합니다. 저 자신도 네오나치의 표적이 되고 있습니다. 이 생각만 하면 당장이라도 독일을 떠나고 싶지만, 그와 동시에 이에 맞서 싸워야 한다고 생각합니다.

만약 독일이 인간의 평등을 위하는 나라라면, 국가는 외국인에게 단지 시민권을 주는 데서 그칠 것이 아니라, 독일인은 우월하다는 의식과 싸워야 합니다. 가난하다는 것이 곧 그 사람이 인간적으로도 부족하다는 것을 의미하지 않습니다. 유대인 살해와 같은 학살의 물결이 언제 일어날지 아무도 알 수 없습니다.

⑪ **독일단체의 활동**　저는 탁구모임과 여성체조모임의 회원이었습니다.
⑫ **귀향의사**　언젠가는 한국으로 돌아가지 않을까 하는 생각이 듭니다.

[인터뷰12]
① 1946년 제주도에서 태어나 고교를 졸업하고 서울에서 생활
② 1976년 신학대학생으로 독일에 왔음
③ **생활환경**　1976년부터 77년까지 베를린에 있는 신학대생 기숙사에서 살았습니다. 1978년부터는 함부르크에서 지내고 있습니다. 이곳에는 대부분 독일인들이 살고 있지요. 우리, 그러니까 제 가족은 이따금 이웃과 시비가 일곤 하는데, 아래층에 사는 한 독일인 가족이 우리 아이들이 너무 시끄럽

고 요란하게 뛰어다닌다고 자주 불평을 합니다. 우리는 그들을 정말로 인간적으로 대하기 때문에 이러는 게 정말 이해가 되지 않습니다. 예를 들어 그 집 여자가 남편과 싸워서 집에 들어가지 못했을 때 우리 집에 들어와 있으라고 했어요. 하지만 우리 아이들이 피아노 연습을 하면, 그 즉시 불만을 제기합니다. 그들은 이런 문제를 놓고 우리와 규칙을 정하는 것을 한번도 의논한 적이 없습니다.

④ 사회적 상황 저는 결혼해서 두 자녀를 두고 있습니다. 한국국적을 가졌고 이곳의 체류허가권만 있습니다. 1978년부터 89년까지 함부르크 한인교회의 담임목사로 있다가 박사과정을 밟았습니다. 머지않아 한국으로 갈 겁니다[1994년에 서울의 한 대학 교목으로 갔다].

목사로서 수입은 독일목사들처럼 많지 않습니다. 왜냐하면 제 보수의 일부는 EKD의 보조금(약 1700마르크)에서 지급되고, 또 부대비용과 주거비 등의 명목으로 지급되는 보수는 헌금에서 충당되기 때문입니다.

제 아이들은 여기서 태어나 학교를 다니기 때문에 독일어가 모국어입니다. 그래도 집에서는 한국어를 쓰니까 한국어를 웬만큼은 합니다.

⑤ 동기 저는 박사학위를 취득하기 위해 독일로 유학 왔습니다. 하지만 12년 동안 목사로 교회에서 일했습니다.

⑥ 한인조직과의 관계 교회 일말고는 다른 곳에 소속되어 있지 않습니다. 그래도 목사로서 한인교회 안에서 EKD를 비롯해서 재독한인교회협의회와 관련해서는 많은 역할을 맡고 있습니다.

⑦ 자기발전 과정 제 직업의 특성상 한국에 관한 정보를 많이 알아야 합니다. 이런 과정에서 저 스스로 한국을 객관적으로 볼 수 있게 되었습니다. 그렇지만 또 한편으로 이곳에 너무 오래 살았기 때문에 한국의 발전을 정확히 따라가지는 못합니다.

⑧ 이해관계에 대해서 제 직업 자체가 공식적으로 담임목사로서 교회를 대

변해야 한다고 말해 줍니다. 외부적으로 제 임무는 두 가지입니다. 우선 저는 한국에 관한 분명하고 정확한 정보를 독일인과 여기 오랫동안 살고 있는 한국인들에게 제공하려고 노력합니다. 또 한 가지는 독일에 있는 외국인들의 인권을 대변하려고 애쓰고 있습니다. 내부적으로는 우리 스스로 자신을 한낱 '노동력'으로 볼 것이 아니라 여기에 자신이 일구어온 삶이 있다는 입장을 피력하고자 했습니다. 삶을 만들어내는 것 그리고 삶에 대한 기쁨을 만들어내는 것이 교회의 사명입니다. 이를 이루기 위해서는 정신적으로 건강한 문화가 형성되어야 합니다. 예를 들어 저는 우리 교회의 한인들이 그들끼리만 어울리지 않도록, 그로 인해 게토화되지 않도록 애썼습니다. 한인가정은 한인가정끼리만 어울릴 것이 아니라 한독가정이나 독일인, 1.5세대들과 교류하도록 합니다.

제 생각에 고유한 이해관계들은 조직을 통해 대변되어야 하겠지만, 그에 앞서 조직이 분명한 동기를 가지고 만들어져야 합니다. 그렇지 않고서는 이해관계를 대변할 수 없습니다.

❾ 삶의 중심 이것에 대해서는 시기를 나누어서 설명하고 싶습니다. 처음에는 독일에 대해 아는 것이 거의 없었습니다. 그러다가 독일이 한국과는 완전히 다르다는 것을 깨달았습니다. 하지만 저는 삶에 대한 생각이 확립된 성인이 되어서 독일에 왔습니다. 그래서 이곳 생활을 전반적으로 이해하는 것이 매우 어려웠습니다.

독일어를 상당히 습득한 다음부터 독일문화 역시 아주 많은 문제를 가졌다는 것을 알게 되었습니다. 외국인과의 교류 같은 게 그 예라고 할 수 있어요. 그후로는 이런 문제들을 어떻게 해결할 수 있을까에 대해 고민했습니다. 한국 또한 여러 가지 문제를 안고 있고, 이것들도 해결되어야 합니다. 실망스러운 것은 우리 외국인들은 우리가 가진 최소한의 권력으로는 사회에 거의 영향력을 행사할 수 없다는 사실입니다. 이 사회가 변화하기에는 너무 타성에 젖어 있기 때문입니다. 그렇기 때문에 한꺼번에 큰 변화를 기대할 수는 없습니다. 게다가 외국인들에게는 새로운 사회운동을 주도할 수 있는 통로가 없기 때문에 주변부에 머물러 있습니다.

독일은 제 삶의 중심입니다. 왜냐하면 17년 동안 이곳에서 왕성한 삶의 시기를 보냈고, 한인이민자들의 문제를 제 자신의 문제로서 전투적으로 경험했기 때문입니다.

누군가 저에게 왜 한국으로 돌아가려느냐고 묻는다면, 저에게 다른 선택이 없다고 대답합니다. 여기서는 저의 사회적 위상에 걸맞은, 예를 들어 지식인으로서 적합한 일자리를 찾기가 매우 어렵습니다.

⑩ **이민자의 위치와 임무** 이곳에서 외국인은 하층계급에 속합니다. 그것은 외국인 체류와 노동은 허가를 받아야 가능하기 때문입니다. 결국 이것이 의미하는 바는 외국인에게는 법적 보호를 받을 수 있는 기회가 없다는 것입니다. 한마디로 독일 사회와 문화의 어둡고 비인간적인 측면입니다. 소위 외국인문제가 독일인 자신들에게도 문제가 된다면 독일사회는 인간적인 사회의 영역에 도달할 수 있을 것입니다.

⑪ **독일단체의 활동** 저는 한 시민단체의 회원입니다. 앞에서 말했듯이 제 직업 때문에 함부르크 기독교회협력모임(Arbeitsgemeinschaft Christlicher Kirchen in Hamburg)에 참여하고 있습니다. 독일 협력교회들과도 함께 일합니다. 그리고 '한국모임'(Korea-Kreis)이라는 것이 있는데, 거기서는 여러 인권단체나 외국인단체와 마찬가지로 연방 수준에서 함께 일합니다.

⑫ **귀향의사** 앞의 말로 답변을 대신했음

[인터뷰13]

① 1956년 충청남도 당진에서 태어남

② 1974년 11월 파독간호사로 함부르크에 도착

③ **생활환경**　저는 약 5년 동안 간호사 기숙사에서 생활했는데, 당시 그곳에는 한인간호사 여섯 명과 독일·인도·필리핀·이탈리아 간호사들이 있었습니다. 1980년에 저 혼자 쓰는 방으로 이사를 했어요. 그 건물에는 주로 나이든 여자들이 살았는데, 한 할머니는 항상 저에게 밝게 인사했습니다. 그곳에 살면서 외국인이기 때문에 손해를 본다고 여기지는 않았습니다. 지금껏 저는 오로지 제 힘으로 살아왔습니다. 그리고 기꺼이 독일을 알고자 합니다. 한번은 신문에 방을 구한다는 광고를 내면서 이렇게 썼습니다. "혼자 사는 한인간호사가 방을 찾습니다." 많은 사람들이 방을 빌려주겠다고 연락을 했습니다. 제 생각에 저는 독일사회로부터 인정받았습니다. 결혼하고 나서는 평균적으로 독일 중산층에 속하는 환경에서 살았고, 지금도 그렇습니다. 저는 주변에서 유일한 외국인입니다.

④ **사회적 상황**　저는 이혼을 했고 아이가 둘 있습니다. 아이들은 한국어를 약간 할 수 있습니다. 1992년부터 독일시민권을 가지고 있는데, 제 아이들을 위해 시민권을 취득했습니다. 요즘은 사회복지 담당자로 일하고 있고 수입은 세금공제 후 약 3800마르크입니다. 비록 사회복지사로서 특별한 교육을 받지는 않았지만, 제 직업은 한국에서 공인되었습니다. 간호사로서는 2003년까지 무급휴가를 지내고 있습니다.

⑤ **동기**　저는 4남매 중 맏딸이고 경제적인 이유로 여기에 왔습니다. 저희 고모인가 이모가 간호사로 독일에 와 있었기 때문에 독일에 대해 많은 얘기를 들을 수 있었습니다. 그래서 독일에 대해 환상 같은 건 가지고 있지 않았습니다.

⑥ **한인조직과의 관계**　이곳에 온 뒤로 함부르크 한인교회를 다니면서 이런저런 일들을 했습니다. 어릴 때부터 교회를 다니긴 했지만, 사춘기 때는 교회에 대해 매우 비판적이었습니다. 이곳에 살면서 제겐 한인사회가 필요했습니다. 한국여성으로서의 정체성을 찾기 위해 매우 중요했습니다. 그 밖에

도 교회에서의 만남이 저에게 낯설지 않았습니다.

또 '함부르크 한인여성협회' 회원입니다. 전직 간호사로서 우리는 서로 도움을 주고받을 수 있었습니다. 이전에 우리가 병원에서 일할 때와는 아주 다른 느낌이었습니다.

또 '함부르크 한인회'도 회원입니다. 함부르크에는 한국영사관이 있는데, 당시만 해도 우리는 영사관이 한국인들의 아버지 역할을 한다고 생각했었습니다.

⑦ **자기발전 과정** 저는 열여덟 살에 독일로 왔습니다. 그래서 한국에서 사회경험을 할 기회가 없었죠. 그리고 한국의 정치적 상황과 사회적 상황에 대해 아무런 의견이 없었지요. 여기 와서 대중매체나 공개토론을 접하면서 정치에 대해 경험했고, 정치가 의미하는 것이 권위에 의한 강요가 아니라 결정과정에 평화로운 참여라는 것을 알게 되었어요.

교회에서 진보적인 한인들을 만나면서 한국의 정치와 문제들에 대한 지식을 얻었습니다. 조직의 활동은 전체적으로 저의 시각에 많은 것을 제공해 주었습니다. 독일의 생활방식은 제 성격에 맞습니다. 긍정적인 의미에서는 활발하고, 부정적인 의미에서는 공격적입니다. 여하간 사람들은 어떤 것이든 토론할 수 있고 자기의 의견 또한 주장할 수 있지요.

⑧ **이해관계에 대해서** 이에 관해서는 보다 이상적으로 이해합니다. 한국여성협회는 부분적으로 제 이익을 대변해 줍니다. 저는 여성들이 가족이나 집안일 이야기만 할 것이 아니라 사회적 문제들도 토론하게 되기를 바랍니다. 하지만 그리 성공적이라고 할 수는 없었습니다.

한인회는 제 이해관계를 전혀 대변하지 못합니다. 우선 한인회는 회원층이 너무 폭넓습니다. 모든 한국인이 잠정적으로 회원이다 보니, 특히 80년대에 한인회 회원들은 정치적 입장 차이로 금새 서로 적이 되었습니다. 영사관은 한인회와 매우 밀착되어 있고 또 한인회 내에서는 정치와 관련된 얘기를 할 수가 없어요. 그렇다고 해서 한인회가 사회운동에 참여해야 한다고 주장하는 것은 아닙니다. 그저 사람들이 정치 이야기를 전혀 할 수 없다는 거죠.

교회는 조금 다릅니다. 교인들의 이해관계는 목사를 통해서 대변됩니다.

⑨ **삶의 중심** 한국은 더 이상 제 삶의 터전이 아니지만, 어디까지나 저의 고향이고 또 저는 한국어로 생각을 합니다. 과거에는 제 부모가 제 삶의 중심이었어요. 지금은 제 아이들이 중심입니다. 제 삶의 중심은 독일에 있어요.

⑩ **이민자의 위치와 임무** 저는 여전히 외국인, 즉 한국인입니다. 독일시민권을 가지고 있긴 하지만, 아직 제가 독일인이라고 말할 수 없습니다. 저 자신이 이민자라는 걸 부정하지 않습니다. 저는 한국의 삶의 철학과 고유한 전통을 좋아합니다. 많은 독일인들이 한국의 삶에 대한 철학에 관심을 가지고 있어요.

제가 보기에 우리 한인들은 외국인으로서 한국의 문화를 대변하면서도 동시에 독일의 정치와 사회에 관심을 가집니다. 사람들은 사회적 상황에 예민하게 반응하고 행동해야 합니다. 그리고 독일인들과 열린 자세로 토론을 할 수 있도록 이끌어야 합니다.

독일은 다문화사회를 표방할 수 있는 시기에 와 있습니다. 독일인과 외국인은 서로에 대해 귀를 기울여야 합니다.

⑪ **독일단체의 활동** 저는 5년 동안 공공노조(ÖTV) 조합원이었습니다만, 노조에서 특별히 의미 있는 일을 경험하지 못했어요. 원래는 녹색당 지지자인데, 표를 한 정당에 집중시키기 위해 SPD를 뽑습니다.

⑫ **귀향의사** 아이들이 원한다면 한국으로 돌아갈 것입니다. 아이들이 아직 어리지만, 아이들의 의사를 존중하려고요. 물론 이와 상관없이 저는 한국으로 돌아갈 생각이 있습니다.

[인터뷰14]

① 1951년 경상북도 영주에서 태어나 고교를 졸업하고 대구의 한 대학 보건학과를 3년 다녔음

② 1973년 12월에 파독간호사로 왔음

③ **생활환경** 한인간호사 30명과 함께 처음 도착한 곳은 브라운슈바이크(Braunschweig)였어요. 그리고 열 명이 한 병원에서 함께 일했지요. 그 당시 브라운슈바이크에는 우리말고는 한국인이 거의 없었어요. 사람들은 우리에게 매우 친절했어요. 저 역시 모든 것에 호기심이 많았지요. 스페인 간호사들도 몇 명 있었지요. 그때 생활은 삶은 비록 외롭기는 했지만, 따뜻했어요. 3년이 지나자 우리는 계약조건 때문에 집으로 돌아가야 했죠. 독일인과 결혼한 간호사들만 예외였는데, 우리 병원에서 네 명 한국으로 돌아갔어요. 저는 슈투트가르트로 가서 그곳에서 4년 동안 근무했지요. 저는 늘 간호사 기숙사에서 살았는데, 기숙사에 사는 사람들 대부분이 한인간호사였어요. 언어 때문에 처음에는 어려움이 있었죠. 슈투트가르트에는 한인유학생이 몇 명 있었고, 인근도시에는 직장을 다니는 한인들이 있었어요. 이 사람들은 광부로 독일에 와서 그동안 직업을 바꿨지요. 주로 한인간호사들과 결혼하고 전업을 했어요.

저는 슈투트가르트 한인교회에서 한인들과 꾸준히 교류를 했어요.

1982년에 대학병원에서 일하기 위해 자진해서 함부르크로 가서 혼자 살 방을 구했어요. 그사이에 이혼을 했는데, 이혼하고는 다시 한동안 간호사 기숙사에 생활했지요. 1987년부터는 조합주택에 살고 있는데, 이 주택협동조합 조합원이 되면 4년 내지 5년 후에는 이곳을 임대할 수 있는 기회가 주어집니다. 이곳은 외국인은 거의 없고 주로 노인들이 많이 살아요. 그래서 주민들은 매우 조용히 지내야 하죠. 이런 환경에 매우 만족합니다.

④ **사회적 상황** 앞서 말했듯이 저는 이혼을 했고, 한국국적을 그대로 유

지하고 있으며 이곳의 체류권을 가지고 있습니다. 월수입은 세금공제 전 4800마르크, 공제 후는 2800에서 2900마르크 사이입니다. 저는 자격시험을 통과한 간호사로 일하고 있으며, 그사이 재교육을 받고 전직(轉職)하려는 시도도 했었습니다. 그림 그리기가 취미여서, 한번은 패션디자인학교에 응시해서 합격했지요. 15명 뽑는 데 80명이 지원한 데서 합격했지만, 문득 수중에 돈이 없어서 일을 안 할 수 없다는 걸 깨달았어요. 이리저리 궁리하고 고민 끝에 포기하기로 했죠. 그때 왜 용기를 내지 못했을까 하는 후회가 좀 되긴 합니다. 간호사의 수입은 육체노동을 하는 다른 직업이나 교대근무를 하는 직업에 비하면 너무 낮습니다.

독일시민권을 취득할 생각은 없어요. 아무런 이득이 없거든요. 게다가 한국을 가려 해도 독일시민권은 절차상 매우 성가시거든요. 연금을 받게 되면 기꺼이 한국으로 돌아갈 생각이에요.

⑤ **동기**   저는 해외로, 당시는 미국으로 나가고 싶었어요. 그 시절 한국에서는 공인간호사가 되면 외국 나가기가 좀더 쉬웠기 때문에 보건학을 전공했지요. 미국보다 독일 가는 것이 더 간단해서 여기로 왔어요. 그런 다음 미국으로 가려고 했죠. 처음에는 3년 후에 정말로 한국이나 미국으로 가려고 했어요. 이곳의 병원 일은 한국과 너무 달라서 저는 무척 지쳐 있었어요. 그렇지만 2년쯤 지나자 이곳에서 제 생활이 안정되고 즐거워지더라고요. 특히 많은 여행을 통해서요. 그래서 그냥 여기 있기로 마음먹었어요. 경제적 관심은 저에게 의미가 없었지요. 저는 그저 외국으로 나가고 싶었고 여기저기 여행을 많이 다니고 싶었어요.

⑥ **한인조직과의 관계**   1982년부터 함부르크 한인교회에 나가고 있어요. 교회에서는 여러 가지 일을 맡았는데, 지금은 교육을 담당하고 있어요. 슈투트가르트와 브라운슈바이크에서도 교회나 그 비슷한 단체에 다니면서 한인들과 느슨한 교류를 했어요. 하지만 회원은 아니었어요. 한국에서도 친구

나 많은 사람들을 만나기 위해 교회를 다녔어요. 그러다가 친한 친구가 절에 가면 저도 따라갔죠.

⑦ **자기발전 과정** 특별한 것은 없습니다. 누구든 20년 넘게 살다 보면, 어쨌든 변화는 있습니다. 하지만 시간이 지나면서 저 자신이 한국인의 삶 이상을 살았다고 느낍니다. 예전보다 오히려 더 한국을 그리워합니다. 한국에 가면 가능한 오래 머물고 싶어하죠. 그러다가 이곳에 돌아오면 금방 한국으로 다시 돌아가고 싶다는 생각이 들어요. 지금 저에게는 돈이 더 큰 문제입니다. 돈만 충분하다면, 한국으로 돌아갔을 거예요. 정말 저는 한국인만 볼 수 있는 곳에서 살고 싶어요. 인간관계는 여기나 한국이나 다를 바 없겠지만, 이곳에서는 무엇보다도 외국인에 대한 적대감을 무시할 수 없어요. 저는 혼자 살고 있고, 제 자신이 내면적으로 성장한 것 같지는 않아요. 병원에서 제가 하는 일은 날이면 날마다 반복되는 편이에요. 이 일은 창조적인 것을 요구하지 않거든요.

⑧ **이해관계에 대해서** 가장 중요한 관심은 인간관계, 다시 말해 함께 사는 사람들과의 교류입니다. 조직활동을 하다 보면 이런 교분이 더 많아집니다. 제가 다니는 교회는 기본적으로 제 이해관계를 대변해 주지만, 현재 상태의 교회는 변화되어야 합니다. 교회가 내분으로 제대로 된 활동을 하지 못하고 있어요.

⑨ **삶의 중심** 이곳에서 아주 오래 살았지만, 제 내적 삶의 중심은 여전히 한국입니다. 가령 우연히 그런 일이 일어난다면, 아마 저는 한국인과 결혼할 겁니다. 심지어 제 친구가 독일남자와 결혼하겠다고 했을 때 화를 낸 적도 있었어요. 얼마 전부터는 예전처럼 생각하지는 않지만, 이런 생각을 민족감정 혹은 콤플렉스로 정의할 수 있는지는 저도 모르겠어요.

⑩ **이민자의 위치와 임무** 저는 여기서 외국인입니다. 저는 그것을 다르게 봅니다. 외국인에 대한 적대감과 마주칠 때면, 즉각적으로 저 스스로 민족적

성향을 버려야 한다는 생각을 하죠. 어떻게 다른 사람들과 함께 살 수 있는지를 사람들은 배워야 해요. 우리 한국인들 역시 다른 민족들과 어떻게 지내야 하는지를 배워야만 합니다. 예를 들어 이때 '한국인으로서 자신'으로서 먼저 시작해서는 안 된다고 생각해요. 오히려 "당신도 나와 같은 사람이다"에서 출발해야 합니다. 비록 우리가 그런 느낌을 갖지 못하더라도, 그렇게 생각을 해야 합니다. 그러면 모든 것이 달라집니다. 독일은 공식적으로 '다문화사회'를 목표로 해야 합니다. 이미 오래전부터 세계가 다문화사회로 나아가고 있다는 것은 부정할 수 없잖아요. 문제는 항상 어디나 있습니다. 예를 들어 많은 한국인들이 자우어크라우트를 즐겨 먹잖아요.

제 생각에 독일의 많은 젊은이들은 다문화사회를 인식하고 있습니다. 더구나 그들은 여행 등을 통해서 세계에 대한 이해가 높아졌습니다. 제 생각에 네오나치는 여전히 소수입니다. 그들은 집단으로서만 강하지요.

⑪ **독일단체의 활동** 독일의 단체에는 가입하지 않았습니다. 그렇지만 독일 공공노조의 정보지를 읽고 시위에도 참여합니다. 노동조합으로부터 조합원으로 가입하라는 권유를 한번도 받은 적이 없을뿐더러 외국인인 제가 거기서 무엇을 할 수 있겠어요. 예를 들어 교회의 틀 안에서 북엘베지방 여성협회의 모임이 열리면, 그런 식으로 독일조직들과 교류를 합니다.

⑫ **귀향의사** 저는 한국으로 돌아가고자 하고, 가능하다고도 생각합니다. 하지만 우선 제 나이가 예순 살이 되어야 하고, 그때도 건강해야겠죠. 저는 여기서도 거기서도 살 수 있습니다. 한국에는 엄마와 형제자매가 살고 있으니, 한국에서의 생활이 더 많은 즐거움을 줄 거라고 생각합니다.

[인터뷰15]
① 1946년 서울에서 태어남
② 1970년 7월 파독광부로 왔음

③ **생활환경** 처음 1년 반 동안은 오스발트 거리에 있는 광부기숙사에서 한국인 250명과 함께 살았습니다. 한국에서 제 아내가 온 다음에는 베쿰 (Beckum)에 있는 방 하나짜리 집에 세들어 살았습니다. 주로 노인들이 많이 사는 곳이었어요. 당시만 해도 우리는 독일어를 거의 못했기 때문에 정작 우리 자신이 낯설게 느껴지더군요. 하지만 이웃들은 매우 친절했습니다.

광산에서 3년 일한 후 오펠(Opel)에 취직이 되어서 보훔으로 이사를 갔습니다. 아내는 이미 보훔에서 간호조무사로 일하고 있었지요. 우리가 7년 동안 살았던 보훔의 집은 화장실이 복도에 있었고, 욕실이 없었습니다. 당시 우리는 절약하며 살려고 했기 때문이지요.

1980년에 우리는 집을 사서 로젠바흐(Rosenbach)로 이사했어요. 이웃주민들은 대부분이 독일인 중산층이었어요. 왠지 우리는 예나 지금이나 독일인 이웃들과 교류가 거의 없어요. 그 집에서 8년을 살다가 팔고는 다시 임대주택으로 이사하고, 네덜란드의 휴가지에 캠핑카를 샀습니다.

④ **사회적 상황** 우리 부부는 두 자녀를 두었고 1981년에 독일시민권을 취득했어요. 그 당시는 의무조건이 너무 많아서 시민권 취득하기가 매우 어려웠습니다.

아이들은 모국어가 독일어이지만, 우리와 한국말로 금방금방 대화도 하고 한국어를 읽고 쓸 줄도 압니다.

저는 1973부터 오펠에서 숙련노동자로 근무하고 있으며, 우리 소득은 세금공제 전 9천 마르크, 공제 후 5500마르크입니다.

⑤ **동기** 1967년에 군대 제대하고 사회에 나왔지만 일자리를 구하지 못했어요. 그래서 한동안 여기저기 일용직으로 다니거나 타자 치는 서기로 일했어요. 그러다가 자격증을 따서 조명기사가 되어 취직했는데, 그때 마침 파독광부 시험에도 합격했지요. 저는 독일로 가기를 결정했어요. 젊을 때여서 외국에서는 사람들이 어떻게 사는지 알고 싶은 호기심이 있었거든요.

⑥ 한인조직과의 관계 1970년에 세워진 보훔 한인교회의 창립교인인 저는 이사회 일원으로 여러 가지 일을 맡아서 했어요. 기독교인이어서 한국에서도 교회에 나갔습니다. 저는 한국의 혼란과 전쟁의 6년 사이에 부모님을 잃었어요. 전쟁 때는 어떨 때는 남한군인을 따라다니다가 또 어떨 때는 북한군인과 함께 지냈어요. 전쟁상황이 어떻게 바뀌는가에 따라 달랐지요. 그러다가 결국 미국 선교사들이 운영하는 고아원까지 흘러 들어가서 그곳에서 성장하면서 기독교인이 되었습니다. 저는 전쟁의 직접적인 피해자이고, 그 당시 독일을 증오했어요.

저는 보훔 민중문화협회 창립회원이고 지금은 총무를 맡고 있습니다. 원래는 교회에서 서양악기를 연주하는 음악그룹을 만들고 싶었어요. 그런 걸 통해서 독일인들에게 좀더 가까이 다가갈 수 있을 거라고 생각했지요. 그러던 중 한국에서 우리 교회를 찾은 한 음악가가 도대체 왜 우리 문화의 음악그룹을 만들려는 생각을 않느냐며 우리를 설득하더군요. 결국 우리는 한국 전통악기들로 이루어진 문화적인 음악그룹을 만들었고, 그것이 훗날 민중문화협회의 기초였습니다. 우리는 문화적 활동이 우리 2세들과 독일인을 대상으로 여론을 조성하는 데 중요하다고 생각했습니다.

저는 조국통일해외기독자회의 회원입니다. 이 조직을 만드는 데 주도했던 목사를 저는 좋게 생각했어요. 저는 그 당시(70년대 말, 80년대 초) 한국의 민주주의를 위한 정치운동을 지지했습니다. 당시에는 광주항쟁부터 반미운동까지 실제로 수많은 정치적 사건이 일어났어요. 역사와 정치에 관한 책도 많이 읽고, 이런 쪽에 관심을 가진 동포들과 많은 토론을 했습니다. 그러다 보니 가령 남한의 국가보안법 같은 것은 남북한이 분단된 결과이기 때문에 통일을 위해 일해야겠다는 생각을 하게 되었어요. 앞에서도 말했던 것처럼 저는 전쟁의 직접적인 희생자입니다. 해외에 있는 한국인들은 해외에서 한국의 상황을 객관적으로 바라볼 수 있다는 장점을 가지고 있습니다. 이 조직은 한국역사에서 여러 번 해외에서 북한사람들과 남한사람들의 만남을 조직했습니다.

1987년에 저를 반대하는 익명의 편지가 이곳의 한인들, 특히 한인교회의 교인들에게 왔어요. "본에서"라는 서명과 도장만 찍힌 봉투 안에는 북한과의 만남에서 찍힌 제 가족과 저의 사진이 들어 있었습니다. "김일성 수령을 존경하는 독일의 가족"이라는 제목으로 북한잡지에 실린 사진이었지요. 하지만 이것은 진실이 아니었어요. 아무튼 이 때문에 저는 몇 년 동안 이곳의 한인들로부터, 심지어 한국의 민주주의를 위해 일하는 일부 한인들로부터도 외면을 당했습니다. 사람들이 저와 함께 있는 것을 두려워했죠. 아직도 누가 저를 그렇게 비방하려 했는지, 그 사진이 어느 쪽에서 나왔는지 알지 못합니다. 하지만 이 예는 북한과 남한이 해외에 있는 한국인들에게 지금까지 어떤 태도를 취해 왔는지 분명하게 보여줍니다. 한국의 통일을 위해 노력하면 사람들을 북한은 환영하고 지원합니다. 이런 북한의 태도가 그다음에는 남한정부로부터 이용을 당하는데, 이런 사람은 곧바로 북한의 스파이라는 혐의를 받는다거나 아니면 친북인사라는 낙인이 찍힙니다. 이런 식으로 해서 독일을 비롯한 해외의 한인사회는 남북한의 분단과 똑같은 상황을 경험하게 되었고, 지금도 겪고 있습니다.

저는 'NRW 한인노동자연맹'과 '전태일기념사업회 유럽본부'의 회원입니다. 두 조직은 1989년부터 '재독한인노동자연맹'으로 합쳐졌습니다. 하지만 이 조직이 지금은 제대로 돌아가지 않아서 탈퇴하려고 합니다. 당시 노동자연맹은 이곳 한인광부들의 이익을 매우 강력하게 대변했어요. 전태일기념사업회도 창립 초기에는 한국의 민주주의를 위해 고유한 역할을 했지요. 의류공장에서 착취당하는 노동자였던 전태일은 노동조건에 대해 의식하면서 그 상황에 대항해서 싸웠어요. 그리고 그의 죽음[1972년 분신]에 뒤이어 한국에서는 노동운동이 일어나게 되었습니다. 전태일기념사업회는 80년대 초에 한국에서 만들어졌고, 그후 기념사업회의 지부가 독일 등 유럽에도 생겨났습니다.

또 저는 '베를린 범민련' 회원입니다. 이 조직에서 적극적인 활동을 하지는 않았지만, 한국의 통일을 목표로 하는 조직입니다.

⑦ 자기발전 과정 저는 독일사회의 기본 조건들, 예를 들어 정치·사회적 조건들이 저의 내적 발전에 간접적으로 영향을 줬다고 생각합니다. 특히 보훔 한인교회의 영향을 많이 받았습니다. 설교를 듣고 교회활동을 하면서 사회적 불평등과 모순에 눈뜨게 되었습니다. 그러면서 제 삶은 백 퍼센트 바뀌었습니다. 만약 한국에 있었다면, 분명 보수적인 교인이 되었을 겁니다.

저는 이따금 큰 슬픔에 빠집니다. 아이들과의 관계가 원만치 못하거든요. 한국에서는 사람들이 대가족으로 사니까 어른들로부터 아이를 어떻게 키울지 조언을 받을 수 있습니다. 하지만 여기서는 제 주변에 그런 사람이 없어요. 아이들이 아버지인 저에게 아주 무례하게 굴 때면, 정말 어떻게 풀어야 할지 모르겠어요. 아이들은 여기서 대체로 자유롭게 자랐습니다. 하지만 저는 아이들이 부모에게 어느 정도 예를 갖춰야 한다고 생각하는데, 무엇이 올바른 기준인지 모르겠습니다.

⑧ 이해관계에 대해서 저 개인적으로 이해관계의 대변은 개인적인 의식이 아니라 공동의 의식이라고 이해하고 있습니다. 특히 해외에 사는 사람은 의식 있는 삶을 살아야 합니다. 저는 독일에 살고 있는 우리 한국인들이 물질적으로는 별로 문제가 없다고 생각합니다. 그렇다면 남는 것은 의식과 정신의 성장입니다. 우리가 여기에 뿌리를 내리고자 한다면 2세대에게 우리의 문화를 계속 전해 주어야 한다는 게 제 생각입니다. 우리가 늙으면 한인들은 보수건 진보건, 그런 것과 상관없이 공동체를 형성해야 합니다. 그래서 저는 민중문화협회에서 열심히 활동하고 있습니다.

처음 독일에서는 제 꿈에, 즉 함께 있으면 행복해질 수 있는 아내와 자식 그리고 내 집을 갖는 데 관심을 가졌습니다. 그러나 나이 서른을 넘기면서 어떤 것이 행복한 삶인지 스스로 묻게 되었습니다. 극단적으로 본다면 해외한인들의 삶에는 두 가지 형태가 있다고 생각합니다. 한 무리는 과거에 가난을 경험했기 때문에 그저 돈만 생각합니다. 또 한 무리는 비록 여기서 노동자로 살아가고 있지만, 정신적 성숙에 대해 더 많이 생각합니다. 하지만 다른 어느 곳보다 노동의 대가가 물질적으로 잘 지불되는 곳입니다. 저는 교회에서 삶에 대한 것을 고민합니다. 그리고 노동자로서 한국의 정치와 사회적 현실에 관심이 많습니다. 한국 노동자들의 생활조건은 매우 열악합니다. 그들은 매일 값싼 라면으로 때우고 시멘트가루를 뒤집어쓰기 일쑤입니다. 저 자신이 노동자로서 이곳에서 잘살고 있고 이따금 고향에 대한 그리움에 빠지기도 하기 때문에, 그들에게 연민을 느낍니다. 그래서 사회적 약자들을 기꺼이 돕고 싶습니다. 사회주의 사회의 사람들은 계급적 의식을 지녔습니다. 하지만 저는 교회에 나가는 교인입니다. 앞으로도 계속 한국이 더 정의로워질 수 있도록 노력할 것입니다.

동유럽의 시스템이 붕괴된 이후, 정치적으로 진보적인 사람들 역시 많이 줄어들었습니다. 이런 상황이 더할 수 없이 안타깝고 애석합니다. 상황에 따라 마치 모든 것이 잘못된 듯이 자신의 생각을 버려서는 안 됩니다. 이런 부류의 학자들이 일반사람들을 속이고 있습니다.

⑨ **삶의 중심** 한국이 통일이 된다면 한국에 가서 살 겁니다. 1985년에 남한을 방문했고 1989년에는 북한을 방문했습니다. 이런 방문이 왠지 우스꽝스럽다는 생각이 들었습니다. 이상하게도 그곳에서 다른 분위기를 느꼈고 아무런 편견도 가지지 않고 사람들을 만나는 게 잘 안 되었습니다. 제 생각에는 한국을 방문할 수는 있지만, 거기서 살 수는 없을 것 같습니다. 그래도 제가 죽으면 가능하면 한국에 묻히고 싶습니다.

⑩ **이민자의 위치와 임무** 미국의 경우에는 흑백 간의 문제들이 분명히 드러

납니다. 반면 독일에서는 무슬림 터키인들이 문제로 여겨지는 것처럼 보이기도 하고, 그들이 그런 태도를 취하기도 합니다. 상황을 극단적으로 표현하자면 그렇다는 것입니다. 하지만 독일 정치인들은 경제적 이해 때문에 극우주의자들에 반대해서 싸웁니다. 우리는 외국인으로서 개인적으로 그에 반대해 싸울 수 없습니다. 오히려 우리는 문화적 활동을 통해 그에 반대하는, 뭔가 인간의 감정에 호소하는 일을 합니다.

독일은 원래 독일사람들만 사는 나라가 아닙니다. 소위 순수 독일인은 많지 않습니다. 독일시민권을 가졌지만 출신이 다른 사람들의 숫자는 거대합니다. 외국인들의 정당이, 그들이 독일시민권을 취득했는지와 상관없이 생겨날 수 있을지에 대해 고민해 볼 수 있을 것입니다. 저는 외국인이라 일컬어지는 사람들을 보호해 주고 그들의 문화와 인간적 특성을 후원해 주는 정당에 대한 꿈이 있습니다. 국가 차원에서는 이런 지원이 이루어지지 않기 때문입니다. 우리는 이러한 상황에 대항하여 시위나 행동으로 항의할 수 있습니다만, 그렇게 살 수 있는 권리를 가지고 있지 않습니다. 하지만 원하기만 하면 기민당(CDU)도 근본적으로는 우리를 보호하고 후원해 줄 수 있습니다. 저는 독일시민권을 가지고 있지만, 사람들은 저를 외국인 취급을 합니다. 따라서 저 스스로 외국인이 아니라고 주장한다 해도, 저는 외국인일 뿐입니다. 그러나 만약 독일이 다문화사회를 인정한다면, 저 스스로도 독일인임을 인정할 것입니다.

⑪ **독일단체의 활동** 1978년까지 금속노조(IG Metall) 조합원이었습니다. 우리가 두 차례 파업을 했는데도 급여가 더 줄어들어서 노조에서 탈퇴했습니다. 노동조합은 약속을 지키지 못했습니다. 당시 조합원의 1/3이 탈퇴를 했는데, 그들 모두가 노동조합에 그만큼 화가 났기 때문입니다.

⑫ **귀향의사** 앞서의 발언으로 갈음

[인터뷰16]

① 1948년 충청도에서 태어나 오랫동안 서울에서 거주

② 1972년 10월 결혼과 동시에 간호조무사로 독일에 왔음

③ **생활환경** [인터뷰 15와 거의 동일]

저는 아이가 태어날 때까지 이미 한동안 독일에서 살았습니다. 그럼에도 우리는 독일인과 특별한 교류가 없었는데, 당시 저는 외국인에 대한 적대감도 느꼈습니다. 할머니들이 저를 이상하게 바라보았지요. 그렇다고 제가 직접적으로 물리적인 해를 입은 것은 아닙니다. 그때는 지금과 달랐습니다.

④ **사회적 상황** [인터뷰 15와 거의 동일]

저는 간호조무사로 일하고 있습니다.

⑤ **동기** 저는 남편[인터뷰15]을 한국에서 공장 다닐 때 만났습니다. 남편이 먼저 독일로 떠나고, 저는 남편을 따라가기 위해 1년 동안 간호보조학교를 다녔습니다. 그러고도 이곳에 간호조무사로 오기 위해 1년을 더 기다려야 했습니다.

⑥ **한인조직과의 관계** 저는 민중문화협회 창립회원이며 1980년에는 '조국통일해외기독자회'에 회원가입을 했습니다. 하지만 보훔 한인교회 교인은 아닙니다. 범민련도 준비모임에는 참여였지만 회원은 아닙니다. 그리고 재독한국여성모임의 회원이었지만, 지금은 탈퇴했습니다. 이 모임 의장으로 추대되었다가, 제가 북한을 방문했다는 이유로 무산되었습니다. 당시 저는 회원들이 보여준 그런 태도를 이해할 수 없었습니다.

⑦ **자기발전 과정** 세계를 바라보는 제 시각이 넓어졌다고 생각합니다. 경제적인 이유로 해외유학 같은 것은 생각도 할 수 없었던 저는 노동이민으로 이 나라에 와서 한국뿐만 아니라 유럽에 대해서 배울 수 있었습니다. 문화적·사회적 차이를 경험할 수 있었지요. 특히 정치적으로 저는 성장했습니다. 예를 들어 민주주의적 의식이라든가 한국의 상황에 대한 책임감을 가

질 수 있게 되었습니다. 또 이곳의 다양한 한인조직들의 활동으로부터 많은 것을 배웠습니다.

한국에서 동일방직의 여성노동자들이 정치적인 이유로 회사에서 쫓겨난 사건을 기록한 책을 읽은 1980년부터 저는 특히 한국에서 여공이었던 저 개인적인 삶의 환경을 돌이켜보면서 사회적으로 자각하게 되었습니다. 과거에는 제가 계부와 살았기 때문에 노동자가 된 것이라고 생각했습니다. 하지만 그것은 저의 개인적인 운명이 아니었습니다. 오히려 그것은 사회의 구조적 모순과 계급차별 때문에 생겨난 것이었지요. 그러던 중 '조국통일해외기독자회' 설립을 제안한 부부를 알게 되었고 이 모임에 대해 공감하게 되었습니다. 제 친아버지도 북한에 살고 있었거든요.

1981년에 북한을 방문하고 돌아와서 저는 몇 사람을 제외하고는 이곳의 한인들과 정치적인 문제로 갈등을 겪었습니다. 그들은 저와 함께 있는 것조차 두려워했습니다. 많은 사람들이 저를 공산주의자라고 생각했습니다.

한국의 통일을 위해 일할 때, 저는 그 당시 제 마음을 따른 것일 뿐입니다. 왜냐하면 저 자신이 바로 분단의 희생자 중 한 사람이었기 때문이지요. 저는 아버지가 북한에 살고 있다는 사실을 독일에 와서 알게 되었습니다. 그전에는 전혀 몰랐어요. 그저 아버지가 엄마와 저를 두고 어디론가 사라졌다고 알고 있었지요. 그래서 저는 이성적으로 판단할 겨를도 없이 무조건 남북한이 통일되어야 한다고 생각했어요.

1989년 북한에서 열린 '세계청소년축전'에 공식적으로 참가하고 1990년에 아버지를 만나고 난 후, 저는 과연 지금까지 제대로 생각을 했었는지 다시금 고민하게 되었어요. 이를 계기로 제 생각에 변화가 일어났어요. 하지만 동유럽 체제가 붕괴된 것과는 아무 관계가 없었어요. 저는 지금도 여전히 한국의 통일을 위해 노력하고 있지만 예전처럼은 아닙니다. 남한의 문제에 대해서는 그런 대로 잘 알고 있었습니다만 북한의 문제들을 보고 나서는, 이 두 지배세력을 정확하게 이해할 필요가 있다는 생각을 했습니다. 이 두 지배세력은 각각의 정치적 이해관계 때문에 국제적 상황의 변화 없이는 결코 스스로 통일을 이루지 못할 것이라고 보고 있습니다. 그래서 지금은 한인여성모임이 저에게 그와 같은 태도를 취했던 것이 이해가 됩니다.

내면적 성장과 특히 관련 있는 것은 여성의 지위입니다. 한국에서 온 여성들이 독일과 이곳에 사는 한인들을 만나보고는 이렇게 말합니다. 이곳의 공기가 한국보다 좋고, 동포들은 각자 자기 일을 갖고 있어서 가정에서도 경제적으로 남자들에게 종속되어 있지 않아서인지 나이보다 젊어 보인다고요. 그건 사실입니다. 간호사나 간호조무사로 이곳에 온 한인여성들 상당수가 당시 광부로 와서 3년 계약기간이 끝나면 한국으로 돌아가야만 했던 한국남자들과 결혼을 했습니다. 그래서 가정에서 한인여성들은 우월한 지위에 있습니다. 한인여성들은 주로 병원에서 일을 했기 때문에 독일의 환경, 특히 언어에 잘 적응했습니다. 반면 한인남성들은 일반적으로 이런 과정이 좋지 않게 진행되었습니다. 그들은 갱도에서 일했기 때문입니다. 자연히 한인여성들은 남자보다 독일어가 능숙한 덕분에 관청업무라든가 아이들이 학교를 다니면 학교 가서 상담하거나 하는 일도 더 잘하는 편입니다. 게다가 한인부부들은 대체로 맞벌이여서 남자들도 집안일이나 자녀양육을 함께해야 합니다.

⑧ 이해관계에 대해서 [인터뷰 15와 같음]

이해관계는 조직을 통해서만 대변될 수 있다고 생각합니다.

⑨ 삶의 중심 저는 한국을 그리워합니다. 하지만 제 삶의 중심은 이곳입니다. 그렇다고 제가 독일을 사랑한다는 의미는 아닙니다. 저에게는 다른 선택이 없습니다. 스페인을 여행하면서 독일이 저에게는 훨씬 잘 맞는다는 것을 느꼈습니다. 비록 제가 독일을 '사랑하는 나의 고향'으로 느끼지는 않지만 아주 젊은 나이에 이곳에 왔기 때문에 제 뿌리는 여기 있습니다.

⑩ **이민자의 위치와 임무** 70년대와 비교해서 외국인들이 더 많아졌습니다. 최근 들어서 흑인들을 많이 볼 수 있다는 것이 특히 인상적입니다. 저는 독일에서도 정치적 망명이 보장되어야 한다는 입장입니다만, 많은 '운반조직들'이 불법소개를 통해, 정치적 망명이라는 이름을 내걸고 사업을 하고 있다는 사실도 알고 있습니다. 그것은 옳지 않다고 생각합니다. 또 많은 한인들이 충분히 살 만한 돈이 있음에도 미국으로 이민을 갔다는 사실도 알고 있습니다. 하지만 또 세계의 많은 인민들이 억압받고 전쟁으로 고통을 당한다는 것도 알고 있습니다.

저는 부지런히 일하고 세금도 꼬박꼬박 냅니다. 그리고 4주 동안 주말근무를 했는데, 제가 '외국인'이기 때문에 차별을 받는 것은 아닌지 자문해봅니다. 독일인들은 합법적으로 여기 와서 부지런히 일하는 외국인들과 예를 들어 불법적인 소개로 이곳에 온 외국인들을 구분하지 않습니다. 이런 사회적 상황에 화가 나기도 합니다.

⑪ **독일단체의 활동** 제 자신이 이곳에 뿌리를 내렸다고 생각하지만, 이곳의 공식적이고 사회적인 조직들과는 관련 없이 살고 있습니다. 이런 것이 이민자들의 슬픈 면이라고 생각합니다. 저는 무조건 독일문화에 반대하지는 않습니다. 그렇다고 그것에 저를 맞추려고도 하지 않습니다. 그 밖에도 독일인과 직접적으로 무엇을 해야겠다는 동기가 저에게는 없지만, 또 그런 교류를 만들어야 한다는 의무감도 느끼지 않습니다. 예를 들어 이웃들은 악의가 없습니다. 하지만 그들의 삶은 제 관점에서는 사무적이고 건조합니다. 직장에서도 상황은 같습니다.

⑫ **귀향의사** 저는 여기서 살 겁니다.

[인터뷰18]

① 1943년 일본에서 태어나 그후 전라북도 남원에서 성장

② 1969년 파독간호사로 보훔에 도착

③ **생활환경** 저는 지금까지 일곱 번이나 이사했습니다. 처음에는 주민들 대부분이 광부로 일하는 지역에서 살았습니다. 제가 외국인이어서 다른 곳에서는 집을 얻을 수 없었기 때문입니다. 그로부터 약 3년 후에 아이들을 이곳으로 데리고 와서 또 이사를 했습니다. 그리고 또 여동생이 왔을 때도 이사했습니다. 그 뒤로도 주위환경이 아이들 키우기에 별로 좋지 않다는 것을 느끼고는 또 이사를 했습니다. 거기에는 외국인이 너무 많이 살고 있었거든요. 마침내 큰 건물을 사서 여덟 가구에 세를 주었습니다. 중산층 거주지인데 대부분이 독일인들이었습니다. 독일인 이웃들과도 사이좋게 지내고 있습니다.

④ **사회적 상황** 저는 독일남자와 결혼했고, 자녀는 둘입니다. 아이들은 두 나라 언어를 유창하게 구사합니다. 아이들을 처음 이곳으로 데리고 왔을 때는 여섯 달 동안 한국어로 말하는 것을 금지시켰어요. 빨리 독일어를 배울 수 있게 하려고요. 아이들이 김나지움을 졸업한 후로는 자주 한국에 보냈습니다. 1980년에 독일시민권을 취득했는데, 시민권을 처음 받았을 때 무척 고통스러웠습니다. 우리 수입은 세금공제하고 약 6천 마르크입니다. 저는 수간호사 교육을 이수했습니다.

⑤ **동기** 1960년대 한국은 무척 가난했습니다. 저 역시 경제적 어려움을 겪었습니다. 이런 상황에서는 아이들에게 전망이 없다고 보았기 때문에 간호사로 이곳에 왔습니다.

⑥ **한인조직과의 관계** 저는 '재독한인간호협회' 창립회원입니다. 그리고 '재독한인연합회'에도 가입했습니다. 초기에는 한인연합회에 여성회원이 거의 없어서 모임은 남성 중심으로 이루어졌습니다. 저는 이 상황을 바꾸고 싶었습니다.

또 보훔 한인회 회원으로 현재 회장을 맡고 있습니다.

⑦ **자기발전 과정** 제가 보기에 독일인들은 부지런하고 깨끗하고 완벽합니다. 집에서도 사업장에서도 그리고 공공장소에서도 그렇습니다. 이런 면이 참으로 인상 깊었습니다.

제가 한국에 살 때는 여자들이 대부분 집안살림만 했습니다. 반면 독일 여성들은 자신만의 길을 갔지요. 그것이 저에게 용기를 주었습니다. 아무튼 저는 매우 낙관적인 사람입니다. 아마 과거에 한국에서 수천수만 가지 어려움을 겪었기 때문일 겁니다. 그래서인지 몇몇 문제들 때문에 금방 좌절하지는 않습니다.

⑧ **이해관계에 대해서** 과거에는 물질적인 것에 가치를 두었습니다. 제 삶이 재정적으로도 사회적으로도 안정되었기 때문에, 10년 전부터는 정신적인 것에 중점을 두고 있습니다. 조직을 통해 이익을 대변하는 것이 더 효과적입니다.

⑨ **삶의 중심** 한국은 제 내면적 삶의 중심입니다. 독일은 제 조국이 될 수 없습니다. 저는 한국인입니다.

⑩ **이민자의 위치와 임무** 제가 여기에 살고 있기 때문에 독일의 법과 풍습을 존중합니다. 한국인들은 고유의 문화를 지키고 2세대들에게 전달해 줘야 합니다. 독일인들은 자신들의 인식을 게르만에서 세계를 향해 확장시켜야 합니다.

⑪ **독일단체의 활동** 1970년에 공공노조(ÖTV)에 가입했습니다. 그리고 오랫동안 협의회의 노조대표단으로 일했습니다. 그리고 구호단체나 합창단 등 여러 시민단체들에서 활동했습니다.

⑫ **귀향의사** 아마 저는 이곳에 살게 될 것 같습니다. 아이들이 여기 사니까요. 그래서 저는 루르 지방의 한인들을 위한 미래의 노인요양소를 생각하며 일하고 있습니다.

[인터뷰19]

① 1952년 제주도에서 태어나 오랫동안 서울 거주

② 1977년 파독광부로 레클링하우젠(Recklinghausen)에 도착

③ **생활환경** 우리를 목적지까지 태우고 가던 버스운전사가 도착했다고 하기에 내다보니 그곳은 깨끗하고 좋아 보였습니다. 하지만 거기는 다른 곳이었습니다. 운전사는 계속 차를 몰았고, 마침내 우리가 지낼 기숙사에 도착했습니다. 기숙사는 옛날에 전쟁포로들의 수용소였는데, 길가에는 내다버린 시커먼 고철들이 나뒹굴고 있었습니다. 화장실은 층마다 하나밖에 없었고, 12~13㎡의 방에 서너 명이 함께 생활했습니다. 방에는 이층침대와 철제옷장이 있었습니다. 기숙사비로 매달 98마르크를 냈습니다. 기숙사 사감은 독일인이었고, 우리 층에는 한국인과 유고슬라비아 사람들이 있었습니다. 이 기숙사에서 1년 5개월을 살았습니다. 그후 저는 간호사인 아내와 보훔으로 가서 간호사 사택에서 살았습니다. 거기에는 독일인 가정과 필리핀 가정이 살고 있었는데, 자유롭게 생활할 수 있었습니다. 1984년부터는 다른 병원 사택에서 살고 있습니다. 우리는 독일인뿐만 아니라 필리핀 가정들과도 잘 지내며 서로 오가고 있습니다.

④ **사회적 상황** 가족은 저와 아내 그리고 딸 하나입니다. 지금도 한국국적을 가지고 있고 이곳은 체류권만 있습니다. 우리 수입은 세금공제 후 약 5천 마르크입니다. 저는 1979년에 6개월 동안 실업자였는데, 직장을 옮기려다 그렇게 됐어요. 그 뒤로는 오펠(Opel)에서 숙련노동자로 일하고 있습니다. 독일어는 제 딸의 모국어이지만, 딸아이는 한국어로 읽고 쓰고 말하는 것을 대체로 잘합니다. 해마다 딸아이를 한국에 보내기 때문이지요. 한국에 가서 직접 한국의 문화를 배우도록 하기 위해서입니다.

⑤ **동기** 어느 날 고등학교 선배가 독일로 간다는 말을 하더군요. 제가 불쑥 왜 독일로 가느냐고 물었더니 "너도 원하면 갈 수 있다"고 했습니다. 한

편으로는 제가 장남이었기 때문에 한국에 살아야 했습니다. 또 한편으로 당시 저는 생활용품회사에서 일하고 있었는데 벗어나고 싶었어요. 한번은 제 부서 책임자에게 얼마나 버는지 물었더니 "가족들을 겨우 먹여살릴 수 있을 만큼 번다"고 하더군요. 저는 곰곰이 생각해 보았습니다. 여기서는 잘 해야 부서 책임자가 될 거고 매일 늦게까지 일을 해야 할 거고요. 게다가 직장에서 이런저런 충돌이 꽤 많았습니다. 마침내 독일로 가는 것이 나에게 의미가 있을 거라고 판단했습니다.

⑥ 한인조직과의 관계 1977년부터 한인교회 교인이고 그리고 보훔 교회와 주연합회 이사회에서 여러 직책을 맡았고, 지금도 그렇습니다. 한국에서도 교회에 나갔습니다만 특별한 이유가 있었던 것은 아닙니다. 그저 교회에 가면 사람들과 함께 어울릴 수 있었으니까요. 그래서 단체의 활동은 매우 중요합니다. 민중문화협회에 가입한 것도 이런 이유에서입니다.

1984년에는 보훔 한글학교 총무를 지냈는데, 제 딸 때문에 그 일을 했지요. 그리고 '한인민중문화협회' 창립회원이기도 한데, 지금은 문화부서를 책임지고 있습니다.

⑦ 자기발전 과정 저는 전체적으로 많은 경험을 했고, 그로부터 많은 것을 배웠습니다. 1977년에 이곳에 왔을 무렵의 한국은 경제사정이 매우 좋지 않았고 정치적으로는 비민주적이었지요. 이곳에 오자마자 기숙사에서 뒤스부르크 한인교회에 한국정부에 반대하는 공산주의 목사가 있다는 이야기를 들었습니다. 그러면서 교회에 가지 말라고 협박까지 하더군요. 하지만 한 통역관이 거기 갔다간 얻어맞게 될 거라는 둥, 그 비슷한 말을 하기에 제가 이렇게 말했습니다. "저에게 한 달의 시간을 주세요. 제 눈으로 직접 보고 경험하고 싶습니다." 그 목사의 설교를 들었을 때, 저는 무척 행복했습니다. 목사가 부조리한 사회상황에 대해 그리고 정치적으로 독재와 굴종에 반대하는 말을 했기 때문입니다. 이 무렵부터 저는 완전히 딴사람이 되

었습니다. 그리고 정치가 무엇인지 이해하게 되었습니다. 한국에서는 정치에 관심을 기울일 시간이 없었습니다. 그저 공부만 하고 일만 해야 했으니까요. 그리고 저는 목사가 정말로 중요한 이야기를 하고 있기 때문에, 누군가에 의해 의도적으로 이런 상황이 조성되었다는 것을 알아차렸습니다.

처음에는 한인들과 교류하면서 많은 경험을 쌓았으나, 시간이 가면서 점차 언론을 통해 독일의 정치시스템이라든가 정치조직과 정당의 기능에 대해 알게 되었습니다. 이렇게 해서 저의 견해가 세워졌고, 의식이 높아졌습니다.

⑧ 이해관계에 대해서 이해관계의 대변을 저는 정신적인 측면에서 이해합니다. 개인과 조직은 서로 영향을 주고받습니다. 조직 없이 개인은 작동하지 않고, 그 반대도 마찬가지입니다.

제가 속해 있는 조직들은 저의 이해관계를 대변합니다. 가령 민중문화협회는 우리의 문화를 대변합니다. 그 과정에서 우리는 독일인과 다른 외국인들에게 우리의 문화와 삶을 보여줄 수 있는데, 이것은 매우 중요합니다. 또 전문적인 예술가도 아닌 평범한 우리가 새롭고 창조적인 생각을 가지고 문화활동에 종사한다는 것도 중요합니다.

한인교회 역시 저의 새로운 의식에 영향을 주었습니다.

⑨ 삶의 중심 저는 삶의 중심을 내부와 외부로 구분하고 싶지 않습니다. 앞서 말한 것처럼 저는 독일에 와서 완전히 다른 사람이 되었습니다. 그래서 이곳이 저의 뿌리라는 느낌이 듭니다. 만약 1977년 목사의 그 설교를 한국에서 들었다면, 분명 저는 그것을 여기서와 다르게 받아들였을 것입니다. 충분히 상상할 수 있습니다. 당시 한국에서는 정치적 의식을 가질 수 있는 상황이 아니었으니까요. 저는 부모님과 친척들에 대한 걱정, 한국의 사회적 상황이나 발달에 대한 걱정 때문에 정신적으로 한국과도 연결되어 있습니다. 그리움과는 다른 것입니다. 그렇다고 해서 이런 것 때문에 제가 여기에

살고자 한다는 뜻은 아닙니다. 그저 저는 여기에 있고, 제 삶에 도움이 되는 조직과 친구와 경험이 있습니다.

⑩ **이민자의 위치와 임무** 삶의 기초라는 측면에서 저는 독일인과 이민자들의 차이를 인정하지 않습니다. 일상생활에서는 제가 외국인이라는 것을 의식하지 않습니다. 하지만 저 스스로 나는 외국인이라고 되뇝니다. 아마 사회적 성찰일 수도 있을 것입니다.

저 개인적으로는 내적인 성찰이 과제라고 생각합니다. 사람들은 내적 성찰을 통해 자신의 의식을 발전시켜 나갈 수 있습니다.

이런 과제는 조직 차원에서 이루어져야 합니다. 문제가 있을 때 그것을 사람들이 함께 고민하고 그렇게 해서 성숙된 고민들을 현실로 옮길 수 있습니다.

독일은 이민자들에게 투표권을 주어야 하며, 또 이중국적 시스템을 도입해야 합니다.

오늘 신문에서 "환자들이 일터로 가고 있다"라는 제목의 기사를 읽었습니다. 지금 경제가 침체기여서 사람들은 큰 압박을 받습니다. 이러한 상황 속에서 독일인과 외국인 사이에 차이가 생겨난다고 저는 인식합니다.

⑪ **독일단체의 활동** 저는 1977년 처음부터 독일노동조합 조합원이었습니다. 노동자로서 당연한 것입니다.

제가 가입한 조직에서 많은 것을 충분히 하고 있기 때문에 다른 독일조직에는 가입하지 않았습니다. 파업에 들어가면 가령 다섯 명 중 세 명이 독일인이고 두 명은 외국인입니다. 흔히 일어나는 일입니다.

⑫ **귀향의사** 한국으로 돌아갈 의사를 확고히 정하진 않았지만, 그렇다고 배제할 수는 없지요. 나중에는 여기서 얼마간, 한국에서 얼마간 사는 것도 가능할 것입니다.

[인터뷰20]

① 1955년 서울에서 태어나 성장

② 1980년 가족이 모두 독일에 왔음

③ **생활환경** 제가 이곳에 왔을 때 남편은 뮐하임(Mühlheim)에 다락방을 우리의 거처로 얻었습니다. 그때는 독일어를 한마디도 못했던 저는 길을 가다가 우연히 독일사람을 마주치기라도 하면 혹시 무슨 말이라도 걸까 봐 피하려고만 했어요. 주변에는 대부분 독일 소시민들이 살고 있었고 매우 조용한 곳이었습니다. 우리는 이웃과 교류가 없었습니다. 제가 독일어를 할 줄 모른다는 것이 이유일 겁니다. 남편이 일하러 나가면 저는 집에만 있었습니다. 딸이 태어나고 나서는 딸아이와 함께 있었지요. 그 당시 저는 1년 동안 남편 없이는 장을 보러 간다거나 은행에 가는 건 꿈도 꾸지 못했습니다. 남편이 다른 사업장으로 직장을 옮기기로 해서 1982년에 우리는 하팅겐(Hattingen)의 티센(Thyssen) 사택으로 이사했습니다. 다들 티센에서 일하는 사람들이었고 대부분이 독일인이었지만, 우리는 문제가 없었습니다. 그리고 우리는 매우 자유롭게 생활할 수 있었습니다. 주변에는 한인사회가 없었기 때문에, 저는 보훔 한인교회를 다녔습니다. 그러다가 한인가정들 가까이서 살기 위해 1984년에 보훔으로 이사했습니다. 거기서 우리는 아래층에 사는 집주인과 이런저런 갈등이 많았습니다. 전기 아껴 써라, 무슨 요리를 그렇게 많이 하느냐 등 잔소리가 심했거든요. 너무 화가 났지만 제가 알고 있는 독일어 단어가 몇 개 없었기 때문에 뭐라고 항의할 수도 없었습니다. 1988년에 시에서 공공주택을 지었는데 우리는 그 주택을 20만 마르크 주고 사서, 이사를 들어갔습니다. 공공주택에는 다른 외국인가정도 거주하고 있고 이웃들과의 사이도 좋습니다.

④ **사회적 상황** 저는 결혼했고, 열여섯 살과 열두 살 아이가 둘 있습니다. 한국국적을 그대로 가지고 있고 1990년에 독일의 체류권을 얻었습니다. 저

는 재교육을 받고 지금은 간호조무사로 일하고 있습니다. 우리 수입은 세후 약 5천 마르크입니다.

우리 아이들의 제1언어는 독일어이고 한국말도 할 수 있습니다. 그래서 우리끼리는 한국어로 어느 정도 소통이 가능합니다.

⑤ **동기** 저는 원래 독일로 오는 데 관심이 없었습니다. 남편이 여기 있어서 왔답니다. 한국에서는 가정주부였지만, 여기 와서는 저도 어떻게든 일을 하고 싶었고 또 그래야 한다고 생각했어요. 외국인이 가장 간단하게 일자리를 구할 수 있는 직업이 간호사여서 재교육을 받았습니다.

⑥ **한인조직과의 관계** 저는 보훔 한인교회의 교인입니다. 한국에서도 교회를 다녔기 때문에 전혀 주저함 없이 교회에 나갔지요. 딸아이가 아주 어렸을 때만 한동안 교회에 참여할 시간이 별로 없었어요. 교회에서는 이런저런 역할을 맡아서 하고 있어요.

또 저는 민중문화협회 회원입니다. 비록 여기 살고 있지만, 한국문화를 잊지 않기 위해서예요.

⑦ **자기발전 과정** 저의 자의식은 이곳에 와서 깨어났어요. 이 사회가 저에게 아주 다른 환경과 가능성을 제공했기 때문입니다. 그러면서 제 가치관이 많이 변했어요. 우리 교회 자체도 이곳에서 자유한인교회(Freie Koreanischen Gemeinde)라 불리는 한인교회들과 다릅니다. 이 교회들도 독일에 있는 교회이지만 말입니다.

또 한편으로 저는 직장 나가는 것말고는 일상적으로는 폐쇄적인 한인사회에서 살고 있어요. 그런데도 제 한국어 실력은 분명 형편없어졌어요. 그저 단순하고 촌스럽게 표현할 수 있는 수준이에요. 이것은 단점이지요.

⑧ **이해관계에 대해서** 이 문제는 답하기가 매우 어렵습니다. 저 같은 경우는 조직에서 관심을 기울이는 것은 물질적인 게 아닙니다. 그래서 제가 속해 있는 조직들은 사회활동과 더불어 사는 삶의 목표를 가지고 있어요.

⑨ **삶의 중심**   저는 원래 이 사회로부터 많은 영향을 받았어요. 여기서 5년 쯤 살다 보니, 예를 들어 여성으로서 자의식을 갖게 되었어요. 그렇지만 내 면적 삶의 중심은 한국이고 독일은 제 외부적 삶의 중심이라 할 수 있죠.

⑩ **이민자의 위치와 임무**   어쨌든 저는 이곳에서 외국인입니다. 그럼에도 저 스스로 삶과 가치에 대한 생각을 가지고 있고, 그래서 제 입장을 지키고 있 습니다. 그런 만큼 떳떳하게 살고 있지요. 제가 보기에 외국인 적대는 독일 인들이 외국인 때문에 자신들의 몫을 덜 받게 되었다는 생각에서 생겨납 니다. 그래서 독일인들에게 현실과 진실을 직시해야 한다고 경고하고 싶어 요. 직장이나 제 주변에서 외국인에 대한 적대감을 직접적으로 느껴본 적 은 없습니다. 하지만 저의 독일어 실력이 완벽하지 못하기 때문에, 저 스스 로 외국인이라고 생각합니다. 독일도 이중국적을 도입해야 합니다. 그렇게 되면 저는 곧바로 신청할 것입니다.

⑪ **독일단체의 활동**   지금은 아무데도 가입하지 않았지만 머지않아 공공노 조(ÖTV)에 가입하려고 합니다.

⑫ **귀향의사**   답변 없음

[인터뷰21]

①   1952년 서울에서 태어나 성장

②   1977년 파독광부로 왔음

③ **생활환경**   [인터뷰 20과 동일]

  3년 동안 광산에서 일한 다음에는 돈을 좀더 벌기 위해서 다른 일자리를 알아보다가 하팅겐에 직장을 구했습니다. 그래서 첫 1년 동안은 뮐하임에 서 하팅겐으로 출퇴근했습니다. 그때는 차도 없는데다 일도 교대근무제였 습니다. 저 혼자 돈을 벌었으니 생활도 몹시 쪼들렸습니다. 우리는 정말이 지 통조림음식만 먹고 살아야 했지요. 그나마 아내가 통조림으로도 음식을 맛있게 만들었어요.

④ 사회적 상황 [직업 이외에는 인터뷰20과 동일]

최근에는 티센의 한 사업장에서 용접공으로 일하고 있습니다. 물론 용접공 교육을 받았죠.

⑤ 동기 저는 경제적인 이유로 이곳에 왔습니다. 한국에서 군대제대하고 사회에 나왔으나 취직을 할 수 없었지요. 실업자 신세였죠. 그러다가 우연히 독일로 파견하는 광부를 모집한다는 얘기를 들었어요. 그 모집을 통해서 왔지요. 그동안 다시 한번 여기서 캐나다로 이민 갈 기회가 있었는데, 아내가 반대하더군요. 그래서 그냥 여기 있기로 했습니다.

⑥ 한인조직과의 관계 저는 보훔 한인교회 교인이고 보훔 민중문화협회와 보훔 한인회 회원입니다. 그러나 한인회는 정관도 없고 회비도 없습니다.

한국에서도 교회를 다녔기 때문에 여기 와서도 교회 가는 것은 당연했죠. 민중문화협회도 마찬가지입니다. 이곳 독일에 와서 가치관이 많이 바뀌었습니다. 그러니 협회에 가입하는 것은 저에게 당연한 일이었죠[이어서 자기발전 과정 참조].

⑦ 자기발전 과정 제 가치관이 변했습니다. 한국에서 교회를 다닐 때는 이렇게 생각했습니다. 내가 예수를 믿으면 죽어서 천당 가서 성경에 나와 있는 것처럼 살 거라고 말이죠. 이곳에 와서는 동료들과 함께 NRW의 한인교회를 다녔어요. 목사의 설교는 좋았지만 매우 정치적이더군요. 당시만 해도 저에게는 한국에서 받았던 반공교육이 각인되어 있었어요. 그래서 한동안 그 교회에 가지 않고 자유한인교회를 다녔지요. 거기서는 사람들이 기복기도만 하더군요. 자기에게 복을 주십사 기도하는 거죠. 그런데 목사가 갑자기 미국으로 가버렸고, 교회에는 달랑 두 집만 남았지요. 이 교회는 저절로 없어져 버렸어요. 이 과정에서 한국에서 목사와 선교사들 상당수가 선교하러 독일로 온다는 것을 알게 되었고, 배우게 되었지요. 그들이 미국으로 가

기 위해 여기 잠시 머문다는 의미였지요. 그런 목사들이 이 시기에 교회를 만들었고 또 떠나기 위해 교인들을 이용했어요.

1982년부터는 다시 처음에 다니던 교회를 나가기 시작했어요. 여기서 저는 신앙을 가진 사람들이 그저 저세상이나 개인의 복만을 위한 믿음이 아니라, 사회적 사건에도 비판적으로 참여한다는 것을 알게 되었습니다. 가령 성경을 다양한 관점에서 역사에 기초해서 해석하는 것을 배웠어요. 그런데 한국에서는 성경을 글자 그대로 믿어야 한다고 배웠거든요. 이런 경험이 저에게는 가치관의 전환점이 되었어요.

⑧ **이해관계에 대해서** [인터뷰20과 동일]

⑨ **삶의 중심** 제가 이 사회에서 가지고 있는 삶의 조건이 제가 여기서 살고자 한다는 것을 말해 줍니다. 그럼에도 제 내적 삶의 중심은 언제나 한국입니다. 그리고 이곳은 저에게 삶의 현실이지요(외적 삶의 중심). 예를 들어 저는 독일시민권을 취득했지만, 독일인들과는 다르게 보입니다. 동유럽에서 온 사람들은 그렇게 다르게 보이지는 않지요. 그래서 아마 그들은 독일사회에 빨리 적응할 수 있을 겁니다. 저는 그렇게 생각합니다.

⑩ **이민자의 위치와 임무** 제 생각에 정치인들은 외국인 혐오를 정치적으로 이용하는 것 같습니다. 우리 사업장에서 독일인들은 일이 너무 힘들다고 그만두기 일쑤고 남아서 일하는 사람은 외국인들입니다. 외국인들은 전혀 불평도 하지 않고 힘든 일도 마다하지 않습니다. 외국인을 적대시하는 풍조는 없어져야 합니다. 함께 잘살 수 있도록 서로 노력해야 합니다.

독일의 외국인 적대감이 여기서 더 멀리 나간다면, 독일도 언젠가는 미국처럼 제3세계 국가들로부터 배척당할 것입니다.

⑪ **독일단체의 활동** 가입한 조직은 없지만 곧 노동조합에 가입하려고 합니다. 지금까지는 그럴 형편이 못되었습니다. 왜냐하면 혼자 돈을 벌어야 했던데다 원래 회비가 우리에게는 너무 많았기 때문입니다.

⑫ **귀향의사**　지금이라도 당장 한국으로 가고 싶습니다. 1977년에 이곳에 왔을 때도 금방 돌아가고 싶었습니다. 하지만 이렇게 오래 지내다 보니 갈수록 한국으로 돌아가기가 어려워진다는 것을 느낍니다.

[인터뷰22]

① 1944년 전라남도 순천에서 태어나 오랫동안 서울에서 거주

② 1974년 파독광부로 딘스라켄에 도착

③ **생활환경**　처음 4년 동안은 외국인노동자 기숙사에서 한국인 200명과 함께 생활했습니다. 사람이 많아 좁아터진 그 건물이 나치시절 포로수용소였다는 것을 나중에 알게 되었습니다. 그후 2년가량은 개인주택에서 살았고, 1981년에 하팅겐에 집을 하나 마련했습니다.

　이웃의 독일인들은 우리가 외국인이고 비전문노동자라는 것을 알고 있습니다. 그래서 자주 상처를 받습니다. 교육 자격증명이 없는 우리 외국인들은 사회적으로 낮게 분류됩니다. 독일인들이 우리를 차별한다는 느낌을 받곤 하지만, 그럼에도 독일인들과 교류하는 데는 큰 어려움이 없습니다. 왜냐하면 이 차별은 오늘날의 외국인 적대와는 좀 다르기 때문입니다. 처음에는 이웃들과 서로 이해하고 알아나가는 데 힘든 시기가 있었습니다. 그곳에는 독일 중산층만 살고 있었기 때문에, 그들은 우리를 삐딱하게 보았어요. 시간이 지나면서 이웃과의 사이가 바뀌기 시작했습니다. 가령 우리가 정원일이나 공동구역의 청소 같은 것도 부지런히 하는 모습을 보고 자신들과 다르지 않다고 생각했던 것 같아요. 지금은 이웃들과 서로 오가며 잘 지내고 있습니다. 그러면서도 여전히 제게 상처가 되는 것들에 부딪히곤 하는데, 예를 들면 이런 겁니다. 그들은 우리가 자가주택에 살고 있다는 걸 알면서도, 걸핏하면 언제 한국으로 돌아가느냐고 묻습니다. 그들은 의식적이건 무의식적이건 우리가 그들과 마찬가지로 이곳에 사는 시민이라는 것

을 심정적으로 받아들이지 못한다는 거죠. 우리는 20년 동안 이곳에서 일했고 살았습니다. 시민권도 가지고 있습니다. 이 사실은 인정되어야 합니다.

④ 사회적 상황 우리는 자녀 둘을 둔 한인가족입니다. 아이들은 김나지움에 다니고 있고, 학교생활도 아주 잘하고 있습니다. 친구도 많고요. 우리 아이들이 학교성적이 좋기 때문에 독일부모들이 우리 아이들과 우리를 인정한다는 인상을 받습니다. 저는 오펠의 숙련노동자이고 아내는 간호조무사로 일하는데 요즘은 하프타임 근무를 하고 있습니다. 1987년에 독일시민권을 취득했고, 수입은 세금 공제하고 5천 마르크 정도입니다. 우리 아이들은 이곳에서 태어나서 자랐습니다. 그래서 독일어는 아이들이 생각하고 표현할 때 사용하는 언어입니다. 물론 한국어도 배우지만, 독일어만큼 잘하지는 못합니다.

⑤ 동기 당시에 친척 몇 사람이 미국에 있었습니다. 저도 돈을 벌기 위해 파월장병으로 베트남에 갔었지요. 많은 한국인들이 그 당시 해외로 나가려고 했습니다. 이것은 당시 한국의 사회적 상황, 특히 경제적 상황을 반영하고 있습니다. 독일과 한국의 임금격차가 매우 컸으니까요. 그래서 저는 독일에서 한 3년 일하면 어느 정도 돈을 모을 수 있을 거라고 생각했고, 그 돈으로 미국이나 오스트레일리아로 갈 계획이었습니다. 그래서 3년 동안 결혼 같은 건 생각도 않기로 했죠. 하지만 아내를 알게 되면서 이건 수포로 돌아갔죠. 저는 공부를 하기 위해 광산에 사표를 냈지만, 그게 잘되지 않았습니다. 어쩔 수 없이 취직자리를 구하다 택시공장에 들어가서 일했는데, 급여가 너무 낮았어요. 1979년에 오펠에서 노동자를 많이 모집해서 그때 오펠에 들어갔습니다.

⑥ 한인조직과의 관계 제가 이곳에 왔을 때는 이미 여러 도시에 한인회가 있었습니다. 한인회를 중심으로 사람들이 사교적 관계를 맺을 수 있었습니다. 저는 한마음[1978/79~88] 창립회원인데, 협동조합 형태인 한마음은 사

회적 지향성을 가지고 있습니다. 또 1986년에 설립된 민중문화협회의 창립 회원인데, 민중문화협회는 문화적·사회적 그리고 정치적 활동을 합니다. 그리고 보훔 교회에도 나갑니다. 신앙심이 있어서 나가는 건 아니고요, 그 교회에 제가 기꺼이 왕래하기를 원하는 친구와 학생들이 있어서입니다. 그런데 제가 이해하기로 믿음이란 것은 신에 대한 절대적인 확신이 아닙니다. 더 중요한 것은 성경에 나오는 인물들이 그 시기에 무엇을 했는가 하는 것입니다.

⑦ **자기발전 과정** 저는 사회적 상황들을 다룬 책이나 잡지를 즐겨 읽습니다. 그리고 저는 자동적으로 언제나 반정부적 입장을 견지합니다. 한국 있을 때보다 여기 와서 독서할 시간이 훨씬 많아졌습니다. 독서와 사색을 통해 세계와 역사에 대한 지평이 확장되었습니다. 이것이 제 의식의 발전에 도움이 되었다고 생각합니다.

한국에서는 친구관계나 사회적 관계가 꽤 긴밀했습니다. 우정 같은 게 있었기 때문이지요. 친구들하고는 무슨 말이든 다할 수 있었습니다. 하지만 여기서는 다 어른이 되어서, 또 서로 필요에 의해서 의식적으로 만나고 알게 되는 것이기 때문에 그게 훨씬 어렵습니다.

⑧ **이해관계에 대해서** 참 어려운 질문입니다. 제가 생각하기에는, 이에 대한 대답은 제 삶의 목표가 무엇인지, 무엇을 위해 사는지에 따라 달라진다고 봅니다. 지난 10년 동안 비록 급여는 인상되었지만, 노동조건이나 제 위치는 변한 게 없습니다. 직업 면에서는 긍정적인 발전을 기대하기 어렵습니다. 회사에서 요구하는 것은 그저 제 노동력입니다. 저의 정신적 성취가 요구되지는 않습니다. 그렇기 때문에 이런 조건에서 제가 추구할 삶의 목표를 설정해야 합니다. 저에게 첫번째 관심은 우리 가족의 화목한 생활과, 제가 힘들 때마다 위로해 주는 아내와의 조화입니다. 두번째로는 저희 아이들이 저처럼 되지는 않을 것이라는 희망을 가집니다. 마지막으로, 우리의 수입을

효율적으로 사용하려고 애씁니다. 불필요한 돈은 쓰지 않고 절약하는 거죠. 이런 생활태도가 많은 한인가정들이 자기 집을 갖고 있는 이유입니다.

조직은 공동의 영역을 제시합니다. 그 속에서 사람들은 각자 자기 고유의 것을 선택할 수 있습니다. 그래서 저는 조직을 통해서 자신의 개성이나 특징을 보여주는 이해관계를 대변할 수 있다고 생각합니다. 따라서 사람들은 조직에서 성실하고 부지런하게 활동해야 합니다. 그리고 조직은 이런 사람들을 위해 거기에 있어야 합니다. 사람이 조직을 위해서 있으면 안 되는 것이지요.

⑨ ⑫ **삶의 중심 및 귀향의사**　저에게 이곳은 아직 외적 삶의 중심입니다. 제 삶은 마치 컨베이어벨트에 놓여 있는 것과 같다고 할까요, 일-집-일 말입니다. 이게 마음에 들지 않는 거죠. 저에게는 한국에서의 깊은 우정에 대한 그리움이 있습니다. 예전에는 한국에 사는 형제자매들에게 경제적으로 도움을 주었는데, 이제는 그들이 저보다 더 잘삽니다. 그러면서 저더러 한국으로 돌아오라고 하죠. 헌데 아이들이 이곳에서 잘 자라고 있고 저 역시 어쨌든 이곳에 적응했고요.

⑩ **이민자의 위치와 임무**　독일사회가 인정하든 않든 관계없이, 저는 이민자입니다. 제 삶의 토대가 이곳이고, 돌아가는 것 또한 쉽지 않습니다. 이런 한편으로 사회가 저에게 그렇게 요구하기 때문에 여전히 저는 외국인으로 살고 있습니다. 최근에 다른 외국인집단, 즉 터키인들이 극우주의자들에게 폭행을 당했습니다. 그들이 당한 일이 남의 일 같지 않고 분노를 느낍니다. 또 동유럽에서 난민신청자들이 엄청 들어오고 있습니다. 동유럽이 붕괴하기 전에는 서유럽이 동유럽의 폐쇄성을 비판했는데, 지금은 서유럽이 국경을 걸어 잠그려고 합니다.

가난하기 때문에 난민신청을 하는 사람들을 저는 인권 차원에서 잘 이해할 수 있습니다. 하지만 이런 상황이 우리의 삶에도 영향을 끼치거든요.

우리는 수십 년 동안 이곳에서 일을 했고 세금도 냈습니다. 여론이 정말로 외국인과 독일인의 동등한 권리를 지지한다면, 외국인 혐오 문제를 대하는 지금의 방식은 잘못되었다고 생각합니다. TV에서 외국인 적대 내지 혐오를 주제로 하는 토론을 볼 때면, 패널들이 이런 분위기를 반대하는데도 불구하고 저는 불편함을 느낍니다. 지금과 같은 상황에서 토론은 불필요합니다. 그보다는 국가가 해결책을 현실로 옮겨야 합니다.

저는 외국인으로서 사회의 성실한 구성원이 되려고 노력합니다. 예를 들어 법과 환경을 존중하고, 이웃 간의 관계를 위해 노력하는 방식으로요. 저는 이중국적을 지지합니다. 비록 독일시민권을 가지고 있지만, 저는 한국에서 왔고 독일에서 살고 있습니다. 그래서 한국정치에 많은 관심이 가게 마련입니다. 한국은 제 정신적 고향입니다. 지금은 독일시민권을 취득한 것을 후회하고 있습니다. 투표권은 가지고 있지만 사회적으로는 독일시민으로 인정을 못 받고 있기 때문이죠.

⑪ **독일단체의 활동**   [특별한 언급 없음]

[인터뷰23]

① 1952년 부산에서 태어나 오랫동안 서울에서 거주

② 1973년 파독간호사로 왔음

③ **생활환경**   처음 3년 동안은 프랑크푸르트에 있는 간호사 기숙사에서 한인간호사 열 명과 함께 생활했습니다. 그 뒤로는 카셀에 있는 개인주택으로 이사를 했고, 주로 독일인들과 교류했습니다. 저에게는 분명한 것이 있습니다. 독일친구들의 도움이 없었다면 제 의식을 계속 발전시켜 나가는 데 아주 많은 어려움이 있었을 겁니다. 처음에는 외국인이라는 존재 때문에 자격지심이 많았던 저에게 여러 독일인 동료와 친구들이 용기를 주었고, 제 생각이 잘못되었다고 말해 주었습니다. 저는 독일인들과 친구로서 돈독

한 관계를 유지하고 있습니다. 그리고 카셀에서 사귄 친구가 있는데, 그녀는 제 결혼증인이기도 합니다. 남편을 카셀에서 만났거든요. 우리는 1990년에 함부르크로 이사했습니다. 그리고 우리 집을 장만했고 이웃들도 외국인을 적대적으로 대하지 않았습니다. 생활수준은 중산층 이상이고 이웃들과 사이도 좋습니다.

④ **사회적 상황** 저는 독일남자와 결혼했고 자녀는 없습니다. 남편은 보험회사에서 근무하고 있고, 저는 요즈음 가정주부입니다.

독일시민권은 1993년 3월에 취득했습니다. 저는 어쨌든 외국인으로 보일 것이기 때문에, 국적 바꾸는 것에는 관심이 없었습니다. 그리고 시민권을 취득하려면 돈이 많이 들었기 때문에, 마치 시민권을 사는 것 같은 느낌도 받았거든요. 하지만 한국국적을 가지고 있으면 일정 기간이 지나면 여권기한을 연장해야 하는데, 아주 번거로운 일이었습니다.

가족수입은 정확하게 밝히고 싶진 않고요, 평균 이상은 됩니다.

⑤ **동기** 저는 매우 불행한 가족사를 가졌습니다만 언제나 더 나은 삶을 살 것이라는 희망을 잃진 않았습니다. 경제적으로도 매우 어려웠던 저는 간호사로 독일을 갈 수 있다는 소리를 듣고는 금방 가기로 결정했습니다. 다른 세계를 배우고 돈을 벌고 싶었기 때문입니다.

⑥ **한인조직과의 관계** 1990년부터 함부르크 한인여성협회 회원입니다. 함부르크로 이사 오기 전까지는 한국인들과 교류가 거의 없었습니다. 처음 독일에 와서 한국인과 함께한 경험이 별로 유익하지 않았거든요. 시간이 조금 지나자 제가 몹시 고립되어 살고 있다는 생각이 들었습니다. 함부르크에 와서는 즉시 한국영사관에 가서 한인조직들을 알아봤습니다. 한국영사관에서는 한인간호협회에 대해 많은 말을 해주지 않았지만, 저는 이 모임으로 갔습니다.

거기서 저는 여성들이 얼마나 부지런히 그리고 풍부한 내용을 가지고 활동을 하는지 보았습니다. 그래서 이 단체에 가입하기로 결정했습니다. 또 1990년에는 체육위원회 부위원장을 지냈고 지금은 예술활동위원회 부위원장입니다.

⑦ **자기발전 과정** 제 성격이 변했습니다. 원래 뭔가 마음에 들지 않으면, 곧바로 제 생각을 분명히 이야기하는 편이었으나, 이런 성격이 한국에서는 부정적으로 비쳤습니다. 그래서 웬만하면 자제해야 했습니다. 하지만 이곳에서는 자신의 의견을 분명히 표현해야 합니다. 그렇지 않으면 잘 지낼 수가 없습니다. 이런 조건이 제 습성을 지지해 주었고, 또 저의 긍정적인 특성이 되었습니다.

⑧ **이해관계에 대해서** 이 모임은 제 이익을 대변해 줍니다. 예를 들어 한인 여성들이 노인을 대하는 태도는 독일인과 완전히 다릅니다. 이런 특성을 저는 매우 중요하게 생각합니다. 저로 말할 것 같으면, 이 단체의 모임에 나갈 때 꽤 자주 시어머니를 함께 모시고 갑니다. 제가 시어머니를 돌봐야 하거든요. 회원들은 시어머니를 마치 자기 어머니인 것처럼 받아들이고 애정을 줍니다.

우리 모임에서는 독일인과 한인 2세대들에게 우리 문화를 소개합니다. 이 또한 저에게 매우 중요한 일입니다.

저에게 소속감을 주는 모임의 활동을 하면서 일상생활이 전보다 생산적이 되었습니다.

⑨ **삶의 중심** 어디서 살고 싶은가 하는 데서는 마음이 좀 갈립니다. 내적으로는 한국에 살고 싶지만 정작 제 친구들은 여기 있습니다. 저는 스무 살 갓 넘어서 독일로 왔기 때문에 한국에 사회적인 인간관계가 없습니다. 제 의식과 정치적 사고는 이곳에 와서 성장했습니다. 1979년에 한국을 찾았는데 그때 저는 한국사회와 제 가족의 실상을 보았습니다. 그리고 그냥 독일에서 살기로 결심했습니다. 지금은 삶의 중심이 내적으로도 외적으로도 독

일에 있습니다.

⑩ **이민자의 위치와 임무** 누구든 낯선 나라에 살기 위해 왔다면, 그 또는 그녀는 그 나라의 법과 규칙들을 존중할 준비가 되어 있어야 합니다.

이중국적은 도입되어야 합니다. 국적을 바꿨을 때, 무척 울었습니다. 독일국적은 항상 낯설게 느껴졌기 때문입니다. 비록 겉으로는 독일사람처럼 행동할 수 있지만 제 감정은 제가 독일인이라고 말하지 않습니다. 만약 다문화사회를 모든 것이 녹아 들어가는 도가니로 이해한다면, 저는 그것을 지지하지 않습니다. 모든 문화는 각자의 특성을 가지고 있고, 그렇기 때문에 언제나 아름다운 것입니다. 예를 들어 저는 지금의 한국사회를 매우 비판적으로 바라보는데, 그 이유는 한국이 고유의 문화를 잘 보존하지 않기 때문입니다.

지금은 독일인들처럼 사는 게 익숙해졌습니다. 과거에는 독일인들이 너무 이기적이라고 생각했었지요. 우리 속담에 "벼는 익을수록 고개를 숙인다"는 말이 있잖아요. 사람이 정말로 성숙해지면 자제하게 되고, 항상 다른 사람이나 그 의견을 고려한다는 뜻 아니겠어요. 저는 이를 모범으로 삼고 독일에서 행동했습니다. 그랬더니 독일사람들이 저를 어리석은 사람 취급을 하더군요. 지금도 여전히 독일사람들은 이기적이고 차갑다고 생각하지만, 시간과 더불어 저 자신도 어느새 그렇게 되었습니다.

⑪ **독일단체의 활동** 독일조직에는 가입하지 않았지만 좌우간 저는 정치에 관심이 있고, SPD에 투표합니다.

⑫ **귀향의사** 돌아갈 의사는 없습니다.

[인터뷰24]

① 1949년 경상북도에서 태어남

② 1972년 파독간호사로 프랑크푸르트에 도착

③ **생활환경** 독일 와서 처음 3년 동안은 간호사 기숙사에 살았습니다. 저는 긍정적인 생각을 가지고 독일에 왔습니다. 열심히 독일어를 배우고 독일에 관해 많은 것을 알려고 노력했습니다. 그래서 상당히 빠르게 독일의 환경에 적응할 수 있었습니다. 3년 후에는 한국으로 돌아가서 거기서 1년 동안 직장을 다녔어요. 그러나 지금의 남편 때문에 1976년에 다시 독일로 왔지요. 함부르크에서 1년간 간호사 기숙사에서 생활하다가 결혼해서 기숙사를 나왔습니다. 저는 여기서 심적 갈등을 별로 겪지 않고 살았습니다.

④ **사회적 상황** 저는 독일남자와 결혼했고, 아이는 둘 있습니다. 아이들은 한국어를 조금 할 수 있습니다. 아이들이 어렸을 때 한국어를 배울 수 있게 신경을 썼어요. 한글학교에도 보내고 또 가능하면 자주 아이들을 한국에 갔다 오도록 했어요.

1976년부터 독일시민권을 가지고 있었고, 우리 수입은 세금 공제하고 약 5천 마르크입니다. 지금은 자영업을 하고 있으며, 평판이 좋습니다.

⑤ **동기** 저는 라디오로 파독간호사를 모집한다는 소식을 들었습니다. 그래서 시험을 보았는데, 거기에도 돈이 많이 들었습니다. 경제적인 동기가 중요하긴 했습니다만 저는 다른 나라들을 알아나가는 것에도 관심이 있었습니다.

⑥ **한인조직과의 관계** 1979년부터 '함부르크 한인여성협회' 회원입니다. 한국사람들이 그립고 함께 만나서 대화를 나누고 싶었어요. 당시 협회는 분명한 목표를 세우지 않았지만, 서로 만난다는 것이 중요했지요.

⑦ **자기발전 과정** 한국에서는 자기 의견을 솔직하게 밝히는 것을 꺼려합니다. 그렇지만 이곳에서는 누구나 자기 의견을 내세울 수 있습니다. 다른 사람을 직접적으로 거리낌 없이 비판하는 것이 허용되는 분위기입니다. 그런 것을 인신공격으로 받아들이지 않습니다. 이런 것들이 마음에 들었습니다.

⑧ **이해관계에 대해서** [언급이 없었음]

⑨ **삶의 중심** 한국을 방문했을 때, 이미 공항에서 생각했습니다. 나는 독일에 살고 있다고. 제 외적 삶의 중심은 독일이지만, 제 뿌리는 한국입니다.

⑩ **이민자의 위치와 임무** 개인적으로는 외국인이라고 독일인들에게 차별받는 일은 거의 없습니다. 제 생각에 이런 차별은 우리가 어떻게 처신하느냐에 더 많이 달려 있습니다. 한국인들은 한국인으로서의 정체성을 가지고 성실하게 살아갑니다. 그와 동시에 독일을 알려고 노력합니다. 이렇게 하면 차별은 일어나지 않는다고 저는 생각합니다. 무슬림들은 독일인들의 이해를 고려하면서도 조용히 코란을 읽을 수 있습니다. 이중국적은 저에게 큰 의미가 없습니다. 어떤 사람은 돈과 연결시켜 그것을 통해 이익을 얻을 수 있겠지만, 저는 아닙니다. 독일국적을 갖고 있든, 한국국적을 가졌든 관계없이 한국인은 항상 한국인입니다.

⑪ **독일단체의 활동** 저는 고용자협회 회원입니다. 제가 사업장을 가지고 있기 때문입니다. 남편은 CDU 지지자이고요.

⑫ **귀향의사** 만약 남편이 없거나 아이들이 다른 나라로 가면 저는 한국으로 돌아갈 의사가 분명히 있습니다.

[인터뷰25]

① 1952년 10월 전라북도 김제에서 태어남

② 1974년 슐레스비히 홀슈타인에 도착

③ **생활환경** 저는 2년 동안 시골의 노인요양원에서 일했어요. 거기는 한인간호사 네 명만 있었기 때문에 서로 한가족처럼 살았죠. 좀 지내다 보니 다른 도시로 가고 싶은 생각도 들었고 병원에서 일하고 싶기도 했지요. 늘 노인들만 보는데다 임종을 앞둔 분들도 많았거든요. 한편으로는 그분들에게 인간적인 연민을 느꼈지만, 또 한편으로는 저 자신이 걸핏하면 우울해졌거든요. 당시 독일에서는 한인간호사들의 평판이 좋았기 때문에, 함부르크

로 가서 금방 시립병원에 취직할 수 있었어요. 인사담당자는 저에게 간호사 자격증이 있는지조차 묻지 않더군요. 생활은 다른 한인간호사들과 간호사 관사에서 했어요. 우리는 함께 여행도 하고 생일파티도 하고 주로 한인들끼리만 어울렸죠. '재독한국여성모임'이 한인간호사들의 추방에 반대하는 서명운동을 조직했을 때, 저도 함께했어요. 서명운동에 참여하면서 이 모임을 알게 되었고, 마침내 정치에도 관심을 가지게 되었어요. 그후 정치를 주제로 한 여러 토론에 다니면서 지금의 남편을 만나기도 했죠. 결혼하고는 터키인과 펑크족들이 많이 사는 곳에서 살았어요. 주민들은 대개 사회적으로 하층에 속했지만, 우리는 주위환경에 만족했어요. 분위기가 한국 같았거든요. 거기서 방 두 개짜리 집을 사가지고 살다가, 지금 살고 있는 곳으로 이사를 했어요. 이곳은 호화스러워요. 여자들은 모피코트를 입고 다니고 대체로 경제적으로 안정되어 있죠. 이웃과도 잘 지내고 있어요. 그들은 매우 친절해요.

④ 사회적 상황   저는 독일남자와 결혼했고 자식은 하나예요. 아이도 한국어를 할 수 있고, 한글학교도 다녀요. 시민권은 2년 전에 취득했어요. 기한이 만료된 여권의 기한연장을 해야 했는데, 그것이 무척 번거로웠거든요. 그래서 독일시민권을 신청하기로 결정했습니다. 제가 생각하기에 국적 바꾼 것을 아직 내면적으로는 충분히 소화하지 못한 것 같아요. 우리 수입은 세후 약 6천 마르크이고 최근에 저는 시간제 근무를 하고 있습니다.

⑤ 동기   무엇보다 저는 돈을 벌고 싶었어요. 하지만 가족들이 제 남자친구를 반대해서, 한국을 떠나고 싶기도 했지요.

⑥ 한인조직과의 관계   1976년부터 '함부르크 새한인교회'에 나갑니다. 한국에서도 교회를 다니면서 여러 가지 역할을 맡았어요.

1978년에는 친구들의 권유로 '함부르크 한인여성협회' 회원이 되었어요. 그 속에서 단체활동이 무척 중요하다는 것을 알게 되었고 그때는 정말 적극적으로 활동했습니다.

그리고 '재독한국여성모임'의 회원인데, 모임의 일과 활동이 정말 제 마음에 듭니다. 요즘은 교회 일에 참여하고 있어서 여성모임에서 활발하게 일할 시간이 적습니다.

⑦ **자기발전 과정** 저는 여성문제 같은 주제를 다루는 세미나를 접하면서 크게 성장했어요. 아마 한국에 있었다면, 여전히 경건한 신앙인이었을 겁니다. 한국에서는 다른 기회를 가지지 못했으니까요. 저는 우리 교회 목사에게서 많은 영향을 받았습니다. 교회가 사회의 문제들을 외면해서는 안 된다고 생각해요. 또 남편에게서도 어떻게 상황을 논리적으로 분석하는지에 대해 많이 배웠습니다.

제 삶의 가치관 또한 바뀌었어요. 여하튼 독일 와서는 부정적인 경험을 한 게 거의 없어요.

⑧ **이해관계에 대해서** 교회생활은 저에게 매우 중요합니다. 믿음과 기도는 제 삶에서 엄청나게 중요하답니다. 교회에 나오는 한인들과의 만남도 큰 몫을 합니다. 일요일에 교회 나가는 것을 남편도 당연하게 여깁니다.

⑨ **삶의 중심** 한국은 제 내적 삶의 중심입니다. 그리고 독일은 외부적 삶의 중심이지요. 그렇기 때문에 우리 아이가 한국을 배우고, 한국어를 배울 수 있도록 신경 씁니다.

⑩ **이민자의 위치와 임무** 외국인집단은 다른 집단들과 함께 세미나를 한다거나 교류를 해야 한다고 봐요. 한인들 스스로가 다른 민족의 집단들에게 선입견을 가지고 있어요. 교회의 여성단체가 주최하는 세미나를 통해서 우리는 이슬람문화에 대해 배울 수 있고 그 과정에서 이슬람문화를 이해하게 되지요. 왜 꼭 기독교여야 하는가라는 물음을 우리 자신에게 던질 수도 있습니다. 무엇보다도 우리 자신을 열어놓아야 합니다. 다문화 축제나 모임 같은 것들도 매우 중요합니다.

⑪ **독일단체의 활동** 개신교회의 여러 여성단체들과 관계를 맺고 있습니다.

⑫ **귀향의사** 결혼한 뒤로는 돌아갈 생각을 하진 않아요. 그렇지만 자주 한국을 방문할 겁니다.

[인터뷰26]

① 1944년 7월 20일 경상북도 상계에서 태어나 초등학교를 졸업하고 1958년부터 17년 동안 서울에서 생활

② 1977년 9월 9일 파독광부로 왔음

③ **생활환경** 저는 역시 파독광부로 온 220명과 함께 기숙사 생활을 했어요. 한 방에 6명이 거주했는데, 2년이 지나서는 4명이 살았어요. 이 기숙사에서 2년 8개월 살았는데 지금은 없어졌어요. 그 뒤로는 한국에 있던 가족이 독일로 와서 광산지역의 단독주택으로 이사했습니다. 당시 우리의 노동환경은 정말로 비참했습니다. 1979년 말 한인광부들이 노동계약을 3년 기한에서 기한한도가 없는 계약으로 바꾸어달라는 서명운동을 추진했어요. 가톨릭신학대생과 법학도, 두 한인학생들이 주도적으로 이끌어나갔어요. 박정희가 살해당하고 전두환 아래서 광주학살이 일어났습니다. 우리, 약 400명 광부들은 이와 같은 한국의 정치상황 때문에 계속 여기 머무를 수 있었지요(3부 2.1.2.4.2.2. 참조)

주변에는 독일인들과 많은 외국인들이 살았어요. 예를 들어 터키인들이요. 왜냐하면 우리가 광부들만 사는 주거지역에 살았기 때문이에요. 그래서 우리는 동료애를 느낄 수 있었고 서로를 매우 편안해했지요. 외국인에 대한 적대감이라든가 혐오 같은 건 느끼지 못했습니다. 나중에 광산회사에서 사택을 매각했는데 광부들에게 우선권을 주어서 그 집을 7만 마르크의 아주 저렴한 가격으로 구입했어요.

④ **사회적 상황** 아내와는 한국에서 결혼해서 슬하에 두 아이가 있습니다.

국적은 그대로이고 체류권만 가지고 있습니다. 지금까지는 국적을 바꿀 생각이 없어요. 수입은 세금 공제하고 2300에서 2400마르크쯤 되고 아내는 가정주부입니다. 아이들은 열 살, 열세 살에 독일에 와서 독일어와 한국어 모두 능숙합니다.

⑤ **동기** 1968년부터 71년까지 저는 한국에서 직원 16명을 둔 유리업체를 운영했어요. 그러나 그 무렵 한국경기가 급격히 나빠지는 바람에 파산했어요. 특히 유리업체들이 많이 문을 닫아야 했죠. 하루아침에 실업자가 된 저는 이라크로 가려고 했어요. 당시 중동 붐을 타고 한국인들이 중동으로 많이 진출했는데 제 친척 한 사람도 나가 있어서 그를 통해 일자리를 알아보고 있었거든요. 이라크에서 소식 오기를 기다리고 있을 무렵, 독일에 파견할 광부를 모집하는 걸 알았어요. 게다가 독일 가서 일하는 한인광부들이 돈을 잘 벌면서 생활한다는 소문을 일찍이 듣고 있었습니다. 그래서 저도 오기로 마음먹었습니다. 저는 절대적으로 경제적 이유로 이곳에 왔습니다. 사실 외국에서 사는 것에 대해선 관심이 없었어요.

⑥ **한인조직과의 관계** 저는 7개 한인조직에 가입해서 지금까지 이어지고 있습니다. 우선 루르 지방 '한마음'협동조합[1979~88] 창립회원입니다. 한마음의 설립목적이 올바르게 여겨졌어요. 한마음은 한국 전통 농산물을 재배하고 판매해서 재독한인들의 삶을 풍요롭게 하고 그 수익금으로 한국의 노동자들을 지원할 계획을 가지고 있었지요.

다음으로, 2세대와 독일인들에게 한국 전통문화를 알리고자 하는 보훔 민중문화협회 창립회원입니다. '전태일기념사업회 유럽본부' 설립에도 참여했습니다. 기념사업회는 한국의 노동운동을 위해 생겨난 정치적인 단체인데, 저는 의장을 지냈습니다.

또 1989년부터 보훔 한인교회 교인으로 나갑니다. 그전에는 다른 한인교회를 다녔어요. 한인들 사이에서는 보훔 한인교회가 빨갱이라는 소문이 돌왔거든요. 당시만 해도 저 자신이 아직 의식성장이 안 되었던 거죠.

노동자연맹도 '빨갱이'라고 여겨졌기 때문에 한동안 노련에 가입하지 않았어요. 그러다가 전태일기념사업회에 참여하면서, 노련도 노동자문제를 해결하기 위해 노력한다는 것을 알 수 있었습니다. 그래서 한인노동자연맹 회원이 되었습니다.

그리고 유럽민회[1987~92] 창립회원입니다. 유럽민회는 27명이 힘을 합해 설립했는데, 저는 전태일기념사업회에서 활동하면서 독일 등 유럽 내에 반정부 정치활동의 기반이 확장되어야 한다고 생각했기 때문입니다.

1990년에 범민련이 출범했을 때도 회원으로 참여했습니다. 범민련은 한국의 통일을 위해 활동하는 것을 임무로 하고 있지요. 1980년대 말 한국에서 통일운동이 활성화되면서 한국의 전국대학생대표자협의회 대표 자격으로 여대생 한 명과 반정부인사로 유명한 목사 한 분이 유럽민회의 지원을 받아 통일을 위해 북한을 방문했습니다.

⑦ **자기발전 과정** 독일에서 저의 삶은 나날이 성장하고 발전했습니다. 광부모집에 나이제한이 있었는데, 그때 제 나이가 제한연령보다 두 살 더 많았어요. 그럼에도 어쨌든 저는 이곳에 왔고 여기서 많은 책을 읽었어요. 한국에서는 그럴 기회가 없었습니다. 겨우 초등학교 졸업장만 가진 저는 이곳에 와서 한인지식인들과 사귈 기회를 가지면서 그들과 다양한 사회적 문제에 대해 토론했어요. 한국에 있을 때는 못 배운 저 같은 사람은 교육을 많이 받은 사람들과 대화를 나눈다는 건 생각도 할 수 없었어요.

저는 특히 『전태일평전』을 읽고 새로운 삶의 철학에 눈뜨고 노동자로서 의식이 깨어날 만큼 깊은 인상을 받았습니다. 뿐만 아니라 사회가 노동자와 지식인의 관계를 그런 방식으로 인식하게 했다는 것도 알게 되었죠. 하지만 인간은 평등합니다. 만약 한국에 그대로 있었다면, 저는 완전히 바보처럼 살았을 것입니다.

⑧ 이해관계에 대해서 처음에는 관심이 물질적인 것에 있었지만, 지금은 이념적인 것에 있습니다. 사회적으로 이념적 이해관계는 오직 조직을 통해서만 대변할 수 있습니다. 따라서 제가 속해 있는 조직들은 전적으로 저의 이해관계를 대변합니다.

⑨ 삶의 중심 한국은 제 내적 삶의 중심이고 이곳은 외적 삶의 중심이지요. 조국이 무엇인지 여기 와서 비로소 알게 되었어요. 초기에는 자가용을 가졌다는 데 대해 크게 양심의 가책을 받았지요. 그러다가 시간이 지나면서 독일의 생활조건이 한국과는 완전히 다르다는 것을 알게 되었죠. 지금도 여전히 독일어를 잘 이해하지 못합니다. 그래서 독일인과 무슨 일을 하게 되면, 저는 무척 슬퍼져요. 제가 국제적으로 할 수 있는 것이 없기 때문이지요. 여기서는 항상 이방인입니다만, 이 또한 저 스스로 만든 상황이었습니다. 아무튼 과거에 독일어를 열심히 배웠어야 했어요.

⑩ 이민자의 위치와 임무 독일사회에 한국을 알리려고 노력합니다. 그리고 법치국가에 대해 존경심을 가지고 있습니다. 제가 보기에 인종주의는 과거지사로 전체적으로 인종차별은 줄었습니다. 인간은 평등합니다. 저는 그렇게 믿고 있습니다. 따라서 저는 모든 인간을 존중합니다. 그들의 피부색깔이 어떻든 상관없습니다. 지금도 독일에는 나치의 전통을 이어받은 사람들이 있긴 하지만 그리 많다고는 생각하지 않습니다. 다만 점점 늘어나는 것이 우려됩니다. 앞으로 독일사회에서 문제가 될 것입니다. 저 자신은 외국인 적대를 직접적으로 겪은 적이 없습니다. 이와 무관하게 외국인들 또한 많은 실수를 합니다. 저는 네오나치에 두려움을 갖지 않습니다. 사람들은 그에 대항해서 싸워야 합니다.

⑪ 독일단체의 활동 당연히 처음부터 노동조합원이었습니다.

⑫ 귀향의사 언젠가 한국으로 돌아갈 것입니다. 하지만 우선 통일이 되어야 합니다. 통일이 되면 무조건 돌아갈 겁니다.

[인터뷰27]

① 1948년 전라남도 광주에서 태어남

② 1971년 파독광부로 카스트로프라우셀(Castrop Rauxel)에 도착

③ **생활환경** 처음 3년 동안은 광부기숙사에서 살았습니다. 기숙사에는 한인광부가 다수이고 그 밖에 다른 나라 노동자들과 일부 독일인들이 있었습니다. 1974년에 결혼하고 나서 베를린으로 가서 단독주택에 살았습니다. 그리고 저는 병원에서 임시직으로 일했습니다. 우리 집 이웃사람들은 대부분 독일인 중산층이었는데, 그들이 외국인에게 적대적이라는 느낌을 받진 못했습니다. 그러다가 10년 전에 집을 장만했습니다. 이곳 주변환경이 마음에 듭니다. 제 정체성은 한국인이라고 확신합니다. 독일인들은 저를 외국인으로 대하니 늘 고립되어 있다는 느낌을 받기 때문에 불만이 있습니다.

④ **사회적 상황** 간호사인 한국여자와 결혼해서, 슬하에 두 아이가 있습니다. 아이들은 독일어가 모국어이지만 한국어도 잘합니다. 그리고 독일시민권은 1981년에 취득했습니다. 지금까지 죽 정치활동을 적극적으로 하다 보니 한국영사관으로부터 늘 괴롭힘을 당합니다. 확언하건대 앞으로도 독일에서 계속 살 것입니다. 1981년에 간호인 재교육을 받았고 우리의 수입은 세후 약 5500마르크입니다.

⑤ **동기** 저는 가난했습니다. 우연히 버스에서 파독광부 모집광고 소식을 들었고 외국으로 나가야겠다고 생각했습니다.

⑥ **한인조직과의 관계** 저는 '베를린 노동교실' '베를린 한독문화협회' '재독한국양심수 지원모임' '한민련 베를린지부' 창립회원입니다. 저는 인간적인 삶을 원했고, 지금도 변함없습니다. 이것이 제가 조직에서 활동하는 이유입니다.

⑦ **자기발전 과정** 저는 독일에 와서 이런저런 책도 무척 많이 읽었고, 특정주제들을 가지고 사람들과 토론도 많이 했습니다. 그러면서 제가 어떻게

살아야 하는지 알고 깨닫게 되었습니다. 또한 한국이 분단된 이유도 알게 되었습니다.

독일의 사회적 분위기가 저의 시각을 발전시키는 데 도움이 되었습니다. 만약 제가 여기서 고립과 소외를 경험하지 않았다면 아마 다르게 발전했을 것입니다.

가정을 이룬 뒤로는 인간적인 삶이 어떤 것인지 배웠습니다.

제 직업이 만족스럽진 않습니다. 발전의 기회가 없기 때문입니다.

⑧ 이해관계에 대해서 100퍼센트는 아니지만, 제가 소속되어 있는 조직들은 저의 이해관계를 대변합니다. 하지만 중요한 것은, 조직을 통해 자신의 이해관계를 제대로 대변하기를 원한다면 자신이 직접 나서서 활동해야 한다는 것입니다. 겨우 회비 내는 것만으로는 충분치 않습니다.

제가 교회를 다니지 않는 데는 이유가 있습니다. 교회를 다니면 내적 갈등을 훨씬 더 겪을 게 뻔합니다. 저의 위선을 더 분명하게 보게 될 테니까요. 더구나 종교는 현실의 문제는 외면하고 오히려 황금미래에만 매달리지요. 종교는 약자가 아니라 강자들의 편에 서 있습니다. 종교는 그 내에 착취가 정당화되는 구조를 갖고 있습니다. 또한 교회는 오늘날 그 사명을 다하지 않고 있습니다.

⑨ 삶의 중심 독일은 제 삶의 중심입니다. 저는 여기서 뿌리를 내리고 실질적인 삶을 살고 있습니다. 한국은 저에게 어쨌든 제 삶의 내적 뿌리입니다.

⑩ 이민자의 위치와 임무 저는 이민자입니다. 우리 이민자들은 우선 의무를 다하고, 그런 다음 자신들의 권리를 요구해야 한다고 생각합니다. 이곳에 뿌리 내린 사람이라면 사람들, 자연, 이곳에 속한 모든 것을 다 사랑해야 합니다.

지금까지 한번도 저 자신이 독일인이라고 느낀 적이 없습니다. 누가 보아도 저는 외국인으로 보이기 때문입니다. 독일의 문제를 해결하는 데 직접적으로 참여한 적은 없습니다. 제가 독일에 대한 사랑을 키우지 못했기 때문인데, 외국인으로 취급당하는 것이 다시 그 이유입니다.

통합은 저에게 우리 이민자들이 시민으로서의 의무를 다하지 않고서는 자기 권리를 주장할 수 없다는 것을 의미합니다. 하지만 많은 외국인들이 그렇게 하지 않습니다. 저는 옳지 않다고 생각합니다. 그건 책임의식이 결여되어 있기 때문입니다.

독일에서 다문화사회 지지는 소수 의견에 속할 것입니다. 저는 또 이중국적의 도입을 찬성합니다. 하지만 독일은 지금까지 대안적 사회를 발견하지 못했습니다. 사람들이 서로가 필요하다고 느끼고 평화롭게 함께 살 수 있는 사회 말입니다. 인간의 의식이 법·교육과 같은 제도와 함께 변해야 합니다. 예를 들어 법만 바뀌어서는 아무것도 이루어지지 않습니다. 그것은 독일뿐 아니라, 지구상의 모든 나라가 다 마찬가지입니다.

⑪ **독일단체의 활동**　녹색당과 공공노조에 가입했습니다.

⑫ **귀향의사**　귀향의사는 없습니다.

[인터뷰28]

①　1947년 전라북도 남원에서 태어나 오랫동안 서울에서 거주

②　1974년 12월 파독광부로 왔음

③ **생활환경**　처음 2년 동안은 광부기숙사 생활을 했는데, 그 기숙사에서 50명가량의 노동자들이 함께 살았습니다. 대부분이 한국인이었고, 구 유고슬라비아와 터키·중동국가에서 온 외국인들도 있었습니다. 그리고 독일인도 몇 명 있었습니다. 이처럼 대부분이 외국인이었기 때문에, 외국인에 대한 적대감은 감지하지 못했습니다. 2년 후에는 개인주택으로 이사했습니다. 당시 한인광부들 대부분이 미혼이었기 때문에 우리는 주말이면 함께 어울려 술을 마시곤 했습니다. 그러나 저는 주말에는 독일어를 배우고 싶었습니

다. 그리고 미국이나 캐나다로 이민 갈 생각을 줄곧 하고 있었습니다.

저는 5년 동안 광산에서 일했고, 그 사이 지금의 아내와 결혼했습니다. 그후에 벤츠회사의 직업학교에 다닐 계획으로 우선 루드비히부르크(Lud-wigburg)로 갔습니다. 하지만 주 정부는 내가 직업학교에 다니는 것만으로는 가족의 생활비를 보장할 수 없다는 이유로 허가하지 않았습니다. 당시 아내는 아이를 낳은 지 얼마 안 되어서 일을 하지 않고 있었습니다. 그래서 우리는 베를린으로 가서 거기서 2년 동안 직업학교를 다녔습니다. 1981년에 지금 살고 있는 첼렌도르프(Zehlendorf)의 이 집을 샀습니다. 이웃에는 독일인뿐만 아니라 외국인들도 살고 있습니다. 외국인을 적대적으로 대한다거나 혐오하는 분위기는 느껴지지 않는 곳입니다. 이 지역은 베를린에서 실업률이 가장 낮은 곳입니다. 독일인들의 생활방식은 상당히 개인주의적입니다. 그래서 독일인과 외국인의 직접적인 교류는 거의 없고, 그저 자녀들을 매개로 한 교류가 있을 뿐입니다. 우리 집은 신축한 사회공공주택인데, 최소한 하층에 속하는 가정은 없는 것으로 보입니다. 최근 들어서 주변에 폴란드에서 온 사람들이 많이 늘어났는데, 그들은 외국인들에게 불친절합니다. 길에서 마주치면 인사를 건네도 정말이지 그들은 인사를 잘 안합니다. 이런 면에서는 독일인과의 관계가 더 좋습니다.

④ **사회적 상황** 저는 한국여성과 결혼했고 자식은 둘 있습니다. 아이들은 여기서 태어나, 모국어가 독일어입니다. 그래도 원래 한국어를 잘하는데도 한국어로 말하는 것을 좋아하지 않습니다. 아이들은 한글학교를 다닙니다. 아무튼 우리가 아이들에게 한국어로 말하면, 아이들은 다 알아듣습니다. 아내는 하프타임 간호사로 일하고 있습니다. 저는 1993년까지 장인학교를 다녔고 산업기능장(Industriemeister) 자격을 땄습니다. 우리 집 세후 수입은 약 5천 마르크이고 저는 한국국적과 독일체류권을 가지고 있습니다.

⑤ **동기** 1980년대의 한국경제는 매우 심각했습니다. 그래서 많은 젊은이

들이 기회가 있으면 어떻게든 외국으로 나가고 싶어했습니다. 저도 주로 경제적인 이유로 이곳에 왔습니다. 그전에도 돈을 벌기 위해 파월장병으로 베트남에도 갔습니다. 이런 한편으로 독일에서 더 많은 경험을 쌓겠다는 의도도 있었습니다.

⑥ **한인조직과의 관계**   저는 '베를린 노동교실' 회원이고 지금은 의장을 하고 있습니다. 그리고 '베를린 한국 언어·문화 협회'(Verein für Koreanische Sprache und Kultur e.V. in Berlin)의 재정을 지원하는 후원회원입니다.

또 한국노동조합총연맹의 후원회원인데, 한국노총 신문이 저를 통해서 독일에 배부됩니다.

⑦ **자기발전 과정**   독일의 정치구조와 생활양식은, 예를 들어 법치국가에 대한 존중은 초기에 제게 큰 영향을 주었습니다. 그래서 한국의 정치적 상황을 독일과 잘 비교할 수 있었고 이를 통해 한국정치에 매우 비판적인 입장이 되었습니다. 그리고 뒤스부르크에 있는 한인교회에 다녔었는데, 그 교회에서 한국의 현실정치에 관해 많은 지식을 얻었습니다. 이곳의 사업장에서 일을 하면서, 저는 전문적인 직업교육을 이수할 필요성을 깨닫게 되었습니다. 그래서 두 번 재교육을 받았고, 산업기능장이 되었을 때 한국에서도 자리 제안이 있었습니다.

제가 일하는 사업장은 산업기능장에게 할당된 정규직 자리가 제한되어 있어서, 저는 한 사람이 퇴직할 때까지 기다려야 합니다. 그 밖에도 외국인으로서 불리한 입장에 있습니다. 숙련노동자들이 작업을 하다가 문제가 발생하면 먼저 독일인 기능장을 찾아가는 것이 역연합니다. 거기서 제대로 설명을 듣지 못한다거나 해결이 안 되면 그때 저에게 옵니다. 저는 사업장에서 중요한 정보들에서 배제되는 방식으로 차별받고 있습니다. 아마 다른 외국인들도 저와 똑같은 경험이 있을 겁니다.

⑧ **이해관계에 대해서**   '이익'이라는 단어는 저에게 물질적인 것으로 들립니

다. 그리고 한국어에서는 부정적인 의미로 사용되고 있습니다.

아무튼 제가 속해 있는 조직들은 제 이익을 대변합니다.

⑨ **삶의 중심**   현실적으로 보아서 독일은 제 삶의 중심입니다. 하지만 내심으로는 아직 결정하지 못했습니다. 한국은 여전히 제 삶의 뿌리입니다만, 이 또한 변합니다.

⑩ **이민자의 위치와 임무**   저는 독일시민권을 취득하지 않았기 때문에 제 위치를 '이곳에 상주하는 한국인'으로 정의합니다. 저는 모든 의무를 다 수행하지만, 시민으로서의 권리는 없습니다.

독일인들과는 교류가 잦은 편인데, 제 행위를 통해 독일인들에게 결국 그들과 같은 존재인 외국인들에 대해 소개하려고 노력합니다.

외국인들에 대한 선입견은 자주 정치적으로 이용되고 또 이런 정치적 이용은 더 많은 선입견을 만들어내지요. 오늘날 제품들에는 더 이상 국적이 없습니다. 그럼에도 제품에는 그 고유의 가치가 담겨 있지요. 지금 베를린에는 100개가 넘는 나라에서 온 사람들이 살고 있습니다. 이 나라들의 문화와 전통은 고유의 가치를 지녔으므로 보호되고 서로 존중해야 합니다. 사람은 자기의식 없이는 다른 것을 받아들일 수 없습니다.

저는 이중국적을 찬성하는데, 그것은 이중국적이 인정되면 외국인들의 내적 갈등이 완화될 수 있기 때문입니다. 한국이 군사독재정권 아래 있었을 때, 정치의식이 있는 해외교포들은 한국국적을 가지고 있음으로 해서 많은 어려움을 겪을 수 있었습니다. 또 독일시민권을 받게 되면, 독일시민으로서 정치적 권리를 행사할 수 있다는 것도 알고 있습니다. 하지만 저는 내적으로 늘 갈등을 겪고 있기 때문에 독일국적을 얻지 않았습니다.

⑪ **독일단체의 활동**   노동조합의 조합원이고 녹색당 당원입니다.

⑫ **귀향의사**   한국으로 돌아갈지 여부는 아직 결정하지 못했습니다.

[인터뷰32]

① 1936년 9월 7일 경상북도 상주에서 태어나 장기간 서울에서 거주

② 1965년 3월 독일에 왔음

③ **생활환경** 제가 독일에 왔을 때만 해도 한국인이나 동아시아인이 거의 없었어요. 여기 와서 6개월 동안 한 동물원에서 일했는데, 동물원을 찾은 학생들이 동물 구경을 하기보다 우리를 쳐다보았지요. 저는 3년 동안 기숙사에서 주로 한국인을 비롯한 외국인 동료들과 함께 살았습니다. 일은 매우 힘들었어요. 그래서 그 시절은 지금도 떠올리고 싶지 않아요. 한국인들끼리도 서로 생면부지이다 보니 걸핏하면 싸우곤 했죠. 게다가 한국인들은 그저 출세에만 관심이 있어서, 한국인들끼리 단결하기가 거의 힘들었어요.

3년 기한 노동계약이 만료되기 석 달 전에 대학입학 허가를 위한 어학강좌를 듣기 위해 쾰른대학에 등록했습니다. 그때부터는 개인집에 살았어요. 또 이 시기에 지금의 아내를 만났죠. 그래서 독일사회와 접촉할 수 있는 기회가 빨리 왔다고 할 수 있습니다. 어학강좌가 끝난 뒤에는 기술전문대학에 들어갔고, 뒤스부르크에서 실습을 한 뒤로 계속 살고 있습니다.

1976년에 마련한 집에서 지금도 우리 가족은 살고 있습니다. 이웃은 거의 대부분 독일인이고, 원래부터 이곳 주거환경은 아주 좋았습니다. 이웃들과 저 사이에 어떤 구별은 없습니다만 제 생활방식은 독일인들과 다릅니다. 저는 한국인이기 때문이지요.

④ **사회적 상황** 1968년에 결혼을 해서 두 아이들은 거의 다 장성했어요. 아이들은 한국어를 거의 이해하지 못합니다. 독일시민권은 1976년에 취득했습니다. 그리고 저는 1974년부터 엔지니어로 일하고 있고 아내는 서점을 운영하고 있습니다.

⑤ **동기** 한국에서는 직업이 없어서 실업자 신세였지요. 당시 저는 제 정치적 신념에 몰두해 있었기 때문에, 외국으로 가고 싶었어요. 그래서 이렇게

결심했습니다. 만약 외국으로 나간다면 통일되기 전에는 돌아오지 않을 것이라고요. 한국인들이 광부로 독일에 갈 수 있다는 걸 알았을 때, 저에게는 광부로 간다는 건 중요치 않았어요. 중요한 것은 외국으로 간다는 그 자체였지요. 아마 한국에서 정식으로 일할 자리를 구했다거나 학업을 계속할 수 있었다면, 외국으로 떠날 마음은 먹지 않았을 겁니다.

⑥ ⑧ **한인조직과의 관계 및 이해관계에 대해서** 첫째, '민주사회건설협의회' 창립회원이지만 조직에서 역할을 맡지는 않았어요.

둘째, '한인노동자연맹' 창립회원이고 초대의장을 지냈습니다.

셋째, '코리아위원회' 창립회원이고 아무 역할도 안 맡았습니다.

넷째, '한민련' 회원으로서 총무를 지냈는데, 제가 가입해 있는 '한인노동자연맹'이 한민련의 회원조직이었기 때문입니다.

다섯째, 유럽민회 창립회원이고 의장을 역임했습니다.

이상의 조직들에서는 현실적으로 아무것도 안하고 있다고 보아야 할 것입니다. 요즘은 이 조직들의 활동에서 물러섰어요. 유럽민회는 해체되었고 코리아위원회도 그렇지요. 다만 코리아협의회는 코리아위원회의 독일인 회원들과 연관시켜서 말하자면 코리아위원회의 후계자라 할 수 있지요.

여섯째, 민중문화협회 창립회원으로서 열심히 참여하고 있습니다.

일곱째, 코리아협의회의 적극 회원입니다.

여덟째, 1994년부터 '뒤스부르크 한인회'와 교류하고 있습니다. 한인은 모두 한인회의 잠재적 회원이지요.

아홉째, 역시 1994년부터 '한인 글뤼크아우프회'에도 나가고 있습니다. 원래 이 조직은 한인광부들이 만들었기 때문에 저 역시 자동적으로 조직의 잠재적 회원이었습니다.

한인노동자연맹은 한인광부들의 노동처우를 위해서 그들의 이익을 어느 정도 대변했습니다. 광부들의 해고에 맞서서 법적 투쟁을 하여 승리하기도 했습니다. 또 광산에 있는 한인통역관 중 몇 사람이 대사관의 첩자 노릇을 하는 게 드러났을 때도 노련이 나서서 싸웠습니다.

정치조직들도 한국의 군사독재자들에 저항해서 정말 잘 싸웠고 일정한 성과도 거두었습니다. 한국의 반민주적 상황을 정작 한국인들은 독일로부터 빨리 정보들을 받을 수 있었으니까요. 마침내 한국에 문민정부가 탄생하는 데 해외의 정치활동도 나름의 역할을 하면서 영향을 주었습니다. 이런 의미에서 정치조직들은 저의 이해관계를 대변합니다.

이곳의 정치조직들은 한반도 통일을 위한 운동을 기초로 해서 민주화를 위해 끊임없이 노력해야 합니다.

⑦ **자기발전 과정** 제가 독일로 오면서 함께 가지고 온 생각들을 발전시켰습니다. 저 자신은 그렇게 생각합니다. 만약 한국에 살았더라면, 당시 추구했던 삶의 가치관이나 철학을 그대로 유지했을 겁니다.

재교육을 통해 사회적 지위가 달라질 수 있었어요. 사람들이 외국을 나간다고 했을 때 그 동기는 무엇을 이루고자 하는지에 따라 다를 겁니다. 하지만 그 목표를 이루기 위해서는 엄청난 노력을 해야 합니다.

⑨ **삶의 중심** 제 삶의 중심은 이제 이곳입니다. 하지만 제 마음은 한국을 향해 있지요.

⑩ **이민자의 위치와 임무** 이곳의 외국인 적대는 프랑스나 네덜란드 같은 유럽의 다른 나라들과 비교해서 그 특성상 특히 끔찍합니다. 독일은 현시대에 히틀러 시대를 경험했던 나라이기 때문이지요.

이곳의 외국인단체들은 외국인 적대 혹은 혐오에 대항해서 부지런히 계몽활동을 해야 합니다. 또 독일은 이중국적을 도입해야 합니다.

⑪ **독일단체의 활동** 저는 독일에 온 1973년부터 노동조합에 가입했습니다.

⑫ **귀향의사** 앞으로 10년 후나 혹은 통일이 되면 반드시 한국으로 돌아갈 것입니다.

[인터뷰33]

① 1948년 경상북도 김천에서 태어났고, 실습하러 몇 차례 고향을 떠난 것말고는 계속 김천에서 살았음

② 1970년 파독간호사로 왔음

③ **생활환경** 저는 동료간호사 여덟 명과 함께 라팅겐(Ratingen)의 병원에 도착했습니다. 과거에는 그 병원에 수녀들만 일을 했었는데, 그분들이 나이가 들어서 외국인 간호사들로 대체되었습니다. 우리는 그 병원에 맨 처음 온 한인그룹이었는데, 독일에서 교육받은 한인간호사가 우리를 도와주기 위해 6개월 기한으로 본에서 왔습니다. 그녀의 도움 없이는 관청업무 같은 것을 전혀 처리할 수 없었거든요.

우리는 도착한 지 3일 만에 벌써 현장에 투입되었습니다. 사실 계약에 따르면, 우리는 현장에 투입되기 전에 독일어 수업을 받는 것으로 되어 있었습니다. 하지만 우리는 바로 일을 시작했고 일주일에 2시간 1년 동안 독일어 수업을 받았으나 독일어를 웬만큼 구사하기에는 너무 적은 시간이었어요. 게다가 저는 문법에 대한 정확한 기초지식도 없었던 터라, 비록 업무내용에 대해서는 알고 있었다 해도 그때그때 제가 해야 할 일을 제대로 파악하기가 어려웠습니다. 가령 병실에 침구정리를 하러 갈 때, 저는 언어 때문에 환자들이 저에게 뭔 말을 할까 봐 늘 두려움을 갖고 있었습니다. 환자 업무일지도 모두 영어로 기입하고, 독일어는 근무 끝나고 방에 와서 혼자서 공부하기 시작했습니다. 이 같은 상황을 더 이상 견딜 수도 없었고 차별도 느껴졌기 때문입니다. 독일인 간호사 한 사람이 이따금 저의 독일어 공부를 옆에서 도와주기도 했습니다. 그후 일년 동안은 뒤셀도르프에 있는 시민학교에서 독일어 강좌를 듣고 시험까지 쳤습니다. 또 베를린에 가서는 6개월 동안 괴테어학원을 다녔습니다. 이런 것들 외에는 어디서도 체계적으로 독일어를 배운 적이 없습니다.

독일인들이 우리를 신기한 듯이 쳐다보는 것 같은 기분은 들었지만, 그렇다고 부정적인 눈빛은 아니었어요. 가령 크리스마스 파티에 우리를 초대하기도 했거든요. 그러면 우리는 한복을 입고 파티에 갔고, 모든 것이 편안했습니다. 하지만 이런 것이 저에게는 부담이었습니다. 우리의 관계가 이상하게도 너무 가까웠기 때문입니다. 이런 부담 때문에 3년 지나서는 부서를 이동했습니다.

게다가 간호사 직업에 더는 흥미가 느껴지지 않았어요. 저는 공부를 하고 싶었거든요. 그래서 야간학교를 다니기 위해 베를린으로 갔습니다. 그런데 저는 연방장학금(Bafög)을 받을 수 있는데도 그 지원을 받으며 공부할 생각을 한번도 못했어요. 늘 내가 벌어서 학비를 마련해야 한다고 생각했었죠. 야간학교의 마지막 학기에 들었던 강의는 제가 어떤 것을 전공할지 결정하는 데 많은 도움이 되었습니다. 제 생각에 이 도움이 저의 정치적 의식을 끊임없이 갈고닦을 수 있는 원동력이 되었던 것 같아요. 저는 여기서 다른 세계를 보고 있다는 인상을 받았습니다. 제 친구가 당시 저에게 의학을 전공하라고 말했습니다. 하지만 그때는 학생들 사이에 사회교육학이 인기가 높아서 저도 사회교육학을 전공하기로 결정했습니다. 그러나 한 학기를 마치고 나자, 저 자신이 원래 원하던 것이 무엇인지 찾아내지를 못했습니다. 그러다가 결국 간호사 직업이 저에게 맞다는 것을 다시 깨닫게 된 것 같습니다. 그 뒤로는 간호사라는 직업에 자긍심을 갖게 되었고, 지금도 변함이 없습니다.

베를린에는 외국인이 많이 살고 있습니다. 만약 익명성을 누리기를 원하는 사람이라면, 베를린처럼 거대한 도시에서는 쉽게 익명의 삶을 살 수 있습니다. 바로 이런 것이 대도시의 명성에 걸맞은 일이며 장점이라고 생각합니다. 저는 이런 분위기를 즐겼어요.

베를린에서 8년, 그다음 3년은 칼스루에에서 살았고, 그후 3년 동안 한국에 가서 간호분야 구호요원으로 일했습니다. 그리고 7년 전부터 바트 메르겐트하임(Bad Mergentheim)에서 살고 있습니다. 라팅겐에서는 항상 염증을 느꼈습니다. 아마 저 자신을 표현할 수 없었기 때문일 겁니다. 베를린에서는 자유로운 분위기 속에서 살았습니다. 그에 비해 바트 메르겐트하임은 자그마한 도시이죠. 이곳 사람들은 매우 보수적인데 마치 자신들이 프랑스인인 것처럼 여기며 살아간답니다. 이처럼 저는 익히 알고 있는 곳에서 살고 직장에서 직위도 만족스러워서 행복함을 느끼면서도, 또 한편으로 저 자신이 외국인이라는 사실을 뼈저리게 느끼고 있습니다. 사실 오랫동안 독일사회를 제대로 경험한 바로는 저 자신이 법적인 무능력자라는 생각도 떨칠 수 없습니다.

잦은 이사를 한 데 대해 큰 부담을 느끼긴 않았어요. 제가 원해서 옮기는 거여서 그랬겠지만, 또 한국에서는 줄곧 한 곳에서만 살았기 때문일 수도 있을 겁니다. 이제는 더 이상 이사를 하고 싶진 않습니다. 물론 처음 바트 메르켄트하임에 이사 와서도 다른 데로 이사 갈까 하는 마음을 먹었던 것으로 기억합니다. 하지만 지금은 그럴 생각이 없습니다.

④ **사회적 상황** 저는 독일남자와 결혼해서 아이가 둘 있습니다. 1984년에 독일시민권을 취득했는데, 제가 구호요원으로 한국에 가려고 했을 때 독일시민권이 필요했거든요. 우리 가족의 수입은 세금 공제하고 4500마르크입니다.

아이들 둘 다 모국어는 독일어이지만, 첫째 애는 한국어를 읽고 쓰고 말할 수 있으나 둘째 애는 조금 부족해요.

⑤ **동기** 저는 동료간호사들에 비해 독일에 늦게 온 축에 들었습니다. 이미 파독간호사로 갔다 온 동료들에게 독일의 간호사 업무가 완전히 다르고, 독일의 간호사 교육은 국제간호사조직에서 인정되지 않을 뿐 아니라 독일은 조직에 가입되어 있지 않고, 한인간호사들의 독일근무는 한국에서 경력

으로 인정되지 않는다고 들었기 때문입니다. 그리고 당시 저는 한 병원에서 근무하고 있었던데다 급료도 괜찮은 편이었고 또 병원에서도 제가 언제까지라도 다니기를 바랐습니다. 하지만 한편으로는 그 병원을 그만두고 싶다는 생각이 들기도 했습니다. 그 병원 원장과 아버지가 친구사이여서 병원직원들 사이에서는 원장 친구의 딸로 통해서 좀 불편했거든요. 더구나 저는 고향마을을 벗어난 적이 거의 없었기에 한 병원에서 영원히 일한다는 것은 저 자신에게 너무 가혹하다고 생각했죠. 암튼 저는 외지로 나가서 자유롭게 살 수 있었으면 하는 바람밖에 없었습니다. 그래서 저는 우선 국내에서 다른 지방으로 가려고 몰래 여러 곳에 이런저런 일자리를 알아보았지만 번번이 퇴짜를 맞았습니다. 이상하게도 하나도 성사되지 않았던 거예요. 아무래도 그 배후에는 저희 아버지나 원장이 있었던 것 같아요. 결국 저는 독일로 오기로 마음먹었지요.

⑥ 한인조직과의 관계 1978년 '재독한국여성모임'이 설립될 때부터 참여했습니다. 베를린에 살 때는 한국사람들과 직접적인 교류가 없었는데, 하루는 '다문화 부부'를 주제로 한 세미나에 초대를 받아서 갔습니다. 베를린에 이미 조직되어 있었던 한국여성모임이 주최한 세미나였어요. 그때 저는 생후 4개월 된 갓난아이가 있어서 외부세계와 교류가 별로 없었던 터라 세미나에 가기로 했죠. 세미나 분위기가 정말 좋았고 또 한인여성들이 한국말로 자기주장을 얼마나 잘하는지. 그래서 그 사람들과 금방 친해질 수 있었어요. 서로 존중하며 토론을 해나가고 토론내용도 좋았지요. 그간 바깥활동이 너무 없었다는 게 절로 느껴졌습니다만, 어린아이를 돌보다 보니 모임에 자주 나갈 수가 없었어요. 그래도 모임에는 연락망이 짜여져 있어서 늘 정보를 받을 수 있었지요. 독일정부가 한인간호사들을 강제로 한국으로 돌려보내기로 했을 때, 모임은 이에 항의하며 서명운동을 이끌어나갔습니다. 이시기부터 저는 모임과 부쩍 가까워졌습니다. 우리는 한국 여성노동자들의

상황에 관해 토론했고, 다양한 사회적·정치적 주제를 직접 찾아내서 함께 학습했지요. 이런 과정을 통해서 저 역시 사회적인 인식이 깊어지면서 사회를 비판적으로 바라볼 수 있게 되었습니다. 모임 속에서 내적 성장을 이루었다고 할 수 있어요.

저는 여성모임 의장을 두 차례 맡았습니다.

⑦ **자기발전 과정**   제가 생각하기에 독일의 사회적 조건들이 저 자신의 긍정적 발전을 뒷받침해 주었던 것 같아요. 예를 들어 사회민주주의에 기초한 제2의 교육의 길 같은 거죠.

저의 가치관과 시각이 확장되었다고 생각합니다. 한국에만 있었다면 제 가치관은 한국적인 것에 머물러 있으면서 그것을 통해 세계를 분석했겠지요. 그렇다고 해서 지금 제가 보편적인 시각을 가졌다는 의미는 아닙니다.

제가 보기에 일자리를 찾아서 이곳에 온 한인들 거의 대부분이 경제적으로 어려운 형편이었습니다. 비록 많은 한인들이, 특히 미혼한인들이 자기는 자아발전을 위해서 혹은 호기심 때문에 독일에 왔다고 말하긴 하지만요. 한국경제의 상황은 아주 오랫동안, 정치적 상황만큼이나 무척 비참했어요.

우리는 정말 아무것도 모르고 이곳에 왔어요. 예를 들어 근로계약 같은 것들인데, 한국과 독일 양국의 어느 쪽도 이런 것들이 우리에게 어떤 의미를 가지는지 알려주지 않았던 거죠. 이곳에 와서 몇 년이 지나서야 저는 우리가 얼마나 많은 장점과 이득을 독일병원들에 가져다주었는지 깨닫게 되었어요. 우선 우리는 한국에서 교육을 받았기 때문에, 독일은 간호사 양성에 투입해야 할 교육비를 절약할 수 있었습니다. 대부분의 한인간호사들이 도착하자마자 곧 일을 하러 가야 했습니다. 또 6개월의 견습기간 동안 우리는 원래 받아야 하는 급여보다 적게 받았습니다. 심지어 초창기에는 일부 간호사들의 경우 병원청소까지 해야만 했습니다.

우리에 대한 한국정부의 태도는 터무니없었어요. 정부는 우리를 그저 외화를 벌어들이는 존재로밖에 여기지 않았어요. 단 한번도 우리에게 근로조건이나 노동법에 대한 정보를 준 적이 없었어요.

한인들은 물질적 이해관계가 충족됨으로써 독일로의 이주에 대한 보상을 받았다고 생각합니다. 그래서 대체로 이주를 긍정적으로 받아들입니다.

한국성부의 정책은 자기발전에 계속 걸림돌이 되었다고 할 수 있어요. 한국에서는 사람들이 무비판적으로 키워집니다. 그래서 이곳에 와서 비판적인 시각을 갖게 된 한인들이 실천에 나서다 보니, 정보원이나 중앙정보부 사람들이 이들의 뒤를 추적하기도 합니다.

⑧ **이해관계에 대해서** 이해관계라는 단어는 왠지 부정적으로 들립니다. 그 의미가 너무 현실적이고 실용적으로 여겨지니까요. 공동의 이해관계는 조직을 통해서 가장 잘 대변할 수 있습니다. 하지만 공동의 이해관계에 기초가 되는 것은 사람들 하나하나입니다. 그리고 이들 각자에게는 역시 입장이 같은 다른 사람들과 함께 공동의 이익을 찾아나가야 할 책임이 있습니다.

여성모임은 시기적으로 또는 내용적으로 항상 저의 이해관계를 대변하는 것은 아닙니다. 따라서 자신의 이해관계를 관철시키고자 한다면, 적극적으로 나서서 활동해야 할 것입니다. 지금은 잘 모르겠어요, 여성모임이 제 이해관계를 대변하는지.

⑨ **삶의 중심** 저에게 지역 결정은 전혀 중요하지 않습니다. 오히려 저 자신에게 몰두하는 것이 더 중요해요.

⑩ **이민자의 위치와 임무** 제 위치를 규정해 본다면, 이렇게 말할 수 있을 것 같아요. 저는 노동이민자입니다. 처음에는 저에 대한 이런 정의가 제 의지에 따라 내린 것인지 강압에 의한 것인지 고민했습니다. 하지만 저 스스로 일단 그렇게 결정했기 때문에, 더 이상은 고민하지 않습니다.

저는 눈, 코, 입을 완전히 열어놓고 살아가고 있습니다. 이런 삶의 방식이 힘들기도 하지만, 그렇다고 보지도 말하지도 냄새 맡지도 않는, 그렇게 살 수는 없습니다. 사람은 자신이 있는 곳에서 진실하고 성실하게 살아야 합니다.

한인조직들에서 활동하면서 저는 주로 한인들의 이해관계와 한국과 관련된 일들을 대변했습니다. 특히 독일에 있는 망명신청자와 난민들의 이해관계를 그들을 지원하는 조직을 통해 대변하는 데 책임을 느낍니다. 제가 이곳에서 산 지 25년이 넘은 것처럼 우리 이민자들은 이런 일을 할 수 있는 힘을 충분히 가졌기 때문입니다. 그런데 이런 일을 하는 조직이 너무 많습니다. 그러다 보니 어떤 조직에 가입해야 할지 결정하는 게 어렵습니다. 지금은 녹색당 당원이지만, 시간적인 한계 때문에 그리 적극적인 활동은 못하고 있습니다. 최소한 투표권은 있으니까, 투표로 제 의사를 표현할 수 있습니다. 언젠가 기회가 주어진다면, 정치적인 활동을 열심히 할 것입니다.

아직은 이런 문제에 대한 전문적인 글을 많이 읽은 것은 아니지만, 제가 이해한 바에 따르면 이중국적은 이곳 터키인들의 사례처럼 경제적이고 정치적인 이익과 관련이 있습니다. 제 생각에 이중국적은 편리한 면도 있지만 불편한 면도 있습니다. 독일의 이중국적 도입 그 자체는 외국인들이 이로써 독일의 상황에서 생겨난 문제들을 해결할 수 있다는 것을 의미하는 건 아닙니다. 오히려 독일이 여전히 이민자국가임을 선언하지 않는다는 걸 의미합니다. 이것을 바꾸기 위해서는 시스템이 매우 중요합니다. 하지만 이 방법이 증상에 대한 치료 이상이라고 생각하지는 않습니다. 이중국적 도입보다는 독일이 이민자국가라는 선언이 더 중요합니다. 그렇게 되면 외국인들은 규정을 통해 이곳을 오가고, 각 나라의 문제들은 국제적 단위에서 규정될 수 있습니다.

저는 국적을 바꿀 때 기분이 몹시 이상했습니다. 저 자신에게 물었습니다. '내가 국적을 바꿔서 나의 정체성을 잃은 것인가?' 시간이 지나면서 저는 특히 참정권을 행사하면서 그 차이를 느꼈습니다. 그래서 저에게는 국적이 어디냐 하는 것은 크게 중요하지 않습니다. 그저 지금의 국적이 편리할 따름입니다.

⑪ **독일단체의 활동**　녹색당 당원이고, 1987년부터 독일의 한 여성모임에 소속되어 있습니다.

⑫ **귀향의사**　한국에서 할 수 있는 일이 생긴다면, 예를 들어 사회복지센터 같은 곳에서 일할 기회가 있다면 돌아갈 수 있습니다. 지금 한국에서는 미국 시스템을 따라 '가정방문 방식의 돌봄'이 도입되고 있습니다. 그래서 병원에서 근무하는 간호인들도 돌봄이 필요한 가정으로 파견됩니다. 반면 이곳의 간호인들은 병원과 상관없이 사회복지센터에서 일을 합니다. 이곳에서는 간병보험의 도입으로 비용을 줄임으로 해서 간호인의 질이 낮아질 수 있습니다. 그렇지만 의학과 간병이 완전히 분리될 가능성이 있어서, 그것을 통해 간호인들은 전문성을 지킬 수 있습니다. 제가 간호구호요원으로 한국에 갔을 때, 한국과 독일 사회복지센터의 차이와 장단점을 알게 되었습니다. 하지만 당시 제 위치가 그렇지 못했기 때문에 제 지식을 계속 전달할 수 없었습니다. 지금은 자문 자격으로 한국에 갈 수 있습니다.

[인터뷰34]

①　1938년 서울에서 태어났고, 교육과 직업 때문에 여러 지역에서 거주

②　1979년 파독간호사로 왔음

③ **생활환경**　저는 어느 일요일에 다른 한인간호사 세 명과 함께 독일에 도착했습니다. 그리고는 곧바로 월요일부터 일을 시작해야 했습니다. 당시 저는 독일어를 하나도 배우지 못했는데도 말이죠. 우리보다 먼저 온 몇몇 한인간호사들이 우리에게 배당된 업무를 언제 어떻게 해야 하는지 구체적으로 적어주었어요. 그러면 우리는 마치 로봇처럼 그대로 따라했습니다. 그러

다가 언제부터인지 그 병원에는 저를 포함해서 세 명의 한인간호사밖에 없었습니다. 당연히 회진을 따라다녀도 한마디도 알아듣지 못해서 나중에 사전으로 그 뜻을 찾아보아야 했지요. 그렇게 일하고 살았어요. 저희가 근무한 병원은 주의 복지협회에서 운영하는 곳이어서 환자의 1/3이 외국인들이었고 나머지는 은퇴자나 실업자들이었어요. 그래서 우리가 독일어를 못해도 그리 문제 될 게 없었습니다. 1981년까지 그 병원에서 일을 했고, 1982년에 옮겨간 병원에서 지금까지 일하고 있습니다.

처음에는 간호사 기숙사에서 생활했고, 결혼하고 나서 1년 동안은 개인주택에서 살다가 병원사택으로 이사했습니다. 그리고 1978년에 지금 살고 있는 곳으로 이사했지요. 처음에는 임대로 들어왔다가 얼마 후에 이 집을 샀습니다. 이곳은 매우 작고 보수적인 동네입니다만, 외국인이라고 해서 이웃이나 주변사람들로부터 차별이나 불이익을 당한다는 느낌을 받은 적은 없습니다. 과거에는 이곳 주민들 대부분이 병원에 근무하는 사람들이었습니다. 저 자신은 이웃의 독일인들과 교류하는 데 별 관심이 없습니다. 독일인들의 생활방식이 제 방식과는 어쩐지 매우 다르기 때문입니다.

④ **사회적 상황** 저는 한국남자와 결혼했고 1990년부터 독일시민권을 가지고 있습니다. 저희에게 자식은 없습니다. 우리 수입은 세후 5천 마르크이며, 저는 지금도 간호사로 일하고 있습니다.

⑤ **동기** 제가 이곳에 온 것은 경제적인 이유도 있지만, 친구들 몇 명이 저보다 먼저 여기 독일에 와 있었기 때문이기도 합니다. 가족 중에 미국으로 이민 간 사람이 있어서 미국으로 갈 수도 있었던 터라 지금은 조금 후회를 합니다. 아무튼 저는 이곳에서 결혼하여 지내고 있습니다.

⑥ **한인조직과의 관계** 저는 1974년에 설립한 '민주사회건설협의회'의 창립회원입니다. 한국의 민주주의를 위해 조직된 모임이었기 때문에 저는 즉각 회원으로 참여했습니다. 또 민건회는 '재독한국여성모임'의 설립에, 적어도

프랑크푸르트에서는 일정한 역할을 했습니다.

그외에 1981년부터 '조국통일해외기독자회' 회원이기도 합니다. 민건회를 탈퇴한 사람들이 한반도 통일에 중점적으로 힘쓰기 위해 이 모임을 만들었는데, 저 역시 이 일을 중요하게 생각합니다.

또 저는 1978년부터 '재독한국여성모임'도 창립회원입니다. 앞서 말한 민건회의 회원이다 보니, 말하자면 자동적으로 가입되었습니다. 사실 당시 민건회에는 여성회원들이 많았는데, 이들이 여성모임 설립에 적극적으로 참여했습니다. 제 삶에서 조직의 활동이 큰 부분을 차지한 건 아니었지만, 이 활동이 나쁘다고 생각하지 않아요. 그래서 제가 여기 있고 회원이 된 것이지요. 그러면서 저는 한국의 크나큰 부조리와 부정을 알게 되었습니다. 이런 일들은 결코 일어나서는 안 된다고 생각했어요.

여성모임에서는 오랫동안 회계를 담당했습니다.

⑦ **자기발전 과정** 말했듯이 저는 한국에서 일어나고 있는 수많은 옳지 않은 것들을 직접적이고 비판적으로 바라보았지만, 그에 대해 단 한번도 의견을 밝히지 않았지요. 왜냐하면 당시 제 직업이 간호장교였고, 스스로 그 지위를 이용하려 하기도 했기 때문입니다. 예를 들어 교통법규를 위반한 적이 있는데, 제가 장교 신분이라는 명찰을 내보이자 아무 문제도 일어나지 않았습니다. 한마디로 한국에서는 이러한 부당한 상황에 순응하며 살았던 것이지요. 여기서 더 나아가 비판적으로 되었습니다. 그리고 무엇이 아니고 옳지 않은지 표현합니다. 이런 것이 저의 발전이라고 할 수 있을 겁니다. 그래서 많은 한국인들이, 가령 저와 같은 조건을 가진 한인회 사람들이 한국에서 순응하며 살았던 것과 똑같이 이곳에서도 사는 것을 아직도 이해할 수 없습니다.

⑧ **이해관계에 대해서** 제 이해관계를 대변할 수 있는 사람은 저 자신입니다. 물질적으로도 그렇고, 비물질적으로도 그렇습니다. 물질적인 이해관계는

각자가 스스로 대변할 수 있습니다만, 정신적인 관심들은 다른 사람들과 함께, 조직을 통해서 더 잘 대변할 수 있습니다. 저에게는 조직의 목표가 매우 중요합니다. 제가 속해 있는 조직들이 제 이해관계를 백 퍼센트 대변해 주는 것은 아니지만, 조직은 필요합니다.

⑨ **삶의 중심** 제가 살고 있는 곳이 내적 삶과 외적 삶의 중심입니다. 물론 친척 몇 사람이 미국에 살고 있어서 저도 미국으로 갈지도 모릅니다만, 한 가지 확실한 것은 제가 죽었을 때는 이곳에 있지 않을 거라는 겁니다. 저는 엄마 옆에 묻히고 싶습니다.

⑩ **이민자의 위치와 임무** 저 자신이 외국인 혹은 이민자라는 의식을 가지고 살고 있습니다. 사실 이 점이 불만입니다. 저는 그저 문화적인 차이 때문에 독일인들과 잘 지내지 못합니다. 이곳에서 산 지 25년이나 되었지만 한번도 독일인들이 주최한 파티에 간 적이 없습니다.

사회와 마주할 때 저 자신이 무력하게 느껴집니다. 그래서 일상의 삶을 중심으로 살아갑니다. 간단히 말해 저는 눈을 감고 코와 입을 막았지만, 아주 부지런히 살고 있습니다.

만약 독일에 이중국적이 도입되면 좋기는 하겠지만, 제게 필요한 것은 아닙니다. 독일시민권에 대한 제 입장은 이렇습니다. 사실 시민권을 가지고 있다는 느낌도 의식도 없습니다. 처음 취득했을 때 기분이 좋지 않았습니다. 과연 나 자신에게 시민권이 필요한지 자문했습니다.

⑪ **독일단체의 활동** 없음

⑫ **귀향의사** 없습니다. 어쩌면 미국으로 갈 수도 있습니다.

[인터뷰35]

① 1941년 충청도에서 태어나 서울에서 오랫동안 거주

② 1966년에 4년제대학 간호학과를 다니다가 왔음

③ **생활환경** 저는 혼자 하겐(Hagen)에 왔는데, 병원에는 한국인 수녀교육생이 두 명 있었습니다. 저는 독일인 간호사들만 있는 간호사 기숙사에 살았어요. 당시의 일기를 보면, 몹시 외로웠지만 독일인 간호사들과 자주 오가며 사이좋게 지냈던 것 같습니다. 당연히 독일어에 문제가 있었습니다만, 영어를 할 수 있어서 원장과 중요한 용건을 논의할 때는 영어로 했습니다. 독일에 도착하자마자 곧바로 업무에 투입되어서 독일어 수업을 전혀 받지 못했습니다. 제가 직장에서 유일한 외국인이었습니다. 그러다 보니 간호에 대한 지식은 있었지만 언제 일을 해야 할지 제대로 알 수 없었지요. 게다가 이곳의 간호사 업무는 한국과 전혀 달라서, 음식 나눠주는 일들을 하는 것이었어요. 하지만 수간호사는 정규 간호사교육을 받은 저를 조심스러워했어요. 병원당국 또한 제가 이곳에서 계속 의학공부를 해서 그런 다음 한국에 있는 가톨릭병원에서 의사로 일할 수 있게 하려는 계획을 가지고 있었습니다. 그만큼 저는 의학적 지식을 갖추고 있었습니다. 하지만 저 자신은 의학전공에 관심이 없었어요. 간호사 직업이 마음에 들기도 했고, 또 저는 통역사가 되고 싶었거든요. 일을 한 지 3년이 지나서야 저는 괴테어학원을 6개월 동안 다녔습니다. 그후 저는 여행을 하면서 세계를 알고 싶었습니다. 그런데 외국인청 공무원이 저에게, 더 이상 일을 하지 않는다면 한국으로 돌아가야 한다고 말했습니다. 저는 돈도 그리 많지 않았거니와 제가 이곳에서 배우고자 하는 것도 아직 끝나지 않았었지요.

그래서 1970년에 베를린으로 가서 대학병원 소아과에서 일했습니다. 제가 그때 살았던 샤를로텐부르크(Charlottenburg)는 주민들 대부분이 독일인이고 병원에 다니는 사람이 많았어요. 하지만 저는 외국인에 대한 적대감을 느끼지 못했습니다. 자유시간을 즐길 수 있었고, 문화생활에도 몰두했습니다.

결혼하고 나서는 남편 때문에 프랑크푸르트로 이사해서, 지금까지 바덴

하우젠(Badenhausen)에서 살고 있습니다. 독일어 구사에는 전혀 문제가 없습니다. 예나 지금이나 저는 외국인이라고 해서 독일인을 겁내며 살 이유가 전혀 없다는 생각을 갖고 있습니다. 이러한 생각을 하며 살고 있기 때문에, 저는 행복을 느끼고 모든 것에 자립적입니다.

④ **사회적 상황** 자녀는 두 명 있고 독일시민권을 갖고 있습니다. 우리는 정치적 망명이 받아들여져 1985년에 시민권을 신청했습니다. 우리 가족의 수입은 세후 3천 마르크이고, 저는 조기연금생활자입니다.

제 아이들은 독일어가 모국어이지만, 한국어를 읽고 쓰고 말할 수 있습니다. 한국사람들과 한국말로 대화도 가능하고 혼자 한국을 여행할 수 있습니다.

⑤ **동기** 저는 다른 곳으로도 갈 수 있었지만 독일을 선택했습니다. 독일에서 철학과 음악 그리고 특히 2차 세계대전 후의 상황을 알고 싶었기 때문입니다. 경제적 관심은 갖고 있지 않았습니다. 제 남편이 박사과정을 끝내고 난 후 우리는 이론적으로는 한국으로 돌아갈 수 있었습니다만, 우리 두 사람 다 이곳에서 한국의 군사정권에 반대하는 정치활동을 이끌었기 때문에 정치적인 이유로 돌아갈 수가 없었지요. 그래서 여기 정착할 수밖에 없었습니다.

⑥ **한인조직과의 관계** 저는 '재독한국여성모임' 창립회원입니다. 이곳에 살고 있는 한인들에게 법이나 교육과 관련된 문제가 생기면, 우리는 이 문제들을 함께 해결합니다. 여성모임이 생기기 전에 베를린에는 이미 모임이 있었는데, 그곳에서도 매우 활발하게 활동했습니다.

⑦ **자기발전 과정** 한국에서 이곳에 왔을 때, 저는 한국을 인위적으로 나누어진 섬이라고 생각했습니다. 남쪽에는 일본이 있고, 북쪽에는 북한이 있었지요. 그래서 청년들은 밖으로 나가야만 했습니다. 저는 한국에서 60년대의 학생운동을 직접 경험했고, 사회와 정치에 관한 책과 잡지를 많이 읽

었습니다. 그 과정에서 한국은 보고 배울 수 있는 것이 많지 않은 나라라는 결론에 도달했습니다.

이곳에서 일하면서, 이곳 사회도 배우고 싶었습니다. 그래서 부지런히 독일어를 배우고 신문을 읽었습니다. 뿐만 아니라 사람들과 함께 세상이 어떻게 돌아가고 있는지 토론했고, 베트남전에 참전한 한국군에 대한 이야기도 들었습니다. 세계의 정치적 상황을 빠르게 섭할 수 있었습니다.

저는 독일학생들과 함께 당시의 동독을 한 차례 방문했습니다. 그래서 제 여권에 동독 도장이 찍혀 있었지요. 이 때문에 여권연장을 하러 한국대사관에 갔을 때 곤욕을 치러야 했습니다. 동독에 간 적이 있었다고 해서요. 그것을 계기로 저는 다시 한번 정치와 이데올로기에 대해 근본적으로 고민하게 되었습니다. 제 정치적 의식과 사회에 대한 관심 그리고 사람들과의 교류는 점점 깊어졌습니다. 이곳에서 저는 한국의 정치를 정확히 볼 수 있었고, 정치에 대한 제 의식을 발전시키고 확립했습니다. 제가 한국에 그대로 있었더라면 지금처럼 비판적일 수 있을지, 저 자신에게 물어봅니다. 저의 지식과 가치관은 이곳에서 확장되었다고 생각합니다.

⑧ 이해관계에 대해서 이해관계의 대변은 그것이 내 개인을 위한 것인지, 공익을 위한 것인지에 따라 다릅니다. 만약 제 사적 이익을 대변하고자 한다면, 저는 그것을 혼자 해결합니다. 반면 다른 사람들 역시 안고 있는 문제는 그들과 함께 해결합니다. 하지만 당연히 어떤 이익이 나만을 위한 것이고, 어떤 이익이 공동의 것인지는 결정해야겠지요. 비물질적인 것까지 포함해서 모두요. 일반적으로는 이럴 거라고 봅니다. 정치적인 이해관계를 대변하고자 하는 사람이라면 그 태도 또한 비정치적인 사람들과는 다르게 보일 것입니다.

이해관계는 현실적이고 이기적인 것입니다.

조직은 매우 중요합니다. 특히 정치적 의식을 가진 사람들에게요. 물론 공동의 이해관계를 대변하기 위해서는 반드시 조직을 구성해야 한다고는 말할 수 없겠지만, 공동의 이해관계를 대변하는 데는 조직을 통하는 방법이 최고입니다. 하지만 관심은 있으면서도 전혀 조직에 가담하지 않은 사람들도 많은 것으로 알고 있습니다.

제가 속해 있는 모임, 그러니까 한국여성모임은 제 이해관계를 대변한다고 볼 수 있지만, 그렇다고 저의 모든 이해관계를 직접적으로 대변한다는 뜻은 아닙니다. 모임이 제가 원하는 것과 다른 결정을 하는 경우도 이따금 생깁니다만, 이것이 최소한의 문제는 아닙니다. 모임이 없다 해도 제 개인적인 이해관계를 위해서 살 수 있습니다. 예를 들어 인종주의를 비롯한 그 밖의 것에 관한 세미나에 참여해서 토론할 수도 있고 적절한 활동들을 펼치고 해결 가능성을 찾기 위해 노력할 수 있습니다. 이런 것이 가장 중요합니다. 또 단체에 속해 있으면 정보를 얻을 수 있습니다.

⑨ **삶의 중심** 한국은 내적으로도 외적으로도 제 삶의 중심이 아닙니다. 저는 한국에서 태어났고, 한국의 문화와 언어를 체득했습니다. 이를 보존하고자 합니다. 그렇지만 저에게 삶의 중심은 언제나, 제가 존재하고 일하고 있는 곳입니다.

⑩ **이민자의 위치와 임무** 저는 삶의 중심이 이곳에 있는 이민자입니다. 처음에는 얼마 동안만 살 생각으로 왔는데, 시간이 지나면서 다양한 삶의 과정을 발전시켜 나갔고 그와 함께 여기서 나이도 들어갔지요. 저는 사람이 자신이 태어난 곳으로 돌아가야 한다고는 생각하지 않습니다.

사람들은 자신이 살고 있는 사회에 참여해서 미래를 긍정적으로 설계해야 할 것입니다. 갈수록 세계는 작아지고 열려 있습니다. 따라서 지금 살고 있는 사회와 더 나은 미래를 위해서 함께 싸워야 합니다.

이중국적과 관련해서 비판적인 글 몇 편을 읽었습니다. 유럽 내에서 국경을 개방한 유럽연합이 통과된다면, 이를 계기로 점차 세계의 절반이 서로에게 서로를 개방해 나갈 것이고 이어 전세계가 이런 방식으로 개방될 거라고 볼 수 있습니다. 이것을 기초로 이중국적 또한 고민할 수 있을 것이고, 결국 길을 찾을 수 있겠지요. 저 자신은 아직 이 문제에 대한 입장이 정리되지 않았습니다. 한편 외국인에게 이중국적의 허용은 그 사람이 그 나라에 살고 일하고 그리고 세금을 내야 한다는 뜻입니다. 뿐만 아니라 시민으로서의 책임도 모두 다 져야 합니다. 이런 의미에서 사실 이민자는 내적인 편안함이라는 이유를 제외하고는 이중국적이 필요하지 않습니다.

독일은 고유한 과거를 가지고 있고, 그것이 독일인들에게 큰 영향을 주었습니다. 특히 순수 독일민족이라는 목표가 그렇습니다. 이 의식은 원래 문제가 많거니와 헛소리에 지나지 않습니다. 이러한 의식은 다른 민족들에게서도 찾아볼 수 있는데, 가령 우리 한국인들도 하나의 민족, 즉 '단일민족'이라고 주장합니다. 많은 사람들이 자신들의 민족을 어떻게든 하나의 뿌리 혹은 하나의 집단에서 출발했다고 말하고 싶어하지만, 저는 단일민족의 뿌리에서 제가 왔다는 생각을 갖고 살지 않습니다.

이런 독일의 과거와 상관없이 이중국적이 이민자들에게 좋은지 그렇지 않은지 판단하기는 쉽지 않습니다. 다만 저는 이것이 도입된 곳에서, 이 시스템이 사회와 이민자들에게 어떤 영향을 끼치는지 알고 싶습니다.

독일시민권은 저에게 "나는 독일여권을 가진 한국인이야"라는 느낌을 줍니다. 제 아이들은 말로는 자신들을 '한국계 독일인'이라고 하지만, 스스로 한국인이라고 인식하고 있는 것 같습니다.

저는 완전히 자유방임주의적인 시장경제와 자본주의에 반대합니다. 동유럽 현실사회주의가 모든 분야에서 실패했다고 생각하지는 않습니다. 인간은 인간으로서 공산주의 이념을 백 퍼센트 실현할 수는 없습니다만 끊임없이 이 방향으로 나아가야 합니다. 어떤 의미에서 기독교와 사회주의는 유사합니다. 양쪽 모두 그 신념을 단 한번도 실현한 적이 없습니다.

⑪ **독일단체의 활동** 저는 프랑크푸르트대학의 '제3세계 교육학'과 각종 프로젝트를 함께하고 있고 또 '국제여성모임, 세계 각국에서 온 여성들'의 회원입니다.

⑫ **귀향의사** 제가 일할 수 있는 자리를 제의받는다면 돌아갈 수 있을 것입니다. 예를 들어 저는 성교육에 관해 더 공부하고 싶고 또 한국의 '여성노동자단체' 같은 곳에서 강의를 할 수도 있을 겁니다.

[인터뷰38]

① 1936년 전라남도 화순에서 태어나 광주에서 고등학교, 서울에서 대학을 다녔음

② 1966년 12월 25일, 32일에 걸친 선박여행으로 튀빙겐에 도착

③ **생활환경** 서울에서 다니던 대학에서 튀빙겐에서 학업을 더할 기회를 주선해 주었습니다. 저는 유학비용을 감당할 수 있을 만큼의 돈이 없었거든요. 맨 처음 들어간 어학원에서는 석 달 동안 제가 유일한 한국인학생이었습니다. 나머지는 모두 프랑스인들이었습니다. 그다음 어학강좌는 하이델베르크의 국제센터(Internationales Zentrum)로부터 장학금을 받아서 수강했습니다. 당시 독일은 특히 제3세계에서 온 유학생들에게 독일유학의 장점을 부각시키기 위해 상당히 좋은 조건들을 제공했습니다. 이전에 최상급 호텔이었던 곳을 기숙사와 강의실로 개조해서 어학강좌는 실시되었습니다. 하이델베르크대학의 분위기는 매우 좋았습니다. 어학강좌가 끝나고 저는 철학을 공부하기 위해 튀빙겐으로 갔습니다. 1969년부터는 프랑크푸르트에, 그러니까 프랑크푸르트대학에 있었습니다. 이 시기에 결혼을 해서 개인주택에서 살았습니다. 학생들이 매우 친절했기 때문에, 당시 저 자신이 외국인이라는 느낌이 전혀 들지 않았습니다.

아내는 지금까지 간호사로 일하고 있는데, 당시 우리는 간호사 기숙사에

서 생활하기도 했습니다. 그 뒤로는 한 한인가정과 3, 4년 동안 주거공동체를 이루고 살았습니다. 공동주거는 잘 이루어졌습니다. 그다음부터는 공공주택에 살고 있습니다.

저는 대부분 독일 중산층 또는 중하층이 주로 사는 환경에서 살았습니다. 독일인들을 이웃으로 두고 사는 데 어려움은 거의 없었다고 할 수 있습니다. 저뿐만 아니라 가족들도 차별을 당한다는 느낌이 별로 없었는데, 아이들이 유치원이나 학교에서 이런 문제를 거의 겪지 않았으니까요.

독일인들은 특히 터키인들을 차별합니다만 동아시아에서 온 사람들을 차별하지는 않습니다. 과거에는 유고슬라비아 사람들이 터키인들과 유사하게 차별을 당했습니다. 독일인들은 이곳의 아시아인들을 외국인노동자로 생각하지 않는데, 아마 그 이유는 숫자가 별로 많지 않아서인지 독일인들은 아시아인들이 자신들이 벌 수 있는 많은 돈을 대신 가져간다고 생각하지 않기 때문인 것 같습니다.

아무튼 저 개인적으로는 차별을 직접적으로 경험한 적은 없습니다.

④ **사회적 상황** 저는 결혼을 해서 자녀는 둘 있고, 아이들은 지금 대학에 다닙니다. 저는 1973년 12월에 망명 자격을 획득했고 1986년부터는 독일시민권자입니다. 제가 아는 한, 아마 제가 최초의 한국인 망명자일 겁니다. 당시 망명절차는 8개월 정도 걸렸습니다.

제 아이들의 모국어는 독일어이지만 한국어도 제법 하는 편입니다. 아이들의 한국말 실력은 언어구사력보다 이해력이 더 높다고 할 수 있고 한국어로 쓸 수도 있습니다. 우리 아이들은 3년 동안 프랑크푸르트의 한글학교에 다녔는데, 한글학교는 대사관의 지원을 전혀 받지 않고 반정부적인 정치성향을 가진 부모들이 직접 운영했습니다.

⑤ **동기** 앞서 말했듯이 저는 공부하러 독일에 왔고 정치적인 이유로 이곳에 머물 수밖에 없었습니다.

⑥ 한인조직과의 관계   저는 '민주사회건설협의회' 창립회원이지만, 모임의 활동은 제가 연루되었던 간첩사건 때문에 매우 제한되어 있었습니다.

전적으로 한국중앙정보부 부국장의 발표를 인용한 1973년 『한국일보』의 기사에서는 제가 연루된 간첩사건을 이렇게 보도했습니다. 보도에 따르면, 저는 유럽에 근거를 두고 있는 북한간첩단의 일원이었고 중앙정보부는 국내에 거주하는 공무원 24명, 교수 7명, 대학생 6명 등 54명의 간첩단 구성원을 체포했고 주범 3명은 아직 체포하지 못했다고 했습니다. 여기에 제가 들어가 있었습니다. 이어 중앙정보부는 서울대학 법학과의 최종길 교수가 조사를 받던 도중 잠시 쉬는 동안 창문에서 뛰어내려 자살을 시도했다고 발표했습니다. 하지만 1973년 12월 14일자 『쥐트도이체 차이퉁』 (*Süddeutsche Zeitung*)의 보도에 따르면, 믿을 만한 정보원으로부터 최종길 교수는 최근 학생데모로 체포된 대학생 중 일부가 정보부에서 조사를 받다가 고문으로 죽임을 당한 것처럼 "실제로는 구타 등 심한 고문을 받다가 죽었다"는 정보를 입수했다고 했습니다(*Herald Tribune* 1973. 10. 28, p. 19; *Südddeutsche Zeitung* 1973. 12. 14, S. 20).

한국중앙정보부는 이런 발표를 하기 전에 독일에서 저를 납치하려는 시도를 했습니다. 이 사건의 자세한 전말은 "한국대학생 김성수에 대한 위협과 납치시도에 관한 문서"에 자세히 나와 있습니다. 당시 중앙정보부 요원이었던 최종길 교수의 동생을 임무에서 배제했다고 합니다. 1973년에 서울대학교 법학과 학생들이 앞장서서 유신헌법 반대시위에 나섰을 때 학과장이었던 최종길 교수는 이 시위를 막지 않았습니다. 그후 많은 사람들이 최종길 교수 죽음의 진상을 밝히기 위해 노력했으나, 1988년에 이 사건은 15년 공소시효가 지나버렸습니다.

저는 아직도 왜 제가 이 사건에 연루되었는지 모릅니다만, 다만 이런 이유를 추측해 볼 따름입니다. 우선 이 사건으로 9년형을 선고받은 사람과 친분이 있었다는 점입니다. 한번은 그에게 제 작업에 필요한 학술자료를 우편으로 보내줄 수 있는지 문의하는 편지를 보낸 적이 있습니다. 또 한 가지는 당시 저는 한인광부들을 위해서 일하고 있어서 대사관의 정보기관으로부터 사찰을 당하고 있었기 때문일 수 있습니다. 1971년과 72년에 저는 프랑크푸르트 한인회 회장을 맡고 있었는데, 그때 한인회는 한국대사관과 아무 교류가 없었기 때문에 지금 한인회와 성격이 달랐습니다. 파독광부들은 3년 근로계약에서부터 심각하게는 가족을 죽이는 가정사에 이르기까지 수천 개의 사회적 문제를 가지고 있었습니다. 그래서 저는 이런 문제들을 해결하기 위해, 사회복지 담당자와 사제 그리고 병원협회 등이 주축이 된 '독한협회'(deutsch/koreanische Gesellschaft)를 만드는 일에 참여했습니다. 이 활동을 통해 제 정치적 입장은 저 자신에게도, 외부로도 분명해졌습니다. 당연히 한국정부의 정치적 태도도 공개적으로 비판했습니다.

아무래도 중앙정보부 요원들이 제가 만나는 한인들을 조사하는 과정에서 제가 보낸 편지를 발견하고 저를 이 사건과 엮은 것 같습니다. 제가 추측할 수 있는 한은 이 사건과 연결될 만한 것은 단 하나, 편지밖에 없습니다.

야당정치인인 김대중이 1972년 8월 도쿄의 한 호텔에서 백주에 납치를 당했습니다. 당시 한국에서는 개악된 유신헌법에 반대하는 시위가 곳곳에서 일어났습니다. 따라서 정권은 새로운 간첩사건이 필요했던 겁니다. 예나 지금이나 국가보안법과 그에 따른 효과 때문에, 조작된 간첩사건은 정권이 권력유지를 위해 한국의 보통사람들에게 사용할 수 있는 좋은 수단이 되고 있습니다.

저는 정치적 의식이 있었고 또 이 사건은 민주사회건설협의회 설립에 일정한 역할을 했습니다. 그것은 정치적 의식을 가진 많은 한국인들이 이 사건을 계기로 어떻게 하면 이러한 상황을 막을 수 있을지 고민했기 때문입니다.

⑦ **자기발전 과정** 한국의 대학에서는 이론만 배웠었다면, 독일에 와서는 여러 이론을 사회적 배경이나 조건과 함께 배웠습니다. 그리고 정치경제학을 그 이데올로기적·물질적·사회적 조건들과 함께 배울 수 있었습니다. 아마 제가 한국에 있었다면, 이런 것들을 절대 배울 수 없었을 것입니다.

당시 독일학생들은 68혁명의 물결 속에서 정치경제학에 관심이 많았습니다. 정치경제학을 전혀 모르면 무지한 학생이라고 치부해 버릴 정도였습니다. 그 당시 대학의 분위기가 그랬습니다. 또 교수와 학생들은 제3세계에 관심을 가지고 있었기 때문에 북한자료들도 큰 어려움 없이 접할 수 있었습니다. 그래서 북한사회에 대해서도 알 수 있었고, 이런 것들과 관련해서도 많은 것들을 배웠습니다.

1973년 사건이 일어나기 얼마 전에 저는 박사논문 초안을 대학에 제출했는데, 그러고는 그 사건이 일어났습니다. 그래서 한동안 저 자신은 물론이고 박사논문을 돌볼 시간이 없었습니다. 더 이상 한국으로 돌아갈 수 없다는 것을 알고 나서는 시간을 가지고 박사논문의 완성도를 높이는 데 최선을 다했습니다. 처음부터 저는 한국으로 돌아가려고 했기 때문에, 철학적인 주제를 다루는 논문을 쓸 작정이었습니다. 하지만 방향을 바꾸어 정치경제학을 이론적 기초로 하고 사회학적 방법론으로 접근한 논문을 쓰기로 했습니다. 그러다 보니 논문 지도교수를 바꿔야 했고, 1980년이 되어서야 논문을 완성했습니다.

70년대에는 박사학위나 고학력과는 상관없이 예를 들어 외국인 담당이나 양육교사 자리가 있었습니다. 하지만 당시 저는 한국이 민주화되면 즉시 한국으로 돌아갈 것이라고 늘 생각했기 때문에, 그런 일에 전혀 관심이 없었습니다. 그러다가 박사학위를 취득한 후에 저는 생각했습니다. 사업을 해야겠다고. 그러면 최소한 한국의 민주화운동에 금전적 지원이라도 할 수 있을 것 같았지요. 아무튼 예나 지금이나 교육받은 외국인들이 어딘가에서 공식적인 자격에 걸맞은 일을 할 수 있는 기회는 거의 없습니다. 예를 들어 지금 뮌헨에서 외국인촉탁위원으로 일하고 있는 강 여사는 녹색당에 참여하고 있고 독일남자와 결혼했습니다. 이런 경우는 또 다릅니다.

제가 제 경력이나 편안한 삶만을 목표로 했다면, 아마 다르게 행동했을 거라고 생각합니다. 저는 오로지 한국이 민주화가 되어 돌아갈 날만을 기다렸습니다.

지금은 독일기계로 일종의 합작투자업체를 운영하고 있지만, 사업이 잘 되지는 않습니다.

이곳의 한인 노동이민자들은 항상 일을 가지고 있었습니다. 그러면서 한국의 민주화를 위해 노력했고 지금도 노력하고 있습니다. 반면 한국유학생들은 정치적인 활동이 자기 일이었습니다.

이렇게 정치활동을 하던 많은 유학생들이 박사학위를 받고 한국으로 돌아가서 대학에 자리를 잡았습니다. 하지만 이곳에 주저앉아 한국의 민주화를 기다리는 학자들은 거의 무직이나 다름없습니다. 분명 사람들을 우울하게 만드는 현실이라 할 수 있습니다. 이들은 한국의 정치적 상황이 이렇게 오랫동안 바뀌지 않을 것이라고는 한번도 생각하지 않았습니다. 다만 이들은 양심을 지키며 살다가 한국으로 돌아가서 학계나 정계에 몸담고 열과 성을 다하고 싶었을 뿐입니다.

이렇게 오랜 시간이 흐르자 어느덧 많은 이들이 노년에 접어들었습니다. 개중에 일부는 자신의 처지에 낙담하고 뒤늦게 한국으로 돌아갔지만, 많은 사람들은 이런 현실을 심리적으로 극복하지 못한 채 일찍 세상을 떠났습니다. 제가 보기에 그렇다는 것입니다. 또 일부는 은퇴하여 조용히 살고 있는가 하면, 분명히 의지가 강한 일부는 여전히 활발하게 정치적 활동에 참여하고 있습니다.

누구든 이런 상황에 놓여서 마음고생을 하고 갈등을 심하게 겪으면 자신이 추구하는 바에 대한 의지가 약해질 수밖에 없지 않을까 싶습니다. 행복을 추구한다는 것은 이미 오래전의 일이 되어버렸습니다. 그럼에도 강한 의지를 가지고 있다면, 그렇게 큰 갈등을 겪지는 않을 것입니다.

한국에는 특히 이데올로기적인 문제로 반평생을 감옥에 갇혀 있는 양심수들이 많습니다. 그들이 자신의 신념을 포기하면 금방 나올 수 있음에도 불구하고요. 만약 젊은이들이 이런 사람들을 본다면, 삶의 힘을 얻을 겁니다. 저는 그런 인상을 받습니다. 예술가에게도 좋은 주제가 될 수 있습니다.

⑧ 이해관계에 대해서 공익이 어떻게 개인의 이익과 일치될 수 있을지가 중요합니다. 이상적인 사회에서는 공익은 개인의 이익에 상응한다고, 저는 생각합니다. 이것은 오랜 세월의 역사적 과정을 통해서만 나올 수 있습니다. 두 가지 이해가 분리하게 되면, 개인의 이익은 포기해야 합니다. 만약 공익이 다수로부터 옳은 것으로 받아들여지면, 사적 이익들은 포기해야 합니다. 그래서 무엇이 공익이고 무엇이 사익인지, 교육과 계몽활동을 할 필요가 있습니다. 만약 공익이 어떤 개인에게 폭력적으로 여겨지는 것을 요구한다면, 이러한 상황은 독재사회의 특징이라 할 수 있습니다. 그래서 저는 양육과 교육이 매우 중요하다고 봅니다.

무엇이 나의 이익이고, 나의 이익이 대변되었는지는 다른 문제입니다. 인간은 부분적으로밖에 자신의 이익을 대변할 수 없습니다.

⑨ 삶의 중심 제 삶의 중심은 한국입니다.

⑩ 이민자의 위치와 임무 이곳에 뿌리를 내리겠다는 생각을 해본 적이 없기 때문에 이곳에 있는 저 자신이 낯설기만 합니다. 저는 정치적으로 자유로워지면 한국으로 돌아갈 것입니다. 이곳에서의 저는 영원히 이방인이라고 할 수 있습니다.

외국인 적대와 관련해서는 저는 일부 정치세력이 외국인 적대를 정치적으로 이용한다고 보고 있습니다. 이러한 세력은 언제나 있었습니다. 그래서 이 문제는 항상 존재합니다. 국가경제가 나빠지면 외국인 적대를 악용하기 때문에 더 심각해집니다.

이중국적은 국가 사이의 문제입니다. 독일이 이 시스템을 도입하는 게 옳다고 생각합니다. 지금까지는 전지구적으로 그런 기회가 없었습니다. 따라서 일반적으로 그것에 찬성 혹은 반대하는 것은 어려운 일입니다.

저는 단지 이곳 일상생활에서 편리함 때문에 독일시민권을 가지고 있습니다. 시민권은 하나의 형식일 뿐 이것으로써 독일인이라고는 전혀 느낄 수 없습니다. 그렇다고 해서 심적으로 시민권 때문에 갈등을 겪은 것은 아닙니다.

⑪ **독일단체의 활동** 가입한 단체는 없지만 사회민주당이나 녹색당에 공감합니다.

⑫ **귀향의사** [답변 없음]

[인터뷰42]

① 1941년에 태어남

② 1970년 파독광부로 보훔에 도착

③ **생활환경** 석 달 동안 광부기숙사에서 생활하다가 다락방으로 이사했어요. 3년 후부터 10년 동안은 레버쿠젠에 있는 바이어 사(Bayer AG)에서 일했습니다. 광산 주변에 사는 사람들은 아주 친절했습니다. 한인광부들이 부지런하고 예의바르다 보니 나이 든 사람들이 우리를 특히 좋아했어요.

저는 바이어 사에서 일하면서 새로 태어난 것 같았어요. 광산에서와는 다른 차원에서 독일어로 대화할 수 있었기 때문이에요. 더구나 노동조건도 매우 만족스러웠고 노동자들은 성과에 따라 정당한 임금을 받았습니다. 저 역시 독일노동자와 비슷한 급여를 받았는데, 마치 무임승차를 한 것 같은 기분이었습니다. 그래서 독일사회에 기여를 해야 한다고 생각합니다.

독일사회는 지금보다 당시가 더 안정적이었다고 할 수 있어요. 그때는 외국인에 대한 적대감을 전혀 느끼지 못했습니다. 1982년부터는 뮌헨에서 살고 있는데, 외국인이 뮌헨에 살기는 매우 어렵습니다. 정치는 외국인에게 우호적이지 않고 생활비는 너무 비쌉니다.

④ **사회적 상황**　저는 한국여성과 결혼해서 슬하에 두 자녀를 두었습니다. 아이들은 열여덟, 스무 살이고 한국말도 하고 한국 전통과 예절도 배웠습니다. 우리는 아이들을 자주 한국에 보냅니다. 독일시민권은 1986년에 취득했습니다. 원래 독일시민권 신청에 큰 관심이 없었습니다만, 자영업을 하다보니 시민권이 중요하더라고요. 한국국적으로는 어려움이 많았거든요. 독일시민권을 가졌다고 해서 제가 독일인이라는 의미는 아닙니다. 지난 20년 동안 투표권이 없었기 때문에 이제는 빠지지 않고 투표하러 갑니다. 아내와 함께 가게를 하는데, 우리의 생활터전입니다. 약간의 저축이 있고 보험이 있습니다.

⑤ **동기**　저희 가족은 몹시 가난했습니다. 저는 4남매 장남이었는데, 아버지가 일찍 돌아가셔서 어머니 혼자 돈을 벌었습니다. 하지만 저는 노동자로 일하고 싶지 않았어요. 제 신조에 따르면 그것은 불명예였거든요. 그래서 저는 한동안 돈을 벌 생각은 않고 친구들과 쏘다녔어요.

　광산에서의 생활이 저를 완전히 바꿔놓았습니다. 삶에 대한 생각이 매우 건강해졌습니다. 사람은 스스로 일을 해야만 합니다.

⑥ **한인조직과의 관계**　뮌헨에 살고 있는 모든 한인들이 잠정적 회원이기 때문에, 한인회에서 소속되어 있다는 것이 제게 특별하다고는 할 수 없습니다. 1991년에는 한인회 회장을 지냈지요.

　그리고 '이미륵기념사업회' 회원입니다. 이미륵의 무덤이 뮌헨에 있는데, 그분과 그분의 정치적 활동을 존경합니다. 이미륵은 독일 속 한국인의 첫 번째 뿌리라고 생각합니다. 이 사실은 이곳의 한인 후세대들에게 매우 중요합니다.

⑦ **자기발전 과정**　옛날부터 그랬지만, 저는 아무 조건 없이 사람들을 도와줍니다. 제가 자란 시골에서는 동네사람 중 누군가가 한밤중에 갑자기 아프면 그를 데리고 걸어서 도시까지 가야 했는데, 저는 이런 일들을 기꺼이 했어요. 그러면 저 자신이 행복했습니다.

⑧ **이해관계에 대해서**　[답변 없음]

⑨ **삶의 중심**　여기가 제 외적 삶의 중심입니다.

⑩ **이민자의 위치와 임무**　독일사회가 통일 이후 극우 쪽으로 선회하고 있는 것이 두렵습니다. LA폭동 때 흑인들이 특히 한인상인들을 공격하는 것을 보고 LA의 한인들이 너무 이기적으로 산 것은 아닌가 하는 생각이 들었습니다. 독일의 극우주의자들은 한 가지 시각에서 나온 것이 아니라, 다양한 현장으로부터 나옵니다. 이른바 외국인들이 그들의 표적입니다. 하지만 한인 숫자가 특별히 많지 않기 때문에 한인들이 그들의 직접적인 표적은 되지 않는 것 같습니다. 터키인들은 수적인 면에서 이미 그들에게 위협입니다. 만약 한국에서도 외국인들이 그 사회에 동화되지 않고 살아간다면, 한국인들도 이런 것이 그리 편하게 여겨지지는 않을 것이라고 생각됩니다. 물론 그렇다고 해서 극우주의자들의 폭력이 정당화될 수 있다는 의미는 아닙니다. 저는 극우주의자들에 반대합니다. 저 자신이 외국인이라고 느낍니다. 다만 이곳에서 20년 넘게 살아오면서 국가, 그러니까 독일에 어떤 손해도 끼치지 않았습니다.

독일시민권을 가지고 있긴 하지만, 한국에 가서 죽음을 맞이하고 싶습니다. 외국인으로 살아간다는 것은 매우 어렵습니다. 이중국적은 이런 상황에 적절한 아이디어입니다.

만약 한국과 독일이 직접적인 이해충돌에 들어간다면, 저는 한국 편을 들 것입니다. 제 아이들은 스스로 결정해야겠지요.

2세대들은 비록 이곳에서 태어나고 자랐지만 한국인 뿌리를 가지고 있습니다. 저는 그렇게 생각합니다. 그런 의미에서 유대인들은 전통을 잘 지켰습니다.

⑪ **독일단체의 활동** 자영업자협회 회원입니다.

⑫ **귀향의사** 분명히 아무런 조건 없이 언젠가는 제 고향 한국으로 돌아갈 것입니다.

[인터뷰44]

① 1951년 11월 충청남도 당진에서 태어나 서울에서 오랫동안 거주

② 1971년 3월 파독간호사로 왔음

③ **생활환경** 상당히 어린 나이에 이곳에 와서 외국인을 적대한다는 느낌을 받진 못했습니다. 그 시절에는 그저 세계가 저를 위해 거기에 있다고 생각했어요. 외로움 같은 것도 전혀 느끼지 못했고, 여기에 통합되어 살기를 원했습니다. 사생활과 직장에서는 외국인 적대를 느끼지 않지만, 길거리에서는 그런 적대감을 감지할 수 있습니다.

④ **사회적 상황** 저는 독일남자와 결혼했고, 자식은 없습니다. 1991년부터 독일시민권을 가지고 있는데, 독일남자와 결혼했기 때문에 독일시민권이 편리합니다. 그래서 저는 독일 성을 가졌습니다. 직접적으로는 외국인 적대를 느끼지 못할 뿐더러, 투표권을 가지고 있습니다. 지난번에 난생 처음으로 투표에 참여했습니다. 한국에 있을 때는 미성년자였거든요. 독일시민권이 있다고 제가 독일인이 된 것은 아닙니다. 저는 여전히 한국인입니다. 우리 수입은 세후 약 6천 마르크인데, 남편은 회사원이고 저는 간호사로 일하고 있습니다.

⑤ **동기** 저는 경제적인 이유라기보다는 개인적인 이유로 독일에 왔습니다. 그때는 부모와 형제자매들을 떠나고 싶었거든요. 완전히 다른 나라에서 살

고 싶었지요.

⑥ 한인조직과의 관계　1988년부터 '베를린 한독문화협회' 회원이고, 역시 1988년부터 '베를린 한인간호요원회'의 한국무용모임 회원이기도 합니다. 그전에는 한국사람들과 교류가 거의 없었습니다. 제 취미가 춤추는 것이어서 저는 협회활동을 통해서 한국과 독일의 문화교류를 이루고자 했습니다. 그리고 3년 동안 문화협회 회원이었습니다.

⑦ 자기발전 과정　어릴 때 이곳에 왔기 때문에 한국에서 사회경험이 없었습니다. 하지만 이곳에 와서는 모든 것을 혼자 처리해야 했습니다. 그러다 보니 자연히 독립적이 되었고, 사회의식도 발전했습니다.

⑧ 이해관계에 대해서　저는 이상적인 것에 더 가치를 둡니다. 제가 속한 조직들은 제 이익을 대변하지 않습니다만, 조직에 속해 있지 않으면 사람은 고립감을 느낍니다. 그렇다고 조직의 활동이 제가 생각했던 것처럼 진행된 것은 아니었습니다. 저는 일을 이끌어나가기에는 경험이 많이 없었고, 아무도 나의 활동을 지지해 주지 않는다는 생각을 했었습니다. 그 밖에도 조직에서 많은 일들을 이루어내기 위해서는 돈이 있어야 합니다. 문화협회는 아직도 작은 단체이다 보니 자립적으로 문화의 집을 마련할 형편이 못됩니다.

⑨ 삶의 중심　[답변 없음]

⑩ 이민자의 위치와 임무　저는 이중국적이 좋다고 생각합니다. 우리 이민자들은 일반적으로 삶의 절반씩을 독일과 한국에서 보냈습니다. 그렇기 때문에 양쪽 문화에 잘 통합되었을 수 있습니다. 저는 비록 독일시민권을 가지고 있지만, 그것이 많은 것을 의미하지는 않습니다. 독일 또는 한국과 관련해서는, 상황에 따라 다르게 결정합니다. 각자 무엇인가를 결정할 수 있는 자신만의 가치관을 가지고 있습니다. 하지만 그저 한국인이라거나 독일인이라는 것으로 결정하지는 않습니다.

[인터뷰45]

① 1948년 충청남도 부여에서 태어남

② 1970년 베를린에 도착

③ **생활환경** 제가 처음 이곳에 와서 나무가 우거진 수풀을 보았을 때, 마치 영화를 보고 있는 듯한 생각이 들었습니다. 저는 한인간호사 24명과 함께 정신병원에서 근무했습니다. 그리고 석 달 동안 독일어 수업을 다녔어요. 우리를 감독하는 수간호사는 매우 친절했고 잘 도와줬습니다. 그래서 우리는 한국음식도 만들어 먹을 수 있었습니다. 그녀는 또 우리를 자주 초대했는데, 마치 엄마 같았어요. 하지만 시간이 지나면서 그런 태도가 저에게는 부담스러웠어요. 왠지 저를 아이 대하듯이 하는 것 같았거든요. 우리 한인 여성들은 간호사 기숙사가 아니라, 옛 병동을 수리해서 숙소로 만든 곳에서 함께 생활했어요. 그래서 편하게 살 수 있었는데, 그 모든 것이 수간호사의 배려였습니다. 그렇지만 그녀는 우리에게 예를 들어 출입문 열쇠는 주지 않았습니다.

저는 한국에서 상당히 개방적으로 살았습니다. 제 의견을 거리낌없이 말하고 낙천적인 편이었는데, 이곳에 와서는 친절하고 온순한 태도를 취했습니다. 그러던 어느 날 저는 이 상황을 더 이상 참을 수가 없었습니다. 병원 동료들끼리 싸움이 자주 있었거든요. 한번은 동료와 문제가 있었는데, 저는 폭발하고 말았습니다. 그 뒤로는 나 자신이 어떻게 살고 싶어하는지 의식하게 되었습니다. 제 생각에, 당시 저는 가난한 나라에서 왔고 그에 따라 취급을 당한다고 생각했기 때문에 콤플렉스가 있었습니다. 아무튼 저는 다른 병원으로 옮기기로 결정했습니다.

이런 갈등으로 마음고생을 하다 보니 몸까지 아팠습니다. 허리통증과 폐렴에다 목통증이 심해서 급기야 병원에 입원을 했는데 그러자 얼마 안 되어 일부 증상은 사라졌습니다. 아무튼 6년 후에는 간호사 일을 더는 하지 않기로 결정했습니다.

저는 끊임없이 외국인에 대한 적대감을 체득합니다. 한번은 길에서 직접적으로 적대감에 부딪혔습니다. 한 남자가 제게 이러더군요. "곧바로 네 고향으로 돌아가지 않으면, 네 얼굴을 칼로 그어버리겠어"라고요.

그럼에도 자기의식만 뚜렷하다면, 그 사람의 삶은 행복할 거라고 생각합니다. 외국인에 대한 적대는 독일인만의 문제가 아닙니다. 한국인의 문제이기도 합니다. 한국인 역시 상당히 배타적입니다. 한국부모들은 자식들이 독일 남자 혹은 여자와 결혼하겠다고 하면, 대부분이 반대합니다. 우리는 외국인 적대에 대해서 독일인과 함께 책임이 있습니다.

④ 사회적 상황　저는 독일남자와 결혼했고, 아이는 없습니다. 1977년에 독일시민권을 취득했는데, 그때 공무원이 저에게 '축하한다'고 말하더군요. 그래서 저는 그에게 "왜요?" 하고 되물었습니다.

저는 늘 한국인입니다. 저는 재교육을 받아 교육자가 되었고 다시 한번 재교육을 통해 정신과의사가 되었습니다. 제 남편은 법률가입니다.

⑥ 한인조직과의 관계　1980년에 '재독한국여성모임' 회원이 되었어요. 광주항쟁이 일어나고 야권의 지도자인 김대중이 사형선고를 받았을 때, 한국의 민주주의를 위해 싸우기 위해서 모임에 가입했습니다.

또 '베를린 한독문화협회' 창립회원인데, 베를린의 한인여성모임을 빨갱이단체로 여기는 바람에 우리는 새로운 문화단체를 만들 필요를 느꼈죠. 그래야 베를린의 한인사회와 더 잘 지낼 수 있다고 생각했습니다.

[인터뷰46]

① 1939년에 태어남

② 1970년 5월 파독간호사로 왔음

③④ 생활환경 및 사회적 상황　저는 혼자 두 딸을 키웠습니다. 딸들은 결혼

을 해서 이곳에 살고 있죠. 1975년에 독일에 왔는데 그때 딸들은 열한 살, 여섯 살이었어요. 이곳에 온 지 1년 지나서부터는 아이들에게 한국어를 계속 가르치기 위해 노력했습니다. 당시만 해도 한글학교가 없었기 때문에 아이들에게 매일 성경 한 페이지를 베껴 쓰도록 했어요. 당연히 딸들은 몹시 힘들고 지겨워했고 걸핏하면 죽을 듯이 화를 내곤 했죠. 그래도 지금은 매우 고마워한답니다. 딸들이 한국 항공사와 '삼성'에서 일하거든요. 물론 한국어와 독일어를 완벽하게 구사합니다.

저는 1980년부터 독일시민권을 가지고 있습니다. 그 당시에는 석 달마다 여권을 갱신하러 가야 했기 때문에 몹시 번거로웠습니다. 시민권은 체류 8년이 지나야 신청할 수 있습니다. 그렇다고 해서 저 자신이 독일인이라고 생각하지는 않습니다. 저는 한국인입니다. 이건 쉽게 부정할 수 있는 게 아니죠. 엄연한 사실입니다.

지금도 간호사로 일하고 있습니다.

⑥ **한인조직과의 관계** '베를린 한인간호요원회' 창립회원인데, 1985년부터 89년까지 회장을 지냈고 지금은 고문으로 활동하고 있습니다.

그리고 한인회 회장으로 역할을 하나 맡고 있습니다.

⑨ **삶의 중심** 제 삶의 중심은 독일입니다. 한때는 한국으로 돌아갈 생각도 했습니다. 하지만 1991년에 한국을 방문했을 때, 독일이 제 삶의 중심이라는 것을 느끼게 되었습니다. 어쩌면 반려자가 있고 돈이 있었다면 달라졌을지 모르겠으나, 저는 혼자입니다. 한국과 독일, 이 둘이 제 고향입니다.

⑩ **이민자의 위치와 임무** 누구나 나이 먹어갈수록 고향을 그리워하게 됩니다. 저 역시 그리움이 짙어지고 있습니다. 우리 1세대는 한국인이지만, 2세대들의 정체성은 하나로 정의하기가 이미 어렵습니다. 2세대가 한인가정 출신인지 한독가정 출신인지에 따라 또 다른 정체성을 가질 수 있거든요.

⑪ **독일단체의 활동** 없습니다.

⑫ **귀향의사** 없습니다.

[인터뷰47]

① 1937년에 태어남

② 1966년 파독간호사로 왔음

③ ④ **생활환경 및 사회적 상황** 저는 독일남자와 결혼했고, 자식은 없습니다. 시민권은 1977년에 취득했는데, 그 비용으로 2387마르크가 들었습니다. 독일인과 결혼한 사람은 조금 덜 들지만, 당시 저는 독일인과 결혼한 상태가 아니었거든요. 시민권이 나왔다는 통보를 받았을 때, 이상하게 마음이 찢어지는 것 같더라고요. 그래서 독일여권을 수령해야 하는 마지막 날이 되어서야 받으러 갔습니다. 그때 여권을 발부해 주는 여권과 직원이 저에게 혹시 정치에 관심이 있느냐고 묻기에, 그 사람에게 "당신은 그런 것 물어볼 권리가 없다"고 답했습니다. 그것은 전적으로 제 소관이라고 말해 주었죠.

지금까지 단 한번도 제가 독일인이라고 느낀 적이 없습니다. 실용적으로 살기 위해 독일시민권을 신청했을 뿐입니다. 심지어 이따금 후회도 하지요. 지금도 간호사로 일하고 있습니다.

⑥ **한인조직과의 관계** '베를린 한인간호요원회' 창립회원인데 지금[1994]회장을 맡고 있습니다. 제가 여기 왔을 때는 이런 단체가 없었습니다. 1966년부터 3년 동안 회장으로 일했고 1985년부터 다시 적극적으로 활동하고 있습니다. 또 인권을 위한 한인협회에도 가입해 있습니다.

⑨ **삶의 중심** 내심으로는 한국을 그리워합니다. 남편이 독일인이다 보니, 지금까지 한번도 한국으로 돌아가겠다고 결정적으로 말할 수 없었습니다. 아마 혼자라면 한국으로 갈 수도 있을 것입니다. 1993년부터는 더 이상 한국에 뿌리가 없다는 걸 피부로 느끼게 되었습니다. 부모님도 돌아가셨고, 한국에는 친구도 없습니다.

⑩ **이민자의 위치와 임무** 독일의 외국인 적대는 과거에는 오히려 잠재적이었다면, 지금은 공격적입니다. 한번은 우리 집 TV를 수리해 주러 온 독일인이 자신은 해외에도 나가보았다면서 이런 말을 하더군요. "독일인은 돼지 같은 놈들"이라고요.

⑪ **독일단체의 활동** 15년 전에 공공노조에서 탈퇴했습니다. 한때 저는 노이에 하이마트[Neue Heimat, 독일노동조합연합에 속해 있는 주택회사]로부터 주택을 받을 계획을 가지고 있었습니다. 당시 노이에 하이마트 사는 공공노조에서 관리했습니다. 신청서를 작성하러 사무실에 들어가려는데, 어떤 사람이 저를 가로막더니 이렇게 말하더군요. "당신에게는 기회가 없습니다. 또 외국인이 오다니!" 저는 너무나 화가 나서 공공노조에 항의편지를 보냈지만, 아무런 답변을 받지 못했습니다.

[인터뷰48]

① 1949년 경상도에서 태어남

② 1974년 1월 간호조무사로 독일에 왔음

③④ **생활환경 및 사회적 상황** 저는 이혼했습니다. 독일시민권을 취득한 지는 얼마 되지 않는데, 예전에는 수수료가 너무 비쌌지만 요즘은 100마르크만 내면 되거든요. 시민권을 주면서 관청직원이 저에게 이러더군요. "당신은 이제 독일인입니다." 스파클링와인 젝트도 한잔 주고 국가도 연주해 주더군요. 하지만 저는 왠지 우스꽝스러운 짓 한다는 생각이 들었어요.

저는 간호조무사로 이곳에 와서 간호사 교육을 계속 받았어요. 지금은 간호사로 일하고 있습니다.

⑥ **한인조직과의 관계** 1984년에 '베를린 한인간호요원회'에 가입해서 직책을 맡았었지요. 당시만 해도 한인간호사들은 거의 시간을 내기 어려웠기 때문에 꼭 서로 만나기를 원했던 것은 아니었어요. 저도 우리끼리 만나야

한다는 욕구가 꼭 있었던 것은 아니에요. 몇몇 친구들이 저에게 그것이 아주 중요하다고 하더군요. 말하자면 친구들이 저를 설득했죠. 시간이 지나면서 저도 매우 중요하다는 생각을 하게 되었어요.

⑨ 삶의 중심 초기에는 향수병이 거의 없었어요. 여기서 영원히 살기로 마음먹었었거든요. 하지만 지금은 생각이 좀 달라졌어요. 아무래도 낯설기는 한인들이 덜하지만, 그래도 전혀 모르는 한인들이 사는 데가 더 편해요. 아마 제가 늙으면 돈이 가장 중요해질 수도 있겠지요. 사람은 나이가 들수록 의지할 곳이 없어지잖아요. 지금은 자신의 감정을 투명하게 나눌 수 있는 사람들이 더 중요해요. 혹시라도 나중에 알츠하이머에 걸리게 되면, 차라리 낯선 한인들로부터 차별받는 편이 나아요. 제가 여기에 있어야만 한다고 말해 줄 사람은 아무도 없습니다. 제가 한국에 있다면 우선 문제가 있겠지요. 어찌됐든 웬만큼 유럽화가 되었으니까요. 하지만 한국에서 어린 시절을 보냈고, 따라서 분명히 문제를 극복할 수 있을 거라고 생각해요.

⑩ 이민자의 위치와 임무 저는 이중국적의 도입이 매우 중요하다고 생각합니다. 한국국적을 가졌는지 혹은 독일국적을 가졌는지는 그 사람이 과거에는 어떤 인격체였고 그리고 지금은 어떤지를 규정하는 데 거의 아무런 역할을 하지 않는다고 생각합니다. 시민권은 실용적인 삶을 위한 것이어야만 합니다. 독일시민권을 가지고 있는 한국인은 은퇴 후 한국에서 살려면 어려움이 따른답니다. 제 생각에는 거의 대부분의 외국인들이 이중국적 도입에 반대하지 않을 겁니다.

병원에서 종종 환자들로부터 "나는 독일간호사와 이야기하고 싶어"라는 말을 듣습니다. 그것은 한인간호사들이 차별받고 있다는 단적인 예이지요. 그런가 하면 "너희는 아주 사랑스러운 사람들"이라는 말도 자주 듣곤 합니다. 여하간 독일에서는 독일어를 잘해야만 해요. 그렇지 않으면 전혀 인정받을 수가 없습니다.

⑪ **독일단체의 활동** 없습니다.

⑫ **귀향의사** 저는 한국으로 돌아갈 것입니다.

[인터뷰49]

① 1945년에 태어남

② 1966년 10월 간호사로 독일에 왔음

③④ **생활환경 및 사회적 상황** 저는 독일남자와 결혼해서 두 자녀를 두었습니다. 직업은 간호사이고 독일시민권도 가지고 있어요. 한국여권은 여행할 때 매우 번거롭거든요.

⑥ **한인조직과의 관계** 4년 전에 '베를린 한인간호요원회' 회원이 되었습니다. 그리고 1992년부터 협회에서 직책을 맡고 있습니다.

⑩ **이민자의 위치와 임무** 초기에 한인간호사들은 환영받았습니다. 가령 그 시절에 우리가 춤출 수 있는 술집에 가면, 곧잘 남자들은 우리에게 춤을 청했어요. 그때만 해도 저는 독일어를 거의 할 줄 몰랐고, 독일인들의 사고방식에 대해 아는 것이 없었지요. 10년쯤 세월이 흐르자 외국인에 대한 적대감이 정말로 감지되더군요.

⑨ ⑫ **삶의 중심과 귀향의사** 3년 전까지만 해도 언젠가는 한국으로 돌아가야지 하는 생각이 있었습니다. 지금도 한국으로 돌아가고는 싶지만, 상황이 많이 변해 버렸어요. 부모님이 모두 돌아가셨거든요. 그래도 자주 한국을 방문합니다. 남편도 한국을 좋아해요.

[인터뷰58]

① 1938년 7월 경기도에서 태어나 서울에서 성장

② 1965년 6월 파독광부로 뒤스부르크에 도착

③ **생활환경** 1980년까지는 뒤스부르크에서도 외국인들이 많이 사는 곳에

서 살았습니다. 당시에는 외국인 적대를 거의 느낄 수가 없었어요. 그후 4년 동안 베스터발트(Westerwald)에 살았고, 병원에서 간병인으로 일했습니다. 그리고 1984년부터는 크레펠트(Krefeld)에 있는 병원에서 근무하고 있는데, 한마디로 외국인에 대한 적대적인 시선 속에서 살아가고 있다고 할 수 있습니다. 그래도 독일인 친구들도 많이 있고, 동료들하고도 원만하게 지내고 있습니다. 동료들 사이에서는 제가 가장 나이가 많습니다.

④ **사회적 상황** 저는 한국여성과 결혼해서 슬하에 자식 둘을 두었습니다. 아이들은 여기서 태어났습니다. 아이들이 한국말을 할 수는 있지만, 우리와 토론할 수 있는 정도는 아닙니다. 방학 때는 아이들을 한국에 보내곤 했습니다. 1978년에 독일시민권을 취득했는데, 그래서 심적 부담이 한결 덜어졌다고 할 수 있지요. 여기서 외국인 국적으로 살아가고 특히 자식이 있으면, 심적으로 상당한 부담을 느낄 수밖에 없습니다.

저는 독일시민권에 관심이 없었는데, 노동허가 문제로 불쾌한 일을 당한 뒤로 독일시민권을 신청하기로 마음먹었지요. 제가 해마다 노동허가를 연장하고 있었을 때 함부르크로 이사를 가려고 했습니다. 한 병원에서 일자리를 구했는데도 함부르크 노동청이 노동허가를 내주지 않더군요. 저는 너무나 화가 나서 함부르크의 사민당 시장에게 편지를 썼습니다. "독일은 민주주의 국가이다. 나는 독일에 오랫동안 살았다. 그럼에도 나에게는 거주이전의 자유가 없다." 얼마 후 시장으로부터 그런 일이 발생한 것을 매우 유감스럽게 생각한다는 답장을 받았습니다. 노동청은 한자도시 함부르크와는 독립된 기관일 수도 있는데, 시장은 노동청과 상의를 해서 제가 함부르크에서 일할 수 있게 해주었습니다. 하지만 저는 그런 식의 일처리가 불편하게 여겨져서 결국 가지 않았습니다.

제 마음은 독일시민권과 결합되어 있지 않습니다. 고향은 고향입니다. 이런 의미에서 저는 말할 수 있습니다. 독일은 좋지만, 한국이 더 좋다고요.

우리 수입은 세후 약 5천 마르크입니다.

저는 여기서 두 번 재교육을 받았습니다. 한번은 프로그래머로, 또 한번은 간병인으로요. 원래는 대학공부를 계속하고 싶었지만 생활비를 벌면서 학업을 병행하기가 어려웠습니다. 게다가 대학에서는 저에게 제3자의 재정 증명서를 요구하기에 아예 포기해 버렸습니다. 아이가 둘 생기자, 우리 부부는 근무시간 조정하기가 몹시 어려웠어요. 아내는 그때부터 줄곧 간호조무사로 일하고 있었거든요. 저는 간병인 재교육을 받은 후 밤에 일하고, 아내는 낮에 일합니다.

⑤ **동기** 한때 실업자였어요. 또 계속해서 대학공부를 더하고 싶었지요.

⑥ **한인조직과의 관계** 1978년부터 노동자모임인 '한인노동자연맹' 회원입니다. 창립회원은 아닙니다. 한국에서부터 정치문제에 관심이 있었지만, 처음 여기 와서는 정치를 멀리하려고 했습니다. 그래서 그 당시에 한글학교를 조직했지요. 하지만 사람들이 큰 관심을 가지지 않아서 성공하지 못했습니다.

당시 한인광부들은 부당한 대우를 많이 받고 있었습니다. 그래서 이런 한인들의 이익을 대변하기 위해 다양한 직책을 맡아왔습니다.

그 밖에도 '보훔 민중문화협회'와 '범민련 유럽지부'의 창립회원입니다. 저는 한국의 통일을 추구합니다.

⑦ **자기발전 과정** 노동자연맹에 가입한 다음부터는 한국의 민주주의를 위해 일했습니다. 저는 많은 책을 읽었습니다. 사회는 사람들로 구성되어 있고, 그러므로 어떤 종류이든 정치가 존재하기 때문에 사람은 비정치적으로는 살아갈 수 없다는 의식을 갖게 되었습니다.

저는 독일의 정치에도 참여하고 있는데, 공공노조에서 적극적으로 활동했었고 또 간병인들의 이해관계를 대변했습니다. 1978년부터는 사회민주당 당원으로 활동하고 있는데, 간부당원입니다.

⑧ **이해관계에 대해서** 오히려 저는 제 계급을 대변합니다. 제가 속해 있는 조직들은 저의 개인적인 이해관계를 대변합니다. 그것은 또한 계급의 이해관계일 수 있습니다. 혼자서는 자기 이해관계를 대변할 수 없습니다.

⑨ **삶의 중심** 독일은 제 외적 삶의 중심입니다. 한국은 제 뿌리이고요. 늘 아이들에게, 제가 죽으면 재를 한국의 바다에 뿌려달라고 말합니다.

⑩ **이민자의 위치와 임무** 이중국적은 반드시 도입되어야 합니다. 원래의 여권을 넘겨주고 나면, 고향을 반납한 것 같은 기분이 든답니다. 독일이 다문화사회로 발전하고자 한다면, 이중국적 도입은 그 일환입니다. 많은 독일인들이 전쟁을 가정하고는 이렇게 물어보곤 합니다. 그럼 어디에 충성할 것이냐고요. 하지만 같은 국적을 가지고 있다고 해도 사람에 따라서는 다른 편으로 갈 수 있습니다. 그렇기 때문에 충성의 문제가 이중국적 도입의 논거가 될 수는 없습니다.

저는 이민자입니다. 우리 외국인들은 조직활동에 적극적으로 참여해서 생생한 정보를 전달해야 합니다. 누구든 작은 것에서부터 시작할 수 있습니다. 가족 안에서 또는 사업장에서 시작할 수 있습니다. 그렇게 해서 독일인과 외국인의 관계가 긍정적으로 발전할 수 있도록 말입니다. 모든 외국인이 독일인과 우호적으로 되려고 노력한다면, 평화롭게 함께 사는 삶을 위한 많은 것들이 만들어질 것입니다. 제 경험은 다음과 같습니다. 처음 만난 독일인들이 외국인에 대해 선입견을 갖고 있는 것을 느낍니다. 만약 제가 그들과 몇 번 정도 다양한 것들에 관해 토론을 하게 되면, 그들은 말합니다. "너는 우리가 생각하던 그런 사람들과는 다르네…"

독일은 사회복지국가를 계속 유지해야 합니다. 최근 들어와서 부자들은 점점 더 부자가 되고, 가난한 사람들은 점점 가난해지고 있습니다. 이것은 문제입니다. 복수의 정당시스템에 대해서는 바람직하다고 생각합니다. 예를 들어 녹색당은 독일사회의 발전에 큰 기여를 했습니다.

⑪ **독일단체의 활동** 저는 사민당 당원입니다.

⑫ **귀향의사** 한국이 통일되면 제일 먼저 한국으로 돌아갈 것입니다. 제가 죽기 전에 한국이 꼭 통일되기를 희망합니다. 저는 남한에서 태어나고 자랐습니다. 북한은 제가 원하면 오라고 말했습니다. 하지만 그럴 생각은 없습니다.

[인터뷰61]

① 1943년 12월 20일에 태어남

② 1966년 10월 15일 파독간호사로 첼레(Celle)에 도착

③ **생활환경** 저는 3년 동안 노인요양원에서 일했고 생활은 간호사 기숙사에서 했습니다. 그때는 모든 독일병원이 제가 일하던 노인요양원과 같은 모습일 거라고 생각했지요. 3년이 지나서는 원래 미국으로 가려고 했습니다만, 너무 늦었지요. 그후에는 프랑크푸르트의 대학병원에서 일했습니다.

저는 한인의사의 개인적인 소개로 이곳에 왔습니다. 그때는 제가 다니던 직장에 매우 실망해 있었거든요. 저는 간호전문대학을 나와서 서울에 있는 대학병원에서 근무했었습니다. 첼레의 노인요양원에서는 일이 정말 힘들었습니다. 그래서 불과 6개월 사이에 얼굴에 주름이 아주 많이 생겼답니다. 그때는 손수레로 붕대를 운반해야 했고, 청소부 일도 했어요. 심지어 '한국 이름이 너무 어렵다'는 이유로 요양원에서는 독일이름까지 지어주었습니다.

그래서 우리를 소개해 주었던 의사와 대사관 직원이 만나러 왔을 때 불만이 봇물처럼 터져나왔습니다. 그런데도 그들은 우리에게 계속 요양원에서 일해야 한다고 하더군요. 요양원 원장은 우리에게 이곳에서 일하고 싶지 않으면 다른 곳으로 갈 수 있다고 말했는데도 말이에요. 그 의사는 우리에게 화를 내며 이렇게 말했습니다. "너희는 한국에 있었으면 굶어죽었을 거야. 내가 너희를 이곳으로 데리고 왔고, 그래서 지금 너희는 제대로 돈을

벌 수 있잖아." 말하자면 우리가 자기에게 감사해야 한다는 것이었어요.

게다가 우리는 3년 동안 매달 약 15마르크를 한국에 병원 세우는 데 내야 했습니다. 그 의사가 주도한 것이었지요. 불만이 많았지만 그래도 그 의사 체면을 지켜주기 위해 계약기간 동안에는 거기에 머물렀습니다. 최근에 그는 '민주평화통일자문회의' 위원이 되어 있더군요. 그런 사람이 어떻게 국가로부터 인정을 받을 수 있었는지 전혀 이해할 수 없습니다.

1970년부터 지금까지 저는 프랑크푸르트에 있는 대학병원에서 일하고 있습니다. 1973년에 한국남자와 결혼해서 이혼을 했습니다. 우리는 서로 성격이 몹시 달랐는데, 무엇보다도 그 사람은 빨리 아이를 가지기를 원했기 때문이에요. 그후 1979년에 지금의 독일인 남편과 결혼했습니다. 그리고 우리 집을 장만했습니다. 과거에 체류허가를 연장해야 할 때마다, 외국인청은 우리 외국인들을 마치 거지 취급하듯 대했습니다. 하지만 독일인 이웃과는 잘 지내고 있습니다.

④ **사회적 상황** 아이는 둘 있습니다. 1980년에 독일시민권을 취득했는데, 그때 남편은 저에게 이러더군요. "나는 네가 그것 때문에 기쁠 것이라고 확신해." 그래서 저는 "너와 결혼했기 때문에 그것을 받은 거야"라고 말해 주었지요. 그러자 남편은 몹시 놀라는 기색이더군요. 하지만 저는 독일인과 독일시민은 다르다고 생각합니다. 저는 시민으로서 의무를 행하고 권리를 누립니다만, 이런 머리색깔의 저는 독일인처럼 보이지 않습니다. 우리의 세후 수입은 약 8천 마르크입니다. 물리학 박사학위를 가진 남편은 컴퓨터회사에서 근무하고 있고 저는 간호사로 일을 합니다. 하지만 반나절만 근무합니다.

⑤ **동기** 저는 7남매의 맏딸입니다. 제가 간호사로 일하고 있었을 때 아버지 사업이 망했는데, 제 월급으로는 가족을 먹여살리기 힘들었습니다. 그래서 독일로 왔습니다.

⑥ 한인조직과의 관계　1986년부터 '재독한인간호협회' 회원이고 지금은 회장입니다. 또 '프랑크푸르트 한인간호협회'에도 가입했었습니다만, 이 협회는 없어졌습니다.

저는 마인츠 한인성당의 교인인데, 한국에서 다녔던 고등학교가 미션스쿨이었거든요. 저희 집 근처에 한인교회가 있습니다. 매우 정치적인 교회여서 그곳에는 가고 싶지 않았어요. 그래서 한인감리교회를 찾아가 보았는데, 그곳에서는 교인들이 서로 형제자매라고 부르면서도 싸움이 많았습니다. 교인들이 서로 돕기는커녕 오히려 훼방 놓기만 했습니다. 남편은 가톨릭 교인입니다. 게다가 남편은 출장이 잦은 편이어서 저는 마음의 평화를 누리기 위해 성당을 나간답니다. 많은 도움이 되고 있습니다.

⑦ 자기발전 과정　독일에서 저는 간호사로서 발전은 없었습니다. 한국의 제 동료들은 학문적으로 성장할 수 있었습니다.

저는 한편으로는 이곳에서의 새로운 삶 때문에 많은 어려움을 겪었지만, 또 한편으로는 그런 어려움을 통해 인간적으로 배포가 커졌습니다.

⑧ 이해관계에 대해서　저는 친구관계나 협회활동 혹은 종교활동을 통해 물질적 이익을 구하진 않습니다. 대신 정신적 안정을 찾습니다. 그래서 협회활동하는 데 어려움이 없지 않습니다. 다른 사람들은 물질적 이익에 매달려 있기 때문입니다.

⑨ 삶의 중심　저는 한국보다 독일에서 더 오래 살았습니다. 저는 한국인이지만, 저의 절반은 독일적인 것입니다. 예를 들어 여기서는 밤길을 걸어도 두렵지 않지만, 한국에서는 겁이 나거든요.

저에게 고향은 제가 살고 싶어하는 곳입니다. 하지만 결혼 초기에 남편과 싸우면서, 독일과 한국의 문화적·사회적 차이를 많이 느꼈습니다. 저에게는 당연한 것이 남편에게는 그렇지 않았거든요. 제 삶은 실제로 반반입니다. 외적으로는 독일이 제 삶의 중심입니다. 하지만 내적으로는 한국입니다. 그렇다고 해서 이런 것이 한국으로 가기를 원한다는 뜻은 아닙니다.

⑩ **이민자의 위치와 임무**　저는 서류상으로는 독일인이지만 이민자입니다. 이민자는 독일인도 한국인도 아닙니다.

제 남편은 바이에른에서 왔기 때문에 기독사회당(CSU)을 지지합니다. 하지만 저는 외국인이기 때문에 통일 전에는 사민당에 표를 주었습니다. 통일 후에는 투표를 하러 가면 기민당(CDU)을 뽑습니다. 저는 협회생활을 통해 다른 사람들을 아량 있게 이해해야 한다는 것을 배웠습니다.

⑪ **독일단체의 활동**　저는 처음부터 공공노조의 조합원이었습니다.

[인터뷰64]

① 1938년에 태어남

② 1970년 6월 광부로 독일에 왔음

③ **생활환경**　저는 광산에 와서 불과 얼마 안 되어 통역으로 일하게 되었지만, 통역으로 일한 지 두 달 만에 교통사고를 당했어요. 그래서 열 달이나 병원에 입원해 있다가 퇴원했는데, 광산에는 제가 돌아갈 자리가 없더군요. 그로부터 9년 동안 대한항공에 근무했습니다. 당시 한국에서 파견된 직원들은 독일에 대해 아는 것이 없었습니다. 저는 심지어 통역 때보다 급여가 더 적은데도 아주 열심히 일했습니다. 왜냐하면 그곳이 대한항공이기 때문이었어요. 제가 직접적으로 외국인 적대를 경험한 적은 없습니다. 만약 제가 한국에 있었다면 저 또한 외국인에 대해 선입견을 가졌을 것 같아요. 제가 말하는 외국인 적대에 관한 것들은 독일의 극우주의자들이 말하는 주장과 비슷할 수도 있을 것입니다. 어떤 부분에서는 상황을 이해할 수도 있습니다. 원래 독일은 그저 노동력이 필요했으나, 지금은 더 이상 필요치 않게 되었지요. 하지만 외국인들을 쉽게 내칠 수가 없습니다. 왜냐하면 여기에는 법과 사회적 규율 그리고 도덕이 있으니까요. 독일은 민주주의 국

가이고 세계와 얽혀 있습니다. 내국인들은 외국인노동자들이 더 좋은 지위를 가지게 되면 그저 배가 아픕니다. 한국에 있는 사람들 역시 독일인들과 똑같을지도 모릅니다. 기본적으로 외국인들은 노동력으로 독일의 경제적 발전에 기여했음에도 불구하고, 사람들은 그것은 보지 않고 그저 질투만 합니다. 통역 일을 했을 때, 동료였던 많은 독일인들이 저를 삐딱하게 쳐다보는 걸 느끼고는 알게 되었던 거죠. 제가 사무를 봤기 때문에 잘 느낄 수 있었죠. 그래서 이 일을 너무 오래하면 안 되겠다는 생각까지 했습니다.

④ **사회적 상황** 저는 이혼을 했고, 아이가 하나 있습니다. 아이는 한국에 살고 있는데, 언어문제 때문에 한국으로 보냈어요. 지금도 국적은 한국이고 이곳의 체류권을 가지고 있습니다. 그래서 사는 데는 별 어려움이 없습니다. 투표권 외에는 법적인 불이익도 없는데, 저의 한 표가 선거에서 무슨 역할을 하는 것도 아니니까요.

4년 전부터 한식당을 하고 있으며, 이 수입으로 겨우 살아갑니다.

⑤ **한인조직과의 관계** 저는 늘 조직활동에 적극적으로 참여하고 있습니다. 한인사격회 등 많은 협회도 만들었습니다. 또 이펜부르크(Ipenburg) 한인회 회장을 지내는 등 독일 한인사회에서 활발하게 일하고 있습니다. 지금은 '재독한인글뤼크아우프회' 회장을 맡고 있습니다. 누구나 그렇듯이 조직에서 지도적인 역할을 하다 보면 아무래도 적이 많아지게 마련입니다.

⑧ **이해관계에 대해서** 조직은 사람들에게 소속감을 줍니다. 미국으로 이주한 한인광부들도 공동의 소속감을 가지기 위해 그곳에서 '글뤼크아우프회'를 조직했습니다.

⑩ **이민자의 위치와 임무** 이중국적은 저에게 아무런 의미가 없습니다. 제가 한국에 있다면 이런 시스템이 무슨 필요가 있겠습니까? 이중국적이 아니라고 해서 무슨 불이익이 있습니까?

⑫ **귀향의사** 반드시 한국으로 돌아가겠다고 마음먹고 있지는 않습니다.

[인터뷰53 2세대]

① 1971년 독일 페르덴(Verden)에서 태어남

③ **생활환경** 유년시절에는 외국인이라고 차별받는다는 생각을 별로 해본 적이 없어요. 학교에서도 길에서도 외국인 적대를 느끼지는 못했어요. 놀림 이야 늘 받았지요. '찢어진 눈'이라는 둥 '칭챙총'이라는 놀림을 당했죠. 하 지만 그 밖에서는 완전히 통합되어 있다고 생각했었고, 사람들의 말이나 태도를 봐도 저를 독일인으로 인정하고 있다는 생각이 오히려 들었습니다. 지금 대학에 다니는데 상황은 비슷합니다.

  그럼에도 지금은 과거에 비해 저 자신이 외국인이라는 생각이 듭니다. 전 에는 전혀 그렇지 않았거든요. 지금 독일에서 일어나고 있는 모든 일을 통 해 이미 제가 여기 속해 있지 않다는 것을 깨닫죠. 그야말로 제 주위에서 일어나는 폭력들을 목격합니다. 저에게는 아무 일도 일어나지 않았지만, 방 화음모나 망명자들과의 문제들, 그리고 일상 속에서 거리에서 일어나는 폭 력들을 마주합니다.

④ **사회적 상황** 저는 의학을 공부하고 있습니다. 독일시민권은 열 살 때 부 모님을 통해 받았습니다. 독일어는 모국어나 다름없지만 한국어도 할 수 있습니다. 한글학교를 오랫동안 다녔으나 별로 도움이 되진 않았습니다. 한 동안 훔볼트대학에서 한국어를 배웠는데 그게 아주 좋았습니다. 그곳에서 체계적으로 배워서 읽기와 쓰기에는 별 문제가 없으나 아는 단어가 많지 않아서 말이 유창하지는 않습니다. 그래도 아직 한국어판 학술서적을 읽을 수준은 못 됩니다.

  많은 한인부모들이 그렇게 심하게 자신들의 정신과 전통에 묶여 있다는 것이, 이로 인해 자식들을 믿을 수 없을 정도로 고통스럽게 한다는 것이 무 척 당황스러울 따름입니다. 제 부모님은 그렇지 않았지만, 한국의 부모들보 다 더 보수적인 부모들이 이곳에 많은 것으로 알고 있습니다. 특히 아버지들이 그래요.

⑤ 한인조직과의 관계 청소년모임 베를린 '단비' 회원인데, 부모님을 통해서 처음 알게 되었지만 그렇다고 제게 강요하진 않았습니다. 오히려 저는 즐겁게 모임에 갔습니다.

⑧ 이해관계에 대해서 저 스스로 저의 이해관계를 대변한다고 하면, 아마 이런 것들일 겁니다. 대화나 글을 통해서 내가 무엇을 원하고 무엇이 내 앞에 떠오르는지 또는 무엇을 이루고자 하는지를 겉으로 드러내고자 시도하는 것이죠. 청소년모임은 이런 제 이해관계의 일부를 대변해 줍니다.

⑨ 삶의 중심 독일이 고향이지만 저 스스로 독일인이라고 생각하지는 않습니다. 전혀 그렇지 않습니다. 저는 심하게 분열되어 있었습니다. 그래서 마치 영원처럼 오랜 시간 동안 이 문제를 고민했습니다. 하지만 결과는 그렇습니다. "나는 독일인이야"라고 말할 수도 없지만 그렇다고 "나는 한국인이야"라고 말하기도 어렵습니다. 독일에서는 항상 "나는 한국인이야"라고 말합니다. 그러나 한국에 가면 그렇게 말할 수 없다는 걸 금방 알게 되죠. 거리에서 사람들이 그러지는 않지만 친구들 사이에서는 "맞아, 너는 한국인이야. 그러니까 한국말을 할 수 있어야만 해"라는 말도 나오지만 "음, 너는 여기 사람이 아니야"라고 말하는 친구도 있어요. 그러니까 저는 한국에서도 이렇게도 저렇게도 보인다고 할 수 있겠죠. 이럴 때면 어김없이 제가 어디에도 속하지 않는다고 느껴지니까 슬픕니다.

저는 여기도 저기에도 속해 있지 않습니다. 그런 의미에서 저에게는 고향이 없습니다. 그저 제 부모님의 고향이 있고, 지금 이곳에서 살고 있을 뿐이죠. 물론 그렇다고 이런 것이 저를 방해하지도 않거니와 두 개로 분열된 느낌 또한 크진 않습니다. 그저 한국에 가면 이런 느낌이 강해진다는 거죠. 그래도 이런 생각과 함께 저는 아주 잘 지내고 있습니다. 저 스스로 상당히 잘 해명되었다고 생각합니다.

또 저는 한국에 있으면 "내가 여기서 살 수 있을까" 하는 고민을 해보지만 대개는 그럴 수 없을 거라는 결론에 도달합니다. 왜냐하면 아주 많은 것들과 제가 잘 지내지 못하고, 아주 많은 것들이 저를 화나게 하고 흥분하게 하니까요. 게다가 저는 적응을 잘 못하는 편이거든요.

독일은 제 삶의 중심입니다. 하지만 제 뿌리가 독일에 있다고 생각하지는 않습니다. 그저 제 부모님에게 제 뿌리가 있습니다. 아니면 오히려 제 뿌리는 한국에 있습니다. 왜냐하면 독일에서 태어나고 자랐다는 것, 그 정신을 약간 가지고 있다는 것 외에는 독일과 전혀 결합되어 있지 않기 때문이에요. 그리고 저는 분명히 독일어로 생각을 하지만, 이곳에 뿌리를 가지고 있지는 않습니다. 중요한 것은 그저 제가 여기에 살고 있다는 것입니다.

⑩ **이민자의 위치와 임무**　아주 가끔씩 제가 외국인이라고 느낍니다. 예를 들어 외국인 적대에 관한 어떤 얘기를 들었을 때 등 분명한 순간에만 그렇습니다. 하지만 길거리에서 이런 일들이 일어나는 것은 아닙니다. 그렇다고 저 자신을 이민자로 정의하지는 않습니다. 오히려 이곳에서 태어나고 자란, 그러니까 2세대로 정의합니다.

저는 외국인 적대에 반대해 싸웁니다. 인간들 사이에서 차별이 이루어진다는 것은 마땅히 분노해야 하니까요. 외국인 역시 인간이고, 모두가 행복을 느끼고 삶을 즐길 권리를 똑같이 가지고 있다고 생각합니다. 인종적인 이유로 차별을 하는 것을 완전히 어리석고 바보 같은 짓입니다. 다양한 문화가 있다는 것은 아름다운 것입니다. 사람들은 아주 많은 것을 배울 수 있습니다. 더 많은 문화를 알수록 시야가 넓어집니다. "여기는 우리나라이고, 이것은 우리 문화야"라든가 "너희는 여기서 아무 일도 할 수 없을 거야"처럼 정말이지 멍청한 말도 없을 겁니다. 그러고는 많은 폭력들이 생겨나지요. 이런 것들은 매우 위험하다고 판단합니다.

반인종주의 활동과 단체들이 많이 있습니다. 저는 대학 들어와서 일정

기간 동안 반인종주의 단체에 가입해 있었습니다. 단체에서 우리는 이따금 다양한 행사를 개최하고 또 일반사람들을 초대해서 인종주의 문제에 관해 토론했습니다. 하지만 이런 토론이 많은 성과를 내지는 못했습니다. 마음이 열린 사람들만 참여하고, 이런 토론이 필요한 사람들에게는 그것이 잘 다가가지 않아서 이에 반대해서 무엇을 하기란 어려운 일입니다. 저는 그저 제 표현을 통해 그에 반대한다는 것을 드러냈었고, 지금도 드러내고 있습니다. 하지만 정말로 그에 반대하는 구체적인 무엇인가를 하기란 아무래도 어렵습니다.

구체적으로 인종주의에 관한 토론은 학교에서부터 이루어져야만 합니다. 그리고 여기서는 부모의 영향이 매우 큽니다. 많은 아이들이 자기 엄마 아버지가 하는 말을 그대로 하거든요. 저는 그렇게 생각합니다.

정치에서도 이런 인종주의를 부채질하는 일들이 많이 일어나고 있습니다. 예를 들어 실업이 외국인들 때문에 발생한다는 말은 항상 반복됩니다. 난민법과 관련해서도 일어나고 있는 일들 또한 매우 인상적입니다.

⑫ **귀향의사**　이 문제는 우리에게도 해당되는 것입니다. 제가 알고 있는 많은 사람들이 한국으로 돌아갈 것인가를 가지고 고민하고 있습니다. 저 또한 그랬고, 그렇게 하고 싶어하는 사람들도 알고 있습니다. 하지만 제 개인적으로는 불가능한 일입니다. 만약 독일의 상황이 더 나빠진다면, 아마 이에 대해 고민해야 할지도 모르죠.

[인터뷰55　입양아]

1968년 1월 20일 태어남

저는 서울에서 발견되었어요. 1974년 9월, 여섯 살 때 독일로 입양 왔어요.

① **유년시절**　뒤돌아보면 전반적으로 좋은 유년시절을 보냈어요. 우리 가족은 보통 가족들과 거의 다름없는 가족관계를 이루고 있다고 말합니다. 물

론 우리 가족에게는 그저 몇 가지 특이한 점은 있지요. 우선은 형제자매가 무척 많고요, 다들 개인적인 사연들이 있지요. 제가 비행기를 탔던 기억은 거의 없고, 다만 아주 오래 걸렸다는 것만 기억납니다. 양아버지가 양어머니와 함께 프랑크푸르트 공항에서 저를 맞이해 주었어요. 그리고 우리는 버스를 타고 뒤셀도르프로 갔는데, 그러니까 인상적이었던 것은 처음에는 제가 수프만 먹었다더라고요. 아마 제가 약간 영양실조 상태여서 가족들이 저에게 맞춰주었던 것 같아요. 가족 모두가 수프를 먹었다고 해요. 그래서 저는 다른 가족들이 저보다 더 좋은 것을 먹는다는 생각을 해본 적은 전혀 없어요.

그렇게 저는 아주 빨리 적응했어요. 반년 후에 유치원에 들어갔고, 1년 후에는 학교를 갔어요. 저는 독일어를 매우 빨리 습득했는데, 그만큼 한국말을 금방 잊어버렸지요. 지금 한국말은 한마디도 못해요. 이제야 몇 마디를 새로 배웠지요.

말했듯이 가족과의 삶은 처음부터 대체로 조화로웠어요.

② **다른 입양아 및 입양가족들과의 교류** 우리 입양아 부모들은 지역모임을 하고 있는데, 그 모임에서 한번은 서로의 경험을 나누기 위해 비텐(Witten)에 갔어요. 그때 처음으로 저처럼 입양된 아이들을 알게 되었지요. 우리는 서로 스스럼없이 함께 놀았어요. 당시 여러 도시에서 일곱 명가량이 왔었는데, 비텐에 살던 한 가족은 세 명을 데려왔고 두 명은 인도에서 왔고 또 한 명은 한국에서 입양되었지요. 이 가족들이 모임을 조직해서 주소록까지 있었어요. 지금까지 아이를 입양해 본 적이 없는 사람들도 입양한 가족들의 경험을 듣고자 지역모임에 나오려고 했어요. 한번은 행사가 있었어요. 거기서 베트남에서 온 입양아가 어떻게 적응해 나갔고 얼마나 좋은 경험을 하였는지 등을 이야기했어요. 그로부터 몇 년 후 저는 그를 '인간의 대지'(Terre des Hommes)에서 다시 만났어요. 그는 피아노기술자가 되어 있었는

데, 정말로 이곳에 잘 적응했다는 인상을 받았어요.

한국에서 온 입양아는 약 2천 명 정도 되었고, 1971년에 시작되어서 1974년에 입양아가 가장 많았다고 합니다. 그때 입양아 숫자는 174명으로 최고였다가 그후 급속도로 줄어들었습니다. 약 2년 전부터 '인간의 대지'는 한국에서 온 입양아에 관한 소개를 중단했는데, 그 이유는 그들이 한국에서 예를 들어 입양시스템의 악용 같은 아주 나쁜 경험을 했기 때문입니다.

③ 인터뷰55는 독일가정에 입양되어서 독일인으로 성장했다. 하지만 외형적으로는 외국인이다. 필자는 그가 다른 한인이민자들보다 더 많이 외국인 적대를 마주했을 거라고 추측했다.

여기에는 차이가 있습니다. 저를 아는 사람들은 저를 아주 평범하게 대합니다. 때때로 외국인에 관한 이야기도 나누고, 또 대화하는 과정에서 그들이 제 의견을 어느 정도 받아들일 뿐 아니라 제 친구들이 무조건 외국인에 대해 적대적이진 않다는 걸 경험합니다. 물론 제가 모르는 사람들은 얼마간 더 과격한 의견을 가졌을 수 있습니다. 개인적으로 독일인들과의 경험이 아주 많다고 할 수는 없으나, 이런 외국인 적대 같은 일이 그냥 일어나는 것은 아닙니다. 아무튼 저 개인적으로 공격을 받지 않아서 그런지 모르겠지만 제가 적대적인 대상에 해당된다고 느끼진 않습니다. 나이 많은 사람들이 가끔 이런저런 말을 할 때가 있습니다만, 그럴 때면 곧바로 이렇게 대꾸해 줍니다. "나는 독일이름을 가지고 있고, 독일여권도 있어요. 이에 대해선 뭐라고 말할 건가요?" 그러면 그들은 "아 그런가요, 그럴 수도 있지요" 하고 얼버무리곤 하죠. 물론 이건 제가 독일어를 완벽하게 하고 그들과 논쟁할 수 있기 때문에 가능한 일이지요. 그들이 이렇게 말한다면 저를 쉽게 받아들인다는 겁니다.

④ 자신을 독일인으로, 아니면 한국인으로 여기는가

저는 1984년 처음으로 제가 어디서 왔고 한국은 어떤 문화를 가지고 있는지 등에 대해 고민하기 시작했어요. 한국문화가 독일문화보다 저에게 더 좋다는 것은 경험을 더해 가면서 깨달아야 하는 것이라 할 수 있어요. 사람들은 항상 자신의 기원과 결속되어 있다고 느낍니다. 저에게 문제는 제가 원래 이곳에서 자랐다는 것입니다. 그것은, 그러니까 사실상 빠져나올 수 없는 감옥 같은 것이지요. 그것은 각자 다르긴 하겠지만 경험할 수 있는 것입니다. 하지만 어떻게든 그것이 육체와 관련된 것은 전혀 아니지요. 제가 한국어를 잘 배워서 완벽하게 하게 되면, 그것이 가능할 수도 있겠습니다만, 아무튼 제 느낌은 뭐랄까 반반입니다. 저는 한국인과 함께 있으면 많은 것들이 제가 배운 것과 모순된다는 것을 알아차립니다. 예를 들어 한국인들이 뭔가를 결정해야 할 때, 그것은 제가 잘 적응할 수 없는 종류의 무질서이지요. 반면 독일문화는 우선 규칙을 만들어낸다는 데 큰 특징이 있는데, 이로써 일도 잘될 수 있지요. 저는 자주 느낍니다. 제가 한국인과 같은 방식으로 목적을 달성하려고 해도 그렇게 되지는 않는다는 걸요. 이런 점에서는 저 자신이 독일인이라고 여겨집니다.

그러나 음악이나 농무 공연 같은 문화행사에 가면 제가 한국인이라는 생각이 든답니다. 저를, 제 감정을 움직이게 하니까요. 우리가 함께 앉아서 노래 부르고 술을 마실 때면, 그 또한 뭔지 모르게 독일인들과 있을 때와 다릅니다. 한번은 일본에 갔을 때 우연히 한국인을 만났는데, 같이 한 식당에 가서 저녁을 먹었어요. 그리고 함께 앉아서 마시고 노래도 불렀는데, 이런 게 이상하게도 저에게 무척 감동적이었어요. 왠지 흥분되기도 했고요. 하지만 독일축제는 약간 썰렁합니다.

⑤ 그런 것이 당신을 풍요롭게 해주지 않나요?

맞습니다. 그렇게 말할 수 있습니다. 그래서 가능한 많이 한국문화를 경험하려고 노력합니다. 그만큼 저 자신이 객관적이고자 하기 때문이에요. 저는 독일문화 혹은 한국문화가 더 낫다고 말하고 싶진 않습니다. 당연히 개별적인 것에서는 어떤 문화가 더 나은지 아닌지 말할 수 있겠지만요.

⑥ 한국과 독일이 축구경기를 했을 때, 어느 팀을 응원했나요?

네, 한국을 응원했어요. 자연스럽게 그렇게 되더라고요.

⑦ 반반이라는 것이 당신에게 거슬리지 않나요?

이미 거슬리고 있다고 말할 수 있을 것입니다. 사람들에게는 인정받고자 하는 욕구가 있습니다. 제가 한국인과 함께 있으면 그들로부터 인정받고 싶습니다. 물론 그들은 저보고 한국인이라면서 저를 여기저기 데리고 다니곤 하지만, 정작 저 자신은 늘 거리를 느낍니다. 하지만 다양한 사람이 있기 때문에, 저에게 거리를 두는 사람들도 있고 또 저에게 "너는 한국인이야"라고 말하는 사람들도 있습니다. 충분히 눈치챌 수 있죠.

⑧ 독일인과 있을 때도 인정받기를 원합니까?

여기서는 별 문제가 없습니다. 그래도 저는 뭔 일이 혹은 어떤 상황이 제게 일어나지 않는 순간에는 항상 문제를 느낍니다. 아마 이런 게 전형적인 독일인의 성향 아닐까 싶어요. 왜냐하면 저는 그것과 저를 동일화시킬 수 없으니까요.

⑨ 독일에서 당신의 삶을 어떻게 평가하나요?

아주 평범합니다. 특별한 것이 없습니다. 그저 살아가면서 흥미로운 것들을 많이 경험하려고 노력합니다.

⑩ 한인입양아의 불행한 사례

저는 입양된 아이들이 그후 부모와 잘 지내지 못해서 고아원에 가거나 파양되어 다른 가족에게 간 사례들을 많이 들었습니다. 그렇게 된 데는 상당 부분이 부모에게 책임이 있습니다. 이런 아이들이 비록 범죄자가 되는 것은 아니지만, 이중적인 시선을 받으며 대개는 사회의 아웃사이더로 살아갑니다. 어딘지 달라 보이기도 하고 실제로 거친 삶을 살아갑니다. 제가 알게 된 한 여자아이는 부모와 잘 지내지 못해서 가출을 했습니다. 그 아이는 간호사가 되어 아프리카 같은 외국으로 가거나 그 비슷하게 될 거라고 하더군요. 그 아이가 언젠가 어딘가에서 직업을 찾을 것이라고 생각합니다만, 아비투어를 본다거나 대학을 가는 그런 원대한 길을 선택하기란 불가능합니다. 그저 그런 수준에 머무르게 되겠지요.

⑪ **한인입양아 중 한국과 밀접한 관계를 맺는 사람이 많지 않은 것 같은데**

대부분의 한국계 입양아들은 한국인들을 접촉할 수 있는 기회가 거의 없는 환경에서 살고 있습니다. 혹은 입양한 부모가 아이를 한국인이나 한국과 교류를 할 수 있도록 노력하지 않습니다. 더욱이 이들 역시 이곳에서 한국인들과의 연결이 별로 이루어지지 않습니다. 이곳에는 한국인도 많지 않은데다 개중에 일부는 매우 보수적이거나 아니면 진보적입니다. 수적으로 많지 않은 한국인들도 대부분이 일을 해야 하기 때문에 따로 시간을 낼 여유가 거의 없습니다. 한번은 한인간호사를 알게 되어서 그녀로부터 한국어를 배우고 싶었습니다. 그녀 또한 흔쾌히 그러겠다고 했지만, 정작 저에게 시간을 내줄 틈이 나지 않았어요.

저는 한국어를 배우려고 애썼지만, 제 주변에는 한국어를 가르치는 데가 많지 않습니다. 언젠가는 시민대학을 다녔는데, 별로 만족스럽지 못했습니다. 한국인들과 함께 있을 때 가장 많이 배울 수 있습니다. 제 부모님도 제가 한국인들과 교류할 수 있도록 신경을 써주진 않았지만, 제가 그렇게 하는 것을 말리진 않았습니다.

한국으로 돌아가겠다는 제 의사는 확고합니다. 물론 한국에 가면 이런저런 문제를 겪으리라는 것도 충분히 상상할 수 있습니다. 직장이나 거처를 구하는 일은 문제가 아닙니다. 당연히 저는 한국인들과의 나쁜 경험도 가지고 있습니다. 하지만 그것이 저의 한국행을 막지는 않습니다.

제 목표는 한국인이 되는 것입니다. 그것은 한국에 살아야만 가능합니다. 처음에는 저를 외국인처럼 대하겠지만, 저는 금방 한국말을 배울 거라고 확신하고 그러면 문제가 거의 없을 겁니다. 제가 독일에서는 안정된 생활을 했으나 한국에 가면 이런 여건이 주어지지 않을 것이라는 점이 문제일 수는 있습니다.

독일시민권은 오히려 기술적인 도구입니다. 문화적인 면에서 제 심정을 표현하면 이렇습니다. 한국인이 되고 싶다고요. 제가 한국으로 가더라도 친부모를 찾을 생각은 없습니다. 그게 목적은 아닙니다. 그건 그저 화를 불러올 뿐이라는 게 제 생각입니다.

한인들을 위한 사회복지 서비스

한인들을 위한 사회복지사 자리는 전적으로 한인 간호사들과 광부들의 모집으로 인해 설치된 것이다. 이 자리는 대부분 한인간호사들을 상담하기 위해 만들어졌다.

디아코니 선교회에는 보훔과 함부르크에 사회복지사를 두고 있는데, 보훔은 여전히 전일제 자리인 데 반해 1974년에 설치된(인터뷰12) 함부르크는 전일제에서 시간제(법적으로 사회보장 보험료를 낼 필요가 없는 최소한의 일자리)로 바뀌었다. 함부르크의 경우에는 한동안 사회복지사가 없었다가 그후 필요에 의해 다시 설치되었다(인터뷰 13; 17).

카리타스에는 현재 총 6자리가 있다. 쾰른과 베를린은 전일제이고 뮌헨과 프랑크푸르트, 뒤셀도르프는 하프타임 근무하는 자리이고 본은 주당 8시간 근무하는 자리가 있다.

반면 한인간호사 모집 초기에는 총 13자리의 전일제가 있었는데, 카리타스에 9.5와 디아코니 선교회에 3.5자리가 있었다.

오늘날 활동하고 있는 한인 사회복지사들은 거의 대부분이 초기부터 일을 하던 사람들이어서 대체로 나이가 많은 편이다. 그중 일부는 이미 퇴직을 했다. 그들은 처음에는 수간호사로 독일에 와서 사회복지사가 되었는데, 카리타스의 경우에는 퇴직자가 생기면 경제적 사정 때문에 그 자리는 자동적으로 없어졌다(인터뷰63).

① 보훔 디아코니 선교회 [인터뷰17, 사회복지사]

1977년에 NRW에 사는 한인들을 위한 사회복지 담당자리가 만들어졌는데, 당시 NRW에는 6천여 명의 한인과 그 가족들이 일을 하며 살고 있었습니다. 이보다 앞서 쾰른에는 카리타스에서 설치한 자리가 있었어요. 다만 쾰른에서는 한인간호사들을 돌보고 상담하는 업무가 주를 이루었으나, 디아코니 선교회의 사회복지사는 특히 한인광부들을 대상으로 했습니다.

저는 1980년 10월부터 사회복지사로 일하고 있습니다.

초기업무 NRW에 겨우 한 자리밖에 없는데다 한인들은 여기저기 흩어져 있었기 때문에, 이 일은 처음부터 구조적으로 쉽지가 않았습니다. 반면 그리스인이나 터키인들은 한 지역에 모여서 살았어요. 이런 집단을 위한 사회복지사는 자기 주에 거주하는 3천 명 정도를 돌봐야 했습니다. 이런 면에서 처음부터 과연 한인 사회복지사의 활동이 가능하겠느냐는 의문이 있었습니다. 그럼에도 불구하고 당면한 문제들이 있었고, 또 사회복지 업무는 돌봄에서 구호활동까지 광범위한 영역에 걸쳐 있습니다.

저는 정기적으로 한인들이 조직한 행사에 참석해서 제 업무에 대해 안내했습니다. 이따금 제게 상담을 받고 싶어하는 한인들이 있었지만, 대부분이 보훔에서 멀리 떨어진 곳에서 살았기 때문에 올 수가 없었지요. 그래서 제가 그들에게 만나러 갔습니다. 제가 얼마나 자주 여행가방을 끌고 출장을 다녔는지 셀 수가 없습니다.

초기 한인들이 가진 문제는 대부분이 체류와 노동허가 그리고 언어와 관련된 것이었습니다. 법적인 문제들도 꽤 많았는데, 이런 문제는 변호사의 조력이 필요했습니다. 그래서 제 업무의 큰 부분이 담당관청과 변호사에게 안내해 주고 통역하는 일이 차지했습니다. 행사에 참여하는 것과 한인들과 꾸준히 만남을 가지는 것은 사회복지사의 첫번째 임무였습니다.

업무의 종류 1985년 말에는 설명회를 열어서, 한인들이 영주권이나 체류권을 신청할 수 있도록 외국인 관련법에 대한 홍보를 하기도 했습니다. 보훔의 외국인청이 제게 말하기를, 체류권을 받은 한인 숫자가 다른 외국인집단보다 많다고 하더군요. 노동허가와 관련된 문제도 이런 식으로 해결되었습니다. 외국인법이 바뀌면, 곧바로 한국어로 번역해서 한인사회에서 전달했습니다.

이 시기에 2세대의 양육 문제가 대두하기 시작했습니다. 그래서 연간 1~2회 청소년 세미나와 워크숍을 조직했는데, 여기에는 NRW에 거주하는 한인청소년 40~50명이 참석했습니다. '정체성문제' '세대갈등' 등을 주제로 한 이 활동은 청소년들의 성장에 긍정적인 영향을 주었고, 지금도 그렇습니다.

또 한인교회들 가운데 담당목사가 공석인 곳이 생기면, 제가 설교를 하기도 합니다. 제가 디아코니 선교회에서 일하기 때문이지요.

요즘은 한인가정이나 한독가정의 부부문제 상담이 많은 편입니다. 몇몇 한인여성들은 '여성의 집' 같은 곳으로 몸을 피해야 했습니다. 한인부부의 경우에 불만족이 문제가 되고 있습니다. 초기에는 경제적 기반을 만드느라 온힘을 기울였고, 점점 시간이 지나면서 가족의 삶이 안정되어 가자 이번에는 지금까지의 불만들이 폭력과 함께 표출됩니다. 이러한 폭력은 독일 사회의 규범이나 유럽문화에서는 결코 용인될 수 없는 것이지요. 이런 한편으로 재독한인들은 한국으로부터도 낯선 사람들이 되어버렸습니다. 20년 전 한국에서 가져온 사고방식으로 여전히 살고 있기 때문입니다. 한독부부의 경우에는 문제의 대부분이 문화차이 때문에 생기는 것입니다. 그들은 이런 차이가 오히려 삶을 풍요롭게 해줄 수 있음에도 불구하고 제대로 극복을 못했습니다. 이 때문에 대개는 여성들이 마음의 병을 얻습니다. 지난해 이런 사례가 4건 있었는데, 개중에는 독일인 남편 한 명이 치료를 받은 사례도 있었습니다. 모든 노력이 수포로 돌아가자 그는 상담을 하러 저를 찾아왔습니다.

극우주의자들의 난민신청자와 외국인에 대한 폭력행위가 위험스러운 수위에 이르면서, 한인들도 한편으로는 두려움과 염려가 커졌지만 또 한편으로는 시민들이 중심이 되어 극우주의자들을 반대하는 광범위한 행동들이 긍정적이고 안정감을 심어주기도 했습니다. 상담에서 한인들이 주로 토로하는 염려와 두려움은 자신들과 자기 아이들 앞에 놓여 있는 극우주의의 기승으로 인한 미래에 대한 두려움, 실업에 대한 공포[특히 크루프 Krupp, 티센 Thyssen, 만네스만 Mannesmann 등 철강업체에서 일하는 노동자들], 늙어가면서 겪게 될 외로움에 대한 두려움입니다.

한국에서 나중에 온 간호사들은 새로운 문제들을 들고 왔습니다. 이른바 '간호의 위기' 때문에 보홈 시의 한 병원은 1993년 초에 한국에서 간호사 13명을 데리고 왔습니다. 물론 과거 서독에서 일한 경력이 있는 간호사들을 데려왔지만, 통합 면에서 많은 문제가 첨예하게 대두되었습니다. 이 간호사들은 15~20년 전에 독일에서 근무를 했었고 나이도 45~59세로 많은 편이었습니다. 그래서 이들에게는 체류, 노동허가, 연금보험, 의료보험 등과 같은 여러 가지 문제로 상담이 필요했습니다. 특히 나이 때문에 오리엔테이션과 언어에 큰 어려움을 겪었기 때문에 이들에게는 집중적인 지원과 상담이 요구되었습니다. 결국 이 가운데 세 명은 한국으로 돌아갔습니다.

한국단체들과의 교류 한인 한글학교들[카스트로프라우셀, 뒤스부르크]과의 협력활동은 여전히 잘 진행되고 있습니다. 지난 시기 한글학교의 전반적인 상황을 살펴보면, 청소년기에 접어든 2세대들이 점점 한글수업과 거리를 두려 한다는 점이 드러났습니다. 여기에는 가령 아이들에게 동기가 없다거나 수업구성의 문제 같은 여러 가지 이유가 있을 수 있습니다.

라인란트 한인교회와의 강도 높은 협력활동은 계속 확고하게 이루어지고 있습니다. 우리는 이 교회와 함께 아이들과 성인들의 활동을 위한 행사들을 준비해서 진행했습니다.

보훔 한인교회와는 과거에 있었던 교회 내부의 분쟁 때문에 저는 교류를 하지 않고 있습니다.

보훔 한인회도 거의 교류를 안 하고 있는데, 그건 한인회가 한인들의 친목만 도모하기 때문입니다. 이런 데 할애할 시간이 제게는 거의 없습니다. 일이 잘되려면 한인회는 한인들의 이해관계를 잘 대변해야 하는데, 겨우 10~20명밖에 모이지 않는다는 것 자체가 한인의 이해관계를 제대로 대변하지 못한다는 것이라고 생각합니다. 한인회 회장들의 활동방식을 보면 아주 문제가 많습니다. 한인들로부터도 신뢰를 못 받고 있습니다.

제가 한인들의 이해관계를 잘 대변하고 있는지와 관련해서는 뭐라고 말씀드릴 수 없습니다. 사실 개인적으로 한인들과 갈등을 겪고 있습니다.

재정 초기에 보훔의 한인 사회복지 업무는 디아코니 선교회로부터 활동지원금으로 해마다 약 1만 마르크를 받았으나, 지금은 약 7천 마르크를 받습니다. 쾰른에 있는 카리타스의 경우에는 사정이 조금 다른데, 그곳에서는 정기적으로 한인센터와 프로그램을 진행하는 등 지원금의 대부분을 행사나 한인학교에 사용하고 있습니다.

성과 제 능력과 힘에는 한계가 있습니다. 하지만 언제나 다양한 분야에 일이 있답니다. 외국인 업무분야에서 일하는 사람들은 '모든 것을 위한 하녀'처럼 일을 해야 합니다. 그에 비해 독일인들은 특정 영역에서 일을 하지요. 아무튼 한인 사회복지 활동은 시간이 지나면서 한인들에게 널리 알려지게 되었고, 제가 관할하는 범위가 빌레펠트에서 아헨에 이릅니다. 대부분의 경우 매우 사적인 것들이어서, 제 업무가 겉으로는 그리 대단해 보이지 않습니다.

문제점 오늘날 극우주의 경향이 갈수록 더해 가기 때문에 외국인정책에 더 많은 관심을 기울여야 하는데도, 현실에서는 디아코니 선교회 같은 경우 외국인 업무분야의 자리가 급속도로 없어지고 있습니다. 라인란트의 자리도 공석이 되면, 아마 금방 사라질 겁니다. 베스트팔렌에서는 전체적인 차원에서 외국인을 돌보는 것이 정말로 필요한지 또는 돌봄이나 상담이 민족별로 이루어져야 하는지 등과 같은 문제가 제기되었습니다. 많은 독일 인들이 '통합'(Integration)과 '동화'(Assimilation)를 동일한 것으로 간주합니다. 또 그들은 외국인이 독일시민권을 받게 되면 통합이 이루어졌다고 생각합니다. 하지만 다문화사회는 단순히 혼합문화가 존재하는 사회가 아닙니다.

한국문화는 유럽의 문화와 매우 다릅니다. 그리고 이런 다름은 한인들에게 추가적인 문제를 발생시킵니다. 지금은 그저 이 자리가 여전히 존재하는 것만으로도 감사할 뿐입니다.

다른 외국인집단들과 비교해 볼 때, 이곳의 한인들은 다음과 같은 특수성을 가지고 있습니다. 한인부부들 대부분이 맞벌이부부입니다. 거의가 간호사나 간호조무사로 일하고 있는 여성들은 실업에 대한 걱정이 없지만, 반면 남자들은 최근 들어서 실업에 대한 두려움을 가지고 있습니다. 노동시장에서는 유럽국가 출신들이 우대를 받거든요. 아무튼 이런 실업우려가 또 가족문제를 일으킬 수 있습니다.

② 뮌헨 카리타스의 한인 사회복지 업무 [인터뷰63, 사회복지사]

설립 원래 1969년 프라이부르크에는 한국·인도·필리핀에서 온 여성들을 돌보는 카리타스의 사회복지부서가 있었습니다. 1970년부터는 이 부서에서 한인여성이 일하게 되었는데, 바이에른 주를 포괄하는 업무를 담당했습니다. 한 사람이 주 전체를 책임지고 일한다는 것은 애당초 불가능한 것이었죠. 1973년까지 뮌헨 주변에는 약 2천 명의 한인간호사가 있었는데, 1973년에 바이에른 주의 법적 체류기준이 까다로워지면서 많은 한인간호사들이 베를린이나 NRW로 옮겨갔습니다. 최초의 한인 사회복지사의 뒤를 이어 한인여성 두 명이 연달아 후임으로 일을 했었고, 그 뒤로 한인과 한인간호사가 크게 줄어들면서 이 자리는 없어졌습니다.

저는 1981년에 카리타스 내에 두 개 학급과 교사 두 명의 한글학교를 열었습니다. 1983년부터는 카리타스의 명예회원으로 한글학교와 사회상담사 일을 하고 있습니다. 그러다가 일이 너무 많아져서, 카리타스 센터에 상근자를 둘 것을 제안했고 카리타스는 긴급한 필요 때문에 1988년에 뮌헨의 한인 사회복지 서비스를 맡을 하프타임 자리를 마련해 주었습니다. 제가 더 이상 일을 하지 않게 되면, 이 자리 역시 자동적으로 없어지겠지요.

업무의 종류 초기 한인들은 언어의 어려움을 겪었습니다. 그래서 사회복지사는 주로 통역하는 일을 했습니다. 또 간호사 업무가 한국과 너무 달랐기 때문에, 병원에서 일하는 데도 많은 어려움이 있었고 고용주와의 분쟁도 있었습니다. 또 다른 문제는 생활용품이었습니다. 한인들이 독일에서 살게 된 역사가 너무 짧았기 때문에 한국음식에 필요한 재료들이 아예 없었습니다. 그 밖에 예를 들어 사회적 문제와 같은 큰 문제는 없었지만, 주로 한인간호사들은 개인적으로 낯선 곳에 적응하는 데 어려움을 겪고 있었습니다.

이제 이 사람들 나이가 사오십이 되었습니다. 뮌헨과 외곽지역에는 오늘날 약 600~700명의 한인들이 살고 있는데, 대부분이 독일남자와 결혼한 사람들이고 나머지는 한인가정과 유학생들입니다.

제가 담당하고 있는 뮌헨의 한인들에게 나타나는 문제는 세대갈등이나 이혼 등과 같은 부부갈등입니다. 이곳 한인여성의 약 10퍼센트가 이혼을 했는데, 주된 이유가 문화차이였습니다. 한인여성들은 독일말도 잘 못하는데다 독일문화도 제대로 알지 못한 상태에서 독일남자와 결혼을 했고, 더욱이 독일남자에 대해서도 잘 몰랐습니다. 그래서 남편들은 자기 아내를 무시하는 경향이 많았습니다. 이곳에 널리 퍼져 있는 아시아여성에 대한 전형적인 사고는 한인여성들에게는 해당되지 않습니다. 한인여성들은 시간이 지나면서 더 자립적이고 독립적이 되었고, 따라서 더 많은 권리를 요구했습니다. 아무튼 한인여성들은 이혼을 해도 자식은 자기가 키우려고 했습니다. 이것은 곧 여성들이 남성들보다 더 많은 부담을 안게 된다는 것을 의미합니다. 뿐만 아니라 한인여성들은 이혼신청을 할 때도 자신들에게 권리가 있음에도 불구하고 일반적으로 남편에게 많은 것을 요구하지 않았습니다. 그래서 일부 여성들은 나중에야 자신이 너무 많은 부담을 짊어졌다는 것을 깨닫고 심한 피해의식을 갖고 살아갑니다.

카리타스의 한인 사회복지 서비스의 일환으로 생겨난 한글학교에는 요즘 30~40명이 다니고 있습니다. 한독가정 출신의 아이들은 자라면서 스스로 한국어에 관심을 가지는 편입니다. 현재 학급은 4~5개이고, 수업은 매주 토요일 3시간 동안 열립니다. 책은 한국대사관에서 지급해 주고 있으며, 핵심 교육목표는 한국 문화와 전통을 가까이 접하는 것입니다. 주당 3시간 수업으로는 한국어를 제대로 가르치기가 거의 불가능하지만, 적어도 한글학교에 오는 아이들은 아무것도 하지 않는 아이들보다 훨씬 낫습니다. 그들은 이를 통해 엄마와 더 가까워지니까요. 하지만 한글학교의 조건이 너무 열악해서, 이사도 몇 차례 했고 공간도 매우 협소합니다.

문화행사라든가 체육대회도 열립니다. 뮌헨에는 함께 어울리는 한인들의 작은 모임들은 있었지만 한인교회 네 군데를 제외하고는 지금까지 소수집단으로서 함께 자신들의 문화를 돌보는 공동체나 큰 단체는 거의 없었습니다. 뮌헨 한인회는 지금까지 딱 한 차례 신년파티를 열었습니다. 1994년에 한인회 회장으로 여성이 선출되었는데, 매우 적극적으로 활동하고 있습니다. 추수감사절 행사에는 한인 약 300명이 참석했는가 하면, 가까운 시기 동안 여성들이 무용과 음악을 하는 문화모임을 만들었습니다.

1년에 한 차례 열리는 주말 세미나가 있지만 한인여성들은 세미나에 관심이 없습니다. 대개 정치나 사회에는 전혀 관심이 없고 오히려 즐거운 일이나 재산증식에 훨씬 관심이 많습니다.

재정　최근 한인 사회복지 서비스는 카리타스로부터 연간 약 5천 마르크의 지원금과 사무지원[복사, 우편료 등]을 받고 있습니다. 학교의 경우 공간은 무료로 제공되고, 연간 약 1만 5천 마르크가 교사급여[월 1인당 240마르크]와 행사비용으로 지출되고 있습니다.

문제점　복지단체의 자리가 점점 사라지고 있습니다. 그것은 정부가 외국인 노동자의 역사가 30년이 되었기 때문에 이미 통합이 되었다고 판단하기 때문입니다.

　저 나름대로는 열심히 활동하려고 애쓰지만, 업무가 더 확장된다든가 하는 발전에 대한 기대는 없습니다. 저는 카리타스에서 잘 눈에 띄지도 않을 뿐더러 아웃사이더라 할 수 있습니다. 무엇보다도 뮌헨에 거주하는 한인규모가 작고 이들의 문제가 다른 외국인집단의 문제와 아주 다르기 때문입니다. 가령 유고슬라비아인들 가운데 상담을 받으러 오는 사람들은 대부분 범죄자 아니면 알코올중독자나 실업자 등입니다. 이에 비하면 한인들의 문제는 사치스러운 것으로 여겨지는데, 한인들은 주로 노후의 삶에 대한 문제이기 때문입니다. 대부분의 한인간호사들이 30년 동안 병원에서 육체적으로 과중한 부담이 되는 일을 한데다 과거보다 훨씬 더 외로움을 느낍니다. 이들을 위한 프로그램이 운영되어야 합니다. 사실 독일정부가 이런 것을 책임져야 할 의무가 있습니다. 또 한편으로 전쟁난민 등과 같은 다른 외국인집단들의 어려운 상황과 한인들의 생활조건을 비교해 본다면, 한인들은 자립적인 생활을 꾸려나갈 수 있는 수준이라고 말할 수 있을 것입니다.

　여하튼 이와 같은 이유들로 해서 제가 이 업무를 계속할 동기가 없습니다. 뮌헨의 한인들도 제가 하는 일을 지원해 주지 않습니다. 그럼에도 한인들을 위한 이 자리는 중요합니다. 아마 제가 그만두면 더 이상 후임자를 두지 않을 것입니다. 바로 이 점에 저의 딜레마입니다.

③ 함부르크 디아코니 선교회의 한인 복지업무 [인터뷰13, 사회복지사]

인터뷰13은 1992년 10월부터 월 30시간 복지사로 근무하고 있다. 그녀는 1974년에 간호사로 독일에 왔고, '함부르크 새한인교회' 교인이다. 그리고 거의 처음부터 함부르크에서 살았다. 공식적인 사회복지 교육과정을 밟지는 않았지만, 과거에 함부르크 디아코니 선교회에서 통역 일을 하면서 선교회로부터 이 일을 맡아달라는 요청을 받았다.

이 일의 목적은 함부르크에 사는 한인들이 자신의 문화와 전통을 돌보고 유지할 수 있도록 하는 것입니다. 동화되는 것이 아니라 평화롭게 독일인과 함께 살아갈 수 있게 하는 것이지요.

업무의 종류   지금 제가 담당하고 있는 청소년모임이 하나 있습니다. 열일곱에서 스무 살까지의 청소년 약 16명으로 구성된 모임이지요. 숫자는 늘어날 수도 있습니다.

지금까지는 청소년 참가자들 개개인이 다른 모임에 속해 있었기 때문에 서로에 대해 잘 몰랐습니다. 그래서 제가 노력한 것은 이들이 이 모임을 통해 친구관계를 만드는 것이었습니다.

저는 청소년들이 학교나 가정에서 받는 스트레스를 이 모임에서 해소할 수 있도록 노력하고 있습니다. 우리는 부모와 겪는 갈등이나 싸움에 대해 토론합니다. 특히 전형적인 한인가정에서 발생하는 갈등이지요. 각자가 자신의 경험을 이야기하고, 그 과정에서 스스로 해답이나 갈등을 조정할 수 있는 길을 찾을 수 있도록 한답니다.

세미나도 열리고 또 머지않아 청소년들이 직접 청소년잡지를 독일어로,

필요하다면 한국어로도 발간할 것입니다.

함부르크에는 한인입양아들이 많습니다. 그래서 이 아이들이 한국을 방문해서 한국을 알아나가는 프로그램이 계획되었습니다.

'낯선 곳에서 늙어감'이라는 주제로 곧 성인모임도 만들어질 겁니다. 지난날 외국인노동자로 독일에 온 한인들은 사실 이곳에서 계속 살 의사가 없었습니다. 그리고 독일정부 역시 외국인노동자들을 위한 장기적인 계획을 세우고 있지 않았어요. 이곳 한인들에게는 언어와 문화 때문에 노인요양원에 가는 것은 무척 꺼려합니다. 그래서 여기서 제 업무는 우선 노령의 한인들이 어떤 조건에서 살고 있는지, 그들을 위한 방법으로 어떤 것들이 있는지 찾아내는 것입니다. 저는 자주 그들을 만나서 이런 문제를 함께 토론하고 또 그들의 의견을 들으려고 합니다. 이미 몇 차례 나이 든 한인들과 이에 대해 이야기를 나누어보았습니다만, 개중에는 관심을 가지는 사람들도 있지만 또 일부는 아직은 필요성을 완전히 느끼지 못하는 것 같았습니다. 앞으로 계획은 50세 이상 된 70~80명의 함부르크 한인들의 주소록을 만드는 것입니다.

문제점 주당 30시간으로는 이와 같은 아이디어를 발전시키는 데 할애할 틈이 거의 나지 않습니다. 이것이 문제입니다.

재정조달 프로그램이 열리면 디아코니 선교회에서 차비 같은 것은 지원해 줍니다.

④ 뮌헨 외국인촉탁위원 [인터뷰39]

이 자리는 1992년 9월에 공식적으로 만들어졌다. 그때부터 한인여성이 촉탁위원으로 일하고 있다. 인터뷰39는 1970년대에 정치학을 더 공부하기 위해 독일유학을 와서 박사과정을 마쳤는데, 한국으로 돌아가지 않고 이곳에 남아 있었다. 독일남성과 결혼했지만 아직까지 한국국적을 가지고 있으며,

1988년부터 92년까지 녹색당이 연방의회에서 활동하던 시기에 녹색당에서 일을 했다. 현재 그녀는 정식직원으로 근무하고 있다.

모든 도시마다 외국인촉탁위원이 있는 것은 아닙니다. 최근에는 150~160명이 외국인촉탁위원으로 각 도시에서 일하고 있습니다. 통일 이후 외국인촉탁위원의 숫자는 늘어났지만, 여전히 외국 출신의 외국인촉탁위원은 얼마 되지 않습니다. 칼스루에에 베트남 출신 한 명, 헤센의 한 도시에 터키 출신의 이민2세대 그리고 베를린 크로이츠베르크에 터키 출신 한 명이 일하고 있습니다. 다섯 손가락으로 꼽을 수 있을 정도라는 것이 정말 믿을 수 없는 일이라고 생각합니다.

옛 동독지역에 속한 모든 주와 도시에는 한 자리씩이 설치되어 있고, 구 서독지역의 외국인촉탁위원은 특히 베를린과 함부르크·브레멘·니더작센에 설치되어 있습니다.

주 단위에서 본다면 헤센과 바이에른, 슐레스비히 홀슈타인, NRW에는 외국인촉탁위원이 없습니다.

뮌헨의 외국인 비율은 1994년 현재 주민의 21퍼센트에 이르는데, 이 가운데 1/3이 외국에서 태어난 젊은이들입니다. 이렇게 큰 도시에서 외국인촉탁위원은 이미 오래전부터 필요했음에도, 시의회의 정치적 다수당이 이를 받아들이지 않았어요. 적록[사민당-녹색당] 연립정부가 들어서면서, 녹색당이 외국인촉탁위원을 만들 것을 주장했습니다. 마침내 시의회가 이 안을 통과시켰고, 시의회의 결정 1년 후에 설치되었습니다. 외국인촉탁위원은 시의회에서 선출합니다. 위원직은 비록 행정직이기는 하지만, 성격이 좀 다릅니다. 위원직은 시장 직속관할 직위 세 개 가운데 하나인데, 여기서 세 개 직속직위는 시장 세 명[시장·제2시장·제3시장]과 여성촉탁위원 그리고 외국인촉탁위원입니다. 업무규정상 외국인촉탁위원은 시 행정부의 직원이지만 위원은 시의회에서 선출합니다. 외국인촉탁위원은 임기중에는 공무원 자격을 가지는데, 그것은 시가 이 자리의 사회적 의미를 외부로 드러내 보이고 싶어하기 때문입니다. 하지만 이 자리는 앞에서 언급한 것처럼 정치적 성격을 띠고 있습니다.

업무의 종류 지금까지 외국인과 소수자들은 이곳에서 독일인의 보호가 필요한 대상 혹은 외국인 문제로 다루어졌습니다. 이 활동의 목표는 이러한 관행을 바꾸는 것입니다. 외국인도 시민으로서 동등한 권리를 누리고 살 수 있게 하는 것입니다. 이것이 이 일의 목표라면, 지금까지 외국인과 관련된 문제들은 단순히 외국인의 문제가 아니라 독일인의 문제이기도 합니다. 예를 들어 독일인들도 외국인을 만났을 때 어려움을 느끼곤 합니다. 또 30년 넘게 이곳에 살고 있으면서도 독일시민권을 취득하지 않은 외국인들도 많습니다. 그 자체를 받아들일 수가 없기 때문이지요.

제 업무의 목표 설정과 방향, 임무를 고려한다면, 아마 '외국인촉탁위원'이라는 명칭은 적절하지 않을 겁니다. 오히려 '다문화적인 공동의 삶'이 적당한 명칭이지요. 하지만 뮌헨 시는 이 명칭을 받아들이려고 하지 않았습니다. 왜냐하면 바이에른 주는 독일은 이민자국가 혹은 다문화국가가 아니라는 입장을 고수하고 있기 때문이에요.

업무는 크게 세 가지로 구성되어 있습니다.

첫째, 새로운 구상과 추진입니다.

외국인노동자들은 노동력으로 이곳에 왔습니다. 이들이 온 나라도 독일도 모두 이들이 자기 나라로 돌아갈 것이라고 생각했어요. 하지만 생각했던 것처럼 되지 않았지요. 지금 이곳에 살고 있는 외국인들은 앞으로도 계속 이곳에서 살 겁니다. 이것이 의미하는 바는 이들이 사회적으로 더 이상 외국인이 아니라는 점입니다. 오히려 사회의 한 부분을 구성하고 있지요. 비록 이들이 법적으로는 외국인이라고 하더라도 말이죠. 따라서 이들과 어떻게 함께 살아갈 것인지, 이러한 비판적인 분석에서부터 고민이 출발되어야 합니다.

앞에서 말했듯이 외국인들은 그저 보호 혹은 상담을 받거나 도움이 필요한 존재로 여겨졌습니다. 하지만 이 문제를 다른 시각으로 들여다본다면, 그 사이 독일사회가 변했고 외국인의 위치 역시 변했다는 것을 알 수 있습니다. 그렇기 때문에 이런 변화된 상황에 적절한 새로운 구상이 반드시 필요합니다. 새로운 구상은 개인적인 상담이라든가 구호사업 같은 것을 포함하는 게 전혀 아닙니다. 정치적으로 새로운 조치가 취해져야 하고, 행정기구가 새로운 상황에 맞게 구조적으로 변화되어야 합니다. 어떻게 변해야 하는지에 대해 지금까지 사람들은 거의 생각해 보지 않았습니다.

그래서 저는 도시계획부에, 부분적으로는 학교교육부 및 문화부와의 협력활동을 통해서 우리가 함께 일할 것을 제안했었습니다. 도시계획부서가 특정 사안에 대한 구상을 갖고 있으면, 우리 쪽에서 그것을 발전시켰습니다. 가령 뮌헨의 옛 공항이 지금은 비어 있는데, 도시계획부는 여기에 공공주택을 포함한 신규주택을 건설할 계획을 세워놓고 있었습니다. 그래서 저는 다음과 같은 제안을 했습니다. 물론 이를 위해서는 상당수 외국인가정이 이곳으로 이사한다는 것이 당연히 전제되어야 합니다. 성공적인 도시계획을 위해서는 건설계획에서 이 점이 반드시 고려되어야 합니다. 그렇다면 예를 들어 여가생활센터나 시민의 집과 같은 것이 계획될 수 있습니다. 그곳에서는 독일청소년과 외국계 청소년들이 함께 만날 수 있습니다. 또 주거환경 개선을 통해 범죄를 예방할 수 있습니다. 이 생각 자체는 새로운 것이 아니지만, 외국인 시민들을 고려했다는 점에서는 새로운 것입니다. 외국인 시민들이 독일에 살고 있다는 사실 자체가 인정되어야 하고, 이 점이 건설계획에서 함께 고려되어야 한다는 것이죠.

또 한 가지 예로는 보건부서를 들 수 있습니다. 보건부서는 더 이상 환자에게 단순히 약을 처방하는 것만 생각해선 안 됩니다. 예를 들어 사람들이 아프면 다른 문화에서 다루는 방식과 차이들, 치료에서 문화에 따른 의학적 차이를 함께 고려해야 한다는 것이죠. 또 얼마나 많은 의사들이 가령 터키어를 알아듣고 이해할 수 있을까요? 그래서 인력선발 면에서 외국인 지원자가 독일인 지원자와 동일한 자격을 갖추고 있다면 그들에게 우선권이 주어집니다. 그 밖에도 보건부서에서는 건강정보지를 여러 언어로 만들고 있습니다. 이것은 매우 중요합니다. 이와 같은 제안들을 저를 비롯해서 뮌헨 시의 외국인촉탁위원이 합니다.

전체적으로 외국인촉탁위원이 외국인 시민들의 이익만 무조건 대변하는 것은 아닙니다. 사회적 기본 조건과 경향들도 동시에 고려됩니다. 사적인 이해관계를 대변하는 것이 아니라 집단 전체의 이해관계를 대변하는 거죠.

두번째로는 홍보활동입니다.

시민들이 무슨 문제를 가지고 있는지, 무엇이 그들의 고유한 책임인지 등에 관한 정보를 주는 것이 우리의 임무입니다. 외국인에 대한 선입견이라든가 외국인 적대 그리고 폭력 같은 것이 그 예가 될 수 있습니다. 이러한 문제들을 장기적으로 의식이 바뀔 때까지 해결하기 위해 홍보활동 또한 장기적으로 이루어져야 합니다. 이 도시의 행정기구에는 약 5만 명이 일하고 있는데, 제 경험에 따르면 사회과 직원들이나 공동묘지의 사람들도 자신들이 인간에 관해 무엇을 알아야 하는지, 그러한 의식을 가지고 있지 않습니다. 이들에게 그런 의식을 가지게 만드는 것도 중요한 임무입니다.

외국인 시민들과 관련해서도 다른 의미에서 상황은 동일합니다. 비록 그들이 어려운 상황에 놓여 있지만, 많은 이들이 환상 속에 살고 있습니다. 이곳을 떠날 수 없는 상황이라는 것이 분명함에도, 언젠가는 고향으로 돌아갈 것이라는 바람을 함께 가지고 있다는 것입니다. 이런 생각이 자기 자식들에게 얼마나 부정적인 영향을 줄 수 있는지 생각해야 합니다. 부모들의 의식이 바뀌어야 합니다. 대개가 이 사회의 현실에 전혀 관심을 기울이지 않습니다. 제가 아는 이란 출신의 전문직 종사자는 이곳에서 오랫동안 살았는데도 뮌헨의 시장선거가 어떻게 진행되었는지 전혀 모릅니다. 삶의 현실을 인식하지 못한다는 것은 결국 자기의 본래 현실을 인식할 수 없다는 것을 의미합니다.

외국인 시민은 인종적으로 소수자입니다. 하지만 그들은 이에 대해 고민하지 않습니다. 인종적 소수자들이 이곳에서 어떻게 살아나갈 것인지 등에 관한 생각을 적극적으로 만들어내고 그에 따른 활동들을 발전시키는 것이 홍보활동의 한 가지 임무입니다. 외국인촉탁위원이 그것을 위해 일할 수 있는 주제는 셀 수 없이 많습니다.

세번째로는 외국인자문단입니다.

4년 전부터 뮌헨에는 외국인자문단이 있습니다. 이 자문단은 외국인들이 선출한 외국인들로 구성되어 있습니다. 우리는 공동의 생각들을 발전시키고, 노조·협회·교회·기초단체 들의 대표들을 만나서 서로 정보를 교환하고 대표들에게 우리의 생각들을 들려줍니다. 만약 기초단체가 어떤 생각을 갖고 있으면 우리는 이 생각을 계속해서 다른 대표들에게 전달합니다. 예를 들어 난민협약이 토론에 부쳐졌을 때, 이들 단체들의 대표들은 아무런 준비가 되어 있지 않아서 우리가 자세한 내용을 발표했지요.

성과 사회와 행정관청은 그 자체로 매우 복합적입니다. 지난 시기 외국인에 대한 폭력이 잇따라 발생한 다음부터 확실히 긴장상태가 존재합니다. 이것이 전제되어야 할 것입니다. 도시계획부와 보건부서는 우리의 제안들을 점점 심각하게 받아들이고 있습니다. 교육부 역시 그렇습니다. 학생의 40~50퍼센트가 외국인이기 때문이지요. 물론 그들이 우리의 조언을 모두 다 받아들였다고 말할 수는 없습니다. 그만큼 의식의 변화는 매우 오랜 시간이 걸리니까요. 중요한 것은 우리가 행정기구의 내부와 외부에 구조적인 요소들을 만드는 시도를 했다는 것입니다. 그것은 행정기구의 담당자가 바뀌더라도 이 구조와 내용은 이어진다는 의미입니다. 그렇게 되면 이 일은 계속 발전할 수 있을 것입니다. 이것이 저의 중점 과제입니다. 다음으로는 행정적 결정이 행정기구가 아닌 시의회에서 이루어질 수 있도록 노력했습니다.

어려움 동시에 제가 언급한 이런 구조를 만드는 일이 어려운 점입니다. 혼자서 이러한 생각들을 현실화시킬 수는 없습니다. 반대로 그것을 위해 참여하는 사람들이 많다고 해도, 구조가 존재하지 않는다면 지치게 마련입니다. 아무튼 저는 관습적으로 일하지 않으려고 노력했습니다. 오히려 현재의 상황을 분석하고 새로운 구상을 발전시키기 위해 노력했지요.

전망 앞에서 언급한 노력들을 통해 이 일을 하기 위한 자리들이 만들어지는 것을 희망해 볼 수 있을 것입니다. 하지만 이것은 또한 사회가 얼마나 이러한 노력들을 지지해 주는가에 달려 있습니다. 아마 이것은 여성운동과 비교될 수 있을 것입니다. 일부가 여성운동을 통해 변화되었습니다.

외국인운동은 현실적으로 매우 약합니다. 이런 현실이 외국인에 관한 사업의 발전을 더욱 어렵게 합니다. 외국인은 투표권이 없습니다. 이 또한 외국인을 위한 사업의 발전을 가로막고 있을 뿐 아니라 이로써 외국인은 정치적 주체가 될 수 없습니다. 분명히 외국인들은 정치적으로 그리고 사회적으로 매우 어려운 상황 속에 있습니다. 이 모든 것에도 불구하고 외국인들의 지원 없이는 이 목표들이 달성될 수 없습니다.